研究生教学用书　教育部研究生办公室推荐教材
普通高等学校道路工程方向研究生教材

路面设计原理与方法

(第4版)

黄晓明　马　涛　等　编著

人民交通出版社股份有限公司

北　京

内容提要

本书介绍了交通、环境、土基等路面结构功能的外部条件及路面结构本身的内在特性。另外，还介绍了道路路面与机场道面的设计方法。本书在第3版的基础上，进行了大幅度调整。全书由第十四章删减为9章。

本书为教育部研究生办公室推荐用书，适用于"道路与铁道工程"二级学科硕士研究生的必修学位课程和"交通运输工程"一级学科中其他二级学科的非学位选修课程，也可供公路、城市道路、铁道、机场等部门从事科研与设计的工作人员参考使用。

图书在版编目(CIP)数据

路面设计原理与方法 / 黄晓明, 马涛等编著. — 4版
. — 北京：人民交通出版社股份有限公司, 2021.8
ISBN 978-7-114-17560-2

Ⅰ. ①路… Ⅱ. ①黄…②马… Ⅲ. ①道路工程—路面设计—研究生—教材 Ⅳ. ①U416.02

中国版本图书馆 CIP 数据核字(2021)第 159870 号

研究生教学用书　教育部研究生办公室推荐教材
普通高等学校道路工程方向研究生教材
Lumian Sheji Yuanli yu Fangfa

书　　名：	**路面设计原理与方法（第4版）**
著 作 者：	黄晓明　马　涛　等
责任编辑：	李　瑞
责任校对：	刘　芹
责任印制：	刘高彤
出版发行：	人民交通出版社股份有限公司
地　　址：	(100011)北京市朝阳区安定门外外馆斜街3号
网　　址：	http://www.ccpcl.com.cn
销售电话：	(010)59757973
总 经 销：	人民交通出版社股份有限公司发行部
经　　销：	各地新华书店
印　　刷：	北京建宏印刷有限公司
开　　本：	787×1092　1/16
印　　张：	31.25
字　　数：	759千
版　　次：	2001年4月　第1版　2007年2月　第2版
	2015年12月　第3版　2021年8月　第4版
印　　次：	2023年5月　第4版　第3次印刷　总第15次印刷
书　　号：	ISBN 978-7-114-17560-2
定　　价：	79.00元

(有印刷、装订质量问题的图书由本公司负责调换)

第4版前言

《路面设计原理与方法》作为"道路与铁道工程"二级学科研究生的主要教学用书,2002年经申请被教育部研究生工作办公室批准为"交通运输工程"一级学科的研究生教学推荐用书,也是路面类第一本研究生教育部推荐用书,是"道路与铁道工程"二级学科的学位课程用书,也可作为"交通运输工程"一级学科中其他二级学科的非学位选修课程的主要参考用书。同时也可供公路、城市道路、铁道、机场等部门从事科研与设计的工作人员参考使用。

教材传承与改版

《路面设计原理与方法》自20世纪80年代初开始作为研究生的必修课以来,对这一门课程的教学内容和教学方法作了多次改进。最开始采用美国普渡大学E. J. 约德教授《Principles of Pavement Design》中译本,经过多年教学实践积累形成了特色的"路面设计原理与方法"教学内容及讲义,历经传承改版,已更新至第4版。

本教材第1版于2001年由邓学钧教授和黄晓明教授共同负责完成;

本教材第2版于2007年由黄晓明教授和邓学钧教授共同负责完成;

本教材第3版于2015年由黄晓明教授和高英教授共同负责完成;

本次修订为第4版,由黄晓明教授和马涛教授共同负责完成。

本次修订对教材的体系进行了大幅度的调整,全书由十四章调整为9章,删除了排水、材料设计等方面的内容。第4版主要内容包括概论、车辆与交通、气候与环境、路基路面材料特性、沥青路面结构力学性能分析、水泥混凝土路面力学性能分析、公路沥青路面设计方法、公路水泥混凝土路面设计方法和机场道面设计方法。

第4版的主要变化：

第一章　详细整理了中国道路建设历史，概略介绍了路面材料的基本性能、详细介绍了我国江苏、山东、福建典型路面结构。

第二章　介绍了路面结构应力响应，结合《公路沥青路面设计规范》(JTG D50—2017)，详细介绍了我国最新的沥青路面以沥青层底拉应变、路基顶面压应变的无机结合料稳定类基层拉应力的轴载换算方法，介绍了北京通州环道试验路(RIOHTrack)的主要结构，并补充了结构布置图。

第三章　介绍了公路路面温度场分析方法，详细介绍了公路路基的水温状况，补充了冻胀示意图，修订了抗冻层厚度的设计，介绍了我国公路沥青路面气候分区。

第四章　详细介绍了路基路面材料的基本特性和关键力学性能测试方法，包括土基材料、无机结合料稳定材料、沥青混合料和水泥混凝土等。增加了无机结合料稳定材料的振动压实特性、沥青混合料动态模量及时温等效。

第五章　介绍了沥青路面结构层的断裂力学基本理论、分析方法和沥青混合料疲劳分析方法，介绍了沥青路面结构层损伤力学的基本理论、疲劳损伤模型、损伤力学求解方法和疲劳损伤破坏状态的确定。增加了弹性半空间体在均布荷载和刚性承载板作用下力学公式推导。

第六章　介绍了水泥混凝土路面应力分析方法，详细介绍了混凝土路面板荷载应力的有限元分析方法。

第七章　收集我国从1958版《路面设计规范》(草案)开始的历版规范，详细介绍了我国沥青路面结构设计方法的演变，详细修订了AASHTO 1993的内容。结合《公路沥青路面设计规范》(JTG D50—2017)，详细介绍了我国最新的沥青路面设计规范。

第八章　收集我国从1958版《路面设计规范》(草案)开始的历版规范，详细介绍了我国水泥混凝土路面设计方法演变，修订了水泥混凝土路面破坏类型及图示。

第九章　详细介绍了我国机场沥青混凝土道面设计、我国机场水泥混凝土道面设计，整理介绍了最新版美国联邦航空局FAA机场道面设计。

本书第一章、第七章、第八章、第九章由黄晓明教授负责编写，第二章、第三章、第四章、第五章、第六章由马涛教授负责编写,全书由黄晓明教授负责统稿。

　　本课程经过近 40 年的建设,已经形成了完整的讲课视频、讲课 PPT 等内容。形成了在线开放课程,可配套本教材作为教学参考。(详见 http://www.icourse163.org/course/201932-1449406166)

　　本书采用国家法定计量单位,即国际单位制(SI)。在引用外国文献资料时,为了完整表达原作的意见,也有部分仍保留原有的计量单位制。

　　在本书的编写过程中,得到赵永利教授、高英教授、李昶博士、廖公云博士、张伟光博士、徐光霁博士、胡建英博士、陈思宇博士、顾凡博士等人的帮助,也得到了张起森教授、周绪利研究员、田波研究员、马士杰研究员、张超教授级高工、张健康教授级高工等专家的协助,在此一并表示衷心感谢!

　　本书如有未尽善之处,希望有关院校师生及广大读者提出宝贵意见,以便及时修改完善,邮箱:huangxmseu@foxmail.com。

黄晓明　马　涛
2021 年 8 月于东南大学

目录

第一章 概论 ··· 1
  第一节 历史与发展 ·· 1
  第二节 路面材料类型与结构分层 ··· 12
  第三节 路面结构功能与使用品质 ··· 19
  第四节 路面设计方法简述 ·· 29
  第五节 我国典型路段沥青路面结构 ·· 33
  第六节 机场道面设计简介 ·· 44
  第七节 路面结构可靠度理论简介 ··· 47
  【思考与分析】 ··· 51

第二章 车辆与交通 ·· 52
  第一节 车辆对路面的作用及动力效应 ··· 52
  第二节 当量单轮荷载 ··· 63
  第三节 当量轴载系数（EALF） ·· 66
  第四节 足尺道路试验 ··· 82
  第五节 交通统计与分析 ·· 90
  【思考与分析】 ··· 99

第三章 气候与环境 ··· 100
  第一节 自然因素对路基路面的影响 ··· 100
  第二节 我国公路自然区划 ··· 103
  第三节 公路路面的温度状况 ·· 105
  第四节 公路路面温度场分析 ·· 109
  第五节 公路路基温度场分析 ·· 125

第六节　公路路基的湿度状况 130
　　第七节　我国公路沥青路面气候分区 143
　　【思考与分析】 146

第四章　路基路面材料特性 147
　　第一节　路基的受力特性与抗变形能力指标 147
　　第二节　无机结合料稳定材料的特性 155
　　第三节　沥青混合料性能及其测定 160
　　第四节　水泥混凝土混合料性能 166
　　【思考与分析】 172

第五章　沥青路面结构力学性能分析 173
　　第一节　古典荷载应力分析 173
　　第二节　弹性半空间体应力分析 175
　　第三节　沥青路面层状体系理论分析 179
　　第四节　沥青路面结构的非线性分析 188
　　第五节　沥青路面结构层的黏弹性分析 200
　　第六节　沥青路面结构层的断裂力学分析 207
　　【思考与分析】 215

第六章　水泥混凝土路面力学性能分析 216
　　第一节　早期荷载应力分析 216
　　第二节　威斯特卡德荷载应力分析 218
　　第三节　弹性地基板的荷载应力 224
　　第四节　混凝土路面板荷载应力的有限元分析 227
　　第五节　有接缝混凝土路面板的有限元分析 237
　　第六节　水泥混凝土路面的温度应力分析 245
　　【思考与分析】 257

第七章　公路沥青路面设计方法 258
　　第一节　我国沥青路面设计方法演变 258
　　第二节　沥青路面损坏的极限状态及设计原则 280
　　第三节　AASHTO 沥青路面设计方法 287
　　第四节　CBR 设计法 304
　　第五节　美国地沥青学会（AI）设计法 309
　　第六节　Shell（壳牌）设计法 317
　　第七节　我国沥青路面设计方法 321
　　【思考与分析】 341

第八章 公路水泥混凝土路面设计方法 …… 342
第一节 我国公路水泥混凝土路面设计方法演变 …… 342
第二节 水泥混凝土路面损坏的极限状态及设计原则 …… 368
第三节 水泥混凝土路面平面及接缝设计 …… 372
第四节 美国水泥混凝土路面设计方法 …… 384
第五节 我国水泥混凝土路面设计方法 …… 401
【思考与分析】…… 417

第九章 机场道面设计方法 …… 418
第一节 我国机场沥青混凝土道面设计 …… 418
第二节 我国机场水泥混凝土道面设计 …… 437
第三节 FAA 机场道面设计 …… 448
第四节 CBR 机场沥青混凝土道面设计 …… 466
第五节 美国地沥青学会（AI）机场沥青混凝土道面设计方法 …… 468
第六节 美国波特兰水泥协会（PCA）水泥混凝土道面设计方法 …… 473
第七节 美国工程师兵团设计方法 …… 475
第八节 机场道面强度的通报方法 …… 478
【思考与分析】…… 483

参考文献 …… 484

第一章

概论

第一节 历史与发展

道路运输作为典型的运输方式为世界经济的发展作出了重要贡献。道路运输史与世界文明史同步发展,伴随着技术进步,道路运输方式和效率也在不断改变和提高。

一、中国道路建设的历史与发展

中国疆域广阔,历史悠久,道路建筑的历史也很早。相传中华民族的始祖黄帝,因看见蓬草随风吹转,而发明了车轮,于是以"横木为轩,直木为辕"制造出车辆,对交通运输的发展作出了伟大贡献,故尊称黄帝为"轩辕氏"。随着车辆的出现产生了车行道,人类陆上交通打开了新局面。

1. 中国古代道路建筑

中国古代早在4000多年前的新石器晚期就有可以行驶牛、马车的道路的记载,并出现了原始的临时性的简单桥梁。公元前2600年龙山文化兴起,青铜和石器共用,出现了城墙,中国有了城市。并设立专门机构、派专人管理道路、规定了视察道路最适宜的季节。据《周礼》载有"季春之月,令司空官,周视原野,开辟道路,毋有障塞",要求巡视野外道路,实现道路畅通无阻。《左传》也载有"司空以时平易道路",意即派专人规定时间平整道路。《国语·周语》载有"雨毕而除道,水涸而成梁",指出雨停后最适宜清理道路,河流水位枯落时适宜修筑桥梁;同时载有:"列树以表道,立鄙食以守路",要求道路两旁应植树,在边野地方也应储备粮食,以供守路之用。《诗经·小雅·大东》载有"周道如砥,其直如矢",以说明周朝的道路平整如镜,线路甚直,犹如箭矢射出的路线。可见中国自古以来就重视道路的规划、修建和养护。

周朝对于道路路线网及其宽度设计也十分重视。《周礼·考工记》载有"匠人营国,方九里,旁三门。国中九经九纬,经涂九轨。"匠人营建都城,九里见方,(都城的四边)每边三门。都城中有九条南北大道、九条东西大道,每条大道可容九辆车并行。周朝道路除干线外,外有环涂(环行路)和野涂(郊外道路)。野涂又分为宽度递减的路、道、涂、畛、径五级。《周礼》(地官·遂人)载有"凡治野,夫间有遂,遂上有径,十夫有沟,沟上有畛,百夫有洫,洫上有涂,千夫有浍,浍上有道,万夫有川,川上有路,以达于几"。说明当时的道路按照其重要性进行了分级,各级道路的宽度也有说明,一般路宽三轨,即二十四尺;道宽二轨,即十六尺;涂宽一轨,即八尺;畛宽七尺,仅可通行大车;径宽五尺,可通行马车。《周礼》(地官·遗人)载有"凡国野之道,十里有庐,庐有饮食;三十里有宿,宿有路室,路室有委;五十里有市,市有候馆,候馆有积",即在道路十里、三十里、五十里设有餐站、宿站、旅馆等服务站,满足餐饮和休息的需要。

商朝(公元前1600—公元前1046)人们已经懂得夯土筑路,并利用石灰稳定土壤。从商朝殷墟中,发现有碎陶片和砾石铺筑的路面,并发现了大型的木桥(图1-1)。

到了战国时期(公元前475—公元前221),道路建筑技术又向前推进了一步,并开始修筑栈道(图1-2)。栈道,又名阁道、栈阁,是一种一面傍着山岩,一面沿着河谷,在峭崖陡壁上凿孔、架桥,连阁而成的道路,也就是指在陡峭的崖壁间,凿石架木,上辅以木板所构成的通道。李贤说:"栈阁者,山路悬险,栈木为阁道。"《史记·高祖本纪》司马贞索隐引崔浩曰:"险绝之处,傍凿山岩,而施板梁为阁。""楚与诸侯之慕从者数万人,从杜南入蚀中。去辄烧绝栈道,以备诸侯盗兵袭之,亦示项羽无东意。"唐·赵氏《杂言寄杜羔》诗:"梁州秦岭西,栈道与云齐。"栈道的兴建,因其地理位置的特殊性,除了正常的交通、商贸往来外,更多的是解决了历史时期军事和战争的需求,如同闻名的褒斜道,从西周至清末,数千年的历史中,始终是兵家必争之地,更兼此道北出斜谷而直逼长安,南入褒谷可径取川蜀,在军事地位上可进战退守,因而在历代军事战争中有着重要地位——"西带妍陇,东控樊襄"。同时,因其多沿河谷而行,古栈道遗存也以褒斜道为多,且因地制宜,形式多样。公元前316年,《战国策·秦策》载有"秦伐蜀,修金牛道,于绝险之处、傍凿山岩而施板梁为阁"。秦筑驰道,汉唐通西域,各国商旅兴盛。

图1-1 商朝道路遗址中的木桥

图1-2 战国时期的栈道

秦朝(公元前221—公元前206)修筑的驰道可与罗马的道路网媲美。秦始皇统一中国后即开始修建以首都咸阳为中心、通向全国的驰道网。秦始皇还统一了车轨距的宽度(宽6秦尺,折合1.38m),使车辆制造和道路建设有了法度。除修筑城外的道路外,对于城市道路的建设也有突出之处,如在阿房宫的建筑中,采用高架道的形式筑成"阁道",自殿下直抵南面的终南山,形成"复道行空,不霁何虹"的壮观景象。

西汉(公元前206—公元25)王朝派张骞两次出使西域,远抵大夏国(即今阿富汗北部)而载之于史册。出使起自长安(今西安),沿河西走廊,途经敦煌,到达西亚,开创了举世闻名的"丝绸之路"。

唐朝(公元618—907年)唐太宗下诏全国,保持道路的畅通无阻,实行道路日常养护(图1-3)。唐朝不但郊外的道路畅通,而且城市道路建设也很突出,道路两侧有排水沟和行道树,布置井然,气度宏伟,不但为中国以后的城市道路建设树立了榜样,而且影响远及日本。

图1-3 唐朝的都市

宋朝(960—1279)、元朝(1206—1368)、明朝(1368—1644)均在过去的道路建设基础上有所提高,尤其是元朝地域辽阔,自大都(今北京)通往全国有7条主干道,形成一个宏大的道路网。到了清朝(1616—1911),道路网系统按照其重要性分成三个等级:自北京向各方辐射,通达各省城的称为"官马大路",或简称"官路";自各省城通往地方重要城市的道路称为"大路";自"大路"或各地重要城市至各市镇的道路称为"小路",并在各道路扼要处设驿站。但中国的道路建设发展至清朝末年,鸦片战争打开了中国走向世界的大门,已是驿道时代的尾声,代之而起的是汽车公路的逐渐兴起。

2. 中国近代道路建筑

1912—1949年自汽车进入中国以后,通行汽车的公路开始发展,但发展缓慢,并屡遭破坏,原有的马车路(有的也可勉强通行汽车)和驮运道仍是多数地区的主要交通设施。

1912—1927年公路建设处于萌芽状态,城市道路受到外来影响,有了现代化设施的雏形。而"公路"一词的出现,据考是自1920年广东省成立"公路处"开始遂普遍应用于国内。中国最初的公路是1908年苏元春驻守广西南部边防时兴建的龙州—那堪公路,但因工程艰巨,只修通龙州至鸭水滩一段,长17km。在北方则以张库公路为最长,自河北张家口至库伦(现蒙古国首都——乌兰巴托),全长965km,是沿着原有的"茶叶之路"加以修整而成。其他商营公路、兵工筑路和以工代赈所修的道路,出现于沿海、华北、华东一带,也促进了当时道路建设的发展。并且人们开始认识到道路建设的重要性,特别是孙中山先生倡言:"道路是文明之母和财富之脉",并有百万英里"碎石公路"的设想。虽未能实现,但倡导之功,不可泯灭。到 1926 年,全国公路里程为 26110km,大都是晴通雨阻的低级道路。当时东南沿海各省处于军阀割据和混战情况下,大都各自为政,互不联系,修建的公路既无规划,又无标准。在 20 世纪 20 年代,上海、天津等城市,开始出现沥青和水泥混凝土路面,并有沥青拌和厂及压路机等筑路机械,对于中国道路建设的现代化有了深远的影响。

1927—1936 年公路开始纳入建设规划。1927 年草拟了道路规划及公路工程标准。1932 年建造苏、浙、皖三省联络公路,截至 1936 年 6 月中国公路通车里程有 117300km。

1937—1945 年,新建公路共 14431km,其中多数是远在地理与自然条件均较恶劣的边陲地区,不论勘测设计或施工,都十分艰巨。因公路建设大多服务于军事,对标准和质量要求不高,而且时兴时废,往往修筑和破坏交替发生。据统计,截至 1946 年 12 月,中国公路总里程有 130307km。

1946—1949 年,公路建设进展不大。至中华人民共和国建立前夕,全国公路能通车的里程只有 75000km。

中国近代道路历史是中国公路从无到有、从少到多的发展过程,但修建的公路多为泥结碎石路面。

中国近代道路建筑也进行了一些科研工作。1933—1941 年间,曾在南京修建两条试验路,一条主要用于试验国产材料,一条主要用进口沥青材料进行表面处理试验。1937 年在西兰公路上咸阳市附近进行了水泥稳定土壤路面试验。1940 年在乐西公路乐山附近修建了级配路面试验路。1941 年滇缅公路,修建了沥青表面处治路面 155km,采用筑路机械 200 余部,是中国公路机械化施工的开端。1942 年,在上海成功进行了冷拌沥青碎石路面的试验工作。

3. 中国现代公路(1949—1983 年)

1949—1952 年,这个时段从上到下成立了公路管理机构,并成立了设计、施工和养护的专业队伍。同时,国家颁布了一系列重要法规,对公路留地办法、公路养护办法、动员民工整修公路办法、养路费征收办法等,做出了明确的规定。

1953—1957 年,公路建设稳定发展阶段。各级公路部门补充完善了各项管理制度和技术规范,公路建设队伍进一步充实发展,使各项工作走上了正轨。这个时段内确立了通过养护、分期改善和逐步提高公路质量的方针;确定了依靠群众,就地取材,大规模改善土路,加铺各种路面的原则;创立了泥结碎石路面加铺级配磨耗层和保护层的养护技术;推行了木桥防腐,改良工具等措施,大大改善了路况。

1958—1966 年,公路数量猛增、再进行巩固的阶段。1958 年,制定了"简易公路"的标准,公路里程猛增,但质量标准较低。1962 年,公路建设开始了调整、巩固、充实、提高的阶段,恢复和完善了若干基本政策和制度,调整健全了公路机构和建设队伍,试验推广了渣油路面、双拱桥和钻孔灌注桩桥基等技术成果。

1966—1976 年,公路建设仍有发展。渣油路面发展较快,十年中增长了 10 万 km;还相应地改善了线路标准;绝大部分木桥改建为永久性桥梁,使永久性桥梁比重由原来的 45% 左右提高到 90% 以上;一大批干线公路的渡口也改建为桥;公路自办工业有了较大发展,机械设备逐年增加。国防边防公路建设和县社公路建设也有不少进展。

1977—1983 年,公路改革和提高的新阶段。恢复并改革了各项规章制度,加强养护,扭转了路况下降的局面,对原有已超龄的渣油路面进行了及时维修补强。

中国现代公路科学技术取得了巨大的进步。在路面工程方面创立和发展了泥结碎石路面和砂石路面的养护、改善技术；发展了石灰稳定土路面基层；研究利用国产多蜡渣油和沥青修筑了高级、次高级路面，使公路行车条件大大改善。在路基工程方面研究成功了一整套路基爆破新技术；在冰冻地区发展了防治公路翻浆的措施；在盐湖地区修筑了世界上少有的盐块路；在高原多年冻土地区修成了沥青路面。

同时，还学习、引进了各种国外先进技术，如乳化沥青、预应力混凝土桥，各种勘测设计新技术以及交通工程学的理论等。在公路养护方面随着公路和汽车数量的增长，增加了养护里程，壮大了养路队伍。截至1983年底，经常养护的公路已占总里程的80%以上，基层养路段有2700多个，养路道班近5万个，固定的养路从业人员达78万余人。公路养护质量逐年有所提高。同时开始对公路逐年进行一些技术改造，从而提高公路的通行能力和抗御灾害能力。

4. 中国高速公路的发展

中国的高速公路发展比西方发达国家晚近半个世纪，从20世纪80年代末开始起步，经历了20世纪80年代末至1997年的起步建设阶段和1998年至今的快速发展阶段。

在改革开放初期，随着我国国民经济的快速发展，公路客货运输量急剧增加，公路交通长期滞后所产生的后果充分暴露，特别是主要干线公路交通拥挤、行车缓慢、事故频发。为改善主要干线公路交通紧张状况，缓解公路交通的瓶颈制约，从"六五"开始，公路交通部门重点对干线公路进行加宽改造。尽管有些路段加宽到15m甚至20m以上，但收效甚微。为了寻求缓解我国公路交通瓶颈制约的有效途径，公路交通部门开始深入研究发达国家解决交通问题的经验，并对我国主要干线公路的交通情况进行调查研究。研究结果显示，我国公路交通存在着三个突出问题：一是由于运输工具种类繁多，汽车、拖拉机、自行车、畜力车、行人混行，车辆行驶纵向干扰大；二是由于人口稠密，公路沿线穿越城镇较多，横向干扰大；三是公路平交道口多，通过能力低，交通事故严重。以上三个问题严重影响了公路交通功能的发挥。根据发达国家的实践经验，建设高速公路是解决主要干线公路交通紧张状况的有效途径。

这一时期，社会各界对修建高速公路问题非常关注，对于"中国要不要修建高速公路"的问题认识并不统一。直至1989年7月，在沈阳召开的高等级公路建设现场会上，邹家华同志指出："高速公路不是要不要发展的问题，而是必须发展"。认识的统一，为我国高速公路的快速发展奠定了基础，拉开了中国高速公路发展的序幕。

1988年上海至嘉定高速公路建成通车，结束了我国大陆没有高速公路的历史；1990年，被誉为"神州第一路"的沈大高速公路全线建成通车，标志着我国高速公路发展进入了一个新的时代。

1993年京津塘高速公路的建成，使我国拥有了第一条利用世界银行贷款建设的、跨省市的高速公路。为了集中力量、突出重点，加快我国高速公路的建设，1992年，交通部制定了"五纵七横"国道主干线规划并付诸实施，从而为我国高速公路持续、快速、健康发展奠定了基础。

到1997年底，我国高速公路通车里程达到4771km。相继建成了沈大、京津塘、成渝、济青等一批具有重要意义的高速公路，突破了高速公路建设的多项重大技术"瓶颈"，积累了设计、施工、监理和运营等建设和管理全过程的经验。

1998年，为应对亚洲金融危机，国家实施了积极财政政策，加快了基础设施建设步伐。交通行业按照国家的统一部署，加大了公路建设力度，从1998年至今，高速公路建设进入了快速发展时期，年均通车里程超过4000km，年均完成投资1400亿元。1999年，全国高速公路里程突破1万km;2000年,国道主干线京沈、京沪高速公路建成通车,在我国华北、东北、华东之间形成了快速、安全、畅通的公路运输通道。有"西南动脉"之称的西南公路出海通道在2001年就实现了全线贯通,西部地区从此与大海不再遥远。

2002年底,我国高速公路通车里程一举突破2.5万km,位居世界第二位,2013年底超过10万km,2021年底到达16.91万km(图1-4)。中国高速公路的发展创造了世界瞩目的速度,这是经济和社会发展的现实需要,也是交通实现跨越式发展的重要标志。

图1-4 中国高速公路里程增长图

高速公路的快速发展,大大缩短了省际之间、重要城市之间的时空距离,加快了区域间人员、商品、技术、信息的交流速度,有效降低了生产运输成本,在更大空间上实现了资源有效配置,拓展了市场,对提高企业竞争力、促进国民经济发展和社会进步都起到了重要的作用。2020年1月1日零时起,全国29个联网省区市的487个高速公路省界收费站全部取消,实现了全国高速公路全程不停车行驶。

二、路面建筑的发展

路面是道路上修筑的一个坚硬平整的表面,能够直接承受行驶车辆的作用,是道路工程的重要组成部分,可以使驾乘人员更加舒适。

1. 古代的石板路

石板路用大小、宽厚不一的条石铺成。如古罗马道路、秦直道,部分用石板修筑。但由于成本较高,一般只用在重点工程,如城市主干道、宫殿群;重点设施,如桥梁、码头等地。图1-5是罗马道路的块料路面结构,图1-6是中国道路的块石路面结构。

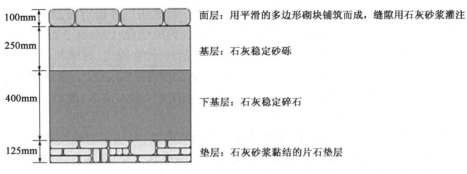

图1-5 罗马道路的块料路面结构

图 1-6　中国道路的块石路面结构

由于早期的块料路面对路基的要求不断发生变化,从而路面的厚度也不断发生变化(图 1-7)。同时道路的横断面也在不断改进,以及排水边沟、道路路拱等(图 1-8)。如早期的罗马道路块料厚度达到 900mm,到了泰尔福特(Telford)路面结构总厚度约为 350~450mm。先修筑宽 100mm、高 75~180mm 的大石块底层,再在上面铺筑两层总厚度为 150~250mm、最大尺寸为 65mm 的碎石层,最上面铺筑 40mm 厚的磨耗层。Telford 路面结构可以承担的荷载强度大约为 88N/mm(沿宽度)。

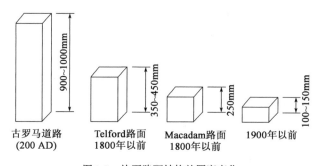

图 1-7　块石路面结构的厚度变化

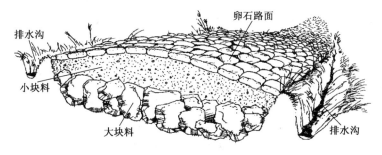

图 1-8　古代典型道路横断面

2. 早期的渣油碎石路面(Tar Macadam Pavement)

早在 1800 年,英国就有从煤提炼过程中产生的煤焦油,1802 年就有岩沥青,而最早将煤焦油用于路面工程是 1848 年诺丁汉(Nottingham)的林肯大道(Lincoln Road),也被认为是适用于轻交通的合适的路面结构。之后巴黎(1854)、美国华盛顿(1866)等也开始使用渣油碎石路面。到 1910 年,硫黄(Sulfuric)、木屑(Sawdust)、粉煤灰(Ashes)作为渣油碎石路面的添加剂,同时已经开始应用压实设备、加热设备。英国人约翰·劳顿·麦克亚当(John Loudon McAdam,也拼为 Macadam)由此开创了 Macadam 沥青路面设计施工技术。

Macadam 路面结构图如图 1-9 所示,首先在路基上面铺筑两层(每层 100mm)最大粒径为 75mm 的碾压碎石,两层的总厚度为 200mm,最上面一层是由最大粒径 25mm 的集料铺筑而成的 50mm 厚的磨耗层。Macadam 碎石路面特点是强调使用有棱角的集料代替圆形砂砾;使路基具有一定的横向坡度以利于排水;可以承担的荷载强度大约为 158N/mm(沿宽度)。

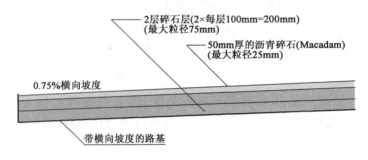

图 1-9 Macadam 路面结构图

之后逐步形成了薄层沥青路面(Sheet Asphalt Pavements)、沃伦(Warren)沥青混凝土路面、托皮卡(Topeka)沥青混凝土路面。

薄层沥青路面的特点是:磨耗层由沥青和砂拌制而成,厚度为 40～50mm;联结层由沥青和碎石拌成,厚度为 40mm;基层为水泥混凝土或经破碎的旧路面,厚度为轻型交通 100mm、重型交通 150mm。

1901—1903 年,沃伦(Warren)以热拌沥青混合料(Hot-Mix Asphalt Mixture,HMA)铺装材料和工艺过程为主要内容申报了专利。专利涉及 HMA、沥青胶结料、旧路加铺罩面等技术。Warren 沥青混凝土路面的特点是:含有 6% 的沥青,以及通过适宜的集料级配得到较低的空隙率。

1910 年美国堪萨斯州托皮卡(Topeka)的一项法庭裁定认为,沥青混凝土混合料中采用最大粒径为 12.5mm 的集料不侵犯 Warren 的专利。为了避免专利约束,美国普遍使用最大粒径 1/2 英寸(12.7mm)以下的沥青混合料筑路,形成了以连续级配和最大密实原则为主体的 HMA 技术,并一直延续至今。Topeka 沥青混凝土路面(细级配沥青混合料)的特点是:含约 30% 的级配碎石(12.5mm 筛孔通过量为 100%),砂的用量为 58%～62%(2.00～0.075mm),矿粉填料的用量为 8%～12%(100% 通过 0.075mm 筛孔),沥青用量为 7.5%～9.5%。

瓦雷奈特式(Warrenite bitulithic)沥青混凝土路面(1910 年)的特点是:结构层厚度为 25mm,经挑选的矿质集料用沥青裹覆再碾压进下层的沥青路面(大石料、小石料、矿粉、沥青构成)。在未经压实的沥青层上加铺一个薄的沥青磨耗层,可以防止下面沥青层中的大集料直接接触压路机的钢轮并被压碎,从而破坏混合料的级配。

3. 早期的水泥路面(Portland Cement Concrete Pavements)

1824 年英国的久瑟夫·阿斯普丁(Joseph Aspdin)发明了水泥,1900 年波特兰·比尔(Portland Bill)开始生产水泥,由此一般将水泥称为波特兰(Portland)水泥。早期的水泥主要用作基层的稳定材料,到 1910 年才将水泥混凝土用作路面磨耗层,并提出了水泥:砂:粗集料的比例为 1:2:4 或者 1:2:5。

但是,由于早期的水泥混凝土路面设计与施工时不重视路基(及基层)接缝设计、路基材料选择和压实,导致水泥混凝土路面使用耐久性很差,路面开裂十分严重(图1-10)。

图1-10 水泥混凝土路面的使用状况

三、沥青胶结料的发展

考古研究发现,早在公元前1200年,人们已经开始应用天然沥青,在生产兵器和工具时用沥青作为装饰品,为雕刻物添加颜色。特别是在美索不达米亚地区,由于天然沥青的充足的蕴藏量,沥青被广泛利用。生活在那里的苏美尔人用天然沥青覆盖在器皿和船的外面。另外,他们已经开始在黏土砖中使用天然沥青做黏合剂。

在公元前第七世纪的亚述帝国和巴比伦帝国,沥青已经在道路工程中投入使用。那时,沥青作为接缝材料和涂抹材料来装饰和加固华道。此后,沥青作为水泥一样的黏合剂被用于建造中国的长城和巴比伦空中花园的密封工程。罗马帝国时期,沥青被称为"犹太沥青"(Bitumen Iudaicum, Judenpech)。公元前100年,庞贝古城的罗马大道使用沥青填充接缝和涂抹外层。

在公元1000年的阿拉伯人开始从天然沥青(Naturasphalt)中提取沥青(Bitumen)。方法是将天然沥青(Naturasphalt)加热直到沥青(Bitumen)从中析出。1595年3月22日,沃尔特·雷利(Walter Raleigh)在探险途中于特立尼达岛发现了一个天然沥青湖,直到今天人们还在使用特立尼达天然沥青修筑道路。特立尼达天然沥青湖如图1-11所示。

图1-11 特立尼达天然沥青湖

希腊医生埃里尼·德伊里尼(Eirini d'Eyriny)于 1721 年发表了《天然沥青》的博士论文(Dissertation sur L'Asphalte ov Ciment Naturel),为现代沥青工艺的研究奠定基础。

沥青玛蹄脂铺层首次在 1810 年在里昂运用。基于广泛的尝试,在 1837 年,沥青工艺被证明可以运用在公路工程上。1839 年在奥地利首都维也纳发现通过重新加热可以使沥青再利用的方法。1838 年在普鲁士的汉堡出现了第一条被铺上沥青的道路。1851 年,从特拉弗斯到巴黎的公路上有 78 米长的部分铺上了沥青面层,在之后的 20 年里,巴黎几乎所有公路都铺上了沥青,不久之后这种情况发展到差不多欧洲所有的大城市。1842 年在奥地利的因斯布鲁克发明了浇注沥青并成功应用于道路工程。1853 年里昂·雷诺(Léon Malo)提出了沥青混凝土的概念,1876 年人们开始用碾压的方法得到压实沥青混凝土。早期的马拉压路机和蒸汽机压路机如图 1-12 所示。

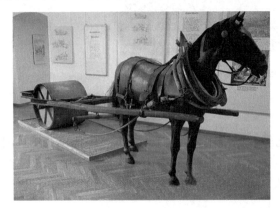

图 1-12　早期的马拉压路机和蒸汽机压路机

1907 年,沥青混合料路面首次在美国投入使用。1914 年,为了获得更好的行驶表面,第一次在柏林修筑了沥青路面赛车车道。1923 年,沥青应用于水坝的密封。为了加速施工进度和质量验收,1924 年在美国加利福尼亚州进行了第一次道路完工验收的检测。1941 年发明了马歇尔测试(Marshall-Test)。为了使机场的飞机跑道尽快投入使用,1963 年在英国出现了干式沥青路面施工工艺。1968 年第一次出现了玛蹄脂沥青施工工艺。20 世纪 70 年代在美国开始实践沥青回收再利用。为了更好的密封效果,1979 年开始在垃圾堆场工程中使用沥青。

1931 年,哈利·巴伯(Harry Barber)和威廉姆·格林(William Greene)通过多年研发,开发了第一台沥青路面摊铺机,并在美国密苏里成功应用(图 1-13)。

图 1-13　早期的沥青摊铺机

1933 年,巴伯和格林公司又进行了重大改进,制成了 BG-79 型现代沥青路面摊铺机,该摊铺机的特点是:304cm 宽的独立浮动熨平板、输送带和螺旋输料器,摊铺时运料车将沥青混合料卸入料斗,通过输送带将沥青混合料送到螺旋输料器,摊铺机在平整的基层上行驶,通过滑行托板拖挂熨平板,对沥青混合料进行整平。因此,1933 年是摊铺机发展史上具有重要意义的一年。1936 年通过改进提出了效能更好的 BG-879,1940 年又研制出性能更好的 BG-879A 型。在以后的几十年里,由于工业技术的发展,众多摊铺机制造公司不断发展壮大,制造了工作原理基本相同,且独具风格的各种型号的摊铺机,如 ABG、福格勒(Vogele)、布鲁诺克斯(BLAW-KNOX)、戴纳派克(DYNAPAC)、马连尼(MARINI)、BTELLE 等公司的产品。

四、路面技术的发展

综上所述,路基路面工程作为一个学科分支,在我国随着交通运输的发展,正在以较快的速度逐步接近国外同类学科的前沿。进入 21 世纪,交通运输不论是在发展中的中国,还是在其他发达国家,仍然是一个重要的科技领域。我国道路科技工作者将会从我国的实际国情出发,不断吸取交叉学科的新成就以及世界各国的先进经验,全面推动路基路面工程学科的发展,为我国交通运输现代化做出贡献。根据当前路基路面工程科学技术的发展趋势,应特别重视以下几方面学科的交叉与发展。

(1)材料科学。回顾历史,每一项路基路面工程新技术的出现,首先是在材料方面有所突破,如路基土壤的改良与稳定路基的技术措施,沥青材料、水泥材料的改性研究,路用塑料等都与材料科学有关。材料微观结构研究、复合材料研究的许多成果也正在被引入路基路面工程,尤其是提高沥青路面耐久性的添加剂(如抗剥离剂、聚合物改性材料、高黏度沥青添加剂等)、沥青再生添加剂等。

(2)岩土工程学。路基路面作为地基结构物要依托天然地表的岩石与土壤。因此路基路面工程在诸多方面借鉴了岩土工程学的科技成果,土力学、岩石力学、地质学、土质学、水文地质学等都是路基路面工程学科的重要基础理论。

(3)结构分析理论。由以经验为主的方法演变成以结构分析理论为主的方法是路基路面设计的一次飞跃。由于结构的复杂性以及车辆荷载与环境因素变化的复杂性,目前多数国家的设计方法所依据的静力线弹性力学分析理论还不能完全满足要求,许多学者仍致力于路基路面结构分析的力学基础研究,如动力荷载与结构动力效应,非线性、黏弹性、黏弹塑性等数学、力学模型的建立以及适用于各种要求、各种边界条件的数学分析方法和数值解方法。今后进一步发展有可能使宏观结构分析与材料的组成,材料的特性以及材料的微观结构与微观力学相融为一体,成为路基路面工程设计的重要基础。

(4)机电工程。现代化道路与机场路基路面工程的固有性能及其使用品质越来越多地依赖于施工装备的性能与施工工艺,如振动压路机的吨位、频率与振幅对于各种结构层产生的效果截然不同。许多专用施工设备就是根据结构强度形成理论和工艺要求专门进行设计的,因此有些国家在研究一项路面工程新技术时,将施工工艺与施工装备也列入研究计划作同步开发研究。

(5)自动控制与量测技术。为确保路基路面的工程质量和良好的使用品质,必须在施工过程中严格控制各项指标,如材料用量、加热温度、碾压吨位、碾压质量等,工程在竣工后以及开放运行的使用过程中需要长期作跟踪监测。所有这些控制与量测都在逐步采用高新技术,以达到较高的精确度,如配料自动控制、平整度自动控制等,在量测技术方面引用高速摄影、激光装置、红外线装置量测各项质量指标及性能指标等。路面响应的检测也由过去的应变片测定,向振弦式应变计和光纤应变测量过渡,路面应变测试不仅能测定某点的应变,还能测定应变场、弯沉盆、温度场等,应变检测不仅能测定相对值,还能测定绝对值。

(6)现代管理科学。从现代管理科学的角度来看,路基路面工程在一个区域范围内属于一个大系统,而且从规划、设计、施工、养护、维修、管理全过程来看,延续数十年之久。通过大型的管理系统,对区域范围内路基路面工程各个阶段的信息进行跟踪、采集、存储、处理、定期作评估和预测,必要时提出维修决策,投放资金进行维修养护,使路基路面始终具有良好的使用性能。这是现代化管理的总概念,有许多国家已在这方面取得实质性的进展,用于工程实践,这对于节约维修养护投资、提高运输效率有重要作用。

第二节 路面材料类型与结构分层

一、路面材料类型

随着材料技术的发展,道路路面建筑材料也在不断发展与更新,以满足路面在交通荷载、环境因素等综合作用下的耐久性。目前常用的路面建筑材料有无结合料类混合料(Unbound aggregate material)、无机结合料稳定材料(Inorganic binder stabilized material)、沥青混合料(mixture of asphalt)、水泥混凝土(Portland cement concrete)等。

1. 无结合料类混合料

无结合料类混合料是主要由碎石通过混合而成的筑路材料,具体可以分为级配碎石混合料和无级配碎石混合料。根据来源,碎石可以分为天然碎石(natural aggregate)和人工碎石(artificial aggregate)。天然碎石又可以分为天然砾料(granular material)和人工轧制碎石(manufactured aggregate),人工碎石则是通过人工混合或利用工业废料轧制的碎石(如矿渣、水泥混凝土轧制碎石)。公路工程用的碎石主要有天然砂砾和人工轧制的碎石。根据材料来源和级配特性,无结合料类混合料主要有级配碎石、级配碎砾石、级配砾石、未筛分碎石、天然砂砾及填隙碎石等,一般用作路面底基层、基层。无结合料类混合料,特别是级配碎石具有良好的力学性能和使用性能,在世界各国普遍采用。

(1)试验与评价

无结合料类混合料的试验与评价主要包括:密度及含水率试验、级配试验、成型试验(重型击实、振动成型、静压成型等)、强度试验[加州承载比(CBR)及抗剪强度]、模量试验(静态抗压模量、动态三轴模量)、永久变形试验、渗透试验和冻胀试验等。

(2)无结合料类混合料的强度影响因素

无结合料类混合料的强度影响因素主要有集料的颗粒形状、细料的含量及塑性指数、级配特性和成型方式。

①集料形状、构造

富有棱角及表面纹理丰富的轧制碎石,在相同级配及密实度下通常比光滑表面的圆颗粒具有更高的 CBR 值及渗透系数,因而应采用轧制集料,且其针片状颗粒含量应不大于 15%。

一般来说,对于石灰岩和玄武岩等,选用合适的轧制碎石容易达到此要求。

②液限、塑性指数

在给定集料级配中细料的含量(通过0.075mm小于筛的量)对柔性道路基层或底基层无黏结集料的反应和性能有直接的影响。集料中小于0.6mm颗粒的含量及其塑性指数对级配碎石性质有较大的影响,当小于0.6mm颗粒含量接近或超过18%时,塑性指数对其三轴强度有较大影响。无塑性细料的级配碎石的CBR值及抗永久变形能力远好于有塑性细料的级配碎石。此外,有塑性细料遇水易膨胀,从而降低透水性和水稳性,并增加了冰冻敏感性。应严格限制级配碎石小于0.6mm颗粒含量及其塑性指数,美国公路与运输工作者协会(AASHTO)及美国材料试验协会(ASTM)均规定其液限应小于28%,塑性指数小于4%~6%。

③级配特性

级配碎石是指由各种大小不同的粒料按照一定的级配组成的混合料(图1-14)。由于级配碎石中没有水泥、石灰或沥青等胶结料,其强度的形成和抗变形能力主要由集料颗粒间的摩擦作用、嵌挤作用提供。摩擦作用本身与集料结构中所产生的内应力以及颗粒接触面上能提供的摩擦系数有关,即颗粒接触面能达到的摩擦力与颗粒的抗压强度和颗粒的表面特性有关。因此,集料级配应保证骨架本身有较高的强度,并通过试验确定。常用的评价指标有CBR值和动态模量值。表1-1和表1-2给出了级配碎石材料CBR要求和级配范围。

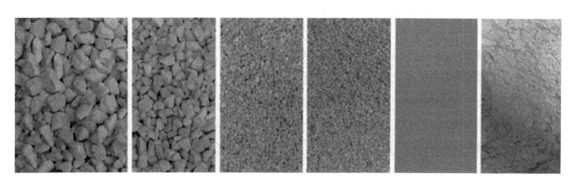

图1-14 组成级配碎石的各档集料

级配碎石材料的CBR要求 表1-1

结构层	公路等级	极重、特重交通	重交通	中、轻交通
基层	高速公路和一级公路	≥200	≥180	≥160
	二级及二级以下公路	≥160	≥140	≥120
底基层	高速公路和一级公路	≥120	≥100	≥80
	二级及二级以下公路	≥100	≥80	≥60

级配碎石材料的级配范围 表1-2

筛孔尺寸(mm)	G-A-1	G-A-2	G-A-3	G-A-4	G-A-5
	通过百分率(%)				
37.5	100	—	—	—	—
31.5	100~90	100	100	—	—

续上表

筛孔尺寸(mm)	G-A-1	G-A-2	G-A-3	G-A-4	G-A-5
	\multicolumn{5}{c}{通过百分率(%)}				
26.5	93~80	100~90	95~90	100	100
19	81~64	86~70	84~72	88~79	100~95
16	75~57	79~62	79~65	82~70	89~82
13.2	69~50	72~54	72~57	76~61	79~70
9.5	60~40	62~42	62~47	64~49	63~53
4.75	45~25	45~25	40~30	40~30	40~30
2.36	31~16	31~16	28~19	28~19	28~19
1.18	22~11	22~11	20~12	20~12	20~12
0.6	15~7	15~7	14~8	14~8	14~8
0.3	—	—	10~5	10~5	10~5
0.15	—	—	7~3	7~3	7~3
0.075*	5~2	5~2	5~2	5~2	5~2

注：* 对无塑性的混合料，小于0.075mm的颗粒含量宜接近高限。

用级配砾石的垫层称为级配砂砾垫层，其级配砂砾要求颗粒尺寸在4.75~31.5mm之间，其中19~31.5mm的颗粒含量不少于50%。

④成型方式

常规的成型方式有重型击实、振动成型、静压成型等。试验表明，振动成型好于重型击实，振动成型的CBR和密度大于击实成型的CBR和密度，并且在一定范围内集料越粗CBR值越大。

2. 无机结合料稳定材料

在粉碎的或原状松散的土中掺入一定量的无机结合料(包括水泥、石灰或工业废渣等)和水，经拌和得到的混合料在压实与养生后，其抗压强度符合规定要求的材料称为无机结合料稳定材料。

粉碎的或原状松散的土，按照土中单个颗粒(指碎石、砾石、砂和土颗粒)的粒径的大小和组成，可分成细粒土、中粒土和粗粒土。不同的土与无机结合料拌和得到不同的稳定材料，常用的基层、底基层无机结合料稳定材料有：水泥稳定碎石、水泥稳定砂砾、二灰(石灰、粉煤灰)碎石、水泥粉煤灰稳定碎石、石灰土、二灰土、贫水泥混凝土等。事实上，无机结合料稳定材料应包含水泥混凝土，但工程技术人员一般所称的无机结合料稳定材料都是基层材料，而将水泥混凝土作为面层材料单独列出。

无机结合料稳定材料具有稳定性好、抗冻性强、结构本身自成板体等特点，但其耐磨性和抗裂性差，因此，广泛用于修筑路面结构的基层和底基层。

无机结合料稳定材料种类较多，其物理、力学性质各有特点，使用时应根据结构要求、掺加剂和原材料的供应情况及施工条件进行综合技术、经济比较后选定。由于无机结合料稳定材料的刚度介于柔性路面材料和刚性路面材料之间，常称为半刚性材料。以此修筑的基层或底基层亦称为半刚性基层(底基层)。

无机结合料稳定材料的无机物含量和级配要求根据材料在规定条件下试件7d的无侧限强度确定，不同种类的无机结合料的7d无侧限抗压强度和压实度要求见表1-3~表1-6。原材料及其级配设计细节可见《公路路面基层施工技术细则》(JTG/T F20)。

石灰稳定细粒土 7d 无侧限抗压强度与压实度标准　　　　　　表 1-3

层位	稳定材料类型	高速公路及一级公路		二级及二级以下公路	
		压实度(%)	抗压强度(MPa)	压实度(%)	抗压强度(MPa)
基层	集料	—	—	≥97	≥0.8
	细粒土	—		≥95	
底基层	集料	≥97	≥0.8	≥95	≥0.5~0.7
	细粒土	≥95		≥93	

水泥稳定材料的 7d 无侧限抗压强度与压实度标准　　　　　　表 1-4

层位	稳定材料类型	高速公路及一级公路				二级及二级以下公路			
		压实度(%)	抗压强度(MPa)			压实度(%)	抗压强度(MPa)		
			极重、特重	重	中、轻		极重、特重	重	中、轻
基层	集料	≥98	5.0~7.0	4.0~6.0	3.0~5.0	≥97	4.0~6.0	3.0~5.0	2.0~4.0
	细粒土	—				≥95			
底基层	集料	≥97	3.0~5.0	2.5~4.5	2.0~4.0	≥95	2.5~4.5	2.0~4.0	1.0~3.0
	细粒土	≥95				≥93			

石灰粉煤灰稳定材料的 7d 无侧限抗压强度与压实度标准　　　　　　表 1-5

层位	稳定材料类型	高速公路及一级公路				二级及二级以下公路			
		压实度(%)	抗压强度(MPa)			压实度(%)	抗压强度(MPa)		
			极重、特重	重	中、轻		极重、特重	重	中、轻
基层	集料	≥98	≥1.1	≥1.0	≥0.9	≥97	≥0.9	≥0.8	≥0.7
	细粒土	—				≥95			
底基层	集料	≥97	≥0.8	≥0.7	≥0.6	≥95	≥0.7	≥0.6	≥0.5
	细粒土	≥95				≥93			

水泥粉煤灰稳定材料的 7d 无侧限抗压强度与压实度标准　　　　　　表 1-6

层位	稳定材料类型	高速公路及一级公路				二级及二级以下公路			
		压实度(%)	抗压强度(MPa)			压实度(%)	抗压强度(MPa)		
			极重、特重	重	中、轻		极重、特重	重	中、轻
基层	集料	≥98	4.0~5.0	3.5~4.5	3.0~4.0	≥97	3.5~4.5	3.0~4.0	2.5~3.5
	细粒土	—				≥95			
底基层	集料	≥97	2.5~3.5	2.0~3.0	1.5~2.5	≥95	2.0~3.0	1.5~2.5	1.0~2.0
	细粒土	≥95				≥93			

3. 沥青混合料

沥青混合料指的是由沥青、粗细集料和矿粉,按一定配合比设计方法进行材料组成设计的混合料。将其拌和、摊铺、碾压成型,用作路面面层的称为沥青路面;用作基层的称为沥青结合料类基层。

按照沥青混合料设计空隙率和用途的不同,沥青结合料类面层可分为:

（1）密级配沥青混合料（Asphalt Concrete，简称 AC，Superpave 也属于密级配沥青混合料），是按照密实级配原理组合而成的级配优良的沥青混合料，设计空隙率为 3%～6%，用作沥青路面的表面层、中面层、下面层等。

（2）沥青玛蹄脂碎石（Stone Matrix Asphalt，简称 SMA），由间断级配集料构成粗集料嵌挤骨架，并由沥青玛蹄脂（沥青、填料、纤维）填充骨架空隙而成的沥青混合料，设计空隙率为 3%～6%，用作沥青路面的表面层、中面层等。

（3）开级配多空隙沥青混合料（Porous Asphalt Concrete，简称 PAC，Open-Graded Friction Course，简称 OGFC），由开级配集料组成骨架、高黏改性沥青等组成的嵌挤骨架型多空隙沥青混合料，设计空隙率为 18%～22%，用作沥青路面的表面层等。

（4）高模量沥青混合料（High-Modulus Asphalt Concrete，简称 HMAC）由低标号硬质沥青（或天然沥青改性沥青、较低标号沥青外加改性添加剂）与连续级配或间断级配组成，其 20℃ 和 45℃ 条件下加载频率 10Hz 状态的动态模量，以及 15℃、10Hz 和 230με 的疲劳寿命满足规定要求的沥青混合料。

早在 20 世纪 60 年代，法国就开始使用硬沥青，并利用硬沥青开发了高模量沥青混合料 HMAC。最早的高模量沥青混合料在 20 世纪 70 年代中期用煤沥青和聚氯乙烯制成。正式的高模量沥青混凝土出现于 1980 年，并得到了相当程度的发展。这种混合料有良好的抗疲劳、抗车辙、抗温缩裂缝和抗老化等路用性能，例如，应用于基层部分的高模量基层混凝土 EME，以及用于面层、磨耗层部分的高模量面层 BBME。

按照沥青混合料设计空隙率和用途的不同，沥青结合料类基层可分为：

（1）密级配沥青稳定碎石（Asphalt Treated Base，简称 ATB），设计空隙率为 3%～6%，用作基层。ATB 是沥青稳定碎石基层的主要材料形式。

（2）半开级配沥青稳定碎石（Asphalt Macadam，简称 AM），设计空隙率为 6%～12%，用作低等级公路面层。

（3）开级配沥青稳定碎石（Asphalt Treated Permeable Base，简称 ATPB），设计空隙率为 18%～22%，用于排水路面和排水基层。ATPB 作基层使用时，因其设计空隙率大，物理力学性质和耐久性相对较差，需要用黏度更好的胶结料。

4. 水泥混凝土

水泥混凝土（简称混凝土）是由胶凝材料、水和粗细集料及具有特定性能的外加剂或混合材按适当比例配合、拌制成的混合物，经一定时间硬化而成的具有一定强度的人造石材。水泥混凝土自 1824 年问世以来，现已发展成应用最广泛、用量最大的工程材料，到 2019 年底我国混凝土年产量已超过 20 亿 m^3。水泥混凝土具有原料丰富、便于施工和浇筑成各种形状的构件、硬化后性能优良、耐久性好、成本低廉、性能调整方便等优点，所以水泥混凝土广泛应用于建筑、道路、桥梁、隧道、港口等众多工程。目前水泥混凝土仍在向着高强度、高韧性、高耐久、多功能化等方向发展，在 21 世纪水泥混凝土仍将作为一种主要的土木工程材料。

水泥混凝土按 28d 抗压强度可分为四大类：

低强度混凝土，抗压强度小于 20MPa，主要应用于一些承受荷载较小的场合，如路面基层。

中强度混凝土，抗压强度 20～60MPa，是现今土木工程中的主要混凝土类型，应用于各种工程中，如房屋、桥梁、路面等。

高强度混凝土，抗压强度大于 60MPa，主要用于大荷载、抗震及对混凝土性能要求较高的场合,如高层建筑、大型桥梁等。

超高强混凝土,抗压强度大于100MPa,主要用于各种重要的大型工程,如高层建筑的桩基、军事防爆工程、大型桥梁等。

二、路面结构分类

路面类型可以从不同的角度来划分,世界各国一般按面层所用的材料来区分,如水泥混凝土路面、沥青混凝土路面、砂石路面等。在工程设计中,也从路面结构的力学特性的相似性出发,将路面结构划分为柔性路面(沥青路面)、复合式路面和刚性路面(水泥混凝土路面)三类。根据基层材料类型及结构组合的不同,又可将沥青路面划分为无机结合料稳定类基层沥青路面、粒料类基层沥青路面、沥青结合料类基层沥青路面、水泥混凝土基层沥青路面。国外一般将水泥混凝土路面和沥青混凝土路面称为有铺装路面;表面处治、沥青碎石、沥青贯入式路面称为简易铺装路面;砂石路面等归入未铺装路面。砂石路面是以砂、石为集料,以土、水、灰为结合料,通过一定的配合比铺筑而成的路面,包括级配砂(砾)石路面、泥结碎石路面、水结碎石路面、填隙碎石路面及其他粒料路面。

1. 柔性基层沥青路面

柔性基层沥青路面的总体结构刚度较小,在车辆荷载作用下产生的弯沉变形较半刚性基层沥青路面大。通过合理的结构组合、材料组成和厚度设计可以保证路面结构整体具有很强的抵抗荷载作用的能力,同时通过各结构层将车辆荷载传递给土基,使土基承受的单位压力在一定的范围内。路基路面结构主要靠抗压强度和抗剪强度承受车辆荷载的作用。柔性基层主要包括各种未经处理的粒料基层和各类沥青层、碎(砾)石层或块石层。发达国家主要采用柔性基层沥青路面结构。

2. 无机结合料稳定类基层(也称半刚性基层)沥青路面

用水泥、石灰等无机结合料处治的土或碎(砾)石及含有水硬性结合料的工业废渣修筑的基层,在前期具有柔性基层的力学性质,后期的强度和刚度均有较大幅度的增长,但是最终的强度和刚度仍远小于水泥混凝土。由于这种材料的刚性处于柔性基层与刚性基层之间,因此把这种基层和铺筑在它上面的沥青面层统称为无机结合料稳定类基层沥青路面,也称为半刚性基层沥青路面。

3. 刚性基层沥青路面

这是用水泥混凝土[包括普通混凝土(JPCP)、钢筋混凝土(JRCP)、连续配筋混凝土(CRCP)、钢纤维混凝土、预应力混凝土、装配式混凝土、碾压混凝土]作基层,沥青混凝土作面层的路面结构。水泥混凝土具有强度高、稳定性好等特点,沥青混凝土具有行车舒适、噪声小的特点,这种复合式路面可以避免各自的缺点,具有良好的使用性能和耐久性。普通混凝土(JPCP)、钢筋混凝土(JRCP)基层沥青路面由于接缝处的反射裂缝,对使用性能有一定的影响;连续配筋混凝土(CRCP)基层沥青混凝土路面由于连续的配筋将水泥混凝土的裂缝宽度约束在一定的范围内(一般要求小于1mm),故其有良好的使用性能和耐久性,但必须采取措施保证沥青层与沥青层、沥青层与水泥混凝土层之间有良好的黏结状态。CRCP + AC 是永久性沥青路面的典型结构。

4. 组合式基层沥青路面

沥青路面的基层含有无机结合料稳定材料、水泥混凝土材料等刚度较大或相对较大的材料,但是在沥青层与刚度相对较大的材料之间夹有柔性材料,如沥青混凝土层+级配碎石+无机结合料稳定材料层的路面结构、沥青混凝土层+级配碎石+普通水泥混凝土层的路面结构、沥青混凝土层+级配碎石+碾压式水泥混凝土层的路面结构等。

对组合式基层沥青路面结构必须认真验算级配碎石基层上各结构层的疲劳性能,以避免由于整体性材料与非整体性材料界面出现的应力或应变突变而产生的疲劳破坏。

三、路面结构分层

行车荷载和自然因素对路基路面的影响,随深度的增加而逐渐变化。因此,对路面材料的强度、抗变形能力和稳定性的要求也随深度的增加而逐渐变化。假如沥青层厚18cm、基层40cm,底基层20cm,层间完全连续,路面结构垂直应力、剪切应力和弯拉应力分布如图1-15所示。图1-15中的数据表明,沥青路面结构层0~10cm范围内,垂直应力和剪切应力较大,设计时主要考虑抗车辙和抗剪切性能;路面结构基层和底基层的弯拉应力较大,设计时主要考虑抗疲劳性能。为了适应这一特点,路面结构通常分层铺筑,按照使用要求、受力状况、土基支承条件和自然因素影响程度的不同,特其分成若干层次。通常按照各个层位功能的不同,路面结构一般由面层、基层、底基层组成,必要时设置功能层,功能层一般介于路基与基层之间作为温度和湿度的过渡层。

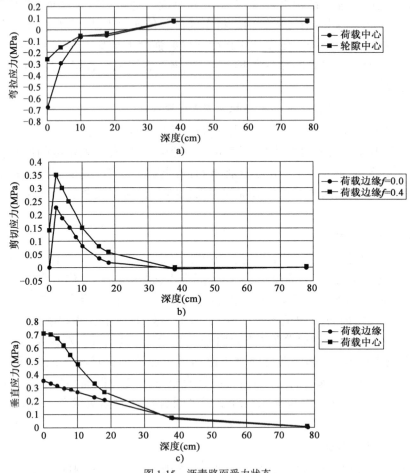

图1-15 沥青路面受力状态

1. 面层

面层是直接同行车荷载和环境接触的层次，它承受较大行车荷载的垂直力和水平力作用，同时还受到降水的浸蚀和气温变化的影响。因此，同其他层次相比，面层应具备较高的结构强度和抗变形能力、较好的水稳定性和温度稳定性，而且应当耐磨和不透水，其表面还应有良好的抗滑性和平整度。修筑面层所用的材料主要有水泥混凝土、沥青混凝土、沥青碎（砾）石混合料等。

沥青面层有时分两层、三层或更多的层次铺筑，如高速公路沥青面层总厚度在 18~38cm 时，可分为上、中、下或更多层铺筑，并根据各分层的要求采用不同的级配类型。也有水泥混凝土路面或连续配筋水泥混凝土上加铺沥青混凝土这样的复合式结构。

2. 基层

基层主要承受由面层传来的车辆荷载的垂直力和水平力，并扩散到下面的路基土中去，因此基层是路面结构的承重层。它应具有一定的强度和刚度，并具有良好的扩散应力和抗疲劳能力。基层遭受大气因素的影响虽然比面层小，但是仍然有可能经受地下水和通过面层渗入雨水的浸湿，所以基层结构还应具有足够的水稳定性。基层表面虽不直接供给车辆行驶，但仍然要求有较好的平整度，因为这是保证沥青面层平整性的基本条件。

对沥青混凝土路面必须采取措施保证沥青层与沥青层，沥青层与无机结合料稳定材料基层之间具有良好的黏结状态以增加整体性材料的疲劳寿命。无机结合料稳定类基层必须满足路面结构疲劳性能、抗裂性能和水稳定性。

修筑基层的材料主要有无机结合料（如石灰、水泥等）稳定细粒土、沥青稳定碎石、无机结合料（如石灰、水泥等）稳定碎（砾）石；无机结合料（如石灰、水泥等）和工业废渣（如煤渣、粉煤灰、矿渣、石灰渣等）稳定细粒土土、碎（砾）石；贫水泥混凝土、普通水泥混凝土；天然砂砾、各种碎石或砾石、片石、块石或圆石等。

基层厚度太厚时，为保证工程质量可分为两层、三层或更多的层次铺筑，当采用不同材料修筑基层时，基层的最下层称为底基层。

3. 功能层

功能层介于路基与基层之间，它的功能是改善土基的湿度和温度状况，以保证面层和基层的强度、刚度和稳定性不受土基水温状况变化所造成的不良影响。功能层是路基的一部分，另一方面的功能是将基层传下的车辆荷载应力加以扩散，以减小土基产生的应力和变形。同时它也能阻止路基土挤入基层中，影响基层结构的性能。修筑功能层的材料强度要求不一定高，但水稳定性和隔温性能要好。常用的功能层材料分为两类：一类是由松散粒料（如砂、砾石、炉渣等）组成的透水性功能层；另一类是用水泥或石灰稳定土等修筑的稳定类功能层。

第三节　路面结构功能与使用品质

为了保证公路与城市道路最大限度地满足车辆运行的要求，提高行车速度、增强安全性和舒适性、降低运输成本和延长道路使用年限，要求路基路面具有下述基本性能。

一、一定的强度和刚度

强度是结构层材料抵抗断裂破坏的能力。如果路面结构所受的极限荷载产生的弯拉应力超过结构层的弯曲抗拉强度,那么结构层将出现断裂;同样,如果路面结构所受的疲劳荷载产生的弯拉应力超过结构层的疲劳强度,那么结构层将出现疲劳断裂。

刚度是结构层材料抵抗变形的能力,刚度的常规表征是模量。因此,如果模量越大,材料的抗变形能力就越大,但这种材料也将越脆,抵抗疲劳破坏的能力也越差。同时后面的分析也表明,在相同的荷载作用下,结构层层底的拉应力随着结构层模量的增加而增加。因此,高模量材料在受拉区并不是一个好的选择,受拉区的材料必须是抗疲劳性能好的韧性材料,这也就是国外为什么采用富油沥青混凝土作为沥青路面受拉区材料的理由。

我国主要采用半刚性基层沥青路面结构,基层一般处于受拉区域,因此基层刚度的选择、基层材料设计不仅与强度有关,而且与材料模量有关。尤其是水泥稳定粒料,由于很多地方片面要求提高强度,随着水泥稳定粒料强度的增加,其模量也增加,相同荷载作用下的弯拉应力增加,出现反射裂缝的概率也增加了,于是加快了疲劳破坏(图1-16)。所以处理好强度与刚度的关系,对提高沥青路面使用性能、延长沥青路面使用寿命有着重要的意义。

由图1-17可以看出,半刚性基层在温度和荷载的综合作用下,出现了整体性破坏。这种破坏不仅影响路面的整体承载能力,也导致沥青路面很难进行修复,必须进行整体性重建,挖除旧基层,重新修筑新基层。这种路面结构势必导致路面维修成本很高,产生很多废料。

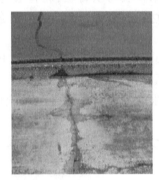

图1-16　沥青路面的反射裂缝和基层的破坏　　　　图1-17　沥青路面基层的破坏

二、良好的承载能力

行驶在路面上的车辆,通过车轮把荷载传给路面,由路面传给路基,在路基路面结构内部产生应力、应变及位移。如果路基路面结构整体或某一组成部分的强度或抗变形能力不足以抵抗这些应力、应变及位移,则路面有时会出现断裂、沉陷、波浪或车辙,使路况恶化、服务水平下降。因此,要求路基路面结构整体及其各组成部分都具有与行车荷载相适应的承载能力。

结构承载能力是路面结构承受荷载的能力。因此,路面结构整体或某一组成部分应具有足够的强度以抵抗车轮荷载引起的各个部位的各种应力,如压应力、拉应力、剪应力等,使路面各个部位的各种应力在规定的范围内,保证路面结构不发生压碎、拉断、剪切等各种破坏。或者路面结构整体或某一组成部分应能抵抗车轮荷载引起的各个部位的各种应变,如压应变、拉应变、剪应变等,使路面各个部位的各种应变在规定的范围内,在车轮荷载作用下不发生过量的应变或变形,保证不发生车辙、沉陷或波浪等各种病害。路面结构承载能力的判别指标应与相应的破坏模式一致,材料破坏模式的判别标准从材料力学的角度主要是材料强度理论,而材料的强度理论主要有最大拉应力理论、最大拉应变理论、最大剪应力理论、摩尔理论和能量理论,因此,路面的承载能力指标也应主要与最大拉应力指标、最大拉应变指标、最大剪应力指标、摩尔指标和能量指标等相关联。

三、良好的稳定性

沥青路面的稳定性主要包括高温稳定性、低温抗裂性、水稳定性和结构稳定性。

1. 沥青路面的高温稳定性

沥青路面的高温稳定性是沥青路面高温时抵抗永久变形的能力,这种永久变形主要包括高温车辙(图 1-18)、推挤与拥包等。随着重载交通的增加、路面结构层温度的升高,沥青路面的高温车辙成为一些地方的主要路面病害。沥青路面的高温车辙具有累积性和瞬时性,路面温度在一定范围内,在荷载作用下,沥青路面的车辙随着荷载作用次数的增加而增加。分析也表明,动稳定度-温度曲线(图 1-19)基本可看成由三个直线段连接而成,三个直线段的斜

图 1-18　沥青路面的车辙

率经历了由小变大、再由大变小的过程。斜率变化最大的温度区间刚好处在各自沥青结合料软化温度附近大约±3℃的温度范围内,这一温度区间,是沥青混合料抗车辙性能对温度变化最敏感的温度区间。沥青路面的高温车辙主要发生在中午高温时段,尤其是路面温度接近或超过沥青的软化点时,路面更容易出现车辙,几天乃至一天沥青路面就出现很大车辙,也就是沥青路面车辙的瞬时性。因此,在高温时节,通过高温车辙预警,采取一定的管理措施,能够有效减少沥青路面车辙。

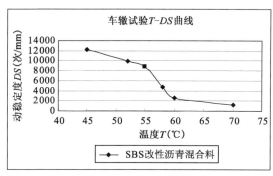
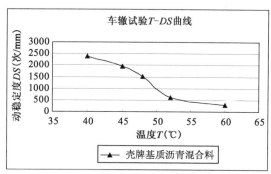

图 1-19　沥青混凝土的动稳定度与温度的关系

2. 沥青路面的低温抗裂性

沥青结合料的低温抗裂性能指标主要是沥青低温针入度、劲度、针入度指数 PI、低温延度、低温黏度、弗拉斯脆点、当量脆点等。现有的沥青混合料低温性能试验方法可以分为直接拉伸试验、间接拉伸试验、弯曲梁试验、约束试件温度应力试验等类型。然而,将这些试验方法测得的沥青混合料的力学性能指标用于温度收缩问题分析时,除约束试件温度应力试验可以模拟沥青路面实际工作条件外,其他几种试验方法的试验环境均与工程实际之间存在较大的差距。其主要原因是实际路面的温度收缩开裂过程是一个温度变化十分缓慢、时间历程较长

的过程,并伴随着明显的应力松弛现象;而常规的直接拉伸、间接拉伸和弯曲梁试验都是在较快的时间内完成的。

由于沥青路面的低温抗裂性主要与沥青材料的温度敏感性、材料的低温松弛特性、降温速率等因素有关,因此目前主要通过材料选择、沥青混合料低温性能的评价来改善沥青路面的低温抗裂性能。沥青路面的低温开裂如图1-20所示。

3. 沥青路面的水稳定性

沥青路面的水稳定性主要涉及沥青路面施工过程中出现的沥青混合料离析、沥青路面现场空隙率的变异和雨天车辆荷载出现的动水压力等。沥青路面的坑洞和水损害如图1-21、图1-22所示。

图1-20 沥青路面的低温开裂

图1-21 沥青路面的坑洞

沥青路面施工过程中沥青混合料的离析主要与沥青混合料的类型、级配设计、沥青路面施工过程控制等有关。如果沥青混合料的类型选择加上对应的沥青混合料级配组成设计不合理,则沥青混合料在施工过程中容易离析。施工过程中,沥青混合料的装载过程、卸载过程、沥青路面的摊铺过程及螺旋布料器的运送过程均可能导致其离析。沥青路面的施工离析是导致路面水损害的重要原因。沥青路面现场渗水增加的主要原因是材料离析和温度离析导致的现场空隙率变异等(图1-23)。施工过程中要求装载采用3次卸料法或5次卸料法(图1-24);沥青路面摊铺宽度应控制在3~5m的范围内,最大不超过6m。沥青混合料卸料车与摊铺机应紧密配合,保证卸料过程中尽量减少离析。摊铺机操作人员应尽量控制摊铺机的拢料次数,有

图1-22 沥青路面的水损害

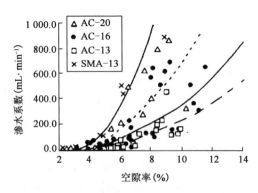

图1-23 沥青路面渗水系数与空隙率关系

时可以采用最后摊铺结束时一次拢料的方法,减少拢料导致的离析。应保证螺旋布料器输送的均匀,减少端部出现的离析。沥青混合料卸料和螺旋布料器的离析如图 1-25 所示。

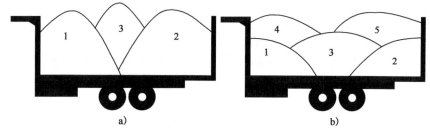

图 1-24　沥青混合料装载示意图
a)3 次卸料法示意图;b)5 次卸料法示意图
注:图中数字表示卸料顺序。

图 1-25　沥青混合料卸料和螺旋布料器的离析

沥青路面施工过程中除了材料离析外,温度离析(图 1-26)也是导致施工现场出现压实不均匀,进而导致沥青路面出现水损害的一个重要原因。沥青路面施工温度离析是由于工程中沥青混合料的温度不均匀、碾压过程中压路机喷水不均匀等原因导致。对于沥青混合料的温度不均匀,目前主要的措施是采用沥青混合料转运车(Material Transfer Vehicle-MTV)现场重新拌和。沥青摊铺过程的车辆如图 1-27 所示。

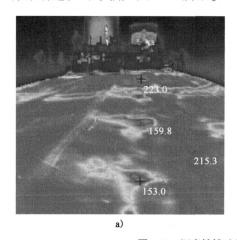
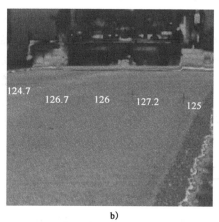

图 1-26　沥青摊铺过程温度红外线摄像图
a)明显的温度离析;b)温度均匀

图 1-27　沥青摊铺过程车辆图(装载车、材料转运车、摊铺机)

4. 沥青路面的结构稳定性

沥青路面结构稳定性主要包括水泥稳定粒料的温度稳定性和高含硫粉煤灰基层材料的材料稳定性。

水泥稳定粒料基层的温度稳定性是水泥稳定粒料施工时水泥用量过大,水泥稳定粒料的强度过高,导致水泥稳定粒料出现的夏天拱胀现象。

含粉煤灰的基层材料的稳定性是无机结合料和高含硫粉煤灰稳定类基层在雨水的作用下出现整体膨胀,导致路面结构表面出现平整度差的现象,如图 1-28 所示。

a)　　　　　　　　　　　　　b)　　　　　　　　　　c)

图 1-28　基层粉煤灰膨胀导致路面整体变形

a)二灰土室内浸水破坏;b)阴井盖周边路面抬高 20cm 左右;c)路面抬高 10cm 左右

火力电厂为满足 SO_2 排放要求,一般采用石灰或石灰石作为脱硫吸收剂的干法脱硫技术,但也导致现有的粉煤灰中含有超量的亚硫酸盐等硫化物。石灰粉煤灰稳定碎石和石灰粉煤灰稳定土等粉煤灰类稳定基层如果采用含有超量的硫化物的粉煤灰,将导致施工的粉煤灰类稳定基层在使用一段时间后出现基层(底基层)整体膨胀,影响路面结构的整体平整度。虽然现行《用于水泥和混凝土中的粉煤灰》(GB/T 1596)中明确规定用于水泥和混凝土中的粉煤灰的 SO_3 含量不得大于 3%,但由于存在于亚硫酸钙中的硫很难被测出,以致会把 SO_3 含量大于 3% 的脱硫灰渣误当作合格的粉煤灰用于基层。

四、良好的耐久性

沥青路面的耐久性主要包括路面结构层的整体抗疲劳性能和耐老化性能。沥青路面的抗疲劳性能包括结构层单一的疲劳性能和结构层整体的疲劳性能。由于沥青路面结构属于层状体系,层与层之间的结合状态将严重影响结构层的单一疲劳性能。如果上面层与中面层不完全连续,其他各层完全连续,那么上面层层底将处于受拉状态,沥青上面层的疲劳寿命就完全取决于上面层的厚度和上面层材料的疲劳特性,计算结果表明,其疲劳寿命一般也就是1~2年;如果中面层与下面层不完全连续,其他各层则完全连续,那么中面层层底将处于受拉状态,沥青中面层的疲劳寿命就完全取决于上面层和中面层的厚度和中面层材料的疲劳特性,计算结果表明,其疲劳寿命一般也就是2~3年;如果下面层与基层不完全连续,其他各层完全连续,那么下面层层底将处于受拉状态,沥青下面层的疲劳寿命就完全取决于上面层和中面层及下面层的厚度和下面层材料的疲劳特性,计算结果表明,其疲劳寿命一般也就是3~4年。现场的坑洞调查表明,沥青路面坑洞并不完全是由于水损害引起的,部分是由于层间不连续导致的疲劳破坏。因此,促使沥青路面施工的层间连续性十分重要,保证层间连续,除了每层必须进行黏层油施工外,保证层间不污染也是基本要求,这也就是很多管理单位提出"沥青面层施工零污染"的重要原因。沥青路面的疲劳破坏如图1-29所示。

 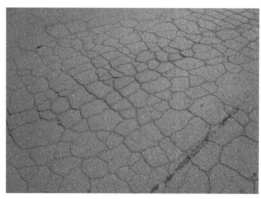

图1-29 沥青路面的疲劳破坏

结构层整体的疲劳性能则要通过合理的结构组合设计完成。根据前面结构整体的受力分析,保证受拉区材料具有良好的抗疲劳性能和足够的疲劳寿命,是沥青路面整体满足疲劳寿命的要求。因此,并不是差的材料可以放在下面,而是不同的层位应该根据其受力特点采用不同的材料,不同的材料应该满足不同的路面结构使用性能要求,当以疲劳性能为控制时就应该选择抗疲劳性能好的材料。

沥青路面的老化耐久性则主要与施工过程中的温度控制、路面现场空隙率等有关。因此,保证沥青混合料拌和过程中温度在控制的范围内是保证沥青混合料不老化的重要措施;保证沥青路面的现场空隙率在规定的范围内也是保证该种沥青混合料不因环境影响而出现老化的重要措施。

五、良好的表面平整性

沥青路面表面平整性是保证行车舒适性和减少由于不平整引起过大路面动荷载的需要。路面的平整度是保证行车舒适的最主要因素,路面平整度主要包括横向不平整度和纵向不平整度。横向不平整度主要与路面产生的车辙量有关,车辙量越大,那么横向不平整度越大,车辆振动越大,行驶安全性也越差。沥青路面的车辙造成的积水如图1-30所示。纵向不平整度主要与路基产生的不均匀沉降、路面施工质量(主要是纵向平整度)、路面裂缝率、路面修补率(补丁)等因素有关。只有保证路基沉降均匀、路面施工纵向平整度良好、路面裂缝和补丁少,才能保证路面具有良好的行驶舒适性(图1-31)和安全性。

图1-30 沥青路面车辙造成的积水

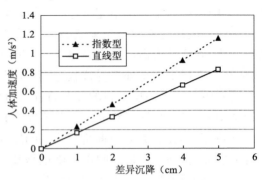

图1-31 沥青路面的不均匀沉降与行驶舒适性

六、良好的抗滑性

沥青路面的抗滑性主要与行驶安全性有关。研究表明,车辆由于路面抗滑不足而导致的安全事故主要出现在雨天,而雨天安全事故出现的主要原因是快速运动的车辆由于水的存在而出现水漂。保证路面抗滑的主要指标是沥青路面表面纹理深度、侧向抗滑系数及表面层的空隙率。英国的研究表明,对于高速运动的车辆,单纯的纹理变化(夏季平均侧向力系数变化)并不能减少车辆事故的发生(图1-32)。反而是城市道路交叉口随着路表纹理深度的增加,只要保证一定的车速,交通事故明显减少。

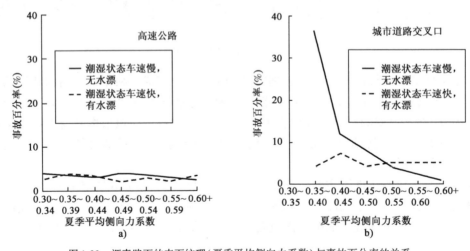

图1-32 沥青路面的表面纹理(夏季平均侧向力系数)与事故百分率的关系

为了减少雨天的车辆水漂,采用排水路面(PAC)或抗滑磨耗层(OGFC)是很好的选择(图1-33)。由于排水路面或抗滑磨耗层的混合料设计空隙率达到20%,路面和车辆之间不易积水,也就不会出现水漂。

因此,沥青路面要真正达到雨天抗滑减少事故的效果,只有采用具有大空隙的排水性沥青路面(图1-34)。但是要实现排水路面(PAC)或抗滑磨耗层(OGFC)的耐久与稳定,应采用高黏度沥青(如添加12%~15%的TPS),也就是60℃的动力黏度应超过200kPa·s。目前国内几个实体工程(如江苏盐通高速公路)甚至达到300kPa·s。

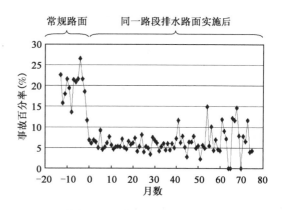

图 1-33　排水性沥青路面(左)和常规路面(右)排水的比较

图 1-34　排水性沥青路面(右)和常规路面(左)事故的比较

七、良好的环保生态特性

随着沥青路面整体使用要求的提高,不仅要求沥青路面具有很好的耐久性,还要求沥青路面具有良好的环保与生态特性。环保特性主要是指沥青路面在使用过程中具有降温、低噪声等特性,具有城市凉爽型路面特点,可以减少城市热岛效应、减少噪声对人体的影响。

城市凉爽型路面是一种低吸热路面,通过路面低吸热,减少路面放热对环境的影响。图 1-35 是两种沥青路面表面的对比,表面涂刷了热反射材料位置的路表温度明显降低(图 1-36)。表面涂刷降温涂层后,路面的储热能力明显降低,可以减少城市的热岛效应。因此,路面降温涂层在城市道路的交通口、公交车停靠站对减少由于高温引起的路面车辙具有很好的作用。

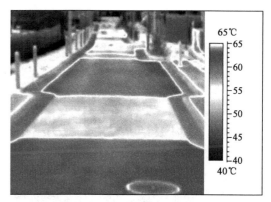

图 1-35　两种沥青路面表面的对比

图 1-36　涂刷热反射材料的沥青路面温度场

低噪声路面在使用过程中具有较低的道路噪声(图 1-37),可减少对人体的影响,包括对车内人的影响和对车外人的影响两个方面。研究表明,要实现对车内人的低噪声,路面表面应该具有更多的负纹理;相反,要实现对车外人的低噪声,具有正纹理的路面是一个良好的选择。对城市道路,主要应该考虑的是对车外人的影响;对野外公路来说,则主要应该考虑对车内人的影响。

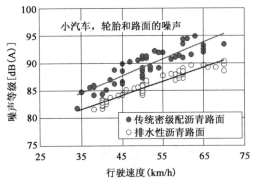

图 1-37　沥青路面车外噪声与路面种类及车速的关系

彩色沥青路面(图 1-38)和融雪型沥青路面(图 1-39)也是路面环保生态特性的另一个使用场合。彩色沥青路面适宜在特定的场合使用,如高速公路匝道等;融雪型沥青路面则适合于公路桥梁、道路阴影处等容易产生积雪的地方,减少积雪对道路行驶安全的影响。

温拌沥青混合料(Warm Mix Asphalt,简称 WMA),就是通过一定的技术措施,使沥青能在相对较低的温度下进行拌和及施工,同时保持其不低于热拌沥青混合料(Hot Mixture Asphalt,简称 HMA)的使用性能的沥青混合料,这种技术也称为温拌沥青技术。其技术关键是在不损伤 HMA 路用性能的前提下降低沥青的拌和黏度。目前,国际主流温拌沥青技术主要通过外加材料降低沥青混合料的高温黏度来实现。同时,先进的温拌沥青技术完全可以使温拌沥青混合料达到热拌沥青混合料的性能,同时减少烟气对环境的影响(图 1-40)。

图 1-38　彩色沥青路面

图 1-39　融雪型沥青路面

a)

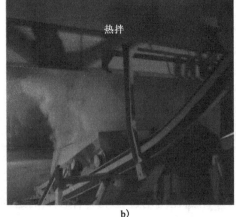

b)

图 1-40　沥青路面拌和方式对比
a)温拌无烟气;b)热拌有烟气

路面生态特性是指路面到达其使用寿命末期时,具有可再生的性能。沥青路面的再生技术主要包括就地与厂拌冷再生、就地与厂拌热再生四种。本质上讲,厂拌热再生(图1-41)是将沥青路面恢复成与热拌沥青混合料相同的技术性质,是真正意义上的再生。就地热再生主要应用于只有表面功能病害、没有结构性病害的路面,只是解决路面功能病害的技术措施,并没有实现路面再生。厂拌和就地冷再生(图1-42)只是进行材料的再利用,其技术特性明显比热拌沥青混合料差,但是实现了再利用,铺筑于结构层的合理层位,满足生态路面的基本要求。

图1-41 沥青路面厂拌热再生系统

图1-42 沥青路面就地冷再生系统

深入了解沥青路面的使用要求是保证沥青路面长期使用性能的重要条件,只有在明确沥青路面使用要求的条件下设计不同层位的路面材料,才能保证沥青路面的整体质量和使用性能。同时路面设计不仅要考虑其使用耐久性,还要考虑其使用安全性和环保生态特性。

第四节 路面设计方法简述

一、水泥混凝土路面设计概述

水泥混凝土路面板具有较高的力学强度,同时又具有较高的弹性模量,在荷载作用之下变形微小,因此,从力学观点出发,把水泥混凝土路面称之为刚性路面。水泥混凝土路面有许多种类,如不配筋的素混凝土路面、配筋的钢筋混凝土路面、连续配筋混凝土路面、预应力混凝土路面、钢纤维混凝土路面等。由于它们具有相近的力学特征和工作特性,因此都归纳入水泥混凝土路面范畴。各类水泥混凝土路面的设计原理与方法基本上相同。混凝土路面板的弹性模量及力学强度大大高于基层或土基的弹性模量及力学强度,此外,混凝土材料的抗弯拉强度远小于其抗压强度,因此在外荷载作用下,路面板产生破坏的主要形式为局部位置弯拉应力超过容许应力而产生各种形式的板体断裂。

1876年法国初次修筑了水泥混凝土路面。44年后,欧尔德(C. Older)和哥尔德贝克(Goldbeck)根据材料力学原理,提出了最早的水泥混凝土路面荷载应力计算方法及路面应力计算和厚度设计方法。自20世纪20年代至60年代,水泥混凝土路面应力计算及厚度设计方法方面的研究日趋完善。1926年威斯特卡德(H. M. Westergaard)、1938年霍格(A. H. A. Hogg)、1939年舍赫捷尔(O. я. щехтер)、1943年波米斯特(D. M. Burmister)、1953年柯岗

(B. H. Koran)等人,在水泥混凝土路面荷载应力及厚度设计方法的研究与贡献为水泥混凝土路面设计方法奠定了基础。20世纪60年代中期,有限元法的应用使水泥混凝土路面应力分析与设计计算有了新的发展,张佑启和辛克维琦(ZienklewiczO. C.)提出了弹性地基板的有限元分析法,敖德逊和玛特洛克(Hudson W. R. And Matlock H.)用离散单元法分析了温克勒地基上水泥混凝土路面板存在脱空情况下的应力。20世纪70年代初,沙捷斯(Sargiou M.)、张佑启、黄仰贤和王先俊系统探讨了弹性地基水泥混凝土路面的有限元分析法。20世纪80年代初,黄仰贤与邓学钧合作完成了由若干块板组成的多板系统的有限元分析及简化分析法。

随着有限元分析法研究工作的逐步深入,过去无法解决的工程计算问题有了解决的可能,如有限大矩形板在任意位置荷载作用下计算任意位置的应力及位移,具有传力功能的多板系统的应力、位移计算,地基不均匀支承和地基部分脱空等。我国道路工程界在学习国外研究成果的基础上开展了广泛的研究工作,并且将研究成果系统化,成为现行水泥混凝土路面设计规范的基础。

最近十年,水泥混凝土路面有限元分析又有了新的进展。如利用该方法对中厚板或厚板问题进行应力计算分析、对层间有软弱夹层的双层板的应力分析、采用有限元半分析法分析水泥混凝土路面应力状态等。这些研究工作将推动水泥混凝土路面应力分析与设计计算方法进入一个新的阶段。

二、水泥混凝土路面结构层组合设计

水泥混凝土路面结构层组合较为简单,一般由混凝土面板、基层或垫层组成。混凝土面板是最重要的结构层,它直接承受车轮荷载水平方向和垂直方向的作用,因此要求路面板具有足够的强度与一定的厚度。虽然应力分析的结果表明,在荷载相同的情况下,板中心受荷与板边缘受荷时应力并不相等,但是为了便于施工,都制成等厚式面板。当板的接缝传荷能力较好时,可以用板中应力控制板厚设计,否则,应以板边应力控制板厚设计。

水泥混凝土路面基层直接位于面层板之下,是保证路面整体强度,防止唧泥和错台,延长路面使用寿命的重要结构层。选择基层类型应保证整体性好、坚实、均匀、平整、稳定,一般对特重交通和重交通的道路,宜采用稳定类基层,如水泥稳定粒料、工业废渣稳定粒料、沥青稳定粒料等基层。中等以下交通的道路,除上述类型外,还可采用石灰稳定类基层。我国现行规范规定,新建混凝土路面,一般应设置厚 0.15~0.20m 的基层。当在原有沥青混凝土路面上铺筑水泥混凝土时,原路面顶面当量回弹模量 E_t 也应符合规定,若达不到规定值,应设置补强层提高当量模量,以满足规定要求。

水泥混凝土路面垫层设置在基层与土基之间,通常是在路基排水不良或有冻胀翻浆的路段设置垫层,主要起排水、隔水、隔温、防冻和稳定土基的作用。能用于修筑基层的材料,一般也可以用于修筑垫层,但应注意垫层材料应有较好的水稳定性,在冰冻地区则应具有较好的抗冻性,并要求设置垫层后的路面结构层厚度不小于规范规定的最小抗冻厚度。

水泥混凝土路面接缝设置如图 1-43 所示。

三、沥青混凝土路面设计概述

通常把以沥青磨耗层及一定厚度的沥青混合料面层为主的沥青路面称之为沥青混凝土路面。相对于水泥混凝土路面而言,沥青混凝土路面结构层材料的弹性模量及强度较低。在建造现代汽车公路的初期,路面结构厚度很薄,主要是由较薄的沥青磨耗层和用以保护路基不超载的粒料基层和底基层所组成,在车辆荷载作用之下,沥青路面结构的功能主要是扩散车轮荷载引起的集中应力,以保护土基不致产生过多的沉降,确保路面表面的平整性。20 世纪 40 年代,重型载重汽车大量出现在公路上,早期的薄型结构已无法承受交通量的增长,沥青混凝土路面开始采用较厚的结构组合和强度较高的材料,如采用水泥、石灰、粉煤灰、沥青材料作稳定处理的基层,采用高强度的沥青混凝土组合成为 70~80cm 厚的结构,有的国家还采用全厚式沥青路面,从而大大提高了沥青路面的整体结构刚度与整体强度,使用寿命也大为延长。自 20 世纪 60 年代世界发达国家大规模兴建高速公路以来,对路面使用品质的要求更高了,要求沥青路面具有良好的平整性、抗滑性与耐磨性,以保证车辆高速行驶平稳、舒适、安全。因此,对路面使用品质与功能的要求,甚至超过了对路面结构强度的要求。

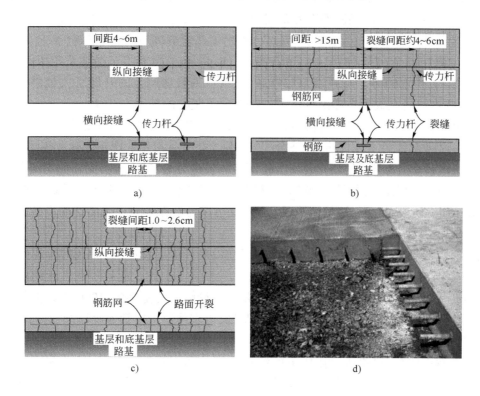

图 1-43 水泥混凝土路面接缝设置
a)普通水泥混凝土路面;b)接缝水泥混凝土路面;c)连续配筋水泥混凝土路面;d)水泥混凝土路面的传力杆及拉杆

沥青混凝土路面设计方法是随着交通的发展与路面结构、材料不断地更新而同步发展的。沥青混凝土路面结构从一开始建造,其主要目的就是保护路基土,使之不经受车辆的直接作用,通过路面传播至土基的应力被扩散而不会造成土基过大的沉降,这一点反映在设计思想及设计方法上,主要是控制土基顶面应力及垂直位移量,如 1901 年的美国麻省(Massachusetts)道路委员会的方法,1933 年的唐氏(Downs)修正公式,1934 年的葛莱氏(Gray)公式,1940 年的 Gold beck 公式等,都是运用古典土力学公式验算,达到由于路面结构的存在使土基所承受的荷载应力降低的效果。

沥青混凝土路面经验设计法的提出是由于古典理论公式已无法客观地描述路面结构的实

际工作状态,设计结果也无法验证。因此,人们通过大量的野外测试,修筑试验路对实际车辆行驶效果进行系统观察,形成了以车辆荷载作用下确保路面结构承载能力为核心的经验设计法。如美国公路局的分类指数法(1945),加拿大马克里奥设计法(1946),美国陆军工程兵部队的 CBR 设计法(1945),美国 AASHTO 设计法(1961),以及以上述方法为基础改进的各国的经验设计方法等。经验设计法的完善为现代公路沥青混凝土路面设计提供了可靠的保证,特别是在设计极限标准、路面结构的工作状态、车辆荷载作用与重复加载效应等方面所积累的成果使得沥青混凝土路面设计方法进入一个新的阶段。

现代理论分析设计法是以波米斯特(D. M. Burmister)1943 年发表的弹性双层体系理论解析解为起始的。鉴于经验设计法有一定的地区性和局限性,因此,人们致力于研究更有普遍性或适用性的方法。生产的需要和科学技术的发展,特别是数学和计算技术的发展,推动了理论分析的逐步完善。在波米斯特 1943 年的论著发表之后,他于 1945 年又提出了三层弹性体系理论。1948 年福克斯(L. Fox)和汉克(Hank)给出了数值解,1951 年阿堪姆(A. E. A. Acum)和福克斯等人及 1962 年琼斯(A. Jones)和皮蒂(K. R. Peattie)发表了三层体系实用图表,我国道路工作者自 20 世纪 60 年代以后在双层体系、三层体系数值解方面开展了大量卓有成效的研究工作,这些理论研究成果为理论解析设计法奠定了坚实的基础。

理论分析法不受经验的限制,任何新材料、新结构组合,只要符合理论分析的结果,均可提出作为选择评比方案,在技术先进、经济合理的原则之下择优选用。现在已有一些国家和地区建立了以层状体系理论为基础的沥青混凝土路面结构设计方法,其中较为完善的有英荷壳牌石油公司、美国地沥青学会以及中国、俄罗斯、比利时等国的方法,还有其他许多国家采纳了此方法,或者正处于研究阶段。总之,层状体系理论分析法已成为沥青混凝土路面结构设计方法的发展趋势。

我国沥青混凝土路面设计方法自新中国成立以来开展了长期系统的研究,共提出过 1958 年、1966 年、1978 年、1987 年、1997 年、2006 年六个版本,目前研究工作仍在继续深入开展之中。我国沥青混凝土路面设计方法的总系统是以理论解析为基础的,1966 年以前的方法以布辛尼斯克均质弹性半空间体系位移解析解为基础,以整体形变模量为设计指标,通过当量层等价换算方法形成了整个设计系统,并通过大规模调查形成了设计参数系列。1966～1978 年的设计方法以双层体系、双圆荷载作用下的结构垂直位移解析解为基础,以轮隙弯沉为设计指标,通过调查研究和引用国外资料形成了容许弯沉、车辆换算及参数设计系列。1997 年颁布的沥青混凝土路面设计规范,又有了进一步的改善,主要特点是以多层体系,双圆荷载图式,水平、垂直荷载综合效应下的应力、位移解析解为基础,以轮隙弯沉及层底拉应力以及面层抗剪强度为设计指标,并形成了车辆换算、多层体系等价换算、考虑疲劳效应建立的设计指标,以及整套设计参数等。规范已成为当前指导工程设计的重要文件,所以研究工作正在以高等级公路重型沥青路面以及半刚性基层为主的沥青路面为主要对象深入进行,并考虑了结构可靠度设计及结构优化设计等因素,研究结果将逐步纳入设计方法、规范之中。

四、沥青混凝土路面结构层组合设计

沥青路面通常包括沥青面层、基层、底基层、功能层等。路面结构层次不宜过多,各层的厚度应考虑结构层的受力特点(图 1-44)、材料扩散应力的效果和压实机具的能力,但不能小于

规范规定的各类结构层的最小厚度。

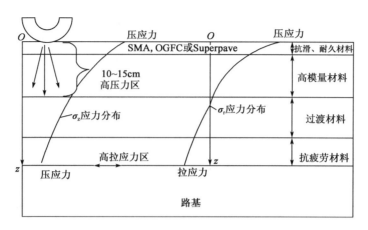

图 1-44　路面结构受力特点与材料要求

沥青面层的最小总厚度与道路等级有关,各层材料的分层厚度与材料类型和公称最大粒径有关,结构层的设计厚度应结合当地经验和设计要求确定。根据不同的道路等级,沥青混凝土路面有单层沥青混合料结构、双层沥青混合料结构、三层沥青混合料结构和多层沥青混合料结构,沥青层材料应依据不同层位对抗车辙、抗剪切、抗疲劳和抗水损害等要求选择合适的胶结料和级配类型。

基层可分为上基层、底基层,基层按材料不同可分为沥青结合料类、无机结合料稳定材料类、粒料类、水泥混凝土类。基层材料和类型及其组合应根据路基状况(软土地基区、强度均匀区)和交通、气候、材料供应等综合确定。

功能层是为保证面层与基层免受土基水温状况变化的不良影响或保护土基处于稳定状态而设置的。它的主要功能是加强路面结构层之间的联接、改善路基的湿度和温度状况,可分为路基改善层、透水层、结合层等。在路基水文状况不良,易造成路面结构承载力下降的情况下才考虑设置透水层,其厚度不小于15cm。在季节性冰冻地区应设置防冻层,防冻层应选用防冻性较好的材料,如碎石、矿渣等,此时路面结构总厚度不得小于规范规定的防冻层最小厚度。

沥青路面的排水设施是否良好,是关系路面使用寿命的重要问题,特别是高速公路与一、二级公路,更应具备完善的排水设施,它包括地面排水、路面结构内排水、路基疏干、降低地下水位、盲沟集水以及系统排水进入沟渠、河流等。

第五节　我国典型路段沥青路面结构

自1988年沪嘉高速公路建成通车以来,我国高速公路发展迅猛,至2019年底已经达到14.96万 km,位居世界第一。在30多年的高速公路发展历程中,沥青路面作为最主要的路面结构形式也经历了结构与材料的变化,以适应我国交通运输的发展。在这一发展过程中,江苏、山东、福建的沥青路面各有特色,在此做一些简单介绍。

一、江苏高速公路沥青路面结构

自1996年沪宁高速公路江苏段通车以来,至2019年底,江苏高速公路通车里程达到4865km,高速公路密度位居全国第五,沥青路面结构组合和材料设计发生了很大变化,以满足江苏多雨高温重载的结构需求。表1-7是江苏高速公路沥青路面常见结构形式。

江苏高速公路沥青路面常见结构形式　　　　　　表1-7

年份	高速公路名称	沥青层厚度(cm)	上面层混合料类型	中面层混合料类型	下面层混合料类型	基层/底基层材料类型
1996	沪宁高速公路江苏段	16	4cm AC-16B	6cm AC-25 I	6cm AC-25 II	二灰碎石/二灰土
1997	南京机场高速公路	16.5	4.5cm AC-16B	6cm AC-25 I	6cm AC-25 II	二灰碎石/二灰土
1999	广靖、锡澄高速公路	16	4cm AC-16C	5cm AC-25 I	7cm AC-25 II	二灰碎石/二灰土
2000	京沪高速公路(江苏段)	16.5	4.5cm AC-16C 4.5cm SMA-16	5cm AC-25 I	7cm AC-25 I	二灰碎石/二灰土
2001	连徐高速公路一期、宁靖盐高速公路一期、宁宿徐高速公路	17	4cm AK-13A 4cm SMA-13	6cm AC-20 I 6cm Sup-20	7cm AC-25 I 7cm Sup-25	二灰碎石/二灰土、水泥稳定碎石/二灰土
2002	连徐高速公路二期、宁靖盐高速公路二期、汾灌高速公路	17	4cm AK-13A 4cm SMA-13	6cm AC-20 I(改) 6cm Sup-20	7cm AC-25 I(改) 7cm Sup-25	水泥稳定碎石/二灰土
2003	京福高速公路、徐宿高速公路、锡宜高速公路、宁杭高速公路一期	17~18	4cm AK-13A 4cm SMA-13 4cm Sup-13	6cm AC-20 I(改) 6cm Sup-20	7~8cm AC-25 I(改) 7~8cm Sup-25	水泥稳定碎石/二灰土
2005	宿淮高速公路、盐通高速公路	18	4cm AK-13S 4cm SMA-13S	6cm AC-20S 6cm Sup-20	8cm AC-25S 8cm Sup-25	水泥稳定碎石/二灰土
2007	徐州西北绕城	18~20	4.5cm SMA-13S	6~6.5cm AC-20S	8~9.5cm AC-25S 8~9.5cm Sup-25	水泥稳定碎石/二灰土、低剂量水泥稳定粒料
2010	江海高速公路	18	4cm SMA-13S	6cm Sup-20	8cm Sup-25	水泥稳定碎石/二灰土

续上表

年份	高速公路名称	沥青层厚度（cm）	上面层混合料类型	中面层混合料类型	下面层混合料类型	基层/底基层材料类型
2010	锡通高速公路	18~20	4cm/4.5cm SMA-13S	6cm Sup-20	8cm/9.5cm Sup-25	水泥稳定碎石/低剂量水泥稳定粒料
2015	高淳至芜湖高速公路江苏段	18	4cm SMA-13S	6cm Sup-20	8cm Sup-25	水泥稳定碎石/低剂量水泥稳定粒料
2017	徐明高速公路江苏段	18	4cm SMA-13S	6cm Sup-20	8cm Sup-25	水泥稳定碎石/低剂量水泥稳定粒料
2019	海安至启东高速公路	18	4cm SMA-13S	6cm Sup-20	8cm Sup-25	水泥稳定碎石/低剂量水泥稳定粒料

江苏在高速公路路面典型结构形成过程中进行了有针对性的试验与研究，最早的试验路工程是1992年面向沪宁高速公路江苏段的无锡青阳试验路。为了有效指导沪宁高速公路路面结构设计，江苏省交通厅联合东南大学在无锡青阳进行了大规模的路面结构实体试验，试验路路面结构布置见表1-8，其中沥青混合料针对安山岩、砂岩、石灰岩进行了详细的室内试验和野外实体路段的试验研究。

1992年沪宁高速公路无锡青阳试验路路面结构主要形式 表1-8

段落	沥青层厚度（cm）	上面层混合料类型	中面层混合料类型	下面层混合料类型	基层材料类型	底基层材料类型
1	16	4cm LH-20	6cm LH-30	6cm LH-30	30cm 二灰碎石	30cm 二灰土
2	18	5cm LH-20	6cm LH-30	7cm LH-30	30cm 二灰碎石	30cm 二灰土
3	12	5cm LH-20	—	7cm LH-30	30cm 二灰碎石	30cm 二灰土
4	12	5cm LH-20	—	7cm LH-30	30cm 水泥稳定碎石	30cm 二灰土
5	12	5cm LH-20	—	7cm LH-30	15cm 级配碎石+15cm 二灰碎石	30cm 二灰土
6	12	5cm LH-20	—	7cm LH-30	15cm 级配碎石+15cm 水泥稳定碎石	30cm 二灰土

2002年，为了配合江苏沿江高速公路路面结构工程，在苏州张家港修筑了长寿命路面试验段，开启了我国长寿命沥青路面的试验研究。分别进行了富油沥青疲劳层、连续配筋混凝土路面和级配碎石过渡层的试验研究（表1-9），并对路床部分的80cm进行了低剂量石灰处治，对提高路床整体稳定性和抗变形能力发挥了巨大作用。

2002 年江苏沿江高速公路试验路路面结构主要形式　　　　表 1-9

段落	沥青层厚度（cm）	上面层混合料类型	中面层混合料类型	下面层混合料类型	基层材料类型	底基层材料类型
A	16	4cm SMA-13	6cm AC-20	8cm AC-25	36cm 水泥稳定碎石	15cm 石灰土
B	25	4cm SMA-13	6cm AC-20	8cm AC-25	7cm ATB-25 +31cm 水泥稳定碎石	20cm 石灰土
C	16	4cm SMA-13	6cm AC-20	8cm AC-25	7cm ATB-25 +15cm 级配碎石 +16cm 水泥稳定碎石	20cm 石灰土
D	10	4cm SMA-13	6cm AC-20	8cm AC-25	18cm ATB-25 +9cmFDAC-13 +16cm 级配碎石	15cm 二灰土
E	10	4cm SMA-13	6cm AC-20	26cm CRCP	20cm 水泥稳定碎石	20cm 二灰土

2004 年,为了配合江苏沪宁高速公路扩建工程路面结构设计,在苏州浒墅关收费站附近修筑了路面试验段,分别进行了柔性基层沥青路面、连续配筋混凝土+沥青面层和厚沥青层无机结合料稳定类基层三种典型结构的试验研究(表 1-10)。

2004 年江苏沪宁高速公路扩建工程试验路面结构主要形式　　　　表 1-10

段落	沥青层厚度（cm）	上面层混合料类型	中面层混合料类型	下面层混合料类型	基层材料类型	底基层材料类型
A	27	4cm SMA-13	8cm Sup-20	15cm Sup-25	36cm 水泥稳定碎石	15cm 石灰土
B	12	4cm SMA-13	8cm AC-20	—	26cm CRCP 20cm 水泥稳定碎石	20cm 二灰土
C	39	4cm SMA-13	8cm Sup-20	—	27cm ATB-25	40cm 石灰土
D	37	4cm SMA-13	8cm Sup-20	—	25cm ATB-25 +20cm 水泥稳定碎石	22cm 二灰土
E	10	4cm SMA-13	8cm Sup-20	—	16cm ATB-25 +20cm 级配碎石 +31cm 水泥稳定碎石	20cm 二灰土

2006 年,在江苏淮盐高速公路进行了路面结构组合设计研究,在淮安段修筑了柔性基层沥青路面试验段(表 1-11)。

2006 年江苏淮盐高速公路柔性基层试验路面结构主要形式　　　　表 1-11

段落	沥青层厚度（cm）	上面层混合料类型	中面层混合料类型	下面层混合料类型	基层材料类型	底基层材料类型
A	34	4cm SMA-13	6cm Sup-20	—	24cm ATB-25 +15cm 级配碎石 +20cm 水泥稳定碎石	20cm 石灰土
B	22	4cm SMA-13	6cm AC-20	—	12cm ATB-25 +19cm 水泥稳定碎石 +15cm 级配碎石 +20cm 水泥稳定碎石	20cm 二灰土
C	39	4cm SMA-13	6cm Sup-20	—	2cm ATB-25 +19cm 水泥稳定碎石 +20cm 水泥稳定碎石 +15cm 级配碎石	20cm 石灰土

2007年,在江苏镇溧高速公路进行了柔性基层沥青路面结构研究,在镇江段修筑了柔性基层沥青路面试验段(表1-12)。

2007年江苏镇溧高速公路柔性基层试验路路面结构主要形式 表1-12

段落	沥青层厚度(cm)	上面层混合料类型	中面层混合料类型	下面层混合料类型	基层材料类型	底基层材料类型
A	28	4.5cm SMA-13	6cm Sup-20	8cm Sup-25	10cm ATB-25 +32cm 水泥稳定碎石	—
B	38	4.5cm SMA-13	6cm Sup-20	8cm Sup-25	20cm ATB-25 +20cm 级配碎石	+20cm 低剂量水泥稳定碎石

纵观江苏省的沥青路面结构,沥青层的厚度主要有4cm+6cm+6cm(总16cm)、4cm+5cm+7cm(总16cm)、4cm+6cm+8cm(总18cm)、4.5cm+6cm+9.5cm(总20cm),上面层采用的沥青混合料类型主要是SMA-13或AK-13S、中面层主要是AC-20S或Sup-20、下面层则是AC-25S或Sup-25。基层类型早期主要是二灰碎石,目前主要是水泥稳定碎石,厚度是35~40cm;底基层早期主要是二灰土,目前主要是低剂量水泥稳定碎石,厚度是20cm。虽然从1992年的沪宁高速公路青阳试验路就进行了柔性基层(级配碎石和沥青稳定碎石)的试验及长寿命沥青路面试验,但是以级配碎石、沥青稳定碎石、富油沥青疲劳层为代表的柔性基层沥青路面仍然没有被大规模采用,现有的沥青路面典型结构是18~20cm沥青层+36~40cm水泥稳定碎石基层+18~20cm低剂量水泥稳定碎石底基层。

同时,江苏省针对路面结构耐久性及无机结合料稳定材料基层特点,以及江苏省地处长江中下游和沿海等地质特点,在路床处理要求和方法方面最先提出了完整的设计施工要求,形成了稳地基、强路基的路基结构设计思想,实现面层稳定、基层耐久、路基强、地基稳的整体目标。

二、山东高速公路沥青路面结构

山东高速公路的发展是从1990年的济青高速公路建设开始,自此公路等级和路面标准也得到不断改善,服务水平亦有较大提高。至2019年底,高速公路通车里程达到了6400km,在整个路网中,沥青混凝土路面占96%。

山东省高速公路对沥青面层的采用可分为四个阶段:第一阶段为1990年济青高速公路建设开始至1997年,这期间修建的高速公路主要有济青高速公路、泰化高速公路、济德高速公路与济聊高速公路,这一阶段主要为起步阶段,沥青面层的设计全部按照规范进行,没有进行混合料的相关研究;第二阶段为1998—2002年,在这一阶段山东修建了大量的高速公路,也是高速公路飞速发展的阶段,这一阶段开始采用新材料,也逐渐引进先进的工艺,但都集中在表面层,而且这一阶段修建的高速公路沥青面层厚度基本上为15cm;第三阶段为2003年至2006年,在这一阶段山东省高速公路沥青混合料的研究逐渐走向成熟,沥青混合料的研究开始向中面层、下面层与基层转移,沥青面层的厚度也逐渐加大到了18cm;第四阶段为2007年至今,为变革阶段。第四阶段逐渐推广透水性大粒径沥青混合料(LSPM)、密级配沥青稳定碎石(ATB)、级配碎石等柔性基层,沥青层总厚度逐渐增加;中面层、下面层全面采用Superpave、多级嵌挤等新型混合料;新型骨架密实型半刚性基层材料与施工工艺全面推广。表1-13是1993—2013年山东省高速公路沥青路面结构主要形式。

1993—2013 年山东省高速公路沥青路面结构主要形式　　　　　表 1-13

项目名称	里程(km)	通车时间(年)	路面结构
济青高速	318	1993	18cm 石灰土 + 34cm 二灰碎石 + 18cm 沥青层(4cm LH-20Ⅰ + 6cm LH-30Ⅱ + 8cm LS-35)(116km)
			18cm 石灰土 + 37cm 二灰碎石 + 15cm 沥青层(4cm LH-20Ⅰ + 5cm LH-25Ⅱ + 6cm LS-30)(202km)
泰化高速	35	1996	30cm 二灰土或稳定风化砂 + 26cm 二灰碎石 + 15cm 沥青层(6cm AC-25Ⅱ + 5cm AC-20Ⅰ + 4cm AK-16)(8km 沥青路面,其余水泥混凝土路面)
济德高速	90	1997	29cm 二灰土 + 26cm 二灰碎石 + 15cm 沥青层(6cm LH-30Ⅱ + 5cm LH-20Ⅰ + 4cmLH20-Ⅱ 或 AK-16B)
济聊高速	87	1997	30cm 石灰土或二灰土 + 24cm 二灰碎石 + 15cm 沥青层(6cm LH-25Ⅱ + 5cm LH-20Ⅰ + 4cm AK-16)
潍莱高速	140	1998	29cm 二灰土 + 26cm 二灰碎石 + 15cm 沥青层(4cm SAC-16 + 5cm AC-20Ⅰ + 6cm AC-30Ⅱ)
济南西环	24	1999	34cm 石灰土 + 28cm 水稳碎石 + 15cm 沥青层(6cm AC-30Ⅰ + 5cm AC-20Ⅰ + 4cm Sup-13)
济南北环	10	1999	27cm 石灰土 + 25cm 水稳碎石 + 15cm 沥青层(6cm AC-30Ⅱ + 5cm AC-20Ⅰ + 4cm Sup-13)
济南东环	20	1999	30cm 二灰土 + 26cm 二灰碎石 + 15cm 沥青层(4cm AK-16B + 5cm AC-20Ⅰ + 6cm AC-30Ⅱ)
济泰高速	55	1999	34cm 石灰土 + 28cm 水稳碎石 + 15cm 沥青层(6cm AC-30Ⅰ + 5cm AC-20Ⅰ + 4cm Sup-13)
博莱高速	44	1999	13cm 沥青层:3cm AK-13B + 4cm AC-20Ⅰ + 6cm AC-30Ⅱ 结构 1:32cm 二灰碎石 + 19cm 石灰土 结构 2:18cm 水稳砂砾 + 33cm 水稳风化砂 结构 3:18cm 水稳砂砾 + 39cm 石灰土
曲张高速	140	2000	20cm 二灰土 + 37cm 水稳碎石 + 15cm 沥青层(6cm AC-25Ⅱ + 5cm AC-20Ⅰ + 4cm Sup-13)
			18cm 水稳碎石 + 32～35cm 二灰碎石 + 15cm 沥青层(6cm AC-25Ⅱ + 5cm AC-20Ⅰ + 4cm Sup-13)
临红高速	84	2000	18cm 水泥石灰稳定砂砾土 + 35cm 水稳碎石 + 15cm 沥青层(4cm AK-16 + 5cm AC-20Ⅰ + 6cm AC-30Ⅱ)
泰曲高速	50	2001	20cm 石灰土 + 38cm 水稳碎石 + 15cm 沥青层(6cm LH-25Ⅱ + 5cm LH-20Ⅰ + 4cm Sup-13)
曲菏高速	148	2001	18cm 二灰土 + 33cm 二灰碎石 + 15cm 沥青层(4cm AK-16 + 5cm AC-20Ⅰ + 6cm AC-30Ⅰ)
同三青岛	210	2003	20cm 石灰土 + 32cm 水稳碎石 + 18cm 沥青层(8cm AC-25 + 6cm AC-20 + 4cm Sup-13)

续上表

项目名称	里程(km)	通车时间(年)	路面结构
同三日照	65	2003	20cm 石灰土或稳定风化砂 + 32cm 水稳碎石 + 18cm 沥青层(8cm AC-25 + 6cm AC-20 + 4cm SMA-13)
206 烟黄	80	2003	18cm 石灰土或稳定风化砂 + 36cm 二灰碎石 + 15cm 沥青层(6cm AC-25Ⅰ + 5cm AC-20Ⅰ + 4cm SMA-13)
竹曲高速	105	2003	18cm 二灰土 + 36cm 二灰或水稳碎石 + 15cm 沥青层(6cm AC-25Ⅰ + 5cm AC-20Ⅰ + 4cm SMA-13)
滨大高速	28	2005	20cm 二灰土 + 38cm 二灰碎石 + 15cm 沥青层(6cm AC-25 + 5cm AC-20 + 4cm SMA-13)
青银高速	88	2005	18cm 石灰土 + 32cm 水稳碎石 + 18cm 沥青层(8cm AC-25 + 6cm AC-20 + 4cm Sup-13)
青兰高速莱芜至青岛(G22)	210	2007	20cm 水泥稳定风化砂 + 36cm 水稳碎石 + 13cm 大粒径透水性沥青混合料 LSPM-30 + 18cm 沥青层(8cm AC-25 + 6cm AC-20 + 4cm SMA-13)
京沪高速济莱段(G2)	75	2007	20cm 水泥稳定风化砂 + 36cm 水稳碎石 + 13cm 大粒径透水性沥青混合料 LSPM-30 + 18cm 沥青层(8cm AC-25 + 6cm AC-20 + 4cm SMA-13)
津汕高速滨州至大高段(G25)	56	2007	20cm 二灰土 + 36cm 水稳碎石 + 13cm 大粒径透水性沥青混合料 LSPM-30 + 18cm 沥青层(8cm AC-25 + 6cm AC-20 + 4cm SMA-13)
荣乌高速辛邓段(G18)	67	2007	20cm 二灰土 + 36cm 水稳碎石 + 13cm 大粒径透水性沥青混合料 LSPM-30 + 18cm 沥青层(8cm AC-25 + 6cm AC-20 + 4cm SMA-13)
长深高速青州至临沭段(G25)	228	2013	16cm 水泥稳定风化砂掺碎石 + 34cm 水泥稳定碎石 + 15cm(1~7标段15cm,8~22标段12cm)大粒径透水性沥青混合料 LSPM-30 + 18cm 沥青层(8cm AC-25 + 6cm AC-20 + 4cm SMA-13)
济南至乐陵高速公路	115	2014	18cm 二灰土 + 32cm 水泥稳定碎石 + 12cm 大粒径透水性沥青混合料 LSPM-30 + 18cm 沥青层(8cm AC-25 + 6cm AC-20 + 4cm SMA-13)
济东高速公路(G2516)	162	2016	18cm 二灰土 + 36cm 水泥稳定碎石 + 12cm 大粒径透水性沥青混合料 LSPM-30 + 15cm 沥青层(6cm AC-20 + 5cm AC-16 + 4cm SMA-13)
德商高速公路聊城至范县段(G3W)	69	2016	18cm 二灰土 + 36cm 水泥稳定碎石 + 12cm 大粒径透水性沥青混合料 LSPM-30 + 18cm 沥青层(8cm AC-25 + 6cm AC-20 + 4cm SMA-13)
德商高速公路德州至夏津段(G3W)	70	2016	18cm 二灰土 + 36cm 水泥稳定碎石 + 12cm 大粒径透水性沥青混合料 LSPM-30 + 18cm 沥青层(8cm AC-25 + 6cm AC-20 + 4cm SMA-13)
潍坊至日照高速公路	151	2018	18cm 水泥稳定碎石 + 36cm 水泥稳定碎石 + 18cm 沥青层(8cm AC-25 + 6cm AC-20 + 4cm SMA-13)
青兰高速东阿至聊城段	87	2019	20cm 水泥土 + 36cm 水泥稳定碎石 + 10cm 大粒径透水性沥青混合料 LSPM-30 + 18cm 沥青层(8cm AC-25 + 6cm AC-20 + 4cm SMA-13)
巨单高速公路(G35)	116	2019	17cm 低剂量水稳碎石 + 34cm 水泥稳定碎石 + 10cm 大粒径透水性沥青混合料 LSPM-30 + 18cm 沥青层(8cm AC-25 + 6cm AC-20 + 4cm SMA-13)

围绕高速公路路面结构使用性能,山东省最早的试验路工程是1987年面向济青高速公路

路面结构在淄博修建的张博路试验路。

2001年山东在烟青一级路开始LSPM柔性基层研究,分别于2001年、2002年修建了9种路面结构试验路(表1-14和表1-15),分别研究路面结构与材料。原路路面结构为3cm沥青混凝土+4cm沥青碎石+15cm石灰土碎石+2×15cm石灰土,于1989年建成通车。

山东烟台大碎石试验段结构组合(2001年)　　　　　表1-14

结构	结构1	结构2	结构3	结构4
面层	4cm SMA-13	4cm SMA-13	4cm SMA-13	5cm SMA-13
	5cm AC-20 I	5cm AC-20 I	5cm AC-20 I	—
基层	8cm LSM-25	12cm LSM-30	15cm LSM-30	18cm LSM-30
	原路面			

山东烟台大碎石试验段结构组合(2002年)　　　　　表1-15

结构	结构1	结构2	结构3	结构4	结构5
面层	4cm AK-13A	4cm AK-13A	4cm AK-13A	4cm AK-13A	5cm AK-13A
	5cm AC-20 I	5cm AC-20 I	5cm AC-20 I	5cm AC-20 I	—
基层	15cm LSM-30B	15cm LSM-30A	10cm LSM-30A	10cm LSM-30B	15cm LSM-30B
	原路面				

2003年修建了滨大高速永久路面试验路,并于2005年11月通车,路面结构组合如图1-45所示。

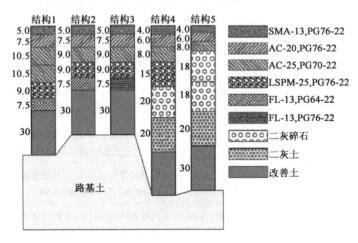

图1-45　滨大高速永久路面试验路(图中路面结构层厚度单位为cm)

2005年修建了京沪高速济莱段试验路,并于2007年12月通车,路面结构组合如图1-46所示。

2011年修建了长深高速青临段试验路,于2013年1月通车,路面结构组合如图1-47所示。

纵观山东省的沥青路面结构,虽然山东省早期的沥青路面结构与国内的沥青路面结构基本相似,但自2001年烟台大粒径透水性沥青混合料(LSPM)试验路铺筑以后,山东省的沥青路面结构实现了质的改变,充分发挥了大粒径透水性沥青混合料(LSPM)抗反射裂缝、抗车辙、抗水损害特性。沥青层的厚度主要是4cm+6cm+8cm+10~15cm(总28~33cm),上面层采用的沥青混合料类型主要是SMA-13、中面层主要是AC-20或Sup-20、下面层则是AC-25或Sup-25,沥青最下层采用大粒径透水性沥青混合料LSPM,厚度一般在10~15cm。基层类型早期主要是二灰碎石,目前主要是水泥稳定碎石,厚度为30~40cm;底基层早期也主要是二灰土,目前主要是低剂量水泥稳定碎石,厚度为15~20cm。

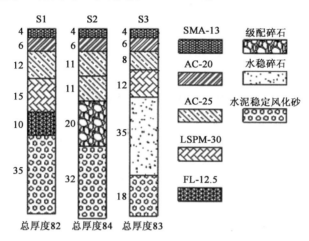

图1-46 京沪高速济莱段试验路(图中路面结构层厚度单位为cm)

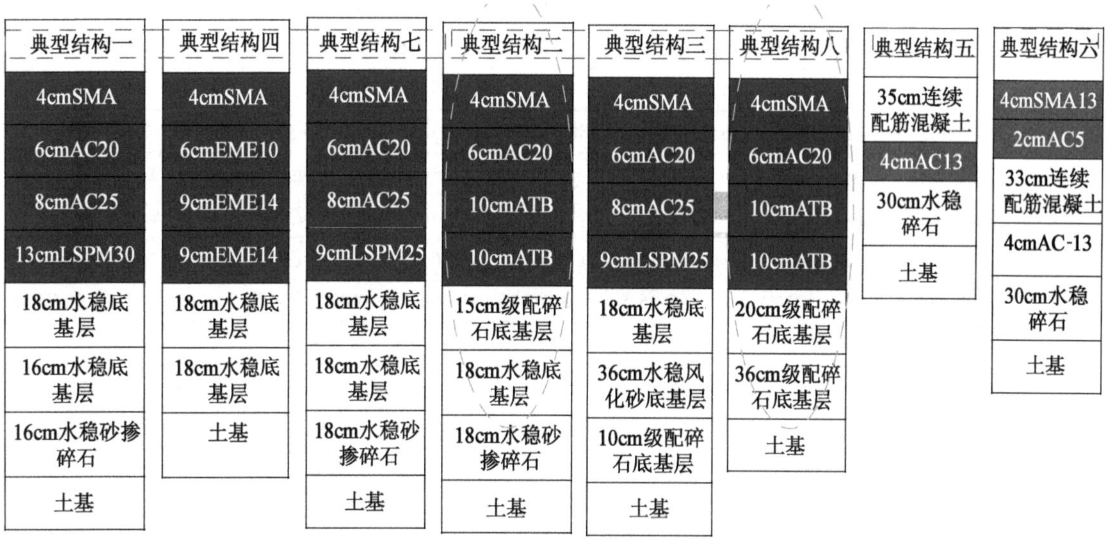

典型结构一	典型结构四	典型结构七	典型结构二	典型结构三	典型结构八	典型结构五	典型结构六
4cmSMA	4cmSMA	4cmSMA	4cmSMA	4cmSMA	4cmSMA	35cm连续配筋混凝土	4cmSMA13
6cmAC20	6cmEME10	6cmAC20	6cmAC20	6cmAC20	6cmAC20	4cmAC13	2cmAC5
8cmAC25	9cmEME14	8cmAC25	10cmATB	8cmAC25	10cmATB	30cm水稳碎石	33cm连续配筋混凝土
13cmLSPM30	9cmEME14	9cmLSPM25	10cmATB	9cmLSPM25	10cmATB	土基	4cmAC-13
18cm水稳底基层	18cm水稳底基层	18cm水稳底基层	15cm级配碎石底基层	18cm水稳底基层	20cm级配碎石底基层		30cm水稳碎石
16cm水稳底基层	18cm水稳底基层	18cm水稳底基层	18cm水稳底基层	36cm水稳风化砂底基层	36cm级配碎石底基层		土基
16cm水稳砂掺碎石	土基	18cm水稳砂掺碎石	18cm水稳砂掺碎石	10cm级配碎石底基层	土基		
土基		土基	土基	土基			

图1-47 长深高速青临段试验路

三、福建高速公路沥青路面结构

1994年6月,福建第一条高速公路泉厦高速公路开工,1997年12月建成通车;2004年11月,三福、漳龙高速公路建成通车,福建高速公路通车里程突破1000km;2009年11月,莆(田)秀(屿)高速公路建成通车,福建高速公路通车里程提前一年突破2000km;2012年10月,宁德至武夷山高速公路建成通车,福建高速公路通车里程突破3000km;2013年12月,莆永高速公路泉州段建成通车,福建高速公路通车里程突破4000km;到2019年底,福建高速公路通车里程达5535km。

福建地处我国东南部、东海之滨,处于北纬23°31′~28°18′之间,靠近北回归线,属亚热带湿润季风气候,西北有山脉阻挡寒风,东南又有海风调节,温暖湿润为气候的显著特色。境内温暖湿润,年平均气温为17~21℃,平均降雨量为1400~2000 mm,福建省内以山地丘陵为主,占80%以上,有"八山一水一分田"之称。福建省自然区划为Ⅳ4浙闽沿海山地中湿区、Ⅳ6武夷南岭山地过湿区和Ⅳ6a武夷副区。按《公路沥青路面施工技术规范》(JTG F40)气候分区为1-4-1区。为此福建省根据其气候与交通特色,经过多年研究与发展,提出了具有福建特色的路面结构组合。表1-16给出了福建主要高速公路的路面结构。

福建主要高速公路的路面结构　　　　表1-16

路线名称		上面层	中面层	下面层	基层	底基层
沈海线	福宁(1)	4cm AC-13	5cm AC-20 Ⅰ	7cm AC-25 Ⅰ	20cm5%水泥稳定碎石	36cm3%水泥稳定碎石
	福宁(2)	4cm AC-13	5cm AC-20 Ⅰ	7cm AC-25 Ⅰ	20cm5%水泥稳定碎石	36cm3%水泥稳定碎石
	罗宁(3)	4cm AC-16	5cm AC-25 Ⅰ	6cm AC-25 Ⅰ	20cm5%水泥稳定碎石	25cm3%水泥稳定碎石
	罗宁(4)	4cm AC-16	5cm AC-25 Ⅰ	6cm AC-25 Ⅰ	30cm5%水泥稳定碎石	24cm3%水泥稳定碎石
	罗宁(5)	4cm AC-16	6cm AC-25 Ⅰ	15cm AC-25 Ⅰ	16cm5%水泥稳定碎石	30cm3%水泥稳定碎石
	罗长	4cm AK-13A	5cm AC-16 Ⅰ	7cm AC-25 Ⅰ	35cm5%水泥稳定碎石	20cm3%水泥稳定碎石
	福泉(1)	4cm AC-16	5cm AC-25 Ⅰ	6cm AC-25 Ⅰ	30cm5%水泥稳定碎石	19cm3%水泥稳定碎石
	福泉(2)	4cm AC-13C	6cm AC-20C	18cm ATB-25Ⅰ	16cm级配碎石	35cm3%水泥稳定碎石
	泉厦(1)	4cm SMA-13	6cm AC-20C	18cm ATB-25Ⅰ	16cm5%水泥稳定碎石	18cm3%水泥稳定碎石
	泉厦(2)	4cm SMA-13	6cm AC-20C	18cm ATB-25Ⅰ	16cm5%水泥稳定碎石	18cm3%水泥稳定碎石
	厦漳厦门	4cm AC-16	5cm AC-25 Ⅰ	5cm AC-25 Ⅰ	33cm5%水泥稳定碎石	20cm3%水泥稳定碎石
	厦漳漳州	4cm AC-16	5cm AC-25 Ⅰ	6cm AC-25 Ⅰ	26cm5%水泥稳定碎石	24cm3%水泥稳定碎石
	漳诏	4cm AK-13A	5cm AC-16 Ⅰ	7cm AC-25 Ⅰ	36cm5%水泥稳定碎石	20cm3%水泥稳定碎石
福银线	福银福州	4cm AK-13A	6cm AC-16 Ⅰ	8cm AC-25 Ⅰ	36cm5%水泥稳定碎石	17cm3%水泥稳定碎石
	三明福银1期	4cm AK-13A	6cm AC-16 Ⅰ	7cm AC-25 Ⅰ	32.5cm5%水泥稳定碎石	20cm3%水泥稳定碎石
	三明福银2期	4cm AK-13A	6cm AC-16 Ⅰ	7.5cm AC-25Ⅰ	32.5cm5%水泥稳定碎石	20cm3%水泥稳定碎石
	三明福银3期	4cm AK-13A	6cm AC-16 Ⅰ	8cm AC-25 Ⅱ	32cm5%水泥稳定碎石	17cm3%水泥稳定碎石
	南平福银1期	4cm AK-13A	6cm AC-16 Ⅰ	8cm AC-25 Ⅰ	35cm5%水泥稳定碎石	16cm3%水泥稳定碎石
	南平福银2期	4cm AK-16A	6cm AC-16 Ⅰ	8cm AC-25 Ⅱ	30cm5%水泥稳定碎石	16cm3%水泥稳定碎石
厦蓉线	漳龙漳州（右幅）	4cm AK-13A	5cm AC-16 Ⅰ	7cm AC-30 Ⅰ	36cm5%水泥稳定碎石	20cm3%水泥稳定碎石
	漳龙漳州（左幅）	4cm AK-13A	6cm AC-16 Ⅰ	7cm AC-30 Ⅰ	40cm5%水泥稳定碎石	35cm3%水泥稳定碎石
	漳龙龙岩	4cm SMA-13	5cm AC-16	7cm AC-20	37cm5%水泥稳定碎石	20cm3%水泥稳定碎石
	漳龙龙岩	水泥混凝土	—	—	—	—
	龙岩长汀（2007年）	4cm AC-13	6cm AC-20	16cm ATB-25	16cm级配碎石	30cm3%水泥稳定碎石

续上表

路线名称		上面层	中面层	下面层	基层	底基层
京台线	浦南高速（2008年）	4cm AC-13C	6cm AC-20C	16cm ATB-25	15cm 级配碎石	32cm 3%水泥稳定碎石
长深线		4cm AC-13C	6cm AC-20C	16cm ATB-25	15cm 级配碎石	32cm 3%水泥稳定碎石
	泉三高速	4cm AC-13C	6cm AC-20C	16cm ATB-25	15cm 级配碎石	32cm 3%水泥稳定碎石
泉南线	泉三高速（2009年）	4cm AC-13C	6cm AC-20C	16cm ATB-25	16cm 级配碎石	32cm 3%水泥稳定碎石
	武夷山邵武（2010年）	4cm AC-13C	6cm AC-20C	16cm ATB-25	16cm 级配碎石	32cm 3%水泥稳定碎石
海西线	宁德至武夷山（2012年）	4cm AC-13C	6cm AC-20C	16cm ATB-25	16cm 级配碎石	32cm 3%水泥稳定碎石
泉三线	南石高速 莆永高速（2013年）	4.5cm AC-16C	5.5cm AC-20C	16cm ATB-25	16cm 级配碎石	32cm 3%水泥稳定碎石
	福安寿宁（2015）	4.5cm AC-16C	5.5cm AC-20C	16cm ATB-25	16cm 级配碎石	32cm 3%水泥稳定碎石
海西线	龙浦高速（2016年）	4.5cm AC-16C	5.5cm AC-20C	16cm ATB-25	16cm 级配碎石	32cm 3%水泥稳定碎石
沙厦线	安溪永春 德化国宝 沙县德化（2017年）	4.5cm AC-16C	5.5cm AC-20C	16cm ATB-25	16cm 级配碎石	32cm 3%水泥稳定碎石
京台线	屏南古田（2018年）	4.5cm AC-16C	5.5cm AC-20C	16cm ATB-25	16cm 级配碎石	32cm 3%水泥稳定碎石
南光线	顺邵高速（2019年）	4.5cm AC-16C	5.5cm AC-20C	16cm ATB-25	16cm 级配碎石	32cm 3%水泥稳定碎石

围绕福建省交通、气候与地质（软土地基多）的特色，开展了高速公路沥青路面结构组合研究，最先完整地进行了组合结构柔性基层设计与施工技术研究，通车最早的试验路工程是2006年面向邵三高速公路路面结构的邵三试验路。

邵三高速公路为福银国道主干线的组成部分，双向四车道，全长132km。路面结构自上而下为：4cm沥青混凝土上面层（AK-16A），6cm中粒式沥青混凝土中面层（AC-20Ⅰ），8cm中粒式沥青混凝土下面层（AC-25Ⅱ），1cm沥青表处下封层及透层油，32~36cm 5%水泥稳定碎石基层，15~20cm 3%水泥稳定碎石底基层，10~15cm级配碎石层，总厚度约为76~90cm。新型路面结构自上而下为：4cm沥青混凝土上面层（AC-16），6cm中粒式沥青混凝土中面层（AC-20），15cm沥青稳定碎石层（ATB-25），28cm级配碎石层，1cm沥青表处下封层及透层油，30cm 3%水泥稳定碎石底基层，总厚度为84cm，试验段长5km。

2007年，结合福建省龙长高速公路项目实际，及工程所在地多雨潮湿的气候特点，进行了新型组合式沥青混凝土路面结构的研究。主线标累计准轴次为9.34×10^6次，试验结构Ⅰ：4cm

AC-13C +6cm AC-20C +16cm ATB-25 +16cm 级配碎石 +20cm 水泥稳定碎石(土方路段,路基土模量80MPa)。试验结构Ⅱ:4cm AC-13C +6cm AC-20C +16cm ATB-25 +16cm 级配碎石 +30cm 水泥稳定碎石(石方路段,路基土模量34MPa)。匝道标准累计轴次为 3.58×10^6 次,试验结构Ⅲ:4cm AC-13C +6cm AC-20C +10cm ATB-25 +16cm 级配碎石 +20cm 水泥稳定碎石。

2008 年,结合福建省浦南高速公路项目实际,再次进行了新型组合式沥青混凝土路面结构的研究。主线标准累计轴次为 1.11×10^7 次,试验结构Ⅰ:4cm AC-13C +6cm AC-20C +16cm ATB-25 +15cm 级配碎石 +20cm 水泥稳定碎石(石方路基,回弹模量80MPa)。试验结构Ⅱ:4cm AC-13C +6cm AC-20C +16cm ATB-25 +15cm 级配碎石 +32cm 水泥稳定碎石(土方路基,回弹模量35.5MPa)。匝道标准累计轴次为 4.50×10^6 次,试验结构Ⅲ:4cm AC-13C +6cm AC-20C +10cm ATB-25 +16cm 级配碎石 +20cm 水泥稳定碎石。

自2006年以后,福建高速公路沥青路面结构形成了10cm 密级配沥青混凝土 +16cm ATB +16cm 级配碎石层 +30~36cm 无机结合料稳定类基层为特色的组合式基层沥青路面。

第六节 机场道面设计简介

机场是航空运输系统中运输网络的节点,是地面交通转向空中交通(或反之)的接口。用于公共航空运输的机场称为民用运输机场;用于军事用途的机场称为军用机场。

民用航空机场(民用运输机场、通用航空机场)和军用机场所具有的功能并不完全一致,民用航空机场应具有的功能是保证飞机安全、及时起飞或降落;保证旅客准时、舒适地上、下飞机和货物及时到达;保证提供方便和快捷的地面交通和对外连接线。

民用航空机场主要分为两类:枢纽机场和非枢纽机场。枢纽机场又可以分为大型枢纽机场、中型枢纽机场和小型枢纽机场。世界十大机场分别是:迪拜阿勒马克图姆国际机场(DWC)、芝加哥奥黑尔国际机场(ORD)、北京大兴国际机场(PKX)、伦敦希思罗国际机场(LHR)、纽约肯尼迪国际机场(JFK)、洛杉矶国际机场(LAX)、上海浦东国际机场(PVG)、东京成田国际机场(NNRT)、巴黎夏尔·戴高乐国际机场(CDG)、中国香港国际机场(HKG)。

北京大兴国际机场航站楼面积达 70 万 m^2;有 4 条跑道,东一、北一和西一跑道宽60m,长分别为3400m、3800m 和3800m,西二跑道长3800m,宽45m;共268 个机位,可满足旅客吞吐量7200 万人次、货邮吞吐量200 万 t、飞机起降量62 万架次的需求。

机场系统一般按照安全检查和隔离管制为界限,划分为空侧和陆侧(图 1-48)。前者为航站空域,供进出机场的飞机起飞和降落,主要有跑道、停机坪、滑行道、机库等飞机在地面活动的场所。后者由航站区和进出机场的地面交通系统组成。机场平面布置需要根据机场规模、功能需求等进行详细设计,图 1-49 给出了机场的平面布置。这里主要介绍机场道面设计。

机场道面设计的主要任务是提供适合当地自然环境条件、满足飞行使用要求的道面结构。同路面结构设计有相似点,但也有许多不同点。

组成道面结构层的材料是由不同来源和性质的材料按不同的方式和配比组合而成的各种混合料,这些混合料的力学性质受料源和施工状况的影响而变异较大。同时,道面结构物所处的环境又复杂多变,而道面材料的物理力学性质和道面结构体系的承载力对环境的变化十分敏感,这就更加剧了材料和结构性能的变异性。此外,作用在道面上的飞机荷载,无论是大小、数量、分布频率和计算图式,都是可变的随机荷载,这又使道面结构的可靠性受到影响。

图 1-48　机场陆侧和空侧分界示意图

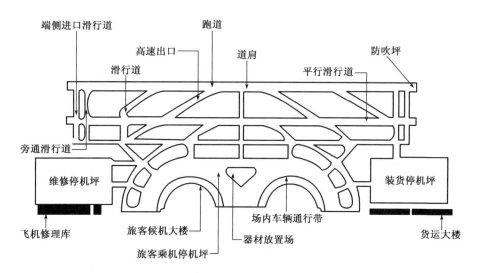

图 1-49　机场平面布置示意图

机场道面使用性能的变化与飞机飞行速率、起飞和着陆架次(交通量)、道面结构强度密切相关。对于同样水平的交通量而言,结构强度越高、道面破坏速率越慢,使用年限越长;反之,道面破坏速率越快。因此,道面设计与使用年限密切相关。此外,道面破坏速率的加快与养护措施、道路施工质量有关。因此,必须综合考虑道面的经济、使用年限和道面的表面质量,通过综合比较分析,提出费用-使用周期最佳方案。

机场道面设计与公路路面设计所必须考虑的主要因素基本相同,但每一因素所选定的数值却差别很大。飞机的总质量远大于汽车,但公路行驶的汽车重复荷载次数远大于机场。我国主要公路行驶的汽车荷载的后轴载一般在 30～130kN。大型飞机起落架的荷载可达 800kN 以上(如 B747-200B 为 831.4kN),轮载在 200kN 以上。但飞机的重复荷载要小得多,一般在 20000～40000 次。

近年来新一代大飞机(New Generation Large Aircraft,NGLA)不断问世,以波音的 B777、空

客的 A380 为代表的大飞机相继投入使用。飞机荷载通过起落架传递到道面,对道面结构产生力的作用。为了承受大飞机的巨大重量,其起落架构型与以往的机型相比有较大差别。例如对波音 B777-300ER 飞机,主起落架两组各 6 个轮子,一组主起落架需承担 166978kg 的重量(按最大起飞重计算),分担到每个轮子的重量达 27830kg,轮胎压力达 1.524MPa。对空客 A380-800 飞机,主起落架由两组侧起落架和中起落架组成,其中侧起落架各 6 个轮子,中起落架各 4 个轮子,主起落架的轮子数多达 20 个,平均分摊到每个轮子的重量高达 26723kg,稳定制动时的单轮水平荷载达 87kN,轮胎压力达 1.5MPa。新型起落架轴载重、轮胎压力高、制动水平力大。

因此,机场道面设计(含跑道、滑行道、停机坪)需要满足以下几方面的性能要求:

(1)具有足够的结构强度。在预定的设计年限内能承受飞机荷载的重复作用,满足结构疲劳性能的要求。飞机荷载通过起落架的轮胎传递到道面结构,轮胎之间还有相互作用,必须考虑当量单轮荷载对道面结构强度的疲劳作用。同时由于飞机总荷载、轮胎压力明显大于公路车辆,因此,一般机场道面的厚度要明显大于公路路面。

(2)具有足够的耐久性。机场道面除了飞机荷载作用外,还有降雨、温度、地质等外在要素的作用,由此产生冻胀、表面剥落、接缝损坏、地基沉陷等,因此机场道面要避免出现过早的开裂、轮辙、老化、松散、沉陷等破坏。

(3)表面具有足够的抗滑性能。飞机在起飞或着陆过程中的速度可达 200～300km/h,滑行过程中的速度也可能达到 80～100km/h,在雨天或冰雪天气,需要机场道面有足够的抗滑性能以满足飞机起飞或着陆过程中的安全。尤其是雨天,由于表面积水形成水膜,易造成飞机出现打滑(水漂)现象,影响飞机的整体稳定性。因此,机场道面要通过表面纹理处理以提供足够的抗滑能力,保证飞机的起飞或降落安全。

(4)良好的平整性。由于飞机起飞或降落的速度很高,表面的不平整将引起飞机的强烈颠簸,可能影响飞机的安全和驾乘人员舒适性,因此,必须保证在全寿命周期内保证道面的平整性。

(5)表面洁净性。由于飞机发动机产生高速气流,机场道面的表面异物容易被吸入发动机,因此,需要经常清扫以保持机场道面洁净。

机场道面设计主要包括以下内容:

(1)道面类型及其结构组合设计;
(2)道面结构厚度设计,确定满足飞机荷载作用要求的各结构层厚度;
(3)道面结构材料组成设计,确定各结构层的材料组成;
(4)经济评价与设计结果确定。

道面结构设计方法可分为两大类:经验法和力学经验法。前者是通过机场道面的大规模试验,总结有关道面结构厚度、飞机荷载大小、飞机运行作用次数和使用性能之间的数据,经过整理归纳后建立的道面厚度与飞机荷载大小、飞机运行作用次数和使用性能之间的经验公式,由此可以按设计飞机、飞机运行作用次数和使用性能要求确定道面结构厚度与材料。力学经验法是通过建立道面结构力学模型,通过应力或应变分析及相关材料容许应力或应变的对比,确定道面结构所需要的厚度。

第七节 路面结构可靠度理论简介

一、可靠度定义

结构可靠度定义为在规定的时间内和规定的条件下,结构能完成预定功能的概率。结合路面结构的特点,其可靠度定义可相应写为:在规定的设计使用期内,在规定的交通和环境条件下,路面使用性能满足预定水平要求的概率。

路面使用性能包含结构性能和功能性能两方面,可以分别采用断裂、车辙、错台等结构性指标,或者采用平整度等功能性指标,或者采用服务能力指数等综合指标来表征路面在某一时刻的使用性能,并规定使用期末的要求水平。这样,路面结构的可靠度可分别按各类路面设计方法采用的不同的设计标准和指标给予不同的定义。例如,在以控制荷载和温度应力综合作用下的疲劳断裂为设计标准时,可靠度的定义可为"荷载应力和温度应力不超出混凝土疲劳强度的概率"。而在以控制服务能力下降量为设计标准时,可靠度的定义为"路面服务能力指数的下降量低于预定(容许)最低限的概率"。然而,按这些定义分别分析不同路面、不同设计方法和指标得到的路面结构可靠度,它们之间很难进行比较。

路面在设计使用期内要经受该期间交通荷载的累计作用,各种路面或各种设计方法和指标都可将路面服务能力表示为达到某一预定的使用性能(结构的或功能的)最低要求之前(可以称之为路面使用性能寿命期),路面结构所能承受的交通荷载的累计作用。而交通荷载的累计作用,可以转换为某一选定的标准轴载的当量累计作用次数。这样,采用不同设计方法和指标的各种路面结构,可以采用统一的可靠度定义:路面使用性能退化到预定的最低水平,路面结构所能承受的标准轴载作用次数 N 超过设计使用期内标准轴载累计作用次数 n 的概率(图1-50),或者表示为式(1-1)。

$$P_s = P(N > n) \tag{1-1}$$

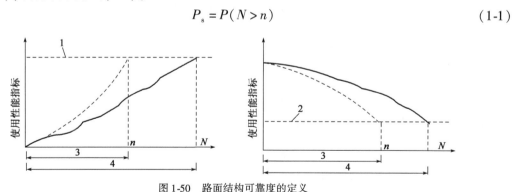

图1-50 路面结构可靠度的定义

1-预定最高限;2-预定最低限;3-设计使用期内作用次数 n;4-使用性能寿命期内作用次数 N

采用上述定义分析路面结构的可靠度,就有可能使不同路面类型或者采用不同设计方法和指标的可靠度计算值具有了可比性,从而有利于路面结构方案的比较和选择,也有利于多指标路面结构设计方法中各设计指标间的平衡设计。

路面可靠度计算理论主要包括一次二阶矩理论、改进的一次二阶矩理论,对功能函数为隐含方程的可靠度计算一般采用蒙特卡罗方法。

二、一次二阶矩理论及改进的一次二阶矩理论

1. 一次二阶矩理论

一次二阶法不考虑基本变量的实际分布,因此,基本变量经过统计与分析,当它的概率分布很难确定时,可用各基本变量统计的平均值和标准差计算可靠度,并将极限状态功能函数选在平均值处(即中心点上),用泰勒级数展开,使之线性化,然后求解可靠度,这就是一次二阶矩法的基本原理。

设有 n 个随机变量影响结构可靠度,功能函数表示为:

$$Z = g(X_1, X_2, \cdots, X_n) \tag{1-2}$$

式中:$X_1, X_2, \cdots, X_n$——基本变量 $X_i(i=1,2,\cdots,n)$。

假定所有基本变量均服从正态分布,且统计独立,则 Z 的平均值和标准差为:

$$\mu_z = \sum_{i=1}^{n}(a_i \mu_{Xi}) \tag{1-3}$$

$$\sigma_x = \sqrt{\sum_{i=1}^{n}(a_i \sigma_{Xi})^2} \tag{1-4}$$

结构的失效概率为:

$$p_i = \Phi(-\beta) \tag{1-5}$$

其中可靠指标 β 为:

$$\beta = \frac{\mu_z}{\sigma_x} = \frac{\sum_{i=1}^{n}(a_i \mu_{Xi})}{\sqrt{\sum_{i=1}^{n}(a_i \sigma_{Xi})^2}} \tag{1-6}$$

若 Z 不服从正态分布时,能否仍用 β 来度量结构可靠性,先讨论一下 β 在基本变量空间中的几何意义。

若将 X 空间按下述关系表示:

$$\overline{X}_i = \frac{X_i - \mu_{Xi}}{\sigma_{Xi}} \tag{1-7}$$

将其变换到 $\overline{X}$ 空间,则 $\overline{X}$ 空间的原点就是在 X 空间中。以基本变量平均值为坐标的中心点 M,而功能函数 Z 变换为:

$$Z = \sum_{i=1}^{n}(a_i \mu_{Xi}) + \sum_{i=1}^{n}(a_i \sigma_{Xi})\overline{X}_i \tag{1-8}$$

$Z = 0$ 相当于达到极限状态,因此:

$$\sum_{i=1}^{n}(a_i \mu_{Xi}) + \sum_{i=1}^{n}(a_i \sigma_{Xi})\overline{X}_i = 0 \tag{1-9}$$

就是 $\overline{X}$ 空间中与极限状态相应的一个超平面。

原点(中心点)M 到该超平面的距离(图1-51),可由几何学得出:

$$\overline{MP} = \frac{\sum_{i=1}^{n}(a_i \mu_{Xi})}{\sqrt{\sum_{i=1}^{n}(a_i \sigma_{Xi})^2}} \tag{1-10}$$

从前面 β 计算公式与 $\overline{MP}$ 的计算公式的比较可知,β 的几何意义是指在经标准化变换后的空间中,从中心点到极限状态超平面的距离。中心点应在安全区内,它离开极限状态超平面越

远,表明结构越可靠。因此,当不能确定 Z 分布类型时,在不可能用概率来度量结构可靠性的前提下,具有上述几何性质的 β 值仍不失为度量可靠性的良好指标。均值点与失效边界关系如图 1-52 所示。

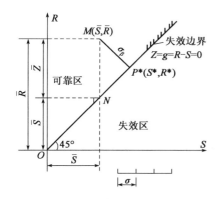

图 1-51　中心点与失效边界关系图

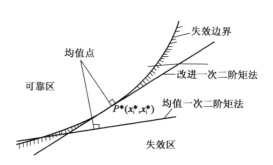

图 1-52　均值点与失效边界关系图

2. 改进的一次二阶矩理论

改进的一次二阶矩理论主要有以下特点:

(1)当功能函数 Z 为非线性时,不以通过中心点的超切平面作为线性近似,而是将线性化点选在失效的边界 $Z=0$ 上,而且,选在与结构最大可能失效概率对应的 $P^*(X_1^*, X_2^*, \cdots, X_n^*)$ 上。当有两个基本变量时,极限状态方程 $Z=g(R,S)=R-S=0$,此式在 ROS 坐标系中为一条直线。然后在 P^* 点上用泰勒级展开,使之线性化,求解结构的可靠指标 β 值,以避免中心法中的误差。

(2)当基本变量 X_i 具有分布类型的信息时,将 X_i 分布在失效边界上的 $P^*(X_1^*, X_2^*, \cdots, X_n^*)$ 点上,以与正态分布等价的条件,变换为当量正态分布,因为可靠指标 β 值是在标准正态空间定义的,这样就可使所得的 β 值与失效概率 P_f 之间有一个明确的对应关系,从而使 β 中合理地反映分布类型影响。

以上就是验算点法的基本原理,将 $P^*(X_1^*, X_2^*, \cdots, X_n^*)$ 点称之为验算点。

根据上述基本原理,数学模式表达为:设 $X_1, X_2, \cdots, X_n (i=1,2,\cdots,n)$ 为基本变量,且相互独立,则极限状态功能函数为:

$$Z = g(X_1, X_2, \cdots, X_n) \tag{1-11}$$

当选择设计验算 P^*,将其坐标点 $X_i^*(i=1,2,\cdots,n)$ 作为线性化点,即将极限状态功能函数用泰勒级数在 X_i^* 点上展开,近似地取一阶项,可得极限状态方程为:

$$Z = g(X_1^*, X_2^*, \cdots, X_n^*) + \sum_{i=1}^{n} \frac{\partial g}{\partial X_i}\bigg|_{P^*} (X_i - X_i^*) = 0 \tag{1-12}$$

Z 的平均值为:

$$\mu_Z = g(X_1^*, X_2^*, \cdots, X_n^*) + \sum_{i=1}^{n} \frac{\partial g}{\partial X_i}\bigg|_{P^*} (\mu_{X_i} - X_i^*) \tag{1-13}$$

由于设计验算点就是在失效边界上,则有:

$$g(X_1^*, X_2^*, \cdots, X_n^*) = 0 \tag{1-14}$$

因此,式(1-13)可写为:

$$\mu_Z = \sum_{i=1}^{n} \frac{\partial g}{\partial X_i}\bigg|_{P^*} (\mu X_i - X_i^*) \tag{1-15}$$

由于基本变量相互独立,可得 Z 的标准差为:

$$\sigma_Z = \left[\sum_{i=1}^{n}\left(\frac{\partial g}{\partial X_i}\bigg|_{P^*}\sigma_{Xi}\right)^2\right]^{\frac{1}{2}} \tag{1-16}$$

则可靠指标 β 为:

$$\beta = \frac{\mu_Z}{\sigma_Z} = \frac{\sum_{i=1}^{n}\frac{\partial g}{\partial X_i}\bigg|_{P^*}(\mu_{X_i} - X_i^*)}{\left[\sum_{i=1}^{n}\left(\frac{\partial g}{\partial X_i}\bigg|_{P^*}\sigma_{Xi}\right)^2\right]^{\frac{1}{2}}} \tag{1-17}$$

式(1-17)为验算点法求解可靠指标 β 值的一般公式,但在式中设计验算点 X_i^* 是未知数,可采用迭代求解。

三、路面结构可靠度计算方法

目前,用于沥青路面结构可靠度的计算方法主要有改进的一次二阶矩法、直接积分法和蒙特卡罗模拟法等。这里仅介绍一次二阶矩法在沥青路面结构可靠度分析中的应用。

1. 路面结构极限状态功能函数

路面结构极限状态功能函数,按前面所述的沥青路面结构可靠度定义,可根据不同的设计指标和要求建立以下极限状态功能函数。

(1)应变为设计指标时,极限状态功能函数为:

$$Z = \varepsilon_R - \varepsilon_m \tag{1-18}$$

(2)弯拉应力为设计指标时,极限状态功能函数为:

$$Z = \sigma_R - \sigma_m \tag{1-19}$$

(3)疲劳寿命为设计指标时,极限状态功能函数为:

$$Z = N_0 - N_e \tag{1-20}$$

(4)极限状态功能函数的一般表达式。

设 S 为作用或作用效应,它指引起路面结构失效的所有因素,如同以上极限状态功能函数中的实际应变 ε_m、实际弯拉应力 σ_m 和标准轴载累计作用次数 N_e。

设 R 为抗力,它指阻止路面结构失效的所有因素,如同以上极限状态功能函数中的容许应变 ε_R、容许弯拉应力 σ_m 和路面疲劳寿命 N_0。

极限状态功能函数的一般表达式为:

$$Z = R - S \tag{1-21}$$

2. 路面结构失效概率

极限状态功能函数的一般表达式为 $Z = R - S$,其相应极限状态方程为:

$$Z = R - S = 0 \tag{1-22}$$

则失效概率 P_f 为:

$$P_f = P(Z < 0) = P[(R - S) < 0]$$
$$= \int f_z(Z)\mathrm{d}Z = \iint f_{RS}(rs)\mathrm{d}r\mathrm{d}s$$

$$= \int_{-\infty}^{\infty} F_R(s) f_S(s) \mathrm{d}s \qquad (1-23)$$

或

$$= \int_{-\infty}^{\infty} [1 - F_S(r)] f_R(r) \mathrm{d}r \qquad (1-24)$$

式中：$f_z(Z)$、$f_{RS}(rs)$ ——R 和 S 联合分布的概率密度函数；

$f_S(s)$ ——S 的概率密度函数；

$f_R(r)$ ——R 的概率密度函数；

$F_R(s) = \int_{-\infty}^{\infty} f_R(r) \mathrm{d}r$ ——抗力的累积概率分布函数；

$F_S(r) = \int_{-\infty}^{\infty} f_S(s) \mathrm{d}s$ ——作用效应的累积概率分布函数。

【思考与分析】

1. 柔性路面、刚性路面二者在设计理论与方法上有何主要差别？
2. 机场道面、道路路面各有什么特点？二者在功能和构造方面有什么主要区别？各自的设计原理与方法有什么相同点与不同点。
3. 何为路面结构损坏与功能损坏？简述其发展、形成过程及相互之间的关系，分析其产生的原因及影响因素。
4. 何为路面设计的系统分析方法？
5. 路面的使用功能要求有哪些？请联系实际说明。
6. 路面设计的目的与要求是什么？
7. 分析沥青路面抗滑机理、主要影响因素和相应的措施。
8. 分析道路安全与交通安全的区别与联系。
9. 请分析路面抗滑性与表面纹理的关系，在多雨上坡或下坡路段路面表层的混合料如何选择？
10. 什么是水漂？什么是水雾？简述它们各自对行车安全的影响。
11. 分析三种类型沥青路面各自的特点，如何选择沥青路面结构的种类？
12. 分析三类水泥混凝土路面各自的特点，如何选择水泥混凝土路面结构的种类？
13. 什么是路面结构设计的经验法、力学经验法、典型结构法、优化设计方法？你觉得哪种设计方法更好？
14. 分析我国江苏、山东、福建沥青路面结构特点及改进建议。
15. 为什么路面设计要引入可靠度理论？
16. 什么是路面可靠概率、失效概率、可靠指标？

第二章 车辆与交通

路面的作用是保证车辆的停放(静荷载)与行驶(动荷载)等。随着车辆在路面上运动状态的变化,作用在路面上的荷载也在不断变化。停放时,车辆作用在路面上的是垂直静压力;行驶时,作用在路面上的有垂直压力、水平力(含振动冲击力)。从作用时间和频率来说,不仅有作用较长时间的荷载,也有瞬时、多次反复作用的荷载。为了保证设计的路面结构达到良好的结构性能和预计的使用功能,应对行驶的汽车及其荷载作用进行分析。主要内容包括汽车轮重与轴重的大小与特性、不同车型车轴的布置、设计期限内汽车轴型的分布以及车轴通行量逐年增长的规律、汽车静态荷载与动态荷载特性比较等。

第一节 车辆对路面的作用及动力效应

一、车辆的种类

汽车由动力驱动,是具有四个(有时 3 个)或四个以上车轮的非轨道承载车辆,主要用于载运人员或货物、牵引载运人员或货物的车辆及特殊用途。

车辆类型是指车辆型式,它反映了车辆的普通特征、使用目的和功能等区别。

根据《汽车和挂车类型的术语和定义》(GB/T 3730.1),道路上通行的汽车车辆分为乘用车和商用车。

乘用车(不超过9座)分为普通乘用车、活顶乘用车、高级乘用车、小型乘用车、敞篷车、仓背乘用车、旅行车、多用途乘用车、短头乘用车、越野乘用车、专用乘用车共11类。商用车分为客车、半挂牵引车、货车3类。客车细分为小型客车、城市客车、长途客车、旅游客车、铰接客车、无轨电车、越野客车、专用客车。货车细分为普通货车、多用途货车、全挂牵引车、越野货车、专用作业车、专用货车六类。乘用车自身重量与满载总重都比较轻,但车速高,一般可达120km/h,有的高档小车可达200km/h以上。

挂车是由汽车牵引才能正常行驶的一种无动力道路车辆,主要用于载运人员、货物及其他用途。挂车可分为牵引杆挂车、半挂车、中置轴挂车。牵引杆挂车有客车挂车、牵引杆货车挂车、通用牵引杆挂车、专用牵引杆挂车4类。半挂车有客车半挂车、通用货车半挂车、专用半挂车、旅居半挂车4类。中置轴挂车有车辆运输车、旅居车、平板挂车、厢式挂车、行李挂车等。

汽车列车是指由牵引车和一辆或一辆以上的挂车组成的车组。汽车列车型式有:乘用车列车、客车列车、货车列车、牵引杆挂车列车、铰接列车、双挂列车、双半挂列车及平板列车。

公路和城市道路路面结构设计与验算使用的交通量是标准轴载累计作用次数。实际计算时,对沥青路面,只将轴载大于25kN的汽车计入;对水泥混凝土路面,只将单轴的大于40kN和双轴大于80kN的汽车计入,小型客车对标准轴载影响极小,一般忽略不计。机场道面则根据最大可起飞机种进行道面厚度设计。

二、轮轴形式和标准轴载

1. 公路车辆

通常,整车形式的客、货车车轴分前轴和后轴,绝大部分车辆的前轴为两个单轮组成的单轴,轴载约为汽车总质量的三分之一。汽车的后轴有单轴、双轴和三轴三种,大部分汽车后轴由双轮组组成,只有少量轻型货车由单轮组成后轴,每一根后轴的轴载大约为前轴轴载的2倍。目前,在我国公路上行驶的货车的后轴轴载,一般为60~130kN,大部分在100kN以下。由于汽车货运向大型重载方向发展,货车的总质量有增加的趋势。为了满足各个国家对汽车轴限的规定,趋向于增加轴数以提高汽车总质量,因此出现了各种多轴的货车。有些运输专用设备的平板拖车,采用多轴多轮,以减轻对路面的压力。不同类型的货车示意图见表2-1。

不同类型的货车示意图和轴型 表2-1

序号	简 图	轴 型		典型车名
		前轴	后轴	
1		单轴单胎	单轴双胎	解放
2		单轴单胎	单轴双胎	黄河
3		单轴单胎	单轴单胎	长征
			单轴双胎	
4		单轴单胎	单轴双胎	太脱拉
			三轴双胎	

车辆的全部重量都是通过车轴上的车轮传给路面的,路面所承受的实际荷载的大小与车辆总重量及轮轴的形式有关,不同类型车辆的载质量不同,对路面的荷载作用也不同。额定载质量相同的汽车如轴型不同,传递给路面的荷载作用也不相同。即使额定载质量和轴型相同的车辆,在实际应用中也有空车、半载、满载和超载之分,加之车型和货物堆放位置不尽相同,导致相同载质量分配在每根轴上的荷载有一定的差异,使得直接用载质量作为路面损伤的衡量指标会带来较大的误差。因此,在路面设计中,通常采用轴型来进行车辆类型的划分,采用轴载来表征车辆荷载对路面结构的损伤作用。我国沥青路面设计中,车辆轴型根据轮组和轴组类型可分为 7 类(表 2-2),车辆类型根据轴型组合可分为 11 类(表 2-3)。

车辆轮组和轴组类型　　　　　　　　　　表 2-2

编号	轴型说明	编号	轴型说明
1	单轴(每侧单轮胎)	5	双联轴(每侧双轮胎)
2	单轴(每侧双轮胎)	6	三联轴(每侧单轮胎)
3	双联轴(每侧单轮胎)	7	三联轴(每侧双轮胎)
4	双联轴(每侧各一单轮胎、双轮胎)		

车 辆 类 型 分 类　　　　　　　　　　表 2-3

编号	说　明	典型车型及图式		其他主要车型
1 类	2 轴 4 轮车辆	11 型车		
2 类	2 轴 6 轮及以上客车	12 型客车		15 型客车
3 类	2 轴 6 轮整体式货车	12 型货车		
4 类	3 轴整体式货车(非双前轴)	15 型		
5 类	4 轴及以上整体式货车(非双前轴)	17 型		
6 类	双前轴整体式货车	112 型 115 型		117 型
7 类	4 轴及以下半挂货车(非双前轴)	125 型		122 型
8 类	5 轴半挂货车(非双前轴)	127 型 155 型		
9 类	6 轴及以上半挂货车(非双前轴)	157 型		
10 类	双前轴半挂式货车	1127 型		1122 型 1125 型 1155 型 1157 型
11 型	全挂货车	1522 型 1222 型		

轴重的大小和作用次数直接关系到路面结构的设计厚度与结构设计强度,一般选用一种轴载作为路面结构设计的标准轴载,其他各种轴载按照一定的原则换算成标准轴载。标准轴载的大小涉及运输经济和路面结构经济性两个方面,一般要求对路面的响应较大,同时又能反映本国公路运输运营车辆的总体轴载水平。为了统一设计标准,我国根据公路运输运营车辆的实际,在公路与城市道路有关路面设计规范中均以 100kN 作为标准轴载;美国为 18kip(80kN,单轴)(1kip = 4.45kN)、32kip(142kN,双轴);德国为 110kN;印尼为 50kN;黎巴嫩为 140kN。

为了便于交通管理,各个国家对于轴重的最大限度均有明确的规定。超载运输是指车辆所装载的货物超过车辆额定载货质量。超限运输主要指运输车辆超过路面结构的容许承载能力。超载但不超限的车辆对路面的使用寿命有一定的影响,超载且超限的车辆对路面的使用寿命有很大的影响,有的甚至超过路面或桥梁结构的极限承载力,使路面结构出现结构性破坏,使桥梁结构出现整体破坏,产生严重的安全事故。对超载条件下路面结构的设计问题,公路设计技术人员十分重视。2016 年我国交通运输部已经颁布并实施了《超限运输车辆行驶公路管理规定》(交通运输部令 2016 年第 62 号)。

国外目前有货车重型化、载客汽车小型化的超越趋势,公路运输超载超限对路面影响极大。在我国,公路货运的经济性为货运部门主要考虑的因素,超限车辆的比例需要进行常规统计分析。路面结构的早期破坏与公路货运的超限有很大的关系,因此,必须加强管理,尽可能限制超限车辆的运行。

2. 机场飞机

飞机停放在道面上时,机轮传给道面的荷载是静荷载。静荷载的大小与飞机总质量及起落架的形式有关。一般情况下,飞机总质量越大,静荷载也越大。通常,起飞质量大于着陆质量。起飞质量又分为正常起飞质量和最大起飞质量。在机场道面设计中,通常以使用该机场的主要飞机的最大起飞质量作为计算依据。

停放时飞机的总质量在主轮轴和辅助轮轴之间分配,其大小按式(2-1)计算。

$$P_Z = G\frac{L_1}{L_1 + L_2} = K_Z G$$
$$P_F = G\frac{L_2}{L_1 + L_2} = K_F G$$
(2-1)

式中:P_Z——主起落轴上分担的质量(kN);

P_F——辅助轮轴上分担的质量(kN);

G——飞机总质量(kN);

L_1、L_2——分别为飞机辅助轮轴和主轮轴到飞机重心的距离(图 2-1);

K_Z——飞机总质量在主轮轴上的分配系数;

K_F——飞机总质量在辅助轮轴上的分配系数。

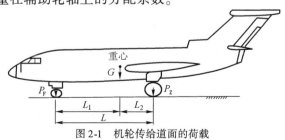

图 2-1 机轮传给道面的荷载

图 2-1 中 L 为飞机主、辅轮轴的间距。

飞机总质量的 90% ~95% 分配在主轮轴上。因此，主轮轴的形式直接影响着机轮传给道面荷载的大小。主轮轴的形式根据轴数和轮数进行区分，主要有单轮、双轮和双轴双轮，此外，还有串列双轴双轮、串列单轴双轮及串列多轴双轮等（图 2-2）。

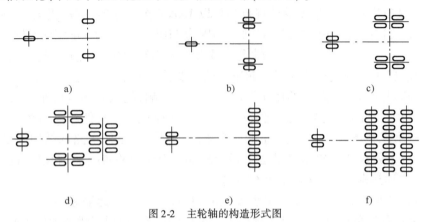

图 2-2 主轮轴的构造形式图

a) 单轮；b) 双轮；c) 双轴双轮；d) 串列双轴双轮；e) 串列单轴双轮；f) 串列多轴双轮

在进行道面设计时，还需要知道主轮轴上每个机轮传递荷载的大小。停放在道面上的飞机荷载按式(2-2)计算。

$$P_f = \frac{P_z}{MN} \tag{2-2}$$

式中：P_f——主轮轴上每个机轮的静荷载(kN)；

P_z——主起落轴上分担的质量(kN)；

M——飞机主轮轴的数量；

N——一个主轮轴上的轮数。

对机场道面，在预计使用的机型中，以运行次数最多和主轮轴荷载较大的机型作为设计机型，其主轮轴上一个主轮的设计荷载 P 按式(2-3)计算。

$$P = \frac{GK_z K_d}{MN} \tag{2-3}$$

式中：G——设计机型的最大起飞质量(kN)；

K_z——主轮轴荷载分配系数；

K_d——动载系数；

M——主轮轴个数；

N——一个主轮轴上的轮数。

3. 机场道面和道路路面的荷载区别

机场道面实际作用的飞机荷载较公路路面实际作用的荷载要大得多，同时其胎压可达 1.5 ~2.5 MPa，道路标准车型的轮胎气压为 0.707 MPa。但是机场道面实际作用次数较公路路面要小，一般为 2×10^4 ~ 8×10^4 次，公路路面实际作用的标准轴载次数达到 10^7 ~ 10^8 次。

同时，由于飞机在机场道面上起降或滑行过程中不可能在完全准确的横向位置上，这就是所谓的飞机的漫行特征。与道路路面的横向分布系数类似，机场道面设计也需要考虑横向漫行系数。

三、车轮轮胎压力、接触压力和接触面积

现代车辆的车轮采用充气轮胎,轮胎的充气压力称为轮胎压力。充气轮胎在荷载作用下会产生压缩变形,因此,由车轮传给路面的荷载分布在一定的面积上,这个面积称为车轮与路面的接触面积,或称为轮印面积,如图2-3所示。轮印为近似椭圆形,其两半轴之比 a/b 为 1.25~2.0。随着车轮荷载的增加,接触面积也增大。接触面积上的荷载集度称为接触压力。计算中通常不计轮胎侧壁的约束作用,认为轮胎与路面之间的接触压力等于轮胎压力。但对于低压轮胎,轮壁之下的接触压力稍大于轮胎中心的接触压力;对于高压轮胎则反之。在进行路面设计时,通常假定轮印面积内接触压力是均匀分布的。轮印面积按式(2-4)计算。

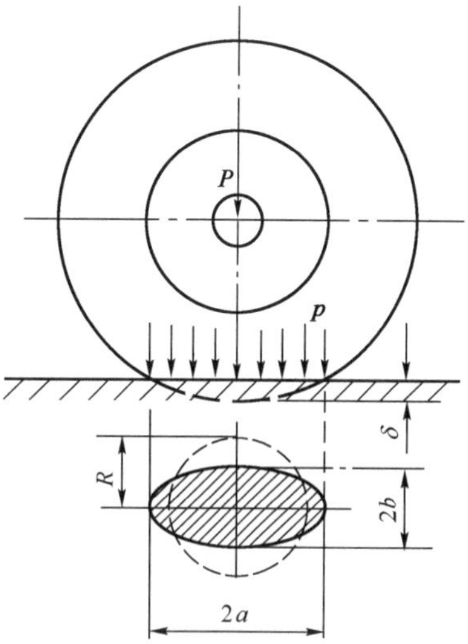

$$A = \frac{P}{p} \tag{2-4}$$

图2-3 车轮与路面的接触面积

式中:A——轮印面积(m^2);

P——一个车轮上的荷载(飞机必须考虑动力影响)(kN);

p——轮胎压力(kPa)。

在简化计算中,接触面积 A 常以等面积的圆形代替。当量圆形的半径 R 按式(2-5)确定。

$$R = \sqrt{\frac{P}{\pi p}} \tag{2-5}$$

式中:R——当量圆形的半径(m);

其他符号同前。

根据 De Beer(德倍尔)的测试,轮胎路面压应力分布十分复杂(图2-4),因此,路面分析应考虑轮胎应力分布不均匀性这一特点,其主要形态有矩形、马鞍形、凸形、锯齿形(图2-5)和圆形。同时由于车辆行驶过程中摩擦力等作用,轮胎与路面接触应力形态复杂,包括垂直应力、纵向应力和横向应力(图2-6)。因此,进行局部精细化有限元分析时应考虑荷载的详细模型。

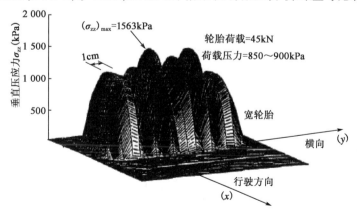

图2-4 荷载在路面表面分非线性应力分布(De Beer etal. 1996)

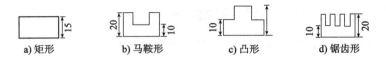

图 2-5　路面垂直荷载的主要形态(尺寸单位:cm)

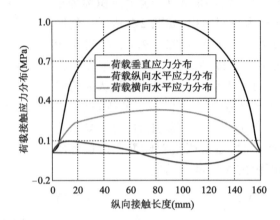

图 2-6　荷载与路面接触面应力分布形态(Al-Qadi et al. 2008)

轮胎压力大小对路面厚度的影响很大。计算表明,在结构相同的刚性路面中,轮胎压力增大 70kPa,则需增加板厚约 0.5cm。主轮轴形式对道面厚度影响较大。计算表明,若飞机总质量不变,主轮轴为单轴双轮的路面设计厚度为单轴单轮的 100%;主轮轴为双轮双轴的路面设计厚度为单轴单轮的 60%。

如图 2-7 所示为轮胎压力和主轮轴轮数对刚性路面要求厚度的影响。由图可见,在相同荷载条件下,路面厚度随轮胎压力增大而增加,随主轮轴轮数增多而减小。

在沥青路面中,垂直应力的大小取决于荷载轮胎压力的大小。如图 2-8 所示为相同轴载但轮胎压力不同时的计算结果。由图可见,轮胎压力对表层垂直应力影响很大,当深度达 90cm(36in,1in = 0.0254m)以下时,轮胎压力对垂直应力就没有影响了。因此,为适应高压轮胎的作用,沥青路面的上层应采用高质量的材料。沥青路面所需总厚度,受轮胎压力影响不大。

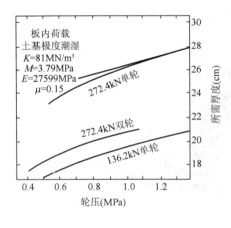

图 2-7　轮胎压力和轮数对刚性路面厚度的影响

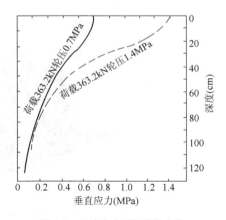

图 2-8　垂直应力随深度的变化

如图 2-9 所示为轮胎数量对沥青路面体系垂直应力的影响。由图可见,采用双轮比单轮可以显著改善路面体系的垂直应力状态。

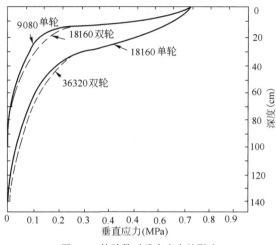

图 2-9　轮胎数对垂直应力的影响

四、作用在路面上的水平力

当车辆在路面上行驶时,除垂直荷载之外,作用在路面上的还有水平力。车辆运动时车轮与路面之间的摩擦力引起水平荷载;车轮经过路面不平整处因撞击也会引起水平荷载;车轮制动过程中产生水平荷载;车辆行驶过程中急转弯时由于存在侧向摩擦力而产生水平荷载等。

在路面上行驶的车辆车轮在不制动时,作用在路面上的水平荷载由式(2-6)确定;车轮制动时水平荷载由式(2-7)确定。

$$T_1 = fP \qquad (2\text{-}6)$$
$$T_2 = \phi P \qquad (2\text{-}7)$$

式中:T_1、T_2——行驶中的车辆在车轮不制动和制动情况下作用在路面上的水平荷载;

　　　f——滚动摩阻系数;

　　　ϕ——滑动摩阻系数;

　　　P——车辆的垂直荷载(kN)。

系数 f 和 ϕ 的大小取决于路面的结构形式、路面表面的状态、车辆的运动速度、轮胎花纹及磨损程度。f 和 ϕ 的值可参考表 2-4 和表 2-5 确定。

系 数 f 值 表　　　　　　　　　　　　　　　　　表 2-4

表 面 种 类	f
平整的水泥混凝土和沥青混凝土	0.01～0.02
水泥混凝土路面有裂缝和垂直位移	0.04～0.05
沥青混凝土有车辙和裂缝	0.04～0.05

系 数 ϕ 值 表　　　　　　　　　　　　　　　　　表 2-5

表 面 状 态	ϕ
干燥而粗糙的表面	1.0～0.7
干燥而平滑的表面	0.5
潮湿的表面	0.5～0.3

车辆车轮制动时路面上作用的水平荷载可以达到 $0.1P \sim 1.0P$，并且大大超过车轮不制动时产生的水平荷载。

作用在路面表面的水平荷载的作用时间是很短的，水平荷载引起的水平应力随深度的增大而迅速减弱，在路面设计中一般不予考虑。对于沥青路面，过大的水平应力能够引起路面面层产生波浪、拥包和剪切破坏等。因此，当沥青路面上层可能因水平力过大而引起破坏时，应对水平荷载进行验算，必要时设置保护层（磨耗层），以改善沥青路面上层的受力状态。

五、车辆行驶过程中的动荷载

车辆在路面上的一切活动都会对路面产生动效应。当车轮通过路面不平整处时将产生冲击作用，使得车辆产生振动，增大了车辆荷载对路面的作用效果。冲击作用的大小与路面的平整状况及车辆运动速度有关。一般情况下，行驶车辆对道路施加的动荷载随道路等级提高、车速降低、载重量减小、轮胎刚度降低和悬架阻尼变大而减小。图 2-10 为某一速度下的试验资料。由图可见，路面越不平整，冲击作用越大，因此，对路面的平整度应该有严格的要求。

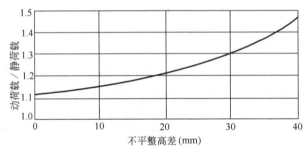

图 2-10　路面不平整高差对冲击作用的影响

对于飞机荷载，飞机着陆时，跑道端部的道面受到机轮的撞击，机轮的这种撞击作用，与飞机的飘落高度有关，即取决于飞行员的驾驶水平。通常规定，当飞机在离地面 $0.5 \sim 1.0m$ 时开始飘落是正常着陆；如果飞机飘落高度超过规定，就是粗暴着陆。粗暴着陆不仅使道面受到巨大的冲击，而且容易引起机件的损坏，甚至造成安全事故。如图 2-11 所示为英国用"蚊式"飞机进行的着陆冲击试验。由图可知，正常着陆机轮对道面的冲击荷载不超过静荷载；粗暴着陆时，道面受到的冲击荷载是静荷载的 3 倍。现代飞机轮轴都有较好的缓冲装置，使机轮对道面的冲击力大为减小。

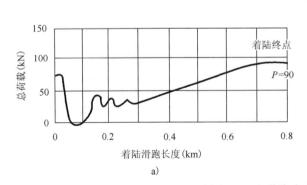
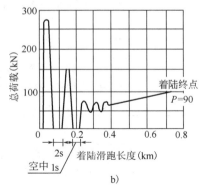

图 2-11　飞机着陆时对道面的影响
a) 正常着陆；b) 粗暴着陆

车辆对路面的动载响应分析是比较复杂的研究课题。在路面设计中通常是把动荷载转换为静荷载,按静力学分析方法进行路面结构的位移和应力计算。我国水泥混凝土路面设计规范中用动载系数反映动载对道面的影响,沥青路面设计规范中没有反映动载的影响。图 2-12a) 是静荷载作用时各点的受力状态,图 2-12b) 则反映了移动荷载作用下各点受力状态的变化过程,图 2-13 反映了车辆运行速度与弯沉之间的关系,事实表明车辆运动状态对路面响应影响极大。

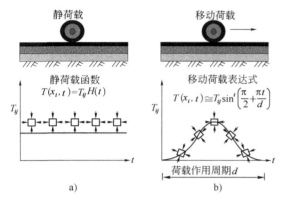

图 2-12 路面结构受力与荷载特性的关系

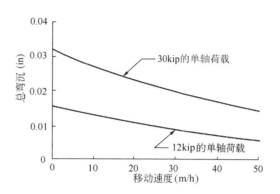

图 2-13 弯沉与移动速度之间的关系
注:$1\text{kip} = 4.45\text{kN}$;$1\text{in} = 25.4\text{mm}$;$1\text{m/h} = 1.6\text{km/h}$。

六、路面内部力学响应

一般情况下,车辆荷载作用下沥青路面结构内部的关键力学响应,主要包括两个轮胎之间或轮胎附近的沥青层表面拉应力,轮胎正下方的压应力,轮胎边缘且近路表的剪应力(最大值通常位于中上面层),沥青层底部的拉应变,半刚性基层或底基层底部的拉应力,以及柔性基层内部与路基顶面的压应变。其中路表拉应力与近路表剪应力可引起 top-down 疲劳开裂,压应力与剪应力可引起沥青层车辙,拉应变可导致沥青层疲劳开裂,半刚性基层底部拉应力可导致该结构层位的疲劳破坏,柔性基层内部压应变可造成该结构层位的永久变形,路基顶面的压应变则可造成路基车辙。

从车辆荷载与路面及结构角度分析,一定范围内,应力与应变的大小随荷载与胎压的增加而增加,随沥青层厚度的增加而降低(压应力与剪应力除外)。半刚性基层有利于避免沥青层底部疲劳破坏。柔性基层沥青路面由于基层变形能力较大,沥青层底部的拉应变也相应变大,因此,柔性基层沥青路面应更加关注车辆荷载作用下的弯拉疲劳破坏。但同时,柔性基层沥青路面由于面层与基层的协调变形能力强,更利于减少路表拉应力。在组合结构(基层为柔性基层、底基层为半刚性基层)中,柔性基层厚度的增加可有效降低剪应力。

需要注意的是,相比于标准轴载,重载与超胎压交通条件下的沥青路面层可能存在全部受压的情况,导致沥青内部剪应力、基层底部的拉应变以及土基底面的压应变显著增加。车辆超载与车胎超压的叠加效应对于路面结构受力极为不利,引起车辆长时间低速行驶,相较于高速行驶速度条件下的应力和应变值往往更大,道路运营过程中应予以严格控制。

七、车轮轮迹横向分布

车辆在路面上行使时,轮迹的横向分布是不均匀的。影响车轮轮迹横向分布规律的主要因素有车辆的类型、主轮轴数量、主轮轴间距及其车轮数量、轮胎宽度等。

对实测数据的分析表明,轮迹沿行车道宽度的分布符合偶然因素的高斯正态分布规律。如果已知分布曲线的数值特性和使用车辆的容量,便能求得车辆荷载在路面任一断面的作用次数。

八、车辆轮载的分布形态方程

根据路面表面和机场道面实际作用荷载分布形态的检测和分析,路面表面实际作用的荷载主要有(图2-14):车辆自重和载重产生的垂直荷载;车辆启动、制动和变速产生的单向水平荷载;车辆受压变形后轮胎恢复力产生的向心水平荷载;车辆小半径或原地转弯产生的旋转水平荷载。

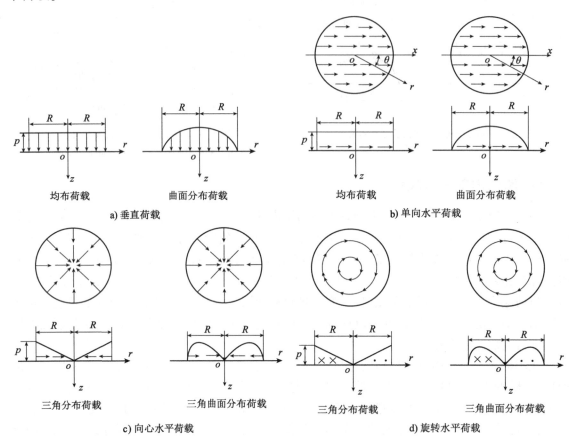

图2-14 荷载的主要形态

车辆自重和载重产生的垂直荷载、车辆受压变形后轮胎恢复力产生的向心水平荷载、车辆小半径或原地转弯产生的旋转水平荷载具有轴对称的性质,可以用轴对称函数进行表征;车辆启动、制动和变速产生的单向水平荷载不具有轴对称性质,仅以 x 轴对称。同时,荷载在边缘处($r=R$)有一个突变,根据文献(39)可以将荷载形态表达为:

垂直荷载和单向水平荷载 $\quad p(r) = \dfrac{m+1}{m} p \left[1 - \left(\dfrac{r}{R} \right)^{2m} \right]$ (2-8)

向心水平荷载 $\quad p(r) = \dfrac{2m+3}{2m} p \dfrac{r}{R} \left[1 - \left(\dfrac{r}{R} \right)^{2m} \right]$ (2-9)

旋转水平荷载 $$p(r) = \frac{m+2}{m} p \frac{r}{R} \left[1 - \left(\frac{r}{R}\right)^{2m}\right] \tag{2-10}$$

图 2-15 给出了不同 m 值的垂直荷载曲线形态,图 2-16 给出了不同 m 值的向心水平荷载的曲线形态。

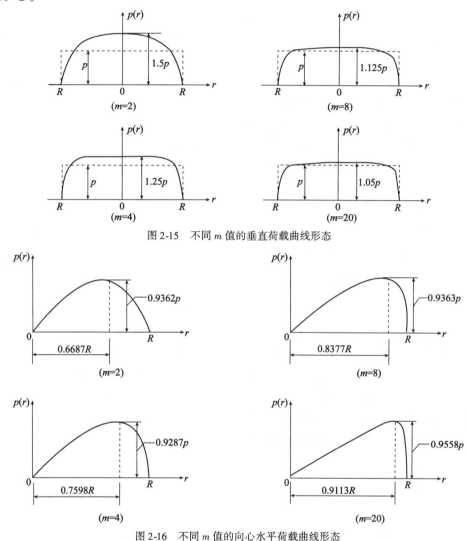

图 2-15 不同 m 值的垂直荷载曲线形态

图 2-16 不同 m 值的向心水平荷载曲线形态

第二节 当量单轮荷载

在公路路面和机场道面结构设计中需评价的重要因素是车辆类型、交通量和车辆运行方式。在考虑某种具体车辆类型时,必须考虑车辆轴数、轮胎间距、轮载、轮胎压力等因素。

由于公路路面和机场道面作用的车辆或飞机种类不同,对路面的作用也不同。为了比较各种不同类型车辆对路面相对作用的大小,可以按照一定的规则将其换算为当量单轮荷载。

当量单轮荷载(ESWL)的定义是:在一定路面结构的指定位置上,单轮荷载产生的响应

(应力、应变、位移或损坏)与多轮荷载在路面结构同样位置产生的响应量相同,这样得到的单轮荷载就称为当量单轮荷载(ESWL:Equivalent Single Wheel Load)。计算过程中假定单轮荷载的轮胎接触半径与多轮荷载的每个轮胎接触半径相同,并且多轮荷载的每个轮的接触半径也相同。当量单轮荷载主要应用于分析比较多轴和多轮飞机荷载对路面结构力学响应的大小。

对双轮荷载的 ESWL 的研究最早起始于第二次世界大战,由于当时用于机场柔性道面的设计准则是基于单轮荷载。随着 B-29 轰炸机的出现,需要为此种飞机提出新的道面设计准则。而在当时的条件下,不允许直接提出这种准则,为此提出了双轮荷载换算为当量单轮荷载的方法,这样就可直接应用单轮荷载准则进行设计。

计算结果表明,根据层状体系理论所得的 ESWL 取决于单轮荷载和多轮荷载对比所选用的响应要素,即位移(挠度)、应力或应变。1969 年,黄仰贤(Huang)根据波米斯特双层体系理论,假定单轮和双轮具有同样的轮胎接触压力,并进行了 ESWL 与各种响应量(位移、应力、应变)之间关系的理论分析。盖勒(Gerrard)和哈利胜(Harrison)于 1970 年假设所有车轮具有相同的接触半径,对单轮、双轮和双轮双轴进行了类似的研究。研究表明,采用基于应力、应变和挠度等不同的换算准则,确定的 ESWL 也不同。而不管哪种准则,随着路面厚度和模量比的增加而增加,或随着多轮间距的减少,ESWL 也随之增加。

一、沥青路面等竖向应力的 ESWL

波依(Boyd)和福斯特(Foster)1950 年根据对弹性半空间体竖向应力所做的理论研究,提出了确定 ESWL 的半解析解,美国工程兵将它作为单轮荷载扩充为双轮荷载的设计准则。该方法假定 ESWL 随着路面厚度的变化而变化,如图 2-17 所示。当厚度小于双轮净间距的 1/2 时,ESWL 等于总荷载的一半,意味着由两个车轮产生的土基竖向应力不重叠。当厚度大于双轮中心到中心的间距 2 倍时,ESWL 等于总荷载,意味着由两个车轮产生的土基竖向应力完全重叠。假定路面厚度和轮载在对数坐标上呈直线关系,就容易确定任何中间厚度的 ESWL。在求得双轮荷载的 ESWL 后,可将此法应用于双轴车轮。

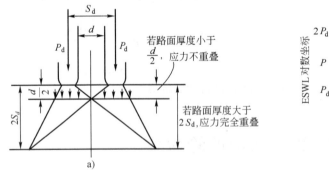
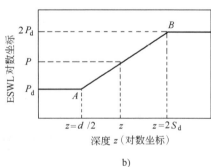

图 2-17 基于土基等竖向应力的 ESWL

根据以上关系,可用式(2-11)确定多轮车辆的 ESWL。

$$\lg(\mathrm{ESWL}) = \lg P_\mathrm{d} + \frac{0.301 \cdot \lg \dfrac{2z}{d}}{\lg \dfrac{4S_\mathrm{d}}{d}} \qquad (2\text{-}11)$$

式中：P_d——作用在双轮的一个车轮上的荷载；
   z——路面厚度；
   d——双轮净距；
   S_d——双轮中心到中心的间距。

二、沥青路面等竖向位移的 ESWL

在应用波依和福斯特的方法及后来完成的加速加载试验后，发现该方法不十分安全。福斯特和艾尔文于 1958 年提出了改进的方法。在这一方法中，将路面体系看成为弹性半空间体，并用布辛尼斯克公式得到深度等于路面厚度处的竖向挠度。接触半径等于双轮中的一个轮胎，最大挠度与双轮产生的挠度相等的单轮荷载即为 ESWL。

可用图中的竖向挠度系数 F 来确定 ESWL。和竖向应力情况相似，确定单轮作用下 A 点挠度系数 F_s 和双轮作用下的 1、2 和 3 的挠度系数 F_d，如图 2-18 所示。

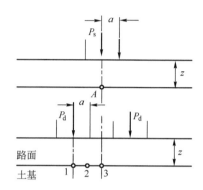

图 2-18　竖向挠度的 ESWL

挠度可以用下式表示：

$$W_s = \frac{q_s a}{E} F_s \tag{2-12}$$

$$W_d = \frac{q_d a}{E} F_d \tag{2-13}$$

式中：q_s、q_d——当量单轮荷载的接触压力和多轮荷载的接触压力；
   F_s、F_d——当量单轮荷载作用下的挠度系数和多轮荷载作用下的挠度系数。

根据 ESWL 的概念，要求单轮荷载作用下 A 点挠度和多轮荷载作用下 1 点、2 点、3 点的挠度最大值相同，由此要求 $W_s = W_d$，则：

$$q_s F_s = q_d F_d \tag{2-14}$$

当接触半径相同时，接触压力与轮载成正比。

$$\text{ESWL} = P_s = \frac{F_d}{F_s} P_d \tag{2-15}$$

基于同样的原理，可以推导等拉应变的 ESWL 和等路基顶面压应力的 ESWL。

三、水泥混凝土路面的 ESWL

水泥混凝土路面的最大拉应力可以采用各种不同的方法计算得到。同样可以假定 ESWL 和多轮荷载的轮胎压力相同，利用相应的计算方法可以计算路面的最大拉应力，要求 ESWL 和多轮荷载的最大拉应力相同，由此可以计算 ESWL。

四、结果对比

从 20 世纪 60 年代起，欧美各国在对飞机及机场道面进行分类分级、计算荷载等级号码数（LCN）等问题中广泛地采用了当量单轮荷载（ESWL）的概念和方法。在国际民航组织于 1983 年公布并要求各国采用的（Pavement Classification Number）PCN-（Aircraft Classification

Number)ACN(道面等级号—飞机等级号),其中的计算也要用到 ESWL 的概念和方法。近年来,我国有关部门在制定机场设计标准时,也采用了当量单轮荷载的概念和方法对飞机和机场道面进行分类分级。中国民航总局也要求逐步推广 PCN-ACN 方法,以报告机场道面强度和核准使用机型。欧美各国主要是采用美国联邦航空局(FAA)根据文克勒(Winkler)地基上无限大板的计算理论,计算机场刚性道面的当量单轮荷载,并编制了相应的图表。这些图表已收入国际民航组织的设计手册和一些教科书中。图 2-19 给出了不同飞机类型的 ESWL 对比,从图中可以看出不同类型飞机的当量单轮荷载(ESWL)的大小。

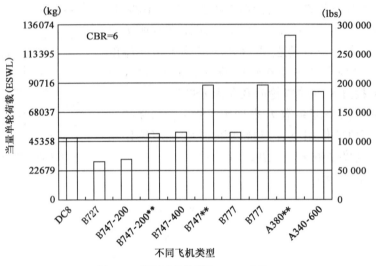

图 2-19　不同飞机类型的 ESWL 对比

第三节　当量轴载系数(EALF)

当量轴载系数(EALF)是车辆轴载通过路面一次所产生的损伤与标准轴载通过路面一次所产生的损伤之比,路面设计的主要根据是设计使用年限内的累计标准轴载次数。路面设计使用年限内的当量单轴荷载(ESAL)为:

$$\text{ESAL} = \sum_{i=1}^{m} F_i n_i \tag{2-16}$$

式中:m——轴载组数;

F_i——第 i 个轴载组的 EALF;

n_i——设计年限内第 i 个轴载组通过次数(次)。

EALF 取决于路面类型、路面厚度、路面结构类型和路面的疲劳破坏状态。目前 EALF 一般依据路面结构或材料的疲劳规律,结合荷载换算的等效原则,提出路面不同轴载的换算方法。其中 AASHTO 道路试验所得到的经验公式是目前使用较广的公式之一,我国的路面轴载换算方法依据路面结构的疲劳关系或材料的疲劳方程经推导得到。

一、AASHTO 沥青路面轴载换算方法

AASHTO 沥青路面设计法是以试验路行车试验结果为依据的方法,它是根据 20 世纪 50

年代末60年代初在渥太华和伊利诺伊州的大规模试验路成果得到的。其主要成果之一便是从路面使用性能变化的基本方程导出了车辆当量换算方法（包括单轴和双轴的等效关系）。

AASHTO 道路试验提出的路面使用性能变化的基本方程为：

$$G_t = \lg \frac{C_0 - p_t}{C_0 - 1.5} = \beta(\lg N - \lg \rho) \tag{2-17}$$

式中：C_0——试验路完工时的路面耐用性指数，该试验路测得的平均值为4.2；
　　　p_t——经过车辆行驶 N 次后，达到的最终耐用性指数 PSI；
　　　ρ——该路段最终耐用性指数降至1.5，即路面达到破坏标准时轴载的作用次数；
　　　β——斜率；
　　　G_t——任何阶段耐用性指数的损失 $C_0 - p_t$，与耐用性指数达到破坏标准即 $p_t = 1.5$ 时的总损失 $C_0 - 1.5$ 之比的对数值。

其中 β 和 ρ 的表达式如下：

$$\begin{cases} \beta = 0.4 + \dfrac{0.081(P+L_0)^{3.23}}{(SN+1)^{5.19}L_0^{3.23}} \\ \rho = \dfrac{10^{5.93}(SN+1)^{9.36}L_0^{4.33}}{(P+L_0)^{4.79}} \end{cases} \tag{2-18}$$

式中：P——单轴荷载或一组双轴荷载上的荷载以千磅力（klbf）计；
　　　L_0——轴数，单后轴为1，双后轴为2；
　　　SN——表示路面结构强弱的代表数，称路面结构数（简称结构数）。

$$SN = a_1 D_1 + a_2 D_2 + a_3 D_3 \tag{2-19}$$

把 β 和 ρ 的表达式代入并变换，可得：

$$\lg N = 5.93 + 9.36\lg(SN+1) - 4.79\lg(P+L_0) + 4.33\lg L_0 + \frac{G_t}{\beta} \tag{2-20}$$

以不同车型的轴载 P 和轴数 L_0 代入上式，即可求得达到不同的最终耐用性指数 p_t 时轴载间的换算公式。

1）单后轴间的换算公式

若以单后轴轴载 100kN（22klbf）作为标准轴载，则 $P=22, L_0=1$，有

$$\lg N_{22} = 5.93 + 9.36\lg(SN+1) - 4.79\lg(22+1) + \frac{G_t}{\beta_{22}}$$

其他的单后轴轴载为 $x$klbf 时，$P=x, L_0=1$，则：

$$\lg N_x = 5.93 + 9.36\lg(SN+1) - 4.79\lg(x+1) + \frac{G_t}{\beta_x}$$

两式相减得：

$$\lg \frac{N_{22}}{N_x} = 4.79\lg \frac{x+1}{22+1} + G_t\left(\frac{1}{\beta_{22}} - \frac{1}{\beta_x}\right) \tag{2-21}$$

同样如以单后轴 80kN（18klbf）为标准轴，则：

$$\lg \frac{N_{18}}{N_x} = 4.79\lg \frac{x+1}{18+1} + G_t\left(\frac{1}{\beta_{18}} - \frac{1}{\beta_x}\right) \tag{2-22}$$

这就是不同单后轴轴载间的换算公式。

AASHTO 法如以单后轴 18klbf 为标准轴,计算得当 $p_t = 2.5, 2.0$ 和 1.5 时,不同轴载间的等效系数,等效系数以轴载比值的指数 α 表示,其结果归纳如下(下面的结果包括全部结构数):

当 $p_t = 2.0$ 时,α 值变化在 $3.88 \sim 4.64$;当 $p_t = 2.5$ 时,α 值变化在 $3.63 \sim 4.64$,且随轴载的增大,α 值有增大的趋势。如取全部结果的平均值,则 $p_t = 2.0$ 时,指数 α 值平均为 4.3;$p_t = 2.5$ 时,α 值平均为 4.05,两者的总平均值为 4.18,即单后轴间轴载换算公式可近似地以式(2-23)表示。

$$\frac{N_1}{N_2} = \left(\frac{P_2}{P_1}\right)^{4.2} \tag{2-23}$$

如认为 $SN = 1$ 和 2 的结构单薄,不予考虑,则 $p_t = 2.0$ 时,α 值平均为 4.19,$p_t = 2.5$ 时,α 值平均为 3.93,两者平均为 4.06。我国新规范的轴载换算方法中,指数取 4.35,即是以此为基础,并在广泛调查论证和对弹性体系理论分析后得来的。

2)双后轴的换算公式

如其他车型为双后轴,则 $L_0 = 2$ 每轴荷载为 $x$klbf,则总轴载为 $P = 2x$,其轴载通过数以 N_{2x} 表示,则它与 100kN(22klbf) 单后轴标准轴载的换算公式为:

$$\lg\frac{N_{22}}{N_{2x}} = 4.79\lg\frac{2x+2}{22+1} - 4.33\lg2 + G\left(\frac{1}{\beta_{22}} - \frac{1}{\beta_{2x}}\right)$$

$$= 4.79\lg\frac{x+1}{22+1} + G\left(\frac{1}{\beta_{22}} - \frac{1}{\beta_{2x}}\right) + (4.79 - 4.33)\lg2$$

$$= \left[4.79\lg\frac{x+1}{22+1} + G\left(\frac{1}{\beta_{22}} - \frac{1}{\beta_{2x}}\right)\right] + \lg1.38$$

由于 $\beta_{2x} = 0.4 + \dfrac{0.081(2x+2)^{3.23}}{(SN+1)^{5.19} \times 2^{3.23}} = 0.4 + \dfrac{0.081(x+1)^{3.23}}{(SN+1)^{5.19}} = \beta_x$

所以,上式中括号内结果与单后轴换算式相等,则:

$$\lg\frac{N_{22}}{N_{2x}} = \lg\frac{N_{22}}{N_x} + \lg1.38$$

$$\frac{N_{22}}{N_{2x}} = 1.38\frac{N_{22}}{N_x} \tag{2-24}$$

即双后轴等于其单轴的 1.38 倍。

二、AASHTO 轴载换算公式分析

AASHTO 轴载换算基本方程为:

$$\lg\frac{n_2}{n_1} = 4.79\lg\frac{P_1+1}{P_2+1} + G_t\left(\frac{1}{\beta_2} - \frac{1}{\beta_1}\right) \tag{2-25}$$

为计算和分析清晰起见,不妨设等式右面第一项为 a_1,即 $a_1 = 4.79\lg\dfrac{P_1+1}{P_2+1}$,$a_1$ 在两个轴重 P_1 和 P_2 是既定值的情况下为定值,它不随耐用性指数和路面结构数的变化而变化;假设等

式右面第二项为 b_1，即 $b_1 = G_t\left(\dfrac{1}{\beta_2} - \dfrac{1}{\beta_1}\right)$。$b_1$ 在轴重 P 和最终耐用性指数 p_t 既定的情况下，随路面结构数的变化而变化，它反映了路面结构数对轴载换算指数的影响程度。

由 a_1 和 b_1 的表达式及基本方程得：

$$\lg\dfrac{n_2}{n_1} = a_1 + b_1 = \alpha\lg\dfrac{P_1}{P_2}$$

则

$$\alpha = \dfrac{a_1}{\lg\dfrac{P_1}{P_2}} + \dfrac{b_1}{\lg\dfrac{P_1}{P_2}} \tag{2-26}$$

为了能从 AASHTO 轴载换算关系式中，了解指数 b 随轴重和结构数的变化规律，假定 $\alpha = b/c$，这里 c 取 0.2，并设 $b_3 = \dfrac{a_1}{\lg\dfrac{P_1}{P_2}} \times 0.2$，$b_2 = \dfrac{b_1}{\lg\dfrac{P_1}{P_2}} \times 0.2$。

则

$$b = \alpha \times c = b_3 + b_2 \tag{2-27}$$

这样，指数 b 被分成了两项，其中 b_3 仅与被换算的轴重有关；而 b_2 则代表了结构数和轴重变化时，指数 b 的变化情况。

下面的表中所计算出的指数，均是以 BZZ-100 为标准，按式（2-25）～式（2-27）计算得到的。

当 $p_t = 1.5$ 时，$G_t = 0$，此时 $b_1 = b_2 = 0$，等效系数 α 和指数 b 的计算仅仅与被换算的轴重有关，而与路面结构数的大小无关。计算结果见表 2-6。

等效系数 α 和指数 b 与轴重的关系　　　表 2-6

指　　数	轴重(kN)					
	120	130	140	160	180	200
α	4.599	4.606	4.612	4.623	4.631	4.638
b	0.920	0.921	0.922	0.925	0.926	0.928

当 $p_t = 2.0$ 时，$G_t = -0.0889$，此时，等效系数 α 和指数 b 的计算不仅与被换算的两个轴重有关，而且与路面结构数的大小有关。计算结果见表 2-7～表 2-9。

换算系数与结构数和轴重的关系之一　　　表 2-7

SN	1				2			3		
轴重(kN)	指数									
	b_3	b_2	b	α	b_2	b	α	b_2	b	α
120	0.920	-0.001	0.919	4.599	-0.006	0.914	4.571	-0.019	0.901	4.504
130	0.921	-0.001	0.920	4.603	-0.005	0.916	4.580	-0.018	0.904	4.518
140	0.922	-0.001	0.921	4.609	-0.005	0.918	4.589	-0.016	0.906	4.531
160	0.925	-0.001	0.924	4.620	-0.004	0.921	4.603	-0.014	0.910	4.551
180	0.926	-0.001	0.925	4.629	-0.004	0.923	4.614	-0.013	0.914	4.568
200	0.928	-0.001	0.927	4.636	-0.003	0.925	4.623	-0.012	0.916	4.581

换算系数与结构数和轴重的关系之二 表2-8

SN	4			5			6		
轴重(kN)	指数								
	b_2	b	α	b_2	b	α	b_2	b	α
120	-0.032	0.887	4.437	-0.032	0.889	4.437	-0.023	0.896	4.482
130	-0.031	0.890	4.449	-0.033	0.888	4.441	-0.025	0.896	4.481
140	-0.030	0.892	4.461	-0.033	0.889	4.446	-0.026	0.896	4.480
160	-0.028	0.897	4.484	-0.033	0.891	4.457	-0.029	0.896	4.480
180	-0.026	0.901	4.504	-0.032	0.894	4.470	-0.030	0.896	4.482
200	-0.024	0.904	4.520	-0.031	0.897	4.483	-0.030	0.897	4.487

当 $SN=7$ 时,单独列于表2-9。

$SN=7, P_t=2.0$ 时换算系数与轴重的关系 表2-9

指数	轴重(kN)					
	120	130	140	160	180	200
b_2	-0.015	-0.016	-0.018	-0.021	-0.023	-0.025
b	0.905	0.905	0.905	0.904	0.903	0.903
α	4.525	4.524	4.523	4.520	4.517	4.516

当 $p_t=2.5$ 时,$G_t=-0.2009$,此时,等效系数 α 和指数 b 的计算与被换算的轴重有关,也与路面结构数的大小有关。计算结果列于表2-10、表2-11。

换算系数与结构数和轴重的关系之三 表2-10

SN	1				2			3		
轴重(kN)	指数									
	b_3	b_2	b	α	b_2	b	α	b_2	b	α
120	0.920	-0.002	0.918	4.591	-0.013	0.907	4.535	-0.043	0.877	4.384
130	0.921	-0.002	0.019	4.598	-0.012	0.910	4.548	-0.040	0.882	4.408
140	0.922	-0.001	0.921	4.605	-0.011	0.912	4.560	-0.037	0.886	4.428
160	0.925	-0.001	0.923	4.617	-0.009	0.915	4.577	-0.032	0.892	4.462
180	0.926	-0.001	0.925	4.626	-0.008	0.918	4.592	-0.029	0.898	4.488
200	0.928	-0.001	0.927	4.634	-0.007	0.921	4.603	-0.026	0.902	4.509

换算系数与结构数和轴重的关系之四 表2-11

SN	4			5			6		
轴重(kN)	指数								
	b_2	b	α	b_2	b	α	b_2	b	α
120	-0.073	0.846	4.232	-0.073	0.847	4.234	-0.053	0.867	4.334
130	-0.071	0.850	4.252	-0.075	0.847	4.233	-0.057	0.865	4.323
140	-0.068	0.854	4.272	-0.075	0.847	4.236	-0.060	0.863	4.313
160	-0.063	0.862	4.309	-0.075	0.850	4.248	-0.065	0.860	4.300
180	-0.058	0.869	4.343	-0.073	0.853	4.266	-0.067	0.859	4.294
200	-0.053	0.874	4.372	-0.070	0.857	4.287	-0.069	0.859	4.295

当 $SN=7$ 时,单独列于表 2-12。

$SN=7,P_t=2.5$ 时换算系数与轴重的关系　　　表 2-12

指　　数	轴重(kN)					
	120	130	140	160	180	200
b_2	-0.033	-0.037	-0.040	-0.046	-0.051	-0.055
b	0.886	0.884	0.882	0.878	0.875	0.872
α	4.432	4.422	4.411	4.391	4.374	4.361

从表 2-10 可以得出如下结论:

(1)如果不考虑结构数的影响,仅考虑轴重对指数 b 和等效系数 α 的影响。其规律是:随着轴重的增加,等效系数 α 和指数 b 都增大。当轴重由 120kN 增加到 200kN 时,等效系数增长的最大值是 0.039,指数 b 是 0.008。

(2)考虑轴重和结构数对指数 b 和等效系数 α 的影响,其结果如下(下面所用到的耐用性指数均不包括等于 1.5 的情况):

①在某一耐用性指数下,当结构数一定时,一般情况下指数 b 随着轴重的增加而略有增长的趋势。但是当耐用性指数较高和结构数很大时,指数 b 也会下降,如 $p_t=2.0$,$SN=7$ 时,b 下降了 0.002;$p_t=2.5$,$SN=6$,和 $SN=7$ 时,分别下降了 0.008 和 0.014。

②在某一耐用性指数下,指数 b 随着轴重的增加而增长的值,会因结构数的不同而不同。其随结构数的变化情况如下:由结构数等于 1 的最小值上升到结构数等于 4 的最大值,然后,随着结构数上升到最大值,其增长值迅速下降到负值。其增长值的最大值为 0.028,如果转换到等效系数的增长值,为 $0.028/0.2=0.14$。

③在同一结构数下,指数 b 当轴重由 120kN 增加到 200kN 时,会因耐用性指数的上升而增加。

④表中的 b_2 代表了结构数和轴重的变化对指数 b 的影响程度。其变化规律是:

a. 在某一耐用性指数下,当结构数不大时,对于一定的结构数,b_2 随着轴重的增加而下降;当结构数较大,例如达到 6、7 时,b_2 随着轴重的增加而上升。

b. 在某一耐用性指数下,对于某一重载,b_2 随着结构数的增大而减小,当结构数达到一定的值后,又随着结构数的增大而增大。

⑤由于指数 b 是由 α 乘以 0.2 得来,所以,以上对指数 b 的分析同样适用于等效系数 α,例如每一个 b_2 除以 0.2,便代表了结构数和轴重对等效系数的影响程度。

(3)由 AASHTO 轴载换算方法分析结果可知,等效系数的最大值为 4.638,最小值为 4.232,它们之间的差距为 0.436;指数 b 的最大值与最小值之差为 $0.928-0.846=0.082$。由于不同轴重的指数相差不大,所以,实际分析时一般采用平均指数法。

三、AASHTO 水泥混凝土路面轴载换算方法

AASHTO 沥青路面设计法是以试验路行车试验结果为依据的方法,它是根据 20 世纪 50 年代末 60 年代初在渥太华和伊利诺伊州的大规模试验路成果得到的。其主要成果之一便是从路面使用性能变化的基本方程式导出了车辆当量换算方法(包括单轴和双轴的等效关系)。

AASHTO 道路试验提出的路面使用性能变化的基本方程式是:

$$G_t = \lg \frac{C_0 - p_t}{C_0 - 1.5} = \beta(\lg N - \lg \rho) \tag{2-28}$$

式中：C_0——试验路完工时的路面耐用性指数，该试验路测得的平均值为 4.2；

p_t——经过车辆行驶 N 次后，达到的最终耐用性指数 PSI；

ρ——该路段最终耐用性指数降至 1.5，即路面达到损坏标准时轴载的作用次数；

β——斜率；

G_t——任何阶段耐用性指数的损失 $C_0 - p_t$，与耐用性指数达到损坏标准即 $p_t = 1.5$ 时的总损失 $C_0 - 1.5$ 之比的对数值。

其中 β 和 ρ 的表达式如下：

$$\beta = 1 + \frac{3.63(P + L_0)^{5.20}}{(D+1)^{8.46} L_0^{3.52}} \tag{2-29}$$

$$\rho = \frac{10^{5.85}(D+1)^{7.35} L_0^{3.28}}{(P + L_0)^{4.62}}$$

式中：P——单轴荷载或一组双轴荷载上的荷载以千磅力（klbf）计；

L_0——轴数，单后轴为 1，双后轴为 2；

D——表示路面板厚（in，1in ≈ 25.4mm）。

把 β 和 ρ 的表达式代入，并变换可得：

$$\lg N = 5.85 + 7.35 \lg(D+1) - 4.62 \lg(P + L_0) + 3.28 \lg L_0 + \frac{G_t}{\beta} \tag{2-30}$$

以不同车型的轴载 P 和轴数 L_0 代入上式，即可求得达到不同的最终耐用性指数 p_t 时轴载间的换算公式。

1）单后轴间的换算公式

若以单后轴轴载 100kN（22klbf）作为标准轴载，则 $P = 22, L_0 = 1$，得：

$$\lg N = 5.85 + 7.35 \lg(D+1) - 4.62 \lg(22 + 1) + \frac{G_t}{\beta}$$

其他的单后轴轴载为 $x$klbf 时，$P = x, L_0 = 1$，则：

$$\lg N_x = 5.85 + 7.35 \lg(D+1) - 4.62 \lg(x + 1) + \frac{G_t}{\beta_x}$$

两式相减得：

$$\lg \frac{N_{22}}{N_x} = 4.62 \lg \frac{x+1}{22+1} + G_t \left(\frac{1}{\beta_{22}} - \frac{1}{\beta_x} \right) \tag{2-31}$$

同样如以单后轴 80kN（18klbf）为标准轴，则：

$$\lg \frac{N_{18}}{N_x} = 4.62 \lg \frac{x+1}{18+1} + G_t \left(\frac{1}{\beta_{18}} - \frac{1}{\beta_x} \right) \tag{2-32}$$

这就是不同单后轴轴载间的换算公式。

2）双后轴的换算公式

如其他车型为双后轴，则 $L_0 = 2$，每轴荷载为 $x$klbf，则总轴载为 $P = 2x$，其轴载通过数以 N_{2x} 表示，则它与 100kN（22klbf）单后轴标准轴载的换算公式是：

$$\lg \frac{N_{22}}{N_{2x}} = 4.62 \lg \frac{2x+2}{22+1} - 3.38 \lg 2 + G \left(\frac{1}{\beta_{22}} - \frac{1}{\beta_{2x}} \right)$$

$$= 4.62\lg\frac{x+1}{22+1} + G\left(\frac{1}{\beta_{22}} - \frac{1}{\beta_{2x}}\right) + (4.62 - 3.38)\lg2$$

$$= \left[4.62\lg\frac{x+1}{22+1} + G\left(\frac{1}{\beta_{22}} - \frac{1}{\beta_{2x}}\right)\right] + 1.24\lg2$$

由于 $\beta_{2x} = 1 + \frac{3.63(2x+2)^{5.20}}{(D+1)^{8.46} \times 2^{3.52}} = 1 + \frac{3.63(x+1)^{5.20}}{(D+1)^{8.46}} \times 2^{1.68}$,有:

$$\beta_{2x} = 1 + \frac{3.63(x+1)^{5.20}}{(D+1)^{8.46}}$$

由此说明,水泥混凝土路面的轴载换算,不论单后轴还是双后轴都与路面厚度有关。

四、我国沥青路面轴载换算方法

1. 轴载换算方法基本原则

由于路面实际作用的车辆种类繁多,必须将不同的车辆按照一定的原则进行换算。路面设计在进行轴载换算时,应该遵循两项原则:第一,不同轴载在同一路面结构上重复作用不同次数后,使路表弯沉值或层底拉应力达到同一极限状态;第二,对某一种交通组成,不论以哪种轴载标准进行换算,由换算所得轴载作用次数计算的路面厚度是相同的。我国在2017版沥青路面设计规范之前采用的是以弯沉和弯拉应力为指标的轴载换算方法。我国2017版沥青路面设计规范中采用沥青混合料层疲劳寿命、无机结合料稳定层疲劳寿命、沥青混合料层永久变形和路基永久变形为主要设计标准,因此,轴载换算时考虑了沥青混合料层层底拉应变、无机结合料稳定层层底拉应力、沥青混合料层永久变形量和路基顶面竖向压应变为指标的轴载换算方法。

2. 以弯沉为指标的轴载换算方法

我国早期沥青路面结构设计方法采用弯沉为设计指标之一,因此,先介绍以弯沉为指标的轴载换算方法。

路面结构在单后轴双轮组的不同轴载作用下,弯沉比的简化公式形式如下:

$$\frac{l_1}{l_2} = \frac{p_1 d_1}{p_2 d_2} \cdot \frac{w_1}{w_2} \cong \frac{p_1}{p_2}\left(\frac{d_1}{d_2}\right)^a \tag{2-33}$$

或者

$$\frac{l_1}{l_2} \cong \left(\frac{P_1}{P_2}\right)^b \tag{2-34}$$

式中:l_1、l_2——轮隙弯沉,m;

w_1、w_2——弯沉系数;

p_1、p_2——轮载单位单力,MPa;

P_1、P_2——轴重,kN;

d_1、d_2——轮载圆直径,m。

与设计指标的设计弯沉值 l_d 相联系,设计弯沉值的公式为:

$$l_d = AN^{-c}$$

式中:N——轴载作用重复次数(次)。

则不同轴载的设计弯沉值 l_{d1}/l_{d2} 为：

$$\frac{l_{d1}}{l_{d2}} = \frac{A_1 N_1^{-c_1}}{A_2 N_2^{-c_2}}$$

式中：c、A——回归系数。

因轴载换算是对同一路面结构进行的，设计弯沉值中的指数已经统一，即通过调整回归曲线的斜率，保证 $A_1 = A_2$，$c_1 = c_2$，故：

$$\frac{l_{d_1}}{l_{d_2}} = \left(\frac{N_1}{N_2}\right)^{-c}$$

根据轴载换算原则，按 1 型轴载作用 N_1 次后的设计弯沉值 l_{d_1} 设计的路面结构，应与按 2 型轴载作用 N_2 次的设计弯沉值 l_{d_2} 设计的路面结构相同，所以 l_{d_1}/l_{d_2} 必然等于同一路面结构上 1 型轴与 2 型轴作用的弯沉比 l_1/l_2。即：

$$\frac{l_{d_1}}{l_{d_2}} = \frac{l_1}{l_2} = \left(\frac{N_1}{N_2}\right)^{-c} = \left(\frac{N_2}{N_1}\right)^{c} \tag{2-35}$$

以式(2-35)代入式(2-33)或式(2-34)，得：

$$\frac{N_1}{N_2} = \left[\frac{p_2}{p_1}\left(\frac{d_2}{d_1}\right)^a\right]^{\frac{1}{c}} \tag{2-36}$$

或

$$\frac{N_1}{N_2} = \left(\frac{P_2}{P_1}\right)^{\frac{b}{c}} \tag{2-37}$$

此式就是以弯沉为设计指标的轴载换算形式。

3. 以拉应力为设计指标的轴载换算方法

依据层状体系理论，可以从理论上首先求得单后轴双轮组不同轴载应力比的简化公式，经分析其简化公式形式是：

$$\frac{\sigma_1}{\sigma_2} = \frac{p_1 \overline{\sigma}_1}{p_2 \overline{\sigma}_2} \cong \frac{p_2}{p_1}\left(\frac{d_1}{d_2}\right)^{a'} \tag{2-38}$$

式中：$\overline{\sigma}_1$、$\overline{\sigma}_2$——拉应力系数。

或

$$\frac{\sigma_1}{\sigma_2} \cong \left(\frac{P_1}{P_2}\right)^{b'} \tag{2-39}$$

与表征路面结构设计控制层材料特性的疲劳方程相联系，该疲劳方程可以用 $K = B N^{-c'}$ 表示，因 $K = \sigma_R/R_s$（σ_R 荷载作用下结构层层底的容许拉应力，R_s 该结构层材料的抗拉强度），两式相联系可以求得结构层层底容许拉应力比与 N 的关系，即：

$$\frac{K_1}{K_2} = \frac{\dfrac{\sigma_{R1}}{R_{s1}}}{\dfrac{\sigma_{R2}}{R_{s2}}} = \frac{\sigma_{R1}}{\sigma_{R2}} = \frac{B_1 N_1^{-c_1'}}{B_2 N_2^{-c_2'}} \tag{2-40}$$

从无机结合料稳定材料基层的疲劳规律的研究中已知,无机结合料稳定材料基层已确定时,$B_1 = B_2$,由于轴载换算是在同一类型路面结构上进行的,故 $B_1 = B_2$,$c_1' = c_2'$,则不同轴载的容许拉应力比为:

$$\frac{\sigma_{R1}}{\sigma_{R2}} = \left(\frac{N_2}{N_1}\right)^{c'} \tag{2-41}$$

根据等效原则,按 1 型轴载作用 N_1 次的容许拉应力 σ_{R1} 设计的路面结构应与按 2 型轴载作用 N_2 次的容许拉应力 σ_{R2} 设计的路面结构相同,所以 σ_{R1}/σ_{R2} 等于同一结构不同轴载作用下的拉应力比 σ_{t1}/σ_{t2},即:

$$\frac{\sigma_{t1}}{\sigma_{t2}} = \left(\frac{N_2}{N_1}\right)^{c'} \tag{2-42}$$

以式(2-42)代入式(2-38)或式(2-39),得:

$$\frac{N_1}{N_2} = \left[\frac{p_2}{p_1}\left(\frac{d_2}{d_1}\right)^{a'}\right]^{\frac{1}{c'}} \tag{2-43}$$

或

$$\frac{N_1}{N_2} = \left(\frac{P_2}{P_1}\right)^{\frac{b'}{c'}} \tag{2-44}$$

这就是以拉应力为设计指标的轴载换算公式的形式。

4. 以沥青结合料层层底拉应变为指标的轴载换算方法

根据弹性层状体系理论,路面结构在不同的轴重作用下,沥青层层底拉应变有以下简化关系:

$$\frac{\varepsilon_1}{\varepsilon_2} = \left(\frac{P_1}{P_2}\right)^b \tag{2-45}$$

式中:ε_1、ε_2——不同轴载作用下的沥青层层底拉应变;

P_1、P_2——不同轴重对应的轴载,kN;

b——轴载换算指数系数。

最常用的预测沥青路面疲劳开裂与荷载重复作用次数的模型是以拉应变和沥青混合料的劲度模量为参变量的函数。该函数的一般形式见式(2-46):

$$N_f = k_1 \left(\frac{1}{\varepsilon_t}\right)^{k_2} \left(\frac{1}{E}\right)^{k_3} \tag{2-46}$$

式中:N_f——沥青路面疲劳破坏时荷载的重复作用次数;

ε_t——沥青层层底拉应变;

E——沥青层模量;

k_1、k_2、k_3——系数。

一般模型都是上式的形式,区别在于 k_1、k_2、k_3 的取值。路面修筑时使用的沥青结合料不同,式中参数的取值也就不尽相同。本研究采用沥青材料的疲劳关系式:

$$N_{fl} = 6.32 \times 10^{(15.6 - 0.37\beta)} k_{T1}^{-1} \left(\frac{1}{\varepsilon}\right)^{3.97} \left(\frac{1}{E_a}\right)^{1.58} (\text{VFA})^{2.72} \left[\frac{1 + 0.3 E_a^{0.43} (\text{VFA})^{-0.85} e^{(0.024 h_a - 5.41)}}{1 + e^{(0.024 h_a - 5.41)}}\right]^{3.33} \tag{2-47}$$

即对应式(2-46)取 $k_2 = 3.97$，$k_3 = 1.58$。

沥青路面若需满足抗疲劳开裂的要求，就必须有沥青层疲劳寿命大于设计车道的累计当量轴载作用次数。即疲劳开裂的临界条件为 $N_{fl} = N$。

对于特定的路面结构和材料参数，式(2-47)中的沥青层模量 E 是定值，则沥青层层底容许拉应变与累计当量轴载作用次数之间有以下关系：

$$\varepsilon_r = \alpha N^{-0.252} \quad (2\text{-}48)$$

对于不同的沥青路面结构，系数 α 值不同。

由轴载换算的等厚度和等破坏原则可知，对于同一路面结构两种轴载的容许拉应变比 $\varepsilon_{r1}/\varepsilon_{r2}$ 与其实际作用于路面结构时沥青层底拉应变比 $\varepsilon_1/\varepsilon_2$ 应相等。即：

$$\frac{\varepsilon_{r1}}{\varepsilon_{r2}} = \frac{\varepsilon_1}{\varepsilon_2} \quad (2\text{-}49)$$

联立上式得：

$$\frac{N_2}{N_1} = \left(\frac{P_1}{P_2}\right)^{\frac{b}{0.252}} \quad (2\text{-}50)$$

式(2-50)即为按沥青层层底拉应变为指标的轴载换算指数表达式。需要注意的是，该推导过程没有考虑车辆轴型和轮组等影响因素，因此实际换算需要加上车辆轴型和轮组系数。

5. 以路基顶面压应变为指标的轴载换算方法

以弹性层状体系理论为分析基础，可以得出路基顶面竖向应变与不同轴重存在式(2-51)关系：

$$\frac{\varepsilon_1}{\varepsilon_2} = \left(\frac{P_1}{P_2}\right)^d \quad (2\text{-}51)$$

式中：ε_1、ε_2——P_1、P_2 两种轴载作用下路基顶面的竖向压应变；

P_1、P_2——两种类型相同，轴重不同的轴载(kN)。

式(2-51)说明了对于同一种路面结构，同一种轴型下，在弹性层状体系理论假设中，路基顶面竖向压应变比值与相应的轴重比值的指数相同。

现行《公路沥青路面设计规范》给出了分析路基永久变形时，路基顶面容许压应变与设计期内车道上累计当量作用系数之间的关系，见式(2-52)。

$$\varepsilon_z = 1.25 \times 10^{4-0.1\beta} (k_{T3} N_{e3})^{-0.21} \quad (2\text{-}52)$$

式中：ε_z——路基顶面容许压应变(微应变 10^{-6})；

N_{e3}——设计期内车道上累计当量作用次数(次)；

β——可靠指标，由公路等级而定；

k_{T3}——温度调整系数。

则由式(2-51)可以推出：分别对应于 P_1 与 P_2 轴型的累计当量作用次数 N_1 与 N_2，其路基顶面容许压应变 ε_{z1} 与 ε_{z2} 有如下关系：

$$\frac{\varepsilon_{z1}}{\varepsilon_{z2}} = \left(\frac{N_1}{N_2}\right)^{-0.21} \quad (2\text{-}53)$$

根据轴载换算原则，相同的路面结构达到相同的临界状态：则若 P_1 与 P_2 轴型分别作用 N_1 与

N_2 次后,路面达到相同的临界状态。则这时对于相同的路面结构,用 P_1 与 P_2 轴型测得的土基应变值,即相当于两者的容许应变值。即有 $\varepsilon_{z1} = \varepsilon_1$;$\varepsilon_{z2} = \varepsilon_2$。

因此通过上述等式,将式(2-51)与式(2-53)联立可得式(2-54):

$$\left(\frac{N_1}{N_2}\right)^{-0.21} = \left(\frac{P_1}{P_2}\right)^{d} \tag{2-54}$$

化简得:

$$\frac{N_1}{N_2} = \left(\frac{P_2}{P_1}\right)^{\frac{d}{0.21}} \tag{2-55}$$

取 $d/0.21 = b$,则 b 即为轴载换算指数。

6. 以沥青层底拉应变和路基顶面压应变为指标的轴载换算指数分析

对以沥青层底拉应变为指标的换算指数分析,可以选定四种路面结构,计算不同轴载作用下沥青层底拉应变和轴载之比计算得到式(2-47)中的指数 b(表2-13)。

沥青层底拉应变和轴载之比计算得到的指数 b 表2-13

结构序号	结构厚度与材料类型	应变计算位置(cm)	轴重比	
			13/10	16/10
1	4cmAC13 + 8cmAC20 + 20cmCBG25 + 20CBG25 + 20cmCS + 20CS(总厚度72cm)	12	0.649	0.568
2	4cmAC13 + 6cmAC20 + 2cmAC10 + 24cmCC + 20cmCS + 20CS(总厚度76cm)	12	0.949	0.958
3	4cmSMA13 + 8cmAC20 + 12cmAC25 + 20cmCBG25 + 20cmCS + 20CS(总厚度84cm)	24	0.884	0.882
4	4cmSMA13 + 8cmAC20 + 12cmAC25 + 12cmAC25 + 12cmAC25 + 20CBG25(总厚度68cm)	48	0.943	0.951

由于结构1~3沥青层一般处于压应变状态,因此计算结果不能用于轴载换算,只有结构4以及中间含有级配碎石的组合路面结构的沥青层处于受拉的状态,因此,以沥青底面拉应变为指标的换算指数一般在3.8左右,接近4。

对以路基顶面的压应变为指标的换算指数分析,选定四种路面结构,计算不同轴载作用下路基顶面的压应变之比和轴载之比计算得到式(2-52)中的指数 d(表2-14),由此进行统计分析。

路基顶面的压应变和轴载之比计算得到的指数 d 表2-14

结构序号	结构厚度与材料类型	轴重比		
		13/10	16/13	16/10
1	4cmAC13 + 8cmAC20 + 20cmCBG25 + 20CBG25 + 20cmCS + 20CS(总厚度72cm)	0.9958	0.9979	0.9967
2	4cmAC13 + 6cmAC20 + 2cmAC10 + 24cmCC + 20cmCS + 20CS(总厚度76cm)	1.0179	0.9532	0.9882

续上表

结构序号	结构厚度与材料类型	轴重比		
		13/10	16/13	16/10
3	4cmSMA13 + 8cmAC20 + 12cmAC25 + 20cmCBG25 + 20cmCS + 20CS（总厚度84cm）	0.9740	1.0245	0.9971
4	4cmSMA13 + 8cmAC20 + 12cmAC25 + 12cmAC25 + 12cmAC25 + 20CBG25（总厚度68cm）	0.9809	1.0109	0.9946

由表 2-14 中结果可以看出，以弹性层状体系理论为基础的计算结果中轴载比与应变比关系 d 值均为 1.0006，将其全部数值取平均并计算变异系数 2.5%，而 1.0006/0.21 = 4.8。可以看出以路基顶面压应变为指标的轴载换算指数接近 5。

这也是我国现行《公路沥青路面设计规范》（JTG D50）以沥青底面拉应变和路基顶面压应变为指标的轴载换算指数的取值依据。

7. 我国现行沥青路面设计规范轴载换算方法

我国《公路沥青路面设计规范》（JTG D50—2017）中采用的轴载换算公式，借鉴了上面的推导和论证，结合沥青路面内部力学响应与实际工程调研，考虑轴数系数 C_1 和轮组系数 C_2，给出了更加全面的多指标换算法，具体详见式（2-77）。

$$\text{EALF}_i = C_1 \cdot C_2 \cdot \left(\frac{P_i}{P_s}\right)^b \tag{2-56}$$

式中：P_s——设计轴载（kN）；

P_i——单轴轴载（kN）；

b——换算系数，以沥青混合料层层底拉应变为设计指标分析沥青混合料层疲劳和以沥青混合料永久变形量为设计指标分析沥青混合料层永久变形时，$b = 4$；以路基顶面压应变为设计指标分析路基永久变形时，$b = 5$；以无机结合料稳定层层底拉应力为设计指标分析无机结合料稳定层疲劳时，$b = 13$。

五、我国水泥混凝土路面轴载换算方法

混凝土路面结构设计方法有经验法和解析法两大类。不管哪类方法，都引用了疲劳强度的概念，以考虑轴载重复作用的影响，预计路面的使用寿命。对路面上复杂多变的荷载（大小、频率和分布）的处理方法通常有两种：一种是先把各级轴载的作用次数换算成标准轴载的作用次数，再考虑它的疲劳影响；另一种是分别考虑各级轴载的疲劳消耗，再按 Miner（迈因纳）定律叠加出总的疲劳消耗。

不同轴载间作用次数的换算所依据的是等效原则，即同一路面结构在不同轴载作用下达到相同的疲劳损坏程度，AASHTO 给出了以 $p = 18\,000\text{lbf}$（$1\text{lbf} = 4.5\text{N}$）为标准轴载，以 PSI 为等效指标（采用 2.5 或 2.0）的轴载换算公式：

$$f = \left(\frac{P_i}{P_s}\right)^4 \tag{2-57}$$

式中：P_s、P_i——标准轴重和第 i 级的轴重。

此式几乎成了各国通用的、唯一的换算公式，但它所依据的疲劳损坏概念和指标主要适用

于 AASHTO 法。

许多国家的理论法中所使用的疲劳方程是根据室内小梁试验并以开裂作为疲劳损坏标准而得到的,故与 AASHTO 的轴载换算公式不相匹配。因此,许多国家利用 Miner 定律来估计路面的总疲劳消耗,从而避开了轴载换算问题,但在确定路面厚度时,这样的做法不够直观、不够简便。其实,根据同一个疲劳损坏标准和相应的疲劳方程是可以按等效原则导出与之匹配的轴载换算公式的。由于遵循了同一个疲劳方程和线性叠加原则,按这种换算式估计出的总疲劳影响,与按 Miner 定律计算的结果是等价的。

1. 疲劳方程

由室内小梁疲劳试验结果整理疲劳方程时,大都采用单对数的形式[式(2-58)];也有人采用双对数的形式[式(2-59)]。

$$\frac{\sigma_f}{\sigma_s} = \alpha - \beta \lg N \tag{2-58}$$

$$\lg\left(\frac{\sigma_f}{\sigma_s}\right) = \alpha_1 - \beta_1 \lg N \tag{2-59}$$

式中:σ_f、N——重复应力和重复次数(次);
α、β、α_1、β_1——回归常数。

出于推演轴载换算公式的方便,一般采用双对数形式。对小梁疲劳试验结果进行重新整理后,得出式(2-60)。

$$\lg N = 1.171 - 19.1151 \lg \frac{\sigma_f}{\sigma_s} \qquad (R = 0.95, S = 0.348) \tag{2-60}$$

或

$$\lg\left(\frac{\sigma_f}{\sigma_s}\right) = 0.0613 - 0.0523 \lg N \tag{2-61}$$

根据试验结果和回归方程可以看出,双对数回归方程的相关性和拟合度相当令人满意。

2. 应力公式

影响疲劳寿命的关键因素是重复应力的级位(应力比),而目前用于混凝土路面回归应力分析的有限元法无法提供一般的应力解析式,所以只能通过对其计算结果的轴载分析,建立经验回归方程。

影响应力大小的因素有轮(轴)载、板厚、地基和板的弹性模量、轮压面直径等。在有限元分析中,已为各级轴载匹配了相应的轮压面直径。故选择应力公式形式:

$$\sigma = A \frac{P^n}{h^m} \tag{2-62}$$

地基和板的弹性模量主要在回归系数 A、m 和 n 上反映。n、m、A 值见表 2-15 ~ 表 2-17。

n 值　　　　　　　　　　　　　　　　　　　　表 2-15

荷载条件		模量比 E_c/E_s			平　均　值
		375	187.5	125	
单后轴	板边	0.836	0.866	0.767	0.835
	板中	0.873	0.842	0.825	
双后轴	板边	0.896	0.881	0.870	0.885
	板中	0.906	0.883	0.874	

m 值　　　　　　　　　　　　　　　　　　　　表 2-16

荷载条件		模量比 E_c/E_s			平　均　值
		375	187.5	125	
单后轴	板边	1.242	1.045	0.926	1.186
	板中	1.283	1.308	1.312	
双后轴	板边	1.054	0.897	0.809	1.048
	板中	1.055	1.216	1.257	

A 值　　　　　　　　　　　　　　　　　　　　表 2-17

荷载条件		模量比 E_c/E_s		
		375	187.5	125
单后轴	板边	213.8	92.7	67.3
	板中	179.6	171.2	161.3
双后轴	板边	121.2	61.8	41.7
	板中	78.9	107.7	111.3

应用单、双两种轴载作用于板横缝边缘处、板中部时的有限元计算结果,按式(2-62)的形式进行回归,可求得相应的回归系数值。

式(2-60)在各种荷载作用下的复相关系数在 0.992~1.000 之间变动,按式(2-50)计算的应力值,同直接从应力图查得的数值相比,其相对误差绝大部分低于 3%,个别达到 4%~5%。

由表列系数值可看出,n 和 m,特别是 n 的变动范围并不大,可按单轴或双轴情况分别用相应的平均值代表;A 值的变动范围则较大。

3. 轴载换算公式

将式(2-62)代入式(2-60),可得出疲劳寿命同轮(轴)载、板厚和路面结构刚度的关系式:

$$\lg N = 1.171 - 19.1151\left(\lg A \frac{P^n}{h^m} - \lg \sigma_s\right) \tag{2-63}$$

同一路面结构(即 E_c/E_s、σ_f 和 h)和轮(轴)载 P_1、P_2 作用下,其疲劳寿命均可按上式估计:

$$\lg N_1 = 1.171 - 19.1151\left(\lg A_1 \frac{P_1^{n1}}{h_1^{m1}} - \lg \sigma_s\right) \tag{2-64}$$

$$\lg N_2 = 1.171 - 19.1151\left(\lg A_2 \frac{P_2^{n2}}{h_2^{m2}} - \lg\sigma_s\right) \tag{2-65}$$

两式均遵守同一损坏标准,故(P_1,N_1)和(P_2,N_2)是等效的。

$$\lg N_1 - \lg N_2 = 19.115\left(\lg A_2 \frac{P_2^{n2}}{h^{m2}} - \lg A_1 \frac{P_1^{n1}}{h^{m1}}\right)$$

$$\frac{N_1}{N_2} = \left[\frac{A_2}{A_1} h^{m_1-m_2} P_2^{n_2-n_1} \left(\frac{P_2}{P_1}\right)^{n_1}\right]^{19.115} \tag{2-66}$$

令

$$\delta = \left(\frac{A_2}{A_1} h^{m_1-m_2} P_2^{n_2-n_1}\right)^{19.115} \tag{2-67}$$

则

$$\frac{N_1}{N_2} = \delta\left(\frac{P_2}{P_1}\right)^{19.115 n_1} \tag{2-68}$$

式中,若在同一路面结构上进行相同轴数和荷位的轴载间的换算,则$n_1=n_2,m_1=m_2,A_1=A_2,\delta=1$。式(2-69)即为:

$$\frac{N_1}{N_2} = \left(\frac{P_2}{P_1}\right)^{19.115 n} \tag{2-69}$$

现以单后轴为标准轴载,取表2-16中n的平均值0.835,则单后轴的轴载换算公式为:

$$\frac{N_1}{N_2} = \left(\frac{P_2}{P_1}\right)^{16} \tag{2-70}$$

如需将双后轴换算成单后轴,由于$\delta\neq 1$,轴载换算系数将随荷位、荷载大小、板厚和模量比而变。对于后轴重P为60~130kN、h为19~23cm的常用变动范围,可由式(2-67)计算得到两种荷位时的δ值,见表2-18。

δ 值 表2-18

荷位		板 中					板 边				
E_c/E_s		375		187.5		125		375		187.5		125
n_2-n_1		0.033		0.041		0.049		0.06		0.016		0.103
m_1-m_2		0.228		0.096		0.055		0.188		0.148		0.117
A_2/A_1		0.439		0.629		0.690		0.567		0.667		0.619
$P^{n_2-n_1}$	60kN	1.061	1.075	1.076	1.094	1.092	1.113	1.068	1.093	1.018	1.024	1.120	1.166
	130kN	1.088		1.111		1.134		1.119		1.030		1.213	
$h^{m_1-m_2}$	19cm	1.957	2.000	1.327	1.339	1.176	1.182	1.739	1.771	1.546	1.568	1.411	1.437
	23cm	2.044		1.351		1.188		1.803		1.590		1.449	

续上表

荷位	板 中			板 边		
δ	0.329	0.207	0.157	5.925	3.708	1.758
平均 δ	0.23			3.80		

δ 有大于 1 和小于 1 的情况,主要同双后轴产生的应力并非都大于单后轴的有关。由数值分析可知,板边受荷时,大多是双后轴应力高于单后轴的;而在板中则相反,仅 E_c/E_s 和 h 都很大时例外。

由表 2-18 可知,δ 值受 E_c/E_s、h 的影响较大。这一现象同单双轴应力分析的论点是一致的。为了实用方便,板中时取 $\delta=0.23$,板边时取 $\delta=3.80$。

第四节 足尺道路试验

路面使用性能评价的方法有材料试验法、小型模型试验法、加速加载(ALF)法、实体试验路法和工程调查法(长期性能试验),不同方法的可靠性和投入差异也很大。

在实际使用条件下,观察路面的使用性能是评定设计方法适用与否最可靠的依据。美国公路研究委员会从 20 世纪 40 年代中期开始至 20 世纪 60 年代初,在特定条件下开展了重要的道路试验。其他国家也进行了一些足尺道路试验。

一、马里兰道路试验

马里兰道路试验的目的是在一条专用的混凝土路面上确定四种不同轴载之间的相互关系。试验于 1941 年在马里兰州拉普拉塔以南 14.4km 的美国 301 号公路上进行,试验长度为 1.76km。

路面包括两条 3.66m 宽的车道,厚边式(边缘厚、中间薄)横断面,采用厚度为 229mm-178mm-229mm,用钢丝网加筋。路面下的土分为 A-1 至 A-7-6 类土,主要是 A-6 类土。设置四个独立的试验段。南面 0.8km 两车道分别施加 80kN 和 100kN 的单轴荷载,北面 0.96km 两车道分别施加 142kN 和 200kN 的双轴荷载。从 1950 年 6 月至 12 月进行特定的车辆试验,研究总经费为 24.5 万美元。

试验结果表明:

(1)接缝处路面板的平均开裂和平均沉陷按以下顺序增加:80kN 单轴、142kN 双轴、100kN 单轴、200kN 双轴。

(2)唧泥现象出现在塑性黏土路基,而粉土和黏土含量低的粒料土路基不发生唧泥现象。在唧泥之前,各种荷载作用下观察到的应力均小于通常设计所用的极限值,即小于混凝土设计抗拉强度的 50%。唧泥之后土基失去支承,板角荷载作用下的应力增长很快。

(3)车辆以慢行速度通过时,板角荷载作用下的挠度平均约为 0.64mm,板边荷载作用下的挠度平均约为 0.36mm。唧泥产生后,最大挠度明显增加。在断裂之前,板角挠度平均可达 5mm。

(4)除了引起唧泥的板角荷载以外,车速达到 64km/h 所产生的应力和挠度的平均值比慢行时的应力和挠度小约20%。而对于板角荷载作用下产生唧泥的板,两种车速下的应力和挠度几乎相同。

(5)荷载作用于板角和板边引起的应力和挠度明显受温度翘曲的影响。对板角荷载,面板明显向下翘曲时的应力和挠度只有向上翘曲时的三分之一左右。对板边荷载,温度翘曲虽然也有作用,但没有板角荷载那样明显。

二、美国WASHTO道路试验

WASHTO道路试验的主要目标是研究沥青路面的轴载换算关系。试验路修筑了两条相同的环道,每条环道包括两条长580m的直线段,一个直线段分五个试验段,每段长92m。四个长度为30m的过渡段将试验段分开。每条环道中的一条直线段铺设102mm厚的热拌沥青混合料(HMA)面层和51mm厚碎石基层。砾石底基层的厚度分别为0mm、102mm、203mm、305mm和406mm。这样路面的总厚度为153~558mm,五个试验段的总厚度分别以102mm递增。在一条环道中,内侧车道施加80kN的单轴荷载,外侧车道施加100kN的单轴荷载。在另一环道中,内侧车道施加142kN的双轴荷载,外侧车道施加178kN的双轴荷载。

试验路于1952年4月开工,1952年9月30日完工验收,1952年11月6日通车试验运行,除一个春季和两个冬季外,连续试验到1954年5月29日。通过试验主要得到以下结论:

(1)路面损坏程度按以下顺序增加:80kN单轴、142kN双轴、100kN单轴、178kN双轴。

(2)面层厚度102mm的HMA路面性能比总厚度相同而HMA层为51mm的路面要好得多。

(3)外侧轮辙处的损坏比内侧轮辙处的损坏严重。因此,1953年7月在三个试验段的路肩上加铺了面层,这对延缓外侧轮辙处的损坏有明显的效果。根据以上事实可以认为,路面层外侧轮辙处加铺路肩层后与内侧轮辙效果相当,从而证明路肩加铺层的优越性。

(4)结构性破坏大部分发生在车辆运行的两个临界时期。一个时期是1953年6月11日至7月7日,在此期间,荷载作用次数占总数的0.7%,而损坏则占总量的27%。第二时期是1954年2月17日至4月7日,此总荷载作用次数占总数的13%,而损坏则占总量的40%。

(5)根据路面的损坏情况,总荷载约为单轮荷载1.5倍的双轮荷载与单轮荷载的作用相当;总荷载约为单轮荷载1.8倍的双轮荷载与单轮荷载产生相同的最大挠度。

(6)车轮荷载作用下的路表弯沉与车速、表面温度、荷载、路基土上层的含水率有关。静荷载作用下的弯沉最大。随着车速增加到24km/h,弯沉减少较快后随着车速的增加弯沉减少得很慢。车辆荷载作用下路表的最大弯沉与作用的荷载大致成正比。当路基土含水率超过22%时,弯沉随着含水率的增加而增加。

三、AASHTO道路试验

AASHTO道路试验按1960年的价格算共投资2700万美元,是美国历史上最大规模的足尺加速加载道路试验。

1.道路试验几个时间段

1956年8月开始施工,1958年9月施工结束。

1958年10月至1960年11月,承受交通荷载作用,并开始测试。

1961年春夏前完成研究初期报告。

2. 试验路的设计

试验路一共有六个环道,均为两车道。

环道 1 不作用交通荷载,主要用于观测环境参数,环道 2～6 承受交通荷载作用。环道 5 和环道 6 如图 2-20 所示。

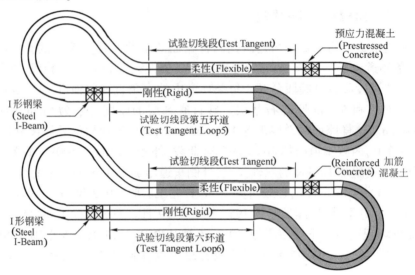

图 2-20　AASHTO 试验路的环道 5 和环道 6

试验路的整体布置如图 2-21 所示。

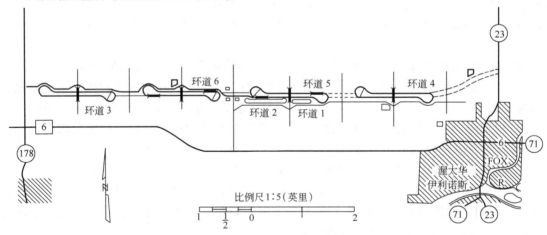

图 2-21　AASHTO 试验路环道布置图

3. 试验路交通荷载

由于每个环道是双车道试验路,因此,每个环道有两种车型的作用。环道 2～6 的车型及轴载分布如图 2-22 所示。

4. 路面结构

沥青层　　　1～6in　　　密级配沥青混凝土(85～100Pen)
基层　　　　0～9in　　　干压石灰石碎石(CBR=107.7)

底基层　　　　0~16in　　　砂砾料(CBR=28~51)
路基　　　土　　　　　　CBR=2.9

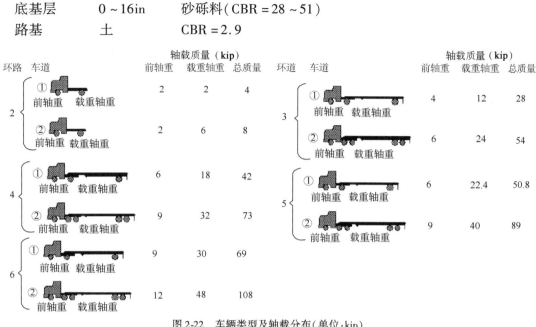

图2-22　车辆类型及轴载分布(单位:kip)

沥青路面最厚的结构组合6inHMA层、9in基层、16in底基层主要用于重载试验车型。

5.试验路的意义

AASHTO试验路是美国AASHTO设计方法的基础。在AASHTO 2002力学经验法出现以前,美国AASHTO路面设计方法均以AASHTO试验路数据为基础,不同的时期采用不同的理念和不同的数据统计方法得到了不同的设计方法,为美国沥青路面结构设计奠定了坚实的基础。

四、英国道路试验

英国早期路面结构发展过程中经过了六次大规模的试验,虽然其规模和组合比美国AASHTO要小得多,但对英国路面结构的成型和思想观念的形成发挥了决定性的作用。表2-19是英国试验路的基本情况表。

英国试验路概况　　　　　　　　　　　　　表2-19

施工年限	位置	试验内容与结构布置	底基层类型与强度	初始交通量(辆/d)	交通量增长率(%)	破坏比
1949	A1高速公路16km处	1.基层类型; 2.基层厚度变化范围200~430mm; 3.表面磨耗层100mm	CBR=10	1000	4	13
1957	A1高速公路	1.表面层的类型(沥青混凝土与沥青碎石),厚度范围38~100mm; 2.基层的类型(湿拌混合料,水泥稳定土,贫混凝土,渣油碎石),厚度范围75~230mm; 3.底基层厚度范围100~350mm	CBR=4	1400	5	25

续上表

施工年限	位置	试验内容与结构布置	底基层类型与强度	初始交通量（辆/d）	交通量增长率（%）	破坏比
1963	A30 高速公路 3km 汉普郡段	1. 基层的类型（湿拌混合料,水泥稳定土,贫混凝土,渣油碎石）,厚度范围 80～300mm; 2. 预拌沥青碎石基层; 3. 底基层——粒料,厚度 150mm	CBR=3.5	1500	5	35
1963	A40 高速公路 12km 剑桥段	1. 水泥稳定粒料的级配与强度,厚度 200mm; 2. 沥青混合料基层的级配与沥青含量,厚度 200mm; 3. 表层 100mm 沥青混凝土,底基层 150mm 碎石	CBR=5.5	850～1300	3	20～35
1964	A1 高速公路 牛津段	1. 水泥与沥青稳定基层的厚度范围 150～250mm; 2. 表层沥青混凝土的类型（沥青混凝土与沥青碎石）,厚度范围 100～200mm; 3. 底基层为厚 150mm 或 300mm 碎石	CBR=5	1300～2200	3	25
1965	A1 高速公路 剑桥段	1. 基层的类型与厚度（沥青面层 100mm,湿拌混合料 200mm）; 2. 沥青稳定基层的类型（沥青磨耗层 100mm,沥青基层 150mm）; 3. 基层级配碎石; 4. 底基层 150mm 碎石	CBR=4	2400	3	50

英国试验路的试验荷载没有采用加速加载系统,而是生产路段进行实体车辆荷载。由于其试验时间开始早,且观测连续时间长达 15 年,因此,其结果对后期沥青路面新思想的形成和耐久性的保证起到了十分积极的作用。

五、WesTrack 道路试验

1987 年 4 月,美国国会通过了地面运输和统一布置援助法案(Surface Transportation and Uniform Relocation Assistance Act),全面实施一项为期五年,耗资 1.5 亿美元的公路战略研究计划(SHRP)。至 1993 年 3 月,SHRP 计划结束,并开始进行路面长期性能(LTPP)观测计划,时间长达 15 年。SHRP 提出了沥青的 PG 分级和沥青混合料设计方法 Superpave。为了验证 Superpave 沥青混合料设计方法的合理性,并为建立水平 2 和水平 3 提供模型数据,美国在 1994 年开始进行西部环道试验(WesTrack)。环道示意图如图 2-23 所示。

WesTrack 试验路全长 2.9km,修筑在内华达州。那里气候干燥,年降水量小于 100mm,并且没有冻融现象,可以通过试验检验结构、材料、施工影响。WesTrack 共加载运行 2 年,每天运行 22h,每周运行 7d,期间作用了 1.0×10^7 次轴载后轴(单轴双轮 80kN)。WesTrack 采用无人驾驶技术,全面检验了 ITS 技术的运用价值。汽车轴载分布图如图 2-24 所示。

WesTrack 由 26 个断面组成,涉及 21 个不同的变量,主要包括沥青用量、级配变化、压实度等。混合料类型包括 SMA、Superpave 粗级配和细级配。道路宽 10.4m,每个断面长 70m。试验变量及试验断面如图 2-25 所示。

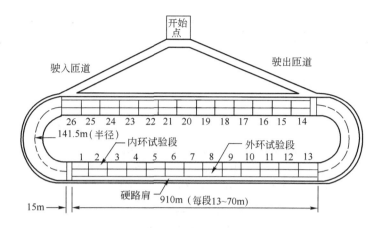

图 2-23　环道示意图

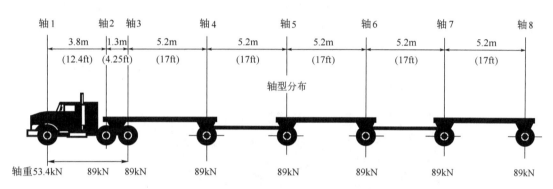

图 2-24　汽车轴载分布图

设计孔隙率(%)	1995 年建设									1997 年维修		
	集料级配												
	细			细			粗			粗		
	设计沥青用量(%)												
	4.7	5.4	6.1	4.7	5.4	6.1	5.0	5.7	6.4	5.1	5.8	6.5
4		4	18		12	21/9		23(39)	25(55)		39	55
8	2	1/15	14	22	19/11	13	8(38)	5/24(3554)	7(37)	38	35/54	37
12	3/16	17		10	20		26(56)	6(36)		56	36	

图 2-25　试验变量及试验断面图

注：( )中数字为 1997 年维修后对应的编号。

六、中国 RIOHTrack 道路试验

在特定的历史时间,特定的条件下,开展大型足尺环道试验具有时间省、费用少、成果快等特点,能够通过实载试验检验路面结构设计、材料组成设计和施工控制的合理性。在我国当前的条件下,完全具备开始大型足尺试验的能力。同时,我国沥青路面结构也由原先的半刚性基层沥青路面向多种沥青路面结构形式过渡。在这种过渡期,何种路面适合哪种实际,设计过程

中存在很大的随意性,尽快针对几种典型的结构进行加速加载足尺试验,对厘清各种设计思想、提高路面使用性能、延长路面使用寿命、节省投资具有十分重要的意义。

1. 环道基本情况

我国建设的足尺路面加速加载试验环道 RIOHTrack 位于北京市通州区大杜社乡的交通运输部公路交通综合试验场内,2015 年 11 月建成,并进行了为期一年的标定,于 2016 年 11 月 28 日开始试加载试验。研究目标是通过实车加载,实现对真实路面结构全寿命周期行为演化规律的跟踪和评价,为揭示路面结构-材料在多场耦合作用下的损伤-破坏机制提供实测论据和验证,为将沥青路面复杂的服役行为由认识层面系统化落实为设计体系中各环节提供重要基础。

足尺试验环道线形采用直线与圆环相结合的椭圆形闭合曲线(图 2-26),由 2 段直曲线、2 段缓和曲线和 2 段圆曲线构成,并呈对称布置;横断面选择单向行驶的双车道方案,圆曲线段设置超高,路拱横坡向内侧倾斜,不设纵坡,路面排水主要通过路拱横坡向内侧排出;为了保证试验的持续性和不间断性,办公配套区与外部采用下穿通道的方式连接,环道东侧中央设置了紧急出入口,工程施工车辆、试验运行和管理车辆由建设的上跨立交跨过高速环道进入场区,然后从紧急出入口和下穿通道进入足尺试验环道内部。足尺环道连接线设计方案如图 2-22 所示。整个足尺试验环道总共设置了 36 个试验路段,可根据试验的需要铺设各种沥青路面、水泥路面等铺面结构(图 2-27)。

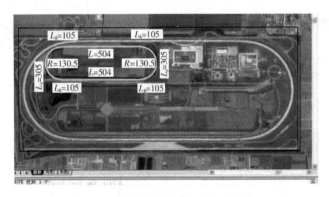

图 2-26　足尺环道线形设计方案(单位:m)

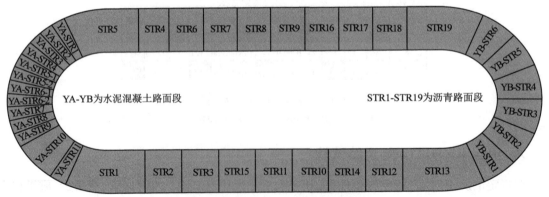

图 2-27　RIHOTrack 试验段结构布置图

加载过程采用 4 辆 10 轮的斯太尔重型货车,载重轴单轴重为 16t,同时采用了载重轴单轴重 10t 和 13t 进行对比,以检测不同轴重对路面结构响应的影响。加载以载重车行驶 20000km 为一个周期,在 2017 年度的环道加载期内,共加载 280d,累计加载运行 460788km,检测 53d,停止 32d。按弯沉等效原理的 4.35 次方计算,相当于累计 100kN 标准轴载作用次数约 370 万次。RIOHTrack 拥有全天候加载能力,每年可加载设定轴次近 500 万次;加载速度与轴载均可调,其中加载速度在 0~60km/h 之间,加载轴载在 80~200kN 之间;加载车辆有自动运行和自动控制的能力;由于埋设了传感器,可以实现路面结构动力响应(应力/应变/位移)的实时监测。

2. 典型研究成果

RIOHTrack 的研究人员在加载期间进行了 24 次路况性能检测,分别采用人工调查、FWD 弯沉仪、多功能检测车以及横向力系数车等手段,对不同加载阶段的路面裂缝、弯沉、应力应变响应、车辙、平整度、抗滑性能等多项服役性能指标进行检测、评价。加载结果对比了 25 种沥青路面结构,能够显著区分出不同结构类型的服役性能和病害发展规律。主要研究结论包括:

(1)足尺试验中的结构无论是结构层厚度,还是结构层的组合均需要与实体结构相符,以真实模拟材料的结构服役行为和服役性能的结构依赖性。有些足尺试验为了加快路面的损伤,采用减薄结构厚度甚至减少 1~2 层结构的做法。但是由于结构形式的改变,导致路面结构的受力状态的改变,进而造成其中路面材料力学响应特征与真实结构的不同,由此得出的试验结论,规律往往与实际工程存在较大差异。这种试验实际上是"缩尺试验",而不是"足尺试验"。这种"缩尺"试验并不能得到路面服役性能真正的衰变规律,应予避免。

(2)足尺试验通过加速加载的方式,在较短的时间内达到全寿命周期内的当量荷载作用次数,实现交通荷载作用次数的等效拟合。但对于环境荷载的拟合则存在一定的困难,因为毕竟不能进行 50 个周期自然环境的变化(长寿命路面设计基准期为 50 年),这对大多数足尺试验来说,无论是时间成本、人力成本,还是科研成本,都是难以承受的。但是,考虑到路面服役性能的演化规律是在交通荷载与自然环境荷载耦合状态下产生的,足尺试验过程中经受几个自然环境变化周期的作用,还是必要的。当开展足尺路面试验环道的试验研究时,应通过已观测到的自然环境变化周期与交通荷载的耦合作用效应,结合必要的室内试验,对足尺试验结构进行必要的全寿命周期修正。

(3)在力学体系和设计参数方面,环道的路面结构承载能力检测、应力-应变监测均证实了沥青路面响应具有非线性和依赖性,在现有弹性层状体系下,难以充分表征。对于沥青路面设计的最重要参数模量,不仅是温度的函数,同时也是应力、应变的函数,是非定值型的,目前所构建包含温度、应力(应变)的函数型模量表达式,并将 Mises(米塞斯)应力作为材料与结构模量之间的桥梁,实现材料模量到结构模量之间的跨越。利用足尺环道结构,实测温度信息进行的验证后表明,在现有力学体系的条件下,将定值型模量转变为函数型模量后,解决了路面结构分析中模量采用经验定值的不足,路面结构设计结果进一步优化。

(4)在性能预估方面,足尺环道在全寿命周期进行了高频率的多元监测与数据检测,为建立可靠的路用性能指标与环境、荷载、结构、材料设计参数之间的关系提供了基础。以车辙指标为例,车辙作为受结构与材料共同影响的路用性能指标,现有结果表明各类结构之间车辙存在显著差异,且预估模型的结构依赖性体现尤为明显,其准确性随结构类型的差异而显著不同,误差由 5% 到近 39% 不等。这一结果提示了进一步研究的方向:考虑在预估模型中应增加结构组合类型的参数。

(5)在半刚性基层沥青路面中,发现了大量 T-D 型横向裂缝。作为新型裂缝形式,其产生机理与发展规律有待进一步深入研究。

第五节　交通统计与分析

一、路段交通调查与分析

公路技术等级采用的交通量是年平均日交通量,它是一昼夜某一断面来往的折算小汽车数量。交通调查时,只要先熟悉每种汽车应属于何种类型,便可得出某断面昼夜混合汽车交通量。

路面结构设计与验算使用的交通量是标准轴载累计作用次数。实际计算时只将轴载大于规定轴载的汽车轴载计入,小型客车对标准轴载影响极小,一般不予计入。因此,在进行交通调查时,既要考虑如何利用公路部门的交通量观测站提供的混合交通量资料,以便对设计期间标准轴载作用次数进行预估,又要考虑轴载对路面结构的实际影响值。为此,可利用当地交通量观测站的观测和统计资料,或者通过实地设立站点进行交通量观测和统计,获取所设计公路的初期年平均日交通量(双向)及其车辆类型组成数据(AADT),剔除2轴4轮及以下的客、货运车辆交通量,得到2轴6轮及以上车辆(也即包括大型客车在内的货车)的交通量,作为设计用双向初期年平均日货车交通量(AADTT)。在我国现行的路面设计规范中,双向初期年平均日交通量乘以方向系数(DDF)和车道系数(LDF),即为设计车道的年平均日货车交通量。

$$Q_t = AADTT \times DDF \times LDF \tag{2-71}$$

式中:Q_t——设计车道的年平均日货车交通量;

AADTT——2轴6轮及以上车辆的双向年平均日交通量;

DDF——方向系数;

LDF——车道系数。

方向系数宜根据不同方向上实测交通量数据确定,无实测数据时可在0.5～0.6范围内选取。沥青路面的车道系数可以按下列三个水平确定:水平一,根据现场交通量观测资料统计设计方向不同车道上车辆的数量,确定车道系数;水平二,采用当地的经验值;水平三,采用表2-20的推荐值。改建设计应采用水平一,新建路面设计可采用水平二或水平三。水泥路面的车道系数可以直接按照表2-20确定。

车 道 系 数　　　　　　　　表2-20

单向车道数	1	2	3	≥4
高速公路	—	0.70～0.85	0.45～0.60	0.40～0.50
其他等级公路	1.00	0.50～0.70	0.50～0.75	—

注:交通受非机动车和行人影响严重时取低值,反之取高值。

二、交通量增长率

路面设计使用年限内标准轴载的累计作用次数同交通量的增长率有关。交通量的产生和增长与公路沿线的经济状况、生产布局、发展规划、运输系统结构、公路网密度等诸多因素密切相关。在沥青路面设计使用年限内,正确预估交通量增长率比较困难。

现有的交通量预估公式一般认为交通量的逐年递增是规律相同的。即 t 年的交通量计算式为:

$$N_t = N_1(1+\gamma)^{t-1} \tag{2-72}$$

由于这种计算方法受初年和 t 年的年平均日交通量 N_1 和 N_t 的偶然性影响较大,即没有计入各中间年交通量的影响,所得增长率用来计算累计交通量误差较大。建议采用 t 年内的平均增长率,即:

t 年内的平均增长率(γ)可以通过数值解法获得。

$$\sum_{i=1}^{t} N_i = N_1 \left(\frac{1+\gamma}{\gamma}\right)^t \tag{2-73}$$

根据交通量的调查与分析。交通量增长率在不同地区、不同时期变化较大。但都遵循以下两条特性:

(1)在开放交通 7 年的时间内,交通量增长率较大,以后呈逐步递减的趋势。

(2)各路段交通量达到饱和后,所能承受的交通量基本不变。此时交通量增长率应为零,甚至可能出现负增长。

调查结果表明交通量增长率的变化范围较大,在 5%~25% 之间波动,变异系数在 15%~45%。

三、轮迹横向分布系数

随着疲劳概念在路面结构设计中得到应用,路面在使用年限内所受到的各种轴载的累计作用次数成为路面结构设计的主要参数之一。实际上车辆轮迹仅具一定宽度,车辆通过时只能覆盖一小部分。因此,路面横断面上各点所受到的轴载作用次数仅为通过该断面轴载总数的一部分。对于路面横断面上某一宽度(例如轮迹宽度)范围内的频率,也即该宽度范围内所受到的车辆作用次数同通过该横断面的总作用次数的比值称为轮迹横向分布系数。这一系数同各种轴载的累计作用次数相乘,可得到路面结构横断面上各点受到的疲劳作用次数。

车辆轮迹横向分布频率随许多因素而变化,例如路面横断面、形式、路面或车道宽、交通组织管理方式、交通密度和组成、车速和驾驶员驾驶习惯等。对此国外很早就开展了研究和分析:美国在 1958 年就对 17 个州的 119 条郊区道路上的货车交通量进行了专门的观测统计,并按双车道和四车道进行分类;联邦德国通过研究,认为在交通量计算中车辆行驶分布系数取 0.465;苏联考虑了交通量沿车道宽度分布的特点,它在规范中规定单车道、双车道、三车道以及四车道不同的横向分布系数。我国对这一项目也越来越重视,例如上海市市政工程研究所曾对市区不同宽度和横断面的路段进行了观测,并用 20cm 间距对车辆轮迹的横向分布做过统计。浙江省和东南大学在台州调查了刚性路面上交通量横向分布状况,提出了车辆横向分布系数值。此外。北京、天津、西安、沈阳的有关市政部门也进行了测定分析。

1. 观测和数据整理

通过现场观测取得了在不同类型和等级的道路上轮迹分布状况的数据。为了使观测过程中所取得的数据有较好的代表性和精确度,考虑了以下一些因素。

1)测定条带的宽度

测定条带划分得越细,观测结果必然越接近于实际状况,但是划分得太窄又会造成观测上的困难,因此必须考虑目测方式的局限性、行车速度与高峰交通量影响,通过实地观测比较,同时考虑到常见载货汽车的后轴双轮组宽度约为50cm,选择测定条带宽为25cm。

2) 车辆分类

根据车辆组成的统计资料,轮距(后轴轮组的中心距)为1.74cm的载货汽车的绝对数量及所占比例均远远超过轮距变化不一的国外进口的大中型载货汽车。载质量小(<2.5t)、轮距为1.44cm的车辆,虽在行驶车辆中占一定比例,但它们对路面结构产生的疲劳作用很小。因此,对于无特殊规定或要求的一般常规观测,均按轮距为1.75cm进行数据整理。

3) 观测时间

由于人力和物力限制,不可能在一条道上进行长时间的大量的重复观测。根据不同观测时间的分析比较,选择在道路的高峰交通量时段内进行连续观测,所得结果即可具有较好稳定性。因此,本研究中观测时间一般取高峰交通量时段内持续1~2h。

4) 观测横断面

横断面的选择主要应使车辆行驶尽量少受干扰,使驾驶员能按照正常状况行驶和处理超、让车。

一辆车驶经观测横断面时,当时只记录下它的后轴轮组外缘所覆盖的条带编号。在数据整理时,需按行驶状况补充记录其他条带上所受到的作用次数,而后统计出路面上各条带实际受到的作用次数(n)。各统计条带上的轮迹通过的频率(η)可由下式得出:

$$\eta_i = \frac{n_i}{2N} \tag{2-74}$$

式中:n_i——各条带上实际作用次数;

N——通过该断面的实际作用次数。

轮迹宽度以50cm计时,只需将相邻第二条带的频率相加,即可得到该轮迹宽度内的分布频率。最后,按路面宽度以及轮迹通过的分布频率绘制出车辆轮迹横向分布图形。

2. 影响因素分析

影响车辆轮迹的横向分布因素,主要有路面宽度和车道宽度、交通组织管理方式、交通密度和交通组成。

目前我国道路上的交通组织方式,基本可分为三类:混合行驶;画线分车道行驶;分隔带(墩)分车道行驶。随着交通组织管理方式的不同,车辆轮迹的横向分布状况有很大的变化。

1) 不分向和(或)不分车道混合行驶

在不采用分向和(或)分车道行驶措施的道路上,来往车辆均可以利用整幅路面宽度行驶,由于机动车与非机动车混合行驶,机动车往往被限制在路面中部,对向行驶车辆也不受车道的约束,渠化行驶的程度往往不高。轮迹横向分布的频率沿有效行驶宽度的中部分布较为均匀,这时分布图形近似正态曲线。

2) 画线分车道行驶

设置路面标线后,车辆被示意要按车道行驶,因而车道内车辆行驶的渠化程度得到提高,这时实测到的轮迹横向分布频率图形呈现驼峰状。涂设路面标线后,一些车辆仍会超过标线而部分占用相邻车道,在轮迹分布图形上,其峰值(最大频率)便相互有所降低。

3) 设置分隔带(墩)分车道行驶

分隔带(墩)将机动车与非机动车和(或)异向行驶车辆强行分开。在这种路段上,车流的渠化程度更高,因而驼峰形轮迹分布频率图形更为鲜明,峰值也更高。

4)车道或路面宽度

在相同的交通组织管理方式下,分布频率曲线和峰值甚至图形还受到车道或路面宽度的影响,例如车辆行驶的情况下,轮迹横向分布频率呈正态分布,这主要发生在路面宽度大于6m时,当路面宽度小于6m时,由于车道较窄,异向或同向行驶的车辆受非机动车的干扰或路肩上各种障碍物的影响,往往更集中于路面的中部,其渠化程度就较宽度6m以上的路面明显。对于分车道(包括画线和设分隔装置)行驶,车道宽度不会影响到横向分布频率曲线的图形类型。但是车道越窄势必使车流的渠化程度越高,分布频率曲线的峰值提高,一方面是由于它们对行车有很大的约束作用,另一方面设置这类装置使车道的有效宽度减少(车辆不敢贴近它们行驶)。

5)交通量和交通组成

在混合行驶的公路上,交通量的大小对轮迹横向分布的图形和峰值也有一定的影响。交通量小时,来往车辆错车的几率较小,多数车辆"骑缝"行驶在路面中部,轮迹的分布宽度较小,其峰值较高。交通量较大时,多数车辆行驶于自己的车道内,因而轮迹分布宽度增大,图形也较平坦。交通量很大时,超车机会少,对向行驶的车辆都不得不限于各自车道内,分布图形便由路面宽度内正态分布曲线过渡为车道内呈现驼峰形。

交通组成的影响,首先是指货运车辆与客运车辆数量不等时的影响。公路上客运车辆一般低于25%,在目前交通量状况下,两者的行驶状态和速度并无大区别,故轮迹分布图形无大的不同。大中城市客运车辆大量增加,观测资料表明,由于客、货运车辆所占比例不同,不仅造成横向分布频率图形不同。而且分布频率的峰值相差5%左右,此外,轮迹横向分布图形是按主要车辆的轴距统计整理。实际上在城市道路上有相当数量的小型货车(载质量小于2.5t)行驶,有些车道上占25%~30%。在计算轮迹分布频率时按计入和不计入这类小货车进行分析的结果表明:不论计入与否,对轮迹分布频率图形及其峰值影响甚小,峰值的相对误差在5%以内,故不予计入。

此外,路肩、行驶速度、驾驶员心理及驾驶习惯等都会对车辆的轮迹横向分布状况有一定的影响。一般来说,应当强调以正常行驶的观测为准。

3. 轮迹横向分布图形、数值及应用

1)典型图形与分布频率

根据以上对各影响因素的分析,可归纳出轮迹横向分布频率的一些规律:轮迹横向分布频率曲线的图形。基本上可划分为正态曲线形和驼峰形两类。路面上究竟出现哪一类分布图形,主要取决于它的交通组织管理方式,且在混合行驶的情况下,路面宽度(一般以6m为界)也会影响到频率曲线的图形,其峰值同样受到这两方面因素的影响。至于交通量的增大更促进车辆的渠化程度,应及时在路上采取相适应的交通组织管理方式。按照上述规律并根据资料和公路及城市道路的特点。整理出不同状况下典型路段的轮迹横向分布图形。

2)轮迹横向分布系数值

轮迹横向分布频率系数应用到路面设计前,还应分析一下在荷载作用下,轮迹以外一定范围内的路面结构中所引起的不同程度的疲劳损坏。计算表明,对于国内典型沥青路面结构,在轮迹外50cm间隔内,该荷载产生的破坏作用最大相当于增加10%作用次数的影响,更远距离处则可以不计。对于刚性路面板,相邻条带上的荷载为该条带计算值最大增加6%的影响,可见轮迹范围外虽有影响但并不大。

根据典型路段轮迹横向分布频率的规律,可把轮迹横向分布系数划分为五个类别,可相应地列出各个类别的轮迹横向分布系数值。在不分向混合行驶的状况下,轮迹分布的观测是在整个路面宽度范围内进行的,因而其值是按整个路面宽度统计出的轮迹横向分布系数,即此系数的分母值是通过该路断面的双向交通量,而分车道行驶时,观测局限于车道,该数值是该车道的轮迹横向分布系数,其分母是通过该车道断面的单向交通量。使用时需注意其特点,避免混用。从表2-21中列出的路面宽度可以看出,前三项系数值比较适用于目前四、三、二级公路,一级公路视交通组织管理条件在后两项中选用,而城市道路则一般也在后面两项中选用。

轮迹横向分布系数建议值　　　　　　　　　　表2-21

类　　别		轮迹横向分布系数
不分向(不分车道)混合行驶,路面宽度	6m 以下	0.35～0.45
	7m	0.30～0.35
	9m	0.25～0.30
画线分道行驶设分隔带分道行驶		0.40～0.55
		0.45～0.65

四、沥青路面轴载换算方法

下面介绍我国《公路沥青路面设计规范》(JTG D50—2017)轴载换算方法。

采用交通数据调查方法,获得交通量及其增长率、方向系数、车道系数、车辆类型组成、轴型组成和轴重等。各类车辆当量设计轴载换算系数可以按三个水平确定,高速公路和一级公路的改建设计应采用水平一,其他情况可采用水平二或水平三。

1. 水平一

采用称重设备连续采集设计车道上车辆类型、轴型组成和轴重数据,按下列步骤分析各类车辆当量换算系数:

(1)分别统计2～11类车辆单轴单胎、单轴双胎、双联轴和三联轴的数量,除以各类车辆总量,按式(2-75)计算各类车辆中不同轴型平均轴数。

$$\text{NAPT}_{mi} = \frac{NA_{mi}}{NT_m} \tag{2-75}$$

式中:NAPT_{mi}——m 类车辆中 i 种轴型的平均轴数;

NA_{mi}——m 类车辆中 i 种轴型总数;

NT_m——m 类车辆总数;

i——分别为单轴单胎、单轴双胎、双联轴和三联轴;

m——表2-3所列2～11类车。

(2)按式(2-76)计算2～11类车辆不同轴型在不同轴重区间所占的百分比,得到不同轴型的轴重分布系数,即轴载谱。确定轴载谱时,单轴单胎、单轴双胎、双联轴和三联轴应分别间隔2.5kN、4.5kN、9.0kN和13.5kN划分轴重区间。

$$\text{ALDF}_{mij} = \frac{ND_{mij}}{NA_{mi}} \tag{2-76}$$

式中：$ALDF_{mij}$——m 类车辆中 i 种轴型在 j 级轴重区间的轴重分布系数；
ND_{mij}——m 类车辆中 i 种轴型在 j 级轴重区间的数量；
NA_{mi}——m 类车辆中 i 种轴型的数量。

(3)《公路沥青路面设计规范》(JTG D50—2017) 设计指标包括沥青混合料层层底拉应变、沥青混合料层永久变形量、路基顶面竖向压应变与无机结合料稳定层层底拉应力。各类车辆当量设计轴载换算系数按式(2-77)计算。

$$EALF_{mij} = c_1 c_2 \left(\frac{P_{mij}}{P_s}\right)^b \tag{2-77}$$

式中：P_s——设计轴载(kN)；
P_{mij}——m 类车辆中 i 种轴型在 j 级轴重区间的单轴轴载(kN)，对双联轴和三联轴，为平均分配到每根单轴的轴载；
b——换算系数，以沥青混合料层层底拉应变为设计指标分析沥青混合料层疲劳和以沥青混合料永久变形量为设计指标分析沥青混合料层永久变形时，$b=4$；以路基顶面压应变为设计指标分析路基永久变形时，$b=5$；以无机结合料稳定层层底拉应力为设计指标分析无机结合料稳定层疲劳时，$b=13$；
c_2——轮组系数，双轮组为 1.0，单轮时取 4.5；
c_1——轴组系数，前后轴间距大于 3m 时，分别按单个轴计算，$c_1=1$；轴间距小于 3m 时，按表 2-22 取值。

轴 组 系 数 取 值   表 2-22

设 计 指 标	轮-轴型	c_1 取 值
沥青混合料层层底拉应变、沥青混合料层永久变形量	双联轴	2.1
	三联轴	3.2
路基顶面竖向压应变	双联轴	4.2
	三联轴	8.7
无机结合料稳定层层底拉应力	双联轴	2.6
	三联轴	3.8

$$EALF_m = \sum_i \left[NAPT_{mi} \sum_j (EALF_{mij} \times ALDF_{mij}) \right] \tag{2-78}$$

式中：$EALF_m$——m 类车辆的当量设计轴载换算系数；
$NAPT_{mi}$——m 类车辆中 i 种轴型的平均轴数；
$ALDF_{mij}$——m 类车辆中 i 种轴型在 j 级轴重区间的轴重分布系数；
$EALF_{mij}$——m 类车辆中 i 种轴型在 j 级轴重区间当量设计轴载换算系数，根据式(2-77)计算确定。

2. 水平二和水平三

按式(2-67)确定各类车辆的当量设计轴载换算系数，式(2-67)中非满载车和满载车的比例和当量设计轴载换算系数，水平二时取当地经验值，水平三时取表 2-23 和表 2-24 所列全国经验值。

$$EALF_m = EALF_{ml} \times PER_{ml} + EALF_{mh} \times PER_{mh} \tag{2-79}$$

式中：$EALF_{ml}$——m 类车辆中非满载车的当量设计轴载换算系数；
　　　$EALF_{mh}$——m 类车辆中满载车的当量设计轴载换算系数；
　　　PER_{ml}——m 类车辆中非满载车所占的百分比；
　　　PER_{mh}——m 类车辆中满载车所占的百分比。

2～11 类车辆非满载车与满载车比例　　　　　表 2-23

车　型	非满载比例	满载比例	车　型	非满载比例	满载比例
2 类	0.80～0.90	0.10～0.20	7 类	0.65～0.75	0.25～0.35
3 类	0.85～0.95	0.05～0.15	8 类	0.40～0.50	0.50～0.60
4 类	0.60～0.70	0.30～0.40	9 类	0.55～0.65	0.35～0.45
5 类	0.70～0.80	0.20～0.30	10 类	0.50～0.60	0.40～0.50
6 类	0.50～0.60	0.40～0.50	11 类	0.60～0.70	0.30～0.40

2～11 类车辆当量设计轴载换算系数　　　　　表 2-24

车型	沥青混合料层层底拉应变、沥青混合料层永久变形量		无机结合料稳定层层底拉应力		路基顶面竖向压应变	
	非满载车	满载车	非满载车	满载车	非满载车	满载车
2 类	0.8	2.8	0.5	35.5	0.6	2.9
3 类	0.4	4.1	1.3	314.2	0.4	5.6
4 类	0.7	4.2	0.3	137.6	0.9	8.8
5 类	0.6	6.3	0.6	72.9	0.7	12.4
6 类	4.3	7.9	10.2	1505.7	1.6	17.1
7 类	1.4	6.0	7.8	553.0	1.9	11.7
8 类	1.4	6.7	16.4	713.5	1.8	12.5
9 类	1.5	5.1	0.7	204.3	2.8	12.5
10 类	2.4	7.0	37.8	426.8	3.7	13.3
11 类	1.5	12.1	2.5	985.4	1.6	20.8

3. 当量设计轴载累计作用次数

根据前述确定的车辆当量设计轴载换算系数，结合本章第二节的交通量调查数据，按式(2-80)确定初始年设计车道日平均当量轴次 N_1。

$$N_1 = AADTT \times DDF \times LDF \times \sum_{m=2}^{11} (VCDF_m \times EALF_m) \tag{2-80}$$

式中：AADTT——2 轴 6 轮及以上车辆的双向年平均日交通量(辆/日)；
　　　DDF——方向系数；
　　　LDF——车道系数；
　　　m——车辆类型编号，见表 2-3；
　　　$VCDF_m$——m 类车辆类型分布系数；
　　　$EALF_m$——m 类车辆的当量设计轴载换算系数。

根据初始年设计车道日平均当量轴次 N_1、设计使用年限等，按式(2-81)计算设计车道上的当量设计轴载累计作用次数 N_e：

$$N_e = \frac{[(1+\gamma)^t - 1] \times 365}{\gamma} N_1 \tag{2-81}$$

式中：N_e——设计使用年限内设计车道上的当量设计轴载作用次数(次)；

t——设计使用年限(年)；

γ——设计使用年限内交通量的年平均增长率；

N_1——初始年设计车道日平均当量轴次(次/d)。

五、水泥混凝土路面轴载换算公式

《公路水泥混凝土路面设计规范》(JTG D40—2011)提出的轴载换算方法，以100kN的单轴双轮组荷载作为标准设计轴载，并以水泥混凝土面板底面的弯拉应力为指标进行轴载换算。

可通过实地设立站点进行各类车辆的轴型调查和轴重测定，或者利用该地区或相似类型公路已有称重站的车型轴型和轴重测定统计资料，获取设计公路的车辆类型、轴型和轴重组成数据，以及最重轴载和货车中占主要份额特重车型轴载。

1. 以轴型为基础的换算方法

各类车辆按轴型称重和统计时，可采用以轴型为基础的轴载当量换算系数法计算分析设计车道使用初期的设计轴载日作用次数。随机统计3000辆2轴6轮及以上车辆中单轴、双联轴和三联轴等不同轴型出现的单轴次数，并分别称取其单轴轴重。可按单轴轴重级位统计整理后得到轴载谱，并按式(2-82)计算确定不同轴重级位的设计轴载当量换算系数。

$$k_{p,i} = \left(\frac{P_i}{P_s}\right)^{16} \tag{2-82}$$

式中：$k_{p,i}$——不同单轴轴重级位i的设计轴载当量换算系数；

P_i——单轴-单轮、单轴-双轮组、双轴-双轮组或三轴-双轮组轴型中单轴级位i的轴重(kN)；

P_s——设计轴载的轴重(kN)。

依据单轴轴载谱和相应的设计轴载当量换算系数，可按式(2-83)计算得到设计车道使用初期的设计轴载日作用次数。

$$N_s = \text{ADTT} \frac{n}{3000} \sum_i (k_{p,i} \times p_i) \tag{2-83}$$

式中：N_s——设计车道的设计轴载日作用次数[轴次/(车道·日)]；

ADTT——设计车道的年平均日货车交通量[辆/(车道·日)]；

n——随机调查3000辆2轴6轮以上车辆中出现的单轴总轴数；

p_i——单轴轴重级位的频率(以分数计)。

2. 以车辆类型为基础的换算方法

以车辆类型为基础进行各种轴型的轴载称重和统计时，可采用车辆当量轴载系数法计算分析设计车道使用初期的设计轴载日作用次数。

可将2轴6轮及以上车辆分为整车、半挂和多挂3大类，每类车再按轴数细分，分别按车型称重后得到单轴轴载谱。可由式(2-82)和式(2-84)计算得到各类车辆的设计轴载当量换算系数。

$$k_{p,k} = \sum_i k_{p,i} \times p_i \tag{2-84}$$

式中：$k_{p,k}$——k 类车辆的设计轴载当量换算系数；

p_i——k 类车辆单轴轴重级位的频率(以分数计)。

依据调查所得的车辆类型组成数据，可按式(2-85)计算确定设计车道使用初期的设计轴载日作用次数。

$$N_s = ADTT \sum_k (k_{p,k} \times p_k) \tag{2-85}$$

式中：p_k——k 类车辆的组成比例(以分数计)。

3. 当量设计轴载累计作用次数

设计基准期内水泥混凝土路面设计车道临界荷位处所承受的设计轴载累计作用次数，可按照式(2-86)计算确定。

$$N_e = \frac{N_s[(1+g_r)^t - 1] \times 365}{g_r} \times \eta \tag{2-86}$$

式中：N_e——设计基准期内设计车道所承受的设计轴载累计作用次数(轴次/车道)；

t——设计基准期(年)；

g_r——基准期内货车交通量的年平均增长率(以分数计)；

η——临界荷位处的车辆轮迹横向分布系数，按表 2-25 选用。

车辆轮迹横向分布系数　　　　　　表 2-25

公　路　等　级		纵缝边缘处
高速公路、一级公路、收费站		0.17～0.22
二级及二级以下公路	行车道宽＞7m	0.34～0.39
	行车道宽≤7m	0.54～0.62

六、累计轴载作用次数与道路的通行能力

道路设计年限内的累计轴载作用次数与交通量增长率和设计使用年限等有关。路面结构设计交通量增长率系指标准轴载作用次数的年平均增长率。在一定的交通状况下，轴载作用次数增长状况与混合交通增长状况可能很相似，但标准轴载次数变化有其特殊性。当交通量已经处于饱和状态时，标准轴载或混合交通增长的可能性已很小，有时出现负增长。因此，在结构厚度设计时，不仅要考虑标准轴载作用次数，还要考虑小汽车的比例，即在确定累计标准轴载时，要根据小汽车的比例，将混合交通总数控制在道路通行能力范围内。例如 312 国道无锡段为四车道，混合交通，其设计累计标准轴载作用次数为 33029057 次，交通量增长率 10%，设计年限为 15 年，车道系数为 0.7，则设计年限末期的日平均当量轴次 N_t 为：

$$N_t = \frac{N_e \cdot (1+\gamma)^{t-1} \cdot \gamma}{[(1+\gamma)^t - 1] \cdot \eta \cdot 365} = 15451(\text{次/d})$$

结果表明，其设计使用期末的日平均当量轴次将达 15451 次，而 1990 年的机动车总数 12560 辆，1994 年混合交通为 20048 辆。根据设计 1990 年标准轴载作用次数为 3479 次，1994 年为 6605 次。标准轴载作用次数到设计期末还应较 1994 提高 1.34 倍。实际调查表明，道路混合交通状况无法提高交通量，已达到饱和状态，由此看出设计路面结构时确定的标准轴载累

计作用次数不符合实际。

因此,在确定累计轴载作用次数时,要验算道路的实际通行能力,使设计期内的混合交通量符合交通实际,为此本书提出采用饱和交通验算法。通过统计标准轴载与混合交通之比的分布状态,标准轴载与混合交通之比均值为 0.22~0.26,标准差为 0.023,变异系数为 10% 左右,两者之比呈正态分布状态。如果取保证率为 95%,则两者之比应为:

$$\frac{N_s}{N_{混}} = (0.22 \sim 0.26) - 1.65 \times 0.023 = 0.18 \sim 0.22$$

由此表明,如果高速公路混合交通容许通行能力为 40 000 辆/d,则标准轴载作用次数饱和值为 $40\ 000 \times 0.20 = 8\ 000$(次/d)。

根据统计,标准轴载作用次数与混合交通的比例范围为 0.20~0.25,设计单位可根据交通调查资料中中型货车(大于6t)的比例,确定合适的比例值。

分析结果表明,只有采用饱和交通验算法,才能保证设计使用期末的标准轴载作用次数符合实际。

【思考与分析】

1. 车辆与交通对路面结构的影响各有什么特点?在路面设计中如何考虑两者的影响?
2. 用 ESWL 处理多轮荷载的原理、方法及其发展前景。
3. 用 ESWL 设计柔性路面、刚性路面各有什么特点。
4. 用 ESWL 处理交通量分布的原理、方法及发展前景。
5. 飞机漫行现象与交通分布在设计方法中如何考虑?
6. 简述 AASHTO 当量轴载换算方法、原理、应用及发展前景。利用式(2-29)和式(2-30)计算分析换算指数。
7. 我国路面设计方法如何处理车辆与交通?
8. 汽车车型如何分类,为什么要限制轴载?我国路面设计方法中如何考虑轴载?
9. 飞机机轮结构的特点与类型划分原则。
10. 分析我国沥青路面轴载换算基本原理。利用层状体系程序分析式(2-40)和式(2-41)中换算系数 a' 和 b' 取值。
11. 分析我国水泥混凝土路面轴载换算基本原理。
12. 分析 WASHTO 道路试验的试验目的、试验断面、试验作用荷载、试验的主要结论。
13. 分析 AASHTO 道路试验的试验目的、试验断面、试验作用荷载、试验的主要结论。
14. 分析 WesTrack 道路试验的试验目的、试验断面、试验作用荷载、试验的主要结论。
15. 分析 ALF 试验的主要原理与方法,目前国际国内利用 ALF 主要进行的工作及主要结论。

第三章 气候与环境

第一节 自然因素对路基路面的影响

公路路基路面结构直接受到自然因素的影响。实践表明,很多路基路面受到自然力的破坏比遭受所施加车轮荷载的破坏更为严重。因此,路基路面结构必须能够抵抗各种自然因素的破坏力。

自然因素的影响主要表现在温度和湿度两个方面。路基路面结构的温度和湿度状况随周围自然因素的变化而变化。这些变化使路基路面材料的性质和状态发生相应的改变。例如,温度和湿度的变化引起路面材料和路基土壤的强度和刚度的增加或减少。对沥青混凝土路面,当温度由0℃升高到40℃时,动弹性模量降低25倍。说明沥青混凝土的刚度对温度的变化很敏感(图3-1)。路基刚度随土中含水率增大而急速下降(图3-2)。

收缩是水泥混凝土混合料在硬化最初阶段产生的体积变化。随之而来的问题是初期裂纹的产生,它将影响路面的强度和耐久性。在水泥水化阶段或水泥混凝土的冷却期,其温度与周围温度差异(温度坡差)越大,收缩裂纹就越多,这是在施工中经常发生的问题。此外,当含水率高的拌和物干燥时,可能形成过度的收缩,这就需要在施工过程中采取相应的防护措施,以防止由于过早干燥而加速裂纹的形成。

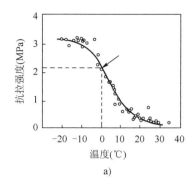 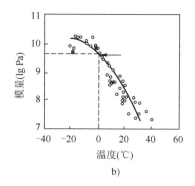

图 3-1　沥青混凝土的抗拉强度和回弹模量与温度之间的关系

水泥混凝土路面由于周边和基层的约束，每天的温度变化将使板内产生温度翘曲应力，每年的温度变化将使板产生沿纵向拉伸应力和压缩应力，导致粉土路面板产生拱胀或纵向断板。白天路面板表面的温度一般大于板底面的温度，使得水泥混凝土路面板有上翘的变形趋势，但由于板的完全约束，使混凝土路面板底部产生拉应力[图 3-3a)]；晚上则使得混凝土路面板四周有上翘的趋势，同样由于约束作用使混凝土路面板表面产生拉应力[图 3-3b)]。

路面材料和路基土的体积随路面体系内温度和湿度的变化而变化。由于温度和湿度沿深度呈不均匀分布，不同深度处的体积变化是不相同的（图 3-4）。当这种不均匀的体积变化受到各种因素的制约而不能实现时，路面结构内便会产生附加的内应力，即温度和湿度应力。

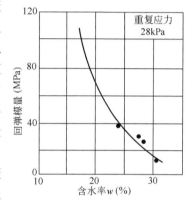

图 3-2　湿度对路基刚度的影响

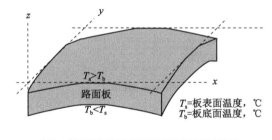 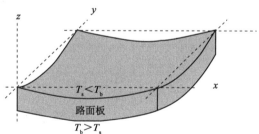

a) 白天，板表面温度大于板底面温度的变形趋势　　b) 晚上，板表面温度小于板底面温度的变形趋势

图 3-3　混凝土路面板在温度变化过程中的变形趋势

材料的力学性质随温度和湿度的变化，将使路基路面结构设计时材料计算参数的选取复杂化。各种材料随温度、湿度改变而产生的物理状态的不断变化，则会使路基路面结构即使没有受到车轮荷载的破坏作用，也会在自然因素的影响下逐渐损坏；或者在车轮荷载的叠加影响下使路基路面损坏的速率加快。为此，在进行路基路面结构的分析和设计时，应考虑自然因素的影响。其中以自然因素影响下路面体系内的温度和湿度状况变化为主，而温度状况主要讨论路面面层结构内的变化，湿度状况则以路基为主。

影响路基水温状况的因素（降水、蒸发和温度等）具有明显的季节性和地区性差异，其浸湿路基的程度，在一年四季内按各地区的不同规律不断地变化着。路基湿度的这种季节性变化和地区性差异的特点,必然反映到其强度上,使路基的强度也发生季节性变化并存在着地区性差异(图 3-5)。在季节性冰冻地区,由于气候因素的大幅度变化,使路基的强度出现明显的季节性特点,在季节性冰冻地区,春融季节路基的强度最低。沥青路面由于空(孔)隙中的水在冰冻季节因冰胀原因导致颗粒松散(图 3-6)。在无冰冻的温暖地区,气候因素的变化幅度不大,但其降雨量较多,路基一般在雨季强度最低。

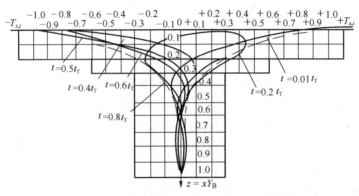

图 3-4 水泥混凝土路面体内温度分布曲线

$T_{z,t}$-深度为 z,时间为 t 的瞬时温度,$T_{z,t} = T_S^{max} \cos(wt)$,$w = 2\pi/t_T$;$T_S^{max}$-路面表面温度产生周期性变化时的最大值,$T_S^{max} = 1.0$;$z$-离地表面深度,以温度波动的波长 Y_B 表示,其中 $Y_B = \sqrt[2]{\pi a T}$,$a = 0.003$;t-曲线上的数字表示时间,以温度波动周期 t_T 表示

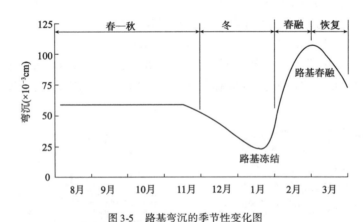

图 3-5 路基弯沉的季节性变化图

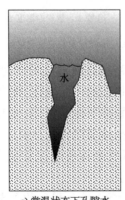 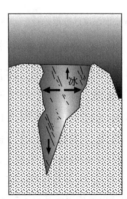

a) 常温状态下孔隙水　　b) 冰冻状态下裂隙冰

图 3-6 路面空(孔)隙冻胀示意图

第二节 我国公路自然区划

我国幅员辽阔,各地气候、地形、地貌、水文地质条件等差异甚大。从北到南跨越寒带、温带和热带;从西部的青藏高原到东部沿海地区高程相差 4000m 以上,自然因素变化极为复杂。各地区自然条件的差异,同公路设计、公路建设密切相关。各地区自然条件特征不同,对公路结构、公路构造物产生的影响和造成的病害是各不相同的。因此,在公路设计中应考虑的问题也各不相同。例如,季节性冰冻地区的公路设计应考虑抗冻要求,主要病害是道(路)面的冻胀和翻浆;而西北干旱地区的主要病害则是土基的干稳定性问题。因而,如何根据各地自然区域的特征,对公路的勘测、设计,建筑材料的选择和施工方案的拟定等,进行综合考虑是十分必要的。有关部门根据我国各地自然条件对公路建筑影响的主要特征,提出了我国公路自然区划,制定了《公路自然区划标准》(JTJ 003—1986),以指导公路、公路的勘测、设计、施工与维护管理。

一、公路自然区划的原则

《公路自然区划标准》(JTJ 003—1986)根据以下三个原则制定区划。

(1)道路工程特征相似性的原则。即在同一区划内,在同样的自然因素下筑路具有相似性。例如,北方不利季节主要是春融时期,有翻浆病害;南方不利季节在雨季,有冲刷、水毁等病害。

(2)地表气候区划差异性的原则。即地表气候是地带性差异与非地带性差异的综合结果。通常,地表气候随着当地纬度而变,如在北半球,我国北方寒冷,南方温暖,这称为地带性差异。除此之外,还与高程的变化有关,即沿垂直方向的变化,如青藏高原,由于海拔高,与纬度相同的其他地区相比,气候更加寒冷,即称为非地带性差异。

(3)自然气候因素既有综合又有主导作用的原则。即自然气候的变化是各种因素综合作用的结果,但其中又有某种因素起着主导作用。例如冻害是水和温度综合作用的结果,但是在南方,只有水而没有寒冷气候的影响,不会有冻害,说明温度起主导作用;西北干旱区与东北潮湿区,同样都有负温度,但前者冻害轻于后者,说明水起主导作用。

二、公路自然区划的分级方法

我国公路自然区划,采用三级分区。一级区划主要按大范围的气候、地理和地貌等条件的差异,将全国划分为冻土、湿润、干湿过渡、湿热、潮暖、干旱和高寒 7 个大区。二级区划是在一级区划基础上以潮湿系数为主进行划分。三级区划是在二级区内划分更低一级的区域或类型单元。

1. 一级区划

一级区划以全国性的纬向地带性和构造区域性为依据,根据对公路工程具有控制作用的地理、气候因素来拟定,对纬向性的,特别是东部地区的界线,采用了气候指标;对非纬向性的,特别是西部地区的界线,则较多地强调构造和地貌因素;中部个别地区则采用土质作为指标。

(1)以全年均温 $-2℃$ 等值线作为多年冻土和季节性冻土的分界线。

(2)以 1 月份均温 $0℃$ 等值线,作为季节性冰冻区的分界线。

(3)按我国自然地形的特点,以 1000m 和 3000m 等高线为界划分三级阶梯。三级阶梯的存在使气候具有不同的特色,成为划分一级区的主要标志。

(4) 秦岭淮河以南不冻区,因雨型、雨量、不利季节与不利月份的差异,划分为东西两大片。

(5) 根据黄土对筑路的特殊性及其处于过渡的地区位置,同其他区域分开。

这样,根据气候、地理、地貌等综合性指标相互交错与迭合,将全国划分为 7 个一级区。

Ⅰ区——北部多年冻土区

该区北部为连续分布多年冻土,南部为岛状分布多年冻土。对于泥沼地多年冻土层,最重要的道路设计原则是保温,不可轻易挖去覆盖层,使路堤下保持冻结状态,若受大气热量影响融化,后患无穷。对于非多年冻土层的处理方法则不同,须将泥炭层全部或局部挖去,排干水分,然后填筑路堤。该区主要是林区道路,路面结构为中级路面。林区山地道路,因表土湿度大,地面径流大,最易翻浆,应采取换土、稳定土、砂垫层等处理方法。

Ⅱ区——东部温润季冻区

该区路面结构突出的问题是翻浆和冻胀。翻浆的轻重程度取决于路基的潮湿状态,可根据不同的路基潮湿状态采取措施。该区缺乏砂石材料,采用稳定土基层已取得一定的经验。

Ⅲ区——黄土高原干湿过渡区

该区特点是黄土对水分的敏感性。干燥土基强度高、稳定性好;在河谷盆地的潮湿路段以及灌区耕地,土基稳定性差,强度低,必须认真处理。

Ⅳ区——东南湿热区

该区雨量充沛集中,雨型季节性强,台风暴雨多,水毁、冲刷、滑坡是道路的主要病害,路面结构应结合排水系统进行设计。该区水稻田多,土基湿软,强度低,必须认真处理。由于气温高、热季长,要注意黑色面层材料的热稳定性和防透水性。

Ⅴ区——西南潮暖区

该区山多,筑路材料丰富,应充分利用当地材料筑路,对于水文不良路段,必须采取措施,稳定路基。

Ⅵ区——西北干旱区

该区大部分地下水位很低,虽然冻深多在 100~150cm 以上,但一般道路冻害较轻。个别地区,如河套灌区、内蒙古草原洼地,地下水位高,翻浆严重。丘陵区 1.5m 以上的深路堑冬季积雪厚,雪水浸入路面造成危害,所以沥青面层材料应具有良好的防透水性,路肩也应作防水处理。由于气候干燥,砂石路面经常出现松散、搓板和波浪现象。

Ⅶ区——青藏高寒区

该区局部路段有多年冻土,须按保温原则设计,由于地处高原,气候寒冷,昼夜气温相差很大,日照时间长,沥青老化很快,又因为年平均气温相对偏低,路面易遭受冬季雪水渗入而破坏。

2. 二级区划

在一级区划的基础上,以潮湿系数 K 为主要标志,综合考虑其他气候、地貌、土质、地下水和自然病害等多种因素,将全国划分为 33 个二级区和 19 个副区(亚区)。

潮湿系数 K 值按其大小分为 6 个等级:

过湿区	$K > 2.00$
中湿区	$2.00 \geq K > 1.50$
润湿区	$1.50 \geq K > 1.00$

润干区	$1.00 \geqslant K > 0.50$
中干区	$0.50 \geqslant K > 0.25$
过干区	$K < 0.25$

潮湿系数 K 值为年降水量 R 与年蒸发量 Z 之比,即:

$$K = \frac{R}{Z} \tag{3-1}$$

3. 三级区划

三级区划是二级区划的进一步具体化,按各区内气候、地貌、土质、水文等方面的差异,划分为更低一级的区划单位或类型单位。三级区划目前未列入全国区划图内,由各省、市和自治区结合当地自然条件自行划分。

各级区划的范围不同,在公路工程上的应用也各有侧重。一级区划主要为全国性的公路总体规划和设计服务;二级区划主要为各地的公路路基路面设计、施工、养护提供较全面的地理、气候依据和有关计算参数,如土基和路面材料的回弹模量、路基临界高度、土基压实标准等。

第三节 公路路面的温度状况

道路结构是修筑于自然界之中的带状结构。随着弹性层状体系理论及在此基础上发展起来的设计方法不断完善,并得到实际的应用,单纯由荷载造成的路面结构破坏现象已不断减少。环境因素的影响以及环境因素与荷载的联合作用已成为造成路面结构破坏不容忽视的主要原因。

如沥青路面易产生温度裂缝,半刚性材料对于温度和湿度的变化较敏感,在其强度形成过程中,以及运营期间会产生干缩裂缝和低温收缩裂缝,而且,在路面交通荷载重复作用下,半刚性基层中的这种收缩裂缝会扩展到沥青面层而形成反射裂缝。路面裂缝既影响了路面美观、降低了平整度,又削弱了路面的整体强度,特别是路面开裂后水分通过裂缝渗透到路面基层、底基层甚至土基,削弱了基层、土基的强度,加快了路面破坏速度,缩短了路面的使用寿命。对水泥混凝土路面,由于温度的作用,必须将路面板切割成规则的分块,以减少由于温度变化而产生的不规则的温度裂缝。

一、温度变化规律

大气的温度在一年和一日内发生着周期性的变化,与大气直接接触的路面温度也相应地在一年和一日内发生着周期性变化。图3-7和图3-8分别显示了沥青混凝土面层和夏季晴天的情况下水泥混凝土面层温度变化观测结果。图中显示的规律表明,路面温度的周期性起伏,同大气温度的变化几乎同步。由于部分太阳辐射热被路面所吸收,因此路面的温度较气温高。在图3-7的实例中,沥青混凝土面层的温度高出气温23℃,而图3-8中的水泥混凝土面层温度则高出气温14℃左右。面层结构内不同深度处的温度同样随气温而呈现周期性变化,但起伏的幅度则随深度的增加而减小,其峰值也随深度增加而越来越滞后出现。

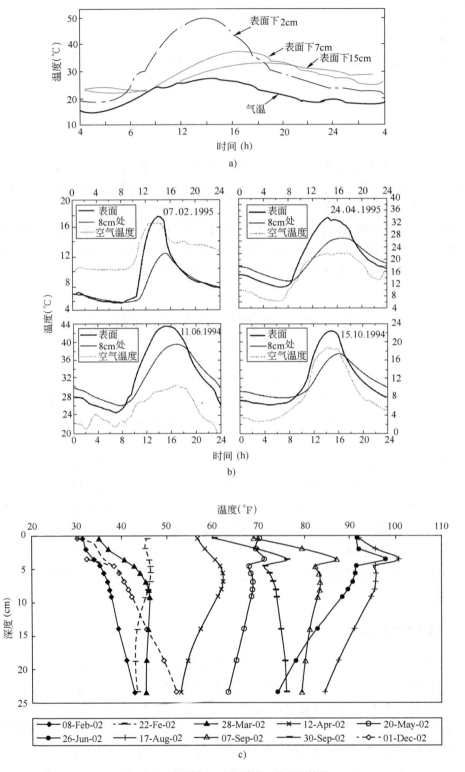

图 3-7 沥青混凝土面层温度的变化观测结果

a) 温度的日变化；b) 不同季节温度变化；c) 不同季节温度与深度的关系

路面结构内温度状况随深度变化的情况,可以更明显地从一昼夜内不同时刻和路面温度沿深度分布的曲线图中看出。图3-9即为水泥混凝土面层的观测实例。板内温度沿深度一般呈曲线分布。顶面和底面之间的温度坡差(或称温度梯度),在一天之内经历了由负(顶温低于底温)到正(顶温高于底温)再到负的循环变化。其周期性同气温变化近乎同步。温度梯度通常在早晨的某一时刻(图3-8中为8:00)接近于零,午后某一时刻(图3-8中为14:00)正温差达到最大值,而在凌晨某一时刻(大约在3:00~5:00)负温差达到最大值。

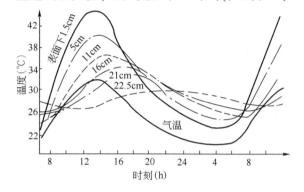
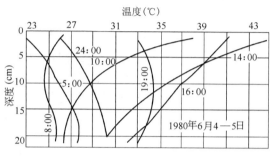

图3-8 夏季晴天的情况下水泥混凝土面层温度的日变化观测结果

图3-9 水泥混凝土面层一昼夜内不同时刻温度沿深度分布的曲线

水泥混凝土板内温度状况的不断变化,使板发生位移和变形。板的平均温度的变化,会使板长产生一定的变化;板截面上温度的不均匀分布,会使板产生翘曲变形。当板长变化或翘曲变形受阻时,板内便产生温度伸缩应力和翘曲应力。

二、温度状况的预测

决定路面结构内温度状况的因素,有外部和内部两类。外部因素主要是气候条件,诸如太阳辐射(日照和云量)、气温、风速、降水量和蒸发量等。其中,太阳辐射和气温是决定路面温度状况的两项最重要的因素。射到路面的短波辐射热(太阳直接辐射和大气散射辐射),一部分被路面反射掉,余下部分则被路面所吸收而增高其温度。大气和路面发出的长波辐射,构成了路面的再辐射,使路面放出部分热量,大气和路面之间的温度差异,引起了对流热的变换。风的作用加强了对流,使路面丧失了部分热量。降水和随后的蒸发都会显著地降低由日照所增加的路面温度。

内部因素则为路面各结构层的热传导率、热容量(比热)和对辐射热的吸收能力等,热传导率是单位温度梯度条件下在单位时间内垂直通过单位面积断面的热量,其值同材料的结构、孔隙率和湿度有关。热容量系指使单位质量的物质产生单位温度变化时所需要的热量。材料的热传导率或热容量越高,则产生的温度梯度越低。水泥混凝土和沥青混凝土的热特性参数列于表3-1。

几种材料的热特性参数　　　　表3-1

材　料	辐射热吸收能力 $b(\%)$	热传导率 $k(W/m℃)$	热容量 $S(J/kg℃)$
沥青混凝土	88~95	1.214~3.099	837~921
水泥混凝土	60~65	0.921~3.475	921~1046

路面结构内的温度状况,可以通过在外部和内部影响因素之间建立联系的方法来预估。通常使用的方法有两类,即统计法和理论法。

统计法是在路面结构层的不同深度处埋设测温元件,连续观测年循环内不同时刻该处的温度变化,同时,收集当地的气象资料,包括气温和辐射热等。然后,对路面结构的观测温度和各气象因素进行逐步回归分析,选择符合显著性检验要求的因素,分别建立不同深度处各种路面温度指标的回归方程。利用这些统计关系,就可以根据以往的气象资料来预估路面结构层内的温度状况。

上述统计方法,用于预估条件与观测站相仿的特定地区和特定路面结构的温度状况,可靠性较大,精度也比较高。但是,这些回归方程对其他地区或其他路面结构,由于内部和外部影响因素的差异而不一定适用,因而通用性较差。

路面内的温度状况,也可根据气象资料应用理论方法来估算,假设路面温度在平面方向上为均匀分布,则其温度场可用一维热传导方程来表示:

$$\frac{\partial^2 T}{\partial Z^2} = \frac{\gamma S}{k} \cdot \frac{\partial T}{\partial t} \tag{3-2}$$

式中:T——温度场(℃);

Z——距离路面表面的深度(m);

t——时间(s);

γ——面层材料的密度(kg/m³);

S——面层材料的热容量[J/(kg·℃)];

k——面层材料的热传导率[W/(m·K)]或[W/(m·℃)]。

应用不同的边界条件和方法,求解上述偏微分方程,即可得到温度场的解析式或者直接算得不同时刻在不同深度处的温度值。

美国 E. S. Barber(巴伯)把影响路面温度的两项主要气象因素——气温和辐射热,综合成一种当量的有效温度 T_e,假设它随时间呈正弦周期性变化:

$$T_e = T_M + T_v \sin \frac{\pi t}{12} \tag{3-3}$$

并且假设路面结构为半无限体($Z \to \infty$ 时,$T \neq 0$),根据这些条件解出式(3-4),得到路面内的温度场为:

$$T = T_M + T_v \frac{H}{\sqrt{(C+H)^2 + C^2}} e^{-zc} \sin\left(\frac{\pi t}{12} - ZC - \arctan \frac{C}{C+H}\right) \tag{3-4}$$

式中:t——从温度周期起点的起算时间(h);

H——对流系数与面层材料热传导率的比值,即:$H = h_c/k$;

C——路面材料热特性综合参数,$C = \sqrt{\dfrac{\pi S r}{24k}}$;

T_M——平均有效温度(℃):

$$T_M = T_A + R \tag{3-5}$$

其中:T_A——平均气温(℃);

R——辐射热使气温增高为有效温度的平均增量(℃)。

估计长波再辐射(有效辐射)的净损失平均约为1/3,则:

$$R = \frac{0.67bQ}{24h_c} \tag{3-6}$$

式中：b——路面对辐射热的吸收能力(%)；

Q——太阳辐射热(J/m)；

h_c——考虑到对流和再辐射的表面系数(对流系数)[$W/(m^2 ℃)$]，可按下式近似取用：

$$h_c = 7.37 + 2.4v^{0.75} \tag{3-7}$$

其中：v——平均风速(km/h)；

T_v——同平均有效温度的最大偏差(℃)，可按下式近似取用：

$$T_v = 0.5T_R + 3R \tag{3-8}$$

T_R——气温的日变化幅度(℃)。

由式(3-4)，根据气象资料(日辐射热、日平均气温、日温差、平均风速等)和路面材料的热特性参数(热传导率、热容量、辐射热吸收能力等)，就可确定单一路面层内的温度状况。

计算路面的最高温度时，以 $Z=0$ 和正弦函数值为1代入式(3-4)，可得简化式为：

$$T = T_A + R + \frac{H}{\sqrt{(C+H)^2 + C^2}} e^{-zc}(0.5T_R + 3R) \tag{3-9}$$

Barber公式(巴伯公式)主要适用于估算路面表面的温度变化。但由于面层下各结构层传热性能的变化对面层上部的温度状况影响很小，此公式也可用于估算面层接近表面深度范围内的温度状况。

第四节 公路路面温度场分析

一、基本假设

采用二维黏弹性层状体系理论对半刚性基层沥青路面的温度应力进行分析的基本假设为：

(1)路面结构为层状结构，沥青面层材料是均匀、各向同性、连续的黏弹性材料，基层以下仍为均匀、各向同性、连续的弹性材料。

(2)土基在水平方向和向下的深度方向均为无限，其上路面各层厚度均为有限，但水平方向仍为无限。

(3)路面各结构层接触面完全连续。

(4)路表面作用有温度荷载，路面体内温度传导满足热传导定律，同时认为水平向和最下层无限远处应力与位移为零。

设弹性体内各点的变温为 $T(x,y)$ (指后一瞬时的温度与前一瞬时的温度差，升温为正，降温为负)。由于变温 $T(x,y)$，弹性体内各点的微小长度，若不受约束，将发生正应变 αT[$\alpha(1/℃)$弹性体的热胀系数]。在均匀各向同性的假设下，系数 α 不随方向而改变，正应变在各个方向都相同，无任何剪应变伴随。于是，由变温 $T(x,y)$ 引起并作用于各个方向的温度应变为：

$$\varepsilon_x = \varepsilon_y = \varepsilon_z = \alpha T \tag{3-10}$$

$$\gamma_{yz} = \gamma_{zx} = \gamma_{xy} = 0 \tag{3-11}$$

但是,由于物体受到的各种约束,上述应变并不能自由发生,于是就产生了温度应力。而温度应力又将由于物体的弹性引起附加应变,根据广义虎克定律,得到下列应变与应力和变温之间的关系

$$\begin{cases} \varepsilon_x = \frac{1}{E}[\sigma_x - \mu(\sigma_y + \sigma_z)] + \alpha T \\ \varepsilon_y = \frac{1}{E}[\sigma_y - \mu(\sigma_z + \sigma_x)] + \alpha T \\ \varepsilon_z = \frac{1}{E}[\sigma_z - \mu(\sigma_x + \sigma_y)] + \alpha T \\ \gamma_{yz} = \frac{2(1+\mu)}{E}\tau_{yz} \\ \gamma_{zx} = \frac{2(1+\mu)}{E}\tau_{zx} \\ \gamma_{xy} = \frac{2(1+\mu)}{E}\tau_{xy} \end{cases} \tag{3-12}$$

由于研究的问题是路面的横向开裂,故沿公路长度方向垂直向下取一平面,x 轴的正向指向路长方向,y 轴正向指向路面体。考察平面应力状态,即:

$$\begin{cases} \sigma_z = 0 \\ \tau_{yz} = 0 \\ \tau_{zx} = 0 \end{cases} \tag{3-13}$$

为了了解分析 SAMI(应力消解层)在路面结构中的作用,采用四层结构组合,坐标选择如图 3-10 所示,图中,E_i、α_i、$T_i = T_i(x,y)$ 及 h_i 是第 i 层路面材料的模量、温度收缩系数、温差函数及厚度(其中 $h_4 \to +\infty$)($i = 1,2,3,4$),记第 i 层的应力分量为 σ_{zi}、τ_{yzi}、τ_{xzi},而 u、v 是 x、y 方向的位移分量。

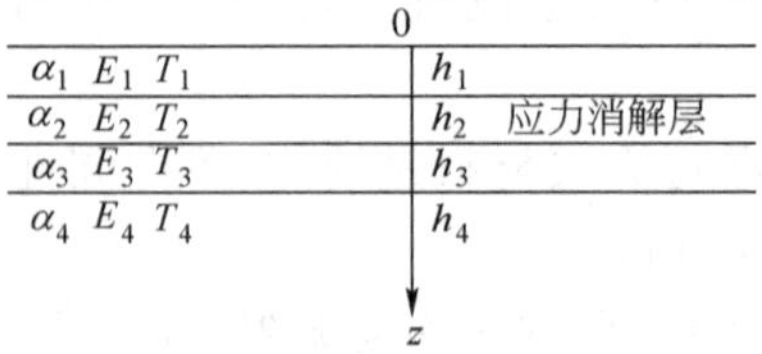

$\alpha_1\ E_1\ T_1$	h_1
$\alpha_2\ E_2\ T_2$	h_2 应力消解层
$\alpha_3\ E_3\ T_3$	h_3
$\alpha_4\ E_4\ T_4$	h_4

图 3-10 温度应力分析图

二、位移方程及边界条件

根据式(3-11)和式(3-13)可得:

$$\begin{cases} \varepsilon_{xi} = \frac{1}{E_i}(\sigma_{xi} - \mu\sigma_{yi}) + \alpha_i T_i \\ \varepsilon_{yi} = \frac{1}{E_i}(\sigma_{yi} - \mu\sigma_{xi}) + \alpha_i T \\ \gamma_{xyi} = \frac{2(1+\mu)}{E_i}\tau_{xy} \end{cases} \tag{3-14}$$

将应力解出,则得:

$$\begin{cases} \sigma_{xi} = \dfrac{E_i}{1-\mu^2}(\varepsilon_{xi} + \mu\varepsilon_{yi}) - \dfrac{E_i\alpha_i T_i}{1-\mu} \\ \sigma_{yi} = \dfrac{E_i}{1-\mu^2}(\varepsilon_{yi} + \mu\varepsilon_{xi}) - \dfrac{E_i\alpha_i T_i}{1-\mu} \\ \tau_{xyi} = \dfrac{E_i}{2(1+\mu)}\gamma_{xyi} \end{cases} \quad (3\text{-}15)$$

按弹性力学的几何方程:

$$\begin{cases} \varepsilon_x = \dfrac{\partial u}{\partial x}, \varepsilon_y = \dfrac{\partial v}{\partial y} \\ \gamma_{xy} = \dfrac{\partial v}{\partial x} + \dfrac{\partial u}{\partial y} \end{cases} \quad (3\text{-}16)$$

和应力的平衡关系方程式:

$$\begin{cases} \dfrac{\partial \sigma_x}{\partial x} + \dfrac{\partial \tau_{xy}}{\partial y} = 0 \\ \dfrac{\partial \tau_{xy}}{\partial x} + \dfrac{\partial \sigma_y}{\partial y} = 0 \end{cases} \quad (3\text{-}17)$$

建立位移分量满足的基本方程组:

$$\begin{cases} \dfrac{\partial^2 u}{\partial x^2} + \dfrac{1-\mu}{2}\dfrac{\partial^2 u}{\partial y^2} + \dfrac{1+\mu}{2}\dfrac{\partial^2 v}{\partial x \partial y} - (1+\mu)\dfrac{\partial T}{\partial x} = 0 \\ \dfrac{\partial^2 v}{\partial y^2} + \dfrac{1-\mu}{2}\dfrac{\partial^2 v}{\partial x^2} + \dfrac{1+\mu}{2}\dfrac{\partial^2 u}{\partial x \partial y} - (1+\mu)\dfrac{\partial T}{\partial y} = 0 \end{cases} \quad (3\text{-}18)$$

令 $\lambda = \dfrac{1-\mu}{2}$ 得:

$$\begin{cases} \dfrac{\partial^2 u}{\partial x^2} + (1-\lambda)\dfrac{\partial^2 v}{\partial x \partial y} + \lambda\dfrac{\partial^2 u}{\partial y^2} - (1+\mu)\alpha\dfrac{\partial T}{\partial x} = 0 \\ \lambda\dfrac{\partial^2 v}{\partial x^2} + (1-\lambda)\dfrac{\partial^2 u}{\partial x \partial y} + \lambda\dfrac{\partial^2 v}{\partial x^2} - (1+\mu)\alpha\dfrac{\partial T}{\partial y} = 0 \end{cases} \quad (3\text{-}19)$$

应力边界条件:

$$\begin{cases} l\sigma_x + m\tau_{xy} = 0 \\ l\tau_{xy} + m\sigma_y = 0 \end{cases} \quad 在边界 \varGamma 上 \quad (3\text{-}20)$$

式中,$l = \cos(\vec{n}, x)$,$m = \cos(\vec{n}, y)$ 为边界 $\varGamma$ 上的外法线方向。

若以 σ_x^0、σ_y^0、σ_{xy}^0 表示不计变温引起的应力分量,则由式(3-15)和式(3-16)两式得:

$$\begin{cases} \sigma_x^0 = \dfrac{E}{1-\mu^2}\left(\dfrac{\partial u}{\partial x} + \mu\dfrac{\partial v}{\partial y}\right) \\ \sigma_y^0 = \dfrac{E}{1-\mu^2}\left(\dfrac{\partial v}{\partial y} + \mu\dfrac{\partial u}{\partial x}\right) \\ \tau_{xy}^0 = \dfrac{E}{2(1+\mu)}\left(\dfrac{\partial v}{\partial x} + \dfrac{\partial u}{\partial y}\right) \end{cases} \quad (3\text{-}21)$$

于是边界条件式(3-20)可改写为：

$$\begin{cases} l\sigma_x^0 + m\tau_{xy}^0 = l\dfrac{E\alpha T}{1-\mu} \\ l\tau_{xy}^0 + m\sigma_y^0 = m\dfrac{E\alpha T}{1-\mu} \end{cases} \quad \text{在边界 } \Gamma \text{ 上} \tag{3-22}$$

式(3-22)表明，温度应力的求解可转换为已知边界作用力(温度载荷)下弹性力学平面问题的求解：

$$\overline{X}_n = l \cdot \dfrac{E\alpha T}{1-\mu}$$

$$\overline{Y}_n = m \cdot \dfrac{E\alpha T}{1-\mu}$$

在 L_1 边界上，$m=1$，$l=0$，由此得边界条件：

$$\begin{cases} \sigma_y^0 = \dfrac{E_1\alpha_1 T_1}{1-\mu} \\ \tau_{xy}^0 = 0 \end{cases} \quad \text{在 } x \text{ 轴上} \tag{3-23}$$

经计算整理可得按位移求解温度应力时位移分量满足的边界问题：

$$\begin{cases} \dfrac{\partial^2 u}{\partial x^2} + (1-\lambda)\dfrac{\partial^2 v}{\partial x \partial y} + \lambda\dfrac{\partial^2 u}{\partial y^2} - (1+\mu)\alpha\dfrac{\partial T}{\partial x} = 0 \\ \lambda\dfrac{\partial^2 v}{\partial x^2} + (1-\lambda)\dfrac{\partial^2 u}{\partial x \partial y} + \dfrac{\partial^2 v}{\partial y^2} - (1+\mu)\alpha\dfrac{\partial T}{\partial y} = 0 \end{cases} \tag{3-24}$$

$$\begin{cases} \dfrac{\partial v}{\partial y} + \mu\dfrac{\partial u}{\partial x} = (1+\mu)\alpha_1 T_1 \\ \dfrac{\partial v}{\partial x} + \mu\dfrac{\partial u}{\partial y} = 0 \end{cases} \quad y = 0 \tag{3-25}$$

注：温度应力问题一般宜按位移求解，按位移求解原则上可适用于任何平面问题，这是按应力求解时不可能做到的。

式中，μ 为材料的泊松比；$\lambda = \dfrac{1-\mu}{2}$。

$$\alpha = \begin{cases} \alpha_1(T^0) & 0 \leqslant y < h_1 \\ \alpha_2(T^0) & h_1 \leqslant y < h_1 + h_2 \\ \alpha_3(T^0) & h_1 + h_2 \leqslant y < h_1 + h_2 + h_3 \\ \alpha_4(T^0) & h_1 + h_2 + h_3 \leqslant y < +\infty \end{cases} \tag{3-26}$$

$$T = \begin{cases} T_1(x,y) & 0 \leqslant y < h_1 \\ T_2(x,y) & h_1 \leqslant y < h_1 + h_2 \\ T_3(x,y) & h_1 + h_2 \leqslant y < h_1 + h_2 + h_3 \\ T_4(x,y) & h_1 + h_2 + h_3 \leqslant y < +\infty \end{cases} \tag{3-27}$$

且
$$T(x,y) = T^0(x,y,t_1) - T^0(x,y,t_2)$$

式中,$T^0 = T^0(x,y,t)$ 表示时刻 t 路面结构的温度场。

求解上述边值问题,可分两步进行:

(1)求方程组式(3-24)的通解;

(2)利用通解及边值条件式(3-25),确定所求解。

由于日变化的外界气温对一定深度以下的路面温度场的影响可忽略不计,因此:

$$T(x,y) \to 0, y \to \infty \tag{3-28}$$

对某一计算点而言,一定远处以外的温度变化对该点温度应力的影响可忽略不计,因此:

$$T(x,y) \to 0, x \to \infty \tag{3-29}$$

所以,当要计算不同水平位置的温度应力时,只需相应移动坐标系,并使温差分布关于计算点对称。

引入复变量 $Z = x + iy$,则有:

$$|T(z)| \to 0 \qquad |z| \to 0 \tag{3-30}$$

假定 $T(z)$ 满足条件:

$$|T(z)| \leq e^{-m|z|} \qquad |z| \to \infty \text{ 式中 } m > 0 \tag{3-31}$$

1. 偏微分方程组式(3-24)的通解

求偏微分方程组式(3-24)的通解,可分两步进行:

(1)求偏微分方程组式(3-24)的任意一组特解,只需满足式(3-24),不一定要满足式(3-25)。

(2)不计变温 T,求出方程组式(3-24)的一组补充解,使它和特解叠加后能满足边界条件式(3-25)。

步骤1,引入辅助函数 $\varphi(x,y)$,使得:

$$\begin{cases} u' = \dfrac{\partial \varphi}{\partial x} \\ v' = \dfrac{\partial \varphi}{\partial y} \end{cases} \tag{3-32}$$

式中,函数 $\varphi(x,y)$ 为位势函数。

若位移函数 φ 满足方程:

$$\nabla^2 \varphi = (1+\mu)\alpha T \quad (\nabla^2 \text{ 为拉普拉斯算子}) \tag{3-33}$$

则有 u'、v' 为方程组式(3-24)的一组特解。

步骤2,定义 u''、v'' 满足式(3-24)对应的齐次偏微分方程组,令:

$$\begin{cases} u = u' + u'' \\ v = v' + v'' \end{cases} \tag{3-34}$$

$$\begin{cases} \sigma_x = \sigma'_x + \sigma''_x \\ \sigma_y = \sigma'_y + \sigma''_y \\ \tau_{xy} = \tau'_{xy} + \tau''_{xy} \end{cases} \tag{3-35}$$

则 u、v 是满足方程组式(3-24)的通解,而总的应力分量 σ_x、σ_y、τ_{xy} 满足相应的应力边界条件。

从上述分析可见,确定式(3-24)的通解,只需分别具体求解 u'、v'、u''、v'' 为具体确定方程组式(3-24)的通解的表达式,借助于广义解析函数的边值理论,引入复变函数及其广义导数。

$$\begin{cases} z = x + iy, \bar{z} = x - iy \\ f' = u' + iv', f'' = u'' + v'' \\ f = u + iv = f' + f'' \end{cases} \tag{3-36}$$

$$\begin{cases} \dfrac{\partial}{\partial z} = \dfrac{1}{2}\left(\dfrac{\partial}{\partial x} - i\dfrac{\partial}{\partial y}\right) \\ \dfrac{\partial}{\partial \bar{z}} = \dfrac{1}{2}\left(\dfrac{\partial}{\partial x} + i\dfrac{\partial}{\partial y}\right) \\ \cdots \end{cases} \tag{3-37}$$

则有:

$$\nabla^2 = 4 \cdot \frac{\partial^2}{\partial z \partial \bar{z}} \tag{3-38}$$

将方程(3-33)改写为:

$$\frac{\nabla^2 \varphi}{\partial z \partial \bar{z}} = \frac{1}{4}(1+\mu)\alpha \cdot T \tag{3-39}$$

从式(3-32)、式(3-36)和式(3-37)得:

$$f'(z) = u' + iv' = \frac{\partial \varphi}{\partial x} + i\frac{\partial \varphi}{\partial y} = 2\frac{\partial \varphi}{\partial \bar{z}} \tag{3-40}$$

从式(3-39)和式(3-40)可得:

$$\frac{\partial f'(z)}{\partial z} = \frac{1}{2}(1+\mu)\alpha T \tag{3-41}$$

根据广义解析函数的基本定理,方程(3-41)的一个特解可表达为:

$$f'(z) = \overline{TG} = -\frac{1}{\pi}\iint_E \frac{G(\xi,\eta)}{\bar{\zeta} - \bar{z}}\mathrm{d}\xi\mathrm{d}\eta \qquad \zeta = \xi + i\eta \tag{3-42}$$

式中,$G(x,y) = \dfrac{1}{2}(1+\mu)\alpha T(x,y)$。

而对于 u''、v'' 所满足的齐次偏微分方程组的复形式可改写为:

$$\frac{\partial}{\partial z}\left[(1-\lambda)\frac{\partial f''}{\partial z} + (1+\lambda)\overline{\frac{\partial f''}{\partial \bar{z}}}\right] = 0 \tag{3-43}$$

利用广义解析函数的有关定理和性质,可得到:

$$f''(z) = \frac{\lambda-1}{4\lambda}\overline{z\varphi(z)} + \frac{\lambda+1}{4\lambda}\phi(z) + \overline{\psi(z)} \tag{3-44}$$

式中,$\varphi(z)$、$\phi(z)$、$\psi(z)$ 为复变量 z 的解析函数。

据前面的分析可知,微分方程组(3-24)的通解可表示为:

$$f(z) = f'(z) + f''(z) = \overline{T}G + \frac{\lambda-1}{4\lambda}\overline{z\varphi}(z) + \frac{\lambda+1}{4\lambda}\phi(z) + \overline{\psi}(z) \tag{3-45}$$

2. 利用通解及边值方程(3-25)

根据无限直线上 Cauchy(柯西)型积分的基本性质,可得到解析函数 $\varphi(z)$、$\phi(z)$ 及 $\psi(z)$ 满足的积分方程,从而得到温度应力的表达式。将表达式写成实函数形式,得:

$$\begin{cases} \sigma_{xi} = \dfrac{E_i}{1-\mu^2}\left(\dfrac{\partial u}{\partial x} + \mu\dfrac{\partial v}{\partial y}\right) - \dfrac{E_i\alpha_i T_i}{1-\mu^2} \\ \sigma_{yi} = \dfrac{E_i}{1-\mu^2}\left(\dfrac{\partial v}{\partial y} + \mu\dfrac{\partial u}{\partial x}\right) - \dfrac{E_i\alpha_i T_i}{1-\mu^2} \\ \tau_{xyi} = \dfrac{E_i}{2(1+\mu)}\left(\dfrac{\partial u}{\partial y} + u\dfrac{\partial v}{\partial x}\right) \end{cases} \tag{3-46}$$

$$\begin{cases} \dfrac{\partial u}{\partial x} = G(x,y) + R\overline{P}(x,y) + \dfrac{1}{2}RF(x,y) + \dfrac{\lambda-1}{4\lambda}RZ(x,y) + RS(x,y) \\ \dfrac{\partial v}{\partial y} = G(x,y) - R\overline{P}(x,y) + \dfrac{1}{2}RF(x,y) + \dfrac{\lambda-1}{4\lambda}RZ(x,y) - RS(x,y) \\ \dfrac{\partial v}{\partial x} + \dfrac{\partial u}{\partial y} = 2I\overline{P}(x,y) + \dfrac{\lambda-1}{2\lambda}IZ(x,y) + 2IS(x,y) \end{cases}$$

$$\begin{cases} \dfrac{\partial u}{\partial x} = G(x,y) + R\overline{P}(x,y) + \dfrac{1}{2}RF(x,y) + \dfrac{\lambda-1}{4\lambda}RZ(x,y) + RS(x,y) \\ \dfrac{\partial v}{\partial y} = G(x,y) - R\overline{P}(x,y) + \dfrac{1}{2}RF(x,y) + \dfrac{\lambda-1}{4\lambda}RZ(x,y) - RS(x,y) \\ \dfrac{\partial v}{\partial x} + \dfrac{\partial u}{\partial y} = 2I\overline{P}(x,y) + \dfrac{\lambda-1}{2\lambda}IZ(x,y) + 2IS(x,y) \end{cases} \tag{3-47}$$

式中:

$$G(x,y) = \begin{cases} \dfrac{1}{2}(1+\mu)\alpha_1 T_1(x,y) = g_1 & 0 \leqslant y < h_1 \\ \dfrac{1}{2}(1+\mu)\alpha_2 T_2(x,y) = g_2 & h_1 \leqslant y < h_1 + h_2 \\ \dfrac{1}{2}(1+\mu)\alpha_3 T_3(x,y) = g_3 & h_1 + h_2 \leqslant y < h_1 + h_2 + h_3 \\ \dfrac{1}{2}(1+\mu)\alpha_4 T_4(x,y) = g_4 & h_1 + h_2 + h_3 \leqslant y < +\infty \end{cases} \tag{3-48}$$

$$\lambda = \frac{1-\mu}{2} \tag{3-49}$$

三、计算结果分析

沥青路面的温度场比较复杂,在夏天,由于沥青表面的吸热特性较好,故在太阳的直射之下,路表温度很高,而在冬天,沥青路面的温度梯度很大,将导致沥青路面的温度裂缝。必须对温度场进行理论分析,以理论为依据进行路面实际温度状况的计算,主要用到以下参数:

(1)外界气温实测资料(如气象站提供的一小时间隔记录数据)。

(2)太阳辐射实测资料(如气象站提供的一小时间隔记录数据)。

(3)计算日的风速变化状况,阴、晴天状况(通过气象站提供的总云量来反映)以及雨雪状况。

(4)路面材料性能参数(导热系数和导温系数等)、路面结构各层厚度以及所处地区的地理纬度。

以往很多文献中都可查阅到有关路面温度场的实测与比较资料,但由于气象数据实测记录很不完整,这就导致与这些资料进行准确比较的困难。为验证理论的正确性及为后面进行温度场变化规律分析的需要,在吉林省长春地区和河北省涿州地区进行了比较,在长春至农安二级公路上进行了为期近两年的半刚性基层沥青路面温度观测,此外,在河北涿州地区进行了一年多的温度观测,根据上述实测资料及从当地气象站提供的有关数据,进行了大量的理论与实测的比较工作,图3-11和图3-12中列举了部分沥青路面温度场计算与实测比较结果。

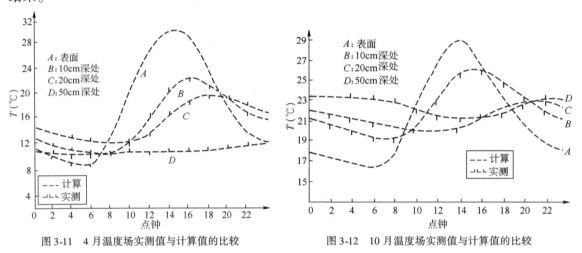

图3-11 4月温度场实测值与计算值的比较　　　　图3-12 10月温度场实测值与计算值的比较

"八五"国家重点科技攻关项目课题组针对在河北涿州地区ALF试验现场实测的温度观测资料进行了比较分析,试验路面结构为9cm沥青混凝土面层+30cm水泥碎石+路基,分别以1993年4月16日、10月7日、12月15日为例,气候条件见表3-2。

气 候 条 件　　　　　　　　　　　　　　　表3-2

时　　间	日最高气温 T_{max} (℃)	日最低气温 T_{min} (℃)	太阳辐射日总量 Q_r (MJ/m)	日平均风速 v (m/s)	日照时数 c(h)
1993年4月16日	25.6	7.5	24.1	2.8	11.3
1993年10月7日	24.8		9.82	1.0	6.4
1993年12月15日	2.1	-9.5	9.2	1.0	7.0

根据表3-2的气候条件以及前面的参数说明进行计算,各日期的理论计算曲线和温度实测点分别见图3-11、图3-12。

交通运输部科研项目《公路沥青路面设计规范》针对在长春至农安二级公路上进行的沥青路面温度实测做了比较分析,该路面结构为:面层由9cm中粒式沥青混凝土+6cm粗粒式沥青混凝土组成,基层为20cm的二灰碎石,底基层是30cm的二灰土,路基是中液限黏土。

对图3-11及图3-12中温度日过程曲线的计算采用了同期性变化的温度场解,从计算与实测的比较可见,理论计算与实测点相当吻合,这说明,晴天路面测试的日过程曲线可利用正弦曲线的线性组合较好地表示出来。

表3-3中列举了进行比较的各日期的有关气象参数,均从当地的气象站查阅得到。

气象资料　　　　　表3-3

时间	日最高气温 T_{max} (℃)	日最低气温 T_{min} (℃)	太阳辐射日总量 Q_r (MJ/m)	日平均风速 v (m/s)	日总云量 y_1	日照时数 c (h)
1992年11月6日	8.8	-5.0	1.71	5.5	9.8	0
1992年11月7日	-4.5	-10.2	4.32	6.3	7.5	1.4
1993年3月15日	1.1	-5.8	19.42	4.3	0	9.7
1993年3月16日	2.2	-10.3	19.19	4.5	0.3	9.8
1993年7月16日	27.8	19.7	16.02	2.3	7.5	3.3
1993年7月17日	26.7	19.8	13.32	1.3	10.0	0.9
1993年8月6日	25.7	20.1	10.34	2.5	10.0	1.5
1993年8月7日	26.7	19.6	13.21	2.8	6.8	4.6
1994年1月20日	-14.3	-23.8	9.61	1.5	0	7.8
1994年1月21日	-11.2	-18.0	5.63	3.3	2.5	4.8

从比较的结果可见,在正确掌握边界条件及路面材料特性参数的情况下,路面温度场的理论计算可以提供相当可靠和准确的结果,因此,系统地研究各种路面材料特性参数和更精确地观测本地区气候条件的某些特殊情况,对今后路面温度估计是很有意义的。由此亦可见,对路面结构内部进行昂贵的温度测量是不必要的,因为目前能够可靠地预先计算出不同位置、不同时间路面结构的温度分布。

四、路面温度场随各因素变化的规律分析

为对路面温度场随内在和外在因素发生变化的规律进行分析,以吉林长春地区夏天6月份和冬天1月份典型的气候条件进行分析,见表3-4。

气候条件　　　　　表3-4

时间	日最高气温 T_{max} (℃)	日最低气温 T_{min} (℃)	太阳辐射日总量 Q_r (MJ/m)	日平均风速 v (m/s)	日总云量 y_1	日照时数 c (h)
1992年6月	30.0	15.0	25.0	2.0	0	11.0
1993年1月	-10.0	-20.0	10.0	2.0	0	7.0

除非特别说明,路面结构和各计算参数均按下列说明取值。

计算的路面结构为：15cm 沥青混凝土面层 + 20cm 水泥砂砾路基层 + 30cm 二灰土下基层，以下是中液限黏土路基。

取路表对辐射的吸收率 $\alpha_s = 0.88$，本节中，除非另外说明，路面结构各层的材料参数取为：导热系数分别为 $\lambda_1 = 1.0, \lambda_2 = 1.2, \lambda_3 = 1.1, \lambda_4 = 1.0 W/(m \cdot ℃)$，导温系数分别为 $\alpha_1 = 0.0022 m/h, \alpha_2 = 0.0028 m/h, \alpha_3 = 0.0026 m/h, \alpha_4 = 0.003 m/h$。

根据上述参数说明，对路面结构不同深度的温度场日变化过程进行计算，计算的结果见图3-13。

如图3-13和图3-14所示的6月份温度分布曲线，清楚地表明了沥青路面表面温度的日波动量最大，约为40℃，在5cm深处温度的日波动量最大约为20℃左右，而沥青面层底部温度的日波动量约为11℃左右，在30cm深处的水泥砂砾基层中，温度日波动量最大约为5℃左右，而在40cm深处的二灰土下基层中，温度日波动量只有2℃左右。

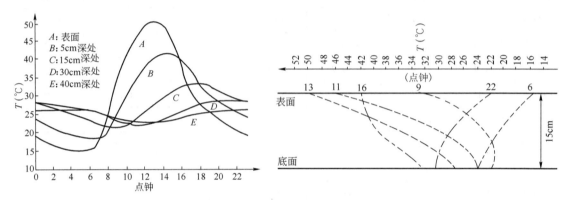

图3-13　6月路面结构各深度的温度日变化过程　　图3-14　6月路面面层不同时刻沿深度分布的温度曲线

从图3-15和图3-16所示的1月份温度分布曲线可见，路面表面温度的日波动量最大约为20℃，5cm深处温度的日波动量最大约为11℃，在沥青面层底部温度日波动量最大约为6℃，在上基层中部约为3℃，而在下基层中，温度日波动量不超过1.5℃。

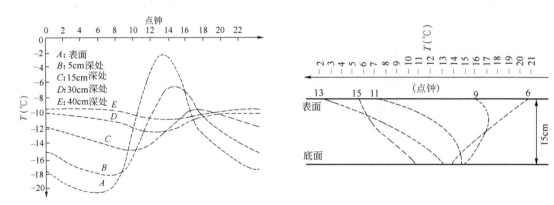

图3-15　1月路面结构各深度的温度日变化过程　　图3-16　1月路面面层不同时刻沿深度分布的温度曲线

不同深度及不同结构层之间的温度分布曲线存在相位差，相对于表面而言，5cm深处的温度分布曲线的相位差约为1h，沥青面层底部的相位差约为5h，在40cm的底基层中，温度达到最大值的时间一般在0点前后，其相位差约为12h。

无论是在夏季温暖季节,还是在冬季寒冷时期,路面温度的最大值和最小值均在路表面达到,路表最高温由于太阳辐射等影响远比当天的最高气温高,而路表最低温度由于夜间路表放热的原因,可能比最低气温还低,这表明路表温度在整个路面温度场中具有控制意义。

由于太阳辐射,路表最高温度一般出现在最大太阳辐射后的 2h,通常在下午 1~3 点之间达到,而路表最低温度一般在清晨 5 点左右达到。

五、沥青面层厚度对温度的消减作用

图 3-13~图 3-16 表明,虽然沥青面层表面温度波幅分别高达约 40℃ 和 20℃,但在沥青面层底部和基层顶面的温度波幅却分别只有 11℃ 和 6℃ 左右,这说明了沥青面层具有较好的温度消减作用,面层对温度的消减作用显然与面层的厚度有关,图 3-17 中,计算了沥青面层厚度与基层顶面温度的关系。

在沥青路面温度场分析中,弄清面层厚度与基层顶面温度波幅(ΔT)之间的关系,有助于根据基层材料的温缩性能状况来设计沥青面层厚度,基层温缩性小时,基层顶面允许的不开裂温度波幅可大些,而面层厚度亦可小些;反之,基层温缩性较大时,基层顶面允许的不开裂温度波幅则应较小,从而面层厚度应设计的大些,具体情况须根据当地的气候条件、路面材料性能来确定。

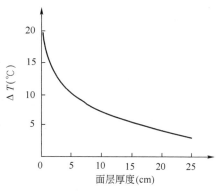

图 3-17 沥青面层厚度与基层顶面温度波幅的关系

六、路面材料导热性能的影响

(1)沥青面层材料导热系数(λ)的增大,将导致路表面温度的降低,面层底面温度的增大。图 3-18 中比较了不同的面层导热系数对沥青路面温度分布的影响。

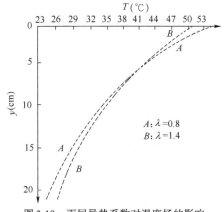

图 3-18 面层导热系数对温度场的影响

(2)基础导热性能对路面温度场的影响:基层的导热性能对面层的温度分布有明显影响,并且当沥青面层为薄层(通常为小于 12cm)时,基层的导热性能的变化将明显影响路表温度的变化,基层导热系数小,将导致沥青面层温度增大,基层导热系数大,则导致沥青面层温度的减小。随着面层厚度的增加,虽然基层的导热性能对路表温度的影响逐渐减小以至可忽略不计,但其却能明显影响沥青面层邻近基层部分的温度分布,且基层导热系数减小将使其温度升高。

根据有关试验,常用的几种半刚性基层材料的导热性能相差不大,因此它们的导热性能的差别对沥青面层温度分布产生的影响不大,面层较厚时,这一影响可忽略不计。

分别对在厚度为 8cm 和 15cm 的沥青面层下垫 10cm 煤渣(导热系数 0.43,导温系数 0.0022)和通常半刚性材料(导热系数 1.2 和导温系数 0.0028)的情形进行计算,结果绘于图 3-19 和图 3-20 中。

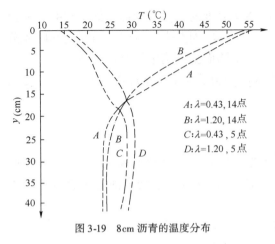
图 3-19 8cm 沥青的温度分布

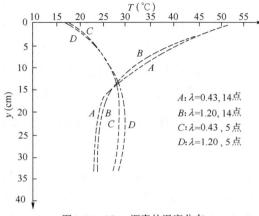
图 3-20 15cm 沥青的温度分布

(3) 影响路表温度的因素:太阳辐射的强弱、风速的大小及天空的云层状况对路面温度分布状况等有着极为重要的影响,在沥青路面的温度场中,路表温度的变温速率和温度梯度均达到最大值,因此,路面表面温度在路面温度场的研究中具有控制意义,路表温度的因素除外界气温外还有太阳辐射、风速、云量以及路面材料的热工参数等。

(4) 对水泥混凝土路面,路表面对太阳辐射的吸收率 α 取为 0.63,导热系数 λ 为 1.4 $W/(m \cdot ℃)$,导温系数取为 0.003m/h,假设水泥混凝土面层厚度为 22cm,其下垫 20cm 二灰碎石和 30cm 的二灰土,以表 3-4 中 6 月份的气候条件为例计算,结果见图 3-21。

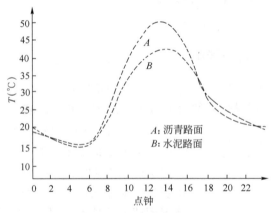
图 3-21 6 月沥青路面与水泥混凝土路面表面温度的影响

上述结果表明:在同一气候条件下,沥青路面的温度比水泥混凝土路面高,即日温度变化幅度较大。因此,路面设计中更有必要考虑路面温度状况对沥青路面的影响。

七、变温速率

降温是沥青路面产生温缩裂缝的最直接起因,变温速率及降温持续时间都将明显影响沥青路面的温度裂缝。因此,研究在不利温度条件下,沥青路面的变温速率及其过程具有重要意义。

路面结构温度场前后不同时刻的温度差直接决定温度应力的大小,而表征这一时刻温度变化大小的是路面温度变化速率(简称变温速率),变温速率大,则这一时刻前后温差大,从而在该时刻产生的温度应力也大,反之亦然。由于在一天内,路面结构要经历升温和降温两个完全相反的变温过程,变温速率要经历由正变负的过程,路面升温时变温速率为正,降温时为负,因此，正的变温速率使路面产生压应力，负的变温速率使路面产生拉应力，而变温速率为零时，相应时刻路面产生的温度应力也为零。典型路面温度场 6 月不同时刻和不同深度的变温速率的基本规律的计算结果如图 3-22 所示。

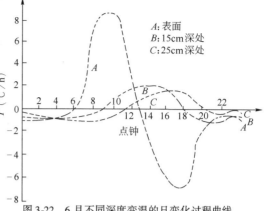

图 3-22　6 月不同深度变温的日变化过程曲线

上面的计算结果表明：变温速率在路表面达到最大值，晴天时一般在上午 9～10 时温度上升速度最快，在下午 16～17 时温度下降最快，随着深度增加，变温速率逐渐减小，在基层和底基层中部，变温速率已很小，这一情况也从一个侧面说明了导致沥青路面开裂的主要原因是沥青面层本身的温缩。此外，路面升温速率明显大于路面降温速率。

从前面的讨论可见，外界气温、太阳辐射、风速、云量及路面材料的热工参数均会影响变温速率的大小。

气温变化是影响路面变温速率的最重要因素，气温变化急剧时，路面变温速率较大，反之则较小，因此，初冬季节的大幅度连续降温过程应引起我们的注意。

太阳辐射对沥青路面的变温速率也有影响，太阳辐射强烈时，路面升温和降温的速率较大，而太阳辐射小则升温和降温的速率也小。

风速对路面变温速率有重要影响，风速大，升温速率减小，变温速率增大，因此，大风将明显影响沥青路面的温度裂缝。风速大，则沥青路面较易产生温度裂缝，这一点已被大量的路面实际调查所证明。调查结果表明：大立交桥下或防风林带的沥青路面裂缝较少，处于风口的路段路面温度裂缝则较多。

值得注意的是，我国北方地区初冬季节的连续降温过程总是伴随着大风，因此，对大风降温过程中沥青路面的变温速率应着重进行分析。

天空的云层状况对变温速率亦有影响，总云量大的日子，变温速率的最大值明显小于天空晴朗的辐射日的变温速率。

由于路面材料的导热和导温性在温度变化不大的范围内是相对稳定的，所以路面的导热性能对变温速率的影响在土木工程中几乎可忽略不计。

八、温度梯度

同一时刻不同深度处的路面温度差称为温度梯度，一般当上面的温度大于下面的温度时，称为正温度梯度，反之称为负温度梯度。由于白天路表最高温度与其下某一深处的温度差远大于夜间路表最低温度与其下同一深处的温度差，因此，最大正温度梯度一般比最大负温度梯度的绝对值大，因此，正温度梯度是刚性路面设计的主要温度依据。

显然，路面结构的温度应力不仅与变温速率有关，还与沿深度变化的温度梯度有关，与板块结构的水泥混凝土路面不同，在沥青路面中所关心的并非是在某温度梯度下水泥混凝土板产生的翘曲应力，而是由此产生的温度拉应力及在此应力下路面是否开裂和开裂的规律。

温度场有限元计算结果表明，路表温度梯度的波幅最大，最大正温度梯度在上午 11 点左右达到，最大负温度梯度在下午 5 点左右达到，随着深度增加，温度梯度的波幅越来越小，在沥青面层底部温度梯度的波幅约为1℃/cm,基层和底基层中部温度梯度的波幅不足0.5℃/cm。一日中,白天最大正温度梯度远比夜间最大负温度梯度大,夏季最大正温度梯度远比冬季最大正温度梯度大,冬季最大负温度梯度远比夏季最大负温度梯度大。

影响沥青路面温度梯度的因素有:外界气温、太阳辐射、风速、总云量、路面结构厚度及路面材料的导热性能等。

(1)外界气温高于地温是路表面热流向下传导的原因,平均气温对路面温度梯度有重要的影响,平均气温高出地温越多,路面向下传导的热流量越大越快,从而路面温度梯度越大,对同样的高温气候条件,出现在5月要比出现在6月产生更大的温度梯度,因为6月份地温较高。6月沥青路面不同深度处温度梯度的日变化过程如图3-23所示。

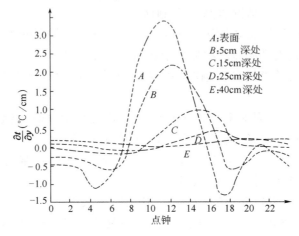

图3-23 6月沥青路面不同深度处温度梯度的日变化过程

(2)太阳辐射对路面温度梯度有很大的影响,在太阳辐射强烈的日子里,沥青路面会产生很高的路表温度,从而加速了路面热流的向下传导,太阳辐射越大,路面温度梯度越大,在阴雨天,太阳辐射很小,温度梯度也相对较小。

(3)风速对路面温度梯度的影响主要体现在,风速越大,路面热交换越快,从而使路面正温度梯度减小,负温度梯度增大。

(4)沥青面层的厚度对路面温度梯度也有影响,随着沥青面层厚度的增加,面层平均温度梯度逐渐减小。这一减小的趋势在面层较薄时更为明显,一定厚度(16cm左右)以后,这一减小的趋势趋于稳定。

随着沥青面层导热系数的增大,温度梯度逐渐减小。

基层的导热系数对路面温度梯度有明显的影响,但这一影响随着沥青面层厚度的增加而逐渐减小。计算结果表明,当沥青面层下垫煤渣层等隔温层时,能明显减小路面温度梯度,随着基层导热系数的增加,路面温度梯度逐渐增大。

根据温度梯度与温度应力的正比关系,温度梯度大时路面温度应力亦大,而温度应力大则意味着沥青路面开裂的可能性大。可见,薄面层较易产生温度裂缝,适当增加沥青面层厚度对减少路面裂缝很有好处,但达到一定厚度(16~18cm左右)以后,继续增加面层厚度对减少路面裂缝并没有明显的作用。

(5)路基对路面温度场也有影响,表现在不同路基类型的热容量相差较大。如冻胀性土的热容量较大(约为3.086J/cm³·℃),而非冻胀性土的热容量较小(约为1.809J/cm³·℃),

路基热容量大,则导热系数亦大,从而传递给路面的热量也大,对路面温度场的影响较大,由路基传递给路面的热量,在冬季前后,将使路面温度梯度增大(有关温度梯度的计算见温度梯度分析部分)。这就意味着,在热容量大的路基上沥青路面较易产生温度裂缝,因此,铺筑在非冻胀性路基上的路段比铺筑在冻胀性路基上的路段的温度裂缝少,其他调查也表明,设置在砂基层上的路面温度裂缝较少,而黏性土上的路面裂缝较多。

(6)沥青路面和水泥路面在同一气候条件下的温度梯度计算结果表明,在同一气候条件下,沥青路面的最大温度梯度比水泥路面的温度梯度大。这一情况在春夏季节由于太阳辐射强烈更为突出,而在冬季前后两者差距相对较小,但是对这两种不同的路面结构类型,温度梯度对路面的影响也是不相同的,板体结构的水泥混凝土路面是完全弹性的,而沥青面层材料是黏弹性的,在高温状态下模量很低且具有良好的应力松弛性能,因此,尽管夏季时沥青路面的温度梯度远比水泥混凝土路面大,但由此产生的温度应力都非常小。

九、水泥混凝土路面温度梯度值

水泥混凝土路面的温度状况是温度应力计算的基础,我国原有的水泥混凝土路面设计规范,采用威士特卡德理论计算温度应力,并取设计温度梯度为 $0.67℃/cm$。此值是20世纪30年代在美国阿林顿实测的结果,20世纪50年代曾被苏联引用,后又传入我国。20世纪60年代,德国J.艾森曼、G.惠耳教授通过试验研究了水泥混凝土路面的温度状况,提出德国设计温度梯度为 $0.9℃/cm$,苏联戈雷茨基研究了各气候区的水泥混凝土路面温度状况,认为设计温度梯度应按各气候区取不同值,苏联各气候区实测最大温度梯度为 $0.24\sim0.72℃/cm$。我国各地区气候情况有显著差别,全国一律取用 $0.67℃/cm$ 为设计温度梯度,显然是不合理的。

美国和德国的设计温度梯度是根据个别地区、个别年份的实测最大温度梯度值适当提高或降低而定出的,这种做法带有一定的偶然性。戈雷茨基对苏联的各气候区进行了多年的混凝土路面温度状况实测工作,比较全面地总结出了水泥混凝土路面温度状况变化的一般规律,他提出了水泥混凝土路面状况的理论公式主要是针对苏联地理条件的。他曾提出应按地基、基层和混凝土面板材料的不同热性能建立层状热传导模型,但在理论上未对此做进一步研究。

采用理论方法分析路面温度状况的还有巴伯(F. S. Barber)、佩托里叶斯(P. C. Pretorium)和克里斯蒂森(J. T. Christison)等,其中佩托里叶斯和克里斯蒂森分别采用有限元法和有限差分方法分析了由不同热性能材料组成的层状路面的温度状况,但他们的分析对象仅限于黑色路面(沥青路面)的最高温度和最低温度。有关成果无法用于水泥混凝土路面的温度梯度分析。

1. 预估温度梯度的回归分析和理论分析

为了分析不同地基对混凝土板中温度梯度产生的影响,亦可把路面看作层状体系,根据传热学原理导出气候条件下路面温度场的解析解,从理论上定量论证了基层的热性能对混凝土板中温度梯度的影响。证明混凝土板中最大温度梯度同基层材料与混凝土两者蓄热系数之比值 ξ 有关,也同混凝土板的热惯性指标 D 有关。对于双层体系:

$$\xi = \frac{\lambda_2}{\lambda_1}\sqrt{\frac{\alpha_1}{\alpha_2}} \tag{3-50}$$

$$D = h\sqrt{\frac{\pi}{2\alpha}} \tag{3-51}$$

式中：α_1、α_2、λ_1、λ_2——分别是第一层与第二层的导温系数和导热系数；
h——板厚。

据计算，ξ 值一般在 0.8~1.25。而常用混凝土路面厚度在 20cm 以上，其热惰性指标 D 值在 2.0 左右。当 $D=2.0$，$\xi=0.8~1.25$ 时，基础材料对路面的最大温度梯度影响是十分有限的。或者说，它们与半无限体（$\xi=1.0$）的结果非常接近。这一点已被天水、上海、哈尔滨等地的不同地基上混凝土板温实测资料所证实。基于这一结论，为简化计算，采用均质半无限体假设，根据路表面热平衡和传热学原理推导了计算最大温度梯度的理论关系式。经简化取板厚 $h=22$ cm 为标准厚度，可得到如下简便的公式。

$$T'_{max} = 0.00107Q + 0.0135\Delta T_a \tag{3-52}$$

式中：T'_{max}——22cm 板最大温度梯度（℃/cm）；
Q——日辐射总量（J/cm 日）；
ΔT_a——日气温差（℃）。

对于不同厚度路面，可按理论推算的修正系数 α 进行修正（表 3-5）。

不同厚度板的温度梯度修正系数 α　　　　　　　　　　　　　　　表 3-5

h(cm)	14	16	18	20	22	24	26	28	30	32	34	36	38	40
α	1.23	1.17	1.11	1.05	1.00	0.94	0.89	0.84	0.79	0.75	0.71	0.67	0.63	0.59

作为验证，同时采用回归分析方法整理和分析上海、北京、重庆、广州等地的实测资料，得出了综合温度梯度值的经验回归公式：

二元回归　　　$T'_{max} = 0.0112Q + 0.00348\Delta T_a + 0.86$　　（$R = 0.845$）　　　　（3-53）

一元回归　　　　　　　$T'_{max} = 0.0114Q + 0.109$　　（$R = 0.843$）　　　　（3-54）

采用上述综合回归公式计算的标准残差与上海、北京、重庆、广州等观测站单独回归的公式的标准残差相比，仅相差 0.03~0.02℃/cm。因此，即使对于没有观测站的地区，采用综合回归公式预估最大温度梯度也具有一定可靠性。同时，回归公式与理论简化公式计算的结果也比较相近。在此基础上，提出了全国各公路自然区划 2% 频率的最大温度梯度推荐值（表 3-6）。

最大温度梯度推荐值　　　　　　　　　　　　　　　　　　　　　　　表 3-6

自然区划	Ⅱ	Ⅲ	Ⅳ	Ⅴ	Ⅵ	Ⅶ
最大温度梯度（℃/cm）	0.83~0.88	0.90~0.95	0.86~0.92	0.83~0.88	0.86~0.92	0.93~0.98

注：1. 海拔高的取高值；空气湿度大的取高值。
　　2. 面层厚度不等于 22cm 时，可按表 3-5 所列系数值 α 修正最大温度梯度值。

表 3-6 中推荐值是按 2% 频率（即相当于 50 年一遇）计算的。如按混凝土路面设计年限 20~40 年计，最高温度梯度频率似乎也可取 5%~2.5%。但经计算，全国各地按 2% 频率计算的最大梯度值仅在 0.01~0.03℃/cm，故统一用 2% 频率以简化计算。

2. 疲劳温度梯度

国内现有的混凝土路面结构设计方法仅计荷载应力一项而未考虑温度应力对路面疲劳损坏的影响，这显然不够合理。而要考虑这两项应力的综合疲劳影响，关键是要提供一种简便、合理的疲劳设计方法。在各种路面结构设计方法中，常常采用标准轴载和轴载换算系数来考虑各级轴载的疲劳损坏作用。而轴载换算系数可依据所采用的疲劳方程等效疲劳损坏原则推算得到。可以设想,路面实际发生的各级温度梯度的疲劳损坏影响,也可按类似的方法考虑,也即,需要求一个等效的温度梯度,当路面处于该温度梯度状态时,其疲劳损坏程度达到在相同的交通量和轴载谱作用下,同一种路面结构在实际温度梯度状态下应有的损坏程度。为简明起见,不妨称此等效温度梯度值为疲劳温度梯度,用 T_g 表示。不难想象,采用轴荷换算系数和疲劳温度梯度,就可以使复杂多变的行车及温度状态等效地转化为单一的标准轴载作用和单一的温度梯度状态。这无疑将使考虑荷载和温度梯度的综合疲劳损坏的结构设计方法大大简化。

利用浙江省交通设计院提出的小梁疲劳试验方程和温度梯度,根据 Miner 原理(即:累积疲劳损伤原理),对 10 种交通量日分布及 8 种交通量年分布产生的荷载应力与温度梯度产生的翘曲应力作叠加分析表明,按各种交通量分布求得的日、月、年疲劳温度梯度值差别很小,仅 2% 左右,这说明分析 T_g 时无须考虑各地交通量分布的实际差异。各自然区划疲劳温度梯度推荐值见表 3-7。

各自然区划疲劳温度梯度推荐值 表 3-7

自然区划	II	III	IV	V	VI	VII
温度梯度(℃/cm)	0.42~0.50	0.46~0.50	0.40~0.50	0.40~0.50	0.48~0.56	0.48~0.60

注:夏季日照强烈,气温高者取高值,反之取低值。

第五节 公路路基温度场分析

路基往往是在水和温度的综合作用下发生性质的变化,研究路基的温度状况主要是为了防止路基出现冻融等病害。因此,考虑温度对路基的影响主要在冻土地区和季节性冰冻地区。冻土区和季节性冻土地区,在水和负温度的共同作用下,土体会发生周期性冻融。冰冻期,土体会发生冻胀,造成道面变形;春融期,局部土层过湿软化,路基强度急剧下降。路基温度场分析是研究路基热稳定性的基础,建立路基温度场模型进行分析能够很好地帮助我们了解路基的温度场分布及预测,尤其对于冻土路基,有助于理解其稳定性机理及其冻胀融沉等病害机理。

一、路基温度场

路基是空间的三维带状构造物,视其长度方向无限大,可将其简化为平面问题。
基本假定:
(1)路面各层为完全均匀和各向同性的连接体。
(2)路面各层间接触良好,层间温度和热流分布连续。
根据热力学理论,平面二维问题非稳态温度场的导热偏微分方程如下:

$$\frac{\partial T}{\partial t} = \frac{k}{\rho \cdot C_p}\left(\frac{\partial^2 T}{\partial x^2} + \frac{\partial^2 T}{\partial y^2} + \frac{q_v}{k}\right) \tag{3-55}$$

式中:T——物体的瞬态温度(℃);
t——过程进行的时间(s);

k——材料导热系数$[W/(m \cdot ℃)]$；

ρ——材料密度(kg/m^3)；

C_p——材料定压比热$[J/(kg \cdot ℃)]$；

q_v——材料的内热源强度(W/m^3)；

x、y——直角坐标(m)。

采用加权余量法，将式(3-55)变为：

$$D[T(x,y,t)] = k \cdot \left(\frac{\partial^2 T}{\partial x^2} + \frac{\partial^2 T}{\partial y^2}\right) + q_v - \rho \cdot C_p \cdot \frac{\partial T}{\partial t} \tag{3-56}$$

式中：D——平面温度场的定义域。

取试探函数：

$$T(x,y,t) = T(x,y,t,T_1,T_2,\cdots,T_n) \quad (l=1,2,3,\cdots,n) \tag{3-57}$$

式中：$T_1,T_2,\cdots,T_n$——n个待定系数。

将式(3-57)代入式(3-56)，再将式(3-56)代入加权余函数，得：

$$\iint_D w_l \cdot \left[k \cdot \left(\frac{\partial^2 T}{\partial x^2} + \frac{\partial^2 T}{\partial y^2}\right) + q_v - \rho \cdot C_p \cdot \frac{\partial T}{\partial t}\right] dxdy = 0 \quad l=(1,2,\cdots,n) \tag{3-58}$$

式中：w_l——加权函数，采用Galerkin法对加权函数的定义：

$$w_l = \frac{\partial T}{\partial T_l} \quad (l=1,2,\cdots,n) \tag{3-59}$$

应用格林公式把区域内的面积分与边界上的线积分联系起来，以保证试探函数$T(x,y,t)$满足边界条件，将式(3-58)改写为：

$$\iint_D k \cdot \left[\frac{\partial}{\partial x}\left(w_l \frac{\partial T}{\partial x}\right) + \frac{\partial}{\partial y}\left(w_l \frac{\partial T}{\partial y}\right)\right] dxdy - \iint_D \left[k \cdot \left(\frac{\partial w_l}{\partial x}\frac{\partial T}{\partial x} + \frac{\partial w_l}{\partial y}\frac{\partial T}{\partial y}\right) + q_v \cdot w_l - \rho \cdot C_p \cdot w_l \frac{\partial T}{\partial t}\right] dxdy = 0 \tag{3-60}$$

记，$Y = w_l \cdot \frac{\partial T}{\partial x}$ $X = -w_l \cdot \frac{\partial T}{\partial y}$

应用格林公式，则式(3-60)中前半部分可写为：

$$\iint_D k \cdot \left[\frac{\partial}{\partial x}\left(w_l \frac{\partial T}{\partial x}\right) + \frac{\partial}{\partial y}\left(w_l \frac{\partial T}{\partial y}\right)\right] dxdy = \oint_\Gamma k \cdot \left(-w_l \frac{\partial T}{\partial y}dx + w_l \frac{\partial T}{\partial x}dy\right) \tag{3-61}$$

在区域D的边界上具有如下关系：

$$-\frac{\partial T}{\partial y}dx + \frac{\partial T}{\partial x}dy = \frac{\partial T}{\partial n}ds \tag{3-62}$$

式中，n为物体任意边界面处的外法线方向向量。

将式(3-61)、式(3-62)代入式(3-60)得：

$$\iint_D \left[k \cdot \left(\frac{\partial w_l}{\partial x}\frac{\partial T}{\partial x} + \frac{\partial w_l}{\partial y}\frac{\partial T}{\partial y}\right) - q_v \cdot w_l + \rho \cdot C_p \cdot w_l \frac{\partial T}{\partial t}\right] dxdy - \oint_\Gamma k \cdot w_l \frac{\partial T}{\partial n}ds = 0 \quad l=(1,2,\cdots,n) \tag{3-63}$$

式(3-63)就是平面温度场有限单元法基本方程，其中线积分项可把各类边界条件代入，从而使式(3-63)满足边界条件。此方程的计算与采用单元的形状有关。目前采用较多的是三角形单元,计算方便,但精度不高。采用四边形等参单元,取得较好的精度,但在边界上不能很好地定位边界值。综合上述特点,采用混合单元,即在边坡上采用三角形单元,路基内部采用四边形单元,既可达到较高精度,又可解决边界定位问题。将变分计算在单元中进行,即可从式(3-63)中离散出如下单元方程组:

$$\frac{\partial J^e}{\partial T_l} = \iint_e \left[k \cdot \left(\frac{\partial w_l}{\partial x} \frac{\partial T}{\partial x} + \frac{\partial w_l}{\partial y} \frac{\partial T}{\partial y} \right) - q_v \cdot w_l + \rho \cdot C_p \cdot w_l \frac{\partial T}{\partial t} \right] dxdy - \int_{\Gamma_e} k \cdot w_l \frac{\partial T}{\partial n} ds \quad (3-64)$$

式中,对于三角形单元,l 为 i,j,m;对于四边形单元,l 为 i,j,k,m;上、下角标 e 表示单元。最后可将离散后的各个单元总体合成代数方程组:

$$\frac{\partial J^e}{\partial T_l} = \sum_{e=1}^{E} \frac{\partial J^e}{\partial T_l} = 0 \quad (l = 1, 2, \cdots, n) \quad (3-65)$$

方程组(3-65)有 n 个代数式,可以求解 n 个结点温度。

再将各类边界条件方程代入,经推导,可得总体合成后温度场的有限元表达式:

$$[\mathbf{K}] \cdot [\mathbf{T}] + [\mathbf{N}] \cdot \left\{ \frac{\partial T}{\partial t} \right\} = [\mathbf{P}] \quad (3-66)$$

式中,系数矩阵[$\mathbf{K}$]称为温度刚度矩阵;[$\mathbf{N}$]为非稳态变温矩阵;[$\mathbf{T}$]为未知温度值的列向量;[$\mathbf{P}$]为边界条件。

二、路基非稳态温度场的控制方程

随着自然界季节的交替、气温的升降,路基中的水分经历了冻融循环,使得路基中的水分跨越相变区间,形成非稳态导热问题。此类问题的特点是:在路基区域内存在随时间变化而移动的冻融交界面,在此交界面上存在大量放热或吸热,此类问题属强非线性数学问题,求解困难。为了适应二维非稳态相变温度场的计算,采用焓模型(图3-24)在整个区域内(包括固、液两相界面)建立一个统一的能量方程。焓模型采用焓场并将焓与温度同时作为待求函数。由于相变界面上温度随时间的变化曲线($T \sim t$ 曲线)出现奇异点,其微分曲线是间断的,但焓随时间的变化曲线($H \sim t$ 曲线)是连续可微的。用数值方法求解焓场分布时不需跟踪两相界面,从而使液相区和固相区统一处理成为可能。焓场解出后,就可以得到温度场。焓的单位是 J/m^3,焓场的表达式为:

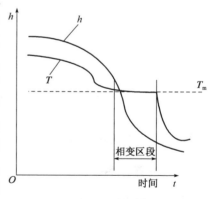

图3-24 焓法模型示意图

$$H = \int \rho \cdot C_p(T) dT \quad (3-67)$$

又

$$\frac{\partial H}{\partial t} = \frac{\partial H}{\partial T} \cdot \frac{\partial T}{\partial t} = \rho \cdot C_p(T) \cdot \frac{\partial T}{\partial t} \quad (3-68)$$

将式(3-68)代入式(3-55),可得到用焓法求解的伴有相变的路基非稳态温度场的控制方程:

$$\frac{\partial H}{\partial t} = k \cdot \left(\frac{\partial^2 T}{\partial x^2} + \frac{\partial^2 T}{\partial y^2} + \frac{q_r}{k} \right) \tag{3-69}$$

同样采用加权余量法,可得到用焓法求解相变问题的有限单元法基本方程:

$$\iint \left[k \left(\frac{\partial w_l}{\partial x} \cdot \frac{\partial T}{\partial x} + \frac{\partial w_l}{\partial y} \cdot \frac{\partial T}{\partial y} \right) - q_v \cdot w_l + w_l \cdot \frac{\partial H}{\partial t} \right] dxdy - \oint k \cdot w_l \cdot \frac{\partial T}{\partial n} ds = 0 \tag{3-70}$$

将空间域离散为若干个有限单元体,在单元体内部构造温度场函数 T,然后采用 Galerkin 法选择函数,代入边界条件后,即可从式(3-70)中离散出单元方程组:

$$\sum_e \iint_D k \left[\frac{\partial N_j}{\partial x} \cdot \frac{\partial N}{\partial x} + \frac{\partial N_j}{\partial y} \cdot \frac{\partial N}{\partial y} \right] \cdot T^e dxdy - \sum_e \iint_D \frac{\partial H}{\partial t} \cdot N_j dxdy - \sum_e \int_{\Gamma_e} k \frac{\partial N}{\partial y} N_j d\Gamma = 0$$

$$(j = 1, 2, 3, \cdots, n) \tag{3-71}$$

写成矩阵形式为:

$$[K] \cdot \{T\} + N \cdot \left[\frac{\partial H}{\partial t} \right] = \{P\} \tag{3-72}$$

可以采用有限差分法和有限单元法对上述问题进行数值计算求解。有限差分法计算过程简明,对边界方正、区域内部单一的简单情况计算速度快,精度高,但由于有限差分法局限于规则的网络划分,对单元本身特性不予考虑,在边界上也不能很好地适应实际情况,而有限单元法单元形状及网格疏密程度可以任意变化,可灵活处理各类边界,可以考虑复杂的冻土路基边界条件及内部温度变化状况。对于方程式(3-72),边界条件和初始温度场均为已知,求解时从初始温度场开始,每隔一个时间步长,求解下一时刻的温度场,一步一步向前推进,可得:

$$\frac{\partial H}{\partial t} = \frac{1}{\Delta t} \cdot (H_t - H_{t-\Delta t}) \tag{3-73}$$

将式(3-73)代入式(3-72)得:

$$[K]\{T\} + \frac{N}{\Delta t} \cdot (H_t - H_{t-\Delta t}) = \{P\} \tag{3-74}$$

式(3-74)就是采用焓法模型计算瞬态温度场的基本方程,式中,K、P、N 均为已知的系数矩阵,Δt 取适当的时间步长,$H_{t-\Delta t}$ 为初始时刻或前一时刻的焓场,从而求得下一时刻的焓场,再通过 $H \sim T$ 的关系,求出对应的 T 值,如此逐步推进。

三、边界条件

边界条件是影响路基温度场的重要因素,是外部各种气候条件对路基施加的自然力的综合体现,包括气温、辐射、蒸发、降雨、对流换热等。这些边界条件不仅随时间变化,且随路基走向及断面尺寸不同而不同,沿路基横向亦发生变化,同时亦呈现很大的不确定性。在传热学理论中常见的边界条件可综合划分为三类:

1. 第 I 类边界条件(温度边界条件)

第 I 类边界条件直接给出边界面上的温度分布及其随时间变化的规律,可表示为如下形式:

$$T_{边界} = f(r, t) \tag{3-75}$$

2. 第Ⅱ类边界条件(热流密度边界条件)

如果边界面上的热流密度 q 为已知函数,则称之为第Ⅱ类边界条件,可表示为:

$$q_{\text{边界}} = -\lambda \cdot \frac{\partial T_{\text{边界}}}{\partial n} = q(r,t) \tag{3-76}$$

3. 第Ⅲ类边界条件(对流换热边界条件)

已知物体周围流体温度 T 及其随时间的变化规律,以及两者之间的对流换热系数 B,称之为第Ⅲ类边界条件,可表示为:

$$-\lambda \cdot \frac{\partial T_{\text{边界}}}{\partial n} = B \cdot (T^* - T_{\text{边界}}) \tag{3-77}$$

四、模型参数确定

模型的相关参数,主要包括导热系数 k、比热容 C、相变潜热 L 等,与土质、土密度和含水率有着密切的关系,是影响路基温度场状况的内在因素。下列方程为典型亚黏土、砂砾土的参数计算式。

亚黏土:
$$k_f = 0.104 \times 10^{-3} r_d^{0.921} + 3.721 \times 10^{-5} r_d \cdot w \tag{3-78}$$

$$k_u = 0.408 \times 10^{-3} r_d^{0.945} + 1.72 \times 10^{-5} r_d \cdot w \tag{3-79}$$

$$C_f = r_d \cdot (0.914 + 0.023w) \tag{3-80}$$

$$C_u = r_d \cdot (0.815 + 0.041w) \tag{3-81}$$

砂砾土:
$$k_f = 0.162 \times 10^{-3} r_d^{1.169} + 5.72 \times 10^{-5} r_d \cdot w \tag{3-82}$$

$$k_u = 0.127 \times 10^{-3} r_d^{1.18} + 3.81 \times 10^{-5} r_d \cdot w \tag{3-83}$$

$$C_f = r_d \cdot (0.732 + 0.021w) \tag{3-84}$$

$$C_u = r_d \cdot (0.795 + 0.042w) \tag{3-85}$$

式中:r_d——土的干密度(kg/m^3);

w——含水率(%);

k_f、k_u——土处于冻结状态和融化状态时的导热系数;

C_f、C_u——土处于冻结状态和融化状态时的比热容。

$$L_s = L \cdot r_d (w - w_u) \tag{3-86}$$

式中:L_s——土的相变潜热量(J);

L——水的相变潜热,取 334.56kJ/kg;

w_u——未冻水含量(%)。

其中,未冻水含量主要受冻土的负温绝对值控制:

$$w_u = a \cdot T^{-b} \tag{3-87}$$

式中:$b = \dfrac{\ln w_{o1} - \ln w_{o2}}{\ln T_{o1} - \ln T_{o2}}$;

$a = w_{o1} \cdot T_{o2}^b$;

T_{o1}、T_{o2}——分别对应于未冻水含量为 w_{o1}、w_{o2} 时的负温绝对值。

黏土: $a = 12.6011, b = 0.5512$

砂土: $a = 1.6945, b = 0.6104$

第六节　公路路基的湿度状况

一、路基湿度影响因素

公路路面受湿度变化影响最大的是路基,路基受到各种外界因素的作用而使其湿度不断发生变化。这些因素主要有:

(1)大气降水和蒸发。降水浸湿透水的路面并下渗而润湿路基,或者沿路面的接缝和裂缝渗入路基,降水还浸湿透水路肩和边坡,并通过毛细润湿作用向路基内扩展,蒸发使水分从路基中逸出而促使路基趋向干燥。因此,路基的潮湿程度与降水量、蒸发量以及路面类型有关。

(2)地面水。地势低洼及排水不良时,积滞在路面附近的地面水通过渗漏和毛细润湿作用进入路基,浸水的数量与积水面距路基顶面的距离,以及积水期的长短有关,也与土质及路基压实程度有关。

(3)地下水。处于某一深度的地下水可以通过毛细润湿和渗流作用而进入路基。地下水位较高时,地下水借毛细作用而上升到路基上部土层。地下水位随降水量而变化,路基的浸湿程度随地下水位的升降和土质而异。

(4)温度。当路基内沿深度出现较大温度坡差时,土中水分温差影响下以液态或气态由热处向冷处移动,并积聚(或凝结)在该处。

上述因素对路基湿度的影响情况和程度,由于所处环境的不同,是因时因地而异的。例如温度因素,因温差出现的湿度积聚现象主要在季节性冰冻地区较为严重。而在非冰冻地区,温度梯度一般不大,水分积聚以气态为主,不会成为影响路基湿度的主要因素,又如地面水的影响,当设置了完善的排水设施和加强养护措施后,通常是可以消除的。

降水和蒸发以及地下水对路基湿度状况的影响程度,同路面的结构特性(如路基的相对高度,路面面层和路基的透水性等)有关。面层采用不透水结构时,将减少降水和蒸发对路基的影响。通常,路面下路基的湿度变化在修建好后约二三年,会逐渐趋于一稳定的波动范围,称作平衡湿度状况。地下水位如离地表面较近,则路基湿度主要受地下水位控制,并随地下水位的升降而波动。根据不同地区的野外观测资料,湿度受地下水位控制的水位临界深度随土质而异,黏土约为 3~8m,砂质黏土或粉土约为 2~4m,砂土约为 0.5~1.0m,地下水位在此深度范围内时,路基的平衡湿度可根据地下水位的高度和土的吸湿能力来确定。地下水位深度大于上述范围而降水量较高(年降雨量大于 250mm)的地区,路基的平衡湿度主要受气候因素(降水量和蒸发量等)和排水条件影响,其值大致等于当地无覆盖土位于湿度波动区下面的土层湿度。对于干旱地区,不透水面层下路基的平衡湿度,主要受空气相对湿度和路基内气态凝结水影响。由于加盖面层后路基中水分蒸发较之前更为困难,从而使路基上层的湿度增大。因此,干旱地区路面下路基的平衡湿度较当地无覆盖土在相同深度处的湿度略大。在公路柔性路面设计中,就考虑了面层下路基湿度增大而引起强度降低的影响。

当路面面层为透水性结构时,上层路基的湿度状况还将受到降水和蒸发(通过面层)的影响,其湿度值和波动范围均比不透水面层大。

采用不透水性路肩时,路面边缘下路基的湿度状况同路面中心区的相似。路肩为透水的情况下,不透水面层下路基的湿度,由于路肩处水分的渗透和蒸发作用而经历较大的季节性变化。通常,路基的湿度及其波动的幅度,从离边缘1m处开始增大,到边缘处或路肩下达到最大。

我国的西北地区,气候干燥,降水量小而蒸发量大。水泥混凝土路面板下一般较潮湿,板表面干燥,形成湿度坡差。当板的厚度较薄时,常产生盘形翘曲,这种盘形翘曲不仅使路面平整度变坏,而且增加了板的翘曲应力。

二、水温综合作用

路基温度的直接作用就是对于路基湿度的影响。路基湿度除了水的来源之外,另一个重要因素是受当地大气温度的影响。湿度与温度变化对路基产生的共同影响称为路基的水温状况。沿路基深度出现较大的温度梯度时,水分在温差的影响下以液态或气态由热处向冷处移动,形成湿度积聚。这种现象在季节性冰冻地区尤为严重。

我国华北、东北和西北地区为季节性冰冻地区。这些地区的路基在冬季冻结的过程中会在负温度坡差的影响下,出现湿度积聚现象。气温下降到零度以下,路面和路基结构内的温度也随之由上而下地逐渐降到零度以下。在负温度区内,自由水、毛细水和弱结合水随温度降低而相继冻结,于是土粒周围的水膜减薄,剩余了许多自由表面能,增加了土的吸湿能力,促使水分由高温处向上移动,以补充低温处失去的部分。但由试验得知,在温度下降到 $-3℃$ 以下时,土中未冻结的水分在负温差的影响下实际上已不可能向温度更低处移动,因此,负温度区的水分移动一般发生在 $0 \sim -3℃$ 等温线之间。在正温度区内,因零度等温线附近土中自由水和毛细水的冻结,形成了与深层次土层之间的温度坡差,从而促使下面的水分向零度等温线附近移动。而这部分上移的水分便又成了负温度区水分移动的补给来源。这就造成了上层路基湿度的大量积聚。

积聚的水冻结后体积增大,使路基隆起而造成面层开裂,即冻胀现象。春暖化冻时,路面和路基结构由上而下逐渐解冻。而积聚在路基上层的水分先融解,水分难以迅速排除,造成路基上层的湿度增加,路面结构的承载能力大大降低。若是在交通繁重的地区,经重车反复作用,路基路面结构会产生较大的变形,严重时,路基土以泥浆的形式从胀裂的路面缝隙中冒出,形成翻浆。冻胀和翻浆的出现,使路面遭受严重损坏。

当然并不是在季节性冰冻地区所有的道路都会产生冻胀与翻浆,对于渗透性较高的砂类土以及渗透性很低的黏质土,水分都不容易积聚,因此不易发生冻胀与翻浆,而对于粉质土和极细砂,由于毛细水活动力强,则极易发生冻胀与翻浆。

这就是温度对路基的影响,主要表现在对路基湿度的影响,从而形成路基湿度增加、冻胀等病害降低路基的模量和强度。

三、路基干湿类型

1. 基于稠度的路基干湿类型划分

路基的相对含水率应在最不利季节实测土基上部80cm(即路槽底面以下80cm)范围内,每10cm土层取一土样,测定其天然含水率和液限含水率,按下式计算土基上部80cm深度内的算术平均相对含水率。

$$\overline{w}_s = \frac{\sum_1^8 w_{si}}{8} \tag{3-88}$$

式中：$\overline{w}_s$——土基上部 80cm 范围内算术平均相对含水率；

w_{si}——第 i 层土的相对含水率：

$$w_{si} = \frac{w_i}{w_{Li}} \tag{3-89}$$

w_i——第 i 层土的天然含水率(%)；

w_{Li}——第 i 层土的液限含水率(%)。

路基的潮湿状况以干湿类型分为干燥、中湿、潮湿和过湿四类。划分的标准为分界相对含水率 w_1，w_2 和 w_3。

在确定土基干湿类型时，应选择当地的不利季节，即土基湿度最高的季节，实地测定土基的分层含水率，取相对含水率的算术平均值与分界含水率对照，可大致确定土基的干湿类型。

土基的干湿类型也可以参考土的平均稠度 B_m 作为区划的标准。土的平均稠度 B_m 按下式计算：

(1) $B_m = 1.0$，即 $w = w_p$，为半固体与硬塑状的分界值；

(2) $B_m = 0$，即 $w = w_L$，为流塑与流动状的分界值；

(3) $0 < B_m < 1.0$，即 $w_p < w < w_L$，土处于可塑状态。

$$B_m = \frac{w_L - \overline{w}_s}{w_L - w_p} \tag{3-90}$$

式中：w_L——土的液限含水率(%)；

w_p——土的塑限含水率(%)。

土的稠度较准确地表示了土的各种形态与湿度的关系，稠度指标综合了土的塑性特性，包含了液限与塑限，全面直观地反映了土的硬软程度，物理概念明确。

2. 路基湿度状况类型划分影响因素

影响路基湿度状况的因素复杂，迄今还没有一种能精确地预估各种情况下路基湿度状况的理论方法。目前我国采用的方法是按工程所属自然区划和路基潮湿类型来预估路基土的平均湿度。同时，现行规范按稠度将路基湿度状况分为干燥类、中湿类、潮湿类和过湿类，但是过湿类路基由于强度和稳定性不足，实际上不会直接采用，因此符合过湿类标准的土虽然存在，路面结构设计时必须进行处理后才能采用。路基湿度状况主要是气候因素和地下水位相对高度两个方面的控制。按照地下水对路基湿度的影响程度，也即路床顶面的设计高程与最高地下水位之间的距离(路基相对高度)，可将路基湿度状况划分为以下三类：

(1) 干燥类。

地下水位很低，路基相对高度应保证路基工作区间(路基顶面以下 80cm 深度范围)的土层免受地下水毛细上升润湿的影响。此时路基的湿度主要受气候因素控制。

(2) 中湿类。

地下水位较高，路基工作区间内下部土层受到地下水的毛细润湿作用，但路基相对高度 H 仍大于毛细上升润湿区的高度 H_0。这类路基的湿度同时受气候因素和地下水这两方面因素的影响。

(3)潮湿类。

地下水位很高,路基相对高度 H 小于地下水毛细润湿区高度 H_0,即路基工作区间完全位于地下水毛细润湿区内,这类路基的湿度主要受地下水的控制。

路基设计时依据路基相对高度(H)、地下水位高度(H_W)、毛细水上升高度(H_0)及路基填土高度关系确定湿度状况类型,示意图如图 3-25 所示。

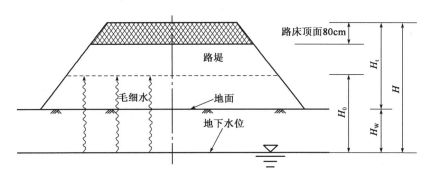

图 3-25 路基干湿状况类型示意图

路基湿度状况类型的划分标准如下:

潮湿类:$H = H_W + H_t < H_0$,即路床完全处于毛细水影响范围内;

干燥类:$H = H_W + H_t > H_0 + 80$,即路床完全不受毛细水影响范围内;

中湿类:介于两者之间,即路床下面受毛细水,上部受气候因素共同影响的区域。

3. 路基湿度状况划分标准分析

评价路基湿度的指标主要有平均稠度(ω_e)、重力含水率(ω)、体积含水率(θ_w)和饱和度(S)。

我国采用平均稠度指标 $\omega_e = (\omega_1 - \omega)/(\omega_1 - \omega_p)$ 作为路基湿度评价指标,稠度虽然综合了土的塑性特性,包含了液限(w_1)与塑限(w_p),也能反映土的软硬程度,但是对于塑性指数为零或接近于零的土组,土的平均稠度不能全面反映路基土的工作状态,而且也不直观,国际上很少采用稠度指标衡量路基土的湿度,不便于国际交流,因而需要对稠度指标进行替换。

其余三个指标之间存在一定的关系:

(1)饱和度(S)与重力含水率(w)之间的关系。

$$S = \frac{w\rho_s}{\rho_w\left(\dfrac{\rho_s}{\rho_d} - 1\right)} = \frac{w}{\dfrac{\rho_w}{\rho_d} - \dfrac{1}{G_s}} \tag{3-91}$$

(2)体积含水率(θ_w)与重力含水率(w)之间的关系。

$$\theta_w = \frac{w\rho_d}{\rho_w} \tag{3-92}$$

(3)体积含水率(θ_w)与饱和度(S)之间的关系。

$$\theta_w = \left(1 - \frac{\rho_d}{\rho_s}\right) \times S = \left(1 - \frac{\rho_d}{G_s \rho_w}\right) \times S \tag{3-93}$$

(4)饱和度(S)与土体孔隙率(e)之间的关系。

$$S = G_s \cdot \frac{w}{e} \tag{3-94}$$

式中：S——饱和度；

G_s——土粒的相对密度；$G_s = \rho_s/\rho_w$；

w——含水率；

ρ_s——水密度；

ρ_d——土密度；

e——土体的孔隙率。

G_s 和 ρ_d 已经确定，w、S 和 θ_w 变量中任何一个已知，就可得出另外两个。所以，如果吸湿过程或干燥过程中土样体积没有变化或者变化较小，则采用其中任何一个变量对表征土体湿度状况已经足够。由于大多数情况下，土体体积随着湿度变化而变化，因此即使重力含水率不变，体积含水率和饱和度都会产生变化，因而表征湿度时，需要考虑包括土体孔隙率和重力含水率两个因素，而饱和度和体积含水率均包含了含水率和密度两个参数，故可以选择饱和度和体积含水率中的一个来表征土体湿度状况。

4. 毛细水上升高度

毛细水上升的最大高度与毛细管的直径呈反比，不同类型的土由于其颗粒组成的差异，形成的毛细孔径也有较大差别，因而毛细水上升的最大高度与土的类型有密切联系。

毛细水在不同土质条件下的上升高度可采用海森公式(3-95)进行估算：

$$H_0 = \frac{C}{ed_{10}} \quad (3\text{-}95)$$

式中：H_0——毛细水上升高度(m)；

e——土的空隙比；

d_{10}——土的有效粒径；

C——系数，与土粒形状及表面洁净情况有关，一般取 $1 \times 10^{-5} \sim 5 \times 10^{-5}$ (m^2)。

根据野外观测资料，对于不同土质给出了相应的毛细水上升高度推荐值，其中黏土约为 6m，砂质黏土或粉土约为 3m，砂土约为 0.9m。表 3-8 按粒径不同，分别给出了砾石、砂和粉土的毛细水上升高度值。

不同土质毛细水上升高度　　　　　表 3-8

土组名称	颗粒粒径 d_{10} (mm)	孔隙比 e	毛细水(cm) 上升高度	毛细水(cm) 饱和毛细水头
粗砾	0.82	0.27	5.4	6
砂砾	0.20	0.45	28.4	20
细砾	0.30	0.29	19.5	20
粉砾	0.06	0.45	106.0	68
粗砂	0.11	0.27	82	60
中砂	0.03	0.36	165.5	112
细砂	0.02	0.48 ~ 0.66	239.6	120
粉土	0.006	0.93 ~ 0.95	359.2	180

5. 气候因素表征指标

影响路基湿度的气候因素指标主要有降雨量、蒸发量、空气相对湿度、日照时间等，相对湿度是降雨量与蒸发量的比值,相对于单一的降雨量或者蒸发量更能表征气候因素。同时气候因素往往与地理位置具有相关性,如我国西北地区干旱,而南方多雨,因此需要通过一个指标能够共同表征气候与地理位置的影响。美国现行气候区域划分采用 TMI 湿度指数(Thnornthwaite Moisture Index),该指标包括各月降雨量及降雨天数、蒸发量、温度、典型土组参数、纬度等因素的影响,而且包含了地理位置因素的影响,从而能量化一个地区干旱或者潮湿的程度。

年度 TMI 湿度指数由式(3-96)计算:

$$\mathrm{TMI}_y = \frac{100(R_y) - 60(DF_y)}{PE_y} \tag{3-96}$$

式中:R_y——年度净流量(cm);
DF_y——年度缺水量(cm);
PE_y——年度蒸发蒸腾总量(cm)。

四、用基质吸力划分路基干湿类型的新方法

1. 基质吸力的概念

经典物理学将能量分为动能和势能。由于土壤中水的流速非常慢,因此土壤物理学中一般不考虑土壤水的动能。势能由物体的相对位置及内部状态所决定,是制约土壤水状态及运动的主要原因,土壤水的能量概念就是指土壤水的势能,简称土水势,又称土吸力。

土水势(ϕ)是热力学的一个基本变量,既适用于饱和土,也适用于非饱和土,它可以把土体吸持水分的能力和转移机理很方便地表达出来。饱和土中的稳定渗流、非饱和土中的水分转移都是水从高势能处向低势能处的流动。土体中各点的势能相等时,土中水就处于静平衡状态。

势能是造成水的运动的动力,随距离的减小而减小。这种动力可以由各种因素引起,如重力作用、压力作用、分子间的引力作用等。根据影响土水势的不同因素,土水势可分为若干分势:重力势、基质势、压力势、溶质势和荷载势。

(1)重力势(U_w)。

重力势是由于重力场的存在而引起的,取决于土壤水的高度或垂直位置。将单位数量的土壤水分从某一点移动到标准参考状态平面处,而其他各项均维持不变时,土壤水所做的功即为该点土壤水的重力势。

(2)基质势(U_s)。

基质势是由于土壤基质对土壤水分的吸持作用而引起的。土壤基质对土壤水分吸持的机理十分复杂,但可概括为吸附作用和毛细作用。单位数量的土壤水分由非饱和土壤中的一点移至标准参考状态,除了土壤基质作用外其他各项维持不变,则土壤水所做的功即为该点土壤水分的基质势。因为实现上述移动时,为了抵抗土壤基质的吸持作用对土壤水所做的功实际为负值,因此非饱和土壤水的基质势永远为负值,而饱和土壤水基质势则为零。

(3)压力势(U_a)。

压力势是由于压力场差的存在而引起的。所定义的标准参考状态下的压力为标准大气压或当地大气压。若土壤中任一点的土壤水分所受压力不同于参考状态下的大气压,则说明该点存在一个附加压强。单位数量的土壤水分由该点移至标准参考状态,其他各项维持不变,仅由于附加压强的存在土壤水分所做的功称为该点的压力势。

对于非饱和土壤水,考虑到通气孔隙的连通性,各点所承受的压力均为大气压,故各点附加压强为零,因而各点压力势也为零。

(4)溶质势或渗透势(U_s)。

溶质势是土壤溶液中所有形式的溶质对土壤水分综合作用的结果。由于参考状态是以不含有溶质的纯水作为标准的,当土壤中任一点的土壤水含有溶质时,该点土壤水分便具有一定的溶质势。单位数量的土壤水从土壤中一点移动到标准参考状态时,其他各项维持不变,仅由于土壤水溶液中溶质的作用,土壤水所做的功即为该点土壤水分的溶质势。土壤水溶液中的溶质对水分子有吸引力,实施上述移动时必须克服这种吸持作用对土壤水做功,因此,溶质势也为负值。

(5)荷载势(U_g)。

荷载势是由外加荷载或土的自重引起的。土体在外荷载或自重作用下,土颗粒将发生移动,使孔隙水产生附加孔隙水压力,克服水压力变化所做的功即为荷载势,对于路面结构来讲,由于上面路面结构及土基的附加压力,与土吸力相比通常很小,故忽略不计。

土水势的五个分势在实际问题中并非同等重要。对于饱和土壤水,由于基质势等于零,因此总水势由重力势、压力势和渗透势、组成。对于非饱和土壤水,因该点处于非饱和状况,不存在重力势,重力势为零,而在不考虑气压势的情况下,压力势等于零,因此,其总水势(φ)由重力势(u_w)、压力势(u_a)、基质势(u_m)和渗透势(u_s)组成。而基质势与渗透势之和简称总吸力(φ)。

总势能可表示为式(3-97):

$$\varphi = u_w + u_a - u_m + u_s \tag{3-97}$$

式中:u_w——重力势;

u_a——压力势;

u_m——基质势;

u_s——渗透势。

基质吸力(h_m)定义为压力势与重力势差值,即 $h_m = u_a - u_w$;

总吸力(φ)定义为基质吸力与渗透吸力之和,$\varphi = h_m + h_s$;

假定重力势能为零,并用 $u_a - u_w$ 代替 h_m,则总势能可表达为式(3-98):

$$\varphi = (u_a - u_w) + h_s \tag{3-98}$$

在工程实践中,因湿度改变引起的渗透吸力对工程性质影响很小,在这种情况下渗透吸力忽略不计。总吸力可由基质吸力来表达:

$$\psi = u_a - u_w \tag{3-99}$$

一般情况下孔隙气压力等于大气压力,此时 $u_a = 0$,而总势能可简化为等于负孔隙水压力 u_w,即基质吸力:

$$\psi = -u_w \tag{3-100}$$

2. 测试方法概况

应用非饱和土土力学理论,首先要测量土吸力,特别是基质吸力。准确测量基质吸力有一定的困难。现场直接测定因气蚀现象存在,测量吸力的最大值为100kPa,而采用间接测量,各种方法均有其局限性。目前用于吸力测量的各种仪器及其性能见表3-9。张力计法及滤纸法较为实用。

吸力及基质吸力测试方法 表3-9

仪　器	方　法	吸　力	范围(kPa)	备　注
热电偶湿度计	间接(相对湿度)	总吸力	100~7500	受温度波动影响,敏感性随时间降低
电热调节湿度计	间接(相对湿度)	总吸力	100~10000	低吸力,范围灵敏度低,且需要经常校准
晶体管湿度计	间接(相对湿度)	总吸力	100~71000	需要经常校准,试样吸力应从低到高顺序测量以避免吸力滞后现象
滤纸法(非接触)	间接(含水率)	总吸力	400~3000	校准易受测试时间影响
滤纸法(接触)	间接(含水率)	基质吸力	全范围	与湿土良好接触时可量测基质吸力,但不能自动化操作
标准张力计	直接	基质吸力	0~90	需要日常维护;温度波动影响读数;高塑性土须较长时间达到湿度平衡
零位型压力板仪	直接	基质吸力	0~1500	量测范围是陶瓷板进气值的函数
吸力板仪	直接	基质吸力	0~90	适用于低吸力值用户
压力膜	直接	基质吸力	0~1500	量测范围是薄膜进气值的函数
热传导传感器	间接	基质吸力	0~400	使用不同孔隙尺寸陶瓷传感器间接量测
渗透张力计	直接	基质吸力	0~1500	校准压力随时间因素降低,与温度有关
帝国学院张力计	间接	基质吸力	0~1800	量测范围是陶瓷板进气值的函数
多孔材料(石膏、尼龙、纤维玻璃)	间接(电阻)	基质吸力	30~3000	仪器读数需要温度修正,有滞后性
热消散传感器	间接(热传导率)	基质吸力	0~1500	高失败率,仪器较脆弱
渗透单元	间接(渗透压力)	基质吸力	不可用	不可用
Fredlund仪器	陶石热传导率	基质吸力	0~10000	校准曲线与土类型有关
电子湿度测量仪	直接	基质吸力	0~1500	能够自动采集数据
CR7型热电偶吸力计	直接	基质吸力	全范围	需要编程;且测试前要校正;能够自动采集数据

用滤纸法测量基质吸力和土-水特性曲线的步骤:

(1)按$w_{opt}\pm4\%$含水率范围,准备7个圆柱形的土样($h=12.7\mathrm{cm},\Phi=10\mathrm{cm}$)。

(2)采用线锯把圆柱形在中间锯开,并用刮刀把试样锯开部分削平,便于滤纸埋入,并保证滤纸与试样之间接触良好。

(3)将三张干燥滤纸(Whatman No.42)放置于两块土样之间,中间那张滤纸用来量测土中的基质吸力,而外面两张用来保护中间滤纸免于被土样污染。

(4)将待测试样放置于密封良好的储罐中,大约经过14d后,罐内的土与滤纸之间的水汽交换趋于稳定。

(5)量测滤纸的含水率并计算吸力。

(6)测量土样的含水率,并绘制土样的水滞留曲线。

3.土-水特性曲线应用的基本原理

NCHRP9-23项目研究路基平衡湿度预估模型的预估准确性对路面结构设计有着重要的影响。路面竣工后路基在整个使用期内处于非饱和状态,其湿度状况主要由基质吸力所决定,根据非饱和土土力学理论,非饱和状态土的含水率与基质吸力密切相关,其关系即土-水特性曲线,通过基质吸力确定路基湿度是目前较为可靠的、先进的方法。由土-水特性曲线预估路基湿度的基本原理,如图3-26所示,其关键是对路基土基质吸力的预估。

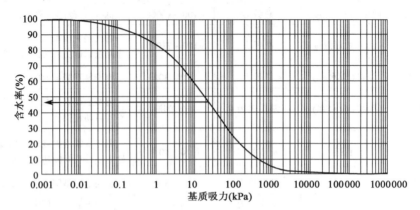

图3-26　土-水特性曲线预估含水率方法图

基质吸力主要受地下水、土组类型、气候等因素影响。表征气候因素的参数有降雨量、蒸发量、降雨天数、相对湿度、年均温度、日照时间及TMI湿度指数等;土组表征参数主要有P_{200}和塑性指数PI。

(1)地下水位。

基质吸力与地下水位关系如图3-27所示。由此可见,当地下水位在7~8m以内时,两者间的线性关系比较明显,计算较为准确,亦即路基土基质吸力只有在毛细水影响范围内用该模型计算才较为准确;而当地下水位高于7~8m时,地下水位与基质吸力之间的线性关系不再明显,而且数据离散性很大,因此采用地下水位来计算基质吸力准确性较差。

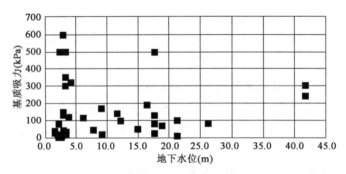

图3-27　基质吸力与地下水位数据分布图

路基土基质吸力可由地下水位预估,如图3-28所示,基质吸力预估见式(3-101)。

$$h_m = y \cdot \gamma_w \tag{3-101}$$

式中:h_m——基质吸力(kPa);

　　　y——计算点与地下水之间的距离(cm);

　　　γ_w——水的重度。

(2)年均相对湿度。

基质吸力与年均相对湿度(降雨量与蒸发量的比值)之间的关系如图3-29所示,根据kelvin

方程,理论上相对湿度与基质吸力之间是反 S 形关系,拟合曲线与理论曲线如图 3-29 所示。采用最小二乘法进行拟合,结果表明,理论曲线与拟合曲线差别大,两者相关性较小,不足以准确预估基质吸力。

(3) P_{200}。

基质吸力与 P_{200} 关系如图 3-30 所示。可知基质吸力随 P_{200} 增大而增加,说明土组类别对路基土基质吸力有显著影响。因此在预估路基土基质吸力时应考虑土组类别的影响。

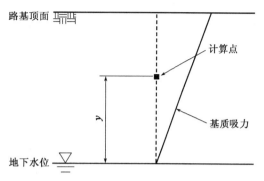

图 3-28 地下水位与基质吸力关系图

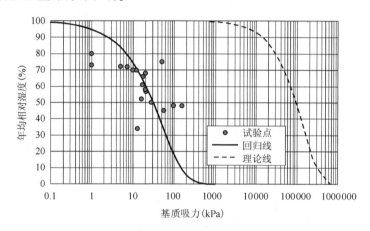

图 3-29 基质吸力与年均相对湿度关系回归曲线图

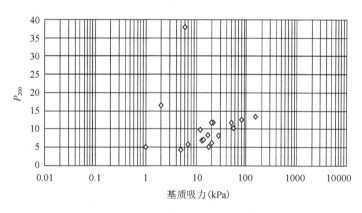

图 3-30 基质吸力与 P_{200} 关系图

(4) 降雨天数。

基质吸力与降雨天数关系如图 3-31 所示。表明降雨天数对路基土基质吸力影响不明显,相关性差,故基质吸力预估可以不考虑降雨天数的影响。

(5) TMI 湿度指数。

基质吸力与 TMI 湿度指数之间关系如图 3-32 所示。可见黏性土、粉性土及砂性土三种土的基质吸力与 TMI 湿度指数之间相关性较好,这些数据离散性在一定范围之内。根据前面分析，P_{200}对路基土基质吸力影响显著，基质吸力随P_{200}增大而增加；而塑性指数(PI)对路基土基质吸力也有重要影响，相同含水率的不同土组类型的路基土基质吸力随PI增大而增大。目前常用$P_{200} \times PI$来表征土组物理性质，可表示为wPI。

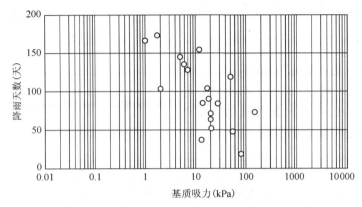

图 3-31 基质吸力与降雨天数的关系图

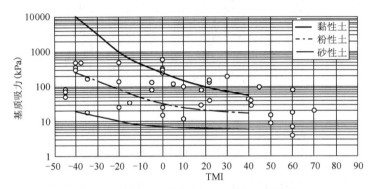

图 3-32 路基土基质吸力与 TMI 指数之间关系

进一步根据wPI分析 TMI 曲线离散性可知，在一定区域范围内基质吸力随wPI增加而增大，且图中其他数据点具有相同规律性，故可用wPI来进行差分分析。当$wPI = 0.5$、5、10、20 和 50 时的差分曲线如图 3-33 所示。根据图中各差分曲线，采用指数形式回归，得到基质吸力与 TMI、wPI之间的关系模型及其回归参数，见式(3-102)、图 3-33。

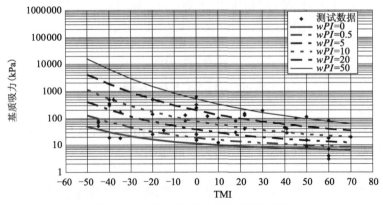

图 3-33 路基土基质吸力差分回归分析图

$$h_m = \alpha(e^{\frac{\beta}{TMI+\gamma}} + \delta) \tag{3-102}$$

式中：h_m——基质吸力（kPa）；

TMI——湿度指数，$TMI = (100R - 60DF)/(PE)$，R 为某度度径流量，DF 为某年度缺水量；

$\alpha、\beta、\gamma、\delta$——回归参数。

根据路基湿度的现场测量数据及表 3-10 对基质吸力与 TMI、wPI 之间的关系模型进行误差分析，结果表明 TMI-wPI 模型平均绝对误差为 37.7%，而地下水位模型平均绝对误差为 259%，因此，TMI-wPI 模型明显优于基质吸力的地下水位预估模型（$h_m y \cdot \gamma_w$）。所以，受气候条件控制的基质吸力预估适合于采用 TMI-wPI 模型。

路基土基质吸力 TMI-wPI 预估模型回归参数　　　　　　表 3-10

wPI	α	β	γ	σ
0	0.300	419.07	133.45	15.0
0.5	0.300	521.50	137.30	16.0
5	0.300	663.50	142.50	17.5
10	0.300	801.00	147.60	25.0
20	0.300	975.00	152.50	32.0
50	0.300	1171.20	157.50	27.8

4. 路基土基质吸力预估模型

路基土基质吸力预估模型，如下：

$$\begin{cases} h_m = y \cdot \gamma_w & \text{地下水位控制的基质吸力预估模型} \\ h_m = \alpha(e^{\frac{\beta}{TMI+\gamma}} + \delta) & \text{气候因素控制的基质吸力预估模型} \end{cases} \tag{3-103}$$

五、抗冻层厚度的设计

1. 道路冻深计算法

累计度日图中最大点和最小点之差称为冰冻指数，冰冻指数与冰冻深度有关。度日表示一日的平均气温低于冻结温度一度。累计度日曲线见图 3-34。

由于理论计算式涉及许多参数，设计部门应用起来不方便。日本在道路冻深计算中采用斯蒂芬公式的简化式 $D = C\sqrt{F}$，（式中，D 为道路冻深，C 为常数，F 为冻结指数）。采用该式计算道路冻深很方便，但式中仅用 C 常数不能完全反映道路的实际状态，应用起来也有困难。基于上述情况，日本将冻深计算式 $D = C\sqrt{F}$ 中的常数 C 进行了修正和补充，改变为下列形式（称简化式）：

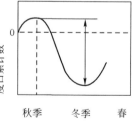

图 3-34　累计度日曲线

$$h_{道路} = abc\sqrt{F} \tag{3-104}$$

式中：$h_{道路}$——从路面表面算起的道路冻结深度（cm）；

a——道路材料（主要是路面各结构层材料）的热物性系数；

b——道路横断面(指填挖方情况)系数;

c——道路湿度环境(指路基潮湿类型)系数;

F——当地最近10年冻结指数平均值(冬季负温度的累积值)(度·日)。

为了确定简化式中的 a、b、c 三个参数,利用理论计算式,计算出的各种条件下的道路冻深值,在已知冻深的情况下,由简化计算式分别求得 a、b、c 三个参数值。

根据对黑龙江省有关地区 a、b、c 三个参数的计算,提出了我国东北、西北及华北地区 a、b、c 参数推荐值(表3-11~表3-13),供计算道路冻深时参考。

a 值 表　　　　　　　　　　表3-11

地区	隔温层厚度(m)					备注
	0~0.1	0.1~0.2	0.2~0.3	0.3~0.4	>0.4	
东北	2.2	2.2~2.1	2.1~2.0	2.0~1.9	1.9~1.8	隔温性能好的材料取小值
西北	2.1	2.1~2.0	2.0~1.9	1.9~1.8	1.8~1.7	
华北	2.15	2.15~2.05	2.05~1.95	1.95~1.85	1.85~1.75	

b 值 表　　　　　　　　　　表3-12

地区	填挖高度(m)						备注
	填方			挖方			
	0~0.5	0.5~2.0	>2.0	0~0.5	0.5~2.0	>2.0	
东北	1.8~2.0	2.0~2.2	2.25	1.8~1.7	1.7~1.55	1.5	挖方深者取小值;填方高者取大值
西北	1.9~2.1	2.1~2.3	2.35	1.9~1.8	1.8~1.65	1.6	
华北	1.85~2.05	2.05~2.25	2.30	1.85~1.75	1.75~1.65	1.55	

c 值 表　　　　　　　　　　表3-13

地区	路基潮湿类型			备注
	过湿	潮湿	中湿	
东北	1.0~1.05	1.05~1.07	1.07~1.10	路基湿度偏低时取较大值
西北	1.02~1.08	1.08~1.10	1.10~1.12	
华北	1.01~1.06	1.06~1.08	1.08~1.10	

2.路基容许冻深计算方法的研究

根据路面在冻结过程中的相互作用情况,在保证路面不产生冻裂的必要条件下,所建立的路基容许冻深的计算式为:

$$h_{容许} = 84 \times 10^{-2} \sqrt{\frac{\delta H}{EK}L} + 95 \times 10^{-2} \sqrt{\frac{\varepsilon_{极限}}{K}L} \tag{3-105}$$

式中:$\varepsilon_{极限}$——面层极限相对延伸度,沥青路面取0.0006;

δ——路面结构的平均重度(kN/m³);

H——按强度计算确定的路面厚度(m);

E——路面结构的冻结模量(MPa);

K——土的冻胀率(%);

L——路面宽度,对四车道以上的路面,L 取 $L/2$ (m)。

在计算 h 时,首先应按路基潮湿状态及土的类别确定路基的平均冻胀率 K 的具体数值。经综合考虑后确定,当路基潮湿时,K 取为 6%~8%,对中湿状态 K 取为 4%~6%。路基容许冻深推荐值见表3-14。

路基容许冻深推荐值　　　　表3-14

道路冻深(cm)	路基中湿状态(cm)	路基潮湿状态(cm)	道路冻深(cm)	路基中湿状态(cm)	路基潮湿状态(cm)
60~100	50~60	40~50	150~200	80~120	70~100
100~150	60~80	50~70	大于200	120	100

3.抗冻厚度的计算方法

根据按强度计算所确定的路面厚度 H,计算出路基的容许冻深(也可参考路基容许冻深推荐值确定),则可按下式计算出路面的抗冻厚度:

$$h_{抗冻} = h_{道路} - h_{土基} \tag{3-106}$$

式中:$h_{抗冻}$——路面抗冻厚度;

$h_{道路}$——道路冻深;

$h_{土基}$——路基容许冻深。

第七节　我国公路沥青路面气候分区

由于我国幅员辽阔,气候变化大,各地区对沥青路面使用性能的要求有很大差别。为此,《公路沥青路面施工技术规范》(JTG F40)中提出了我国"沥青及沥青混合料气候分区指标"及相应的"分区图"。

一、气候分区的指标及其计算方法

选择沥青结合料等级、沥青混合料配合比设计和检验应适应公路环境条件的需要,能承受高温、低温、雨(雪)水的考验。因此,公路沥青路面气候分区的指标分为高温指标、低温指标、雨量指标。

1.高温指标

采用最近30年内年最热月的平均日最高气温的平均值,作为反映高温和重载条件下出现车辙等流动变形的气候因子,并作为气候区划的一级指标。全年高于30℃的气温的天数及连续高温的持续时间可作为辅助参考值。

最近30年内的最热月平均最高气温按以下步骤求取:

(1)选择当地一年中最热的月份作为年最热月(通常是七月或八月),通过当地气象台站获得该月份记录的每一天的最高气温的温度和时间(通常为下午2时)。

(2)求每年最热月的日最高气温的平均值作为一年最热月的月平均最高气温。

(3)求取30年的年最热月平均最高气温的平均值为最热月平均最高气温 $T_{\max}$,作为设计高温分区指标。

2. 低温指标

采用最近30年内的极端最低气温作为反映路面温缩裂缝的气候因子,并作为气候区划的二级指标。温降速率、冰冻指数可作为辅助参考值。

最近30年内的极端最低气温按以下步骤求取:

(1)选择当地一年中最冷的月份作为年最冷月(通常是一月份),通过当地气象台站获得该月份记录的极端最低气温。

(2)求取30年内的极端最低气温的最小值 $T_{\min}$,作为设计低温分区指标。

3. 雨量指标

采用最近30年内的年降水量的平均值作为反映沥青路面受雨(雪)水影响的气候因子,并作为气候区划的三级指标。雨日数可作为辅助参考值。

最近30年内的年降雨量平均值按以下步骤求取:

(1)通过当地气象台站获得当地的年降雨量。

(2)求取30年内的年降雨量的平均值 W_{cp},作为设计雨量分区指标。

确定气候分区指标时宜参考各个指标的辅助指标值对计算得到的分区指标做必要的修正:当全年高于30℃的气温天数较多或当地连续高温的持续时间长,以及预计重载车特别多、长大纵坡严重影响车速的路段可将高温气候区提高一级或两级看待;对经常发生寒潮、寒流降温迅速的地区可将低温气候区提高一级;对年雨日数特别长(如梅雨季节)的地区可将雨量气候区提高一级。

二、气候分区的确定

按照设计高温分区指标,一级区划分为3个区,见表3-15。

一级区划　　　　　　　　　　　　　　　　　表3-15

高温气候区	1	2	3
气候区名称	夏炎热区	夏热区	夏凉区
最热月平均最高气温(℃)	>30	20~30	<20

按照设计低温分区指标,二级区划分为4个区,见表3-16。

二级区划　　　　　　　　　　　　　　　　　表3-16

低温气候区	1	2	3	4
气候区名称	冬严寒区	冬寒区	冬冷区	冬温区
极端最低气温(℃)	<-37.0	-37.0~-21.5	-21.5~-9.0	>-9.0

按照设计雨量分区指标,三级区划分为4个区,见表3-17。

三级区划　　　　　　　　　　　　　　　　　表3-17

雨量气候区	1	2	3	4
气候区名称	潮湿区	湿润区	半干区	干旱区
年降雨量(mm)	>1000	1000~500	500~250	<250

沥青路面温度分区由高温和低温组合而成,由两个数字组合表示,第一个数字代表高温分区,第二个数字代表低温分区,数字越小表示气候因素越严重,见表3-18。

沥青路面温度分区指标　　　　　　　　　　　　　　　　　　　　　　表 3-18

气候区名		最热月平均最高气温(℃)	年极端最低气温(℃)	备 注
1-1	夏炎热冬严寒	>30	<−37.0	
1-2	夏炎热冬寒	>30	−37.0~−21.5	
1-3	夏炎热冬冷	>30	−21.5~−9.0	
1-4	夏炎热冬温	>30	>−9.0	
2-1	夏热冬严寒	20~30	<−37.0	
2-2	夏热冬寒	20~30	−37.0~−21.5	
2-3	夏热冬冷	20~30	−21.5~−9.0	
2-4	夏热冬温	20~30	>−9.0	
3-1	夏凉冬严寒	<20	<−37.0	不存在
3-2	夏凉冬寒	<20	−37.0~−21.5	
3-3	夏凉冬冷	<20	−21.5~−9.0	不存在
3-4	夏凉冬温	<20	>−9.0	不存在

沥青及沥青混合料气候分区是在沥青路面温度分区的基础上再增加一级雨量分级，即每个气候型由三个数字组合表示，综合定量地反映了某地的气候特征，第三个数字代表年降水量分级。因此，根据高温、低温、雨量三个主要因素的 30 年气象统计资料，按照概率大体相等的原则提出了分区指标的界限及气候分区图（表 3-19）。

沥青及沥青混合料气候分区指标　　　　　　　　　　　　　　　　　　　　　　表 3-19

气候区名		温度(℃)		年降雨量(mm)
		最热月平均最高气温	年极端最低气温	
2001-1-4	夏炎热冬严寒干旱	>30	<−37.0	<250
2001-2-2	夏炎热冬寒湿润	>30	−37.0~−21.5	500~1000
2001-2-3	夏炎热冬寒半干	>30	−37.0~−21.5	250~500
2001-2-4	夏炎热冬寒干旱	>30	−37.0~−21.5	<250
2001-3-1	夏炎热冬冷潮湿	>30	−21.5~−9.0	>1000
2001-3-2	夏炎热冬冷湿润	>30	−21.5~−9.0	500~1000
2001-3-3	夏炎热冬冷半干	>30	−21.5~−9.0	250~500
2001-3-4	夏炎热冬冷干旱	>30	−21.5~−9.0	<250
2001-4-1	夏炎热冬温潮湿	>30	>−9.0	>1000
2001-4-2	夏炎热冬温湿润	>30	>−9.0	500~1000
2002-1-2	夏热冬严寒湿润	20~30	<−37.0	500~1000
2002-1-3	夏热冬严寒半干	20~30	<−37.0	250~500
2002-1-4	夏热冬严寒干旱	20~30	<−37.0	<250
2002-2-1	夏热冬寒潮湿	20~30	−37.0~−21.5	>1000
2002-2-2	夏热冬寒湿润	20~30	−37.0~−21.5	500~1000
2002-2-3	夏热冬寒半干	20~30	−37.0~−21.5	250~500
2002-2-4	夏热冬寒干旱	20~30	−37.0~−21.5	<250

续上表

气候区名		温度(℃)		年降雨量(mm)
		最热月平均最高气温	年极端最低气温	
2002-3-1	夏热冬冷潮湿	20~30	-21.5~-9.0	>1000
2002-3-2	夏热冬冷湿润	20~30	-21.5~-9.0	500~1000
2002-3-3	夏热冬冷半干	20~30	-21.5~-9.0	250~500
2002-3-4	夏热冬冷干旱	20~30	-21.5~-9.0	<250
2002-4-1	夏热冬温潮湿	20~30	>-9.0	>1000
2002-4-2	夏热冬温湿润	20~30	>-9.0	500~1000
2002-4-3	夏热冬温半干	20~30	>-9.0	250~500
2003-2-1	夏凉冬寒潮湿	<20	-37.0~-21.5	>1000
2003-2-2	夏凉冬寒湿润	<20	-37.0~-21.5	500~1000

【思考与分析】

1. 道路工程与其他土建工程在考虑气候与环境方面有何原则区别?

2. 请通过对路基土冰冻及膨胀过程分析,说明路基土冻胀造成的原因及危害。

3. 何为冰冻指数? 如何利用冰冻指数?

4. 请分析土基冰冻深度的预测方法。

5. 请分析防止冰冻设计的指导思想与工程措施。

6. 气候变化对沥青路面的危害包括哪几方面?

7. 沥青路面设计中如何考虑温度的影响?

8. 沥青路面的温度分布与水泥混凝土路面的温度分布有何区别与联系?

9. 刚性路面温度变化(年温差、日温差)时,温度沿板厚方向的分布规律的分析方法;了解混凝土材料的力学特性。

10. 沥青路面温度变化(年温差、日温差)时,温度沿路面厚度方向的分布规律的分析方法,了解沥青混凝土材料的力学特性。

11. 什么是路基平衡湿度? 如何确定路基的平衡湿度状态?

12. 已知某道路路面结构为 4cmAC + 6cmAC + 8cmAC + 18cm 水泥稳定碎石 + 20cm 二灰土,极重交通,抗压模量采用 10500MPa、10000MPa、9000MPa、10000MPa 和 3200MPa,路基模量为 60MPa,路基高度为 3m,地下水位距原地面 4m,如路基土分别为黏质土(CH)和黏质土(CL)时,公路修筑在 V2 区,请确定上路床底面和下路床底面的路基平衡湿度。(荷载规定:黄河 JN150 后轴 100kN,压力 0.7MPa,轮印直径 30cm。)

第四章
路基路面材料特性

第一节 路基的受力特性与抗变形能力指标

一、路基的受力特性

路基的受力特性是由构成路基用土的物理性质决定的。路基用土的种类很多,但不论何种土都是由固态矿物颗粒、孔隙中的水以及气体三大部分组成的。因此,土是一种由固体颗粒、水和气体组成的三相体系。土作为一种工程材料,由于其内部结构的这种特殊性,使得它在工程力学性质上与其他工程材料,诸如钢材、水泥混凝土等,有较大差别,其中最突出的是土在受力时的非线性变形特性。

1. 路基的非线性变形特性

路基在受力时的非线性变形特性是由土的非线性性质决定的。室内三轴试验表明,土的应力-应变关系曲线一般没有直线段,应力消失后恢复不到原先的形状(图4-1)。这是因为土在受力后,三相结构改变了原来的状态,作为土的

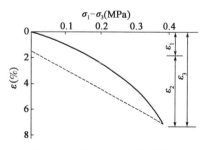

图4-1 土的应力-应变关系曲线

骨架的矿物颗粒发生相对移动,而这种移动引起的变形,有一部分是属于不可恢复的残余变形。由此说明,土除了具有非线性变形性质外,还有塑性变形性质。

上述试验表明,土不是理想的弹性材料,路基也不是理想的弹性体。因此,按弹性力学原理推导得到的三轴试验的应力-应变关系[式(4-1)]没有确切地反映试验的实际变形状态。

$$\varepsilon_1 = \frac{\sigma_1 - 2\mu\sigma_3}{E_0} \tag{4-1}$$

式中：ε_1——竖向应变(%);

σ_1——竖向应力(MPa);

σ_3——侧向应力(MPa);

E_0——材料的弹性模量(MPa);

μ——土的泊松比,为0.3~0.5。

弹性模量是表征弹性材料或弹性体在受力时应力-应变关系的比例常数,但由于土的应力-应变关系呈非线性,因此,只有认为土的弹性模量 E 是一个条件变量,它随应力-应变关系的改变而变化。

在路面设计中,如果完全按照土基的非线性、塑性变形等特性决定它的计算参数(主要是土的弹性模量 E),则会使设计方法复杂化,甚至需要改变路面设计的理论体系。因此,必须根据路基在路面结构中的实际工作状态,对其非线性性质作相应的修正或简化处理。修正或简化的原则是表征路基应力-应变特性的参数在理论计算中应与实际状况吻合。对土的应力-应变关系曲线进行线性处理的最简单的方法是切线法和割线法,即将土的应力-应变关系曲线上某点的切线斜率或某一范围的割线斜率作为路基的模量。用切线法和割线法确定的模量有以下几种：

(1)初始切线模量——应力值为零时的应力-应变曲线的正切,如图4-2中虚线1所示,代表加荷开始时土的应力-应变关系。

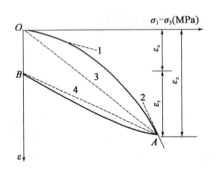

图4-2 几种模量的取值示意

(2)切线模量——某一应力级位处应力-应变曲线的斜率,如图4-2中虚线2所示,反映土在该级位应力-应变变化的精确关系。

(3)割线模量——以某一应力值对应的曲线上的点同起始点相连的割线的斜率,如图4-2中的虚线3所示,反映在该应力级范围内的应力-应变关系的平均情况。

(4)回弹模量——应力卸除阶段应力-应变曲线的割线模量,如图4-2中虚线4所示,反映土在回弹变形范围内应力-应变关系的平均情况。

前三种模量取值时的应变值是包含残余应变和回弹应变在内的总应变,而回弹模量取值时已扣除残余应变后的回弹应变。因此,将前三种模量笼统地称为土的弹性模量显然是不合适的。而回弹模量能反映土所具有的那部分弹性性质,所以,在以弹性力学为理论基础的路面设计方法中,往往将土的回弹模量视为土的弹性模量,并且作为路面设计中的一项重要计算参数。

2.路基的流变性质

路基土是具有流变性质的材料,在荷载作用下的变形不仅与荷载大小有关,而且还与荷载作用的持续时间有关。土颗粒之间力的传递以及土颗粒与土颗粒之间的相对移动都需要一定的时间,通常在施加荷载的初始阶段,变形的大小随着荷载持续时间的延长而增大,以后逐渐趋于稳定。室内模型试验表明,回弹变形与荷载的持续时间关系不大,因而土的流变性质主要同塑性变形有关。如图4-3所示为荷载作用时间与土的回弹变形、塑性变形以及总变形的关系。

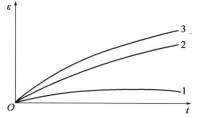

图4-3 土的变形与荷载持续时间的关系
1-回弹变形;2-塑性变形;3-总变形

车辆在路面上行驶,车轮对路面下土基的作用时间随车辆行驶速度的变化而变化,但通常都是很小的,在这短暂的一瞬间,产生的塑性变形比静荷载长期作用下的塑性变形小得多。因此,一般情况下,土基的流变性质可以不予考虑。

3. 重复荷载作用下路基的变形特性

路基承受着车轮荷载的多次重复作用,每一次荷载作用时,路基产生的变形均可分为弹性变形和塑性变形两部分。弹性变形部分随着荷载的消失立即恢复,而塑性变形部分因不能恢复而形成残余变形,这种残余变形会随着荷载重复作用次数的增加而累积。但是,随着荷载重复作用次数的增加,每一次产生的塑性变形都逐渐减小,所以,它的变形累积速度是随作用次数的增加而减缓的。

路基在荷载的重复作用下产生的变形累积,最终可导致两种不同的情况。一种是土体逐渐压密,土的颗粒之间进一步靠拢,但是不会产生引起土体整体破坏的剪切面,路基被压实而稳定;另一种是荷载的重复作用造成土体的剪切变形不断发展,形成整体破坏的剪切面,最后达到破坏阶段,路基失去支承荷载的能力。

路基在荷载重复作用下的变形累积,将导致哪一种最终结果,主要取决于:

(1)土的性质(类型)和状态(含水率、密实度、结构状态)。

(2)重复荷载的大小,通常以相对荷载,即重复荷载产生的应力与静载极限强度之比表示。

(3)荷载作用的速度、持续时间以及频率。

(4)路基中侧向应力的大小。

试验表明,较干的土(相对含水率小于0.7)在相对荷载小于0.45～0.55的情况下,荷载的重复作用结果将使土固结硬化;而相对荷载大于此值时,土在荷载作用下(相对含水率大于0.7～0.8),要保持土体不发生破坏变形的安全相对荷载值急剧降低,对于黏性土小于0.09,砂性土小于0.12～0.15,粉性土不超过0.10。

在安全相对荷载重复作用下,路基的累积总变形与荷载作用次数之间在对数坐标上呈直线关系,以公式表示为:

$$\lg L_N = \lg L_1 + \eta \lg N \tag{4-2}$$

或

$$L_N = L_1 N^\eta \tag{4-3}$$

式中:L_N——荷载作用N次后的总变形(m);

L_1——荷载作用一次后的总变形(m);

N——荷载作用次数;

η——统计的回归系数。

水泥混凝土路面在车轮荷载和水反复作用下,会产生唧泥导致不均匀支承(特别是在路面板的边角部位),或者因为路基不均匀沉降导致板下局部脱空而产生板下路基附加应力,这是工程实践中水泥混凝土路面板的边、角部位断裂破坏较多的重要原因之一。沥青路面常见的破坏,如波浪等,也主要是由于路基及整个路面结构的塑性变形所引起的。因此,如何防止路基塑性变形累积而造成的不均匀沉陷是路面设计中的一个重要问题。

二、路基的荷载-弯沉关系

如前所述,因路基不是理想的弹性体,所以它的应力-应变关系曲线不呈直线关系,式(4-1)中的模量 E 只能认为是一个条件变量,随应力-应变关系的发展而变化,也就是说,不同的应力-应变状态,其模量值是不相同的。

实际工程中,荷载作用下路基内的应力沿竖向和水平方向都是变化的,因而路基内各点的模量值是各不相同的,要在路面设计理论中准确地考虑这种土基的模量变化情况,目前还有一定的困难,同时,对于路面设计来说,最关心的主要是土基表面的总变形(或总回弹变形)。因此,工程中通常采用直接研究路基表面在局部荷载作用下的弯沉特性,即用压入承载板试验测定荷载-弯沉关系来研究路基的变形情况,把反映荷载-弯沉关系的模量,看作是路基一个当量的均匀模量值,由此得出的路基顶面变形量同考虑各点模量变化时所得的数值大致相同。

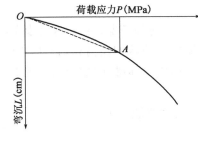

图 4-4 土基荷载与弯沉的关系

压入承载板试验是以一定尺寸的圆形承载板置于路基表面,逐级加荷,记录施加在承载板上的荷载及由该荷载所引起的路基沉陷变形,根据试验结果即可绘出路基顶面荷载与弯沉的关系曲线。图 4-4 是这种关系的典型情况,这种荷载与弯沉关系曲线,具有同土的应力-应变关系曲线相似的特点,一般也呈曲线形状,卸载后仍保留部分残余变形。

压入承载板试验是路基刚度试验的基本方法,通过压入承载板试验测得路基的荷载-回弹变形关系后,可以求得路基的回弹模量;测得路基的荷载-总变形关系后,可以求得路基的形变模量和地基反应模量。

三、路基抗变形能力指标

1.路基回弹模量

路基的力学表征取决于采用何种地基模型表示土基的受力状态和性质。目前,世界各国在路面力学计算中采用的地基模型主要是弹性半空间体地基模型和文克勒地基模型两种。前者用反映路基应力-应变特性的弹性模量 E 和泊松比作为路基的刚度指标;后者用地基反应模量 K 表征路基受力后的变形性质,此外,用于表征路基抗变形能力和进行路面设计的强度指标尚有加州承载比 CBR 值等。

如前所述,回弹模量能较好地反映路基所具有的部分弹性性质,所以,在以弹性半空间体地基模型表征路基的受力特性时,可以用回弹模量表示路基在瞬时荷载作用下的可恢复变形性质。我国公路水泥混凝土路面、沥青路面设计方法中,都以回弹模量 E 作为路基的刚度指标,为了模拟车轮印迹的作用,通常都以圆形承载板压入路基的方法测定回弹模量。

用于测定路基回弹模量的承载板可分为柔性与刚性两种,用柔性承载板测定路基回弹模

量时,路基与承载板之间的接触压力为常量,如图4-5a)所示,即:

$$p = \frac{P}{\pi a^2} \tag{4-4}$$

式中:p——接触压力(MPa);
P——总荷载(MN);
a——承载板半径(m)。

承载板的挠度$l(r)$与坐标r有关,在承载板中心处($r=0$),即:

$$l_{r=0} = \frac{2pa(1-\mu_0^2)}{E_0} \tag{4-5}$$

式中:p——单位接触压力(MPa);
a——承载板半径(m);
μ_0——泊松比;
E_0——路基回弹模量(MPa)。

在柔性承载板边缘处($r=a$),其挠度可以按下式计算:

$$l_{r=a} = \frac{4pa(1-\mu_0^2)}{\pi E_0} \tag{4-6}$$

因此,当测得承载板中心或边缘处的挠度之后,假如土的泊松比均为已知值,即可通过式(4-5)或式(4-6)反算得到路基回弹模量值。

用刚性承载板测定路基回弹模量时,承载板下路基顶面的挠度为等值,不随坐标r而变化。但是板底接触压力则随r值而变化,呈鞍形分布,如图4-5b)所示,其挠度值和接触压力$p(r)$值可按式(4-7)计算。

$$\begin{aligned} l_{r=a} &= \frac{2pa(1-\mu_0^2)}{E_0} \cdot \frac{\pi}{4} \\ p(r) &= \frac{1}{2}\frac{pa}{\sqrt{a^2-r^2}} \end{aligned} \tag{4-7}$$

测得刚性承载板的挠度之后,即可按式(4-7)反算路基回弹模量值E_0。

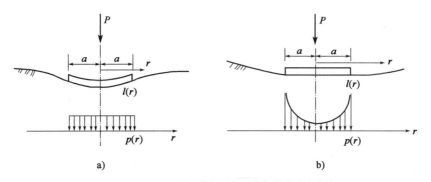

图4-5 路基在圆形承载板下的压力与挠度分布曲线
a)柔性承载板;b)刚性承载板

在实际测定中,刚性承载板用得较多,因为它的挠度较易量测,压力较易控制。承载板直径通常采用标准车辆轮印当量圆直径,一般直径为300mm。

测定时宜采用逐级加载-卸载法。每一级荷载经过加载和卸载,取得稳定的回弹弯沉之后,再加下一级荷载,如此施加 n 级荷载后,即可由点绘出荷载-弯沉曲线。在多数情况下,试验曲线呈非线性。在确定模量时,可以根据路基实际承受压力的范围或可能产生弯沉的范围在曲线上取值。沥青路面设计中,按1mm 线性归纳法来确定路基的回弹模量。

由于水泥混凝土路面有较大的荷载扩散能力,所以路基顶面受到的压力比沥青路面要小得多。显然,水泥混凝土路面下路基更接近于弹性工作状态,其回弹模量值要比沥青路面下路基大得多。我国现行水泥混凝土路面设计方法中,路基回弹模量采用了与沥青路面相同的测定与取值方法,即采用水泥混凝土路面下路基的回弹模量值,再提高一定的倍数,使模量取值更符合水泥混凝土路面下路基的实际工作状态,通常是将路基与基层一并考虑,在测得基层顶面的回弹模量后,提高一定的倍数作为水泥混凝土路面下地基(路基 + 基层)的综合回弹模量值。

2. 路基土动态回弹模量

根据《公路土工试验规程》(JTG 3430—2020)路基土室内模量试验采用室内小承载板试验法。有杠杆压力仪法(T 0135—1993)和强度仪法(T 0136—1993)两种,试样尺寸均为直径100mm × 高120mm,承载板直径为50mm。路基顶面综合模量现场试验根据《公路路基路面现场测试规程》(JTG 3450—2019)有承载板法(T 0943—2008)或贝克曼梁(T 0944—1995)。室内小承载板试验中试件虽然单位压力基本相同,但是总受力差异很大,因此受力状况与现场路基土在车轮荷载作用下的应力状态很不一致,同时测试方法仅适获得静态回弹模量。

《公路土工试验规程》(JTG 3430—2020)中列出了动态回弹模量试验方法(T 0194—2019),试验采用动三轴仪通过重复加载法得到多次循环加载后的回弹应变和偏应力的比值计算路基土的动态回弹模量(图4-6),同时可测定最佳含水率的标准状态、平衡湿度状态、干湿循环条件和冻融循环条件等 4 种状态的路基土动态回弹模量。

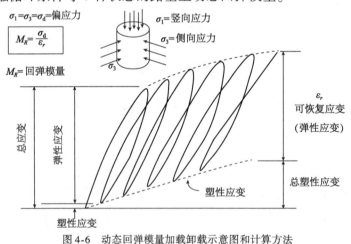

图 4-6 动态回弹模量加载卸载示意图和计算方法

3. 地基反应模量

前面介绍的路基回弹模量是表征弹性半空间体地基荷载与变形的关系,地基反应模量是表征文克勒地基的变形特性。文克勒地基模型是捷克斯洛伐克工程师文兑勒(Winkler)1876 年提出的,其基本假定是路基上任一点的弯沉 l 仅与作用于该点的压力 p 成正比,而与相邻点处的压力无关。反映单位压力与弯沉值关系的比例常数 K 称为地基反应模量,即:

$$K = \frac{p}{l} \tag{4-8}$$

式中：K——地基的反应模量（MPa/m 或 MN/m^3）；

  p——单位压力（MPa）；

  l——弯沉值（m）。

根据上述假定，可以把路基看作是无数彼此分开的小土柱组成的体系，或者是无数互不相连的弹簧体系，如图 4-7 所示。文克勒地基又可称为稠密液体地基，地基反应模量相当于液体的密度，反力相当于液体的浮力。

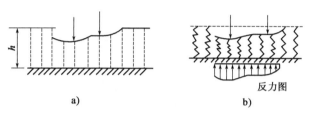

图 4-7 文克勒地基模型

文克勒地基模型由于假设简单，K 值测试方便，被广泛采用，但这种地基模型有明显的缺点，它忽略了地基中剪应力的存在，与实际情况出入较大。

地基反应模量 K 值，用刚性承载板试验测定，通过逐级加载测定相应的总弯沉值，得到荷载-弯沉曲线，如图 4-4 所示。由于路基变形的非线性特性，K 值随所受的压力（或弯沉）而变化。为了使所确定的地基反应模量值有代表性，通常有两种做法：当地基较软弱时，取 $l = 0.127$ cm 时相对应的压力 p 计算地基反应模量；当地基较为坚硬时，取单位压力 $p = 0.07$ MPa 时相对应的弯沉值 l 计算地基反应模量。

试验表明，地基反应模量值受承载板直径影响较大。承载板直径越小 K 值越大。但当直径 $D \geqslant 76$ cm 时，D 的变化对 K 值影响较小，如图 4-8 所示。所以，测定 K 值的承载板试验规定采用 76cm 直径的承载板。当采用 30cm 直径承载板进行试验时，测得的 K 值按下式进行修正：

$$K_{76} = 0.4 K_{30} \quad (4-9)$$

地基反应模量 K 应在现场测定，由于季节的限制，现场测得的 K 值不能反映地基的最不利状态时，还要按式（4-11）进行修正，以模拟地基最不利状态，即：

$$K_s = \frac{d_u}{d_s} K_u \quad (4-10)$$

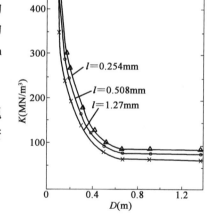

图 4-8 地基反应模量同承载板直径 D 的关系

式中：K_u——现场测得的地基反应模量（MPa/m）；

  K_s——最不利状态时的地基反应模量（MPa/m）；

  d_u——室内试件的密实度、含水率与现场实测时相当，在 0.07MPa 荷载下的沉降值（m）；

  d_s——上述试件浸水饱和后在相同荷载作用下的沉降值（m）。

4. 加州承载比 CBR

加州承载比 CBR 是美国加利福尼亚州提出的一种评定基层材料承载能力的试验方法。承载能力以材料抵抗局部荷载压入变形的能力表征，并采用标准碎石的承载能力为标准，以相对值的百分数表示 CBR 值。这种方法后来也用于评定土基的强度。由于 CBR 的试验方法简单,设备造价低廉,在许多国家得到广泛应用。采用 CBR 法确定沥青路面厚度,有配套的图表,应用十分方便,受到工程技术人员的青睐。表 4-1 为标准碎石的承载力。

标准碎石的承载力　　　　　　表 4-1

贯入值单位(cm)	0.254	0.508	0.762	1.016	1.270
标准压力(MPa)	7.03	10.55	13.36	16.17	18.23

CBR 值还可以直接在野外测定,试验方法基本上与室内试验相同,但其压入试验直接在路基表面进行。野外试验所得的 CBR 值有时与室内试验值不一致,与试验时两者的侧向限制条件不完全相同有关,这对粗颗粒材料影响大一些。对于黏性土只要含水率和密实度相同,试验结果是一样的。应该注意的是室内试验时试件是饱水的,而野外试验时路基是处于施工时的湿度状态。因此,应对含水率的差别进行修正,才能建立两者的关系。

5. 路基各抗变形指标之间的关系

前面介绍的表征路基抗变形能力各项指标,如土基回弹模量 E、反应模量 K 和加州承载比 CBR 等,目前世界各国都在广泛应用。这些指标在基本假设、试验方法及取值标准等方面都有各自的规定,理论上并无严密的联系。然而,由于计算上的需要,多年来有不少学者曾致力于研究它们之间的内在联系。

(1) 回弹模量 E 与反应模量 K 的关系。

按路面板中应力相等的原则,导出两种参数之间的换算关系:

$$K = 0.91 \sqrt[3]{\frac{E_0(1-\mu^2)E_0}{E_c(1-\mu_0^2)(1-\mu_0^2)h}} \tag{4-11}$$

或

$$E_0 = (1-\mu_0^2)\sqrt[4]{\frac{4E_c h^3 K^3}{3(1-\mu^2)}} \tag{4-12}$$

式中:K——文克勒地基的反应模量(MPa/m);

E_0——弹性半空间地基的回弹模量(MPa);

E_c——水泥混凝土板的弹性模量(MPa);

h——水泥混凝土板的厚度(m);

μ——水泥混凝土板的泊松比,通常 $\mu = 0.15$;

μ_0——弹性半空间地基的泊松比,通常 $\mu_0 = 0.35$。

(2) 回弹模量 E 与加州承载比 CBR 的关系。

根据各自的实测资料,有很多国家的学者提出用下面的公式表示两者之间的关系:

$$E_0 = n\text{CBR} \tag{4-13}$$

式中:E_0——弹性半空间地基的回弹模量(MPa);

n——常数,一般为 2~11。

我国学者根据现场试验提出下述关系式:

$$E_0 = 8.9\text{CBR}^{0.85} \tag{4-14}$$

我国学者将我国沥青路面设计的理论方法与日本以 CBR 值为参数的沥青路面设计方法做过比较,发现两者十分接近。

(3)反应模量与加州承载比 CBR 的关系。

地基反应模量 K 与 CBR 均通过承载试验求得,而且量测一定荷载下的变形时都是包括回弹变形与残余变形在内的总变形,用于评定路基抵抗变形的能力。因此,两者之间有一定的联系。

美国学者根据多年的实测资料对比,得出了地基反应模量 K 与 CBR 值之间的关系。

日本名古屋大学教授植下,根据大量的室内外 CBR 试验和承载板测定 K(承载板直径为76cm)的试验资料,提出了如下的换算关系:

$$K_{76} = \frac{1}{4}\text{CBR} + 1 \tag{4-15}$$

根据这一换算关系,分别用两种指标计算路面结构厚度时,相差 ±1cm 左右。

6. 落锤式弯沉仪弯沉盆测定和路基顶面综合模量反算

《公路路基路面现场测试规程》(JTG 3450—2019)给出了利用落锤式弯沉仪(图4-9)测定路基顶面弯沉值的方法(T0953—2008),该弯沉值可以用于路基顶面弯沉验收,该方法也可以用于测定路面顶面的弯沉值,用于路表弯沉验收。同时,如果布设多个弯沉传感器,就可以测定路基或路面表面的弯沉盆。在冲击荷载作用下,弯沉盆曲线形态如图4-10所示。弯沉盆曲线一般分为正曲率段、反弯段和负曲率段,路面结构模量反算应考虑弯沉盆曲线的这一特征。

图4-9 落锤式弯沉仪

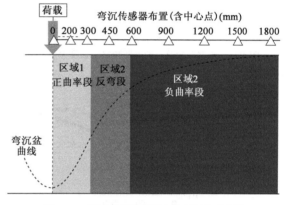

图4-10 落锤式弯沉仪测定的弯沉盆形态图

由于落锤式弯沉仪承载板底面有一层 3~5mm 的橡胶底板,因此,一般把荷载模型看成均布荷载图式。对路基顶面综合模量测定,利用均布荷载作用下荷载中心处的弯沉公式(4-5),并假定路基土的泊松比为 0.35,便可得到式(7-124)路基顶面验收弯沉 l_g 计算公式。反之,假定弯沉已知,就可以由中心点弯沉测定值 l_g 反算路基顶面综合模量 E_0。

也可以测定承载板边缘的弯沉,利用公式(4-6)反算算路基顶面综合模量 E_0。还可以测定承载板外侧任意一点的弯沉,利用公式 $l(r)$ 反算算路基顶面综合模量 E_0。读者可以通过FWD 弯沉盆在不同点位的弯沉值反算路基顶面综合模量 E_0,由此比较分析不同点位反算的路基顶面综合模量 E_0 值的差异性。

第二节 无机结合料稳定材料的特性

在粉碎的或原状松散的土中掺入一定量的无机结合料(包括水泥、石灰或工业废渣等)和水,经拌和得到的混合料在标准条件压实与养护后,其抗压强度符合规定要求的材料称为无机结合料稳定材料,以此修筑的路面基层为无机结合料稳定材料基层,也称为半刚性基层。

破碎的或原状松散的土按照土中单个颗粒(指碎石、砾石、砂和土颗粒)的粒径大小和组成,将土分成细粒土、中粒土和粗粒土。不同的土与无机结合料拌和得到不同的稳定材料,例如石灰土、水泥土、水泥砂砾、石灰粉煤灰碎石等。

一、无机结合料稳定材料的强度和干缩特性

无机结合料稳定材料的重要特点之一是强度和模量随龄期的增长而不断增长,但是到了一定时间后这种增加就很缓慢。因此,在施工检测过程中必须考虑模量和强度与温度和时间的变化特征。一般规定水泥稳定类材料路面结构参数的设计龄期为90d,石灰或二灰稳定类材料路面结构参数的设计龄期为180d,而混合料组成设计的设计龄期为7d。

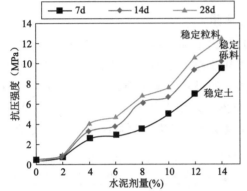

图4-11 水泥剂量及养护龄期和抗压强度关系

无机结合料稳定材料的主要特性有:强度随着养护时间的延长和无机结合料增加而增加(图4-11),不同类型稳定土在不同养护时间和湿度干缩特性也不同(图4-12)。

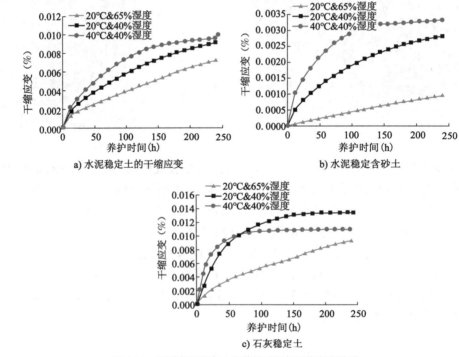

图4-12 不同类型稳定土和养护时间与干缩应变关系

二、无机结合料稳定材料参数的变异特性

根据工作性能的要求,无机结合料稳定材料的主要试验内容有抗压强度、抗压回弹模量、

劈裂强度和劈裂模量、抗弯拉强度和抗弯拉模量。

通过各种试验方法的综合比较,认为抗压试验和劈裂试验较符合实际。

由于材料的变异性和试验过程的不稳定性,试验结果存在差异。在以可靠度为基础的设计方法中,必须根据大量的试验确定不同材料设计参数变异性的大小。假定试验样本数为 n,试验结果的均值为 A,试验数据的标准差为 σ,则变异系数 $C_v = \sigma/A$。

试验数据的大小变化总符合一定的变化规律,这种变化规律必须根据曲线形状利用假设检验的方法判定数据符合的分布类型,从而得到材料的变异系数及参数的概率分布曲线,利用合适的方法就可以进行以可靠度为基础的路面设计方法的更深入的研究工作。交通部在"八五"期间就曾组织许多单位联合进行路面结构以可靠度为基础的设计方法的研究。

室内标准条件下试验数据的变异性反映了实际材料的变异性,但是,实际施工条件与室内标准条件又有许多区别,同样必须确定材料在现场制件条件下的变异性。一般的处理方法是进行标准条件下材料参数与现场条件下同样材料的参数折减系数,表4-2是材料抗压回弹模量变异性,表4-3为材料强度和模量在标准条件下的材料参数与现场条件下同样材料的参数的折减系数。

抗压回弹模量变异性　　　　表4-2

层次	试件	容量	变异范围	均值	推荐的变异系数			概率分布
					大	中	小	
底基层	标准	527	0.099~0.393	0.312	0.47	0.33	0.19	对数正态
	现场	768	0.098~0.494	0.34	—	—	—	
基层	标准	322	0.169~0.469	0.35	0.54	0.37	0.21	对数正态
	现场	429	0.155~0.536	0.389	—	—	—	

强度、模量折减系数　　　　表4-3

材料名称	参数类型	强度	模量	材料名称	参数类型	强度	模量
二灰碎石	抗压	0.72	0.34	水泥砂砾	抗压	0.96	0.39
	劈裂	0.23	0.35		劈裂	0.82	0.86
二灰砂砾	抗压	0.72	0.34	石灰土	抗压	0.60	0.60
	劈裂	0.28	0.35	二灰土	劈裂	0.50	0.50
水泥碎石	抗压	0.96	0.39	水泥粉煤灰碎石	抗压	0.72	0.34
	劈裂	0.82	0.85		劈裂	0.28	0.35

三、无机结合料稳定材料疲劳特性

由于无机结合料稳定材料的抗拉强度远小于其抗压强度,路面结构在交通荷载重复作用下的破坏类型主要为弯拉破坏,因此,路面结构设计主要由材料的抗弯拉疲劳强度控制。

无机结合料稳定材料抗拉强度试验方法主要有直接抗拉试验、劈裂试验和弯拉试验。常用的疲劳试验有弯拉疲劳试验和劈裂疲劳试验,目前主要采用弯拉疲劳试验。梁式试件的弯拉疲劳试验应首先测定材料的弯拉强度,然后根据重复应力与极限强度之比(σ_f/σ_s)进行试验,对于无机结合料,推荐应力强度比范围在 0.5~0.85。

试验时,根据不同的重复应力与极限强度之比(σ_f/σ_s)由疲劳试验得到疲劳寿命 N_e,再通过回归就可得到某种材料的疲劳方程。

无机结合料稳定材料的疲劳寿命主要取决于重复应力与极限强度之比(σ_f/σ_s),通常认为,当 σ_f/σ_s 小于 50% 时,可经受无限次重复荷载作用而不会出现疲劳断裂。

疲劳性能通常用 σ_f/σ_s 与达到破坏时重复作用次数(N_f)绘制的散点图来说明。σ_f/σ_s 与 N_f 之间关系通常用双对数疲劳方程[$\lg N_f = a + b\lg(\sigma_f/\sigma_s)$]及单对数疲劳方程[$\lg N_f = a + b(\sigma_f/\sigma_s)$]表示。

在一定的应力条件下,材料的疲劳寿命取决于:

(1)材料的强度和刚度。强度越大,刚度越小,其疲劳寿命就越长。

(2)由于材料的不均性,无机结合料稳定材料的疲劳方程还与材料试验的变异性有关。不同的保证率(到达疲劳寿命时出现破坏的概率)得出的疲劳方程也不同。

(3)试验方法、试验操作的水平。

四、无机结合料稳定材料的振动压实特性

无机结合料稳定材料的振动特性目前主要体现在:室内试验试件振动成型、拌和过程材料的振动搅拌、碾压过程的路面的振动压实。

室内试验试件振动成型一般采用垂直振动成型设备(简称 VTM)通过振动击实方法确定水泥稳定粒料类材料的最大干密度和最佳含水率。振动试验仪器的基本参数如下,激振力为 7.6kN、名义振幅为 1.2mm、工作总重为 3.0kN、工作频率为 30Hz。振动击实时间为 100s,振动成型试件为 80s。按照垂直振动成型设备试件成型方法,成型试件尺寸为直径 $\varphi \times$ 高度 $h = 150\text{mm} \times 150\text{mm}$ 的圆柱体试件,用于测试无侧限抗压强度、抗压回弹模量、劈裂强度等试验。试件成型过程中的所需质量根据最大干密度和最佳含水量计算,压实度为 98%。图 4-13 是振动成型的水泥稳定粒料无侧限抗压强度与养护龄期的关系,从中可以看出与普通静压成型相比,相同养护天数的无侧限抗压强度明显增加,相同抗压强度的水泥剂量可以减少。

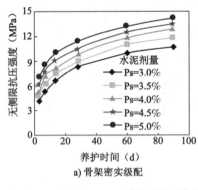
a) 骨架密实级配

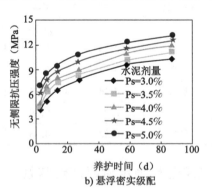
b) 悬浮密实级配

图 4-13 垂直振动成型设备成型试件的抗压强度试验结果

拌和过程的振动搅拌技术是利用动力学方法设计振动器,将其埋于搅拌筒中心的混凝土中,使得振动能量被混凝土完全吸收,振动强化与普通静力强制搅拌相结合,实现边振动边搅拌,使混凝土的强度提高,很好地控制了混凝土裂缝病害的发生。另外,振动搅拌过程中,附着在集料表面的石屑颗粒、灰尘颗粒及水膜将具有一定的振幅,会不断从集料表面脱离和破坏,集料表面趋于清洁,并很快被水润湿,而此时水泥颗粒也同时吸附于湿润的集料表面,为水化反应提供了更大空间。由于灰尘的脱离和水膜的破坏,水泥颗粒与集料表面更近,使

Ca(OH)$_2$晶体向集料界面方向的生长缺乏足够的空间,同时也使得比表面积较大、表面能较高的 C-S-H 凝胶能够在集料表面充分形成,与集料有足够的吸附作用,并且在早期就与集料表面接触的面积与数量增多,水泥混凝土的早期强度明显高于普通静力搅拌的混凝土。随着龄期的增长,界面处 C-S-H 凝胶的浓度不断提高,与集料界面的黏结面积不断增加,其后期强度也高于普通静力搅拌的混凝土。图 4-14 给出了振动搅拌混凝土的抗压强度与变异系数的关系,可以看出振动搅拌混凝土的强度更高、变异性更小。图 4-15 给出了超高性能混凝土 UHPC 微观结构图,在 1000× 的 SEM 观测中,普通搅拌组中仍有较大的气泡存在,表面分布的未水化水泥颗粒大小不均匀,仍有较大颗粒存在。振动搅拌组中未观察到明显的气泡,表面的未水化水泥颗粒粒径较小。

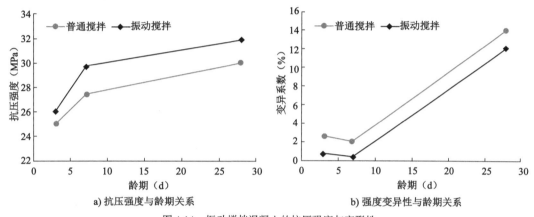

a) 抗压强度与龄期关系　　　　　　b) 强度变异性与龄期关系

图 4-14　振动搅拌混凝土的抗压强度与变形性

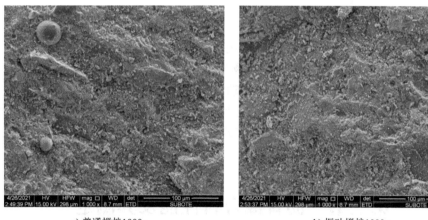

a) 普通搅拌1000×　　　　　　b) 振动搅拌1000×

图 4-15　28d 龄期两种搅拌方式超高性能混凝土 SEM 观测

振动碾压是施工过程的一种压实方式,振动碾压又分为垂直振动和水平振荡两种。振动压实法是借助压实设备的振动机构[图 4-16a)],使压实机振动集料或土颗粒,集料或土的颗粒在振动过程中发生相对位移而达到紧密状态。振荡压实法是借助压路机中间的滚筒,通过同步齿轮带动两侧的偏心轴[图 4-16b)],而偏心轴的旋转带动偏心块,使其产生离心力,从而产生水平振荡力。振动压实设备和振荡压实设备的核心差异是一个产生垂直振动力,使土颗粒产生相对位移而达到压实的效果,但压实过程对桥梁、涵洞等产生不利影响;另一个则产生水平振荡力,同样使土颗粒产生相对位移而达到压实的效果,但压实过程对桥梁、涵洞等产生的不利影响很小。同时,压实过程的紧密规律也有一些差异。图4-17给出了两种压实设备的压实规律,从中可以看出,振动压实具有明显的拐点,压实次数超过5次时反而可能因过压而出现压实度降低;而振荡压实没有明显拐点,但压实次数增加到5次时压实度增加不明显。

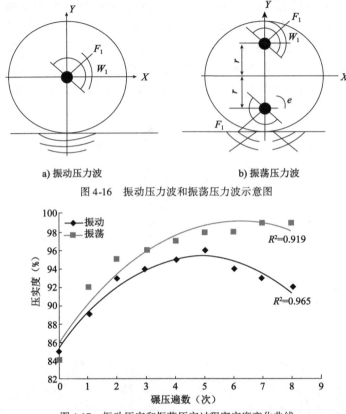

a) 振动压力波　　　　b) 振荡压力波

图4-16　振动压力波和振荡压力波示意图

图4-17　振动压实和振荡压实过程密实度变化曲线

振动成型主要是针对混合料组成设计、振动搅拌是针对混合料拌和过程、振动碾压是针对结构层材料的碾压成型。通过振动过程使结合料分散更加均匀、颗粒之间更加紧密,如果加上运输低幅振动再搅拌、摊铺过程振动转运,可实现配合比设计、拌和、运输、摊铺、碾压的全过程振动设计,保证混合料施工全过程的振动性和产品均匀性,提高产品的施工质量。

第三节　沥青混合料性能及其测定

一、沥青混合料的基本性能特性

沥青混合料的基本性能包括应力-应变关系、疲劳特性和变形累积特性。

沥青混合料的应力-应变关系可以通过单轴压缩试验、三轴试验等进行,在固定应力作用下,可得到应变和应力作用时间的关系曲线,如图4-18所示。其中,图4-18a)为施加应力相当小的情况,一部分应变(ε_0)在施加荷载后立即产生,而卸荷后这部分应变又立即消失,这是沥青混合料的弹性应变,应力和应变成正比例关系。另一部分应变(ε_v)随加荷时间的增加而增加,卸荷后随时间增长而逐渐消失(或基本消失),这是沥青混合料的黏弹性应变。这一现象说明,沥青混合料在受力较小时,特别是受荷时间短促时,基本上处于弹性状态并兼有黏弹性的性质。图4-18b)表示应力足够大的情况。这时,除有瞬时弹性应变和滞后弹性应变外,还存在着随时间而发展的近似直线变化的黏性和塑性流动,卸荷后这部分应变不再恢复而成为塑性应变。这说明沥青混合料受荷达一定值,特别是受荷时间又较长时,不仅出现弹性应变,而且有随时间而发展的塑性应变。对比左右两图可以看出,随施加应力的级位和作用时间的不同,沥青混合料的应力-应变关系分别呈现出弹性、弹-黏性和弹-黏-塑性等不同性状。

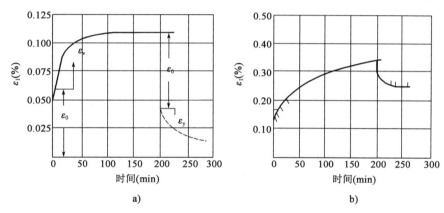

图4-18 沥青混合料压缩蠕变试验(温度60℃,侧应力=0)
a) $\sigma_1 = 30\text{kPa}$;b) $\sigma_2 = 480\text{kPa}$

沥青材料的黏滞性受温度影响很大,因而温度对沥青混合料的性状也有较大的影响。其他条件相同时,同一沥青混合料在高温和低温时的应变量(反映在模量上)可相差几十倍。在低温时,沥青混合料基本上属于弹性体,而在常温和高温时,则相应变为弹-黏性或弹-黏-塑性体。

二、沥青混凝土的疲劳特性

沥青混合料疲劳特性的室内试验一般可采用在简支小梁、劈裂试件、梯形悬臂式或旋转弯曲试件,通过施加正弦或脉冲荷载进行试验。由于沥青混合料的弹性模量(劲度)较低,应力反复施加过程中,试件的应力和应变量不断变化,常采用控制应力和控制应变试验两种方法。

控制应力试验是在试验过程中保持荷载或应力值始终不变。这时,由于试件内的微裂隙逐步扩展,材料的劲度也不断下降,因而荷载或应力虽然未变,但应变量的增长速率还在不断增大。控制应变是在试验过程中不断调节所施加的荷载或应力,使应变量始终保持不变,由于在试验中材料的劲度不断下降,维持相同应变量所需要的应力值也不断减小,因而,在控制应力试验中材料的疲劳破坏往往以试件出现断裂为标志,而控制应变试验并不出现明显的疲劳破坏现象,只有主观地以劲度下降到初始劲度的某一百分率(例如50%或40%)作为疲劳破坏的统一标准。同时,在采用同一初始应力和应变的条件下,控制应变法所得到的材料疲劳寿命要比控制应力法的大得多。

采用控制应力试验方法得到的一组应力σ_1和疲劳破坏时作用次数N_f的数据,在双对数坐标上可以相当满意地回归成直线方程,也即,可以用下式来估计材料的疲劳寿命:

$$N_f = K_1 \left(\frac{1}{\sigma_1}\right)^{C_1} \tag{4-16}$$

式中：K_1、C_1——由试验得到的回归常数。

从同一种材料在不同试验温度的疲劳曲线可以看出，随着温度的增加（也即随劲度的降低），材料的疲劳寿命不断下降。然而，Pell（佩尔）等人研究发现，在沥青混合料的应力-应变性状保持为线性（温度在25℃以下）的范围内，如果把控制应力值 σ_r 通过劲度 S_m 转换成初始应变 ε_r，以此来代替应力坐标，则不同试验温度（或者不同加荷速度）下得到的疲劳曲线可以重合在一起，由此得：

$$N_f = K_2 \left(\frac{1}{\varepsilon_1}\right)^{C_2} \tag{4-17}$$

式中：K_2、C_2——由试验得到的回归常数。

K_2 和 C_2 仅随材料类型和性质而变，一般为 2.5～5。

两种试验方法得到沥青混合料的不同疲劳特性，其原因可以用破坏机理的差异来说明。应力集中点产生微裂隙后，在应力控制试验中，随材料劲度的降低，裂隙迅速扩展，导致疲劳寿命下降。而在应变控制试验过程中，应力不断减小，裂隙的扩展便延续很长时间。材料的劲度越低，延续的时间越长，于是劲度低的材料，疲劳寿命越长。

车辆荷载是以车轮的接触压力施加于路面上的，而不是变形。从这个意义上说，整个路面结构是受到应力控制的加荷体系。因而，对于厚的面层，其结构强度在整个路面体系中起主要作用，应采用控制应力试验方法；而对于较薄的面层，本身结构强度不大，基本上是跟着下面各结构层一起产生位移的，宜采用控制应变试验方法。卡尔·莫尼史密斯（C. L. Monismith）等人提出厚面层的下限约为15cm，薄面层的上限约为5cm，处于两者之间的厚度，可以采用两种试验方法之间的某一加荷形式。但国内外一般采用控制应变模式的疲劳方程进行路面结构设计。

室内试验的条件同路面的实际工作状况有很大差别，因而所得到的疲劳方程在定量上与实际有出入。例如，作用在路面上的车辆荷载不会像在试验室中加载那样连续重复作用，而实际间隔时间的增大，将会延长材料的疲劳寿命（据观测分析，可为室内试验的5倍），同时，室内试验是以试件底面出现裂缝作为疲劳破坏的标准，而在路面上，从结构层底面出现裂缝到它沿层厚逐渐扩展到表面，还可经受轮载多次重复作用（据估计，约可增加7倍）。此外，考虑到轮迹在路面上的横向分布，所能承受的重复作用次数又要比室内多1～3倍。因此，应在考虑上述情况后，对室内试验的结果给予适当调整，对回归常数 K_2，经过现场验证后进行修正，以减少可能造成的误差。

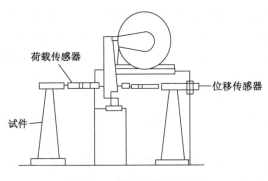

图4-19　悬臂梁加载疲劳试验

沥青混合料室内小型疲劳试验除了控制应力或控制应变的重复弯曲试验外，还有直接拉伸试验、劈裂（间接拉伸）试验、支承弯曲试验、耗散能方法、断裂力学试验、重复拉伸或拉压试验、重复三轴拉压试验、弹性基础上的重复弯曲试验、室内轮辙试验、现场轮载试验等。

旋转悬臂梁试验的试件竖向安装在旋转悬臂轴上（图4-19），荷载作用于试件顶部，使整个试件都受到恒定的弯曲应力作用。一般试验温度为10℃,旋转速率为1000r/min。

支撑弯曲试验下面设置橡胶垫或气垫,在圆板中心位置施加重复荷载,以更加精确地模拟路面实际受力状态。

直接轴向拉/压疲劳试验用液压伺服系统施加荷载,试件尺寸为75mm×75mm×225mm。试验研究表明:连续加载间隙的短暂荷载恢复期对材料的疲劳性能有很大影响;加载的波形对于疲劳性能影响不大,通常采用正弦波或者半正弦波。

劈裂疲劳试验对圆柱体试件施加沿径向的重复荷载,这样使得试件在垂直荷载作用的方向产生一个均匀拉应力。

微观力学模型试验主要采用有限元或者离散元进行仿真模拟。仿真过程中分别测量各组分的材料参数,如沥青基体的剪切模量、泊松比、集料的弹性模量和体积分数等,再将沥青混合料看作由沥青砂浆基体与集料组成的复合材料进行仿真分析。目前使用的主要微观模型有1985年美国西北大学白赞特教授(Bazant)提出的微平面模型(Micro Plane Model),二维格构模型,2003年冯教授(Feng)提出的沥青混合料疲劳开裂的网格模型,库德尔教授(Cundall)等1971年提出的粒子模型,以及古森(Gurson)教授提出的微观损伤模型,力特(Little)教授1998年提出的基于表面能的微观力学模型和目前最常用的数值模拟微观力学模型(图4-20)。

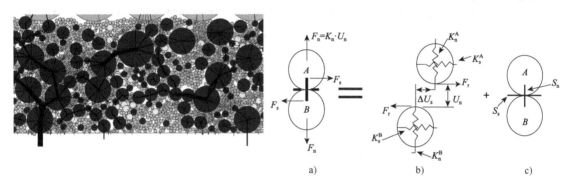

图4-20　沥青混凝土离散元模型和离散元颗粒单元接触模型

三、变形累积特性

当沥青稠度低、加载时间长或温度较高时,沥青混合料表现为弹-黏-塑性体,应力重复作用下将会出现较大数量的累积变形。

对沥青混合料永久变形特性的研究,可利用静态蠕变(单轴受压)试验或重复三轴压缩试验进行。前一种试验较简单,而后一种试验同实际受力状况相符,但二者所得到的累积应变-时间关系的规律基本一致,因为重复应力下塑性应变的逐步累积实质上也是一种蠕变现象。

密实型沥青碎石混合料经受重复三轴试验的结果表明,塑性应变量随重复作用次数而增加,温度越高,塑性应变累积量越大。许多试验结果表明,在同一温度条件下,控制累积应变量的是总加荷时间,而不是重复作用次数;加荷频率以及应力循环间的停歇时间对累积应变-时间关系的影响都不大。

影响累积量的因素,除了温度、作用应力大小和加荷时间外,还与集料的情况有关。有棱角的集料相比于圆形集料,能提供较高的劲度,即塑性变形累积量较低;密级配沥青碎石,由于集料具有良好的级配特性,其变形累积量低于含沥青较多的沥青混凝土。压实的方法和程度会影响沥青混合料的孔隙率和结构,因而也会影响变形累积规律。此外,侧限应力的大小也有影响。

四、沥青混合料动态模量及时温等效

由于沥青混合料具有黏弹性性质,因此沥青及沥青混合料的应力-应变响应关系分别依赖于温度效应与时间效应,同时,材料力学行为中的时间效应与温度效应具有等效性且能相互转换,即时温等效效应。

可以建立一定的数学模型对时温等效效应进行定量描述,把这一数量关系称为时间-温度换算法则。通常采用时间 t 的对数坐标讨论黏弹性力学行为的时间-温度换算法则。不同温度下动态模量曲线具有相同的几何形状,选择其中一个温度作为基准温度,将其他温度下的曲线沿水平方向平行左右移动一定的距离 $\lg[a(T)]$,与基准温度下的模量曲线重合,就能得到动态模量的主曲线,这一移动量 $\lg[a(T)]$ 被称为该温度相对于基准温度的移位因子,移位因子仅与温度有关。由此得到的主曲线时间(频率)范围将远远超过实测时间(频率)范围,这时所得到的主曲线特征函数的时间(频率)历程并非试验测定经历的真实历程,通常称为换算时间(频率)。

根据黏弹性材料的时间-温度转换原理可知,沥青混合料这种黏弹性材料在不同温度和荷载作用频率下得到的力学性质可以通过平移后形成一条在参考温度下的光滑曲线,即主曲线(mastercurve)。利用主曲线,可以将一定时间、温度范围内的试验测定结果拓延到更加广泛的时温空间,而不必进行长时间试验就可以预估材料的长期力学性质;同样不必受仪器设备的限制而得到材料在高频率荷载作用下的力学特性。

国内外大量研究表明,沥青混合料动态模量主曲线可以用西格摩德(Sigmoidal)数学模型来表示,其模型如式(4-18)所示。

$$\lg(|E^*|) = \delta + \frac{\alpha}{1 + e^{\beta + \gamma \cdot \lg t_r}} \tag{4-18}$$

式中:$|E^*|$——沥青混合料动态模量(MPa);
$\quad\quad t_r$——在参考温度下的加载时间(s);
$\quad\quad \delta$——动态模量极小值的对数;
$\quad\quad \delta + \alpha$——动态模量极大值的对数;
$\quad\quad \beta、\gamma$——描述模型形状的参数。

西格摩德模型描述了混合料动态模量在参考温度下对加载时间(频率)的依赖关系,其中,拟合参数 $\delta、\alpha$ 取决于混合料级配、沥青饱和度和空隙率,而描述西格摩德模型形状参数 β、γ 取决于沥青胶结料特性和拟合参数 $\delta、\alpha$ 的大小。移位因子描述了动态模量对温度的依赖关系,式(4-19a)给出了移位因子的关系式,式(4-19b)为时温等效方程(Willams-Landel-Ferry 方程,简称 WLF 方程)。

$$\lg(t_r) = \lg(t) - \lg[a(T)] \tag{4-19a}$$

$$\lg[a(T)] = -\frac{C_1(T - T_r)}{C_2 + (T - T_r)} \tag{4-19b}$$

式中:t_r——在参考温度下的加载时间(s);
$\quad\quad t$——被换算温度下的加载时间(s);

$a(T)$——移位因子,是温度的函数;

T——被换算的温度(℃);

C_1、C_2——系数。

华南理工大学进行了大量的动态模量试验,图4-21和图4-22分别给出了沥青混合料AC-13的动态模量主曲线和移位因子。动态模量主曲线描述了加载频率对材料性质的影响,反映了材料模量对加载频率的相关性,由模量主曲线可以确定材料在很高或很低加载频率下的力学特性;移位因子描述了温度对材料性质的影响,反映了材料性质对温度的依赖性。二者结合起来就能描述沥青混合料对温度和频率的敏感性,从而全面地描述沥青混凝土的黏弹特性。

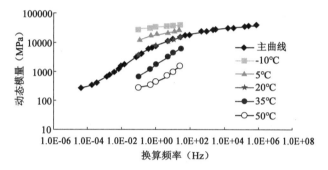

图4-21 沥青混合料AC-13(AH-70)动态模量主曲线

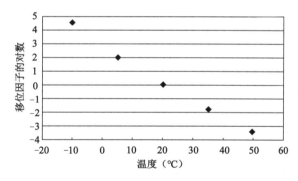

图4-22 沥青混合料AC-13(AH-70)移位因子

利用图4-22中移位因子值,可以将20℃温度下的动态模量主曲线向其他温度下进行平移,从而得到各温度下动态模量主曲线簇,如图4-23所示。

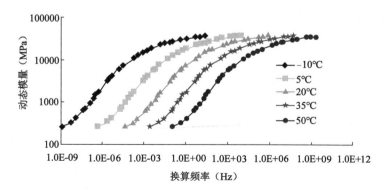

图4-23 沥青混合料AC-13(AH-70)动态模量主曲线族

图 4-24 给出了六种沥青混合料的动态模量主曲线。结果表明,在试验温度 20℃条件下,采用 SBS 改性沥青的两条混合料动态模量主曲线最为平缓,且两条主曲线基本重合,说明沥青混合料动态模量受加载频率的影响最小;在同为基质沥青条件下,AC-13、AC-20 和 AC-25 这 3 种典型级配混合料的动态模量主曲线除 AC-13 和 AC-20 在低频区有一点偏离外其他部分基本重叠,特别是 AH-70 和 AH-90 沥青的 AC25C 型混合料吻合效果更好,说明频率对该 3 种混合料的影响也基本一致。

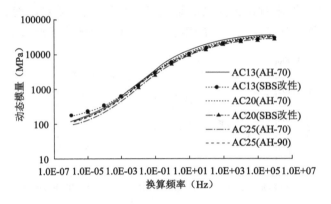

图 4-24 6 种沥青混合料动态模量主曲线(参考温度 20℃)

第四节 水泥混凝土混合料性能

一、水泥混凝土性能

1. 混凝土抗折强度

1)混凝土受力变形及破坏过程

硬化后的混凝土在受外力作用之前,由于水泥水化造成的化学收缩和物理收缩引起砂浆体积的变化,在粗集料与砂浆界面上产生了分布极不均匀的拉应力,它足以破坏粗集料与砂浆的界面,形成许多分布很乱的界面裂缝。另外还因为混凝土成型后的泌水作用,某些上升的水分为粗集料颗粒所阻止,因而聚集于粗集料的下缘,混凝土硬化后就成为界面裂缝。混凝土受外力作用时,其内部产生了拉应力,这种拉应力很容易在具有几何形状为楔形的裂缝顶部形成应力集中,随着拉应力的逐渐增大,导致微裂缝的进一步延伸、汇合、扩大,最后形成可见的裂缝,试件就随着这些裂缝破坏。以混凝土单轴受压为例,绘出的静力受压时荷载-变形曲线的典型形式如图 4-25 所示,通过显微镜观察混凝土内部裂缝的发展可分为如图 4-25 所示的四个阶段。当荷载到达"比例极限"(约为极限荷载的 30%)以前,界面裂缝无明显变化(第Ⅰ阶段),此时,荷载与变形比较接近直接关系(曲线 OA 段)。荷载超过"比例极限"以后,界面裂缝的数量、长度和宽度都不断增大,界面借摩擦阻力继续承担荷载,但尚无明显的砂浆裂缝。此时,变形增大的速度超过荷载增长的速度,荷载与变形之间不再接近直线(曲线 AB 段)。荷载超过"临界荷载"(为极限荷载的 70%~90%)以后,在界面裂缝继续发展的同时,开始出现砂浆裂缝,并将邻近的界面裂缝连接起来成为连续裂缝。此时,变形增大的速度进一步加快,荷载-变形曲线明显地弯向变形轴方向（曲线 BC 段）。超过极限荷载以后，连续裂缝急速地发展。此时混凝土的承载能力下降，荷载减小而变形迅速增大，以至完全破坏。荷载-变形曲线逐渐下降而最后结束（曲线 CD 段）。

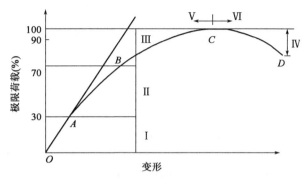

图 4-25　混凝土受压变形

由此可见，荷载与变形的关系，是内部微裂缝发展规律的体现。混凝土在外力作用下的变形和破坏过程，也就是内部裂缝的发生和发展过程，它是一个从量变到质变的过程。只有当混凝土内部的微观破坏发展到一定数量级时才能使混凝土的整体遭到破坏。

2）混凝土抗折强度

混凝土在直接受拉时，很小变形就要开裂，它在断裂前没有残余变形，是一种脆性破坏。混凝土的抗拉强度只有抗压强度的 1/10～1/20。道路路面或机场道面用水泥混凝土，以抗弯拉强度（或称抗折强度）为主要强度指标，抗压强度作为参考强度指标。我国《公路水泥混凝土路面设计规范》（JTG D40—2011）给出了不同交通量分级的水泥混凝土计算抗折强度的要求。

3）影响抗折强度的因素

水泥混凝土路面设计施工和质量评定的首要技术指标是抗折强度，这一点与其他水泥混凝土结构中使用抗压强度作为第一强度指标是不同的。在实际水泥混凝土路面工程中，由于广大工程技术人员对混凝土配合比各因素影响抗压强度的规律了解较深入，而对配合比参数影响抗折强度的规律了解不多，往往采用提高抗压强度的措施以增加抗折强度。实际上，配合比各参数影响抗压强度的规律与抗折强度不尽相同，有些恰恰相反，结果提高抗压强度的措施往往不奏效或适得其反，因此，研究清楚配合比参数对抗折强度的影响规律很重要。

配合比参数对抗折强度与抗压强度影响不同的根本原因在于混凝土材料对不同加载方式的敏感性差异，抗折强度的大小取决于抗拉强度，而抗拉强度主要依赖混凝土材料的均匀性及其集料界面的黏结强度。而抗压强度则不同，无侧限抗压强度的破坏形式主要是压剪破坏，它对混凝土均匀性和界面结合强弱的敏感性则相对低得多。

（1）水泥抗折强度和体积稳定性。

大量施工实践表明，水泥的抗折强度一般比相同水胶比的混凝土抗折强度高 2MPa 左右。在高速公路、一级公路上，混凝土的施工配制抗折强度要求达到 5.5～5.75MPa，那么水泥的抗折强度必须达到 7.5～8.0MPa 以上。

需要指出的是：水泥的安定性不佳、收缩变形大，对混凝土路面的抗折强度有重大影响，这样的路面混凝土内部微细裂缝很多，钻芯抗折强度不可能高。但是在做水泥抗折强度检验时，由于试件过小，不可能反映出体积不稳定性对其抗折强度的不利影响，所以路用普通水泥使用时规定游离氧化钙含量不大于1.0%。从保障混凝土路面抗折强度来看,禁止掺用煤矸石、石灰石、黏土、火山灰和窑灰五种混合材料的规定很有必要。

(2)粗集料。

实践表明,粗集料的强度和压碎值偏低,很难配制出高速公路、一级公路最小施工抗折强度5.5MPa的混凝土。粗集料岩石的立方体抗压强度值宜为所配混凝土强度等级的1.2～1.5倍,碎石与砾石的压碎值一般不应大于12%,最大不应大于20%。当不满足此要求时,按试配混凝土抗折强度试验达到5.5MPa决定取舍。

粗集料针片状含量不大于10%,球形率高、级配优良、实积率大时的单位水泥用量的混凝土抗压强度提高。充填实积率高,粗集料提供的嵌锁力大,抗折强度也增大。高速公路、一级公路上粗集料级配应按捣实密度最大的实测比例控制。

试验表明,粗集料中的土对混凝土性能影响最大的是抗折强度和硬化后混凝土的收缩,随着含土量增加,抗折强度线性降低,干缩呈现明显直线上升的趋势。因此,必须从保证抗折强度和减小收缩的角度,严格控制含土(泥块、石粉)量和软弱颗粒总量不大于1%,试验同时表明,干土对抗压强度几乎无不利影响。

(3)砂细度模数。

试验表明,随着砂细度模数增加,抗折强度和抗压强度均略有增大。当砂越来越粗时,砂对于嵌锁力的贡献逐渐增强,而嵌锁力提高必然带来抗折强度的增大。因而,在条件许可的情况下,应该优先选用细度模数在2.3～3.2的中砂或偏细粗砂。

(4)单位水泥用量。

试验表明,随着水泥用量增大,混凝土抗折强度和抗压强度均上升,但抗折强度提高的幅度小得多。单位水泥用量增大$100kg/m^3$时,抗压强度可提高35%左右,砾石混凝土抗折强度仅增加5%,碎石混凝土增加12%左右。单纯增大水泥用量增加抗折强度并非很有效。

(5)水灰比。

试验表明,在相同水泥用量条件下,随着水灰比增加,抗折强度缓慢下降,抗压强度则下降较快。用降低水灰比提高抗折强度远不及抗压强度明显。当砾石混凝土水灰比由0.5降低到0.4时,抗折强度只增加12%左右,而抗压强度可增加30%,碎石混凝土基本相同。

在使用增加单位水泥用量提高抗折强度时,如果不同时降低水灰比,则效果有限;只有同时采用增大单位水泥用量和降低水灰比两种措施,才能使抗折强度有较明显的提高。

(6)单位用水量。

当水灰比和单位水泥用量一定,单位用水量即可确定,单位用水量对抗折强度的影响已经反映在(4)和(5)的规律中。一般而言,单位用水量对抗折强度及抗磨性的影响要大于水灰比和单位水泥用量。在滑模混凝土要求掺引气剂或缓凝引气(高效)减水剂的情况下,砾石混凝土应将单位用水量控制在不大于$155kg/m^3$,碎石混凝土则将其控制为不大于$160kg/m^3$。

(7)含气量。

含气量增加,碎石混凝土振动黏度系数呈曲线趋势降低,如图4-26所示。引气减少振捣能量消耗,加快施工速度,因为提高路面混凝土抗折强度的前提是消除毫米量级大孔隙后混凝土面板的高密实度。

混凝土含气量对抗折强度和抗压强度的影响截然不同。试验表明,含气量增大,抗压强度线性降低;而抗折强度则不然,随着含气量增大,抗折强度先增大,然后再减小。图4-27表示碎石混凝土含气量与抗折强度、弹性模量的关系,它们之间是二次方关系,抗折强度最大时含气量在3%~6%。引气与不引气的砾石混凝土抗折强度相比,抗折强度可提高15%~20%。更多试验表明:碎石混凝土引气也得到基本相同的结果,抗折强度较高时含气量在2%~6%,抗折强度可较未引气的碎石混凝土提高10%~15%。

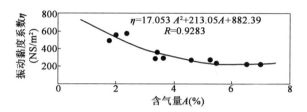

图4-26 碎石混凝土含气量与振动黏度系数关系

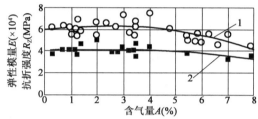

图4-27 碎石混凝土含气量与抗折强度、弹性模量的关系
1-抗折强度;2-弹性模量

实际工程当中,在不提高水泥用量的条件下,即使仅提高10%的抗折强度也是难能可贵的,所以,应该加以充分利用引气剂。特别是提高抗折强度极其困难的砾石混凝土,混凝土引气为其提供了一种经济有效、简便易行的方法。

试验研究表明:引气混凝土抗压强度随着含气量增大而线性下降,国内、外的试验都证明了这一点,但是这个试验结果不稳定。

2.混凝土抗折疲劳极限

路面混凝土抗折疲劳极限在水泥混凝土路面设计和使用中都很重要,但由于这个试验的难度较大,一般较少进行这方面的研究工作,下面提供一些研究性成果,仅供参考:

1)粗集料最大粒径和粒形

国内、外研究均表明,粗集料最大粒径对混凝土抗折疲劳极限有显著影响。国外的研究表明,抗折疲劳极限最高的是砾石,最大粒径为7~8mm,俗称豆石,混凝土耐疲劳极限最高,国外有使用60~80年豆石水泥混凝土路面的记录。最大粒径越大,集料粒形越不规则,抗折疲劳极限越低。相同的最大粒径,砾石混凝土耐疲劳极限大于破口石混凝土,破口石混凝土大于碎石混凝土。尽管砾石混凝土在相同配合比下的静载抗折强度低于破口石混凝土,破口石混凝土抗折强度低于碎石混凝土,但砾石混凝土耐疲劳极限远高于碎石。在设计抗折强度5MPa中,主要应满足混凝土疲劳性能的要求,因此,只要砾石混凝土抗折强度可达到5.5MPa,其使用寿命将高于碎石混凝土。

混凝土的耐疲劳极限对原生裂纹的多少和大小都很敏感,碎石带有很多尖锐棱角,而砾石较圆滑,在混凝土疲劳破坏中,即裂纹的发生、缓慢扩展过程中,碎石集料的尖锐棱角就是裂缝发生源。粒径越大的碎石,其原生裂纹的尺寸越大,抗折疲劳极限越低于同粒径圆滑砾石混凝土。

国内不少施工单位,在道路混凝土施工中,由于要求较高的抗折强度,而限制砾石混凝土在路面工程中的使用,有的规定必须采用碎石,不得采用砾石。该要求从提高抗折强度方面而言不无道理,但从提高抗折疲劳极限而言,值得商榷。从国内、外对混凝土抗折疲劳极限的研究中,不能排斥砾石混凝土在路面工程中的采用。尽管其抗折强度略低,但抗折疲劳极限很高,动载特性很好,在一定程度上弥补了抗折强度的不足,混凝土路面使用寿命并不低。

2) 水泥中的游离氧化钙含量

研究表明,水泥中的游离氧化钙含量对抗折疲劳极限有很强的影响。这个试验是在水泥的安定性合格的基础上专门配入游离氧化钙做出的,水泥中的游离氧化钙含量降低50%,而混凝土的抗折疲劳极限提高3倍之多,可见其作用之大。

除了水泥的安定性之外,水泥混凝土路面这种主要承受动载疲劳的结构应比其他静载结构对游离氧化钙的控制要求更严格。目前仅按静载结构来控制游离氧化钙含量,指标偏大,不利于动载结构提高耐疲劳极限。上述研究结论对于选用不同厂家相同品种、强度等级的水泥有实际意义。当其他条件相同,水泥的安定性均合格时,应该选择抗折强度高且游离氧化钙含量尽量低的水泥,以提高混凝土动载疲劳极限。

3) 含气量

在常规使用的混凝土含气量范围内,含气量对引气混凝土的抗折疲劳特性没有影响,当适量气泡夺取了部分集料界面处的水分后,界面增强、孔结构改善、匀质性提高、抗拉(折)强度明显提高。引气剂所引入的气泡不仅尺寸极小,而且外观是圆形的。可以预料,在抗折强度提高的含气量范围内,不会对引气混凝土的抗折疲劳特性带来负面影响。

二、水泥混凝土路面表面使用品质

1. 抗滑性

(1) 细集料的影响。

水泥混凝土路面的微观构造主要是由细集料提供的,所以定量研究和评价细集料抗滑品质,对确定水泥混凝土路面的抗滑措施和对策有重要意义,通过对砂浆磨光值的测定和研究表明:由于构造的再生作用,不同砂的砂浆磨光值差异不大且水平较高,一般在40~50;在一定范围内,砂越细磨光值越大。

(2) 粗集料的影响。

由于粗集料在道路表面出现的比例一般不超过12%,所以粗集料对混凝土路面抗滑能力的影响很小。英国的一项研究表明,石料磨光值从35增加到72时,抗滑值(SRC)增加不到5个单位。但是,当砂浆层被磨掉后,粗集料对路面抗滑能力有很大影响,因此在路面上层5cm内仍不宜采用诸如石灰岩之类易磨光材料作为粗集料。

(3) 表面整饰工艺的影响。

不同表面整饰工艺如压槽、拉槽、裸露、嵌屑等均能满足抗滑的使用要求。

(4) 路面污染对抗滑的影响。

路面的滑溜性污染是指泥土等污物引起的路面摩擦系数的下降。

(5) 温度及季节变化的影响。

水泥混凝土路面定时定点观测表明,其摩擦系数随季节变化的规律与沥青路面大体相同,即冬高夏低,摩擦系数的最低值出现在6~7月份,因此,路面防滑的最不利季节在夏季。

(6)交通荷载的影响。

交通荷载对路面抗滑力的影响有两个方面:磨光作用,使微观构造衰减,糙面变光;磨耗作用,使宏观构造衰减,粗面变平。一般来说,新建路面的抗滑能力都能达到要求,正是由于交通荷载的磨光和磨耗作用,使得路面越来越滑。

(7)路面干湿状态对摩擦系数的影响。

观测表明,水泥混凝土路面上的干、湿摩擦系数存在着如下相关关系:

$$F_s = 0.87F_c - 0.16 \tag{4-20}$$

式中:F_s——潮湿状态下的路面摩擦系数;

F_c——干燥状态下的路面摩擦系数。

由于干燥状态下的摩擦系数为0.5,潮湿状态下的摩擦系数仅为0.27,为干燥摩擦系数的0.5倍,因此路面防滑问题在雨量丰富的地方尤为重要。

综上,提高水泥混凝土路面抗滑能力的技术途径主要有两个:确保材料(包括粗集料和细集料)的抗磨光和抗磨耗能力;通过各种不同的表面处理工艺形成粗糙耐久的路面表面构造。

2. 耐磨性

(1)混凝土强度的影响。

混凝土的磨耗值与混凝土的强度成反比,而混凝土的强度,主要取决于水泥石或水泥砂浆的强度。混凝土的磨耗也主要是水泥砂浆被磨掉,高强度的砂浆则具有较高的抗磨耗性,磨耗值较小。因此,提高混凝土的抗压强度是提高混凝土耐磨性能的有效措施。

(2)水泥品种的影响。

用普通硅酸盐水泥和矿渣硅酸盐水泥配制的混凝土,只要抗压强度相近,它们的耐磨性能没有多大差别。

综上,可通过以下措施提高混凝土的耐磨性的技术:

①表层采用高强度混凝土,特别是抗压强度较高的混凝土。

②采用优质材料,如道路水泥,耐磨耗的石料,严格控制砂、石含泥量,或采用高强度的铁砂(如芜湖鲁港铁钢砂厂产品,根据镇扬汽渡码头试点证实耐磨性可比普通混凝土提高3倍左右)。

3. 平整度

路面平整度、强度和粗糙度是水泥混凝土路面使用品质的三大指标,随着路面等级和行车速度的提高,对路面平整度的要求也越来越高,因此,必须重视路面平整度的研究。

路面平整度是以几何平面为基准,测定路面纵横方向的凹凸量,应能反映施工路面表面的平整,并应能进一步表明汽车在不同速度行驶时人的舒适性。

提高平整度的技术措施:

(1)施工方面:严格控制模板安装和固定高程,防止模板变形。混凝土拌和及摊铺要均匀。混凝土振捣适当,提浆要均匀、加强抹平。脱水后,应复滚。采用表面拉毛,施工时用平直的导梁。减少胀缝和工作缝,缩缝尽量不用压缝。

(2)设计方面:采用连续配筋或钢纤维混凝土等混凝土路面,减少或取消缩缝。采取优质填缝料。

（3）养护方面：加强水泥混凝土路面的养护。防止和及时修补板块的破损和基层的损坏。及时清除路面杂物，保持路面清洁。

【思考与分析】

1. 请结合土的本构特性和路面结构类型（级配碎石基层沥青路面和无机结合料稳定材料类基层沥青路面）分析路基在重复荷载作用下产生塑性变形的原因，如何防止？
2. 请分析地基反应模量 K 和地基回弹模量 E 在水泥混凝土路面厚度设计中的优劣。
3. 请讨论无机结合料稳定材料抗疲劳性能的重要性，如何综合提升其抗疲劳性能？
4. 请讨论沥青混合料抗车辙、抗剪切、抗疲劳性能的重要性，如何根据层位受力特点保证这些性能？
5. 如何提升水泥混凝土材料的抗疲劳性能和混凝土路面抗滑性能？
6. 沥青混合料的疲劳试验主要有哪些方法？请分析四点弯曲疲劳试验、梯形悬臂梁疲劳试验、支撑式疲劳试验各自的特点。
7. 请用文献数据分析控制应力疲劳试验和控制应变疲劳试验的特点和缺点。
8. 请分析沥青混合料时-温转换的意义和具体方法。
9. 请推导范德堡和伯格斯广义本构方程。
10. 请举例说明松弛模型参数确定方法。

第五章
沥青路面结构力学性能分析

沥青路面受车辆荷载作用，静止状态的作用力主要是垂直力，行驶、制动和加速过程中有水平力作用，如果路面不平整，还有冲击振动作用。路面结构力学体系有均质弹性半空间体系、均质各向同性层状弹性体系和道路三维实体结构体系。路面结构材料本构模型有简单的线性弹性模型、非线性模型、塑性模型、黏弹性模型和黏塑性模型。从1901年受垂直集中力的古典应力分析，1885年布辛尼斯克(J Boussinesq)弹性半空间体在单个集中力作用下任意点的位移和应力解答解，到1945年Burmister多层弹性力学解答诞生，再到1968年邓肯等开始采用有限元法进行沥青路面应力应变分析，沥青路面结构力学分析随着理论和计算方法的完善经历了多次重大发展。目前沥青路面结构力学分析的主要方法包括弹性层状体系理论、有限单元法(含轴对称有限元法、三维有限元法)、连续有限层法等。

第一节 古典荷载应力分析

古典荷载应力分析以简单的静力平衡原理为基础。它假定汽车轮载是集中荷载或圆形均布荷载，以某一分布角通过路面传到路基，如荷载的单位压力满足路基顶面容许承载力的要求，即达到静态平衡，也依此进行路面结构设计。

一、麻省公式

1901年,美国麻省道路委员会在第八次年会上发表了世界上第一个路面设计的公式。它假定汽车是一个集中荷载 P,荷载以45°角通过碎石基层分布于边长为碎石层厚(h)两倍的正方形面积的土基上,即:

$$P = (2h)^2 q$$
$$h = \frac{1}{2}\sqrt{\frac{P}{q}} \tag{5-1}$$

式中:q——土基承载强度;
P——集中荷载。

二、Downs(当斯)公式

1933年,Downs对麻省公式进行修正,认为荷载在路面层内的传布,在与垂直方向成某一分布角 θ 的圆锥上,所以传到路面的顶面时,压力分布于一个圆形的面积上而不是正方形,但它仍假定汽车荷载为集中荷载,如图5-1所示。据此:

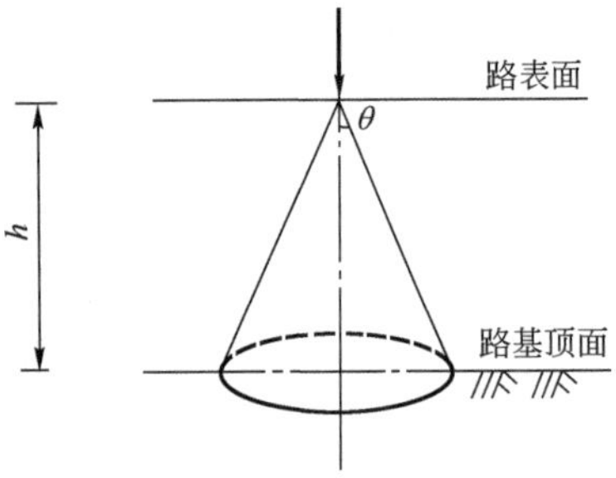

$$P = \pi h^2 \tan^2\theta q$$
$$h = \frac{0.564}{\tan\theta}\sqrt{\frac{P}{q}} \tag{5-2}$$

式中:q——土基承载强度;
P——集中荷载。

图 5-1 古典公式示意图

三、Gray(格雷)公式

1934年,Gray认为由于汽车荷载轮胎接触路面有一个面积,所以不应当假定汽车荷载为集中荷载,而应当假定汽车荷载为圆形均布荷载,并设轮载接地圆形面积的半径为 r,如图5-2所示。即:

$$P = \pi(h+a)^2 (\tan\theta)^2 q$$
$$h = \frac{0.564}{\tan\theta}\sqrt{\frac{P}{q}} - a \tag{5-3}$$

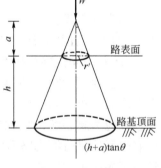

图 5-2 古典公式改进

式中:q——土基承载强度;
P——集中荷载。

四、评述

古典理论公式是假定路面主要起扩散荷载的作用,采用简单的扩散角的概念,这种朴素思想的路面力学理论存在以下问题。

从各公式得知,路面厚度主要取决于土基承载力的大小,也就是土基强度,但在当时没有提出土基参数的测定问题。

古典公式以轮载作为交通荷载,未能反映交通量的因素,这在当时轻交通时代可能矛盾不突出,但随着交通的发展,不考虑交通量古典公式是无法使用的。解决的办法就是在土基承载力取值上应根据交通量的大小采取不同的安全系数。

第二节　弹性半空间体应力分析

弹性半空间体是以无限平面 $Z=0$ 为边界,深度方向也为无线的弹性均质体,它是弹性层状体系中假定层数为 1 的最简单的一种情况。路面层状体系中一般将路基视为弹性半空间体,水泥混凝土路面中一般将板体以下视为弹性半空间体。下面介绍布辛尼斯克课题解及其推广。

假定弹性半空间体表面作用一垂直集中力,弹性半空间体内部的应力和位移分布问题最早于 1833 年由拉姆(Lame)和克雷派隆(Clapeyron)提出解答,之后于 1878 年和 1885 年由布辛尼斯克得到完整解答,故通常被称为布辛尼斯克课题解。

如图 5-3 所示,这是一个以垂直集中力 P 为对称轴的轴对称问题。可以把 z 轴放在 P 的作用线上,坐标原点放在 P 的作用点。因此,根据边界作用情况,边界条件应满足:

$$\begin{cases} \sigma_z \big|_{r\neq 0}^{z=0} = 0 \\ \tau_{zr} \big|_{r\neq 0}^{z=0} = 0 \end{cases} \tag{5-4}$$

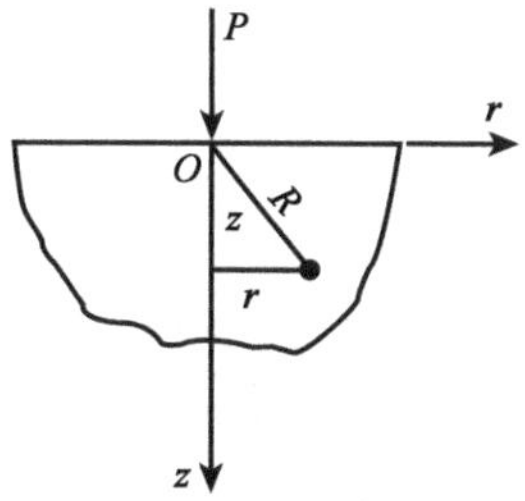

图 5-3　弹性半空间体表面集中力作用

力的平衡条件为:

$$\int_0^\infty \sigma_z \cdot 2\pi r \mathrm{d}r + P = 0 \tag{5-5}$$

随着距离集中力的远近不同,各处的应力值相差很大,体积变形($e = \varepsilon_r + \varepsilon_\theta + \varepsilon_z$)不可能是常量。根据因次分析,假定洛夫(Love)位移函数为:

$$\varphi(r,z) = C_1 R \tag{5-6}$$

式中: $R = \sqrt{r^2 + z^2}$, C_1 为待定常数。

将 φ 对 r 求一阶、二阶导数,对 z 求二阶导数,结合拉普拉斯算子表达式,可得:

$$\frac{1}{r}\frac{\partial \varphi}{\partial r} = \frac{C_1}{R} \tag{5-7}$$

$$\frac{\partial^2 \varphi}{\partial r^2} = \frac{C_1 z^2}{R^2} \tag{5-8}$$

$$\frac{\partial^2 \varphi}{\partial z^2} = \frac{C_1 r^2}{R^2} \tag{5-9}$$

$$\nabla^2 \varphi = \frac{\partial^2 \varphi}{\partial r^2} + \frac{1}{r}\frac{\partial \varphi}{\partial r} + \frac{\partial^2 \varphi}{\partial z^2} = \frac{2C_1}{R} \tag{5-10}$$

将式(5-7)到式(5-10)代入拉付(Love)应力函数式(5-55),得到应力与位移分量的表达式。

$$\sigma_r = C_1\left[\frac{(1-2\mu)z}{R^3} - \frac{3r^2z}{R^5}\right] \tag{5-11}$$

$$\sigma_\theta = C_1 \frac{(1-2\mu)z}{R^3} \tag{5-12}$$

$$\sigma_z = -C_1\left[\frac{(1-2\mu)z}{R^3} + \frac{3z^3}{R^5}\right] \tag{5-13}$$

$$\tau_{zr} = -C_1\left[\frac{(1-2\mu)r}{R^3} + \frac{3z^2r}{R^5}\right] \tag{5-14}$$

$$u = \frac{1+\mu}{E}C_1 \frac{rz}{R^3} \tag{5-15}$$

$$w = \frac{1+\mu}{E}C_1\left[\frac{3-4\mu}{R^3} + \frac{z^2}{R^3}\right] \tag{5-16}$$

当 $z=0, r\neq 0$ 时,有:

$$\sigma_z = 0 \tag{5-17}$$

$$\tau_{zr} = -C_1 \frac{1-2\mu}{r^2} \tag{5-18}$$

也就是说,式(5-4)的边界条件满足,而式(5-5)的边界条件不满足。为满足这个边界条件,再假定一个轴对称的位移势函数 $\rho(r,z)$,希望它满足 $\sigma_z=0$,而给出的 τ_{zr} 能和式(5-18)的剪应力相互抵消。通过因次分析,取轴对称的位移势函数:

$$\rho(r,z) = C_2 \ln(R+z) \tag{5-19}$$

式中:C_2 为待定常数

将式(5-19)代入用位移势函数表达的应力与位移分量,得到表达式:

$$\sigma_r = \frac{\partial^2 \rho}{\partial r^2} \tag{5-20}$$

$$\sigma_\theta = \frac{1}{r}\frac{\partial \rho}{\partial r} \tag{5-21}$$

$$\sigma_z = \frac{\partial^2 \rho}{\partial z^2} \tag{5-22}$$

$$\tau_{zr} = \frac{\partial^2 \rho}{\partial r \partial z} \tag{5-23}$$

$$u = \frac{1+\mu}{E}\frac{\partial \rho}{\partial r} \tag{5-24}$$

$$w = \frac{1+\mu}{E}\frac{\partial \rho}{\partial z} \tag{5-25}$$

将式(5-19)代入,可得:

$$\sigma_r = C_2\left[\frac{z}{R^3} - \frac{1}{R(R+z)}\right] \tag{5-26}$$

$$\sigma_\theta = C_2 \frac{1}{R(R+z)} \tag{5-27}$$

$$\sigma_z = -C_2 \frac{z}{R^3} \tag{5-28}$$

$$\tau_{zr} = C_2 \frac{r}{R^3} \tag{5-29}$$

$$u = \frac{1+\mu}{E} C_2 \frac{r}{R(R+z)} \tag{5-30}$$

$$w = \frac{1+\mu}{E} C_2 \frac{1}{R} \tag{5-31}$$

将式(5-11)~式(5-16)与对应的式(5-26)~式(5-31)相互叠加,并且当 $z=0, r \neq 0$ 时,必须满足:

$$C_1(1-2\mu) + C_2 = 0 \tag{5-32}$$

再将叠加后的 σ_z 代入平衡条件式(5-5),则可得:

$$4\pi C_1(1-\mu) + 2\pi C_2 = P \tag{5-33}$$

通过方程式(5-32)和式(5-33),可得:

$$C_1 = \frac{P}{2\pi} \tag{5-34}$$

$$C_2 = -\frac{(1-2\mu)P}{2\pi} \tag{5-35}$$

将 C_1 和 C_2 代入叠加后的应力和位移表达式,可得布辛尼斯克解析解:

$$\sigma_r = \frac{P}{2\pi R^2} \left[\frac{(1-2\mu)R}{R+z} - \frac{3r^2 z}{R^3} \right] \tag{5-36}$$

$$\sigma_\theta = \frac{(1-2\mu)P}{2\pi R^2} \left(\frac{z}{R} - \frac{r}{R+z} \right) \tag{5-37}$$

$$\sigma_z = -\frac{3P z^3}{2\pi R^5} \tag{5-38}$$

$$\tau_{zr} = -\frac{3P r z^2}{2\pi R^5} \tag{5-39}$$

$$u = \frac{(1+\mu)P}{2\pi ER} \left[\frac{rz}{R^2} - \frac{(1-2\mu)r}{R+z} \right] \tag{5-40}$$

$$w = \frac{(1+\mu)P}{2\pi ER} \left[\frac{z^2}{R^2} + 2(1-\mu) \right] \tag{5-41}$$

如果表面为均布荷载,则可以利用集中荷载公式通过积分得到均布荷载的解,如图 5-4 所示。

$$p(r) = \begin{cases} p(r<a) \\ 0(r>a) \end{cases} \tag{5-42}$$

式中:p——均布荷载(MPa);
  a——荷载圆半径(m)。

如图 5-4 所示,则可以通过积分求得任意点的荷载应力(具体可参见文献 13),如:

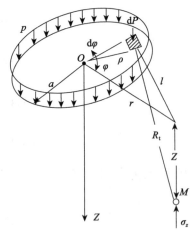

图 5-4 弹性半空间体表面均布荷载作用

$$\sigma_z = -\frac{3pz^3}{2\pi}\int_0^{2\pi}\int_0^a \frac{\rho \mathrm{d}\varphi \mathrm{d}\rho}{(\rho^2 + r^2 - 2\rho r\cos\varphi + z^2)^{5/2}} \tag{5-43}$$

对一些特殊点的应力和位移计算式为：

荷载圆中心线下的应力：

$$\sigma_z = -p\left[\frac{1}{1 + \frac{8}{3}\left(\frac{z}{a}\right)^2}\right] \tag{5-44a}$$

荷载圆中心点表面位移：

$$w = \frac{2(1-\mu^2)pa}{E} \tag{5-44b}$$

荷载圆边缘处表面位移：

$$w = \frac{4(1-\mu^2)pa}{\pi E} \tag{5-44c}$$

如果表面作用刚性承载板，如图 5-4 所示。

$$\begin{cases} w_{z=0} = l_0 \ (0 \leqslant r \leqslant a) \\ \sigma_z|_{z=0} = 0 \ (a < r < \infty) \\ \tau_{zr}|_{z=0} = 0 \ (0 \leqslant r < \infty) \end{cases} \tag{5-45}$$

弹性半空间体表面 $Z=0$ 力的平衡条件为：

$$\int_0^a \sigma_z \cdot 2\pi r \mathrm{d}r + P = 0 \tag{5-46}$$

式中：P——总荷载(kN)，$P = \pi a^2 p$；

p——单位压力(MPa)。

这是一个混合边界条件的弹性力学问题的求解(具体可见参考文献 39)。可以利用弹性半空间体表面受轴对称荷载作用时的应力与位移分量表达式，利用边界条件(5-45)和 $z\to\infty$ 时，所有应力与位移分量等于零的要求，求解 A、B、C、D 四个系数，由此可得任意点的应力和位移分量。如弹性半空间体表面 $z=0$ 的垂直应力和位移表达式为：

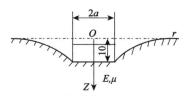

图 5-5 弹性半空间体表面作用刚性承载板

$$\sigma_z|_{z=0} = \begin{cases} -\dfrac{p}{2}\dfrac{1}{\sqrt{1-\dfrac{r^2}{a^2}}} & r < a \\ 0 & r > a \end{cases} \tag{5-47}$$

$$w|_{z=0} = \begin{cases} \dfrac{\pi}{2}\dfrac{pa(1-\mu^2)}{E} & r \leqslant a \\ \dfrac{pa(1-\mu^2)}{E}\arcsin\dfrac{a}{r} & r > a \end{cases} \tag{5-48}$$

式(5-47)也是大多数书籍(参考文献 13)直接用表面荷载表达式直接代入弹性半空间体表面受轴对称荷载作用时的应力与位移分量的表达式，得到相应的刚性承载板下的应力与位移分量的表达式。弹性半空间体 z 轴上任意一点的垂直应力和位移表达式为：

$$\sigma_z|_{r=0} = -\frac{p}{2}\frac{1+3\dfrac{z^2}{a^2}}{(1+\dfrac{z^2}{a^2})^2} \tag{5-49}$$

$$w|_{r=0} = \frac{pa(1+\mu)}{2E}\left[2(1-\mu)\left(\frac{\pi}{2}-\arctan\frac{z}{a}\right)+\frac{z}{a}\frac{1}{1+\dfrac{z^2}{a^2}}\right] \tag{5-50}$$

第三节　沥青路面层状体系理论分析

沥青路面通常是多层体系。因此,在研究沥青路面设计方法时,较为理想的力学模型应当是层状体系理论,它较弹性半空间理论更能反映沥青路面的实际工作状况。自20世纪40年代以来,无论在理论分析还是在数值计算方面,层状体系理论都取得很大进展,特别是计算机科学的发展及其在工程技术中的广泛应用,使层状体系理论的研究日趋完善,其中有波米斯特(D. M. Burmister)(1945年)及福克斯(L. Fox)、阿堪姆(W. E. Acum)、苏联科岗(Korah)及琼斯(A. Jones)等所做的贡献。在荷载形式方面,包括轴对称均布荷载与非轴对称单向水平荷载,都可直接进行数值计算;在层次结构方面,由双层体系、三层体系发展到多层体系。在计算机程序方面,有壳牌公司编制的 Bisar 程序,雪弗隆公司编制的 Chevron 程序,美国地沥青学会所采用的 DAMA 程序。从边界条件来看,有考虑层间完全接触的程序,也有考虑部分接触的有限元程序。从工程应用的角度来看,目前研究成果已基本满足工程实际的需要,此外还有黏弹性理论研究成果、非线性理论研究成果等,这无疑为设计理论的进一步完善奠定了坚实的基础。

层状体系理论的应用也日益广泛,许多学者应用层状弹性体系对道路及其他工程结构(基础工程)进行力学分析。直接应用层状体系理论制定机场道面及道路路面设计规范的例子也很多,例如:我国现行的沥青路面设计规范是以层状弹性体系为基础,美国地沥青学会的设计规范、壳牌法设计方法等也都是以层状体系理论为基础。

一、层状体系的理论分析

1. 基本图式与基本假定

多层体系在圆形均布垂直荷载作用下的计算图式如图5-6所示。图中荷载 p 表示单位面积上的垂直荷载,r 为荷载圆面积的半径,h_1、h_2、$\cdots$、h_{n-1} 为各层厚度,E_1、E_2、$\cdots$、E_{n-1}、E_n 及 μ_1、μ_2、$\cdots$、μ_{n-1}、μ_n 为各层弹性模量及泊松比。层状体系基本假定:

(1)各层都是由均质、各向同性的弹性材料组成,这种材料的力学性能服从虎克定律。

(2)假定土基在水平方向和向下的深度方向均为无限,其上的各层厚度均为有限,水平方向为无限。

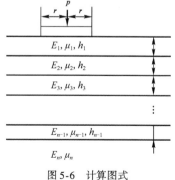

图 5-6　计算图式

(3) 上层表面作用着轴对称圆形均布垂直荷载,同时在下层无限深度处及水平无限远处应力和应变都是零。

(4) 层间接触面假定完全连续。

2. 基本原理

根据弹性理论,对于轴对称空间体,其几何方程为:

$$\varepsilon_r = \frac{\partial u}{\partial r}; \varepsilon_\theta = \frac{u}{r}; \varepsilon_z = \frac{\partial w}{\partial z}; \gamma_{zr} = \frac{\partial u}{\partial z} + \frac{\partial w}{\partial r} \tag{5-51}$$

其物理方程为:

$$\varepsilon_r = \frac{1}{E}[\sigma_r - \mu(\sigma_\theta + \sigma_z)]$$

$$\varepsilon_\theta = \frac{1}{E}[\sigma_\theta - \mu(\sigma_r + \sigma_z)]$$

$$\varepsilon_z = \frac{1}{E}[\sigma_z - \mu(\sigma_\theta + \sigma_r)] \tag{5-52}$$

$$\gamma_{zr} = \frac{2(1+\mu)}{G}\tau_{zr}$$

式中:G——剪切模量,$G = \frac{E}{2(1+\mu)}$;

μ——弹性体的泊松比。

轴对称空间课题微分单元的平衡微分方程为:

$$\frac{\partial \sigma_r}{\partial r} + \frac{\partial \tau_{zr}}{\partial z} + \frac{\sigma_r - \sigma_\theta}{r} = 0$$

$$\frac{\partial \sigma_z}{\partial z} + \frac{\partial \tau_{zr}}{\partial r} + \frac{\tau_{zr}}{r} = 0 \tag{5-53}$$

从式(5-51)~式(5-53)看出,三式中共有十个变量,并且已有十个方程,结合边界条件即可解出未知量值。但这种解法相当困难,甚至不可能得到应力分量。因此,一般采用应力函数求解。

研究物体的变形一般是针对物体内部割出的一块微分单元体,显然各相邻单元体的变形应是协调的。所以物体在变形前是一个连续体,在变形后也应是一个连续体。消去位移分量,可得变形连续方程为:

$$\nabla^2 \sigma_r - \frac{2}{r^2}(\sigma_r - \sigma_\theta) + \frac{1}{1+\mu} \frac{\partial^2 \Theta}{\partial r^2} = 0$$

$$\nabla^2 \sigma_\theta + \frac{2}{r^2}(\sigma_r - \sigma_\theta) + \frac{1}{1+\mu} \frac{1}{r} \frac{\partial \Theta}{\partial r} = 0 \tag{5-54}$$

$$\nabla^2 \sigma_z + \frac{1}{1+\mu} \frac{\partial^2 \Theta}{\partial z^2} = 0$$

$$\nabla^2 \tau_{zr} - \frac{\tau_{zr}}{r^2} + \frac{1}{1+\mu} \frac{\partial^2 \Theta}{\partial r \partial z} = 0$$

式中:Θ——第一应力不变量,$\Theta = \sigma_r + \sigma_\theta + \sigma_z$;

∇^2——拉普拉斯算子，$\nabla^2 = \dfrac{\partial^2}{\partial r^2} + \dfrac{1}{r}\dfrac{\partial}{\partial r} + \dfrac{\partial^2}{\partial z^2}$。

变形连续方程又称相容条件，是由圣维南(B. de Saint-Venant)于1864年提出的。实际上形变分量必须满足变形连续方程，才能保证位移分量的存在。如果任意选取形变分量的函数式而不满足变形连续方程，那么，由几何方程求出的位移分量将互不相容，这表示形变以后的物体不再连续而将发生相互脱离或相互侵入的情况。但是式(5-54)四个相容条件是相互等效或自然等于零。

采用应力函数法求解轴对称课题主要有 Love 函数法及 Southwell 函数法。这里介绍 Love 函数法。

设应力函数 $\varphi = \varphi(r, z)$，并给定：

$$\sigma_r = \frac{\partial}{\partial z}\left(\mu \nabla^2 \varphi - \frac{\partial^2 \varphi}{\partial r^2}\right)$$

$$\sigma_\theta = \frac{\partial}{\partial z}\left(\mu \nabla^2 \varphi - \frac{1}{r}\frac{\partial \varphi}{\partial r}\right)$$

$$\sigma_z = \frac{\partial}{\partial z}\left[(2-\mu)\nabla^2 \varphi - \frac{2\partial^2 \varphi}{\partial r^2}\right]$$

$$\tau_{zr} = \frac{\partial}{\partial r}\left[(1-\mu)\nabla^2 \varphi - \frac{2\partial^2 \varphi}{\partial z^2}\right] \tag{5-55}$$

将式(5-55)代入平衡微分方程(5-53)和变形连续方程(5-54)，除平衡微分方程中第一个恒等于零外，其余全部转化为重调和方程，即：

$$\nabla^2 \nabla^2 \varphi = 0 \tag{5-56}$$

这就是说，如果应力函数 φ 是重调和方程的解，则能满足平衡微分方程和变形连续方程。并可由式(5-55)求得应力分量，再由物理方程求得应变分量。位移分量可由下式求得。

$$u = -\frac{1+\mu}{E}\frac{2\partial^2 \varphi}{\partial r \partial z} \tag{5-57}$$

$$W = \frac{1+\mu}{E}\left[2(1-\mu)\nabla^2 \varphi - \frac{2\partial^2 \varphi}{\partial z^2}\right] \tag{5-58}$$

重调和方程的求解可采用分离变量法。对于多层体系中某一层 j，可以求解其应力函数。

根据亨格尔变换理论：

$$\int_0^\infty r\,\nabla^4 \varphi(r,z) J_0(\xi r)\,\mathrm{d}r = \int_0^\infty r\,\nabla^2[\nabla^2 \varphi(r,z)] J_0(\xi r)\,\mathrm{d}r$$

$$= \left(\frac{\mathrm{d}}{\mathrm{d}z^2} - \xi^2\right)\int_0^\infty r\,\nabla^2 \varphi(r,z) J_0(\xi r)\,\mathrm{d}r = \left(\frac{\mathrm{d}^2}{\mathrm{d}z^2} - \xi^2\right)^2 \int_0^\infty r\varphi(r,z) J_0(\xi r)\,\mathrm{d}r$$

$$= \left(\frac{\mathrm{d}^2}{\mathrm{d}z^2} - \xi^2\right)^2 \overline{\varphi}(\xi, z) \tag{5-59}$$

由于 $\varphi(r,z)$ 满足重调和方程，即：

$$\nabla^2 \nabla^2 \varphi = 0 \tag{5-60}$$

所以有：

$$\left(\frac{\mathrm{d}^2}{\mathrm{d}z^2} - \xi^2\right)^2 \overline{\varphi}(\xi,z) = 0 \tag{5-61}$$

解以上方程式，可得应力函数为：

$$\overline{\varphi}(\xi,z)_j = \left[(A_j + C_j z)\mathrm{e}^{\xi z} + (B_j + D_j z)\mathrm{e}^{-\xi z}\right] \tag{5-62}$$

求上式的亨格尔逆变换得：

$$\varphi(r,z)_j = \int_0^\infty \left[(A_j + C_j z)\mathrm{e}^{\xi z} + (B_j + D_j z)\mathrm{e}^{-\xi z}\right] J_0(\xi r) \xi \mathrm{d}\xi \tag{5-63}$$

式中： ξ——参数；

$J_0(\xi r)$——第一类零阶贝塞尔函数；

A_j、B_j、C_j、D_j——积分常数，可由每一层的边界条件和层间结合条件等确定；下标 j 从 1 到 n，表示同该层次相应的计算参数。

将应力函数式(5-63)代入 Love 应力函数与应力关系式。

$$\sigma_r = -\int_0^\infty \left\{[B - (1 + 2\mu - \xi z)D]\mathrm{e}^{-\xi z} - [A + (1 + 2\mu + \xi z)C]\mathrm{e}^{\xi z}\right\} \xi J_0(\xi r)\mathrm{d}\xi + \frac{1}{r}U$$

$$\sigma_\theta = 2\mu \int_0^\infty (B\mathrm{e}^{-\xi z} + A\mathrm{e}^{\xi z}) \xi J_0(\xi r)\mathrm{d}\xi - \frac{1}{r}U$$

$$\sigma_z = \int_0^\infty \left\{[B + (1 - 2\mu + \xi z)D]\mathrm{e}^{-\xi z} - [A - (1 - 2\mu - \xi z)C]\mathrm{e}^{\xi z}\right\} \xi J_0(\xi r)\mathrm{d}\xi \tag{5-64}$$

$$\tau_{zr} = \int_0^\infty \left\{[B - (2\mu - \xi z)D]\mathrm{e}^{-\xi z} + [A + (2\mu + \xi z)C]\mathrm{e}^{\xi z}\right\} \xi J_1(\xi r)\mathrm{d}\xi$$

$$u = -\frac{1+\mu}{E}U$$

$$w = -\frac{1+\mu}{E}\int_0^\infty \left\{[B + (2 - 4\mu + \xi z)D]\mathrm{e}^{-\xi z} + [A - (2 - 4\mu - \xi z)C]\mathrm{e}^{\xi z}\right\} \xi J_0(\xi r)\mathrm{d}\xi$$

其中：$U = \int_0^\infty \left\{[B - (1 - \xi z)D]\mathrm{e}^{-\xi z} - [A + (1 + \xi z)C]\mathrm{e}^{\xi z}\right\} J_1(\xi r)\mathrm{d}\xi$。

3. 积分常数计算

对 n 层体系具有 $4n$ 个积分常数。由以上算式可以看出，多层体系应力应变计算的关键是要确定对应于各个层次的积分常数，然后通过贝塞尔函数的无穷积分计算，便可完成全部计算分析工作。确定积分常数，可以根据相应的边界条件与层间结合条件来进行。在多层体系顶面 ($j=1, z=0$) 具有以下边界条件：

$$(\sigma_z)_1 = -p$$
$$(\tau_{zr})_1 = 0 \tag{5-65}$$

在第 j 层与第 $j+1$ 层之间的结合面上 ($\lambda = \lambda_j$)，若这两层是完全连续的，则具有以下连续条件：

$$(\sigma_z)_j = (\sigma_z)_{j+1}$$
$$(\tau_{zr})_j = (\tau_{zr})_{j+1}$$
$$(u)_j = (u)_{j+1}$$
$$(w)_j = (w)_{j+1} \tag{5-66}$$

在第 j 层与第 $j+1$ 层之间的结合面上,若这两层是完全光滑的,则具有以下连续条件:

$$(\sigma_z)_j = (\sigma_z)_{j+1}$$
$$(\tau_{zr})_j = (\tau_{zr})_{j+1} = 0$$
$$(w)_j = (w)_{j+1} \tag{5-67}$$

此外,在地基的无限深处,应力与位移皆满足:

$$(\sigma_j, \sigma_\theta, \tau_{zr}, u, w)_{r \to \infty} = 0 \tag{5-68}$$

则要求应力函数 $\varphi_n|_{\lambda \to \infty} = 0$,因 $e^{\xi\lambda}|_{\lambda = \infty} = \infty$,即:

$$A_n = C_n = 0 \tag{5-69}$$

则对于 n 层体系,还有 $4n-2$ 个待定积分系数,而根据边界条件可以建立 $4n-2$ 个方程,因此全部积分系数均可以求解。确定待定积分系数,用矩阵法非常简单,且便于使用计算机分析计算。为此可将应力和位移中包含有 A_j、B_j、C_j、D_j 的系数写成矩阵形式:

$$\begin{Bmatrix} (\sigma_z)_j \\ (\tau_{zr})_j \\ (u)_j \\ (W)_j \end{Bmatrix} = [M](\mu_j, E_j, \lambda_j, h_j) \begin{Bmatrix} A_j \\ B_j \\ C_j \\ D_j \end{Bmatrix} \tag{5-70}$$

式中,$h = \lambda_j - \lambda_{j-1}$;$[M]$ 为 4×4 的矩阵。

根据连续条件,可以写成:

$$M(\mu_j, E_j, \lambda_j, h_j) \begin{Bmatrix} A_j \\ B_j \\ C_j \\ D_j \end{Bmatrix} = [M](\mu_{j+1}, E_{j+1}, \lambda_{j+1}, h_{j+1}) \begin{Bmatrix} A_{j+1} \\ B_{j+1} \\ C_{j+1} \\ D_{j+1} \end{Bmatrix} \tag{5-71}$$

由式(5-71)可以看出,第 j 层积分常数可由第 $j+1$ 层的积分常数求得。

通过逐层计算,可以将第一层的积分常数与第 n 层的积分常数联系起来,并利用下式可得:

$$\begin{Bmatrix} A_1 \\ B_1 \\ C_1 \\ D_1 \end{Bmatrix} = \left\{ \prod_{j=1}^{n-1} N_j \right\} \begin{Bmatrix} 0 \\ B_n \\ 0 \\ D_n \end{Bmatrix} = [C] \begin{Bmatrix} 0 \\ B_n \\ 0 \\ D_n \end{Bmatrix} \tag{5-72}$$

由多层体系顶面的边界条件代入式(5-62)得：

$$A_1 e^{-\xi h_1} + B_1 - C_1(1-2\mu_1)e^{-\xi h_1} + D_1(1-2\mu_1) = 1$$

$$A_1 e^{-\xi h_1} - B_1 + C_1(2\mu_1)e^{-\xi h_1} + D_1(2\mu_1) = 0$$

则：

$$\begin{Bmatrix} 1 \\ 0 \end{Bmatrix} = \begin{Bmatrix} e^{-\xi h_1} & 1 & -(1-2\mu_1)e^{-\xi h_1} & (1-2\mu_1) \\ e^{-\xi h_1} & -1 & 2\mu_1 e^{-\xi h_1} & 2\mu_1 \end{Bmatrix} \times \begin{Bmatrix} A_1 \\ B_1 \\ C_1 \\ D_1 \end{Bmatrix} = [F]\begin{Bmatrix} A_1 \\ B_1 \\ C_1 \\ D_1 \end{Bmatrix}$$

$$\begin{Bmatrix} 1 \\ 0 \end{Bmatrix} = [F][C]\begin{Bmatrix} 0 \\ B_n \\ 0 \\ D_n \end{Bmatrix} \tag{5-73}$$

因此，在计算积分常数时，可按以下步骤进行：
(1)形成矩阵$[C]$。
(2)形成矩阵$[F]$。
(3)计算B_n、D_n。
(4)由下而上逐层计算各层的积分常数。
在积分常数确定之后，通过贝塞尔函数及无穷积分数值解可计算应力分量及位移分量。

4. 数值积分

在进行应力分量及位移分量计算时，可以归纳为以下形式：

$$\int_0^\infty E(\xi)F(\xi)\mathrm{d}\xi \tag{5-74}$$

二、弹性多层体系应力、位移分析程序

1. 程序功能

弹性多层体系应力、位移分析程序适用于N层组成的多层结构体系，具有如下功能：
(1)适用于多层弹性体系，层数不限，在此最大值定为$L=6$。
(2)每个层次的弹性模量和泊松比不受限制。
(3)适用于计算各层体系任意一点的应力、位移，可同时算出多个点的应力及位移，计算点最大值为24点。
(4)荷载为单圆垂直均布荷载，作用于上层顶面。
(5)对双圆荷载，利用单圆荷载进行应力叠加。

2. 程序的输入输出说明

输入变量：
NL——层状体系的层数(NL≤6)；

NS——应力、应变及位移计算点数(NS≤24);
NIC——积分最多次数(NIC≤40);
INTT——计算点状态参数(INTT=0,表面点;INTT≠0,内部点);
DEL——近似积分的精度,常用0.0001;
CR——荷载圆的半径(cm);
CP——荷载的单位接触压力(0.1MPa);
R(NS)——每个计算点离荷载中心的径向坐标值(cm);
Z(NS)——每个计算点离表面的垂直坐标值(cm);
E(NL)——每一层的弹性模量,0.1MPa;
PR(NL)——每一层的泊松比;
HA(NH)——每一结构层的厚度(NH=NL-1)(cm)。

输出变量:
STRESSZ——Z 方向正应力,0.1MPa;
STRESSR——R 方向正应力,0.1MPa;
STRESST——T 方向正应力,0.1MPa;
STRESSZR——ZR 方向剪应力,0.1MPa;
STRAINZ——Z 方向应变;
STRAINR——R 方向应变;
STRIINT——T 方向应变;
DISPZ——Z 方向位移(cm)。

3. 计算实例

某一弹性六层体系,各层模量为 10000MPa、9000MPa、8000MPa、10000MPa、7000MPa、60MPa,厚度为4cm、6cm、8cm,各层泊松比为0.25、0.25、0.25、0.25、0.25、0.35,请计算径向距离分别为0、15、30、50、75、100、150、175、200、300 和竖向距离分别为4.0、7.0、10.0、14.0、18.0、37.0、56.0、66.0、76.0、106.0 的应力、应变和位移。

4. 计算输出结果

层位	界面连续状态	模量	泊松比	厚度	界面接触系数
1	完全连续	.1000E+05	.2500E+00	.4000E+01	.0000E+00
2	完全连续	.9000E+04	.2500E+00	.6000E+01	.0000E+00
3	完全连续	.8000E+04	.2500E+00	.8000E+01	.0000E+00
4	完全连续	.1000E+05	.2500E+00	.3800E+02	.0000E+00
5	完全连续	.7000E+04	.2500E+00	.2000E+02	.0000E+00
6	路基参数	.6000E+02	.3500E+00		

荷载号	单位压力	荷载半径	位置x	位置y
1	.7000	10.6500	.0000	.0000
2	.7000	10.6500	31.9500	.0000

计算点号	层位	位置 x	位置 y	位置 z
1	1	.0000	.0000	.0000
2	1	15.0000	.0000	.0000
3	1	30.0000	.0000	.0000
4	1	50.0000	.0000	.0000
5	1	75.0000	.0000	.0000
6	1	100.0000	.0000	.0000
7	1	150.0000	.0000	.0000
8	1	175.0000	.0000	.0000
9	1	200.0000	.0000	.0000
10	1	300.0000	.0000	.0000
11	1	.0000	.0000	4.0000
12	2	.0000	.0000	7.0000
13	2	.0000	.0000	10.0000
14	3	.0000	.0000	14.0000
15	3	.0000	.0000	18.0000
16	4	.0000	.0000	37.0000
17	4	.0000	.0000	56.0000
18	5	.0000	.0000	66.0000
19	5	.0000	.0000	76.0000
20	6	.0000	.0000	106.0000

计算点号	总应力 (R T Z YZ XZ XY) MPa						位移 (w − cm)
1	−.6308	−.6741	−.7000	.0000	.0000	.0000	.014015
2	.0816	−.2676	.0000	.0000	.0000	.0000	.013357
3	−.6276	−.6768	−.7000	.0000	.0000	.0000	.014023
4	−.0078	−.1657	.0000	.0000	.0000	.0000	.012758
5	−.0557	−.0980	.0000	.0000	.0000	.0000	.012162
6	−.0453	−.0780	.0000	.0000	.0000	.0000	.011713
7	−.0229	−.0536	.0000	.0000	.0000	.0000	.010787
8	−.0153	−.0451	.0000	.0000	.0000	.0000	.010314
9	−.0095	−.0382	.0000	.0000	.0000	.0000	.009842
10	.0031	−.0206	.0000	.0000	.0000	.0000	.008060

续上表

计算点号	总应力（R T Z YZ XZ XY）MPa						位移（w-cm）
11	-.3024	-.3199	-.6656	.0000	.0031	.0000	.013833
12	-.1656	-.1667	-.5766	.0000	.0077	.0000	.013663
13	-.0942	-.0846	-.4703	.0000	.0133	.0000	.013509
14	-.0746	-.0603	-.3507	.0000	.0196	.0000	.013326
15	-.0698	-.0555	-.2634	.0000	.0242	.0000	.013189
16	.0027	.0143	-.0821	.0000	.0246	.0000	.012921
17	.0680	.0754	-.0226	.0000	.0130	.0000	.012793
18	.0688	.0734	-.0081	.0000	.0076	.0000	.012730
19	.0995	.1062	-.0024	.0000	.0002	.0000	.012662
20	-.0002	-.0002	-.0019	.0000	.0001	.0000	.011686

计算点号	总应变（R T Z YZ XZ XY）					
1	-.2873E-04	-.3414E-04	-.3738E-04	.0000E+00	.0000E+00	.0000E+00
2	.1485E-04	-.2880E-04	4649E-05	.0000E+00	.0000E+00	.0000E+00
3	-.2834E-04	-.3449E-04	-.3739E-04	.0000E+00	.0000E+00	.0000E+00
4	.3364E-05	-.1638E-04	.4337E-05	.0000E+00	.0000E+00	.0000E+00
5	-.3122E-05	-.8405E-05	.3842E-05	.0000E+00	.0000E+00	.0000E+00
6	-.2575E-05	-.6669E-05	.3081E-05	.0000E+00	.0000E+00	.0000E+00
7	-.9560E-06	-.4782E-05	.1913E-05	.0000E+00	.0000E+00	.0000E+00
8	-.4069E-06	-.4127E-05	.1511E-05	.0000E+00	.0000E+00	.0000E+00
9	.3326E-08	-.3587E-05	.1194E-05	.0000E+00	.0000E+00	.0000E+00
10	.8281E-06	-.2140E-05	.4374E-06	.0000E+00	.0000E+00	.0000E+00
11	-.5604E-05	-.7787E-05	-.5100E-04	.0000E+00	.3869E-06	.0000E+00
12	.2251E-05	.2094E-05	-.5483E-04	.0000E+00	.1073E-05	.0000E+00
13	.4942E-05	.6285E-05	-.4729E-04	.0000E+00	.1848E-05	.0000E+00
14	.3516E-05	.5750E-05	-.3962E-04	.0000E+00	.3068E-05	.0000E+00
15	.1234E-05	.3480E-05	-.2901E-04	.0000E+00	.3777E-05	.0000E+00
16	.1966E-05	.3410E-05	-.8633E-05	.0000E+00	.3078E-05	.0000E+00
17	.5483E-05	.6403E-05	-.5844E-05	.0000E+00	.1628E-05	.0000E+00
18	.7502E-05	.8319E-05	-.6242E-05	.0000E+00	.1356E-05	.0000E+00
19	.1050E-04	.1170E-04	-.7690E-05	.0000E+00	.3322E-07	.0000E+00
20	.8312E-05	.8713E-05	-.2895E-04	.0000E+00	.2269E-05	.0000E+00

计算点号	主应力(1 2 3)			主应变(1 2 3)		
1	−.6308	−.6741	−.7000	−.2873E−04	−.3414E−04	−.3738E−04
2	.0816	.0000	−.2676	.1485E−04	.4649E−05	−.2880E−04
3	−.6276	−.6768	−.7000	−.2834E−04	−.3449E−04	−.3739E−04
4	.0000	−.0078	−.1657	.4337E−05	.3364E−05	−.1638E−04
5	.0000	−.0557	−.0980	.3842E−05	−.3122E−05	−.8405E−05
6	.0000	−.0453	−.0780	.3081E−05	−.2575E−05	−.6669E−05
7	.0000	−.0229	−.0536	.1913E−05	−.9560E−06	−.4782E−05
8	.0000	−.0153	−.0451	.1511E−05	−.4069E−06	−.4127E−05
9	.0000	−.0095	−.0382	.1194E−05	.3326E−08	−.3587E−05
10	.0031	.0000	−.0206	.8281E−06	.4374E−06	−.2140E−05
11	−.3024	−.3199	−.6656	−.5601E−05	−.7787E−05	−.5101E−04
12	−.1654	−.1667	−.5767	.2271E−05	.2094E−05	−.5485E−04
13	−.0846	−.0938	−.4708	.6285E−05	.5007E−05	−.4736E−04
14	−.0603	−.0732	−.3521	.5750E−05	.3734E−05	−.3984E−04
15	−.0555	−.0669	−.2663	.3480E−05	.1698E−05	−.2947E−04
16	.0143	.0093	−.0887	.3410E−05	.2794E−05	−.9462E−05
17	.0754	.0699	−.0244	.6403E−05	.5712E−05	−.6074E−05
18	.0734	.0696	−.0089	.8319E−05	.7635E−05	−.6375E−05
19	.1062	.0995	−.0024	.1170E−04	.1050E−04	−.7690E−05
20	−.0002	−.0002	−.0019	.8713E−05	.8450E−05	−.2908E−04

第四节 沥青路面结构的非线性分析

一、路面结构非线性的分析方法

在弹性层状体系理论中,假设路面各层材料是线性弹性的,但是这一假设并不完全符合实际情况。我们知道,路面材料具有应力应变的非线性特性,在小应变时呈现出线弹性性质,而当应变较大时非线性特性会较为明显。因此,在层状体系中仅用弹性模量来表示土的承载能力是不完善的。

对于路面材料的非线性特性,国内外均非常重视。我国的路面设计方法中就对其进行了考虑。

首先,在选用路面材料承载力参数时,选用了回弹模量。这是考虑到回弹模量从瞬时和可恢复的角度反映了路面材料的弹性性质,因而路面在荷载作用下的回弹变形就可以用弹性理论的关系式表达。

在确定土基回弹模量的过程中,也进行了一定的处理。例如,在测定过程中采用了加载-卸载的方法,也就是对每一级荷载经过多次循环加载,取得稳定的回弹弯沉值后,再进行下一步加载,这样便可得到比较稳定的荷载-弯沉曲线。在选取路基回弹模量时,参考路基实际承受的压力大小的范围。因此,选定的模量大致反映了路基土在车辆实际作用之下的模量。由于土的模量是随应力大小而变化的,土基中各点的模量是各不相同的,因此用上述方法确定的回弹模量只是一个代表值,表征了土基抵抗变形的整体能力,而不能表示土基中各点的实际工作状态。

国外对路面材料的非线性的考虑更为充分,如 SHELL 设计法中土基的模量是采用动力试验测定的动态模量,因而更真实地反映了动荷载作用下土基的应力-应变状态。该法对松散材料、整体性材料的模量值建立了与应力相关而不同的经验公式。此外,它对沥青混合料材料特性的考虑也极有特色,将沥青混合料的模量与沥青的劲度模量及材料组合之间建立了定量关系。

以上这些方法,从本质上说都是将局部线性化与经验方法结合起来,也就是说把材料的非线性在一定的应力水平上当作线性弹性处理,并通过实验加以修正。这种处理方法在一定程度上反映了材料的实际工作状态,但是其应用是有一定局限的。另一方面,由于有限元法可以真实地反映路面中每一点的实际应力状态,国内外都特别重视将有限元法和非线性模型相结合的方法。这一方法是在有限元分析中采用一定的非线性模型,通过循环和迭代运算求得解答。本文也是从这一角度入手,给出了求解路面层状体系非线性问题的一个通用程序。

二、非线性有限元分析

非线性问题主要有两种:一是材料特性引起的非线性,即材料非线性;一是结构的大变形引起的非线性,即几何非线性。在路面结构中,影响较大的是材料非线性,因此,本文仅介绍材料非线性的影响。

材料非线性可分为弹性非线性和弹塑性非线性,由于篇幅所限,本文仅讨论弹性非线性,其应力应变关系可用下式表示:$\{\sigma\} = [D]\{\varepsilon\}$,其中的$[D]$是变量。如果计算中假定变形是弹性的,只是弹性常数随应力而变,在加荷过程中$[D]$的变化通过弹性常数的变化来实现。

由于应力应变的非线性,使得有限元的整体平衡方程成为非线性方程组,要从数学上求解此方程组是十分困难的,只能用一些近似的方法来解。常用的方法一般有迭代法、增量法以及增量迭代法三种。

1. 迭代法

迭代法是将荷载一次全部施加于结构,在应力-应变关系上用一系列的直线来逼近实际曲线,逐步修正弹性常数,使最后解得的应力应变与试验测得的曲线一致。迭代法可分为割线迭代、余量迭代等。

其中割线迭代法首先要有全量的本构关系式。三轴试验所得的ε_a和ε_r,仅仅是施加偏应力(σ_1-σ_3)后的应变,不是应变全量。如果把固结压力σ_3所引起的应变也叠加上去,虽然表示了应变全量,但也只适用于轴对称情况,而且还要假定变形与应力路径无关,因此一般不使用割线迭代法。

余量迭代法是先将总荷载施加于结构作一次有限元计算,解得的应变在非线性关系上所对应的应力,一般地与外荷载是不平衡的。则从总荷载中扣除计算应力所平衡了的那部分荷载,仅将剩余荷载施加于结构,作迭代计算。

如图 5-7 所示,第一次试算后得 $\{\delta\}_1$、$\{\varepsilon\}_1$,相应的弹性应力为 $\{\sigma^*\}_1$,在非线性关系上所对应的应力为 $\{\sigma\}_1$。$\{\sigma^*\}_1$ 是与外荷相平衡的,但 $\{\sigma\}_1$ 与 R 便不能平衡,由各单元的应力 $\{\delta\}_1$ 用下式求单元结点力:

$$\{F\}^e = \iint [B]^T \{\sigma\} \mathrm{d}x\mathrm{d}y \tag{5-75}$$

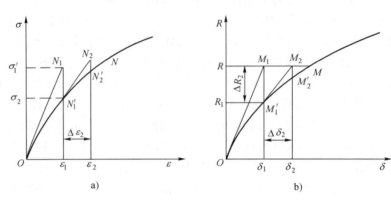

图 5-7 余量迭代

各结点将相邻单元在该点的结点力叠加起来形成 $\{R\}_1$。应力解答 $\{\sigma\}_1$ 是与 $\{R\}_1$ 平衡的。尚有 $\{R\}_2 = \{R\} - \{R\}_1$ 未得到平衡。在第二次试算中将余荷 $\{R\}_2$ 作为外荷施加于结构,解出位移,并从非线性应力-应变关系中确定应力增量,又使得 $\{R\}_2$ 中一部分荷载得到平衡。如此迭代,使余荷逐渐减小,应力解答与实际外荷相平衡,解答趋向于真实解。

第 l 次迭代步骤如下:

(1) 由各单元的 $\{\sigma\}_{l-1}$ 求切线弹性常数 E_t、μ_t,从而形成弹性矩阵 $[D]_l$。

(2) 由 $[D]_l$ 形成劲度矩阵 K_l。

(3) 计算剩余荷载 $\{\Delta R\}_l = \{R\} - \{R\}_{l-1}$,其中 $\{R\}_{l-1}$ 由 $\{\sigma\}_{l-1}$ 根据式(5-75)求得 $\{F\}^e$ 后叠加而成。当 $l=1$ 时,令 $\{R\}_{l-1} = 0$。

(4) 由 $[K]_l \{\Delta\delta\}_l = \{\Delta R\}_l$,解得 $\{\Delta\delta\}_l$。

(5) 由 $\{\Delta\delta\}_l$ 解得 $\{\Delta\varepsilon\}_l$,总的应变为 $\{\varepsilon\}_l = \{\varepsilon\}_{l-1} + \{\Delta\varepsilon\}_l$。从非线性的应力应变关系上确定对应的应力 $\{\sigma\}_l$。

重复上述步骤,直到 $\{\Delta R\}$ 很小。

这种迭代方法每次根据切线弹性常数形成劲度矩阵,也叫切线迭代法。余量迭代法中,还有另一种方法,在迭代过程中劲度矩阵不变,叫常劲度迭代法,如图 5-8 所示。迭代时,除了第一次要假定弹性常数,形成劲度矩阵外,以后每次迭代只重复上述步骤中的(3)~(5)。

常劲度迭代法要迭代较多的次数,但每次迭代不要重新形成劲度矩阵,也省去了解方程组时将劲度矩阵分解为上下三角阵的运算,总的计算时间不一定增加。

2. 增量法

增量法是将全荷载分为若干级微小增量,逐级用有限元法进行计算。对于每一级增量,在计算时假定材料性质不变,做线性有限元计算,解得位移、应变和应力的增量;而各级荷载之间,材料性质变化,刚度矩阵变化,反映了非线性的应力-应变关系。这种方法实际上是用分段直线来逼近曲线。增量法有基本增量法、中点增量法以及增量迭代法。

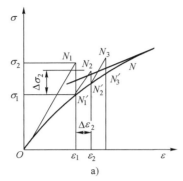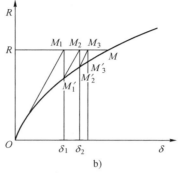

图 5-8　常劲度迭代

1) 基本增量法

各级荷载下的材料性质是由刚度矩阵 $[D]$ 来体现的,并且它决定于应力状态。基本增量法是根据每级的初始应力来确定刚度矩阵 $[D]$ 的,如图 5-9 所示。对第 l 级荷载,增量法计算步骤为:

(1) 用前级终了时的应力,也就是本级的初始应力 $\{\sigma\}_{l-1}$,确定刚度矩阵 $[D]_l$。对于弹性非线性问题,就是确定切线弹性常数 E_l 和 μ_l,从而形成 $[D]_l$。这相当于图 5-15a) N_{l-1} 点处曲线的斜率。

(2) 由 $[D]_l$ 形成劲度矩阵 $[K]_l$,相当于图 5-9b) 中 M_{l-1} 点的斜率。

(3) 解线性方程组 $[K]_l\{\Delta\delta\} = \{\Delta\delta\}_l$,得位移增量 $\{\Delta\delta\}_l$,相应的位移总量 $\{\delta\}_l = \{\delta\}_{l-1} + \{\Delta\delta\}_l$。

(4) 由 $\{\Delta\delta\}_l$ 求各单元应变增量 $\{\Delta\varepsilon\}_l$ 和应力增量 $\{\Delta\sigma\}_l$,则 $\{\varepsilon\}_l = \{\varepsilon\}_{l-1} + \{\Delta\varepsilon\}_l$,$\{\sigma\}_l = \{\sigma\}_{l-1} + \{\Delta\sigma\}_l$。

对各级荷载重复上述步骤,可得最后解。

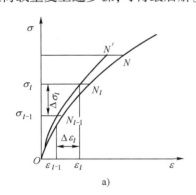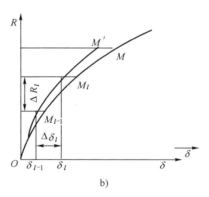

图 5-9　基本增量法

2) 中点增量法

基本增量法由于用初始应力求 $[D]$,每级荷载都有一定的误差,累计起来应力应变解答如图 5-9a) 中 N' 点所示,与曲线上的 N 点有相当的距离。而中点增量法可以使结果有所改善,它是对于某一级荷载,应力从初始状态变化到终了状态,采用该级荷载下的平均应力所对应的 $[D]$ 进行计算,这就是中点增量法。为了求平均应力,要做一次试算。按基本增量法先算一次,得出的应力与初始应力平均,就得该级荷载的平均应力(中点应力),再求 $[D]$,重新算一次。

如图 5-10 所示，第 l 级荷载的计算步骤如下：

（1）～（4）同基本增量法。

（5）$\{\bar{\sigma}\}_l = (\{\sigma\}_{l-1} + \{\sigma\}_l)/2$。

（6）由平均应力 $\{\bar{\sigma}\}_l$ 求 $[\bar{D}]_l$，再形成 $[\bar{K}]_l$。

（7）解方程组 $[\bar{K}]_l \{\Delta\delta\}_l = \{\Delta R\}_l$，得位移增量 $\{\Delta\delta\}_l$，相应的位移总量 $\{\delta\}_l = \{\delta\}_{l-1} + \{\Delta\delta\}_l$。

（8）由 $\{\Delta\delta\}_l$ 求应变增量 $\{\Delta\varepsilon\}_l$ 和应力增量 $\{\Delta\sigma\}_l$，进而求应力和应变全量。

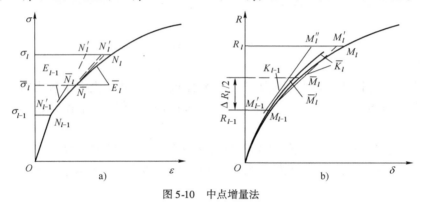

图 5-10　中点增量法

3. 增量迭代法

为了提高非线性分析的精度，可以把总荷载分为若干级增量，对每一级荷载增量，进行若干级迭代，使其收敛于真实解，这就是增量迭代法。其中迭代的方法可以用前面所讲的任一种迭代法，也可以反复使用中点增量法，直到前后两次的计算结果相当接近。增量迭代法，计算的时间较长，从理论上来说，解得的结果最精确。

三、弹性非线性模型

弹性非线性模型假定材料符合弹性力学规律，用改变弹性常数的方法来反映非线性特性，材料应力应变关系式为：

$$\{\sigma\} = [D]\{\varepsilon\} \tag{5-76}$$

这里刚度矩阵称弹性矩阵，由广义虎克定律：

$$[D] = \frac{E(1-\mu)}{(1+\mu)(1-2\mu)} \begin{bmatrix} 1 & & & & & \\ \frac{\mu}{1-\mu} & 1 & & \text{对称} & & \\ \frac{\mu}{1-\mu} & \frac{\mu}{1-\mu} & 1 & & & \\ 0 & 0 & 0 & \frac{1-2\mu}{2(1-\mu)} & & \\ 0 & 0 & 0 & 0 & \frac{1-2\mu}{2(1-\mu)} & \\ 0 & 0 & 0 & 0 & 0 & \frac{1-2\mu}{2(1-\mu)} \end{bmatrix} \tag{5-77}$$

式中包含了弹性模量 E 和泊松比 μ 两个常数。如果弹性常数 E、μ 为不变量,则应力与应变的关系为线性;如果它们随应力状态而变,应力-应变关系就成为非线性。因此,对弹性非线性模型来说,关系式是现成的,问题仅仅在于如何确定随应力变化的弹性常数。

1. 弹性常数的确定

材料的变形试验有许多方法,都可用来确定弹性常数,只是试验方法不同,计算弹性常数的公式也不同,但确定的依据都是广义虎克定律。下面介绍两种试验来确定弹性常数的公式。

1) 单轴压缩试验

由广义虎克定律:

$$\varepsilon_1 = \frac{\sigma_1}{E} - \mu \frac{\sigma_2 + \sigma_3}{E} \tag{5-78}$$

对单轴压缩试验,$\sigma_2 = \sigma_3 = 0$,如图 5-11a) 所示,因此:

$$\varepsilon_1 = \frac{\sigma_1}{E} \tag{5-79}$$

由此:

$$E = \frac{\sigma_1}{\varepsilon_1} \tag{5-80}$$

以 σ 为纵坐标,ε 为横坐标,点绘 σ-ε 关系,如图 5-11b) 所示,曲线的斜率即弹性模量 E。土体的 σ-ε 关系是曲线,斜率 E 是变量,随 σ 而变。曲线斜率有两种表示方法,分别表示两种模量,即割线弹性模量 E_s,切线弹性模量 E_t。其中切线模量可表示为:

$$E_t = \frac{\Delta \sigma_1}{\Delta \varepsilon_1} \tag{5-81}$$

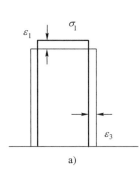
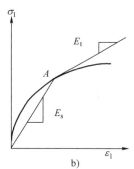

图 5-11 单轴压缩试验

割线弹性模量用于表示应力全量和应变全量之间的关系,切线弹性模量和泊松比则用于表示应力增量和应变增量之间的关系。对于增量关系可表示如下:

$$\{\Delta\sigma\} = [D]\{\Delta\varepsilon\}$$

式中,$[D]$ 所含常数为切线弹性常数。

2) 常规三轴试验

在 σ_3 为常量的条件下增加偏应力,测出偏应力 $\sigma_1 - \sigma_3$ 与偏应变 ε_a 之间的关系曲线,如图 5-12a) 所示。

由广义虎克定律关系式可知,当 σ_3 不等于 0 时,无法由该式推得简单的弹性模量公式,

$(\sigma_1-\sigma_3)$-ε_a 割线斜率不具有割线弹性模量的物理意义。但对于增量分析,该曲线却可以确定增量弹性模量 E_t。由增量的虎克定律得出:

$$\Delta\varepsilon_1 = \frac{\Delta\sigma_1}{E_t} - \mu_t\frac{\Delta\sigma_2+\Delta\sigma_3}{E_t}$$

对常规三轴试验,$\sigma_2=\sigma_3=$常量,故 $\Delta\sigma_2=\Delta\sigma_3=0$,上式成为:

$$\Delta\varepsilon_1 = \frac{\Delta\sigma_1}{E_t}$$

则:

$$E_t = \frac{\Delta\sigma_1}{\Delta\varepsilon_1}$$

在加偏应力过程中,大主应力增量就是偏应力增量 $\Delta\sigma_1=\Delta(\sigma_1-\sigma_3)$,同时大主应变增量等于轴向应变增量 $\Delta\varepsilon_1=\Delta\varepsilon_a$:

$$E_t = \frac{\Delta(\sigma_1-\sigma_3)}{\Delta\varepsilon_a} \tag{5-82}$$

因此,$(\sigma_1-\sigma_3)$-ε_a 曲线的切线斜率是具有 E_t 的物理意义的。

由增量虎克定律得到的另一个式子:

$$\Delta\varepsilon_3 = \frac{\Delta\sigma_3}{E_t} - \mu_t\frac{\Delta\sigma_1+\Delta\sigma_2}{E_t} \tag{5-83}$$

在 $\Delta\sigma_2=\Delta\sigma_3=0$ 的条件下:

$$\Delta\varepsilon_3 = -\mu_t\frac{\Delta\sigma_1}{E_t} = -\mu_t\Delta\varepsilon_1$$

故:

$$\mu_t = -\frac{\Delta\varepsilon_3}{\Delta\varepsilon_1} = \frac{-\Delta\varepsilon_r}{\Delta\varepsilon_a} \tag{5-84}$$

点绘侧向膨胀应变 ε_r 与轴向压缩应变 ε_a 之间的关系曲线,其切线斜率就是切线泊松比 μ_t,如图 5-12b)所示,而该曲线的割线斜率并不具有割线泊松比的物理意义。

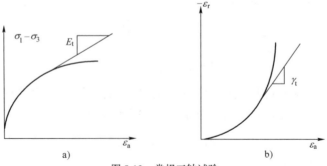

图 5-12 常规三轴试验

2. 两种曲线模型

1) 路面结构层的二次曲线模型

测定路面结构层的非线性特性采用无侧限试件、逐级加载卸载方法,每加卸载一次,用百分表测出相应的回弹变形值,并可求得此级荷载的压应变和压应力。

以压应变 ε 为横坐标,以压应力 σ 为纵坐标,把材料的试验结果绘成 σ-ε 曲线。经计算机回归分析,可以发现,用二次曲线能很好地模拟试验曲线,用公式表示为:

$$\sigma = a\varepsilon^2 + b\varepsilon + c$$

式中:a、b、c——因材料而不同的三个常数,通过回归曲线,用计算机可以很容易确定这三个常数。

对上式求导数,根据单轴试验式(5-81)得:

$$E_t = \frac{\Delta\sigma_1}{\Delta\varepsilon_1} = \frac{\partial\sigma_1}{\partial\varepsilon_1} = 2a\varepsilon_1 + b \tag{5-85}$$

当 $\varepsilon \to 0$ 时,$b = E_t\big|_{\varepsilon \to 0}$,即 $b = E_i$,其物理意义是曲线的初始切线斜率,也即初始弹性模量。$a = \frac{1}{2\varepsilon}(E_t - b) = \frac{E_t - E_i}{2\varepsilon} = \frac{\Delta E_t}{2\varepsilon}$,其物理意义是曲线的切线斜率相对于 ε 轴的平均变化率的二分之一,即弹性模量相对于应变的变化率的一半。

2)材料的切线泊松比

由于材料的切线泊松比在加载过程中变化不大,故仍取为定值。

3)土基的双曲线模型

土基可以用室内三轴试验来模拟实际受力情况,其模型以邓肯(J.M.Duncan)等人所提出的双曲线模型较为常见。它是由常规三轴试验测得的应力-应变关系曲线确定弹性参数的模型,这一模型简单实用,概念明确。下面分述其弹性参数的确定方法。

(1)切线弹性模量。

康纳(Kondner)等人发现,常规三轴试验测得的 $(\sigma_1 - \sigma_3)$-ε_a 关系曲线可以很好地用双曲线来表示,如图 5-13a)所示,关系式为:

$$\sigma_1 - \sigma_3 = \frac{\varepsilon_a}{a + b\varepsilon_a} \tag{5-86}$$

式中,a 和 b 为两个常数。

式(5-86)可改写为:

$$\frac{\varepsilon_a}{\sigma_1 - \sigma_3} = a + b\varepsilon_a \tag{5-87}$$

以 $(\varepsilon_a/\sigma_1 - \sigma_3)$ 为纵坐标,ε_a 为横坐标,构成新的坐标系,则双曲线转换成直线,如图 5-13b)所示。其斜率为 b,截距为 a,把试验结果点绘在转换的坐标系中,可很容易地确定 a 和 b。

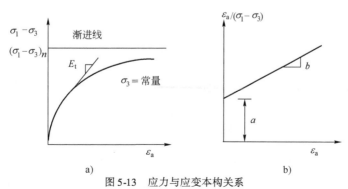

图 5-13 应力与应变本构关系

邓肯等人应用和发展了这一关系,推导出了切线的弹性模量公式。

对式(5-86)求导数:

$$E_t = \frac{\partial(\sigma_1 - \sigma_3)}{\partial \varepsilon_a} = \frac{a}{(a + b\varepsilon_a)^2} \tag{5-88}$$

由式(5-87)得:

$$\varepsilon_a = \frac{a}{\dfrac{1}{\sigma_1 - \sigma_3} - b} = \frac{a(\sigma_1 - \sigma_3)}{1 - b(\sigma_1 - \sigma_3)} \tag{5-89}$$

代入式(5-88),得:

$$E_t = \frac{1}{a}[1 - b(\sigma_1 - \sigma_3)]^2 \tag{5-90}$$

对于一条给定的曲线来说,a 和 b 是一个确定的值,且有着明确的物理意义。式(5-89)中当 $\varepsilon_a \to 0$ 时:

$$a = \left(\frac{\varepsilon_a}{\sigma_1 - \sigma_3}\right)_{\varepsilon_a \to 0} \tag{5-91}$$

而 $\left(\dfrac{\sigma_1 - \sigma_3}{\varepsilon_a}\right)_{\varepsilon_a \to 0}$ 为曲线 $(\sigma_1 - \sigma_3)$-ε_a 的初始切线斜率。也就是初始切线模量,用 E_i 来表示,则:

$$a = \frac{1}{E_i} \tag{5-92}$$

可见 a 的物理意义是初始切线模量的倒数。

由式(5-89)还可推出,当 $\varepsilon_a \to \infty$ 时:

$$b = \frac{1}{(\sigma_1 - \sigma_3)_{\varepsilon_a \to \infty}} = \frac{1}{(\sigma_1 - \sigma_3)_u} \tag{5-93}$$

这里用 $(\sigma_1 - \sigma_3)_u$ 表示当 $\varepsilon_a \to \infty$ 时的 $(\sigma_1 - \sigma_3)$ 的值,也就是双曲线的纵坐标渐近值,因此 b 的物理意义是双曲线 $(\sigma_1 - \sigma_3)$ 坐标渐近值的倒数。在实际问题中,ε_a 不可能趋于无穷大,在达到某一相当大的应变后,试样就破坏了。把达到破坏时的偏应力写成 $(\sigma_1 - \sigma_3)_f$,它总是小于 $(\sigma_1 - \sigma_3)_u$ 的。

令:

$$R_f = \frac{(\sigma_1 - \sigma_3)_f}{(\sigma_1 - \sigma_3)_u} \tag{5-94}$$

称作破坏比,则:

$$b = \frac{R_f}{(\sigma_1 - \sigma_3)_f} \tag{5-95}$$

破坏时的偏应力 $(\sigma_1 - \sigma_3)_f$ 与土的强度指标有关,由图5-14中的几何关系可推得:

$$(\sigma_1 - \sigma_3)_f = \frac{2c\cos\varphi + 2\sigma_3\sin\varphi}{1 - \sin\varphi} \tag{5-96}$$

不同的曲线对应不同的 σ_3、$(\sigma_1 - \sigma_3)_f$,因而有不同的 b 值;同时 a 也随 σ_3 而变,因为不同的曲线有不同的初始切线模量。把 E_i/p_a 与 σ_3/p_a 的关系点绘在双对数纸上,可近似地得到一条直线,如图 5-15 所示。这里 p_a 为大气压力,引入 p_a 是为了将坐标化为无因次量。直线的截距为 k,斜率为 n,于是:

$$\lg\left(\frac{E_i}{p_a}\right) = k + n\lg\left(\frac{\sigma_3}{p_a}\right)$$

$$E_i = kp_a\left(\frac{\sigma_3}{p_a}\right)^n \tag{5-97}$$

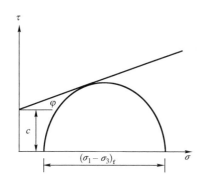
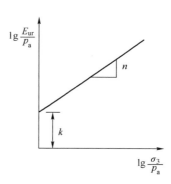

图 5-14 正应力与剪应力的关系　　图 5-15 应力对数之间的关系

将式(5-45)和式(5-48)代入式(5-43),得:

$$E_t = (1 - R_f S)^2 E_i \tag{5-98}$$

式中:

$$S = \frac{\sigma_1 - \sigma_3}{(\sigma_1 - \sigma_3)_f} \tag{5-99}$$

称作应力水平,它表示当前应力圆的直径与破坏时应力圆直径之比,反映了强度发挥的程度。

将式(5-95)~式(5-97)代入式(5-90),则 E_t 的最后表达式为:

$$E_t = \left[1 - \frac{R_f(1-\sin\varphi)(\sigma_1-\sigma_3)}{2c\cos\varphi + 2\sigma_3\sin\varphi}\right]^2 kp_a\left(\frac{\sigma_3}{p_a}\right)^n \tag{5-100}$$

式(5-100)反映了弹性模量随固结压力增加而增加,随应力水平增加而降低。式中包含了 5 个参数,C 和 φ 是强度指标,另外三个指标 k、n 和 R_f 的确定方法如下:每一条 $(\sigma_1-\sigma_3)$-ε_a 曲线转换到 $\left(\frac{\varepsilon_a}{\sigma_1-\sigma_3}\right)$-$\varepsilon_a$ 坐标系中为一直线,得出相应的 a 和 b 的值。a 的倒数为 E_i,不同的曲线对应不同的 E_i,在双对数纸上点绘 E_i/p_a 和 σ_3/p_a 关系,得一直线,可确定 k 和 n。用破坏偏应力 $(\sigma_1-\sigma_3)_f$ 乘以 b,得 R_f。各曲线所得 R_f 值可能不同,取其平均值。

(2)切线泊松比。

库哈威(Kulhawy)和邓肯提出了由三轴试验资料确定切线泊松比的方法。

常规三轴试验在加偏应力 $(\sigma_1-\sigma_3)$ 的过程中测出轴向应变 ε_a 和体积应变 ε_v,则侧向膨胀应变为:

$$\varepsilon_r = \frac{\varepsilon_v - \varepsilon_a}{2} \tag{5-101}$$

它是个负值。以 $-\varepsilon_r$ 为横坐标,ε_a 为纵坐标,点绘试验关系,也近似看作双曲线。在

$-\varepsilon_r/\varepsilon_a$ 和 $-\varepsilon_r$ 坐标系中即为一直线,其截距为 f,斜率为 D(图 5-16)。

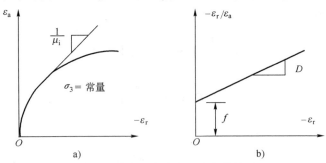

图 5-16 应变 ε_r 与应变 ε_a 之间的关系

于是有：

$$\frac{-\varepsilon_r}{\varepsilon_a} = f + D(-\varepsilon_r) \tag{5-102}$$

$$-\varepsilon_r = \frac{f\varepsilon_a}{1 - D\varepsilon_a} \tag{5-103}$$

由式(5-102),得：

$$\mu_t = \frac{\partial(-\varepsilon_r)}{\partial \varepsilon_a} = \frac{f}{(1 - D\varepsilon_a)^2} \tag{5-104}$$

将式(5-90)代入,消去 ε_a,则：

$$\mu_t = \frac{f}{(1 - A)^2} \tag{5-105}$$

式中：

$$A = \frac{D(\sigma_1 - \sigma_3)}{Kp_a\left(\dfrac{\sigma_3}{p_a}\right)^n\left[1 - \dfrac{R_f(1 - \sin\varphi)(\sigma - \sigma_3)}{2C\cos\varphi + 2\sigma_3\sin\varphi}\right]} \tag{5-106}$$

由式(5-106)可推得,当 $-\varepsilon_r \to \infty$ 时：

$$D = \left(\frac{1}{\varepsilon_a}\right)_{-\varepsilon_r \to \infty} \tag{5-107}$$

D 是双曲线的 ε_a 渐近值的倒数。它的大小反映了 ε_a-$(-\varepsilon_r)$ 双曲线的形态。D 值大,曲线弯曲明显,D 值小则曲线较直。不同的曲线,D 值是不同的,但差别不大,取其平均值。

由式(5-102)还可得出,当 $-\varepsilon_r \to 0$ 时：

$$f = \left(\frac{-\varepsilon_r}{\varepsilon_a}\right)_{\varepsilon_r \to 0} = \mu_i \tag{5-108}$$

式中：μ_i——初始切线泊松比,即图 5-16a)中曲线初始斜率的倒数。对于不同的曲线,σ_3、μ_i 不同。在半对数纸上点绘 $\mu_i - \lg\dfrac{\sigma_3}{p_a}$ 关系,近似为一直线,如图 5-17 所示,其截距为 g,斜率为 F,于是：

$$\mu_i = g - F\lg\left(\frac{\sigma_3}{p_a}\right) \tag{5-109}$$

故：

$$\mu_i = \frac{g - F\lg\left(\dfrac{\sigma_3}{p_a}\right)}{(1-A)^2} \quad (5\text{-}110)$$

参数 g 表示 $\sigma_3 = p_a$ 时的初始切线泊松比，F 是反映初始切线泊松比 μ_i 随 σ_3 增大而减小的变化程度的一个指标。g、F 和 D 的试验确定方法在上面的推导中可清楚地看出。

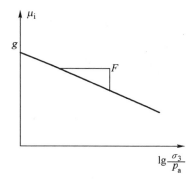

图 5-17 应力与泊松比之间的关系

由式(5-106)和式(5-110)可见，μ_t 随着 σ_3 的增加而降低，随着应力水平 S 的增加而增加。当 S 值较高时，有可能算出 $\mu_t > 0.5$，试验中也能测出 $\mu_t > 0.5$，这是由于存在着剪胀性，然而在有限元计算中 $\mu_t \geq 0.5$ 会导致不合理。在实际计算中，当 $\mu_t \geq 0.49$ 时，往往人为地令 $\mu_t = 0.49$。

后来旦尼尔(Daniel)提出了一个改进的泊松比公式：

$$\mu_t = \mu_i + (\mu_{tf} - \mu_i)\frac{\sigma_1 - \sigma_3}{(\sigma_1 - \sigma_3)_f} \quad (5\text{-}111)$$

式中：μ_{tf}——破坏时的切线泊松比，可取 0.49。

此式表示 μ_t 按应力水平 S 在初始和破坏两种切线泊松比之间直线内插，此式简单实用。

(3) 回弹模量。

前面所讲的弹性常数是由加荷试验曲线推得，只适用于荷载增加的情况。在退荷与再加荷情况下，应该采用卸荷情况下的弹性常数，如图 5-18 所示。

图 5-18 中的试验曲线，OA 为加荷段，AB 为卸荷曲线。显然卸荷阶段曲线陡，其斜率也是切线模量，即卸荷情况下的弹性模量，以 E_{ur} 表示。AB 段接近直线，可认为 E_{ur} 对 AB 线是个定值。但对不同的 σ_3，E_{ur} 是变化的。试验时，对于不同的 σ_3，加 $(\sigma_1 - \sigma_3)$ 到适当的值，使应力水平大体一致，再退荷，从退荷曲线上确定 E_{ur}，然后在双对数纸上点绘 $E_{ur}/p_a \sim \sigma_3/p_a$ 可得一直线，如图 5-19 所示，其截距为 k_{ur}，斜率为 n，一般说来，n 与加荷时基本上一致，而 $k_{ur} = (1.2 \sim 3.0)k$。经验表明，对于紧密的砂和硬黏土，$k_{ur} = 1.2k$；对于软土和松砂，$k_{ur} = 3.0k$；一般土介于两者之间。回弹模量可由式(5-112)计。

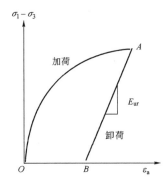

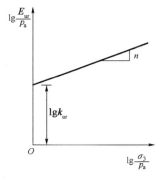

图 5-18 应力与应变之间的关系　　图 5-19 应力对数与应变对数之间的关系

$$E_{ur} = k_{ur} p_a \left(\frac{\sigma_3}{p_a}\right)^n \quad (5\text{-}112)$$

至此,我们可以按照式(5-81),根据室内单轴压缩试验的结果确定路面结构层非线性弹性模型的参数;按照式(5-100)、式(5-112),根据常规三轴试验的结果确定土基非线性弹性模型的参数,进而可以得到变量的弹性模量和泊松比,代入刚度矩阵中,进行非线性有限元的循环和迭代,最终得到随作用荷载而非线性变化的应力、位移值。

第五节 沥青路面结构层的黏弹性分析

沥青路面设计理论近二十年来迅速发展的主要标志:一是层状体系理论和计算方法的深入研究,并将其成果应用到路面设计中去;二是对路面结构进行深入研究,进一步揭示了其物理力学性质,为路面结构设计提供了强度标准和参数。

由于沥青混合料中所含沥青具有依赖于温度和加荷时间的黏-弹性性状,沥青路面在荷载作用下的变形也具有随温度和荷载作用时间而变的特性。因此,一些研究者将流变学理论应用于路面力学性质的研究。

一、流变学的基本模型

沥青材料的流变模型可以用基本单元通过各种串联和并联的方式得到(表5-1)。

流变学的基本模型　　　　　表5-1

名　称	模　型	微分方程或不等式
弹性固体		$\sigma = q_0 \varepsilon$
黏性流体		$\sigma = q_1 \dot{\varepsilon}$
Maxwell流体 (麦斯威尔流体)		$\sigma + p_1 \dot{\sigma} = q_1 \dot{\varepsilon}$
Kelvin固体 (凯尔文固体)		$\sigma = q_0 \varepsilon + q_1 \dot{\varepsilon}$
三参数固体		$\sigma + p_1 \dot{\sigma} = q_0 \varepsilon + q_1 \dot{\varepsilon}$ $q_1 \geqslant p_1 q_0$
三参数流体		$\sigma + p_1 \dot{\sigma} = q_1 \dot{\varepsilon} + q_2 \ddot{\varepsilon}$ $p_1 q_1 > q_2$
四参数流体		$\sigma + p_1 \dot{\sigma} + p_2 \ddot{\sigma} = q_1 \dot{\varepsilon} + q_2 \ddot{\varepsilon}$ $p_1^2 > 4 p_2$ $p_1 q_1 q_2 > p_2 q_1^2 + q_2^2$

基本单元包括:

(1)弹性元件:用弹簧表示,描述材料的弹性特性,其应力应变关系为:

$$\sigma = E \cdot \varepsilon$$

(2)黏性元件：用黏壶表示，描述材料的流变特性。表示在一个带孔活塞在充满牛顿液体（剪应力τ与剪变率$\dot{\varepsilon}$之比值为常数$\tau = \eta \cdot \dot{\varepsilon}$）的圆桶中运动。

黏性元件的应力与剪变率有关，一般可以表示为：

$$\tau = \eta \cdot \dot{\varepsilon}$$

二、常用的流变模型

1. Maxwell 模型

由弹性元件与黏性元件串联[图 5-20a)]。模型的主要特征为弹性元件与黏性元件应力相等，模型的总应变为弹性元件与黏性元件应变之和。

因

$$\varepsilon = \varepsilon_e + \varepsilon_n \tag{5-113}$$

两边导数得：

$$\dot{\varepsilon} = \dot{\varepsilon}_e + \dot{\varepsilon}_n$$

而

$$\varepsilon_e = \frac{\sigma}{E} ; \dot{\varepsilon}_n = \frac{\sigma}{\eta}$$

将以上两式代入，则 Maxwell 模型的广义本构方程为：

$$\sigma + \frac{\eta}{E}\dot{\sigma} = \eta\dot{\varepsilon} \tag{5-114}$$

假如 $t=0,\sigma=$ 常数，则可得方程的解为：$\varepsilon(t) = \sigma_0 \left(\frac{1}{E} + \frac{t}{\eta} \right)$，从中可以看出当时间无限延长时，应变趋向无限，即在任意小的应力下，变形将无限增大。

假如 $t=0,\varepsilon=$ 常数，则 $\sigma(t) = \sigma_0 \mathrm{e}^{-\lambda t}, \lambda = \frac{E}{\eta}$，从中可以看出当时间无限延长时，应变不变，应力趋向零。

假如 $\tau_t = \frac{\eta}{E}$，则定义应力衰减为初始应力的 $1/\mathrm{e}$ 的时间为松弛时间。如果 t 为荷载作用时间，则：

$t \gg \tau_t$ 时，为牛顿流体；

$t \ll \tau_t$ 时，为弹性体；

$t = \tau_t$ 时，为黏弹性体。

2. Kelvin 模型

由弹性元件与黏性元件并联[图 5-20b)]。模型的主要特征为弹性元件与黏性元件应变相等，模型的总应力为弹性元件与黏性元件应力之和。

因

$$\sigma = \sigma_e + \sigma_n$$

而

$$\varepsilon = \frac{\sigma_e}{E} ; \dot{\varepsilon} = \frac{\sigma_n}{\eta}$$

则：

$$\sigma = E\varepsilon + \eta \dot{\varepsilon}$$

假如 $t=0$ $\sigma=$ 常数,则:

$$\varepsilon(t) = \sigma_0 \frac{1}{E}(1 - e^{-\lambda t}) \tag{5-115}$$

假如 $t=0$,$\varepsilon=$ 常数,则 $\sigma=$ 常数,为松弛体。

该模型不能反映瞬时弹性变形,卸载后变形完全恢复。

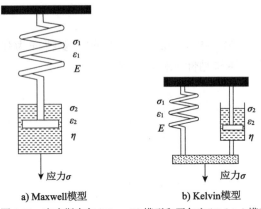

图 5-20 麦克斯韦尔(Maxwell)模型和开尔文(Kelvin)模型

3. 杰弗里斯(Jeffreys)模型

Jeffreys 模型为 Maxwell 模型与黏壶的并联。假定 ε 为第二号黏壶的应变(其与模型的总应变相同),ε_e 为弹簧的应变,ε_1 为第一号黏壶的应变。因:

$$\sigma_1 = \eta_2 \dot{\varepsilon}; \sigma_2 = E\varepsilon_e; \sigma_2 = \eta_1 \dot{\varepsilon}_1 \quad \sigma = \sigma_1 + \sigma_2; \varepsilon = \varepsilon_e + \varepsilon_1$$

根据:$\sigma = \sigma_1 + \sigma_2 = \eta_2 \dot{\varepsilon} + \eta_1 \dot{\varepsilon}_1$,则 $\eta_1 \dot{\varepsilon}_1 = \sigma - \eta_2 \dot{\varepsilon}$;

同理:$\sigma = \sigma_1 + \sigma_2 = \eta_2 \dot{\varepsilon} + E\varepsilon_e, \eta_2 \dot{\varepsilon} + E(\varepsilon - \varepsilon_1) = \sigma$;

两边求导,将 ε_1 代入得:

$$\eta_2 \ddot{\varepsilon} + E(\dot{\varepsilon} - \dot{\varepsilon}_1) = \dot{\sigma}$$

$$\eta_2 \ddot{\varepsilon} + E\left(\dot{\varepsilon} - \frac{2\sigma - \eta_2 \dot{\varepsilon}}{\eta_1}\right) = \dot{\sigma}$$

则广义本构方程为:

$$\sigma + \frac{\eta_1}{E}\dot{\sigma} = (\eta_1 + \eta_2)\dot{\varepsilon} + \frac{\eta_1 \eta_2}{E}\ddot{\varepsilon} \tag{5-116}$$

4. Van de Poel 模型[图 5-21a)]

Kelvin 模型与弹簧的串联,其广义本构方程为:

$$\frac{hE_1}{E_1 + E_2}\dot{\varepsilon} + \frac{E_1 E_2}{E_1 + E_2}\varepsilon = \frac{2\eta}{E_1 + E_2}\dot{\sigma} + \sigma \tag{5-117}$$

5. 莱瑟锡奇(lethersich)模型

Lechersich 模型:Kelvin 模型与黏壶的串联。能反映瞬时变形、黏弹性变形,不能反映黏性流动变形。其广义本构方程为:

$$\eta_2\dot{\varepsilon} + \frac{\eta_1\eta_2}{E}\ddot{\varepsilon} = \frac{\eta_1+\eta_2}{E}\dot{\sigma} + \sigma \qquad (5\text{-}118)$$

6. 伯格斯(Burgers)模型[图 5-21b)]

Burgers 模型：Maxwell 模型与 Kelvin 模型的串联。其广义本构方程为：

$$\frac{\eta_1\eta_2}{E_2}\ddot{\varepsilon} + \eta_1\dot{\varepsilon} = \frac{\eta_1\eta_2}{E_1E_2}\ddot{\sigma} + \frac{(\eta_1+\eta_2)E_1 + \eta_1 E_2}{E_1 E_2}\dot{\sigma} + \sigma \qquad (5\text{-}119)$$

经推导可得伯格斯(Burgers)模型的蠕变方程为：

$$\varepsilon(t) = \sigma_0 \left\{ \frac{1}{E_1} + \frac{t}{\eta_1} + \frac{1}{E_2}\left[1 - e^{-\left(\frac{E_2}{\eta_2}\right)t}\right]\right\}$$

能反映瞬时弹性变形、黏弹性变形和黏性流动变形，但将黏性流动变形表达为加载时间的线性函数，且当加载时间无限长时，黏性流动无限大。

通过以上模型分析可以知道由有限个元素组成的黏弹性模型本构方程阶数取决于黏壶个数，如果模型中串联有单个弹簧，那么模型具有瞬时弹性，如果模型中串联有黏壶，则变形可以发展到无穷，应力能完全松弛。高温、长时间，材料具有黏性性质；低温、短时间，材料具有弹性性质。

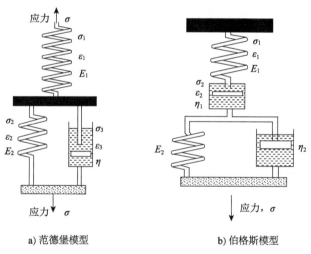

a) 范德堡模型　　b) 伯格斯模型

图 5-21　范德堡模型和伯格斯模型

三、蠕变试验与试验曲线的拟合

在黏弹性力学试验中，一般把恒定应力与恒定应变的试验称为静态试验，把振动输入的试验方式称为动态试验。典型的静态试验方法有蠕变试验、松弛试验、恒定应变速度试验、恒定应力速度试验等。试验的目的主要是为了确定黏弹性材料在长时间荷载条件下的力学特性。

蠕变试验的输入为恒定的应力：

$$\sigma = \begin{cases} 0 & t < 0 \\ \sigma_0 & t > 0 \end{cases} \qquad (5\text{-}120)$$

作为响应的应变为：

$$\varepsilon = \sigma_0\left[J_\infty + \frac{t}{\eta} + \varphi(t)\right] \qquad (5\text{-}121)$$

式中：J_∞——描述瞬时弹性变形；

$\dfrac{t}{\eta}$——基于黏性流动部分；

$\varphi(t)$——蠕变函数，描述延迟弹性变形，蠕变函数为时间的递增函数，$t=0$，$\varphi(t)=0$，$t=\infty$，$\varphi(t)=$有限值。

因此，对于蠕变试验装置的基本要求是：

(1) 可以实现应力控制，在全部试验时间范围内必须使荷载不变并保持初始值。

(2) 根据先行叠加原理，为了减少加荷过程的影响，施加的初期荷载应在瞬时完成，必须采用速度较高的加荷装置，使得应力由 0 到达 σ_0 的时间小于试验的观察值。

(3) 蠕变试验装置的物理量为时间和变形，必须配置与试验精度匹配的试验量测装置，同时必须记录速度与测试观察时间相匹配的记录装置。

(4) 在试验时间范围内保持恒温。

在材料的黏弹性试验中，蠕变试验最容易完成，简单的可以用杠杆原理。恒定的气压、恒定的油压和恒定的质量就可以作为蠕变试验的输入。在蠕变试验中最大的困难是瞬时弹性变形的观测，因为记录的瞬时的弹性变形不仅与加荷速度有关，而且与记录速度有关。精确的测量瞬时变形必须使用振动的方法。

拟合包括瞬时弹性变形、延迟弹性变形和流动变形的蠕变响应，可以采用伯格斯(Burgers)模型。

瞬时弹性应变 ε_0 可以由记录曲线直接读取，因此弹簧的弹性模量为：

$$E_1 = \frac{\sigma_0}{\varepsilon_0} \tag{5-122}$$

因伯格斯(Burgers)模型的变形方程为：

$$\varepsilon(t) = \sigma_0 \left\{ \frac{1}{E_1} + \frac{t}{\eta_1} + \frac{1}{E_2}\left[1 - e^{-\left(\frac{E_2}{\eta_2}\right)t}\right] \right\}$$

在这一模型中去掉瞬时弹性变形(图 5-22)，则剩余的应变为：

$$\delta(t) = \varepsilon(t) - \varepsilon_0 = \sigma_0 \left[\frac{t}{\eta_1} + \frac{1}{E_2}\left(1 - e^{-\frac{t}{\tau_r}}\right) \right] \tag{5-123}$$

$$\tau_r = \frac{\eta_2}{E_2}$$

在时间无限长时，有：

$$\delta(t)_{t\to\infty} = \sigma_0\left(\frac{1}{E_2} + \frac{t}{\eta_1}\right) \tag{5-124}$$

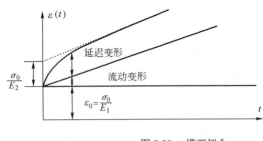

图 5-22 模型拟合

因此，利用应变时间曲线最末一段的斜率 $\tan\theta$ 可以得到串联黏壶的黏度为：

$$\eta = \frac{\sigma_0}{\tan\theta} \tag{5-125}$$

在式(5-123)中，令 $t=0$，并形式地记 $\delta(0)_{t\to\infty} = \dfrac{\sigma_0}{E_2}$，则延迟元件弹簧的弹性模量为：

$$E_2 = \frac{\sigma_0}{\delta(0)_{t\to\infty}} \tag{5-126}$$

为了得到延迟元件中黏壶的黏度，将式(5-123)改变为：

$$-\delta(t) + \frac{\sigma_0}{E_2} + \frac{\sigma_0 t}{\eta_1} = \frac{e^{-\frac{t}{\tau_r}}\sigma_0}{E_2} \quad (5\text{-}127)$$

两边取对数，有：

$$y = \ln\left[-\delta(t) + \frac{\sigma_0}{E_2} + \frac{\sigma_0 t}{\eta_1}\right] = \ln\frac{\sigma_0}{E_2} - \frac{t}{\tau_r} \quad (5\text{-}128)$$

将上式左边对 t 绘图，得到的应该是对数坐标上的直线（图 5-23）。记这一直线的斜率为 v，则：

$$\tan v = -\frac{1}{\tau_r} \quad (5\text{-}129)$$

因此：

$$\tau_r = \frac{\eta_2}{E_2} = -\frac{1}{\tan v},\ \eta_2 = -\frac{E_2}{\tan v} \quad (5\text{-}130)$$

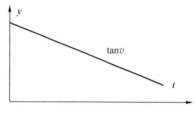

图 5-23　模型拟合

由于常用的蠕变模型得到的蠕变方程不可能像伯格斯模型那样有特定的物理含义，所以一般采用模型参数与蠕变试验曲线拟合的方法得到蠕变方程，具体拟合方法可参考有关书籍。

四、松弛试验与试验曲线的拟合

松弛试验的输入为恒定的应变：

$$\varepsilon = \begin{cases} 0 & t < 0 \\ \varepsilon_0 & t > 0 \end{cases} \quad (5\text{-}131)$$

作为响应的应力为：

$$\sigma(t) = \varepsilon_0[E_0 + \varphi(t)] \quad (5\text{-}132)$$

或

$$E(t) = \frac{\sigma(t)}{\varepsilon_0} = [E_0 + \varphi(t)]$$

式中：E_0——静弹性模量；

$\varphi(t)$——松弛函数；

$E(t)$——松弛弹性模量，松弛函数是时间的函数，取 $t = \infty$ 时的松弛函数为 $\varphi(0)$，$t=0$ 时的松弛函数为静止模量；$t = \infty$ 时松弛函数为 $\varphi(\infty)$，$t = \infty$ 时的松弛函数为瞬时弹性模量 E_∞，即 $E_\infty = E_0 + \varphi(\infty)$。

描述松弛行为的黏弹性函数是松弛弹性模量：

$$E(t) = \frac{\sigma_t}{\varepsilon_0} = \int_0^\infty \overline{H}(\tau)e^{-\frac{t}{\tau}}d\tau + E_0 \quad (5\text{-}133)$$

对应力松弛试验装置的要求与蠕变试验装置的要求基本相同，但由于输入给试件的是恒定应变的变形，一般不可能使用简单的机械方式实现，而是用液-电伺服万能材料试验机来实现。

由于应力松弛试验要求比较高级的试验装置，在不具备这种试验装置时，可以按照一定应变速度输入荷载，计算得到松弛弹性模量的试验方法。与瞬间输入恒定应变的试验装置相比，能够按照一定应变速度施加荷载的试验机比较普遍。

采用输入一定应变速度的试验法,输入条件为:

$$\dot{\varepsilon} = \frac{d\varepsilon}{dt} = 常数 \tag{5-134}$$

测量的物理量可以是荷载和变形。当记录装置具有稳定的记录速度时,变形也可以由时间与记录速度的商换算关系得到。

由一定应变速度试验的量测结果可以计算得到松弛弹性模量 $E(t)$。在测定的应力应变关系曲线上,按时间将量测的物理量分割成若干微分小区间,设其长度为 dt,则对应每一个 dt 的应变增量为 $d\varepsilon$,$d\varepsilon = \dot{\varepsilon}dt$。对于 $d\varepsilon$,应力增量为:

$$d\sigma = d\varepsilon[E_0 + \varphi(t)] \tag{5-135}$$

依线性叠加原理,应力随时间的变化为:

$$\sigma(t) = \sum_{i=0}^{n} d\varepsilon[E_0 + \varphi(t_i)] = \frac{d\varepsilon}{dt}\sum_{i=0}^{n}\left[E_0 + \int_0^{\infty}\overline{H}(\tau)e^{-\frac{t_i}{\tau}}d\tau\right] \tag{5-136}$$

令 $dt \to 0$,则:

$$\sigma(t) = \dot{\varepsilon}\int_0^t\left[E_0 + \int_0^{\infty}\overline{H}(\tau)e^{-\frac{u}{\tau}}d\tau\right]du$$

$$= \dot{\varepsilon}\int_0^t\int_0^{\infty}\overline{H}(\tau)e^{-\frac{u}{\tau}}d\tau du + \varepsilon t E_0 \tag{5-137}$$

将式(5-137)对 t 求微分,有:

$$\frac{1}{\dot{\varepsilon}}\frac{d\sigma}{dt} = \int_0^{\infty}\overline{H}(\tau)e^{-\frac{\tau}{t}}d\tau + E_0 = E(t) \tag{5-138}$$

但 $\frac{1}{\dot{\varepsilon}}\frac{d\sigma}{dt} = \frac{d\sigma}{d\varepsilon}$,因此:

$$E(t) = \frac{d\sigma}{d\varepsilon} \tag{5-139}$$

又

$$\frac{d\lg\sigma}{d\lg\varepsilon}\frac{\sigma}{\varepsilon} = \frac{d\sigma}{d\varepsilon} \tag{5-140}$$

由此,可以利用应力与应变的测定值直接由式(5-139)计算得到松弛弹性模量,而且在双对数坐标上,$\lg\sigma$-$\lg\varepsilon$ 通常具有直线关系,可以利用这一直线的斜率,方便地计算材料的松弛弹性模量。松弛模型参数也可通过松弛试验拟合得到。

五、对应法则与弹性半空间体黏弹性解

对应法则:要得到黏弹性问题的解,首先要求出对应的弹性问题的解,然后对解中的模量及荷载求 Laplace 变换,将黏弹性算子代入,再求逆变换得到黏弹性问题的解。

1)弹性半空间体

由路面力学可得弹性半空间体的一般解:

$$W_{z=0}(r) = \frac{2(1-\mu_0^2)}{E_0}\int_0^{\infty}\overline{p}(\xi)J_0(\xi r)d\xi \tag{5-141}$$

2) 变换

将弹性理论解求 Laplace 变换得：

$$\overline{w}(s) = 2(1-\mu^2)\int_0^\infty J_0(\xi r)\frac{\overline{\overline{p}}(\xi,s)}{E(s)}d\xi \tag{5-142}$$

$$\overline{\overline{p}}(\xi,s) = \frac{q\delta J_1(\xi\delta)}{\xi s} \tag{5-143}$$

3) 黏弹性算子

不同的流变学模型，可以得到不同的黏弹性算子。

对 Maxwell 模型：

$$\overline{\sigma} + \frac{\eta}{E}s\overline{\sigma} = \eta s\overline{\varepsilon} \tag{5-144}$$

则黏弹性算子为：

$$\overline{E}(s) = \frac{\eta s}{1+\tau s} \tag{5-145}$$

对 Kelvin 模型：

$$\overline{\sigma} = \eta s\overline{\varepsilon} + E\overline{\varepsilon} \tag{5-146}$$

则黏弹性算子为：

$$\overline{E}(s) = \eta s + E \tag{5-147}$$

4) 黏弹性算子代入

将式(5-147)代入式(5-142)得：

$$\overline{w}(s) = 2(1-\mu^2)\int_0^\infty J_0(\xi r)\frac{q\delta J_1(\xi\delta)}{\xi s(E+\eta s)}d\xi \tag{5-148}$$

5) 求 Laplace(拉普拉斯)逆变换

对 Kelvin 模型得：

$$w(t) = \frac{2(1-\mu^2)q\delta(1-e^{-\frac{t}{\tau}})}{E}\int_0^\infty J_0(\xi r)\frac{J_1(\xi\delta)}{\xi}d\xi \tag{5-149}$$

当 $t=0$，$w(t)$ 由于模型并联黏壶，变形在加载瞬时趋向于零；
当 $t=\infty$，$w(t)$ 与弹性体的解相同。

对 Maxwell 模型得：

$$w(t) = \frac{2(1-\mu^2)q\delta\left(1+\frac{t}{\tau}\right)}{E}\int_0^\infty J_0(\xi r)\frac{J_1(\xi\delta)}{\xi}d\xi \tag{5-150}$$

当 $t=0$，$w(t)$ 与弹性体的解相同；
当 $t=\infty$，$w(t)$ 由于模型串联黏壶，变形趋向无限大。
以上分析说明采用对应法则进行黏弹性分析是可行的。

第六节　沥青路面结构层的断裂力学分析

开裂是沥青路面广泛存在的损坏形式之一。按照裂缝的几何形状，主要分为龟裂、块裂、横向裂缝、纵向裂缝等。按照开裂的原因,主要分为荷载型裂缝和非荷载型裂缝。裂缝的产生会引起沥青路面结构的加速破坏,缩短沥青路面的服役寿命。

随着沥青路面结构设计由经验法向力学-经验法发展,采用力学模型对沥青路面结构层进行分析更为合理。进行沥青路面裂缝的力学分析有助于进一步深入了解沥青路面裂缝的形成和扩展机理,认识到影响沥青路面裂缝产生的机理,有利于优化现有的沥青混合料和沥青路面设计方法,有效提高沥青路面的使用寿命。

一、断裂力学的基本理论

虽然传统的疲劳强度理论承认了由于荷载循环作用而对材料造成的损伤积累,但相关的分析是针对连续完整的结构体系进行的,并没有考虑材料、结构内部先天存在的缺陷或因使用期内逐渐出现的缺陷对路面结构造成的不利影响,这使得运用传统的疲劳力学理论与方法对沥青路面结构进行的计算和分析结果与实际情况存在偏差,尽管引入了不同的修正系数或安全系数,但是设计结果仍带有较大程度的不确定性。按照后来发展的断裂力学及疲劳断裂力学,结构的破坏正是由于其内部存在的缺陷引起的应力集中与内部损伤,当这种应力集中与损伤积累超过材料与结构抵抗破坏的容许值时,就引起内部缺陷的发展,并导致结构的破坏。

关于断裂力学的最早理论可以追溯到1920年,第一个系统研究断裂现象的是Griffith,他要解决的问题是为什么玻璃、瓷器等脆性材料的实际断裂强度远低于它们的理论断裂强度。他的研究表明出现这种现象的原因是实际物体中不可避免地存在有缺陷(裂纹),从而导致材料的强度降低,同时也利用能量原理对这一现象作出了分析。Griffith提出了裂纹失稳扩展准则——格里菲思准则,该概念后来成为线弹性断裂力学的基本概念之一。断裂力学理论的重大突破应归功于Irwin(欧文)应力强度因子概念的提出,以及以后断裂韧性概念的形成。1957年,Irwin应用了Westergard在1939年提出的解平面问题的一个应力函数求解了带有穿透型裂纹的空间大平板双向拉伸的应力问题,并且引入了应力强度因子K的概念,随后又在此基础上形成了断裂韧性的概念,并建立起测量材料断裂韧性的实验技术,从而奠定了线弹性断裂力学的基础。Irwin通过分析裂纹顶端附近区域的应力场,提出应力强度因子的概念,而应力强度因子分析疲劳裂纹扩展有较好的实用性。线弹性断裂力学不考虑裂纹尖端,而采用裂纹尖端外部区域的应力状况来表征断裂特性。当外加载荷不大时,裂纹顶端附近的小区域内的应力和应变的变化并不影响外面大区域内的应力和应变的分布,而且在小区域外围作用的应力、应变场可以由应力强度因子这个参量确定。20世纪60年代以来线弹性断裂力学在工程问题中得到了广泛的应用,并于20世纪60年代末、70年代初开始应用于沥青路面工程中。

断裂力学理论指出断裂分析有两种方法:应力强度准则和能量准则。应力强度准则是失效准则,不能描述裂缝的扩展过程。能量准则将开裂问题视为裂缝扩展过程,描述了裂缝增量与断裂阻抗的函数关系,可以比单参数指标(如应力强度因子)更为全面地描述裂缝扩展过程中的力学特征。沥青混凝土中间温度的开裂过程极为复杂,裂缝的发展伴随着不可忽略的蠕变变形和能量耗散。因此,能量准则法更适用于沥青混凝土中间温度开裂问题的分析。

按照沥青路面开裂的分析,一般是对沥青路面本身不存在任何损伤或缺陷下进行的分析评价,实际研究中发现,集料或混合料本身就可能存在裂纹,这就使得采用传统的分析方法不再合适。随着断裂力学的发展,尤其是在沥青路面分析中的应用,为分析沥青路面结构层的损坏提供了理论基础。迄今为止,断裂力学在沥青路面结构分析中主要经历了线弹性断裂力学、疲劳断裂力学和黏弹性断裂力学等。目前,关于沥青路面结构开裂研究主要集中在应用疲劳断裂力学理论与方法。

二、线弹性断裂力学分析方法

线弹性断裂力学在沥青路面结构开裂上的应用主要在于分析沥青路面在交通荷载和温度荷载作用下的开裂机理,利用应力强度因子等参数对沥青路面开裂进行量化分析。平面的应力状态如图5-24所示。

将裂缝(或断裂)的形式分为三类:张开型(Ⅰ型),剪切型或滑移型(Ⅱ型)和撕开型(Ⅲ型)(图5-25)。

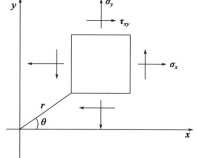

图 5-24　平面的应力状态

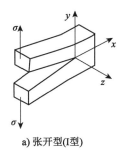

a) 张开型(I型)

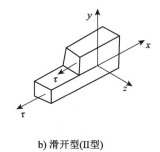

b) 滑开型(II型)

c) 撕开型(III)型

图 5-25　裂缝扩展的基本形式

张开型(Ⅰ型),裂纹尖端的应力场及位移场的表达式为:

$$\begin{Bmatrix} \sigma_x \\ \sigma_y \\ \tau_{xy} \end{Bmatrix} = \frac{K_\mathrm{I}}{\sqrt{2\pi r}} \cos\frac{\theta}{2} \begin{Bmatrix} 1 - \sin\frac{\theta}{2}\sin\frac{3\theta}{2} \\ 1 + \sin\frac{\theta}{2}\sin\frac{3\theta}{2} \\ \sin\frac{\theta}{2}\cos\frac{3\theta}{2} \end{Bmatrix}$$

$$\begin{Bmatrix} u \\ v \end{Bmatrix} = \frac{K_\mathrm{I}}{2G}\sqrt{\frac{r}{2\pi}} \begin{Bmatrix} \cos\frac{\theta}{2}\left(k - 1 + \sin^2\frac{\theta}{2}\right) \\ \sin\frac{\theta}{2}\left(k + 1 - \cos^2\frac{\theta}{2}\right) \end{Bmatrix}$$

式中:K_I——Ⅰ型裂纹应力强度因子;

　　r、θ——以裂纹尖端为坐标原点的极坐标;

　　G——含裂纹弹性体的剪切模量;

　　k——弹性系数,对于平面应变问题:$k = 3 - 4\mu$;对于平面应力问题:$k = (3 - \mu)/(1 + \mu)$;

　　μ——材料的泊松比。

剪切型或滑移型（Ⅱ型）裂纹尖端的应力场及位移场形式恒定，表达式如下：

$$\begin{Bmatrix} \sigma_x \\ \sigma_y \\ \tau_{xy} \end{Bmatrix} = \frac{K_{\mathrm{II}}}{\sqrt{2\pi r}} \cos\frac{\theta}{2} \begin{Bmatrix} -\sin\frac{\theta}{2}\left(2 + \cos\frac{\theta}{2}\cos\frac{3\theta}{2}\right) \\ \sin\frac{\theta}{2}\cos\frac{\theta}{2}\cos\frac{3\theta}{2} \\ \cos\frac{\theta}{2}\left(1 - \sin\frac{\theta}{2}\cos\frac{3\theta}{2}\right) \end{Bmatrix}$$

$$\begin{Bmatrix} u \\ v \end{Bmatrix} = \frac{K_{\mathrm{II}}}{2G}\sqrt{\frac{r}{2\pi}} \begin{Bmatrix} \sin\frac{\theta}{2}\left(k + 1 + 2\cos^2\frac{\theta}{2}\right) \\ -\cos\frac{\theta}{2}\left(k - 1 - 2\sin^2\frac{\theta}{2}\right) \end{Bmatrix}$$

式中：K_{II}——Ⅱ型裂纹应力强度因子；其余参数与Ⅰ型裂纹相同。

撕开型（Ⅲ型）裂纹尖端的应力场及位移场表达式如下：

$$\begin{Bmatrix} \tau_{xz} \\ \tau_{yz} \end{Bmatrix} = \frac{K_{\mathrm{III}}}{\sqrt{2\pi r}} \begin{Bmatrix} -\sin\frac{\theta}{2} \\ \cos\frac{\theta}{2} \end{Bmatrix}$$

$$w = \frac{2K_{\mathrm{III}}}{G}\sqrt{\frac{r}{2\pi}}\sin\frac{\theta}{2}$$

式中：K_{III}——Ⅲ型裂纹应力强度因子；其余参数与Ⅰ型裂纹相同。

实际结构的裂纹往往不只是受到单一荷载的作用，而是表现为多种荷载共同作用的复合型裂缝，可能是Ⅰ-Ⅱ型、Ⅰ-Ⅲ型，Ⅱ-Ⅲ型、甚至Ⅰ-Ⅱ-Ⅲ型的复合型。其中Ⅰ-Ⅱ型复合型裂缝比较多，如路面裂缝在温度和交通荷载的综合作用下一般表现为Ⅰ-Ⅱ型复合型裂缝。下面就以Ⅰ-Ⅱ型复合型裂纹为例，写出其裂纹尖端的应力场及位移场的表达式为：

$$\begin{Bmatrix} \sigma_x \\ \sigma_y \\ \tau_{xy} \end{Bmatrix} = \frac{1}{\sqrt{2\pi r}} \begin{bmatrix} \cos\frac{\theta}{2}\left(1 - \sin\frac{\theta}{2}\sin\frac{3\theta}{2}\right) & -\sin\frac{\theta}{2}\left(2 + \cos\frac{\theta}{2}\cos\frac{3\theta}{2}\right) \\ \cos\frac{\theta}{2}\left(1 + \sin\frac{\theta}{2}\sin\frac{3\theta}{2}\right) & \sin\frac{\theta}{2}\cos\frac{\theta}{2}\cos\frac{3\theta}{2} \\ \cos\frac{\theta}{2}\sin\frac{\theta}{2}\cos\frac{3\theta}{2} & \cos\frac{\theta}{2}\left(1 - \sin\frac{\theta}{2}\sin\frac{3\theta}{2}\right) \end{bmatrix} \begin{Bmatrix} K_{\mathrm{I}} \\ K_{\mathrm{II}} \end{Bmatrix}$$

$$\begin{Bmatrix} u \\ v \end{Bmatrix} = \frac{1}{2G}\sqrt{\frac{r}{2\pi}} \begin{bmatrix} \cos\frac{\theta}{2}\left(k - 1 + 2\sin^2\frac{\theta}{2}\right) & \sin\frac{\theta}{2}\left(k + 1 + 2\cos^2\frac{\theta}{2}\right) \\ \sin\frac{\theta}{2}\left(k + 1 - 2\cos^2\frac{\theta}{2}\right) & \cos\frac{\theta}{2}\left(-k + 1 + 2\sin^2\frac{\theta}{2}\right) \end{bmatrix} \begin{Bmatrix} K_{\mathrm{I}} \\ K_{\mathrm{II}} \end{Bmatrix}$$

由以上各个公式，可以看出上述每个应力分量表达式中都含有 r 项，所以每个裂纹尖端区域应力场的一个共同特点就是：当 r 趋向于 0 的时候，裂纹尖端的每个应力分量都趋于无穷大，即裂纹尖端的应力场表现为奇异性。同时可以发现应力分量由两部分组成：一部分由描述裂纹尖端区域内各点坐标的参数 r 和 θ 组成；一部分是由描述应力场强度大小的应力强度因子 K 组成。裂纹应力强度因子 K 并不依赖于坐标 r 和 θ，即不涉及应力和位移在裂纹尖端附近的分布情况，是只表示场强的物理量。对于线弹性体来说，应力强度因子 K 与荷载呈线性关系，并且依赖于物体与裂纹的几何形状和尺寸。坐标中裂纹顶端区域内某一点的位置一旦确定,该点处的应力就由应力强度因子 K 唯一确定,若材料相同,则该区域内的位移也唯一确定。应力强度因子是表征裂纹尖端附近应力场奇异性程度强弱的一个重要参量。应力强度因子越大,则裂缝越可能出现失稳。所以裂纹尖端应力强度因子的求解是线弹性断裂力学中的一项重要工作。

三、疲劳断裂力学分析方法

由于沥青路面结构始终处在交通荷载的循环作用下,其破坏主要体现为疲劳破坏特征,因此,应主要研究沥青路面内裂缝的疲劳扩展规律。沥青路面结构的疲劳破坏可以分为两个阶段,即传统的无缺陷的疲劳起裂阶段及其后考虑裂缝的疲劳断裂阶段。Majidzadeh 在 1971 年指出 Paris(佩里斯)的裂缝扩展理论可以应用到沥青混合料中,并将疲劳开裂划分为三个阶段:裂缝形成、稳定扩展、突然断裂。Paris 理论给出了 I 型裂纹的扩展规律,用基于应力强度因子的经验性总结的 Paris-Erdogan 方程:

$$\frac{\mathrm{d}a}{\mathrm{d}N} = A(K_\mathrm{I})^n$$

式中:$\frac{\mathrm{d}a}{\mathrm{d}N}$——开裂速度;

a——裂缝长度;

N——荷载作用次数;

K_I——应力强度因子;

A、n——模型参数与材料特性和试验件有关。

在此基础上,Majidzadeh 于 1977 年提出了一个改进的裂缝发展模型:

$$\frac{\mathrm{d}a}{\mathrm{d}N} = A_1 K_{\mathrm{IC}}^2 + A_2 K_{\mathrm{IC}}^4$$

式中:A_1、A_2——材料断裂参数。

Paris-Erdogan 方程是基于弹性材料得到的结果。然而,由于沥青材料具有较强的温度敏感性,具有热黏弹性材料特征,研究发现,用 Schapery(沙佩尔)理论研究沥青混合料及其结构的疲劳裂缝扩展过程比较准确。这一理论仍沿用 Paris 公式,用广义 J-积分理论发展了一个与 Paris-Erdogan 方程同样形式的裂纹扩展方程,只是利用沥青材料的黏弹特性预测 Paris 公式中 A 和 n 两个材料参数值。

$$A = \frac{\pi}{6\sigma_\mathrm{m}^2 I_1^2} \left[\frac{(1-\mu^2)D_2}{2\Gamma} \right]^{\frac{1}{m}} \cdot \int_0^{\Delta t} \omega(t)^n \mathrm{d}t$$

对于控制位移试验:

$$n = 2\left(1 + \frac{1}{m}\right)$$

对于控制应力试验:

$$n = \frac{2}{m}$$

式中:I_1——因子,取决于裂尖应力条件、破坏应力和破坏区的长度;

D_2——在时间 $t=1$ 秒时的一种弹性常数,等于应变与应力之比;

μ——泊松比；
$\varGamma$——断裂能量，定义为产生裂纹表面单位面积所做的功；
$\omega(t)$——应力强度因子的波形；
m——拉伸蠕变柔量(Creep Compliance)曲线的斜率；
σ_m——最大拉伸强度；
Δt——完成一次加载循环的加载周期。

在此基础上，经过采用不同的试验方法针对不同的沥青混合料开展疲劳断裂试验，提出了 Schapery 理论中计算疲劳断裂参数的修正公式。1995 年 Jacobs(雅各布)提出了与实验测试结果吻合较好的另一种形式的参数 A：

$$A = 10^d \left(\frac{1}{\sigma_m^2}\right)^a \left(\frac{1}{2\varGamma_{\text{stat}}}\right)^{\frac{b}{m}} \left(\frac{1}{S_{\text{mas}}}\right)^{\frac{c}{m}}$$

式中：$\varGamma_{\text{stat}}$——从静态(或半静态)试验中确定的断裂能量；
S_{mas}——由主曲线(Master curve)确定的沥青混合料的刚度模量；
a、b、c、d——回归系数。

Jacobs 通过大量沥青混合料的试验发现 A 和 n 遵从下列关系：

$$\lg A = -2.36 - 1.14n$$

1996 年，Rosier(罗齐尔)等人通过三点弯拉试验研究提出，在交通荷载作用下，沥青路面结构内裂缝扩展的形式复杂，除张开型还有剪切型，表现为复合型裂缝，而不是某一类型裂缝应力强度因子单独作用的结果。裂纹的疲劳开裂应为Ⅰ型与Ⅱ型并存的复合型开裂，并且由复合型开裂条件下获得的 Paris 公式中疲劳断裂参数与单纯的Ⅰ型开裂试验获得的沥青混合料疲劳断裂参数不一致。因此 Rosier 等人提出了广义 Paris 公式：

$$\frac{\Delta a}{\Delta N} = A(\Delta K_{\text{eff}})^n$$

式中：ΔK_{eff}——与 ΔK_{I} 和 ΔK_{II} 有关的有效应力强度因子，$\Delta K_{\text{eff}} = (\Delta K_{\text{I}}^4 + 3.5\Delta K_{\text{II}}^4)^{0.25}$；

$A = \dfrac{3.53 \times 10^{-6}\Delta K_{\text{I}} + 4.76 \times 10^{-3}\Delta K_{\text{II}}}{\Delta K_{\text{I}} + \Delta K_{\text{II}}} \times 10^{-3}$；

$n = \dfrac{3.5\Delta K_{\text{I}}}{\Delta K_{\text{I}} + \Delta K_{\text{II}}}$。

四、沥青混合料疲劳分析评价试验方法

目前，沥青混合料疲劳性能试验众多，归纳起来，这些评价方法可以分为循环加载试验和疲劳断裂试验两类。其中循环加载试验包括三点弯曲试验、四点弯曲试验、重复间接拉伸试验等，疲劳断裂试验包括半圆弯曲试验、圆盘形压缩拉伸试验、间接拉伸试验等。

1. 三点弯曲试验(3PB)

一般采用现行《公路沥青及沥青混合料试验规程》中规定的标准尺寸 $(250 \pm 2.0)\text{mm} \times (30 \pm 2.0)\text{mm} \times (35 \pm 2.0)\text{mm}$ 的棱柱体小梁，跨径为 $(200 \pm 2.0)\text{mm}$，试验方法如图 5-26 所示。一般荷载的加载方式为间歇的半正弦波、三角形和方形波加载。

试验前将切好的小梁放在环境箱中保温 4h 以上。试验温度选取 -10℃、5℃、15℃、25℃、

35℃共5个温度点,加载方式为常应变加载。本试验的加载速率为5mm/min和50mm/min。试验过程中当小梁的弯拉强度达到最大时,可认为试件已经破坏,此时若继续加载,弯拉应力将下降。根据试样尺寸可求得小梁破坏时弯拉强度 R,弯拉应力 ε 和弯曲劲度模量 S 分别为:

$$R = \frac{3LP}{2bh}$$

$$\varepsilon = \frac{6hd}{L^2}$$

$$S = \frac{R}{\varepsilon}$$

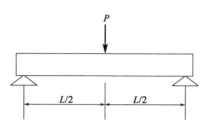

图5-26 三点弯曲试验示意图

式中:b——跨中断面试件的宽度;
　　　h——跨中断面试件的高度;
　　　L——试件的跨度;
　　　P——试件破坏时的最大荷载;
　　　d——试件破坏时的跨中挠度;
　　　R——小梁试件破坏时的弯拉强度;
　　　ε——小梁试件破坏时的弯拉应力;
　　　S——小梁试件的弯曲劲度模量。

2.四点弯曲试验(4PB)

四点弯曲梁是目前比较流行的沥青混合料疲劳评价方法,最早由Deacon(肯迪)和Monismith(莫尼史密斯)(1965)等人提出。四点弯曲梁采用恒应变控制的连续偏正弦加载模式。试验首先确定初始劲度模量,在荷载的反复作用下,当劲度模量值降到初始值的50%左右时,即可停止试验。

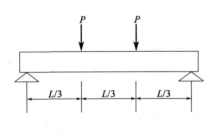

图5-27 四点弯曲试验示意图

若为应力控制模式疲劳试验,则当试件出现明显疲劳裂纹(此时的劲度模量通常小于初始劲度模量的5%)时,试验自动停止。试验方法示意图如图5-27所示,这种方法的不足之处在于试验时间较长,且与实际路面的疲劳性能匹配情况尚不清楚。

根据四点弯曲疲劳试验测试结果,可以进行最大拉应力、最大拉应变、弯拉劲度模量、滞后角、单位荷载循环内的耗散能、累计耗散能等参数的计算。

3.重复间接拉伸试验

重复间接拉伸试验是在SHRP项目期间由Hiltunen(希尔图宁)和Roque(哈克)(1994)等人开发的,可以用于评价沥青混合料的疲劳寿命。试验分为应力控制和应变控制。如果是应变控制,试验直至模量降至初始模量的50%停止;如果是应力控制,试验直至模量降至初始模量的10%停止。也有学者提出要根据试件的变形程度来确定何时停止试验,如变形达到2.5mm[Kim(金)等,1991]或9mm[Airey(艾雷)等,2004]。试验方法示意图如图5-28所示,重复间接拉伸试验的优点是相对省时且和现场路面匹配较好。根据试验测试结果,可以进行疲劳寿命等参数的计算。

图 5-28 重复间接拉伸试验示意图

4. 半圆弯曲试验(SCB)

半圆形弯曲试验在试件底部切开一条裂缝,然后在试件的另一端施加荷载,可以得到断裂能及裂缝开口位移,评价裂缝的存在对路面疲劳性能的影响,是一种间接拉伸的测试。一般采用半正弦波进行加载,可以采用间歇性和非间歇性的加载方式。荷载大小考虑应力比在 0.2~0.7 之间的范围内,采用不同的应力比水平,表征交通轴载轻、重的不同交通。实际试验过程中,温度的考虑也可以根据实际路面温度进行确定。试验示意图如图 5-29 所示,根据测试结果,可以进行裂缝开裂位移、断裂能等参数的计算。

5. 圆盘形压缩拉伸试验

圆盘形压缩拉伸试验和半圆形弯曲试验测试的参数是一致的,不同之处在于前者是直接拉伸,而后者是间接拉伸。试验示意图如图 5-30 所示,根据测试结果,可以进行断裂能、裂缝开口位移等参数的计算。其与现场疲劳开裂的相关性尚有待验证。

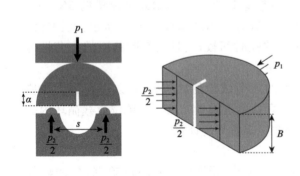

图 5-29 半圆弯曲试验示意图

图 5-30 半圆弯曲试验示意图

6. 间接拉伸试验

间接拉伸试验从试件制备到试验结束,是疲劳试验中较为省时的一种试验。其加载过程为位移控制(50mm/分钟)。试验过程记录位移和荷载数据,并以此计算断裂能和断裂韧度。试验结果和实际路面的疲劳性能匹配较好(Wen 和 Kim,2002;Shen 等 2013)。试验方法示意图如图 5-28 所示(和重复间接拉伸试验图示一致)。

【思考与分析】

1. 分析古典理论中静力平衡力学分析的原理及其存在的不足之处,哪些方法中应用了这一原理?
2. 分析弹性半空间体的应力、应变、位移分析基本原理及其存在的问题,哪些方法中应用了这一原理?
3. 分析双层、三层弹性体系应力、应变位移分析的基本原理及其存在的问题,哪些方法中应用了这一原理?
4. 总结柔性路面发展的主要特点,在设计方法中近来有一种趋势,即由经验法向理论法过渡,分析其内在原因。
5. 分析各种实用曲线及表格的形成方法及应用范围。
6. 分析路面的工作状态,路面设计标准如何与此建立关系?
7. 分析沥青路面的应力及弯沉变化状态及对路面设计的影响。
8. 用 APBI 计算基层模量(400~4 400 MPa,间隔 200 MPa)对基层、底基层弯拉应力和应变的影响。
9. 用 APBI 计算基层模量(400~4 400 MPa,间隔 200 MPa)对表面弯沉的影响。
10. 用 APBI 计算路基模量(20~200 MPa,间隔 20 MPa)对基层、底基层弯拉应力和应变的影响。
11. 用 APBI 计算路基模量(20~200 MPa,间隔 20 MPa)对表面弯沉的影响。
12. 用 APBI 计算面层模量(1 200~3 200 MPa,间隔 200 MPa)对基层、底基层弯拉应力的影响。
13. 用 APBI 计算面层模量(1 200~3 200 MPa,间隔 200 MPa)对面层弯沉的影响。
14. 请分析迭代法非线性分析基本过程。
15. 请分析中间增量法非线性分析基本过程。
16. 请推导伯格斯模型广义本构方程。
17. 请举例(范德堡模型)蠕变方程参数的试验确定方法。
18. 请结合裂缝扩展的三种方式说明沥青路面裂缝扩展过程。
19. 请比较半圆弯曲、半圆开口弯曲、半圆开口压缩拉伸裂缝扩展试验的差异。

第六章
水泥混凝土路面力学性能分析

　　水泥混凝土路面经受各种复杂的应力作用,其中包括车轮荷载引起的荷载应力、温度变形引起的温度应力、基层唧泥和路基不均匀变化引起的附加应力等。假如各种应力的综合作用超过了混凝土的容许应力范围,路面将产生裂缝、破坏等。自20世纪初,水泥混凝土路面开始广泛使用以来,水泥混凝土路面的荷载应力一直是人们十分关注的重要研究课题。1925年,威斯特卡德(H. M. S. Westergaard);1938年,霍格(A. H. A. Hogg)和霍尔(Holl);1938年,舍赫捷尔;1943年,波米斯特(D. M. Burmister);1953年,苟岗等人,在水泥混凝土路面的应力研究方面所做的贡献为水泥混凝土路面应力分析和设计方法奠定了基础。20世纪60年代以来,随着计算机技术的应用,各种有限元方法用于水泥混凝土路面的应力分析,使荷载应力的研究达到了一个新的阶段。

第一节　早期荷载应力分析

　　1920年欧尔德(C. Older)和歌德贝克(A. T. Goldbeck)根据调查发现一般水泥混凝土路面板的厚度较薄,路面破坏的主要形式为角隅断裂,所以欧尔德认为主要应该验算角隅应力,并且认为角隅断裂主要是板下地基局部下沉,使得板角端部脱空所致。当然,除了地基局部下沉以外,路面板因温度的均匀或不均匀变化而产生板角向上翘曲,也会引起水泥混凝土路面板与地基的局部脱开。反映这种情况的计算如图 6-1 所示。欧尔德根据材料力学原理,假定地基脱空,板是悬臂变截面梁,提出了早期的荷载应力计算公式。

当车轮荷载 P 作用在板角处,混凝土路面板形成一种悬臂的形式;板的一端是固定的,与板内侧相连;板的另一侧为自由端。荷载 P 引起的角隅断裂线 AB 与边缘线成 45°角,离顶点的距离为 a[图 6-2a)]。

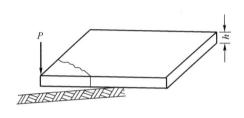

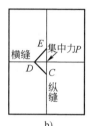

图 6-1　路面板与地基脱开　　　　图 6-2　荷载位置图

板因地基脱空而由集中荷载 P 引起的断裂线 AB 处的弯矩:

$$M = Pa$$

以板中的应力来表征:

$$Pa = \frac{\sigma I}{y} = \frac{\sigma \dfrac{2ah^3}{12}}{\dfrac{h}{2}} = \frac{\sigma a h^2}{3}$$

由此得到应力公式:

$$\sigma = \frac{3P}{h^2} \tag{6-1}$$

式中:P——车轮荷载(MN);
　　σ——混凝土路面板顶产生的拉应力(MPa);
　　I——以板中性轴为准的沿 AB 线的垂直断面的惯性矩(m^4);
　　y——中性轴自板顶的距离(m);
　　h——混凝土路面板的厚度(m)。

假定板中的应力应该满足 $\sigma \leqslant [\sigma]$,则板厚应该满足:

$$h \geqslant \sqrt{\frac{3P}{[\sigma]}} \tag{6-2}$$

当荷载作用在内侧角隅处,横缝有传力杆连接时,如图 6-2b)所示,假定有一半的荷载传到邻板,路面沿着 CD、DE 发生破坏,则破裂面上的最大弯拉应力为:

$$\sigma = \frac{1.5P}{h^2} \tag{6-3}$$

当荷载作用在内侧角隅处,纵缝有传力杆连接时,则荷载的传力情况十分复杂,可以认为有 1/3 的荷载通过纵缝传给邻板,则破裂面上的最大弯拉应力为:

$$\sigma = \frac{P}{h^2} \tag{6-4}$$

式(6-3)也适用于板边受荷时的应力计算,式(6-4)也适用于板中受荷时的应力计算。欧尔德公式是最早的刚性路面应力计算公式,但它是非常粗糙的,而且角隅应力公式(6-1)极其保守。但它的相对定性概念促使人们设法加强路面板边、板角部位的结构强度,如采用厚边路面,或加设边缘钢筋与加设角隅钢筋等。

第二节 威斯特卡德荷载应力分析

水泥混凝土路面的应力分析一般以弹性地基上的薄板为基本的力学模型。弹性地基包括温克勒(Winkler)地基、弹性半空间地基与弹性层状体系地基。

一、弹性薄板的基本假设和弹性曲面方程

两个平行面和垂直于这两个平行面的柱面或棱柱面所围成的物体称为板,平分厚度 h 的平面称为板的中面。如果板的厚度 h 远小于板面的最小尺寸 b 就称为薄板。薄板受到垂直于板面的荷载作用时,板面就会弯曲,中面所弯成的曲面称为弹性曲面,而中面各点沿 z 方向的位移称为薄板的挠度 w。假如挠度 w 远小于板的厚度 h 就称为小挠度薄板,相应的理论称为小挠度薄板理论。通常的水泥混凝土路面(道面)一般符合小挠度薄板理论的基本假定。

研究弹性地基上无限大板时,以弹性薄板小挠度问题作为力学模型描述板体。在弹性力学理论中,对此有以下三点假设:

(1)垂直于中面方向形变分量 ε_z 极其微小,可以略去不计。

(2)应力分量 τ_{zx}、τ_{zy} 和 σ_z 远小于其余三个应力分量,因而是次要的,可以忽略它们所引起的形变分量。

(3)薄板中面内的各点都没有平行于中面的位移。

由假设(1)可以得到:

$$\varepsilon_z = \frac{\partial w}{\partial z} = 0$$

即:

$$w = w(x, y) \tag{6-5}$$

由假设(2)可以得到:

$$\gamma_{zx} = \gamma_{zy} = 0$$

即:

$$\frac{\partial u}{\partial z} = -\frac{\partial w}{\partial x}, \frac{\partial v}{\partial z} = -\frac{\partial w}{\partial y}$$

则:

$$\begin{cases} u = -z\frac{\partial w}{\partial x} + f_1(x, y) \\ v = -z\frac{\partial w}{\partial y} + f_2(x, y) \end{cases} \tag{6-6}$$

同时,因为不计 σ_z 的影响,板的应力-应变关系(物理方程)为:

$$\varepsilon_x = \frac{1}{E}(\sigma_x - \mu\sigma_y)$$

$$\varepsilon_y = \frac{1}{E}(\sigma_y - \mu\sigma_x)$$

$$\gamma_{xy} = \frac{2(1+\mu)}{E}\tau_{xy} \tag{6-7}$$

由假设(3)及式(6-6)可以得到：
$$u|_{z=0} = v|_{z=0} = 0$$

则：
$$\begin{cases} f_1(x,y) = 0 \\ f_2(x,y) = 0 \end{cases}$$

则：
$$\begin{cases} u = -z\dfrac{\partial w}{\partial x} \\ v = -z\dfrac{\partial w}{\partial y} \end{cases} \tag{6-8}$$

在上述基本假定中：

σ_x、σ_y、σ_z——x、y、z方向的正应力分量；

ε_x、ε_y、ε_z——x、y、z方向的正应变分量；

u、v、w——x、y、z方向的位移分量；

τ_x、τ_y、τ_z——x、y、z方向的剪应力分量；

γ_x、γ_y、γ_z——x、y、z方向的剪应变分量；

E、μ——材料的弹性模量与泊松比。

由此可将板的几何方程表示为：
$$\begin{cases} \varepsilon_x = \dfrac{\partial u}{\partial x} = -\dfrac{\partial^2 w}{\partial x^2}z \\ \varepsilon_y = \dfrac{\partial v}{\partial y} = -\dfrac{\partial^2 w}{\partial y^2}z \\ \gamma_{xy} = \dfrac{\partial v}{\partial x} + \dfrac{\partial u}{\partial y} = -2\dfrac{\partial^2 w}{\partial x \partial y}z \end{cases} \tag{6-9}$$

将物理方程(6-7)改写为应力分量的表达式,并将式(6-9)代入,可得到：
$$\begin{cases} \sigma_x = -\dfrac{Ez}{1-\mu^2}\left(\dfrac{\partial^2 w}{\partial x^2} + \mu\dfrac{\partial^2 w}{\partial y^2}\right) \\ \sigma_y = -\dfrac{Ez}{1-\mu^2}\left(\dfrac{\partial^2 w}{\partial y^2} + \mu\dfrac{\partial^2 w}{\partial x^2}\right) \\ \tau_{xy} = -\dfrac{Ez}{1+\mu}\dfrac{\partial^2 w}{\partial x \partial y} \end{cases} \tag{6-10}$$

由式(6-10)可知,各项应力分量均为z的奇函数,因此在厚度方向截面上力的和为零,并可分别合成单位宽度上的弯矩、扭矩或剪力,即：

$$\begin{cases} M_x = \int_{-h/2}^{h/2} z\sigma_x \mathrm{d}z = -\dfrac{E}{1-\mu^2}\left(\dfrac{\partial^2 w}{\partial x^2} + \mu\dfrac{\partial^2 w}{\partial y^2}\right)\int_{-h/2}^{h/2} z^2 \mathrm{d}z = -D\left(\dfrac{\partial^2 w}{\partial x^2} + \mu\dfrac{\partial^2 w}{\partial y^2}\right) \\ M_y = \int_{-h/2}^{h/2} z\sigma_y \mathrm{d}z = -\dfrac{E}{1-\mu^2}\left(\dfrac{\partial^2 w}{\partial y^2} + \mu\dfrac{\partial^2 w}{\partial x^2}\right)\int_{-h/2}^{h/2} z^2 \mathrm{d}z = -D\left(\dfrac{\partial^2 w}{\partial y^2} + \mu\dfrac{\partial^2 w}{\partial x^2}\right) \\ M_{xy} = \int_{-h/2}^{h/2} \tau_{xy} z \mathrm{d}z = -\dfrac{E}{1+\mu}\dfrac{\partial^2 w}{\partial x \partial y}\int_{-h/2}^{h/2} z^2 \mathrm{d}z = -D(1-\mu)\dfrac{\partial^2 w}{\partial x \partial y} \end{cases} \tag{6-11}$$

$$\begin{cases} Q_x = \int_{-h/2}^{h/2} \tau_{xz} \mathrm{d}x = -D\dfrac{\partial}{\partial x}\nabla^2 w \\ Q_y = \int_{-h/2}^{h/2} \tau_{yz} \mathrm{d}y = -D\dfrac{\partial}{\partial y}\nabla^2 w \end{cases} \tag{6-12}$$

式中：D——板的弯曲刚度，$D = \dfrac{Eh^3}{12(1-\mu^2)}$。

经过整理可以得出应力分量与弯矩、扭矩、剪力之间的关系：

$$\begin{cases} \sigma_x = \dfrac{12M_x}{h^3}z \\ \sigma_y = \dfrac{12M_y}{h^3}z \\ \tau_{xy} = \tau_{yx} = \dfrac{12M_{xy}}{h^3}z \\ \tau_{xz} = \dfrac{6Q_x}{h^3}\left(\dfrac{h^2}{4} - z^2\right) \\ \tau_{yz} = \dfrac{6Q_y}{h^3}\left(\dfrac{h^2}{4} - z^2\right) \\ \sigma_z = -2q\left(\dfrac{1}{2} - \dfrac{z}{h}\right)^2\left(1 + \dfrac{z}{h}\right) \end{cases} \tag{6-13}$$

当 $z = h/2$ 时，可得板的最大应力的关系为：

$$\begin{cases} \sigma_x = \dfrac{6M_x}{h^2} \\ \sigma_y = \dfrac{6M_y}{h^2} \\ \tau_{xy} = \tau_{yx} = \dfrac{6M_{xy}}{h^2} \end{cases} \tag{6-14}$$

二、弹性曲面微分方程

根据薄板的基本假设及内力与荷载的平衡条件可得 $\sum M_x = 0$、$\sum M_y = 0$。

分别写出力矩的平衡方程，简化以后得：

$$\begin{cases} Q_x = \dfrac{\partial M_x}{\partial x} + \dfrac{\partial M_{yx}}{\partial y} \\ Q_y = \dfrac{\partial M_y}{\partial y} + \dfrac{\partial M_{yx}}{\partial x} \end{cases} \tag{6-15}$$

式(6-15)与式(6-12)是形式不同但本质相同的两个表达式。

写出 z 方向的力的平衡方程，简化以后，略去微量，得到：

$$\dfrac{\partial Q_x}{\partial x} + \dfrac{\partial Q_y}{\partial y} + q = 0 \tag{6-16}$$

将式(6-15)代入式(6-16),则得到:

$$\frac{\partial^2 M_x}{\partial x^2} + 2\frac{\partial M_{xy}}{\partial x \partial y} + \frac{\partial^2 M_y}{\partial y^2} + q = 0 \tag{6-17}$$

将式(6-11)中的 M_x、M_y、M_{xy} 的表达式代入式(6-17)便可得到薄板弹性曲面微分方程(图6-3):

$$D\left(\frac{\partial^4 w}{\partial x^4} + 2\frac{\partial^4 w}{\partial x^2 \partial y^2} + \frac{\partial^4 w}{\partial y^4}\right) = q \tag{6-18}$$

或写成:

$$D \nabla^2 \nabla^2 w = q \tag{6-19}$$

式中:∇^2——拉普拉斯算子,$\nabla^2 = \frac{\partial^2}{\partial x^2} + \frac{\partial^2}{\partial y^2}$;

D——板的弯曲刚度,$D = \frac{Eh^3}{12(1-\mu^2)}$;

h——板的厚度。

若采用柱坐标,则式(6-19)中的拉普拉斯算子 ∇^2 可写成以下形式:

$$\nabla^2 = \frac{\partial^2}{\partial r^2} + \frac{1}{r}\frac{\partial}{\partial r} + \frac{\partial^2}{\partial \theta^2}$$

式中:r、θ——柱坐标变量。

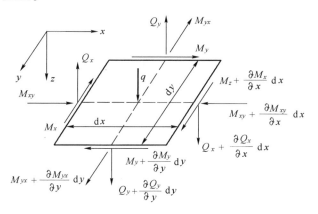

图 6-3 薄板弹性曲面微分方程图式

三、威斯特卡德(H. M. S. Westergaard)计算公式(威氏公式)

威斯特卡德于1925年最先运用温克勒地基上无限大板或无限大弹性地基薄板模型,推导了由于荷载作用引起的混凝土板荷载应力公式。之后,经过多次修正和理论上的不断完善,威斯特卡德荷载应力公式在水泥混凝土路面设计中得到广泛的应用。

由板的挠曲面微分方程及温克勒地基假定可得威斯特卡德应力分析的理论公式:

$$q(x,y) = Kw(x,y) \tag{6-20}$$

式中:K——地基反应模量。

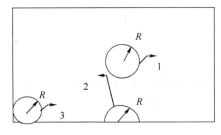

图 6-4 荷载图式

1. 荷载图式

威斯特卡德研究了三种典型临界荷载位置下板的最大挠度和最大应力。这三种荷载位置为板中(图 6-4 荷位 1)、板边(图 6-4 荷位 2)、板角(图 6-4 荷位 3)。

2. 应力计算公式

威斯特卡德经过推导,提出了以上三个特定位置的应力计算公式。

1) 荷载作用于板中(荷位 1)

荷载应力公式为:

$$\sigma_i = 1.1(1 + \mu_c)\left(\lg\frac{l}{b} + 0.2673\right)\frac{P}{h^2} \quad (6\text{-}21)$$

相应的位移为:

$$w_i = \frac{Pl^2}{8D} \quad (6\text{-}22)$$

式中:$l = \sqrt[4]{\dfrac{E_c h^3}{12(1-\mu_c^2)}K}$。

2) 荷载作用于板边(荷位 2)

荷载应力公式为:

$$\sigma_e = 2.116(1 + 0.54\mu_c)\left(\lg\frac{l}{b} + 0.08975\right)\frac{P}{h^2}$$

相应的位移为:

$$w_e = \frac{1}{\sqrt{6}}(1 + 0.4\mu)\frac{P}{Kl^2} \quad (6\text{-}23)$$

3) 荷载作用于板角(荷位 3)

荷载应力公式为:

$$\sigma_c = 3\left[1 - \left(\frac{\sqrt{2}R}{l}\right)^{0.6}\right]\frac{P}{h^2}$$

相应的位移为:

$$w_c = \left(1.1 - 0.88\frac{\sqrt{2}R}{l}\right)\frac{P}{Kl^2} \quad (6\text{-}24)$$

3. 半径 R 的修正(图 6-5)

在弹性薄板假定中,忽略了竖向应力 σ_z 的影响,并假定任何垂直于中面的直线在弯曲以后仍然为直线。如果作用在面板上的力不出现集中现象,荷载半径 R 与厚度 h 相差并不大,则以上的假定是符合实际的。假如出现集中现象,R 同 h 相比小于某一限度,则以上的假定不再符合实际,应按照厚板理论进行计算,由此采用当量半径 b 取代实际半径 R。b 和 R 的关系按下式确定:

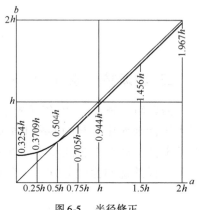

图 6-5 半径修正

$$\begin{cases} 当 R < 1.724h 时, b = \sqrt{1.6R^2 + h^2} - 0.675R \\ 当 R > 1.724R 时, b = R \end{cases} \quad (6-25)$$

4. 阿灵顿试验路

1930年美国在阿灵顿(Arlington)进行了混凝土路面足尺试验,通过试验,对应力计算公式进行了修正。

1)荷载作用于板中(荷位1)

阿灵顿试验发现,实测的板中应力值比板中加载的威斯特卡德应力计算公式的计算结果小。对这种情况,威斯特卡德曾解释,主要是由于地基反力同挠度相比更加集中于荷载的周围,并不像温克勒地基假设那样,反力与挠度成正比关系。因此,荷载附近反力增加,板体的挠度和应力略有降低。为此,威斯特卡德于1933年提出如下修正公式:

$$\sigma_i = 0.275(1 + \mu_c)\left[\lg\frac{Eh^3}{Kb^4} - 54.54\left(\frac{l}{L}\right)^2 C\right]\frac{P}{h^2} \quad (6-26)$$

式中:L——地基反力重分布范围,假定 $L = 5l$;

C——最大挠度减少的比值,变化范围为 $0 \sim 0.39$。

布拉德伯利(Bradbury)提出了当 $L = 5l$、$C = 0.20$、$\mu = 0.15$ 时,布拉德伯利提出了板中的板底最大应力修正公式。

$$\sigma_i = 0.316\left(4\lg\frac{L}{b} + 0.633\right)\frac{P}{h^2} \quad (6-27)$$

凯利(Kelly)提出了当 $L = 1.75l$、$C = 0.05$、$\mu = 0.15$ 时,板中的板底最大应力修正公式:

$$\sigma_i = 0.316\left(4\lg\frac{L}{b} + 0.178\right)\frac{P}{h^2} \quad (6-28)$$

由计算结果可知,凯利修正公式的结果为威斯特卡德的72% ~ 82%,布拉德伯利修正公式的结果为威斯特卡德的87% ~ 91%(图6-6)。

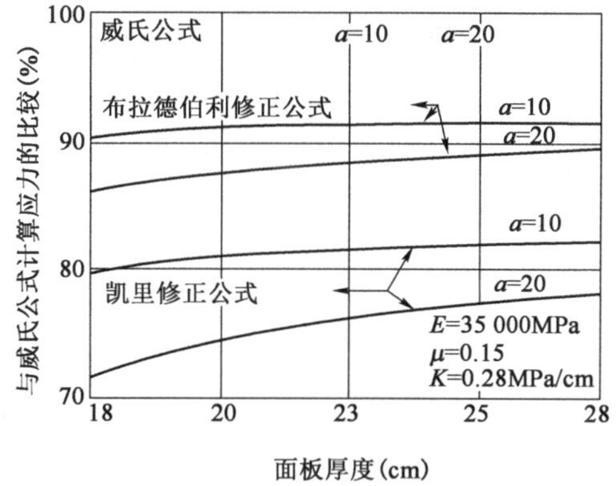

2)荷载作用于板边(荷位2)

阿灵顿试验发现,在没有翘曲的情况下,对于常用的轮印,实测应力与威斯特卡德理论计算结果很一致。假如 a 值较大,则实测应力略大于威斯特卡德理论计算结果;假如 a 较小,则实测应力略小于威斯特卡德理论计算结果,但差异很小。在没有翘曲的情况下,其差值很小。在白天有翘曲的情况下,对于常用的轮印,实测应力略大于威斯特卡德理论计算结果;在夜晚有翘曲的情况下,对于常用的轮印,实测应力明显大于威斯特卡德理论计算结果。

凯利(Kelly)提出了修正,当 $L = 5l$ 时:

$$\sigma_e = 0.572\left(4\lg\frac{L}{b} + \lg b\right)\frac{P}{h^2} \quad (6-29)$$

由计算结果可知,凯利结果比没有修正的结果大6% ~ 17%(图6-7)。

图6-6 用不同公式计算板中应力的比较

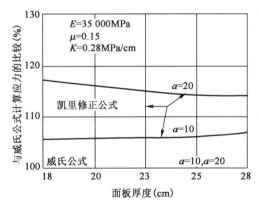

图6-7 用不同公式计算板边应力的比较

3) 荷载作用于板角（荷位3）

布拉德伯利根据斯潘格勒（Spangler）等人在室内条件下所做的许多混凝土路面足尺板的试验结果，认为实测应力远远大于威斯特卡德理论计算结果，并且提出角隅加载时混凝土路面的荷载应力公式如下：

$$\sigma_c = 3\left[1 - \left(\frac{R}{l}\right)^{0.6}\right]\frac{P}{h^2} \tag{6-30}$$

布拉德伯利提出的修正公式相当于将原来板角附近的反应模量减少为原有的四分之一，以此来提高混凝土路面板的应力。

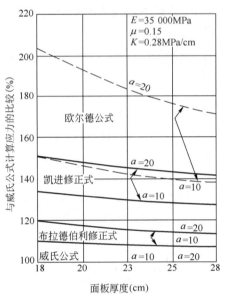

图 6-8 用不同公式计算板角应力的比较

阿灵顿试验表明，在正常气候条件下，在白天，板角向下翘曲，板体与地基保持接触的条件下，实测应力与威斯特卡德理论计算结果完全一致。可是，在夜间，当角隅向上翘曲时，实测应力比威斯特卡德理论公式(6-25)计算结果和布拉德伯利公式(6-30)计算结果高出许多，但比欧尔德应力计算公式(6-1)低。断裂面离开角隅顶端的对角线距离略大于威斯特卡德理论公式的计算结果。凯利提出角隅修正公式：

$$\sigma_c = 3\left[1 - \left(\frac{\sqrt{2}R}{l}\right)^{1.2}\right]\frac{P}{h^2} \tag{6-31}$$

通过实例计算表明，不同的角隅应力计算公式有很大的差别。假如以威斯特卡德理论计算结果为准，则布拉德伯利公式(6-30)计算结果超出7%～20%，凯利计算结果超出27%～51%，而欧尔德公式超出38%～104%（图6-8）。

第三节　弹性地基板的荷载应力

用温克勒地基假定描述水泥混凝土路面板下地基的支承条件，在某些条件下显得过于简单，并且低估了地基的承载能力。特别是20世纪50年代以来，由于重型车辆和大型飞机的问世，水泥混凝土路面基层的作用越来越为人们所重视，特别是层状弹性体系的水泥混凝土路面板基层的应用，必须对此做出恰当的判断。因此，在水泥混凝土路面的应力分析中，弹性半空间地基模型为大家所接受。威斯特卡德在其后期的著作中也指出，采用温克勒地基假定只是为了便于应用的一种权宜之计。同时，威斯特卡德也探讨了弹性半空间地基水泥混凝土路面的应力计算方法。1938年，霍格（A. H. A. Hogg）和霍尔（Holl）研究并提出了弹性半空间无限大地基水泥混凝土路面板的荷载应力分析方法。

在求解弹性半空间地基板的荷载应力计算公式时，弹性小挠度薄板的基本假定以及弹性曲面微分方程、弯矩、挠度计算公式仍然适用，但将板置于弹性地基之上并与之共同作用。在解题时：

(1) 在变形过程中,板与地基始终紧密接触,因此,地基顶面的垂直位移与薄板中面的垂直位移相等。

(2) 板与地基的接触面上无摩擦阻力,可以自由滑动,也就是说,层间水平剪力为零,地基对板体只有垂直作用。

(3) 地基符合弹性、均质、各向同性的假定。

当弹性地基无限大板作用有轴对称荷载 $q(r)$ 时,可采用柱坐标系,若考虑到地基对板体的反力荷载为 $p(r)$,则弹性曲面微分方程可写为:

$$D\nabla^2\nabla^2 w = q(r) - p(r) \tag{6-32}$$

式中: ∇^2——拉普拉斯算子,$\nabla^2 = \dfrac{\mathrm{d}^2}{\mathrm{d}r^2} + \dfrac{1}{r}\dfrac{\mathrm{d}}{\mathrm{d}r}$;

D——板的弯曲刚度,$D = \dfrac{E_1 h^3}{12(1-\mu_1^2)}$;

$q(r)$、$p(r)$——地基反力和外加荷载(图 6-9)。

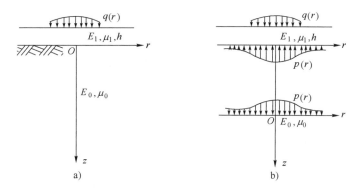

图 6-9 地基反力和外加荷载

在以上方程中,$w(r)$、$p(r)$ 均为未知函数,所以必须建立另一个方程才能求解。对于地基来讲,假如不计板自重的影响,则地基顶面所受的荷载与薄板底部的反力荷载均为 $p(r)$,而地基顶面的垂直位移与薄板的垂直位移均为 $w(r)$。因此,可以通过弹性半空间体系在轴对称荷载作用下的表面位移计算公式来建立 $w(r)$ 与 $p(r)$ 之间的关系。垂直位移 $w(r)$ 可以表示为:

$$w(r) = \frac{2(1-\mu_0^2)}{E_0} \int_0^\infty \bar{p}(\xi) J_0(\xi r) \mathrm{d}\xi \tag{6-33}$$

在介绍弹性半空间地基板的理论公式推导方法之前,必须了解以下主要变换公式。

1. 亨格尔变换和逆变换公式

函数 $f(r)$ 的亨格尔变换公式为:

$$\bar{f}(\xi) = \int_0^\infty f(r) J_0(\xi r) r \mathrm{d}r \tag{6-34}$$

函数 $\bar{f}(\xi)$ 的亨格尔逆变换公式为:

$$f(r) = \int_0^\infty \bar{f}(\xi) J_0(\xi r) \mathrm{d}\xi \tag{6-35}$$

二阶导数函数的亨格尔变换为：

$$\int_0^\infty \nabla^2 \varphi(r) J_0(\xi r) r \mathrm{d}r = -\xi^2 \bar{\varphi}_0(\xi) \tag{6-36}$$

四阶导数函数的亨格尔变换为：

$$\int_0^\infty \nabla^4 \varphi(r) J_0(\xi r) r \mathrm{d}r = \xi^4 \bar{\varphi}_0(\xi) \tag{6-37}$$

2. 公式推导

利用式(6-36)和式(6-37)求式(6-32)的亨格尔变换得：

$$D\xi^4 \bar{w}(\xi) + \bar{p}(\xi) = \bar{q}(\xi) \tag{6-38}$$

根据地基表面在轴对称荷载 $p(r)$ 作用下的挠度解得：

$$w(r) = \frac{2(1-\mu_0^2)}{E_0} \int_0^\infty \bar{p}(\xi) J_0(\xi r) \mathrm{d}\xi \tag{6-39}$$

又因：

$$w(r) = \int_0^\infty \bar{w}(\xi) J_0(\xi r) \xi \mathrm{d}\xi$$

利用以上两式相等的条件，式(6-36)中位移在变换域的解为：

$$\bar{w}(\xi) = \frac{2(1-\mu_0^2)\bar{P}(\xi)}{E_0 \xi} \quad \text{或} \quad \bar{p}(\xi) = \frac{E_0 \bar{w}(\xi) \xi}{2(1-\mu_0^2)} \tag{6-40}$$

将式(6-40)代入式(6-38)得：

$$D\xi^4 \bar{w}(\xi) + \frac{E_0 \xi \bar{w}(\xi)}{2(1-\mu_0^2)} = \bar{q}(\xi)$$

$$\bar{W}(\xi) = \frac{\bar{q}(\xi)}{D\xi^4 + \dfrac{E_0 \xi}{2(1-\mu_0^2)}} \tag{6-41}$$

因：

$$w(r) = \int_0^\infty \bar{w}(\xi) J_0(\xi r) \xi \mathrm{d}\xi \tag{6-42}$$

则：

$$w(r) = \frac{2(1-\mu_0^2)}{E_0} \int_0^\infty \frac{\bar{q}(\xi) J_0(\xi r)}{1 + l^{-3}\xi^3} \mathrm{d}\xi \tag{6-43}$$

式中：$l = h \sqrt[3]{\dfrac{E_c(1-\mu_0^2)}{6E_0(1-\mu_0^2)}}$。

$\bar{q}(\xi)$ 为荷载的亨格尔变换，对均布荷载，荷载的亨格尔变换式为：

$$\bar{q}(\xi) = \frac{pa J_1(\xi a)}{\xi} = \frac{P J_1(\xi a)}{\pi a \xi} \tag{6-44}$$

式中：p、a——荷载的单位压力与荷载圆半径；

P——荷载总重。

对集中荷载,荷载的亨格尔变换式为:

$$\bar{q}(\xi) = \frac{P}{2\pi} \qquad (6-45)$$

式中:P——荷载总重量。

将式(6-44)代入式(6-43)得均布荷载作用下弹性半空间地基板的挠度解为:

$$w(r) = \frac{2P(1-\mu_0^2)}{\pi a E_0} \int_0^\infty \frac{J_1(\xi a) J_0(\xi r)}{(1+l^{-3}\xi^3)\xi} d\xi$$

将位移解式(6-42)代入式(6-11)得均布荷载作用下弹性半空间地基板的弯矩表达式为:

$$M_r = \frac{P}{\pi a} \int_0^\infty \frac{J_1(\xi a)}{l^{-3}+\xi^3} \left[\xi J_0(\xi r) - \frac{1-\mu_c}{r} J_1(\xi r) \right] d\xi \qquad (6-46)$$

$$M_\theta = \frac{P}{\pi a} \int_0^\infty \frac{J_1(\xi a)}{l^{-3}+\xi^3} \left[\mu_c \xi J_0(\xi r) + \frac{1-\mu_c}{r} J_1(\xi r) \right] d\xi \qquad (6-47)$$

当 $r \to 0$ 时,$\lim_{r \to 0} \frac{J_1(r)}{r} = \frac{1}{2}$ 可得均布荷载作用下弹性半空间地基板中心的弯矩表达式为:

$$M_r = M_\theta = \frac{P(1+\mu_c)}{2\pi a} \int_0^\infty \frac{J_1(\xi a)}{l^{-3}+\xi^3} d\xi \qquad (6-48)$$

第四节 混凝土路面板荷载应力的有限元分析

一、概述

有限元法是一种近似的计算方法,这种方法的实质就是将一个固体连续介质分割成若干个有限的离散元素,并组成集合体。在每个元素内,假设位移场或应力场,应用变分原理建立代数方程组,以节点处的广义位移或广义应力为未知量进行求解。根据未知量的不同类型,有限元法可分为位移法、力法以及混合法。

有限元法用于水泥混凝土路面应力分析,起始于1965年,张佑启(Cheung. Y. K.)和辛克维琦(Zienkiewicz. C. C)提出了弹性地基上薄板的有限元分析方法,敖德逊(Hudson. W. R)和玛特洛克(Matllock. H.)用离散单元法分析了温克勒地基上水泥混凝土路面的应力应变。20世纪70年代初,沙捷斯(Sargious. M.)、张佑启、黄仰贤和王先俊连续发表多篇论文探讨了弹性地基水泥混凝土路面的有限元分析方法。其中黄仰贤和王先俊不仅提出了温克勒和弹性半空间两种地基假定下的有限元分析,对温度应力作了计算,而且对板底的脱空现象、对称性利用、带状矩阵的利用、两块板之间的连接等问题均做了深入研究,使得有限元分析更加符合实际,更容易推广使用。黄仰贤与邓学钧合作完成的研究工作对板与板之间各种不同的荷载传递方式进行了深入分析,同时通过简化方法或迭代方法将有限元分析范围扩大到由若干块板组成的多板系统。

随着有限元分析法研究工作的逐步深入,使得过去无法解决的工程设计计算问题有可能得到解决,水泥混凝土路面应力分析的情况也是如此。如:有限大矩形板块在任意荷载位置作用下,计算任意位置的应力及位移;具有传力功能的多板系统的应力、位移计算,地基不均匀支承和地基部分脱空等。如采用解析解都难以求解,采用有限元法以后已逐步得到了解决。我国道路工程科学界于20世纪70年代末,也开展了广泛的研究工作,并且将研究成果系统化,成为1985年颁布的我国水泥混凝土路面设计规范的基础。

进行混凝土路面的有限元分析,必须了解以下一些基本概念。

1. 应力

弹性体在受到外力以后,其内部将发生应力。为了描述弹性体内某一点的应力状态,在这一点的弹性体内割取一微小的平行六面体 $PABC$,它的六面垂直于坐标轴。将每一面上的应力分解为一个正应力和两个剪应力,分别与三个坐标轴平行,每一点用六个应力量来表示其应力状态。

一般来说,弹性体内各点的应力状态是不同的,因此,描述弹性体内应力状态的六个应力分量并不是常数,而是 x、y、z 的函数。

2. 主应力及应力方向

假定弹性体内任意一点的应力状态已知,则可以求出经过该点的任意一斜面上的正应力和剪应力。

设经过弹性体内任意点的某一斜面的剪应力为零,则该斜面的正应力称为该点的一个主应力,该斜面为一个主应力平面,而该斜面的法线方向称为一个主应力方向。

对一个任意应力问题,不论六个应力分量的数值如何,多存在三个主应力及相应的主应力平面和主应力方向,而且三个主应力所对应的主应力方向总是垂直的,这就是说,在弹性体内的任意一点,一定存在三个互相垂直的主应力面和对应的三个主应力。

还可以证明,任意斜面上的正应力均不会大于三个主应力中的最大的一个,也不会小于三个主应力中最小的一个。这就是说,在弹性体内任意一点三个主应力中最大的一个就是该点的最大正应力,三个主应力中最小的一个就是该点的最小正应力。

3. 虚功与虚功方程

设有受外力作用的弹性体,如图6-10所示,它在 i 点所受的外力沿坐标轴分解为分量 U_i、V_i、W_i,在 j 点所受的外力沿坐标轴分解为分量 U_j、V_j、W_j 等,总起来用列阵 $\{F\}$ 表示,而外力引起的应力用列阵 $\{\sigma\}$ 表示。

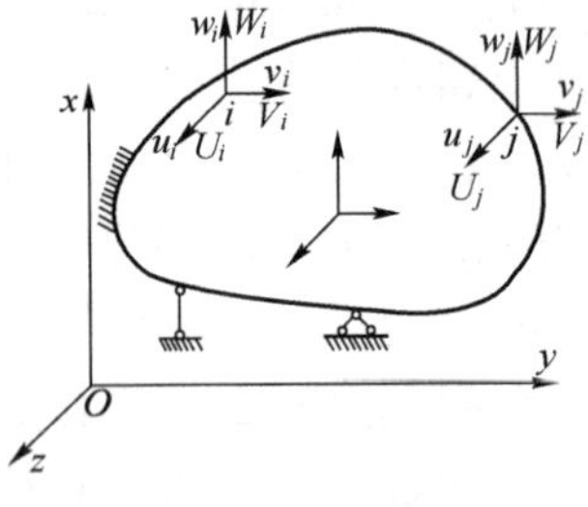

$$\{F\} = \begin{Bmatrix} U_i \\ V_i \\ W_i \\ U_j \\ V_j \\ W_j \\ \vdots \end{Bmatrix} \quad \{\sigma\} = \begin{Bmatrix} \sigma_x \\ \sigma_y \\ \sigma_z \\ \tau_{xy} \\ \tau_{yz} \\ \tau_{zx} \end{Bmatrix} \tag{6-49}$$

图6-10 物体的受力分析

现在假设弹性体发生了某种虚位移,与各个外力分量相应的虚位移分量为 u_i^*、v_i^*、w_i^*、u_j^*、v_j^*、w_j^* 等,总起来的列阵为 $\{\delta\}^*$,引起的虚应变为 $\{\varepsilon\}^*$。

$$\{\delta^*\} = \begin{Bmatrix} u_i^* \\ v_i^* \\ w_i^* \\ u_j^* \\ v_j^* \\ w_j^* \\ \vdots \end{Bmatrix} \quad \{\varepsilon^*\} = \begin{Bmatrix} \varepsilon_x^* \\ \varepsilon_y^* \\ \varepsilon_z^* \\ \gamma_{xy}^* \\ \gamma_{yz}^* \\ \gamma_{zx}^* \end{Bmatrix} \tag{6-50}$$

这个虚位移和虚应变一般并不是上述实际外力引起的,而是另外的外力或其他原因引起的,更多的是为了分析问题而假想在弹性体中发生的。

把虚位移原理应用于连续弹性体,可以导出这样的引理:如果虚位移发生之前,弹性体处于平衡状态,那么,在虚位移发生时,外力在虚位移上做的功就等于(整个弹性体)应力在虚应变上所做功的总和。

在虚位移发生时,外力在虚位移上做的功为:

$$U_i u_i^* + V_i v_i^* + W_i w_i^* + U_j u_j^* + V_j v_j^* + W_j w_j^* + \cdots = \{\delta^*\}^T \{F\} \tag{6-51}$$

应力在虚应变上做的功为:

$$\sigma_x \varepsilon_x^* + \sigma_y \varepsilon_y^* + \sigma_z \varepsilon_z^* + \tau_{xy} \gamma_{xy}^* + \tau_{yz} \gamma_{yz}^* + \tau_{zx} \gamma_{zx}^* = \{\varepsilon^*\}^T \{\sigma\} \tag{6-52}$$

在整个弹性体内应力在虚应变上所做功的总和为:

$$\iiint \{\varepsilon^*\}^T \{\sigma\} \mathrm{d}x\mathrm{d}y\mathrm{d}z \tag{6-53}$$

于是可以推导得到:

$$\{\delta^*\}^T \{F\} = \iiint \{\varepsilon^*\}^T \{\sigma\} \mathrm{d}x\mathrm{d}y\mathrm{d}z \tag{6-54}$$

这就是弹性体的虚功方程,它通过虚位移和虚应变表明外力与应力之间的关系。

4. 有限元分析的一般过程

采用有限元法中的位移分析弹性地基板的解题过程如下:

(1)结构理想化,即把结构物抽象为相当的力学模型,水泥混凝土路面板可以理想化为弹性地基上的薄板弯曲问题。

(2)结构离散化,即用假想的线把结构划分为有限个单元,各单元相互间仅在边界上的节点相连接。

(3)规定单元的位移模式,并用基本未知数节点位移来表示,该位移模式能唯一地确定单元的应变和应力状态,且能满足结构连续性条件。

(4)推导各有限单元的刚度矩阵。

(5)推导各有限单元的地基刚度矩阵。

(6)荷载与约束处理,把作用在边界上的外荷载,按照静力等效原则移置为相应节点上的力系$\{F\}$,并根据结构受力与平衡情况,确定各边界条件与对称条件。

(7)把各有限单元的刚度矩阵组成结构总刚度矩阵,并列出整个结构的平衡方程为:

$$[K] \times \{\delta\} = \{F\} \tag{6-55}$$

(8) 选择适当的计算方法,解此线性方程组,求得各单元节点位移$\{\delta\}$。

(9) 由各节点位移$\{\delta\}$,求解各单元的内力,在薄板弯曲问题中,即求由应力合成的内力矩阵$\{M\}$。

二、水泥混凝土路面有限元分析方法

水泥混凝土板被假定为弹性地基上的小挠度弹性薄板,运用弹性薄板单元对水泥混凝土路面的应力与位移进行有限元分析,仍采用弹性地基上薄板解析解相同的基本假定与力学模式。因此,首先简要给出弹性地基上小挠度薄板的基本方程,其基本假定与第二节的有关假定相同,然后介绍有限元法的基本原理和有关主要公式的推导。

1. 基本理论

利用式(6-11),板中弯矩与挠度的关系用矩阵形式来表示:

$$\{M\} = \begin{Bmatrix} M_x \\ M_y \\ M_{xy} \end{Bmatrix} = \frac{E_c h^3}{12(1-\mu_c^2)} \begin{bmatrix} 1 & \mu_c & 0 \\ \mu_c & 1 & 0 \\ 0 & 0 & \frac{1-\mu_c}{2} \end{bmatrix} \begin{Bmatrix} -\frac{\partial^2 w}{\partial x^2} \\ -\frac{\partial^2 w}{\partial y^2} \\ -2\frac{\partial^2 w}{\partial x \partial y} \end{Bmatrix} \tag{6-56}$$

$$\{M\} = [D]\{\chi\}$$

式中:$[D] = \dfrac{E_c h^3}{12(1-\mu_c^2)} \begin{bmatrix} 1 & \mu_c & 0 \\ \mu_c & 1 & 0 \\ 0 & 0 & \frac{1-\mu_c}{2} \end{bmatrix}$;$\{\chi\} = \begin{Bmatrix} -\frac{\partial^2 w}{\partial x^2} \\ -\frac{\partial^2 w}{\partial y^2} \\ -2\frac{\partial^2 w}{\partial x \partial y} \end{Bmatrix}$;

其他符号同前。

式(6-10)表示为:

$$\{\sigma\} = \begin{Bmatrix} \sigma_x \\ \sigma_y \\ \tau_{xy} \end{Bmatrix} = \frac{12}{h^3} z \{M\} \tag{6-57}$$

由此可知,只要知道板的位移表达式,可以得出板中的弯矩和应力。

2. 矩形薄板单元和位移模式

由于道路与机场的水泥混凝土路面板采用矩形分块,因此在有限元分析中,采用矩形单元较为合适。此外,采用矩形单元可以较好地反映弹性薄板位移分布的非线性性质。一块连续的薄板被离散化,分割为若干个单元之后,单元各结点相互连接。由于相邻单元之间有法向力和力矩传递,所以结点必然要满足刚性连接的要求。即对于几个单元共有的结点,它的广义位移,对于每个单元都是相等的,所承受的广义结点力也相等。单元的编号顺序与结点的编号顺序是任意的,但是必须保证计算分析时,计算机程序结构紧凑,总刚度矩阵带宽较窄,少占机器内存。

在有限元法中,代替连续薄板的是一些离散的四边形的薄板单元,它们只在结点连接。由于相邻单元之间有法向力和力矩的传送,所以必须把结点当作刚性的。为了便于分析,每个单元所受的荷载,仍然是按照静力等效的原则移置(分解)到结点上去。

计算这样的板体系统,仍然采用结构力学中的位移法。基本未知量是结点的一个线位移(挠度 w)和两个角位移(绕 x 轴的转角 θ_x 和绕 y 轴的转角 θ_y)。线位移以 z 轴正向为正,角位移则以右手螺旋规则标出的矢量沿坐标轴的正向为正。

矩形薄板单元节点位移的正向及其相应的节点力和在直梁中一样,根据微小位移的假定,由几何关系有 $\theta_x = -\dfrac{\partial w}{\partial y}$ 及 $\theta_y = \dfrac{\partial w}{\partial x}$。在一个不受支承的结点 i,它的位移可以表示为:

$$\{\delta_i\} = \begin{Bmatrix} w_i \\ \theta_{xi} \\ \theta_{yi} \end{Bmatrix} = \begin{Bmatrix} w_i \\ -\left(\dfrac{\partial w}{\partial y}\right)_i \\ \left(\dfrac{\partial w}{\partial x}\right)_i \end{Bmatrix} \tag{6-58}$$

相应的结点力表示为:

$$\{F_i\} = \begin{Bmatrix} W_i \\ M_{\theta xi} \\ M_{\theta yi} \end{Bmatrix} \tag{6-59}$$

结点力 $M_{\theta xi}$ 是在结点 i 处、沿 θ_{xi} 方向的广义结点力,实际上是一个结点力矩,它和弯矩 M_x 在 i 处的数值 M_{xi} 并没有简单的关系,它的因次也和 M_{xi} 的因次不同。

由于薄板的位移、应变、应力、内力等都可以单一地用挠度 w 来表示,因此,薄板单元中的位移模式问题,就是挠度 w 取什么样的函数(坐标 x 和 y 的函数)的问题。如取弹性地基板的单元为矩形薄板单元,单元结点力与结点位移如图 6-11 所示。一个矩形薄板单元在四个角点上各有 3 个自由度,共 12 个自由度,故挠度 w 的表达式应含有 12 个参数,现取如下的位移模式:

$$\begin{aligned} W = &\, a_1 + a_2 x + a_3 y + a_4 x^2 + a_5 xy + a_6 y^2 + a_7 x^3 + \\ & a_8 x^2 y + a_9 xy^2 + a_{10} y^3 + a_{11} x^3 y + a_{12} xy^3 \end{aligned} \tag{6-60}$$

图 6-11 单元结点力与结点位移

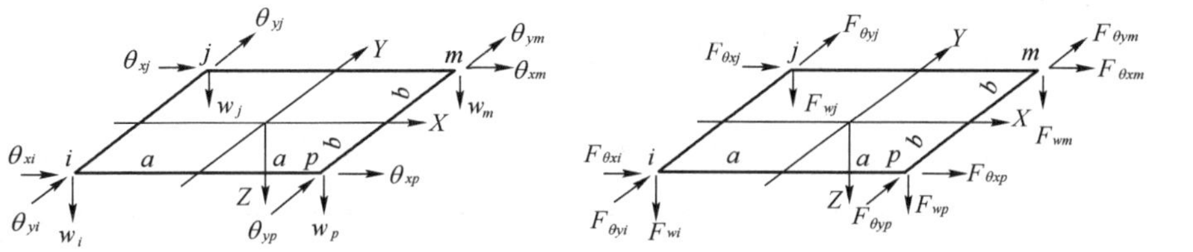

该单元的结点位移可以用列阵表示为:

$$\{\delta\}^e = [w_i \theta_{xi} \theta_{yi} w_j \theta_{xj} \theta_{yj} w_m \theta_{xm} \theta_{ym} w_p \theta_{xp} \theta_{yp}]^T \tag{6-61}$$

在结点 $i(-a, -b)$,应该有:

$$\begin{aligned} w_i = &\, a_1 - aa_2 - ba_3 + a^2 a_4 + ab a_5 + b^2 a_6 - a^3 a_7 - a^2 b a_8 - ab^2 a_9 - \\ & b a_{10} + a^3 b a_{11} + ab^3 a_{12} \end{aligned} \tag{6-62}$$

$$\theta_{xi} = \left(\dfrac{\partial w}{\partial y}\right)_i = a_3 - aa_5 - 2ba_6 + a^2 a_8 + 2ab a_9 + 3b^2 a_{10} - a^3 a_{11} - 3ab^2 a_{12} \tag{6-63}$$

$$-\theta_{yi} = \left(\frac{\partial w}{\partial x}\right)_i = a_2 - 2aa_4 - ba_5 + 3a^2a_7 + 2aba_8 + b^2a_9 - 3a^2a_{11} - b^3a_{12} \quad (6\text{-}64)$$

在结点 j、m、p，也各有与式(6-61)～式(6-64)类似的三个方程。由这12个方程联立求解，得出 $a_1 \sim a_{12}$，再代入式(6-60)，经整理后得：

$$\begin{aligned} w = & N_i w_i + N_{xi}\theta_{xi} + N_{yi}\theta_{yi} + N_j w_j + N_{xj}\theta_{xj} + N_{yj}\theta_{yj} + \\ & N_m w_m + N_{xm}\theta_{xm} + N_{ym}\theta_{ym} + N_p w_p + N_{xp}\theta_{xp} + N_{yp}\theta_{yp} \end{aligned} \quad (6\text{-}65)$$

式中：N_i、N_{xi}、$\cdots N_{yp}$ 都是 x 和 y 的四次多项式。

则表达式(6-65)可以表示为：

$$w = [N]\{\delta\}^e \quad (6\text{-}66)$$

式中：$[N] = [N_i N_{xi} N_{yi} N_j N_{xj} N_{yj} N_m N_{xm} N_{ym} N_p N_{xp} N_{yp}]$；

其他符号意义同前。

根据假定，整个薄板的位移完全确定于中面的位移，而中面又只有 z 方向的位移，即挠度 w，因此，中面可能有的位移就只是沿 z 方向的移动以及绕 x 轴和 y 轴的转动。在式(6-60)中，a_1 是不随坐标而变的 z 方向的刚体移动，所以它就代表薄板单元在 z 方向的移动；$-a_2$ 及 a_3 分别为不随坐标而变的绕 y 轴和 x 轴的转角 θ_y 及 θ_x，所以它们就代表薄板单元的刚体转动。这就是说，式(6-60)中的前三项完全反应薄板的刚体位移。

由于薄板内所有各点的变形完全确定于薄板的形变 $\{\chi\}$。将式(6-60)代入 $\{\chi\}$ 的表达式以后，可见 $\{\chi\}$ 的三个元素中分别有不随坐标而变的 $-2a_4$、$-2a_6$、$-2a_5$。这就是说，式(6-60)中的三个二次式的项完全反映了常量的形变。

于是可见，位移模式完全满足解答的收敛性的必要条件。

现在来考察相邻单元之间的位移连续条件。以 ij 边为例，y 是常量，w 是 x 的三次式，所以，w_i、w_j、$\theta_{xi} = -\left(\frac{\partial w}{\partial y}\right)_i$、$\theta_{yi} = -\left(\frac{\partial w}{\partial x}\right)_j$ 这四个数完全可以确定。既然以 ij 边为共同边界的两个相邻单元在 i 点和 j 点具有相同的上述四个数量，两个单元的这个边界将成为完全相同的一根三次曲线，因而保证了这两个单元之间的挠度 w 及转角 θ_y 的连续。另一方面，在 ij 边界上，$\theta_x = -\left(\frac{\partial w}{\partial y}\right)$ 也是 x 的三次函数，也需要四个条件才能完全确定。可是，只有 $\theta_{xi} = -\left(\frac{\partial w}{\partial y}\right)_i$ 和 $\theta_{yi} = -\left(\frac{\partial w}{\partial x}\right)_j$ 两个数可以部分地限制它，而不能完全确定。因此，在 ij 边的相邻单元并不是在整个共同边界上都具有相同的 θ_x，而是具有一定的差异。但是，已有的实际计算表明：当单元逐步取小的时候，解答还是能够收敛的。

3. 薄板的内力矩阵和劲度矩阵

将式(6-66)代入式(6-59)，可将单元的形变用结点位移来表示：

$$\{\chi\} = \begin{Bmatrix} -\dfrac{\partial^2 w}{\partial x^2} \\ -\dfrac{\partial^2 w}{\partial y^2} \\ -2\dfrac{\partial^2 w}{\partial x \partial y} \end{Bmatrix} = [B]\{\delta\}^e \quad (6\text{-}67)$$

将式(6-67)代入式(6-56),可将单元的弯矩用结点位移来表示:

$$\{M\} = [D][B]\{\delta\}^e = [S]\{\delta\}^e \quad (6\text{-}68)$$

式中,$[B]$、$[S]$见参考文献[1]。

4. 单元刚度矩阵(虚功原理)

根据虚位移原理,如果在一组外荷载作用下,弹性体是处于平衡状态的,当其受到一附加微小的与约束条件相适应的虚位移(即经过虚位移后,结构仍为一连续体),同时力系在虚位移过程中始终保持平衡,则外荷载在虚位移上的虚功,就等于整个弹性体内应力在虚应变上的虚功。

$$\{\delta^*\}^T\{F\} = \iiint \{\varepsilon^*\}^T \{\sigma\} dxdydz \quad (6\text{-}69)$$

将虚位移原理应用于矩形薄板单元,其虚功方程为:

$$(\{\delta^*\}^e)^T \{F\}^e = \iint \{\chi^*\}^T \{M\} dxdy \quad (6\text{-}70)$$

因:

$$\{\chi^*\} = [B]\{\delta^*\}^e$$

$$\{M\} = [D][B]\{\delta^*\}^e$$

则:

$$\{F\}^e = \iint [B]^T[D][B] dxdy \{\delta\}^e \quad (6\text{-}71)$$

或者写成:

$$\{F\}^e = [K]\{\sigma\}^e$$

式中:$[K] = \iint [B]^T[D][B] dxdy$ 为单元刚度矩阵或薄板的劲度矩阵。

5. 地基刚度矩阵

矩形薄板刚度矩阵求得后,还要和矩形薄板地基刚度矩阵相加,才能得到弹性地基矩形薄板刚度矩阵。水泥混凝土路面的力学分析通常采用温克勒地基和弹性半空间地基两种模式,下面分别推导这两种地基模式的地基刚度矩阵。

1)温克勒地基

设单元 $ijlk$ 角点发生虚位移,则:

$$\{\delta^*\}^T = \{w_i^* \ \theta_{xi}^* \ \theta_{yi}^* \ w_j^* \ \theta_{xj}^* \ \theta_{yj}^* \ w_l^* \ \theta_{xl}^* \ \theta_{yl}^* \ w_k^* \ \theta_{xk}^* \ \theta_{yk}^*\} \quad (6\text{-}72)$$

此时,节点力$\{F\}^e$在虚位移上的虚功为$(\{\delta^*\})^T\{F\}^e$,板中某微分面积 $dxdy$ 的内力在虚应变上的虚功为$(\{\chi\}^*)^T\{M\}^e dxdy$,板底某微分面积上的地基反力在虚位移上的虚功为:

$$w^* p dxdy = kw^* w dxdy \quad (6\text{-}73)$$

以上各式中,p 为单位面积上的地基反力,k 为地基反应模量,其余符号同前。地基反力与相应的虚位移如图 6-12 所示。

因此,虚功方程为:

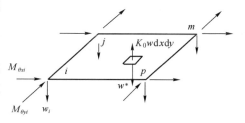

图 6-12 地基反力与相应的虚位移

$$(\{\delta^*\}^e)^{\mathrm{T}}\{F\}^e - \int_{-a}^{a}\int_{-b}^{b}\{w^*\}^{\mathrm{T}}K_0\{w\}\,\mathrm{d}x\mathrm{d}y = \int_{-a}^{a}\int_{-b}^{b}\{\chi^*\}^{\mathrm{T}}\{M\}\,\mathrm{d}x\mathrm{d}y \tag{6-74}$$

因：
$$\{w\} = [N]\{\delta\}^e \qquad \{w^*\} = [N]\{\delta\}^e$$
$$\{\chi^*\} = [B]\{\delta^*\}^e \qquad \{M\} = [D][B]\{\delta^*\}^e$$

代入可得：
$$\{F\}^e = \left(\iint[B]^{\mathrm{T}}[D][B]\,\mathrm{d}x\mathrm{d}y + K_0\iint[N]^{\mathrm{T}}[N]\,\mathrm{d}x\mathrm{d}y\right)\{\delta\}^e \tag{6-75}$$

也可简写为：
$$\{F\}^e = ([K] + [K_s])\{\delta\}^e \tag{6-76}$$

式中：$[K_s]$ 为矩形薄板的地基刚度矩阵，即：

$$[K_s] = \frac{K_0 ab}{6\,300} \times$$

$$\begin{bmatrix}
3454 & & & & & & & & & & & \\
-922b & 320b^2 & & & & & & & & & & \\
922a & -252ab & 320a^2 & & & & & & & & & \\
1226 & -548b & 398a & 3454 & & & & 对称 & & & & \\
548b & -240b^2 & 168ab & 922b & 320b^2 & & & & & & & \\
398a & -168ab & 160a^2 & 922a & 252ab & 320b^2 & & & & & & \\
394 & -232b & 232a & 1226 & 398b & 548a & 3454 & & & & & \\
232b & -120b^2 & 112ab & 398b & 160b^2 & 168ab & 922b & 320b^2 & & & & \\
-232a & 112ab & -120a^2 & -548a & -168ab & -240a^2 & -922a & -252ab & 320a^2 & & & \\
1126 & -398b & 548a & 394 & 232b & 232a & 1226 & 548b & -398a & 3454 & & \\
-398b & 160b^2 & -168ab & -232b & -120b^2 & -112ab & -548b & -240b^2 & 168ab & -922b & 320b^2 & \\
-548a & 168b & -240a^2 & -232a & -112ab & -120a^2 & -398a & -168ab & 160a^2 & -922a & 252ab & 320a^2
\end{bmatrix}$$

对温克勒地基的处理，还可以采用一种简化的方法，即在薄板划分成单元之后，把每个结点范围内的地基当作为弹性支柱，并且以结点处的挠度作为弹性支柱的压缩量。

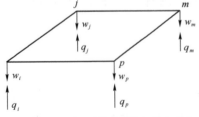

图 6-13 单元的结点沉降与结点反力

地基反力来自于假定的弹性支柱，其反力施加于四个结点（图 6-13）：

$$\{q\}^e = \begin{Bmatrix} q_i \\ q_j \\ q_l \\ q_k \end{Bmatrix} = k_0 ab \begin{Bmatrix} w_i \\ w_j \\ w_l \\ w_k \end{Bmatrix} \tag{6-77}$$

在求解方程时，将地基反力作为一种结点力，施加于单元结点，可得到：

$$\{F\}^e - \{q\}^e = [K]\{\delta\}^e \tag{6-78}$$

将式（6-77）代入，整理后可得：

$$\{F\}^e = [K]\{\delta\}^e + k_0 ab \begin{Bmatrix} w_i \\ w_j \\ w_l \\ w_k \end{Bmatrix} \tag{6-79}$$

将式中等号右边第二项也写成线点位移与刚度矩阵的形式：

$$[K_s]^e = \begin{bmatrix} 1 & & & & & & & & & & & \\ & 0 & & & & & & & & & & \\ & & 0 & & & & \text{对称} & & & & & \\ & & & 1 & & & & & & & & \\ & & & & 0 & & & & & & & \\ & & & & & 0 & & & & & & \\ & & & & & & 1 & & & & & \\ & & & & & & & 0 & & & & \\ & & & & & & & & 0 & & & \\ 0 & & & & & & & & & 1 & & \\ & & & & & & & & & & 0 & \\ & & & & & & & & & & & 0 \end{bmatrix} K_0 ab$$

由此可见，在形成包括薄板与地基在内的总刚度矩阵时，只需在薄板刚度矩阵的主对角元与竖向位移 w 相关的元素项加上 $k_0 ab$ 即可。这种处理方法比较简单，对于边界不受约束的弹性地基板，在挠度比较均匀的情况下，不致产生过大的误差，但是对于地基支承不均匀，特别是边界受约束的弹性地基板，则误差较大。

2) 弹性半空间地基

将弹性半空间地基上薄板的假定用于水泥混凝土路面应力的有限元分析，其地基刚度矩阵的建立，可以采用布辛尼斯克公式。假定在结点 i 四周的地基反力是均匀分布的，由该反力荷载引起的任意点的挠度可写为：

$$W_{ni} = 2\int_0^a 2\int_0^b \frac{P_i(1-\mu_0^2)}{4ab\pi E_0} \frac{\mathrm{d}\xi \mathrm{d}\eta}{\sqrt{(x-\xi)^2+(y-\eta)^2}} \tag{6-80}$$

当 $x = y = 0$，即荷载中心时：

$$W_{ii} = P_i F_{ii} \tag{6-81}$$

式中：$F_{ii} = \frac{(1-\mu_0^2)}{\pi a E_0}\left[\frac{a}{b}\ln\left(\sqrt{1+\left(\frac{b}{a}\right)^2}+\frac{b}{a}\right)+\ln\left(\sqrt{1+\left(\frac{a}{b}\right)^2}+\frac{a}{b}\right)\right]$

$$W_{ni} = P_i F_{ni} \tag{6-82}$$

式中：$F_{ni} = \frac{1-\mu_0^2}{\pi E_0 d_{ni}}$（$d_{ni}$ 为 n 点离 i 点的距离）。

弹性半空间体表面各结点处的力对各点的垂直位移都有影响。

$$w_1 = P_1 F_{11} + P_2 F_{12} + \cdots + P_n F_{1n}$$
$$w_2 = P_1 F_{21} + P_2 F_{22} + \cdots + P_n F_{2n}$$
$$\cdots$$
$$w_n = P_1 F_{n1} + P_2 F_{n2} + \cdots + P_n F_{nn}$$

可以运用矩阵运算，即：

$$\begin{Bmatrix} w_1 \\ w_2 \\ \vdots \\ \vdots \\ \vdots \\ w_n \end{Bmatrix} = \begin{bmatrix} F_{11} & F_{12} & \cdots & \cdots & \cdots & F_{1n} \\ F_{21} & F_{22} & \cdots & \cdots & \cdots & F_{2n} \\ \vdots & \vdots & & & & \vdots \\ \vdots & \vdots & & & & \vdots \\ \vdots & \vdots & & & & \vdots \\ F_{n1} & F_{n2} & \cdots & \cdots & \cdots & F_{nn} \end{bmatrix} \begin{Bmatrix} P_1 \\ P_2 \\ \vdots \\ \vdots \\ \vdots \\ P_n \end{Bmatrix}$$

则：

$$\{w\} = [F_s]\{P\} \tag{6-83}$$

式中：$[F_s]$——地基柔度矩阵。

由此得：

$$\{P\} = [F_s]^{-1}\{w\} = [K_s]_{n*n}\{w\} \tag{6-84}$$

式中：$[K_s]$——地基刚度矩阵。

将地基刚度矩阵$[K_s]_{n*n}$迭加到总刚矩阵中，可得：

$$\{F\} = ([K]_{3n*3n} + [K'_s]_{3n*3n})\{\delta\} \tag{6-85}$$

此时，地基刚度矩阵的形式为：

$$[K'_s]_{3n*3n} = \begin{bmatrix} K_{s11} & & & & & & & & & & & \\ 0 & 0 & & & & & & & & & & \\ 0 & 0 & 0 & & & & & & & & & \\ K_{s21} & 0 & 0 & K_{s22} & & & & & & & & \\ 0 & 0 & 0 & 0 & 0 & & & & & & & \\ 0 & 0 & 0 & 0 & 0 & 0 & & & & & & \\ K_{s31} & 0 & 0 & K_{s32} & 0 & 0 & K_{s33} & & & & & \\ 0 & 0 & 0 & 0 & 0 & 0 & 0 & 0 & & & & \\ 0 & 0 & 0 & 0 & 0 & 0 & 0 & 0 & 0 & & & \\ K_{s41} & 0 & 0 & K_{s42} & 0 & 0 & K_{s43} & 0 & 0 & K_{s44} & & \\ 0 & 0 & 0 & 0 & 0 & 0 & 0 & 0 & 0 & 0 & 0 & \\ 0 & 0 & 0 & 0 & 0 & 0 & 0 & 0 & 0 & 0 & 0 & 0 \end{bmatrix}_{3n*3n} \tag{6-86}$$

6. 荷载矩阵

矩形薄板单元上，与各个节点位移相应的节点荷载，可用列阵表示为：

$$\{R\}^e = \{Z_i T_{xi} T_{yi} Z_j T_{xj} T_{yj} Z_m T_{xm} T_{ym} Z_p T_{xp} T_{yp}\}^T \tag{6-87}$$

如一矩形单元在Z方向作用有分布荷载$q(x,y)$，则传给各节点的荷载为：

$$\{R\}^e = \iint [N]^T q(x,y) \mathrm{d}x\mathrm{d}y \tag{6-88}$$

下面来推导荷载向节点移置的表达式(6-59)。设有法向集中荷载P作用在矩形单元i、j、m、p上的任意点(x,y)。假想该单元发生虚位移，其中(x,y)点相应的虚位移为：

$$\{f^*\}^e = \{w^*\}^e$$

而节点的相应虚位移为$\{\delta^*\}^e$。按照静力等效的原则，即节点荷载与原荷载在上述虚位

移上的虚功相等,可得:
$$(\{\delta^*\}^e)^T\{R\}^e = \{f^*\}^T P \tag{6-89}$$
式中:P——点(x,y)处的集中荷载。

因$\{f^*\}^e = [N]\{\delta^*\}^e$代入得:
$$(\{\delta^*\}^e)^T\{R\}^e = ([N]\{\delta^*\}^e)^T P \tag{6-90}$$

根据矩阵乘积的逆序法则,上式可化为:
$$(\{\delta^*\}^e)^T\{R\}^e = (\{\delta^*\}^e)^T[N]^T P \tag{6-91}$$

由于矩阵$(\{\delta^*\}^e)^T$是任意的,等式两边与它相乘的矩阵应当相等,于是得:
$$\{R\}^e = [N]^T P \tag{6-92}$$

当单元体上沿法向作用分布荷载$q(x,y)$(单元面积荷载)时:
$$\{R\}^e = \iint [N]^T q(x,y) dxdy \tag{6-93}$$

式(6-93)与式(6-87)在形式上是一致的。

第五节 有接缝混凝土路面板的有限元分析

上述有限元分析方法适用于具有自由板边边界的单个板块,实际上水泥混凝土路板,无论是机场跑道,还是道路路面,边缘都有一定程度的约束,因而具有一定的传递荷载的能力。根据路面板各种接缝的实际工作条件,可以分三种情况对它们的力学特性进行分析。

一、采用传力杆的接缝

当采用传力杆传递剪力时,沿接缝处,中心板的挠度与边板的挠度是不同的,挠度之差W_d是由传力杆的剪切变形ΔS和传力杆下混凝土的变形ΔC引起的,如图6-14所示。

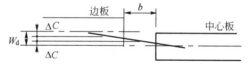

图6-14 传力杆接缝处的挠度之差示意图

中心板与边板的挠度差:
$$W_d = \Delta S + 2\Delta C \tag{6-94}$$

式中:ΔC——混凝土板在传力杆的压迫下产生的变形(m);

ΔS——传力杆本身产生的剪切变形,
$$\Delta S = \frac{Pd}{GA}(m)$$

P——被传递的荷载(MN);

d——接缝宽度(m);

A——传力杆的截面积(m^2);

G——传力杆的剪切模量(MPa)。

计算传力杆下混凝土的变形,可以假定传力杆为一根梁,而混凝土为一弹性地基,则根据铁摩辛科的弹性地基板理论,可得:
$$\Delta C = \frac{P}{4\beta^3 EI}(2 + \beta d) \tag{6-95}$$

式中：E——传力杆钢材的弹性模量（MPa）；

I——传力杆的惯性矩（m^4）；

β——插入混凝土内传力杆的相对刚度 $\beta = \sqrt[4]{\dfrac{Kb}{EI}}$（1/m）；

b——传力杆直径（m）；

K——混凝土的反应模量（MPa/m）；

其余符号意义同前。

传力杆本身的剪切变形 ΔS 可近似地按材料力学的剪切变形计算公式计算。由于 P 是从受荷板由传力杆传递给未受荷板的剪力，W_d 为两板之间挠度差，定义传力杆系数 C_w 为：

$$C_w = \frac{P}{W_d} = \frac{1}{\dfrac{d}{GA} + \dfrac{2+\beta d}{2\beta^3 EI}} \quad (6\text{-}96)$$

对给定的传力杆和混凝土面板，C_w 为一常数。

二、企口缝或依靠集料锁结传递荷载

企口缝传递荷载或依靠集料锁结传递荷载都是以界面混凝土直接接触来完成的，因此，影响因素甚多，目前一般采用两种形式表示。

1. 弹簧常数分配法

用沿接缝处单位长度上的剪力 P_u 与接缝两侧的挠度差 W_d 之比表示：

$$C_s = \frac{P_u}{W_d} \quad (6\text{-}97)$$

式中：C_s——弹性常数；

P_u——沿接缝处单位长度上的剪力；

W_d——接缝两侧的挠度差。

2. 剪切传递效率法

假定沿缝两侧的每一对结点之间的挠度比值为一常数，即：

$$e = \frac{W_2}{W_1} \quad (6\text{-}98)$$

式中：W_2——未受荷板边挠度；

W_1——受荷板边挠度。

接缝处荷载传递与位移传递的关系确定之后，即可以用于接缝混凝土路面的应力分析计算。

三、接缝混凝土路面的应力分析

图 6-15 分析模型

1. 直接法计算接缝混凝土路面应力的基本原理

根据有限元理论，对如图 6-15 所示的两板系统，结点力与结点位移之间的平衡方程为：

$$[K]\{\delta\} = \{F\}$$

由于接缝边界条件的处理仅与挠度项有关，故下式只列出了与挠度有关的项：

$$\begin{bmatrix} K_{11} & & & & & & & \\ K_{21} & K_{22} & & & & & & \\ K_{31} & K_{32} & K_{33} & & & & & \\ K_{41} & K_{42} & K_{43} & K_{44} & & & & \\ & & & & K_{55} & & & \\ & & & & K_{65} & K_{66} & & \\ & & & & K_{75} & K_{76} & K_{77} & \\ & & & & K_{85} & K_{86} & K_{87} & K_{88} \end{bmatrix} \begin{Bmatrix} w_1 \\ w_2 \\ w_3 \\ w_4 \\ w_5 \\ w_6 \\ w_7 \\ w_8 \end{Bmatrix} = \begin{Bmatrix} F_1 \\ F_2 \\ F_3 - q_1 \\ F_4 - q_2 \\ F_5 + q_1 \\ F_6 + q_2 \\ F_7 \\ F_8 \end{Bmatrix} \quad (6\text{-}99)$$

式中：q_1、q_2——接缝处传递的剪力，与挠度差 W_d 及传力杆系数 C_w（或弹簧系数 C_s）有关：

$$q_1 = C_w W_{d1} = C_w (W_3 - W_5)$$
$$q_2 = C_w W_{d2} = C_w (W_4 - W_6) \quad (6\text{-}100)$$

将 q_1、q_2 代入平衡方程式，并将此剪力项叠加到总刚度矩阵中，则平衡方程可转化为式（6-101）：

$$\begin{bmatrix} K_{11} & & & & & & & \\ K_{21} & K_{22} & & & & & & \\ K_{31} & K_{32} & K_{33}+C_w & & & & & \\ K_{41} & K_{42} & K_{43} & K_{44}+C_w & & & & \\ & & -C_w & & K_{55}+C_w & & & \\ & & & -C_w & K_{65} & K_{66}+C_w & & \\ & & & & K_{75} & K_{76} & K_{77} & \\ & & & & K_{85} & K_{86} & K_{87} & K_{88} \end{bmatrix} \begin{Bmatrix} w_1 \\ w_2 \\ w_3 \\ w_4 \\ w_5 \\ w_6 \\ w_7 \\ w_8 \end{Bmatrix} = \begin{Bmatrix} F_1 \\ F_2 \\ F_3 \\ F_4 \\ F_5 \\ F_6 \\ F_7 \\ F_8 \end{Bmatrix}$$

（6-101）

由上式可知，对接缝混凝土路面板，只要在总刚度矩阵中对有关项的刚度系数进行一定的处理，就可生成接缝混凝土路面板的总刚度矩阵。

生成板的总刚度矩阵后，另外一个问题是地基刚度矩阵的叠加。对温克勒地基模型，仍按前述方法，以单元为单位叠加到总刚度矩阵中去。对弹性半空间地基板，则要进行适当的处理。

在形成板的刚度矩阵时，将接缝看成缝宽为零的虚设单元，也就是将两块板分开计算，然后将传力杆系数叠加到适当的位置，在划分地基单元时，如果单元划分采用与板单元相同的方法，则在接缝两侧的地基就要被分割开来。考虑到地基单元各结点是相互关联的，按上述方法建立的地基柔度矩阵中与接缝相应结点相关联的元素无疑会发生错误。为避免这种错误，在地基处理时，先不予考虑接缝，即认为结点3、4与结点5、6为同一点，在这种情况下可求得地基刚度矩阵 $[K_s]$。但为了使地基单元划分与板单元划分一致，并可叠加到总刚度矩阵中去，必须将地基刚度矩阵沿接缝处分割开来，使得 $[K_s]$ 扩展到与板的刚度矩阵一致的 $[K_s']$。这就要求对与接缝有关结点的地基刚度矩阵的元素作一定修改，修改的准则是使修改前后地基对板的影响等效。

2. 直接法计算接缝混凝土路面应力分析程序块

程序生成总刚度矩阵的方法和原先一致，只是在输入数据时将接缝看成是宽度为零的虚设单元，当生成板的总刚度矩阵后进行修正。

四、多层地基板的有限元分析原理

目前，国内外都在混凝土路面板下修筑一定厚度的基层，特别是高等级混凝土路面，通常都采用强度、刚度较高，稳定性较好的多层基层结构，从而保证基层具有足够的扩散荷载的能力，防止土基部分的不均匀沉陷和塑性变形累积。而目前采用的水泥混凝土路面有限元分析方法一般采用温克勒地基板或弹性半空间地基板，无法直接用于分析多层地基板。在此首先介绍多层地基混凝土路面板的有限元分析方法。

从以上弹性半空间地基板的荷载应力分析中可知，地基类型的差异，实际上就表现在柔度系数的计算方法上。对弹性半空间地基板，结点对自身的影响系数f_{ii}，采用均布荷载下的弹性半空间理论公式，而对其他点的影响系数f_{ni}则采用布辛尼斯克公式。当采用多层体系基层时，必须采用其他的计算方法获得柔度系数值。当求得柔度系数后，可采用弹性半空间地基板类似的方法求地基刚度矩阵及总刚度矩阵的叠加。

对多层地基结构，问题的关键是层状地基顶面的作用力与其位移的关系不是布辛尼斯克公式所表示的那样简单，而必须采用波米斯特弹性层状体系理论。由于弹性地基各结点的相互影响，层状体系的求解又比较费时，如果在形成多层地基的柔度矩阵时，对其中每一元素都要用一次多层体系求解的方法是不现实的，且在实际应用中也是不必要的。这里采用一种新的方法，即将层状体系理论和回归分析相结合的方法。

类似于弹性半空间地基板的有限元分析，将板对层状地基的作用等效转化为 n 个以结点为中心的圆形均布垂直荷载，圆形荷载的半径由该结点四周单元的尺寸决定。当多层地基结构确定后，各结点地基顶面的弯沉与单元的大小及对应的距离有关，因此这里采用的方法分两步：

第一步：对每一种单元类别，用层状体系计算对自身的柔度系数f_{ii}。在单元刚度形成过程中只要判断该单元属哪一种类别，就可采用对应的柔度系数f_{ii}值。

第二步：荷载作用点对其他点的影响在弹性半空间地基板有限元分析过程中采用布辛尼斯克公式。而层状体系理论采用另外一种计算表示，对某一种固定荷载面积的多层地基结构，沿径向各点的挠度仅与距离 r 有关。在弹性半空间体分析中采用集中荷载，这里假定荷载为一半径很小的圆形均布荷载，其荷载总值为 1，即 $\pi r^2 q = 1$，然后选定一组径向距离，计算各点的挠度 $W(r_i)$。当获得各点的挠度之后，再用回归分析法建立挠度与径向距离之间的函数关系 $W(r)$。回归结果表示，回归结果计算值与实际计算值 $W(r_i)$ 在荷载中心处误差较大，而在荷载中心以外影响很小，但由于荷载中心处的挠度值直接采用层状体系计算公式，因此回归结果完全可用于f_{ni}的计算。回归分析过程，回归的相关系数均大于 0.998，这表示回归精度相当高。

解决了柔度系数的求解难题后，只要利用前述弹性半空间地基板类似的计算方法便可得荷载应力值。

利用接缝混凝土路面板的有限元分析理论，就可方便地进行多层地基接缝混凝土路面的有限元分析。

五、有接缝路面板的压缩矩阵法有限元分析

如图 6-16 所示的五块板体系,假定四块边板不受荷载作用,荷载通过接缝处的某种剪力传递形式,由中心板传至边板。假定每块板的尺寸相同,并且划分为相同的矩形单元。为了叙述方便,每块板分为 4 个单元、9 个结点。

采用位移法,每块板的平衡条件可以表达如下:
$$[K]\{\delta\} = \{P\}$$
式中:$[K]$——板和地基的综合刚度矩阵;
$\{\delta\}$——位移向量;
$\{P\}$——力向量。

对所示的板体,$[K]$ 是一个 27×27 的对称矩阵。

为了分析中心板,必须得知边板跨越接缝传来的力。可知沿着每一条缝的力可以用沿着该接缝的位移来表达。求式的逆得到:

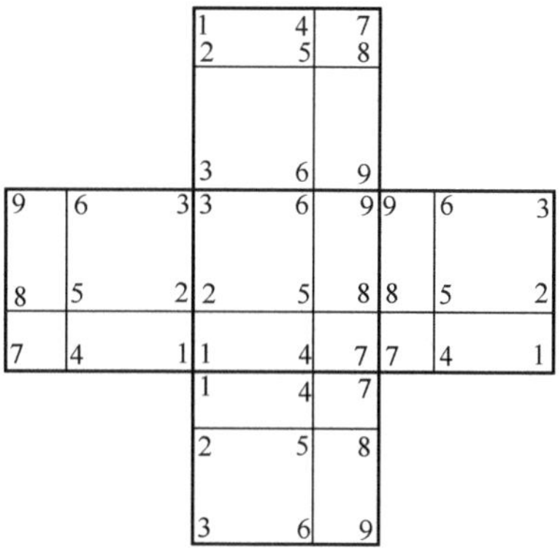

$$\{\delta\} = [F]\{P\} \tag{6-102}$$

图 6-16 五块板体系

式中:$[F] = [K]^{-1}$ 为板和地基的综合柔度矩阵,由所示的板体可得:

$$\begin{bmatrix} f_{1,1} & f_{1,2} & f_{1,3} & & & f_{1,27} \\ & f_{2,2} & f_{2,3} & & & f_{2,27} \\ & & f_{3,3} & & & f_{3,27} \\ & & & \ddots & & \vdots \\ & & & & \ddots & \vdots \\ & & & & & f_{27,27} \end{bmatrix} \begin{Bmatrix} P_1 \\ M_{x1} \\ M_{y1} \\ \vdots \\ \vdots \\ M_{y9} \end{Bmatrix} = \begin{Bmatrix} W_1 \\ \theta_{x1} \\ \theta_{y1} \\ \vdots \\ \vdots \\ \theta_{y9} \end{Bmatrix} \tag{6-103}$$

以中心板与左侧边板之间的接缝为例,假如除了跨越接缝传来的剪力 P_1、P_2、P_3 之外,没有任何其他外加荷载施加于左侧边板,则所有的力向量元素除 P_1、P_2、P_3 之外全部为零。则公式(6-103)压缩为一个 3×3 的矩阵:

$$\begin{bmatrix} f'_{1,1} & f'_{1,2} & f'_{1,3} \\ f'_{2,1} & f'_{2,2} & f'_{2,3} \\ f'_{3,1} & f'_{3,2} & f'_{3,3} \end{bmatrix} \begin{Bmatrix} P'_1 \\ P'_2 \\ P'_3 \end{Bmatrix} = \begin{Bmatrix} W'_1 \\ W'_2 \\ W'_3 \end{Bmatrix} \tag{6-104}$$

式(6-104)也可写成通式:

$$[F']\{P'\} = \{W'\} \tag{6-105}$$

求式的逆得边板传给中心板的垂直力向量为:

$$\{P'\} = [K']\{W'\} \tag{6-106}$$

下面分两种情况叙述压缩法计算路面应力的有限元法。

1) 企口缝或集料锁结

当使用企口缝或集料锁结传递剪力时,剪力传递效率可以按下式确定:

$$\{W'\} = e\{W\} \tag{6-107}$$

将式(6-106)代入可得:

$$\{P'\} = e[K']\{W\} \tag{6-108}$$

在已知接缝传递的剪力之后,中心板的平衡条件可以表达如下:

$$[K]\{\delta\} = \{P\} - e[K']\{W\} \tag{6-109}$$

或

$$[K_c]\{\delta\} = \{P\} \tag{6-110}$$

式中:$[K_c]$——组合矩阵,其值只要在$[K]$矩阵中将接缝结点 i 的垂直力与同一接缝上节点 j 的垂直位移相关联的元素加上 ek_{ij} 修正项就可得到。

2) 传力杆

由式可知,中心板与边板挠度为:

$$\{W_d\} = \{W\} - \{W'\}$$

则:

$$\{W'\} = \{W\} - \{W_d\}$$

假定 $C = 1/C_w$,则有:

$$\{W_d\} = C\{P'\}$$

将式合并得:

$$\begin{bmatrix} f'_{1,1} & f'_{1,2} & f'_{1,3} \\ f'_{2,1} & f'_{2,2} & f'_{2,3} \\ f'_{3,1} & f'_{3,2} & f'_{3,3} \end{bmatrix} \begin{Bmatrix} P'_1 \\ P'_2 \\ P'_3 \end{Bmatrix} = \begin{Bmatrix} W_1 \\ W_2 \\ W_3 \end{Bmatrix} - C \begin{Bmatrix} P'_1 \\ P'_2 \\ P'_3 \end{Bmatrix} \tag{6-111}$$

经整理后可得:

$$\begin{bmatrix} f'_{1,1}+C & f'_{1,2} & f'_{1,3} \\ f'_{2,1} & f'_{2,2}+C & f'_{2,3} \\ f'_{3,1} & f'_{3,2} & f'_{3,3}+C \end{bmatrix} \begin{Bmatrix} P'_1 \\ P'_2 \\ P'_3 \end{Bmatrix} = \begin{Bmatrix} W_1 \\ W_2 \\ W_3 \end{Bmatrix} \tag{6-112}$$

上式可简写成:

$$\{P'\} = [K']\{W\} \tag{6-113}$$

则中心板的平衡方程为:

$$[K]\{\delta\} = \{P\} - [K']\{W\} \tag{6-114}$$

可简写成:

$$[K_c]\{\delta\} = \{P\} \tag{6-115}$$

综合刚度矩阵$[K_c]$的生成与式(6-101)相类似,只是压缩柔度矩阵有所不同。

六、夹层结构的有限元分析原理

沿海地区和一些内陆地区普遍存在着软弱地基,在软土地基上修筑高等级公路,完工后的沉降(包括均匀沉降和差异沉降)是不可避免的。为了减少完工后沉降对路面结构的破坏,必须研究适合软土地基区的路面结构类型。理论与实践表明,采用夹层结构是一种比较经济合理的处理方法。

所谓夹层结构就是在土基顶面修筑一定厚度的水泥混凝土板,然后再修筑一层稳定类材料的基层,顶面再修筑水泥混凝土路面板。由于各层模量不是由下至上逐步增加,而是采用低—高—低—高这种组合。

夹层结构最先在欧洲出现。波兰学者 Erik Vos(埃里克沃斯)提出了软土地基上水泥混凝土路面力学计算模型,瑞士学者 Willy Wilk(威利威尔克)在第二届混凝土路面结构设计会议上提出了夹层结构的初步设计方法和一些经验数据,并且在第十六届世界道路会议上将夹层结构作为软土地基混凝土路面的一种结构形式。

国内也开展了这方面的研究,东南大学在连云港修筑了夹层结构混凝土路面试验路。

目前对夹层结构的荷载应力分析基本采用如下两种力学模型。第一是考虑夹层可传递水平力,即夹层结构的横向联系用一根水平弹簧来模拟;第二是不考虑夹层材料的横向联系,而直接用角点处的垂直弹簧来表征。

对夹层结构,假定上层板的位移为 $\{\delta_{上}\}$,下面板的位移为 $\{\delta_{下}\}$,则夹层材料的压缩量为 $\{\delta_{上}\} - \{\delta_{下}\}$。

对上层板,其单元的平衡方程为:

$$\{F_{外}\}^e - k_{上} ab [K]' (\{\delta_{上}\} - \{\delta_{下}\})^e = [K_{上}] \{\delta_{上}\}^e \qquad (6\text{-}116)$$

$$[K]' = \begin{bmatrix} 1 & & & & & & & & & & \\ & 0 & & & & & & & & & \\ & & 0 & & & & & & & & \\ & & & 1 & & & & & & & \\ & & & & 0 & & & & & & \\ & & & & & 0 & & & & & \\ & & & & & & 1 & & & & \\ & & & & & & & 0 & & & \\ & & & & & & & & 0 & & \\ & & & & & & & & & 1 & \\ & & & & & & & & & & 0 \\ & & & & & & & & & & & 0 \end{bmatrix}$$

对下层板,单元的平衡方程为:

$$k_{上} ab [K]' (\{\delta_{上}\} - \{\delta_{下}\})^e - k_{下} ab [K]' \{\delta_{下}\}^e = [K_{下}] \{\delta_{下}\}^e \qquad (6\text{-}117)$$

将式 $\{\delta_{下}\}^e$ 分离并代入得:

$$\{F_{外}\}^e = ([K_{上}] + k_{上} ab [K]' - k_{上} ab [K]' ([K_{下}] + k_{上} ab [K]' + k_{下} ab [K]')^{-1} k_{上} ab [K]') \{\delta_{上}\}^e \qquad (6\text{-}118)$$

上式可简化表达为:

$$\{F_{外}\}^e = [K_e] \{\delta_{上}\}^e \qquad (6\text{-}119)$$

式中:

$$[K_e] = [K_{上}] + k_{上} ab [K]' - k_{上} ab [K]' ([K_{下}] + k_{上} ab [K]' + k_{下} ab [K]')^{-1} k_{上} ab [K]'$$

可以看出,其形式同有限元分析形式完全相同,只是单元刚度矩阵需进行一些处理。根据以上分析便可方便地给出有限元分析的计算机程序。

如果要求下板的应力,可先求得下板的结点力,然后利用有限元法再次计算便可求得。

七、连续配筋混凝土路面的有限元分析原理

连续配筋混凝土路面(CRCP)是高性能混凝土路面的重要类型之一,其纵向连续配置足够数量的钢筋,施工时不设接缝,但在降温和干缩作用下会产生许多横向随机裂缝。由于钢筋的约束作用,CRCP的裂缝能继续保持紧密接触,使裂缝宽度很小,确保了荷载的传递,防止雨水侵入锈蚀钢筋,就如同无缝的路面一样。

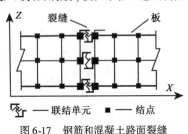

图 6-17 钢筋和混凝土路面裂缝交界处的过渡单元

1. 钢筋和混凝土梁式模型

钢筋混凝土有限元分析中,采用梁式模型(单向结构模型)模拟配筋混凝土路面,将钢筋作为线性杆单元,混凝土采用正六面体空间单元,钢筋和混凝土路面裂缝的交界处采用过渡单元(图6-17),较符合钢筋与混凝土之间实际情况,建模时需要将每根钢筋单独考虑,引入联结单元。

2. 等效薄层的特性

也可以将钢筋所在层看成纤维增强型正交各向异性薄膜层,根据复合材料力学理论,采用混凝土和钢筋的工程弹性常数及CRCP的配筋率与板厚参数,分析CRCP的受力变形性能,并假定:

(1)钢筋规则排列、完全成直线,与混凝土之间完全黏结;非钢筋所在混凝土层视为各向同性层;层间完全连续;忽略横向钢筋的作用;取多块板计算,横向裂缝间距按相同考虑。

(2)变形前垂直于层合板中面的直线段,变形后仍为垂直于变形后的层合板中面的直线段,而长度不变,即符合直法线不变假设。

(3)平行于中面的诸截面上的应力与其他应力相比很小,可忽略不计。

(4)板的挠度远小于其厚度,即属于小挠度弯曲问题。将同一水平方向水平配筋的混凝土层看作单层复合材料板,坐标系如图6-18所示。

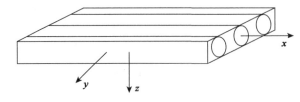

图 6-18 等效薄层主方向坐标架图

对正交各向异性材料,应用平面问题的本构关系:

$$\begin{Bmatrix} \varepsilon_1 \\ \varepsilon_2 \\ \gamma_{12} \end{Bmatrix} = \begin{bmatrix} s_{11} & s_{12} & 0 \\ s_{12} & s_{22} & 0 \\ 0 & 0 & s_{66} \end{bmatrix} \begin{Bmatrix} \sigma_1 \\ \sigma_2 \\ \tau_{12} \end{Bmatrix} \quad (6\text{-}120)$$

可简化写为 $\{\varepsilon\} = [s]\{\sigma\}$,式中$[s]$为柔度矩阵。

3. CRC-AC 复合式路面有限元模型

一般运用三维等参元法对 CRC-AC 复合式路面进行荷载应力和温度应力的计算与分析。并做以下基本假设：

（1）除 CRCP 外的各层都由均质、弹性、各向同性材料组成，弹性模量及泊松比系数为 E_i, μ_i。

（2）对于 CRCP，板中素混凝土层呈现均匀各向同性，配置纵向钢筋的混凝土层等效为正交各向异性的薄层，忽略横向钢筋的作用。

（3）等效薄层只考虑平行中面的应变，平行于中面的各平面在变形过程中互不挤压。

（4）横向裂缝间距均匀，横向裂缝贯穿路面的整个宽度；裂缝处不考虑混凝土集料嵌锁的传荷作用，只考虑钢筋连续。

（5）假定路面上层表面作用有垂直均布荷载，在无限远处和无限深处应力及位移均为零。

（6）各层之间粘结牢固，不产生滑移，层间完全连续。

（7）采用弹性半空间地基，有限元分析中取有限尺寸。

计算行车荷载采用标准双轮轴载 100KN，胎压 0.707MPa。实际每个轮胎接触面积的大致形状可由一个矩形和两个半圆形组成（图 6-19），其接触面积为：

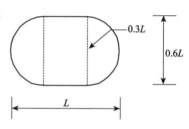

图 6-19 轮胎与路面实际接触面积

$$A_c = \pi(0.3L)^2 + (0.4L)(0.6L) = 0.5227L^2 \quad (6\text{-}121)$$

$$L = \sqrt{\frac{A_c}{0.5227}} \quad (6\text{-}122)$$

为方便有限元计算，接触面积可进一步简化为等宽的单一矩形 $0.8712L \times 0.6L$（图 6-20）。因为接触面积 A_c 可由每个轮胎承受的荷载除以胎压求得，$A_c = 25 \times 10^3/0.707 = 35\,361 \text{ mm}^2$，故 $L = 260 \text{ mm}$。

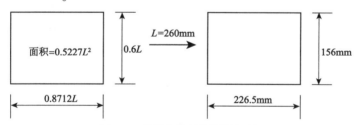

图 6-20 轮胎与路面当量接触面积

第六节 水泥混凝土路面的温度应力分析

混凝土路面受周围温度变化的影响，它的线长量与体积量都会发生变化。混凝土作为一种温度线弹性体，它的变形与发生变形前后的温差成正比，其相对线应变为：

$$\varepsilon_x = \varepsilon_y = \varepsilon_z = \frac{\Delta L}{L} = \frac{\pm \alpha \Delta T L}{L} = \pm \alpha \Delta T \quad (6\text{-}123)$$

式中：α——温度变形系数取值如前所述，在实际计算中，通常可用 $\alpha = 0.00001$；

ΔT——变形前后的温度差。

混凝土体积的变形为三向线应变之和：

$$\theta = \varepsilon_x + \varepsilon_y + \varepsilon_z = \pm 3\alpha\Delta T \tag{6-124}$$

混凝土路面内温度变形是否引起温度应力,主要取决于温度变形是否受到约束,假如温度变形能自由地开展,不受约束,则并无温度应力产生,若是变形受到约束,则温度应力随之而产生。

一、温度均匀分布时的变形与应力

温度沿路面深度方向的分布,在路面板全厚度内是均匀一致的,则温度变形也应该是相等的。这主要是指以年为周期的温度变化,其变化周期较长,变化的速度较缓慢,因此可以近似地看作沿深度方向是均匀分布的。

1. 混凝土材料作为理想弹性体,应力与变形的计算(图6-21)

理想的弹性体在温度发生变化时产生变形,而当温度恢复到初始状态,则变形也就消失。假如路面板与相邻板块之间,或者与土基之间存在着障碍或摩擦阻力,变形受到约束,则混凝土路面产生温度应力,应力的大小与约束的程度有关。如若温度恢复到初始状态,变形的趋势消失,产生的约束已不发生效果,则温度应力也随之消失。若以相对形变 ε、温度 T 以及时间 t 来描述相互之间的关系,在 $0 \sim t_1$ 的时间间隔内,温度由 T_k 增加为 T_{k+1}(或降低为 T_{k-1}),其温度间隔为 ΔT,板体的自由变形为 $+\varepsilon_c$(或 $-\varepsilon_c$)。此时,温度是时间的函数 $T = f(t)$,而变形为温度与时间的函数,即 $\varepsilon = (T,t)$。当时间由 t_1 进行到 t_2,温度恢复到初始状态 T_k,温度变形 ε 也就消失。

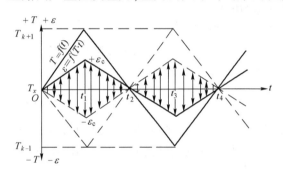

图 6-21 应力与变形计算

假如路面板为不受约束的理想弹性体,则温度变形系数 α 可以由此求出:

$$L_{k+1} = L_k + L_k\alpha(T_{k+1} - T_k) = L_k(1 + \alpha\Delta T)$$

$$\alpha = \frac{L_{k+1} - L_k}{L_k\Delta T} \tag{6-125}$$

式中:L_{k+1}、L_k——温度等于 T_{k+1}、T_k 时的混凝土板的长度。

在实际工程中,混凝土路面板与土基之间,以及与相邻板块之间完全不受约束的情况是不存在的。因此板体的自由变形一般都会受到限制,因而引起温度应力。受到部分约束的路面板,在温度改变时的相对变形变化规律,路面板在 $0 \sim t_1$ 的时间范围之内,温度由 T_k 改变为 T_{k+1}(或 T_{k-1})。板的应变值不可能如同自由板那样达到 ε_c(或 $-\varepsilon_c$),而仅能达到 ε_f。之后,板内即产生温度应力(图6-22)。被约束住的应变为 ε_0。($\varepsilon_0 = \varepsilon_c - \varepsilon_f$),对于一根受到部分约束的混凝土梁,周围的温度由 T_k 改变为 T_{k+1}(或 T_{k-1}),梁的长度则由 L_k 改变为 L_f,而达不到完全无约束的梁的应有的长度 L_{k+1}(或 L_{k-1})。这部分被约束的变形为:

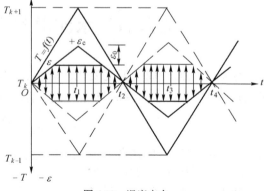

图 6-22 温度应力

$$-C = L_f - L_{k+1} = L_f - L_{k-1} \quad (6\text{-}126)$$

由于约束而产生的应力 σ 与被约束的应变 ε_0 有如下关系：

$$\sigma = \frac{E}{1-\mu}\varepsilon_0 \quad (6\text{-}127)$$

当温度增加时：

$$\varepsilon_0 = \varepsilon_c - \varepsilon_f, \varepsilon_c = \frac{L_{k+1} - L_k}{L_k} = \alpha\Delta T$$

$$\varepsilon_f = \frac{L_f - L_k}{L_k} = \frac{C}{L_k}; \varepsilon_0 = \alpha\Delta T - \frac{C}{L_k} = \alpha\Delta T - \varepsilon_f \quad (6\text{-}128)$$

当温度降低时：

$$\varepsilon_0 = \varepsilon_f - \varepsilon_c, \varepsilon_c = \frac{L_{k-1} - L_k}{L_k} = -\alpha\Delta T$$

$$\varepsilon_f = \frac{L_f - L_k}{L_k} = -\frac{C}{L_k}; \varepsilon_0 = -\alpha\Delta T - \left(-\frac{C}{L_k}\right) = -\alpha\Delta T + \varepsilon_f \quad (6\text{-}129)$$

因此，温度应力为：

升温

$$\sigma = \frac{E}{1-\mu}(\alpha\Delta T - \varepsilon_f) \quad (6\text{-}130)$$

降温

$$\sigma = \frac{E}{1-\mu}(\varepsilon_f - \alpha\Delta T) \quad (6\text{-}131)$$

或者写成：

$$\sigma = \frac{E}{1-\mu}(\pm\alpha\Delta T \mp \varepsilon_f)$$

对于路面板体，x、y、z 三个方向的变形与应力分析，原理是相同的，若 x 方向的变形受到约束，则：

$$\varepsilon_{fx} = \varepsilon'_x = \frac{\sigma_x}{E} \quad (6\text{-}132)$$

$$\varepsilon_{fy} = \varepsilon'_y = -\mu\frac{\sigma_x}{E} \quad (6\text{-}133)$$

$$\varepsilon_{fz} = \varepsilon'_z = -\mu\frac{\sigma_x}{E} \quad (6\text{-}134)$$

其他两个方向 y、z 的变形也受到约束时，同样可以列出相应的计算公式。总的相对变形可以通过叠加求得。

$$\left.\begin{array}{l}\varepsilon_x = \pm\alpha\Delta T \mp \dfrac{1}{E}[\sigma_x - \mu(\sigma_y + \sigma_z)] \\[2mm] \varepsilon_y = \pm\alpha\Delta T \mp \dfrac{1}{E}[\sigma_y - \mu(\sigma_x + \sigma_z)] \\[2mm] \varepsilon_z = \pm\alpha\Delta T \mp \dfrac{1}{E}[\sigma_z - \mu(\sigma_y + \sigma_x)]\end{array}\right\} \quad (6\text{-}135)$$

在使用公式(6-135)计算温度变形时,要注意温度的变化特性与正负号的选用。温度升高,膨胀时,第一项取正,第二项取负;温度降低,收缩时,则相反。

在解算平面问题时,由于只有两个方向出现应力,式(6-135)可以简化,如对于路面及机场道面,z 方向应力很小,可以取 $\sigma_z = 0$,不会影响计算结果的准确性,则计算公式可为:

$$\left. \begin{array}{l} \varepsilon_x = \pm \alpha \Delta T \mp \dfrac{1}{E}(\sigma_x - \mu \sigma_y) \\ \varepsilon_y = \pm \alpha \Delta T \mp \dfrac{1}{E}(\sigma_y - \mu \sigma_x) \end{array} \right\} \quad (6\text{-}136)$$

进一步研究混凝土路面单个板块。对于路面板平面对称中心点,x,y 两个方向的相对变形均为零,即 $\varepsilon_x = \varepsilon_y = 0$,而对于远离边缘的中心点,两个方向的应力近似相等,即 $\sigma_x = \sigma_y$,由公式(6-136)可以得出:

$$0 = \pm \alpha \Delta T \mp \dfrac{\sigma}{E}(1 - \mu)$$

因此:

$$\sigma = \pm \dfrac{\alpha E \Delta T}{1 - \mu} \quad (6\text{-}137)$$

对于路面板的边缘,如平行于 x 轴的板边缘,远离角顶的中心位置处,有 $\varepsilon_x = 0, \sigma_y = 0$;对于平行于 y 轴的边缘,远离角顶的中心位置处,有 $\varepsilon_y = 0, \sigma_x = 0$,此时的温度应力为:

$$\sigma = \alpha E \Delta T \quad (6\text{-}138)$$

对于角顶位置处的温度应力,由于 x,y 两个方向的位移均为自由,而无任何约束,所以不存在温度应力。

2. 混凝土作为弹性塑性体,应力与变形的计算

混凝土材料并不是一种完全理想的弹性材料。同其他工程材料一样,混凝土承受的应力超过某一限度之后,产生屈服现象,即变形继续增大,而应力停止增长,该限度称为屈服极限 ε_y,超过 ε_y 以后的变形为塑性变形。产生塑性变形之后,即使将应力全部解除,也不会恢复到初始的形变状态。

如图 6-23 所示,当在 $0 \sim t_3$ 的时间间隔内,温度由 T_k 增加到 T_{k+1}。假如路面没有任何约束,则在 t_3 时,将产生自由变形 ε_c。而实际上在 t_1 时,变形达到 ε_f 时,受到约束,变形停止增加,而产生温度应力。此时的应力与应变成正比,为线弹性状态。在 t_2 时,混凝土的应力达到屈服极限。与之相对应的假想变形为 $\varepsilon_m, \varepsilon_m = \varepsilon_f + \varepsilon_y$。$t_2 \sim t_3$,变形进一步被约束,但是应力并不增大,而形成了塑性变形 ε_p。从 $t_3 \sim t_4$,温度开始下降,此时塑性变形不会消失,所以减少的变形引起应力松弛至 t_5 时,几何变形已恢复至初始状态。若温度进一步下降到 $T_k(t_6)$,出现塑性变形 ε_p。以上是温度作用一次循环所引起的应力应变全过程。

工作在弹塑性状态的混凝土路面的应力应变关系比线弹性体更为复杂,曲线 $\sigma = f(\varepsilon)$ 可由试验关系来描述。其中包含了两个模量,第一个模量在弹性范围内;第二个模量在弹塑性范围以内。其中的应力值可以按式(6-139)计算,当变形达到 ε 时,

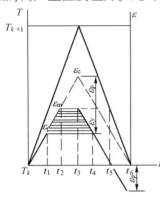

图 6-23 时间-温度关系曲线

混凝土中的应力 σ 由两部分组成：

$$\left.\begin{array}{l}\sigma_{e} = E\varepsilon_{y} \\ \sigma_{p} = E_{1}(\varepsilon - \varepsilon_{y})\end{array}\right\} \tag{6-139}$$

式中：$E = \tan\varphi$，$E_1 = \tan\varphi_1$。

总应力 σ 为：

$$\sigma = \sigma_{e} + \sigma_{p} = E\varepsilon_{y} + E_{1}(\varepsilon - \varepsilon_{y})$$

同理想弹性体相比，由于塑性变形的出现，产生了应力下降，下降值 σ_H 可以按下式计算（图6-24）：

$$\begin{aligned}\sigma_{H} &= E\varepsilon - E\varepsilon_{y} - E_{1}(\varepsilon - \varepsilon_{y}) \\ &= E(\varepsilon - \varepsilon_{y}) - E_{1}(\varepsilon - \varepsilon_{y}) \\ &= (\varepsilon - \varepsilon_{y})(E - E_{1})\end{aligned}$$

也可以写成如下形式：

$$\sigma_{H} = E\varepsilon\left(1 - \frac{\varepsilon_{y}}{\varepsilon}\right)\left(1 - \frac{E_{1}}{E}\right) \tag{6-140}$$

令 $m_{p} = \left(1 - \dfrac{\varepsilon_{y}}{\varepsilon}\right)\left(1 - \dfrac{E_{1}}{E}\right)$ 为弹性变形所引起的应力衰减系数，则：

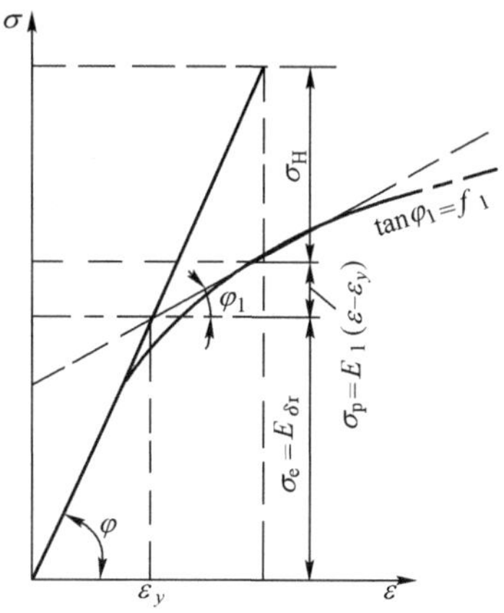

图6-24 应力-应变关系曲线

$$\sigma_{H} = E\varepsilon m_{p} \tag{6-141}$$

由此可见，要计算混凝土路面在弹塑性状态下的应力值，必须求出与屈服极限应力相对应的变形 ε_y，分别求出弹塑性状态下的两个模量参数 E、E_1。而这些参数的确定与混凝土龄期有关，也同温度作用持续时间 t 有关，因此比较困难。

3. 由于基础与路面板之间的摩擦阻力引起的应力与变形

混凝土路面因温度变化产生的温度变形受到约束阻力而产生温度应力。其中路面板与基础之间存在摩擦阻力是一种主要的约束，这种阻力，不同于一般所认为的面板底部与基础表面之间的滑动摩擦。由于现场浇筑的混凝土的水泥浆渗入基础，与基础表层材料黏结成整体，当面板出现滑动趋势时，阻力来自基础材料内部的水平抗剪力。因此，这种摩擦阻力在数量上远远超过一般的摩擦阻力。

当路面板的温度改变时，体积也随之变化，路面与基层之间的摩擦力对变形起抑制作用，从而引起路面板内部的温度应力。图6-25 表示一长度为 L 的混凝土路面板在温度发生变化时，所产生的位移 δ，作用于板底的摩擦应力 τ，以及混凝土板体内部应力 σ 沿板长 L 的分布。

由图6-25 可以看出，位移 δ 的分布，在板的两端最大，因为端部不受任何约束，从端部向板长的中心 O 点发展，由于累计的摩擦阻力逐渐加大，约束逐渐增大，则位移量逐渐减小，至 L

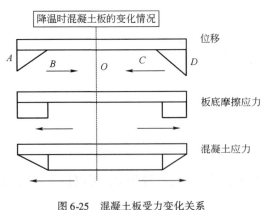

图 6-25 混凝土板受力变化关系

以后,则完全没有位移发生。摩擦阻力的分布与位移的趋势有关,据调查,当位移的趋势至少为 1.5mm 时摩擦应力才能产生,因此由面板端部至 L 的范围以内,τ 是均匀分布的。

$$\tau = \rho h f \tag{6-142}$$

式中:τ——路面板与基础之间的摩擦应力;
ρ——混凝土的密度(g/cm^3);
h——路面板的厚度(cm);
f——摩擦阻力系数,取值为 $1.0 \sim 2.0$,平均取 1.5。

根据路面板的位移趋势与承受摩擦阻力的情况,可以将长度为 L 的路面板分为滑动区(AB、CD)和固定区(BC)。在固定区内面板无位移发生,因而也不产生摩擦阻力。在滑动区,面板产生不同程度的位移,同时存在摩擦阻力。

路面板内应力 σ 的分布,对于两个不同的区段,可分别计算。在固定区 BC 以内,面板无位移发生,形似完全固端约束,其温度应力为:

$$\sigma = \alpha E \Delta T \tag{6-143}$$

式中:ΔT——温差,通常可取施工温度与最高(或最低)温度之差。

在滑动区 AB、CD 以内,板体应力可按式(6-144)计算:

$$\sigma = \rho f x \tag{6-144}$$

式中:x——计算位置至端部的距离。

若将 L_1 代入式(6-144),即可得到滑动区内最大的应力(B 点、C 点):

$$\sigma_B = \sigma_C = \rho f L_1 \tag{6-145}$$

由于 B 点、C 点的应力与固定区应力是相等的,将式(6-145)代入式(6-143),可以得出滑动区的长度 L_1:

$$L_1 = \frac{\alpha E \Delta T}{\rho f} \tag{6-146}$$

由式(6-146)可以明显看出,滑动区的范围 L_1 与路面板的长度 L 无关,并不同于人们认为的板越长,滑动的范围越大。滑动区范围的影响因素,除了混凝土本身的物理特性(α,E,ρ)之外,主要决定于 ΔT 与 f,所以只要选择适当的施工季节,采用摩擦阻力较大的基层,便可以对滑动区的范围进行控制。

对于端部 A 点及 D 点的位移量 δ_A、δ_D 也可以进行如下估算,将完全处于自由无约束状态的路面板因温度产生的位移,减去约束力所抵消的那部分位移,便可得出 δ_A 及 δ_D。

$$\delta_{max} = \frac{E}{2\rho f}(\alpha \Delta T)^2 \tag{6-147}$$

由式(6-147)可以看出,路面板两端的最大位移量除了取决于混凝土材料的物理特性之外,主要取决于温差 ΔT 与摩擦系数 f。若能对施工温度及最大温差严格控制,并且通过选择基层材料增大 f 值,同样可以控制端部的位移量。位移量同路面的总长度无关,这一结论对于设计长胀缝或无胀缝混凝土路面有现实意义。由式(6-147)还可以看出,为了控制位移,应该选取 f 值较大的基层材料。早期的混凝土路面结构,采用很厚的砂垫层,结果由于 f 值很小而产生过大的推移,因此,大部分国家已不再使用。

二、温度不均匀分布时的变形与应力

当外界气温变化的周期较短,而混凝土导温的速度比气温变化的速度慢,则混凝土路面沿深度方向的分布出现不均匀分布状态(图3-12)。温度分布成为深度 z 的函数,即 $T_z = f(z)$。在工程实践中,每昼夜气温的周期性变化,通常会引起混凝土路面温度的不均匀分布。

从早晨7时开始至下午15时,由于太阳照射,路面表面温度升高很快,而路面内部温度上升的速度较慢,因此形成了向左面凸出的曲线分布。从17时至次日凌晨5时,由于气温降低,路面表面散热,因而路表面温度迅速下降,而路面内部温度下降仍然比路表面慢,因此,温度沿路面深度方向的变化形成向相反方向凸出的曲线,与白天的情况形成明显对照。

1. 变形与应力计算的一般解

由于路面板的温度沿着深度方向是变化的,则断面上不同层次的变形与应力也是不同的,但是在没有其他外荷载作用的情况下,横断面上的应力应符合静力平衡条件,即:

$$\left.\begin{array}{l}\int_0^h \sigma \mathrm{d}z = 0 \\ \int_0^h \sigma z \mathrm{d}z = 0\end{array}\right\} \tag{6-148}$$

对于截面上的每个层次,由于该层的温度作用将产生垂直于 z 轴的变形 ε,假如完全自由,则变形为 ε_c,由于层次之间相互制约,或者由于其他外部约束的存在,层次实际变形为 ε_f。若该层次的变形 $\varepsilon_c > \varepsilon_f$,则产生压应力;若该层次的变形 $\varepsilon_c < \varepsilon_f$,则产生拉应力。将每个层次的应力进行积分,应当符合内力平衡条件,即:

$$\begin{array}{l}\int_0^h \dfrac{E}{1-\mu}(\varepsilon_c - \varepsilon_f) \mathrm{d}z = 0 \\ \int_0^h \dfrac{E}{1-\mu}(\varepsilon_c - \varepsilon_f) z \mathrm{d}z = 0\end{array} \tag{6-149}$$

由于 $\varepsilon_c = \alpha T_z$,假如 z 方向的变形完全受阻,ε_f 沿厚度方向的分布为常量,则将 $\varepsilon_c = \alpha T_z$ 代入平衡条件,并进行积分后得:

$$\varepsilon_f = \dfrac{\alpha}{h} \int_0^h T_z \mathrm{d}z \tag{6-150}$$

因为 $\sigma = \dfrac{E}{1-\mu}(\varepsilon_c - \varepsilon_f)$,则:

$$\sigma = \dfrac{\alpha E}{1-\mu}\left(T_z - \dfrac{1}{h}\int_0^h T_z \mathrm{d}z\right) \tag{6-151}$$

式(6-151)适用于翘曲变形完全受阻的情况。对于翘曲变形完全自由的路面板,则翘曲应力并不存在,但是由于温度沿板厚度的分布规律,也会引起内应力。此项应力的分布与温度分布函数 T 的特性有关。温度分布曲线大致可以分为三类,即:

(1) 温度沿板的厚度方向呈线性分布。对于此种情况,翘曲变形完全被阻止,则产生翘曲应力。翘曲变形若是能够自由展开,则不存在翘曲应力。

(2) 温度沿板的厚度方向呈对称的非线性分布,即板的顶面、底面温度相等,而中间部分呈曲线分布。此种情况下的温度应力分布较为复杂,由于表面温度相等,因此外表形状不表示出翘曲状变形,但是板体内部存在着温差内应力。此项应力与周边嵌制等情况无关。

(3) 温度沿板的厚度方向呈非对称的非线性分布,即板的顶面、底面存在温度差,内部分布呈曲线形状。此种情况下若是翘曲变形受到周边嵌制等因素的限制,路面板内产生的应力包括翘曲应力和内应力两部分。即使路面板翘曲变形完全自由,板内无翘曲应力发生,但是由于内部温差所产生的内应力依然存在。

对于以上三种情况,非对称的非线性分布最为复杂,也最有代表性,现进行具体分析。

$$\sigma = \frac{\alpha E}{1-\mu}(t_z - A_1 - mA_2) \tag{6-152}$$

$$A_1 = \frac{1}{h}\int_0^h t_z \mathrm{d}z$$

$$A_2 = \frac{12\left(\frac{h}{2}-z\right)}{h^3}\int_0^h t_z\left(\frac{h}{2}-z\right)\mathrm{d}z$$

式中:A_1——轴向变形约束系数;

A_2——翘曲变形约束系数;

m——翘曲约束系数。

式(6-152)与铁木辛柯提出的适用于温度非线性分布、自由翘曲时的内应力计算公式是一致的。将式(6-151)与式(6-152)相比较后可以看出,在温度分布相同的情况之下,翘曲变形完全被阻止及翘曲完全自由展开,这两种不同的变形状态下的应力差别在于式(6-152)中括号内的第三项。

在运用式(6-152)计算温度非对称、非均匀分布情况下的温度应力时,如果只是翘曲受到阻止,而轴向变形不受约束,可以略去计算式内的第三项;如果轴向变形受到阻止而翘曲变形无约束时,可以略去第二项,通常也有可能二项约束同时存在,此时必须全部纳入计算。

由此得到了温度沿路面厚度呈非对称、非线性分布时应力计算的一般解。根据这个一般解,可以进一步分析各种分布状态下的应力与变形。

2. 温度 T_z 呈线性分布时的变形与应力计算

温度 T_z 沿路面厚度呈线性分布是一种最简单的分布状态,若板顶面温度为 T_a,板底面温度为 T_b,则板中部的温度为:

$$t_z = T_a - \frac{z}{h}(T_a - T_b) \tag{6-153}$$

路面板底部的应力为:

$$\sigma_b = -\frac{1}{2}\frac{\alpha E}{1-\mu}(T_a - T_b) \tag{6-154}$$

路面板顶部的应力为:

$$\sigma_a = \frac{1}{2}\frac{\alpha E}{1-\mu}(T_a - T_b) \tag{6-155}$$

路面板中部的应力为：

$$\sigma_c = 0 \tag{6-156}$$

假若路面板能自由翘曲,不受约束,则可按式(6-151)计算应力,此时经积分整理后得到 $\sigma = 0$。计算结果表明,当温度沿路面板厚度呈直线分布,翘曲变形能自由展开时,板内无任何应力产生。

3. 温度 T_z 呈对称抛物线分布

当温度 T_z 沿路面板厚度呈对称抛物线分布,面板温度与底面温度相等 $T_a = T_b$,板中心的温度为 T_c,为了便于分析,取板体的中线为 x 轴。此时,路面顶部及底部坐标为 $z = h_1 = h/2$ 及 $z = -h_1 = -h/2$。h 为板的厚度。

根据抛物线方程,任意层位的温度为：

$$t_z = T_c + \frac{z^2}{(h/2)^2}(T_a - T_c) \tag{6-157}$$

路面板顶及板底部的应力为：

$$\sigma_a = \sigma_b = \frac{2}{3}\frac{\alpha E}{1-\mu}(T_a - T_c) \tag{6-158}$$

路面板 $h/4$ 的应力为：

$$\sigma_{h/4} = -\frac{1}{12}\frac{\alpha E}{1-\mu}(T_a - T_c) \tag{6-159}$$

路面板中部的应力为：

$$\sigma_c = -\frac{4}{3}\frac{\alpha E}{1-\mu}(T_a - T_c) \tag{6-160}$$

三、考虑地基支承作用时水泥混凝土路面的温度应力

温度沿着混凝土路面板的厚度方向分布不均匀时,板体就有可能产生不均匀的变形而引起翘曲。假如翘曲受到阻止,就产生翘曲应力。如对于对称形抛物线分布与对称形圆曲线分布,由于板体本身变形的自我约束,因而即使没有外界约束,也不会产生翘曲,此时,假如没有外荷载作用,则不会产生竖向位移,因而在这种情况下,地基支承对温度应力无关。此外,假如边界受到严格的钳制作用,则板体也无产生翘曲的可能,地基支承也不会产生作用。只有当板体内部的自我约束及边界条件不能完全阻止路面板的翘曲,面板有可能产生向上或向下的竖向位移时,地基支承将通过它与位移方向相反的反作用力,部分地限制了板体的位移,致使板内的温度应力更加复杂化。威斯特卡德、布拉德伯利研究了温克勒地基上路面板的温度翘曲应力。假设温度沿路面板的厚度方向呈线性分布,板与地基始终保持接触,无空隙,从而推演了路面板由于地基约束而产生的翘曲应力。

1. 无限大板中心得应力计算

根据弹性薄板基本假定得出的形变方程,再加上温度变形的影响,可由式(6-9)写成：

$$\varepsilon_x = \frac{1}{E}(\sigma_x - \mu\sigma_y) + \alpha t_z$$

$$\varepsilon_y = \frac{1}{E}(\sigma_y - \mu\sigma_x) + \alpha t_z$$

$$\gamma_{xy} = \frac{2(1+\mu)}{E}\tau_{xy} \tag{6-161}$$

由式(6-139),可解出各项应力:

$$\sigma_x = \frac{E}{1-\mu^2}(\varepsilon_x + \mu\varepsilon_y) - \frac{\alpha E t_z}{1-\mu}$$

$$\sigma_y = \frac{E}{1-\mu^2}(\varepsilon_y + \mu\varepsilon_x) - \frac{\alpha E t_z}{1-\mu}$$

$$\tau_{xy} = \frac{E}{2(1+\mu)}\gamma_{xy} \tag{6-162}$$

截面上的弯矩为:

$$M_x = -D\left[\frac{\partial^2 w}{\partial x^2} + \mu\frac{\partial^2 w}{\partial y^2} + (1+\mu)\frac{\alpha\Delta t}{h}\right]$$

$$M_y = -D\left[\mu\frac{\partial^2 w}{\partial x^2} + \frac{\partial^2 w}{\partial y^2} + (1+\mu)\frac{\alpha\Delta t}{h}\right]$$

$$M_{xy} = -D(1-\mu)\frac{\partial^2 w}{\partial x \partial y} \tag{6-163}$$

当路面板完全受约束不产生翘曲变形,则位移 w 为零。则:

$$M_x = M_y = \frac{\alpha E \Delta T h^2}{12(1-\mu)} \tag{6-164}$$

而弯拉应力为:

$$\sigma_x = \sigma_y = \frac{\alpha E \Delta T}{2(1-\mu)} \tag{6-165}$$

这种情况也相当于无限大板温度呈线性分布时,由于翘曲受阻,中心位置产生的翘曲应力。如前所述,式(6-165)计算所得的应力与地基支承无关,因为面板无竖向位移。但是,对于有限大的路面板,四周并不是完全固定的边界条件,则地基支承将影响路面板的翘曲应力。

2. 半无限大板边缘附近各点的应力与挠度计算

对于一个安置在温克勒地基上的半无限大薄板,沿 x 的正负方向以及 y 的正方向,均可伸展到无限远处。假如,在 x_1 及 x_2 处截取两个平行于 y 轴的微分条的曲率变化是相同的,则 z 方向的沉降 w 仅是 y 的函数,与 x 值无关(图6-26)。用数学方程可以表示为:

$$\frac{\mathrm{d}^2 w}{\mathrm{d}x^2} = 0 \tag{6-166}$$

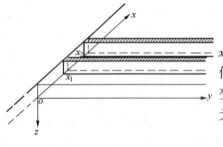

图6-26 半无限大薄板分析

将此式代入式(6-163)中 M_y 式,即可得出:

$$M_y = -D\left[\frac{\partial^2 w}{\partial y^2} + (1+\mu)\frac{\alpha\Delta T}{h}\right] \tag{6-167}$$

根据温克勒地基假定,有:

$$\frac{\mathrm{d}^2 M_y}{\mathrm{d}y^2} = \frac{\mathrm{d}Q}{\mathrm{d}y} = Kw \tag{6-168}$$

将式(6-168)代入式(6-167),即可得出:

$$D\frac{\mathrm{d}^4 w}{\mathrm{d}y^4} + Kw = 0 \tag{6-169}$$

或写成:

$$l^4\frac{\mathrm{d}^4 w}{\mathrm{d}y^4} + w = 0 \tag{6-170}$$

式中: $l = \sqrt[4]{\dfrac{Eh^3}{12(1-\mu^2)K}}$。

式(6-170)为一个常系数线性齐次常微分方程,它的解为:

$$w = \mathrm{e}^{\frac{y}{\sqrt{2}l}}\left(A_1\cos\frac{y}{\sqrt{2}l} + A_2\sin\frac{y}{\sqrt{2}l}\right) + \mathrm{e}^{-\frac{y}{\sqrt{2}l}}\left(A_3\cos\frac{y}{\sqrt{2}l} + A_4\sin\frac{y}{\sqrt{2}l}\right) \tag{6-171}$$

式中,四个积分常数 A_1、A_2、A_3、A_4 可以根据下列四个边界条件确定:

(1) $y\to\infty$ 时,有 $w\to 0$,即 $w|_{y=\infty} = 0$。
(2) $y\to\infty$ 时,有 $\dfrac{\mathrm{d}w}{\mathrm{d}y}\to 0$,即 $\left.\dfrac{\mathrm{d}w}{\mathrm{d}y}\right|_{y=\infty} = 0$。
(3) 板边缘处 $y=0$,有 $M_y=0$,即 $M_y|_{y=0}=0$。
(4) 板边缘处 $y=0$,剪力为零,即将四个积分常数回代入式(6-170),则可以得出挠度方程。面板顶面 y 方向的最大应力为:

$$\sigma_y = \sigma_0\left[1 - \sqrt{2}\sin\left(\frac{y}{\sqrt{2}l} + \frac{\pi}{4}\right)\mathrm{e}^{-\frac{y}{\sqrt{2}l}}\right] \tag{6-172}$$

式中: $\sigma_0 = \dfrac{E\alpha\Delta T}{2(1-\mu)}$ 即是无限大板中心处的翘曲应力。

面板顶面 x 方向的最大应力为:

$$\sigma_x = \sigma_0\left[1 - \sqrt{2}\mu\sin\left(\frac{y}{\sqrt{2}l} + \frac{\pi}{4}\right)\mathrm{e}^{-\frac{y}{\sqrt{2}l}}\right] \tag{6-173}$$

应力计算式(6-172)与式(6-173)可以用于计算任意 y 坐标值位置的 σ_x、σ_y 值。当 $y=0$ 时,$\sigma_y=0$,而:

$$\sigma_x = \frac{E\alpha\Delta T}{2} \tag{6-174}$$

这就说明在自由边界中点,沿 x 轴的翘曲不可能产生,因而地基支承对翘曲应力无影响。

3. 有一定宽度的无限长板内应力与挠度计算

实际的混凝土路面板具有有限的边长,为了进一步探讨路面板的应力,提出了对具有一定宽度的无限长板条进行分析(图6-27)。

取 x 轴正负廓向均为无限延伸,而板条宽度为 B,X 轴位于板中心 $y=0$ 处,则板条两边缘的方程为:

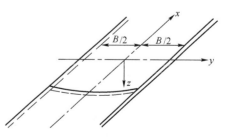

图6-27 有一定宽度的无限长板分析

$$y = \pm \frac{B}{2} \tag{6-175}$$

同以上的分析一样,竖向位移 w 与 x 的变化无关,为 y 的单一函数,即:

$$\left. \begin{array}{l} \dfrac{\mathrm{d}w}{\mathrm{d}x} = 0 \\[6pt] \dfrac{\mathrm{d}^2 w}{\mathrm{d}x^2} = 0 \end{array} \right\} \tag{6-176}$$

式(6-170)、式(6-171)也适用于以上的情况,只是 A_1、A_2、A_3、A_4 这四个积分常数应根据新的边界条件来确定。即当 $y = \pm B/2$,在面板两侧边缘处,弯矩和剪力均为零:

$$M_y \big|_{y=B/2} = 0; M_y \big|_{y=-B/2} = 0$$

$$\frac{\mathrm{d}M_y}{\mathrm{d}y}\bigg|_{y=B/2} = 0; \frac{\mathrm{d}M_y}{\mathrm{d}y}\bigg|_{y=-B/2} = 0$$

面板顶面的最大应力为:

$$\sigma_y = \sigma_0 \left\{ 1 - \frac{2\cos\lambda \operatorname{ch}\lambda}{\sin 2\lambda + \operatorname{sh} 2\lambda} \left[(\tan\lambda - \operatorname{th}\lambda)\sin\frac{y}{\sqrt{2}l}\operatorname{sh}\frac{y}{\sqrt{2}l} + (\tan\lambda + \operatorname{th}\lambda)\cos\frac{y}{\sqrt{2}l}\operatorname{ch}\frac{y}{\sqrt{2}l} \right] \right\} \tag{6-177}$$

式中:$\sigma_0 = \dfrac{E\alpha\Delta T}{2(1-\mu)}$。

同时,可以推演出 σ_x 的计算式,即:

$$\sigma_x = \sigma_0 \left\{ 1 - \mu \frac{2\cos\lambda \operatorname{ch}\lambda}{\sin 2\lambda + \operatorname{sh} 2\lambda} \left[(\tan\lambda - \operatorname{th}\lambda)\sin\frac{y}{\sqrt{2}l}\operatorname{sh}\frac{y}{\sqrt{2}l} + (\tan\lambda + \operatorname{th}\lambda)\cos\frac{y}{\sqrt{2}l}\operatorname{ch}\frac{y}{\sqrt{2}l} \right] \right\} \tag{6-178}$$

4. 有限尺寸矩形板路面应力与挠度计算

运用以下两式可以计算有限尺寸板在任意位置处的翘曲应力。由于公式较繁,不便于直接进行计算,可写成以下简化的形式。

$$\left. \begin{array}{l} \sigma_x = \dfrac{E\alpha\Delta T}{2(1-\mu^2)}(C_x + \mu C_y) \\[8pt] \sigma_y = \dfrac{E\alpha\Delta T}{2(1-\mu^2)}(C_y + \mu C_x) \end{array} \right. \tag{6-179}$$

式中:

$$C_x = 1 - \frac{2\cos\lambda_A \operatorname{ch}\lambda_A}{\sin 2\lambda_A + \operatorname{sh} 2\lambda_A} \left[(\tan\lambda_A + \operatorname{th}\lambda_A)\cos\frac{x}{\sqrt{2}l}\operatorname{ch}\frac{y}{\sqrt{2}l} + (\tan\lambda_A - \operatorname{th}\lambda_A)\sin\frac{y}{\sqrt{2}l}\operatorname{sh}\frac{x}{\sqrt{2}l} \right] \tag{6-180}$$

$$C_y = 1 - \frac{2\cos\lambda_B \operatorname{ch}\lambda_B}{\sin 2\lambda_B + \operatorname{sh} 2\lambda_B} \left[(\tan\lambda_B - \operatorname{th}\lambda_B)\cos\frac{y}{\sqrt{2}l}\operatorname{ch}\frac{y}{\sqrt{2}l} + (\tan\lambda_B - \operatorname{th}\lambda_B)\sin\frac{y}{\sqrt{2}l}\operatorname{sh}\frac{y}{\sqrt{2}l} \right] \tag{6-181}$$

在实际应用时,主要验算的是最大翘曲应力,通常最大翘曲应力产生在板的中心位置,或者产生在一条边棱的中间位置(图6-28),即:

(1) $x = 0$, $y = 0$
(2) $x = 0$, $y = B/2$
(3) $x = A/2$, $y = 0$

由式(6-180)和式(6-181)可见,当 $x = 0$,则:

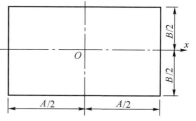

图6-28 有限尺寸矩形板分析

$$C_x = 1 - \frac{2\cos\lambda_A \mathrm{ch}\lambda_A}{\sin 2\lambda_A + \mathrm{sh} 2\lambda_A}(\tan\lambda_A + \mathrm{th}\lambda_A) \tag{6-182}$$

当 $y = 0$,则:

$$C_y = 1 - \frac{2\cos\lambda_B \mathrm{ch}\lambda_B}{\sin 2\lambda_B + \mathrm{sh} 2\lambda_B}(\tan\lambda_B + \mathrm{th}\lambda_B) \tag{6-183}$$

式中: $\lambda_A = \dfrac{A}{\sqrt{8l}}$; $\lambda_B = \dfrac{B}{\sqrt{8l}}$。

【思考与分析】

1. 分析早期荷载应力计算的基本原理及其不足之处。
2. 简述弹性薄板假定的内容及地基假定的类型,各类地基假定的前提及真实性。
3. 简述 Westergaard 荷载应力计算公式的形成过程,阿灵顿试验路对公式的修正要点。
4. 简述弹性半空间刚性路面荷载应力分析的基本原理及方法,多轮荷载应力计算方法。
5. 简述多层地基板荷载应力分析的基本原理。
6. 简述有限尺寸混凝土路面板荷载应力分析及其应用范围。
7. 分析影响图法计算荷载应力的基本原理及使用方法。
8. 分析地基矩阵形成的基本方法。
9. 分析具有传荷能力的多板系统的分析方法。
10. 分析有限元方法在刚性路面应力分析中的意义及分析的基本要点。
11. 分析温度沿板厚度均匀变化时,板的变形、应力分布规律与计算方法。
12. 分析温度沿板厚度不均匀变化时,板的翘曲变形及板的翘曲变形受阻时引起的应力分布以及各种计算方法。
13. 分析考虑地基影响后建立的刚性路面温度应力计算公式:A. 威氏公式 B. 戈希公式。

第七章
公路沥青路面设计方法

第一节　我国沥青路面设计方法演变

1949年以前,我国公路运输十分落后,通车里程近7.5万多km,而且绝大多数是砂土或碎石路面,也没有相关的路面结构设计方法。1949年后,我国沥青路面设计方法有了重大变化,交通运输部分别于1958年、1966年、1978年、1986年、1997年、2006年和2017年制定和发布了7版公路路面设计规范。

一、1958年版《路面设计规范》(草案)

1949年之前,我国低等级的碎石路面基本上按经验决定厚度,少数大城市采用过类似美国加州承载比法(CBR法)确定路面厚度。在1949年后,我国开始走上计划经济体制的道路,并十分重视交通运输行业的发展。为了公路建设的需要,又限于当时的历史条件,1958年发布的《路面设计规范》(草案)基本上沿用了苏联1954年《柔性路面设计须知》的方法。

《路面设计规范》将路面类型分为:高级路面(含水泥混凝土路面、沥青混凝土路面、炼砖及细琢块石路面)、次高级路面(含黑色碎石、沥青表处)、过渡式路面(含碎石路面、级配砾石、圆石或拳石路面)、低级路面(粗细粒料改善的土壤及天然土壤改善的路面)。

1. 设计理论

这一设计方法的基本理论是布辛尼斯克的弹性半空间地基理论。首先将路面转化为均质体,然后用柔性承载板法测定得到的路表面形变模量(包含塑性变形在内的总变形)表征路基土和路面材料的力学性质,采用均质体模型计算分析单元均布荷载下荷载中心点的表面弯沉和应力计算公式。根据承载板中心点弯沉和模量的关系得到式(7-1):

$$E = \frac{\pi}{2\sqrt{\alpha}} \cdot \frac{p}{\lambda} \tag{7-1}$$

式中:λ——路表相对变形($\lambda = l/D$);

p——荷载单位压力(MPa);

E——路面综合模量(MPa);

α——应力分布系数。

对于单一均匀的土基或单一的路面材料整层,取应力分布系数 $\alpha = 2.5$,由此得到式(7-2):

$$E = \frac{\pi}{2\sqrt{2.5}} \cdot \frac{p}{\lambda} = \frac{p}{\lambda} = \frac{pD}{l} \tag{7-2}$$

式中:l——路表变形(mm);

D——荷载圆直径(mm)。

对于路基路面综合体,取 $\alpha = 1.0$,依据式(7-3)可得路基路面综合体模量 E_t。

$$E_t = \frac{\pi}{2\sqrt{1}} \cdot \frac{p}{\lambda} = \frac{\pi}{2} \cdot \frac{pD}{l} \tag{7-3}$$

双层体系的变形计算公式为式(7-4):

$$l = \frac{\pi}{2} \cdot \frac{pD}{E_0}\left\{1 - \frac{2}{\pi}\left[1 - \frac{1}{n^{3.5}}\arctan\left(\frac{nh}{D}\right)\right]\right\} \tag{7-4}$$

式中:n——双层体系转化为单层体系的换算系数 $\left(n = \sqrt[2.5]{\frac{E_1}{E_0}}\right)$;

E_1——路面上层的形变模量(MPa);

E_0——路基土表面综合形变模量(MPa)。

从式(7-1)可以看出,如果 α 取不同的值,就可以得到不同的式(7-2)和式(7-3)。假如在路面上或路基顶面同样进行一次荷载试验,尽管得到相同的单位荷载 p 和相对变形 λ 的曲线,但是得到了不同的形变模量值,这似乎与基本实验规律不一致。并且,从式(7-4)也可以看出,如果 $h = 0$, $l = \frac{\pi}{2} \cdot \frac{pD}{E_0}$,较式(7-2)多了 $\frac{\pi}{2}$;如果 $h = \infty$,即全为面层材料,$l = \frac{\pi}{2} \cdot \frac{pD}{E_1 n}$,此时 $n = 1$,也多了 $\frac{\pi}{2}$。这就是最初1958版规范公式存在的基本问题。这主要是因为布辛尼斯克均布荷载作用下任何一点的应力公式精确解经简化后得到的近似解有其一定的适用范围。

2. 设计方程

1958年版路面设计方法以极限相对变形 $\lambda_k (= l_k/D)$ 作为指标(l_k 为荷载中心处路面处

于极限状态时的极限弯沉值),并规定高级路面 λ_k 为 0.032,次高级路面 λ_k 为 0.04,中级路面 λ_k 为 0.05,低级路面 λ_k 为 0.06,并且设计模量 $E_{tp} \leqslant$ 路基路面综合体模量 E_t。

$$E_{tp} = \frac{\pi}{2} \cdot \frac{p}{\lambda_k} K \tag{7-5}$$

$$E_t = \frac{\pi}{2} \cdot \frac{p_k D}{l_k} = \frac{\pi}{2} \cdot \frac{p_k}{\lambda_k} \tag{7-6}$$

式中:p_k——达到极限相对变形 λ_k 时相应的单位荷载,$p_k = p \cdot K$;

p——汽车轮载的接地单位压力,后轴为 60kN 时,$p = 0.5$MPa,相当于单圆直径 $D = 27.5$cm;

K——反复荷载与动力荷载系数:

$$K = 0.5 + 0.65 \lg N \cdot r$$

式中:r——行车横向分布系数,当双车道的横向分布系数为 1 时,不同车道横向分布系数的取值,单车道为 2,双车道为 1,四车道为 0.25;

N——混合交通换算为轴载 60kN 标准车的设计末期交通量(辆/昼夜)。

1958 年版路面设计规范方法,要求静载试验中达到相对极限变形 λ_k 及其对应的单位压力 p_k 时计算得到的综合模量 $E_t \geqslant$ 设计模量 E_{tp}。

3. 轴载换算

轴载换算公式为:

$$K_i = \frac{p_i D_i}{pD}(0.5 + 0.65 \lg n_i) \tag{7-7}$$

式中:N_i——被换算车辆的交通量,其中荷载压力为 p_i,荷载当量圆直径为 D_i;

N——换算成标准车对应的交通量,其中荷载压力为 p,荷载当量圆直径为 D。

4. 设计程序

(1)按照式(7-7)确定设计交通量,对应的设计年限为过渡式路面 $\leqslant$ 5 年、次高级路面 5 ~ 10 年、高级路面 10 ~ 15 年。

(2)确定容许相对变形 λ_k,对应于沥青混凝土路面为 0.035,黑色碎石或沥青表处路面为 0.040,级配碎石(碎石及砾石)或水结碎石及圆石等为 0.050,其他低级路面为 0.060。

(3)根据气候分区、水文地质条件及潮湿程度确定路基强度。

(4)根据式(7-2)和式(7-3)确定路基路面综合体模量 E_t。

(5)根据式(7-5)和式(7-6)进行验算,确定是否满足综合模量 $E_t \geqslant$ 设计模量 E_{tp}。

5. 问题讨论

1958 年版路面设计规范通过计算荷载中心处路面处于极限状态时的极限弯沉值 l_k,以极限相对变形 $\lambda_k(= l_k/D)$ 作为设计指标,按伊万诺夫等的论述,路面出现破坏的极限状况在下列三种情况下发生:

(1)路面弯沉使其底面出现张拉断裂(出现在路面厚度相对值 h/D 很小时)。

(2)路面在荷载作用下出现锥形贯穿(出现在路面厚度相对值 h/D 较大时)。

(3)路面表面出现行车所不允许的平整度(出现在路面厚度相对值 h/D 很小时)。

依据试验路的荷载试验结果,伊万诺夫等提出了确定极限相对弯沉的经验关系式,其适用范围为路面上层的形变模量与路基土顶面的综合形变模量 $E_1/E_0 = 3 \sim 15$、$h/D = 0.5 \sim 2.0$。同时,对高级路面、次高级路面、过渡式路面和改善土路面 4 种路面规定了相应的极限相对弯沉指标(适用于 $E_1/E_0 = 10$、$h/D = 0.75$)。我国 1958 年版《路面设计规范》(草案)基本上采用了这一指标值。

伊万诺夫等认为,不论是静载一次作用,还是重复荷载多次作用,路面达到破坏时的极限相对弯沉是一样的。因而,可以按相对变形的累计规律,由极限相对弯沉推算一次作用的容许相对弯沉。

同时,我国的公路自然区划沿用苏联的以气候因素为划分方法的"公路气候分区图"。

二、1966 年版《公路路面设计规范》(JT 1004—66)

1966 年版《公路路面设计规范》(JT 1004—66)纠正了 1958 年版《路面设计规范》(草案)公式的错误。

对应于单一均匀的土基或单一的路面材料整层仍然采用式(7-2)进行计算,但去除了公式中的 π/2。同时,明确了公式的基本来历,就是依据布辛尼斯克集中荷载公式经积分得到圆形均布荷载作用下的应力计算公式和对应的位移计算公式。修改后的公式为:

$$E_{tp} = \frac{p}{\lambda_k} K \tag{7-8}$$

同时修改了极限相对变形 λ_k 的标准值,即规定高级路面 λ_k 为 0.028,次高级路面 λ_k 为 0.032,中级路面 λ_k 为 0.04,低级路面 λ_k 为 0.05,另规定灰土类路面 λ_k 为 0.02。并取安全系数 $K = C(0.78 + 0.68 \lg N \cdot r)$($C$ 为地区性系数,$C = 1.0 \sim 1.1$)。据此还得到了不同的轴载换算公式:

$$\lg n \cdot r = 1.15 \left(\frac{p_i D_i}{pD} - 1 \right) + \frac{p_i D_i}{pD} \lg n_i r \tag{7-9}$$

双层体系的变形计算公式修改为式(7-10):

$$l = \frac{pD}{E_0} \left\{ 1 - \frac{2}{\pi} \left[1 - \frac{E_0}{mE_1} \arctan\left(\frac{mh}{D}\right) \sqrt{2.5} \right] \right\} \tag{7-10}$$

式中:m——双层体系转化为单层体系的换算系数 $\left(m = \beta \sqrt[3]{\frac{E_1}{E_0}} \right)$;

β——修正系数,见表 7-1。

β 修正系数取值　　　　　　　　　　　　　　　　　　　　　　表 7-1

E_1/E_0	1.0	1.25	2.0	2.5	4.0	5.0	10.0	20.0
β	1.0	0.97	0.92	0.90	0.87	0.86	0.84	0.83

1956 年,我国把柔性路面设计的研究列入了当时的 12 年远景科学研究规划中,并在 1957 年建立了北京、上海、沈阳、西安、武汉、长沙和广州中心观测站,开始进行路基路面综合性能调查和水文状况观测,并于北京大学开展了全国道路分区修正方案的研究。于 1959 年提出了道路气候分区图、路基最小填土高度、路基压实标准和路基形变模量。1958 年和

1959年分别在北京和上海进行了室内试槽试验,1961年在福建龙岩进行了整层和分层试验路对比试验,1962年提出了路面设计修正公式,1965年编写了《修订现行柔性路面设计方法及计算参数的建议》,1966年交通部批准把这些建议纳入新版《公路路面设计规范》(JT 1004—66)中。

1966年版《公路路面设计规范》(JT 1004—66)虽然纠正了1958年版《路面设计规范》(草案)公式中的某些错误,但是其基本公式仍然采用单圆荷载图式的均质弹性半空间理论为基础的简化公式,容许相对变形设计指标和极限相对弯沉标准λ_k并没有改变。同时还存在以下三个主要问题:

(1)规范编写时进行调查的路段主要是砂石路面,针对黑色沥青路面的调查较少,特别是对路面结构设计和材料设计研究很少,对修建沥青路面后引起的水温变化规律及其对设计参数的影响,规范编写时几乎没有进行研究。

(2)在设计体系中采用与实际差异很大的容许相对变形值作为设计指标,通过试验测定形变模量时的相对变形与路面、路基的相对变形差异较大,试验设备笨重,为设计而做的试验工作不易开展。

(3)公路自然区划仍然沿用苏联的以气候因素为划分方法的"公路气候分区图"。

三、1978年版《公路柔性路面设计规范》(内部试行)

经过20世纪60~70年代的大规模公路路面使用性能调查和试验段工程研究,1978年版的《公路柔性路面设计规范》(内部试行)对前两版做了许多根本性的改变。主要体现在:

(1)总结了结构设计方面在生产实践中的经验,提出了一些应用指标,阐明了结构设计中计算厚度的作用和意义。

(2)在设计指标、厚度计算公式、计算参数的含义和测定方法等方面较1966版规范有明显改进。

(3)在确定设计指标——容许弯沉值、模量值和β值时采用公路上通行的主要车型作为标准车进行测定,荷载状况比较符合实际交通实际,测定方法简单易行。

(4)通过研究,提出了更加符合中国实际的道路自然区划图、双圆荷载作用下双层弹性体系荷载圆轮轮隙中心处的弯沉计算诺漠图。

(5)提出了计算路面厚度的两种方法,其中,三参数经验法所考虑的因素比其他经验法较为全面,理论法采用的双圆荷载图式较单元荷载图式更加符合实际。

1978年版《公路柔性路面设计规范》中将沥青路面结构看成由路面和路基组成的双层弹性体系,采用双层弹性体系的理论解计算应力、应变和位移。最大位移的计算位置为双圆均布荷载作用下轮隙中心点的路表弯沉。将多层路面结构按照弯沉等效的原则转换为单层。土和路面结构材料的模量参数由承载板测定的回弹模量表征,取代以往的形变模量。为了考虑路基土的非线性特性(模量的应力依赖性),增加了弯沉综合修正系数,以修正弯沉理论计算值与弯沉实测值的偏差。同时,从1970年开始,出于旧路补强的需要,道路科研工作者开展了大量弯沉补强经验公式的研究,提出了单参数、双参数和三参数的经验补强公式,后经1971年济南会议和1972年太原会议,确定了采用三参数路面补强经验公式,如下:

$$h = \beta\, l_R^m \left(\frac{l_0}{l_R} - 1\right)^n \tag{7-11}$$

式中：h——路面补强层厚度(cm)；

β——补强层材料参数；

m——反映 l_R 对厚度 h 的影响参数，一般取 -0.25；

l_0——旧路面的计算弯沉值(mm)；

l_R——旧路面补强后的容许弯沉值(mm)；

n——反映 l_0/l_R 对厚度 h 的影响参数，一般取 0.35。

同时，1972～1973 年，在全国 18 个省开展了大规模的沥青路面使用性能调查和弯沉测定工作。调查测定时，按照路表外观特征将沥青路面划分为 5 个等级(划分标准见表 7-2)，并把第四等级视为路面已经达到损坏状态，以第四等级路面的弯沉值的低限(第三级和第四级路面弯沉的交界面)作为路面处于破坏临界状态的划分标准，这时的实测弯沉值即为容许弯沉值。并于 1973 年 6 月提出了容许弯沉值的计算公式(7-12)和轴载换算公式(7-13)：

$$l_R = \frac{A}{N_e^{0.2}} = \frac{A'}{n_T^{0.2}} \tag{7-12}$$

$$\frac{n_s}{n_i} = \eta C_1 C_2 \left(\frac{p_i \delta_i^{1.5}}{p_s \delta_s^{1.5}}\right)^5 \tag{7-13}$$

式中：l_R——路面容许弯沉值(mm)；

A——与路面类型有关的系数，见表 7-3；

A'——与路面类型有关的系数，见表 7-3；

δ_i——换算轴载的轮印半径(cm)；

δ_s——标准轴载的轮印半径(cm)；

p_i——换算轴载的轮胎压力值(MPa)；

p_s——标准轴载的轮胎压力值(MPa)；

η——车辆横向分布系数，单车道为 1，双车道为 0.8，三车道为 0.7，四车道为 0.4(设中央分隔带)；

n_i——换算轴载的作用次数(次)；

n_s——标准轴载的作用次数(次)；

N_e——设计年限内车道标准轴载的累计作用次数(次)；

C_1——后轴数系数，单轴为 1，双轴为 2，三轴为 3；

C_2——轮组系数，单轮组为 1/4，双轮组为 1，四轮组为 4；

n_T——设计使用末期单车道标准轴载的日作用次数(次/昼夜)：

$$n_T = n_1 (1 + \gamma)^T - 1$$

其中：γ——交通量平均年增长率(%)；

n_1——设计使用第 1 年期单车道标准轴载的日作用次数(次/昼夜)；

T——设计使用年限(年)。

沥青路面外观等级划分标准 表 7-2

等级	外观状况	路面表面外观特征
一	好	坚实、平整、无裂纹、无变形
二	较好	平整、无裂纹、少量变形
三	中	平整、有轻微变形、有少量纵向或不规则裂纹
四	较坏	有明显变形和较多纵向裂纹或局部网裂
五	坏	连片的严重网(龟)裂或伴有沉陷、车辙

沥青路面类型系数 A_1 表 7-3

面层类型	沥青混凝土	沥青贯入、沥青碎石	沥青表面处治	粒料类面层
A	13.71(12.17*)	15.28	16.33	19.32
A'	2.7(2.4*)	3.2	3.7	4.5
γ	8	10	12	12

注:* 道路等级和使用要求高及交通量特别繁重的沥青混凝土路面,A 和 A' 分别取 12.17 和 2.4。

20 世纪 70 年代初,交通部公路规划设计院(原交通部公路一局设计所)与北京大学地理系合作,共同进行了公路自然区划研究,与 1973 年 3 月提出了"中国公路自然区划"说明书初稿及附图,经过对公路自然区划的服务对象、区划原则、标志及具体区划界限等的多次修改,于 1978 年 11 月由交通部公路局批准颁发"中华人民共和国公路自然区划图",并纳入同期批准的《公路柔性路面设计规范》(内部试行)中。公路自然区划图的实施,不仅能为公路路基路面设计、施工和养护确定和选用有关参数提供依据,同时还能为勘测选线、公路网规划等提供关于自然条件影响的资料。

路基湿度按不利季节路槽底面下 80cm 深度内的平均相对含水率 $\overline{w_x} = \overline{w}/w_y$ [$\overline{w}$ 为不利季节路槽底面下 80cm 深度内的算术平均含水率(%);w_y 为土样的液限含水率(%)确定]。路基干湿类型根据实测按表 7-4 和表 7-5 确定。同时提出了路基临界高度的概念,即在不利季节当路基分别处于干燥、中湿或潮湿状态时,路槽底面距地下水位地表积水水位的最小高度,规范给出了参考值。

分解相对含水率建议值 表 7-4

自然区划	砂性土				黏性土				粉性土				附注
	w_0	w_1	w_2	w_3	w_0	w_1	w_2	w_3	w_0	w_1	w_2	w_3	
II$_{1,2,3}$ II$_{1a}$、II$_{2a}$	0.45	0.70	0.75	0.80	0.45	$\frac{0.50}{0.55}$	$\frac{0.60}{0.65}$	$\frac{0.70}{0.75}$	0.50	$\frac{0.55}{0.60}$	$\frac{0.60}{0.65}$	$\frac{0.70}{0.75}$	黏性土:分母适用于 II$_{1,2,3}$ 区; 粉性土:分母适用于 II$_{2a}$ 付区
II$_4$、II$_5$	0.45	0.75	0.80	0.85	0.45	0.50	0.60	0.70	0.50	0.55	0.65	0.75	
III	0.40	0.70	0.78	0.85	—	—	—	—	0.45	$\frac{0.50}{0.55}$	$\frac{0.60}{0.65}$	$\frac{0.70}{0.75}$	分子适用于粉土地区; 分母适用于粉质亚黏土地区
IV	0.50	0.65	0.75	0.80	0.50	0.60	0.65	0.75	0.55	0.60	0.65	0.75	
V	—	—	—	—	0.50	0.57	0.70	0.75	0.55	0.60	0.70	0.75	
VI	0.40	0.70	0.78	0.85	0.45	0.55	0.63	0.70	0.45	0.55	0.65	0.75	—
VII	0.40	0.65	0.73	0.80	0.45	0.55	0.63	0.70	0.45	0.55	0.65	0.75	—

注:w_0-干燥状态路基常见下限相对含水率;w_1-干燥和中湿状态路基的分界相对含水率;w_2-中湿和潮湿状态路基的分界相对含水率;w_3-潮湿和过湿状态路基的分界相对含水率。

路 基 干 湿 类 型   表7-5

路基干湿类型	路槽底面以下80cm深度内的平均相对含水率 $\overline{w}_x$ 与分界相对含水率的关系	一 般 特 征
干燥	$\overline{w}_x < w_1$	路基干燥稳定,路面强度和稳定性不受地下水和地表积水影响。路基高度 $H > H_1$
中湿	$w_1 < \overline{w}_x < w_2$	路基上部土层处于地下水或地表积水影响的过渡带区内。路基高度 $H_2 < H < H_1$
潮湿	$w_2 < \overline{w}_x < w_3$	路基上部土层处于地下水或地表积水毛细影响区内。路基高度 $H < H_2$
过湿	$\overline{w}_x > w_3$	路基极不稳定,冰冻区春融翻浆,非冰冻区弹簧。路基经处理后方可铺筑路面。 路基高度 $H < H_3$

注:1. H——路槽底面距地下水位或地表积水水位的高度;
   2. H_1、H_2、H_3——分别为路基干燥、中湿和潮湿状态的临界高度;
   3. 划分路基干湿类型以 $\overline{w}_x$ 为主,缺少资料时可参照一般特征确定。

路面设计以双轮间隙中心处路表容许弯沉值 l_R 为设计标准,要求双轮间隙中心处路表实测弯沉值 $l_s \leq l_R$。由于路面结构材料参数的非线性、层间接触条件和其他因素的影响,路面实测弯沉和理论计算弯沉存在一定的差异性,由此引入弯沉综合修正系数 F。

$$F = \frac{l_s}{l_1} = \alpha \left(\frac{E_0 l_s}{2p\delta}\right)^{0.38} \tag{7-14}$$

式中:δ——标准荷载的当量圆半径,以解放10B车为准时,$\delta = 9.75$cm;以黄河JN150车为准时,$\delta = 10.65$cm;

α——车辆类型系数,以解放10B车为准时,$\alpha = 1.50$;以黄河JN150车为准时,$\alpha = 1.47$;

l_1——双轮间隙中心处路表理论弯沉值 $\left(l_1 = \frac{2p\delta}{E_0}\alpha_1, \alpha_1 \text{ 为理论弯沉系数}\right)$(mm)。

综上所述,1978年版的《公路柔性路面设计规范》(内部试行)体现了我国沥青路面设计方法的大发展,初步建立了我国柔性路面设计方法体系。主要体现在建立了公路自然区划和公路路基土的划分方法、提出了路基分界含水率和干湿类型划分方法、采用双圆荷载作用下的双层弹性体系路面设计模型、得到了双圆荷载作用下双层弹性体系的弯沉计算诺谟图和综合弯沉修正系数、提出了容许弯沉计算公式、建立了以弯沉为指标的轴载换算公式、提出了路基土和路面结构层回弹模量测试方法和参数建议值(表7-6)、提出了多层体系换算的等效公式和旧路补强的三参数计算公式。

1978年规范参数建议值(MPa)

表7-6

编号	材料名称	施工方法	材料组成及规格	适用层位	$II_{1,2,3}$(东北)	$II_{4,5}$(华北)	III(黄土)	IV(华东、中南)	V(西南、中南)	VI、VII(西北)
1	沥青混凝土(包括混合料)	厂拌法	粗、中、细粒,石料 I~II 级	面层	1000~1200					
2	沥青碎石	厂拌(热拌热铺)	石料 I~III 级	面层	700~900					
3	沥青贯入碎石	深贯或浅贯	石料 I~III 级	面层	500~700					
4	炉渣灰土	拌和法	炉渣:石灰:土=30:10:60	基层	400~500	—	—	420~520	—	260~360
5	石灰土	拌和法	III级以上石灰,灰剂量8%~10%,土塑指7~17	基层	250~320	300~400	270~370	400~500	—	260~340
6	碎(砾)石灰土	拌和法	碎(砾)石含量30%~50%,其他同灰土	基层	300~400	—	280~380	350~450	—	260~360
7	泥结碎(砾)石	拌和法	含泥量15%~18%,土中掺灰8%~10%。	基层	—	220~300	240~300	300~400	—	200~300
8	泥灰结碎(砾)石	灌浆法、拌和法	IV级以上石料,含土量<15%,<0.5mm细粒含灰的10%	基层、面层	250(干燥路段)	200~280	220~280	华东 200~270 / 中南 220~310	200~280	—
9	级配碎(砾)石	拌和法	石灰量为占<0.5mm细料含量的10%	基层	280~380	—	260~380	300~400	—	280~380
10	级配碎(砾)石掺灰	拌和法	III级以上石料	基层	—	180~260	150~200	—	—	—
11	级配砂砾	摊铺碾压	颗粒在0.5~4cm间,其中2.5~4cm者不少于50%	垫层	160~380	—	—	170~250	170~260	160~260(西藏140~240)
12	天然砂砾料	摊铺碾压	中、细砂含少量砾石	垫层	110~140	110~170	100~150	—	—	150~250(西藏110~180)
13	碎(砾)石土	摊铺碾压	含石量>70%	基、面层	150	—	—	—	—	110~170

续上表

编号	材料名称	施工方法	材料组成及规格	适用层位	II₁,₂,₃（东北）	II₄,₅（华北）	III（黄土）	IV（华东,中南）	V（西南,中南）	VI,VII（西北）
14	干压碎石	按嵌挤原理	石料大于 III 级,用灰土灌满缝隙	基层	200~300	—	—	—	—	200~280（西藏160~250）
15	泥结碎石+铺砌片石	分层碾压	片石规格与路基基层厚度相同,其他同泥结结碎石	基层	—	—	—	280~300	200~300	—
16	水泥稳定砂砾	拌和,3h 内碾压	水泥量 6%,>6mm 砾石 60%~70%	基层	400~500	—	300~400	—	—	—
17	铺砌块(拳)石	铺砌后,砂砾嵌缝	块石最大尺寸与底基层厚度相当	底基层	350~450	—	200~250	—	—	—
18	泥结结碎石+铺砌片石	分层碾压	片石规格与底基层相当,其他同泥灰结结碎石	基层	—	—	—	250~350	—	—
19	锥(拳)石灌砂	铺砌后灌砂	锥石尺寸 16~18cm	底基层	—	230~350	—	—	—	—
20	水结碎石	摊铺碾压	砾石 2~4cm	基层	—	210~230	—	—	—	—
21	风化砂砾(林区)	摊铺碾压		基,面层	50~90					
22	混砂石(林区)	摊铺碾压		基,面层	60~100					
23	散铺块碎石(林区)	摊铺碾压		基,面层	160~200					

注：1. 材料配合比以重量计；
2. 沥青混凝土细粒式取低值,中粒式取中值,粗粒式取高值,沥青混合料的 E_t 为沥青混凝土 0.9 倍；
3. 各种材料(除沥青类以外)可视干湿干湿状况,中湿路段不同品质等不同分别取用高、中、低值,石灰或石料品质不同分别取用高、中、低值；
4. 泥结碎(砾)石,级配砾石在潮湿,中湿路段不能用于沥青面层下的基层；
5. 编号 17,19 如用在沥青面层下时,其上应加整平膜。

四、1986年版《公路柔性路面设计规范》(JTJ 014—86)

1986年版《公路柔性路面设计规范》(JTJ 014—86)进一步完善了我国沥青路面设计方法。通过我国"六·五"国家科技攻关项目"高等级公路半刚性基层沥青路面结构、设计和抗滑表层的研究"和"七·五"国家科技攻关项目"重交通道路沥青在高等级公路工程中的应用研究"的系列研究,于1982年提出了基础理论、理论验证、设计参数、路面结构强度系数分报告和总报告,为规范编制提供了基本参数与模型。

路基干湿类型、路基临界高度和公路自然区划继续采用1978年版的《公路柔性路面设计规范》(内部试行)中的方法确定。

1986年版《公路柔性路面设计规范》(JTJ 014—86)采用双圆荷载、三层弹性体系的理论模型(图7-1);设计指标采用路表弯沉、面层层底最大拉应力和无机结合料稳定类基层层底拉应力、路表轮缘处最大剪应力;采用单元双轮组100kN为标准轴载、轮胎接地压力0.7MPa、荷载圆当量半径10.65cm。

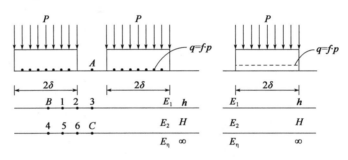

图7-1 1986年版规范力学计算模型

1986年版《公路柔性路面设计规范》(JTJ 014—86)仍然以路表容许弯沉为主要设计指标,但与1978年版规范相比,由于1978年版规范弯沉调查的路段主要是三级公路和少量城市道路,已经不适应高等级公路和大交通量道路,因此,对容许弯沉公式中的系数进行了修改,并增加了公路等级系数 A_2。

$$l_R = A_1 A_2 \frac{11.0}{N_e^{0.2}} \tag{7-15}$$

式中: A_2——公路等级系数,见表7-7。

公路等级系数 A_2   表7-7

公路等级	高速公路	一级公路	二级公路	三、四级公路
A_2	0.85	1.0	1.1	1.2

相应的轴载换算公式为式(7-16)或式(7-17):

$$\frac{N_s}{N_i} = C_1 \left(\frac{p_i \delta_i^{1.5}}{p_s \delta_s^{1.5}} \right)^5 \tag{7-16}$$

$$\frac{N_s}{N_i} = C_1 \left(\frac{P_i}{P_s} \right)^4 \tag{7-17}$$

式中: P_i——换算轴载的轴载值(kN);

P_s——标准轴载的轴载值(kN);

C_1——轮组系数,当轴的一侧车轮为双轮组时 $C_1 = 1$;当轴的一侧车轮为单轮组时 $C_1 = 4$;当轴的一侧车轮为四轮组时 $C_1 = 0.25$。

与1978年版规范相比,各等级公路路面设计的容许弯沉值均有所减少,高速公路减少32%,一级公路减少20%,二级公路减少12%,三、四级公路减少3%~4%。

新增了沥青面层层底容许拉应力指标和验算公式,用以控制沥青层层底弯拉应力导致的破坏:

$$\sigma_{R1} k_1 \leq f_{R1} \tag{7-18}$$

$$k_1 = \frac{0.12}{A_2} N_e^{0.2} \tag{7-19}$$

式中:σ_{R1}、f_{R1}——沥青面层容许拉应力和沥青混合料的三分点弯拉强度(MPa);

k_1——面层结构强度系数。

新增了无机结合料稳定类基层容许拉应力指标和验算公式,用以控制无机结合料稳定类基层弯拉应力导致的破坏:

$$\sigma_{R2} k_2 \leq f_{R2} \tag{7-20}$$

$$k_2 = \frac{0.40}{A_2} N_e^{0.1} \tag{7-21}$$

式中:σ_{R2}、f_{R2}——无机结合料稳定材料容许拉应力和无机结合料稳定材料的三分点弯拉强度(MPa);

k_2——无机结合料稳定类基层结构强度系数。

新增了沥青面层容许剪应力指标和验算公式,用以控制沥青面层剪应力导致的破坏,该指标主要用于城市道路沥青路面抗剪强度验算:

$$\tau_R k_T \leq \tau \tag{7-22}$$

$$k_T = \frac{0.35}{A_2} N_t^{0.15} \tag{7-23}$$

式中:τ_R、τ——沥青混合料容许剪应力和沥青混合料的抗剪强度(MPa);

N_t——停车站在设计年限内停车的标准轴载作用次数;

k_T——沥青混合料在交叉口、停车场的抗剪强度结构强度系数,紧急制动时 $k_T = 1.2/A_2$。

路基回弹模量采用承载板法测定,粒料模量采用整层材料弯沉法测定。其他材料,计算弯沉时采用圆柱体试件测定压缩模量;计算拉应力时采用梁式试件测定弯拉模量和弯拉强度。沥青类材料的压缩模量试验采用20℃,弯拉模量和强度试验采用15℃;石灰类材料的抗弯拉强度采用180d龄期,水泥类材料弯拉强度采用90d龄期。表7-8和表7-9给出了对应的设计参数。

路面结构材料抗压回弹模量建议值 表7-8

编号	材料名称	适用层位	$II_{1,2,3}$（东北）	$II_{4,5}$（华北）	III（黄土）	IV（华北、中南）	V（西南、中南）	VI、VII（西北）
1	沥青混凝土	面层	1000~1200	1000~1200	1000~1200	1000~1200	1000~1200	1000~1200
2	沥青碎石(热拌)	面层	700~900	700~900	700~900	700~900	700~900	700~900
3	沥青贯入式	面层	500~700	500~700	500~700	500~700	500~700	500~700
4	水泥稳定砂、砾	基层	400~500	—	300~400	—	—	—
5	石灰土	基层	250~320	300~400	270~370	400~500	—	260~340
6	石灰粉煤灰砂砾或碎石	面层、基层	400~600	400~600	400~600	500~700	500~700	400~600
7	石灰碎(砾)石土	基层	300~400	—	280~380	350~450	—	260~360

续上表

编号	材料名称	适用层位	II₁,₂,₃(东北)	II₄,₅(华北)	III(黄土)	IV(华北、中南)	V(西南、中南)	VI、VII(西北)
8	石灰煤渣	基层	350~450	—	—	420~520	—	260~360
9	填隙碎石	基层	200~300	—	—	—	—	200~280(西藏 150~260)
10	泥结碎(砾)石	基层、面层	250(干燥路段)	200~280	220~280	华北 200~270 中南 280~310	200~280	—
11	级配碎(砾)石	基层、面层	150	—	—	—	—	110~170
12	水泥、石灰稳定矿渣	基层、面层	400~500	—	—	230~300	—	—
13	级配砾(碎)石灰土	基层	280~380	—	260~380	300~400	—	280~380
14	泥结(灰结)砾石	基层	—	220~300	240~300	300~400	—	200~300
15	级配砂砾	垫层	160~180	—	—	170~250	170~250	160~260(西藏 140~240)
16	天然砂,砾	垫层	110~140	110~170	100~150	—	—	150~250(西藏 110~180)

注:1. 沥青混凝土中,细粒式取低值,中粒式取中值,粗粒式取高值。
2. 非沥青类材料可视路段干湿状况(干燥、中湿、潮湿)。石灰或石料质量(I—III等)不同,分别取高值、中值、低值。

路面结构材料弯拉模量和强度参数 表7-9

材料名称	抗弯拉强度 S(MPa)	弯拉回弹模量 E_s(MPa)
沥青混凝土	1.5	1500
沥青石屑	1.0	1800
水泥土	0.6	2800
水泥稳定砂砾	0.5	2800
石灰土	0.3	1200
石灰粉煤灰	0.5	1800
炉渣灰土	0.6	1300

五、1997年版《公路沥青路面设计规范》(JTJ 014—97)

1997年版将《公路柔性路面设计规范》改为《公路沥青路面设计规范》(JTJ 014—97),使得其内涵和概念更加准确。由于1986年版的《公路柔性路面设计规范》(JTJ 014—86)反映的基本是低、中级沥青路面结构设计结果和实践经验,对于快速发展的高速公路沥青路面结构设计缺乏指导性。因此,开展了"七·五"国家科技攻关项目"高等级公路半刚性基层沥青路面结构设计和抗滑表层的研究"和"八·五"国家科技攻关项目"高等级公路半刚性基层沥青路面典型结构的研究"。

1997年版《公路沥青路面设计规范》(JTJ 014—97)仍采用1986年的三项指标,但对容许值的计算公式进行了修正,并将弯沉指标作为设计指标,整体性材料层层底拉应力作为验算指标;同时沥青路面结构响应采用多层弹性连续体系理论的程序进行计算,取消了 1986 年规范中等效多层换算的概念和方法;增加了旧路面改造时路面厚度设计计算方法,并取消了 1986 年规范中的补强设计经验公式;增加了 SMA 路面、沥青混合料抗车辙和抗水损害指标及水泥混凝土桥面铺装设计的内容。

路基干湿类型、路基临界高度则采用路基土的平均稠度进行划分,公路自然区划继续采用 1978 年版《公路柔性路面设计规范》中(内部试行)中的方法。

1997 年版《公路沥青路面设计规范》(JTJ 014—97)选择 9 个省市 54 个不同等级公路、沥青面层类型、无机结合料类基层(少量粒料类基层)和交通量的路段,进行了结构使用性能和弯沉调查,对弯沉变化规律进行了总结和回归。并将原来设计使用期末不利季节的最大弯沉修改为交工验收后一年不利季节的最大弯沉,即将原先的容许弯沉的概念修改为设计弯沉的概念。同时,提出了设计弯沉计算公式,并增加了基层类型系数 A_3。

$$l_d = A_1 A_2 A_3 \frac{600}{N_e^{0.2}} \tag{7-24}$$

式中:A_3——基层类型系数,见表 7-10;

l_d——设计弯沉值(0.01mm),也就是竣工弯沉验收值。

基层类型系数 A_3　　表 7-10

基层类型	半刚性基层厚度≥20cm	半刚性基层上设置厚度≤15cm 柔性层	半刚性基层上设置厚度>15cm 柔性层,底基层为半刚性下卧层
A_3	1.0	1.0	1.6

与 1986 年版规范的路表容许弯沉相比,除了设计弯沉值比容许弯沉值降低 20% 以外,1997 年版规范的路表弯沉要求值对于半刚性基层沥青路面还要降低 34%,而对于柔性基层沥青路面相差很小(提高了 4.7%)。

轴载换算公式当以弯沉为指标或沥青层层底拉应力为指标时采用式(7-25):

$$N_s = C_1 C_2 N_i \left(\frac{P_i}{P_s}\right)^{4.35} \tag{7-25}$$

式中:P_i——换算轴载的轴载值(kN);

P_s——标准轴载的轴载值(kN);

C_1——轴数系数,单轴间距大于 3m 时,按每个轴单独换算;当轴间距小于 3m 时,$C_1 = 1 + 1.2(m-1)$,m 为轴数;

C_2——轮组系数,当轴的一侧车轮为单轮组时 $C_1 = 6.4$;当轴的一侧车轮为双轮组时 $C_1 = 1$;当轴的一侧车轮为四轮组时 $C_1 = 0.38$。

轴载换算公式当以无机结合料稳定类基层拉应力为指标时采用式(7-26):

$$N_s = C_1 C_2 N_i \left(\frac{P_i}{P_s}\right)^8 \tag{7-26}$$

式中:C_1——轴数系数,单轴间距大于 3m 时,按每个轴单独换算;当轴间距小于 3m 时,$C_1 = 1 + 2(m-1)$,m 为轴数;

C_2——轮组系数,当轴的一侧车轮为单轮组时 $C_2 = 18.5$;当轴的一侧车轮为双轮组时 $C_1 = 1$;当轴的一侧车轮为四轮组时 $C_2 = 0.09$。

结构分析时,沥青混合料和无机结合料稳定材料类材料均采用压缩回弹模量,强度则采用劈裂强度试验结果。通过中粒式沥青混合料和粗粒式沥青劈裂疲劳试验,建立了沥青混合料面层层底容许拉应力计算公式:

$$\sigma_{R1} k_1 \leq f_{R1} \tag{7-27}$$

$$k_1 = \frac{0.12}{A_2} A_4 N_e^{0.11} \tag{7-28}$$

式中:σ_{R1}、f_{R1}——沥青面层容许拉应力和沥青混合料的劈裂强度(MPa);
k_1——面层结构强度系数;
A_4——沥青混合料类型系数,细粒式和中粒式沥青混凝土为1.0,粗粒式沥青混凝土为1.1。

汇总各单位的21个疲劳试验方程(15个梁式试件疲劳方程和6个劈裂试件疲劳方程),提出了新的无机结合料稳定类基层容许拉应力指标和验算公式:

$$\sigma_{R2} k_2 \leq f_{R2} \tag{7-29}$$

$$k_2 = \frac{A_5}{A_2} N_{e2}^{0.11} \tag{7-30}$$

式中:σ_{R2}、f_{R2}——无机结合料稳定材料容许拉应力和无机结合料稳定材料劈裂强度(MPa);
k_2——无机结合料稳定类基层结构强度系数;
N_{e2}——以无机结合料稳定类基层拉应力为指标的累计轴载作用次数;
A_5——无机结合料稳定基层类型系数,稳定粒料类为0.35,稳定土为0.45。

路基的干湿类型按照实测不利季节路床表面下80cm深度内土的平均稠度 w_c,再按表7-11路基土干湿状态的建议值确定,一般分为干燥、中湿、潮湿和过湿。也可以根据自然区划、土质类型、排水条件及路床表面距地下水位或地表积水水位的高度按照表7-12的一般特征确定。

路基土干湿类型的稠度建议值 表7-11

土 组	干 湿 状 态			
	干燥状态	中湿状态	潮湿状态	过湿状态
	$w_C \geq w_{C1}$	$w_{C1} > w_C \geq w_{C2}$	$w_{C2} > w_C \geq w_{C3}$	$w_C < w_{C3}$
土质砂	$w_C \geq 1.20$	$1.20 > w_C \geq 1.00$	$1.00 > w_C \geq 0.85$	$w_C < 0.85$
黏质土	$w_C \geq 1.10$	$1.10 > w_C \geq 0.95$	$0.95 > w_C \geq 0.80$	$w_C < 0.80$
粉质土	$w_C \geq 1.05$	$1.05 > w_C \geq 0.90$	$0.90 > w_C \geq 0.75$	$w_C < 0.75$

注:w_{C1}、w_{C2}、w_{C3}分别为干燥和中湿、中湿和潮湿、潮湿和过湿状态路基的分界稠度,w_C为路床表面以下80cm深度内的平均稠度。

路基土干湿类型的一般特征 表7-12

土基干湿类型	路床表面以下80cm深度内平均稠度w_C与分界稠度w_{C1}的关系	一 般 特 征
干燥	$w_C \geq w_{C1}$	土基干燥稳定,路面强度和稳定性不受地下水和地表积水影响。路基高度 $H_0 > H_1$
中湿	$w_{C1} > w_C \geq w_{C2}$	土基上部土层处于地下水或地表积水影响的过渡带区内。路基高度 $H_2 < H_0 \leq H_1$

续上表

土基干湿类型	路床表面以下80cm深度内平均稠度 w_C 与分界稠度 w_{C1} 的关系	一般特征
潮湿	$w_{C2} > w_C \geq w_{C3}$	土基上部土层处于地下水或地表积水毛细影响区内。路基高度 $H_3 < H_0 \leq H_2$
过湿	$w_C < w_{C3}$	路基极不稳定,冰冻区春融翻浆,排冰冻区软弹土基经处理后方可铺筑路面。路基高度 $H_0 \leq H_3$

注:1. H_0 为不利季节路床表面距地下或地表积水水位的高度。
2. 地表积水指不利季节积水20d以上。
3. H_1、H_2、H_3 分别为干燥、中湿和潮湿状态的路基临界高度,见《公路沥青路面设计规范》(JTJ 014—97)附录E。

路基土的平均稠度 w_C 计算公式:

$$w_C = \frac{w_L - w}{w_L - w_P} \tag{7-31}$$

式中:w_L——路基土的液限(%);
w_P——路基土的塑限(%);
w——路基土80cm内的平均含水率(%)。

同时,1997年版规范还提出了路基填料的最小CBR要求(表7-13)和路基土压实度要求(表7-14)。

路基填料最小CBR值(%)和最大粒径要求(cm) 表7-13

填挖类别		路床表面以下深度(cm)	压实度(%)	
			高速公路、一级公路	其他等级公路
填方路基	上路床	0~30	≥95	≥93
	下路床	30~80	≥95	≥93
	上路堤	80~150	≥93	≥90
	下路堤	150以下	≥90	≥90
零填及路堑路床		0~30	≥95	≥93

注:1. 表列数值系按部颁《公路土工试验规程》(JTJ 051)重型击实试验法求得的最大干密度的压实度。
2. 当其他等级公路修建高级路面时,其压实度应采用高速公路、一级公路的规定值。
3. 特殊干旱或特殊潮湿地区,压实度标准可根据试验路资料确定或比表列数值降低2~3个百分点。

路基土压实度(重型击实标准) 表7-14

填挖类别		路床表面以下深度(cm)	压实度(%)	
			高速公路、一级公路	其他等级公路
填方路基	上路床	0~30	≥95	≥93
	下路床	30~80	≥95	≥93
	上路堤	80~150	≥93	≥90
	下路堤	150以下	≥90	≥90
零填及路堑路床		0~30	≥95	≥93

注:1. 表列数值系按部颁《公路土工试验规程》(JTJ 051)重型击实试验法求得的最大干密度的压实度。
2. 当其他等级公路修建高级路面时,其压实度应采用高速公路、一级公路的规定值。
3. 特殊干旱或特殊潮湿地区,压实度标准可根据试验路资料确定或比表列数值降低2~3个百分点。

沥青混凝土和无机结合料稳定类基层的模量均采用考虑95%可靠度的抗压回弹模量,即采用 $\bar{E} - Z_a S$ 的计算值。对沥青混凝土采用15℃的劈裂强度(MPa),对水泥稳定类材料采用20℃养生90d的劈裂强度(MPa)、对石灰稳定类和二灰(石灰粉煤灰)稳定类采用20℃养生180d的劈裂强度(MPa)。沥青混合料的设计参数见表7-15,无机结合料稳定材料的设计参数见表7-16。

沥青混合料设计参数　　　　　　　　　　表7-15

材料名称	沥青针入度	抗压模量 E_1(MPa)		劈裂强度15℃ (MPa)
		20℃	15℃	
细粒式密级配沥青混凝土	≤90	1200~1600	1800~2200	1.2~1.6
中粒式密级配沥青混凝土	≤90	1000~1400	1600~2000	0.8~1.2
中粒式开级配沥青混凝土	≤90	800~1200	1200~1600	0.6~1.0
粗粒式密级配沥青混凝土	≤90	800~1200	1200~1600	0.6~1.0
沥青碎石混合料	—	600~800	—	—
沥青贯入式	—	400~600	400~600	—

注:1.沥青碎石混合料不验算层底拉应力。
　　2.细粒式和粗粒式的开级配沥青混凝土,选用同类密级配的低值。
　　3.符合重交通沥青技术要求时,可用较高值,沥青针入度大于100时,或符合轻交通沥青技术要求时,采用低值。

无机结合料稳定材料设计参数　　　　　　　　表7-16

材料名称	配合比或规格要求	抗压模量 E(MPa)	劈裂强度 σ(MPa)
二灰砂砾	7:13:80	1300~1700	0.6~0.8
二灰碎石	8:17:75	1300~1700	0.5~0.8
水泥砂砾	5%~6%	1300~1700	0.4~0.6
水泥碎石	5%~6%	1300~1700	0.4~0.6
石灰水泥粉煤灰砂砾	6:3:16:75	1200~1600	0.4~0.6
石灰水泥碎石	5:3:92	1000~1400	0.35~0.5
石灰土碎石	粒料占60%以上	700~1100	0.3~0.4
碎石灰土	粒料占40%~50%	600~900	0.25~0.35

六、2006年版《公路沥青路面设计规范》(JTG D50—2006)

从20世纪90年代到21世纪初,中国大陆高速公路经历了从无到有的过程。从1989年的27km到2005年的4.1万km。随着改革开放的深入,中国国民经济的持续发展,公路交通增长迅速,对耐久性沥青路面的设计与施工提出了严峻的挑战。

2006年版《公路沥青路面设计规范》(JTG D50—2006)仍将弯沉指标作为设计指标,沥青路面结构响应采用多层弹性连续体系理论的程序进行计算,但高速公路、一级公路和二级公路整体性材料层层底拉应力也作为设计指标,三、四级公路用弯沉指标作为单一设计指标。同时明确了弯沉及拉应力计算具体位置(图7-2)。

路基干湿类型、路基临界高度继续采用1997年版《公路柔性路面设计规范》(JTJ 014—97)中的方法,公路自然区划继续采用1978年版《公路柔性路面设计规范》(内部试行)中的方法。

2006版规范修改了设计参数,要求计算拉应力时考虑模量的最不利组合。在计算层底拉应力时,计算层以下各层采用 $\bar{E}-Z_aS$,计算层及以上各层则采用 $\bar{E}+Z_aS$。避免了1997规范采用相同参数进行弯沉控制设计与拉应力控制设计时保证率考虑方面的错误,使得2006版规范的拉应力计算结果符合要求。沥青混合料的设计参数见表7-17,无机结合料稳定材料的设计参数见表7-18。

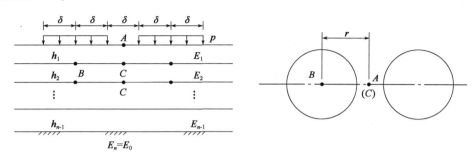

图7-2 2006年规范荷载及计算点图示

沥青混合料设计参数 表7-17

材 料 名 称		抗压模量(MPa)		15℃劈裂强度(MPa)	备 注
		20℃	15℃		
细粒式沥青混凝土	密级配	1200~1600	1800~2200	1.2~1.6	AC-10,AC-13
	开级配	700~1000	1000~1400	0.6~1.0	OGFC
沥青玛蹄脂碎石		1200~1600	1600~2000	1.4~1.9	SMA
中粒式沥青混凝土		1000~1400	1600~2000	0.8~1.2	AC-16,AC-20
密级配粗粒式沥青混凝土		800~1200	1000~1400	0.6~1.0	AC-25
沥青碎石基层	密级配	1000~1400	1200~1600	0.6~1.0	ATB-25,ATB-35
	半开级配	600~800	—	—	AM-25,AM-40
沥青贯入式		400~600	—	—	—

无机结合料稳定材料设计参数 表7-18

材料名称	配合比或规格要求	抗压模量E(MPa)（弯沉计算用）	抗压模量E(MPa)（拉应力计算用）	劈裂强度σ(MPa)
水泥砂砾	4%~6%	1100~1500	3000~4200	0.4~0.6
水泥碎石	4%~6%	1300~1700	3000~4200	0.4~0.6
二灰砂砾	7:13:80	1100~1500	3000~4200	0.6~0.8
二灰碎石	8:17:80	1300~1700	3000~4200	0.5~0.8
石灰水泥粉煤灰砂砾	6:3:16:75	1200~1600	2700~3700	0.4~0.55
水泥粉煤灰碎石	4:16:80	1300~1700	2400~3000	0.4~0.55
石灰土碎石	粒料>60%	700~1100	1600~2400	0.3~0.4
碎石灰土	粒料>40%~50%	600~900	1200~1800	0.25~0.35
水泥石灰砂砾土	4:3:25:68	800~1200	1500~2200	0.3~0.4
二灰土	10:30:60	600~900	2000~2800	0.2~0.3
石灰土	8%~12%	400~700	1200~1800	0.2~0.25
石灰土处理路基	4%~7%	200~350	—	—
级配碎石	基层连续级配型	300~350	—	—
	基层骨架密实型	300~500	—	—
	底基层、垫层	200~250	—	—

同时，2006版规范增加了无机结合料稳定材料振动成型方法、无机结合料稳定材料抗冻性试验方法，依据累计轴载当量作用次数N_e和大客车及中型以上的货车交通量进行了交通等级划分。

七、2017 年版《公路沥青路面设计规范》(JTG D50—2017)

2017 版《公路沥青路面设计规范》(JTG D50—2017) 是中国沥青路面设计方法的又一推进。虽然设计理论仍然采用多层体系理论，但通过学习吸收美国 MEPDG 设计理论与方法，在交通调查与分析、设计指标与标准、材料计算参数、材料试验评价方法和路基参数取值方法等方面有很大变化。本章第七节将详细介绍《公路沥青路面设计规范》(JTG D50—2017) 的具体内容，这里仅列出常用沥青混合料材料（表 7-19）、无机结合料稳定材料（表 7-20）和粒料（表 7-21）的设计参数，以便读者对比不同时期路面规范的参数试验与取值。

常用沥青混合料在 20℃条件下动态压缩模量取值范围(MPa)　　　表 7-19

沥青混合料类型	沥青种类			
	70 号道路石油沥青	90 号道路石油沥青	110 号道路石油沥青	SBS 改性沥青
SMA-10、SMA-13、SMA-16	—	—	—	7500 ~ 12000
AC-10、AC-13	8000 ~ 12000	7500 ~ 11500	7000 ~ 10500	8500 ~ 12500
AC-16、AC-20、AC-25	9000 ~ 13500	8500 ~ 13000	7500 ~ 12000	9000 ~ 13500
ATB-25	7000 ~ 11000	—	—	—

注：1. ATB-25 为 5Hz 条件下动态压缩模量，其他沥青混合料为 10Hz 条件下动态压缩模量。
　　2. 沥青黏度大、级配好或空隙率小时取高值，反之取低值。

无机结合料稳定材料弯拉强度和弹性模量取值范围(MPa)　　　表 7-20

材　料	弯　拉　强　度	弹　性　模　量
水泥稳定粒料、水泥粉煤灰稳定粒料、石灰粉煤灰稳定粒料	1.5 ~ 2.0	18000 ~ 28000
	0.9 ~ 1.5	14000 ~ 20000
水泥稳定土、水泥粉煤灰稳定土、石灰粉煤灰稳定土	0.6 ~ 1.0	5000 ~ 7000
石灰土	0.3 ~ 0.7	3000 ~ 5000

注：结合料用量高、材料性能好、级配好或压实度大时取高值，反之取低值。

粒料回弹模量取值范围(MPa)　　　表 7-21

材料类型和层位	最佳含水率和与压实度要求相应的干密度条件下	经湿度调整后
级配碎石基层	200 ~ 400	300 ~ 700
级配碎石底基层	180 ~ 250	190 ~ 440
级配砾石基层	150 ~ 300	250 ~ 600
级配砾石底基层	150 ~ 220	160 ~ 380
未筛分碎石层	180 ~ 220	200 ~ 400
天然砂砾层	105 ~ 135	130 ~ 240

注：材料性能好、级配好或压实度大时取高值，反之取低值。

路基干湿类型、路基临界高度则根据路基工作区深度和地下水毛细水湿润面的相对关系分为干燥、中湿和潮湿三类。公路自然区划继续采用 1978 年版《公路柔性路面设计规范》(内部试行) 中的方法。

八、我国不同时期柔性(沥青)路面设计方法汇总

将我国 1958 年《路面设计规范》(草案) 到 2017 年的《公路沥青路面设计规范》(JTG D50—2017) 进行汇总，见表 7-22，以便读者进行纵横向比较。

我国不同时期柔性（沥青）路面设计方法汇总

表 7-22

路面模型	1958 年版规范	1966 年版规范	1978 年版规范	1986 年版规范	1997 年版规范	2006 年版规范	2017 年版规范
	$p=1.1p_0$; $\mu_0=0$, $m=2.5\sqrt{\dfrac{E_1}{E_0}}$	$p=p_0$; $\mu_0=0$, $m=\beta_0^3\sqrt{\dfrac{mh}{E_0}}$	$p=p_0$, $l_1=\beta l_0$; $\mu_1=0.25$, $\mu_2=0.35$	$\mu_1=0.25$, $\mu_2=0.25$, $\mu_3=0.35$	$E_n=E_0$	$E_n=E_0$	
基本公式 — 单层	$E=\dfrac{pD}{l}$	$E=\dfrac{pD}{l}$	$E=\dfrac{pd}{l}(1-\mu_2^2)\times 0.712$	$E_3=\dfrac{2p\delta}{l}(1-\mu_3^2)\times 0.712$	程序计算	同 1997 年版规范	程序计算
基本公式 — 双层或三层	逐层计算法：$l=l_2+l_0$ $=\dfrac{\pi}{2}\dfrac{pD}{E_0}\left(1-\dfrac{E_0}{E_{10}}\right)\times$ $\left[1-\dfrac{2}{\pi}\arctan\dfrac{nh}{D}\right]$; $w=1-\dfrac{2}{\pi}\left(1-\dfrac{E_0}{E_p}\right)\times$ $\arctan\dfrac{nh}{D}$（图解）	$l=l_2+l_0$ $=\dfrac{\pi}{2}\dfrac{pD}{E_0}\left(1-\dfrac{E_0}{E_{0,m}}\right)\times$ $\left[1-\dfrac{2}{\pi}\arctan\dfrac{mh}{D}\sqrt{2.5}\right]=\dfrac{pD}{E_0}$; $\left[1-\dfrac{2}{\pi}\left(1-\dfrac{E_0}{E_{1,m}}\right)\sqrt{2.5}\right]$; $w=\dfrac{E_0}{E_p}-1+\left[\dfrac{2}{\pi}\left(1-\dfrac{E_0}{E_{1,m}}\right)\sqrt{2.5}\right]$（图解）	$l_0=\dfrac{pd}{E_s}\cdot\alpha\cdot F$; $\alpha=f\left(\dfrac{E_0}{E_1},\dfrac{h}{d}\right)$; $F_{弯拉}=1.5\left(\dfrac{l_0F_0}{pd}\right)^{0.38}$; $F_{剪}=1.47\left(\dfrac{l_0}{pd}\right)^{0.38}\left(\dfrac{l_0}{h}-1\right)^{0.35}$（图解） 附经验验公式	三层体系基本公式 $l_a=\dfrac{2p\delta}{E_3}\cdot\alpha\cdot F$; $\sigma_m=p\cdot\sigma$; α、σ均为$f\left(\dfrac{E_1}{E_2},\dfrac{E_2}{E_3},\dfrac{h_1}{\delta}\right)$, $\dfrac{H}{\delta}$的函数（图解和电算程序）F 反旧路补强经验公式与1978年规范相同	程序计算	同 1997 年版规范	$\varepsilon_a=p\cdot\overline{\varepsilon_a}$ $\sigma_t=p\cdot\overline{\sigma_t}$ $p_r=p\overline{p_r}$ $\varepsilon_z=p\cdot\overline{\varepsilon_z}$ $l_a=p\overline{l_a}$ $\overline{\varepsilon_a},\overline{\sigma_t},\overline{p_r},\overline{\varepsilon_z},\overline{l_a}$ 程序计算
基本公式 — 多层		多层连续积分法	以双层体系为基础的等效层法，附经验公式： $\left(\dfrac{h_1}{B_1}+\dfrac{h_2}{B_2}\right)\sqrt{2.5}$ $h=BI\left(\dfrac{l_0}{l_n}-1\right)^{-0.35}$	多层体系换算公式 弯沉 $H=\sum_{i=1}^{n-1}h_i\sqrt[3]{\dfrac{E_i}{E_n}}$ 弯拉应力 $h=\sum_{i=1}^{n-1}h_i\sqrt[3]{\dfrac{E_i}{E_2}}$ $x\ne n-1$时： $H=\sum_{i=1}^{x}h_i\sqrt[3]{\dfrac{E_i}{E_x}}$ $x=n-1$时： $h=\sum_{i=1}^{n-2}h_i\sqrt[4]{\dfrac{E_i}{E_{n-1}}}$	$l_a=1000\cdot\dfrac{2p\delta}{E_0}\cdot\alpha_c\cdot F\left(\dfrac{l_s}{2000\delta}\right)^{0.35}\left(\dfrac{E_0}{p}\right)^{0.35}$ $\sigma_m=p\cdot p\cdot\sigma_m$ α 及 σ_m 程序计算	同 1997 年版规范	程序计算

续上表

	1958 年版规范	1966 年版规范	1978 年版规范	1986 年版规范	1997 年版规范	2006 年版规范	2017 年版规范
路面模型	$p=1.1p_0$；$\mu_1=0$ $\mu_2=0.35$；$n=2.5\sqrt[3]{N}\sqrt{\dfrac{E_1}{E_0}}$	$p=p_0$；$\mu_1=0$ $\mu_2=0$；中 0.04，低 0.045，灰土 0.02；$m=\beta^2\sqrt[3]{N}\sqrt{\dfrac{E_1}{E_0}}$	$p=p_0$；$\mu_1=0.25$ $\mu_2=0.35$	$\mu_1=0.25$ $\mu_2=0.25$ $\mu_3=0.35$	多层体系，$E_n=E_0$	多层体系，$E_n=E_0$	多层体系 $E_n=E_0$
设计指标	$\lambda_R=\dfrac{l_R}{D}$，高级 0.034，次高 0.04，中 0.05，低 0.05；$E_{TT}=\dfrac{\pi}{2}\cdot\dfrac{p}{\lambda_R}\cdot K_0\lessdot E_a$；$K_0=0.5+0.65\log N\cdot r$，以 $H=8$ 为准	$\lambda_R=\dfrac{l_R}{D}$，高 0.028，次 0.032，中 0.04，低 0.045，灰土 0.02；$E_{TT}=\dfrac{p}{\lambda_R}\cdot K_0\lessdot E_a$；$K_0=C(0.78+0.68\log N\cdot r$，$C=1\sim1.1$，以解放牌车为准	$l_R=\dfrac{1.370}{N^{0.2}}$；A:沥青混凝土路面 1.0；沥青碎石、贯入路面 1.1；表处路面 1.2，$A>l_s$ (cm)	$\dfrac{11.0}{N_R^{0.2}}A_c\cdot A_s\cdot A_b\geqslant l_s$；$\sigma_m\leqslant\sigma_R$；$K_s=\dfrac{S}{K_s}$；$K_R=\dfrac{0.12}{A_c}N_R^{0.2}$（沥青层）；$K_s=\dfrac{0.40}{A_s}N_s^{0.11}$（整体性基层）；$A$ 道路等级系数；A 路面类型系数	$l_s\leqslant l_d$；$l_d=600N_e^{-0.2}A_c\cdot A_s\cdot N^{-0.22}/A_s$；$\sigma_R\leqslant\dfrac{\sigma_{SP}}{K_s}$；沥青混凝土 $K_s=0.09A_c\cdot N^{-0.22}/A_c$；无机结合料稳定粗集料 $K_s=0.35N_e^{0.11}/A_s$；无机结合料稳定细集料 $K_s=0.45N_e^{0.11}/A_s$	同 1997 年版规范	$N_{f1}=6.32\times10^{15.96-0.29n_1}k_a k_b k_t^{-1}\left(\dfrac{1}{\varepsilon_a}\right)^{3.97}\left(\dfrac{1}{E_a}\right)^{1.58}(VFA)^{2.72}$；$N_{f2}=k_b k_{t2}^{-1}10a-k_{s_1}+k_{s_2}p_1^{1.80}$；$R_a=\sum_{i=1}^{n}R_{ia}$；$R_{a1}=2.31\times10^{-8}k_{a1}p^{2.93}k_{t1}^{-1.80}R_{ae}$；$[\varepsilon_e]=1.25\times10^{-0.49}N_e^{-0.21}$；$Cl=1.95\times10^{-5}\sum p\cdot\Delta\tau-0.025(T+0.07h_a)\phi^2 k_1+0.15$；$l_e\leqslant l_r$
车辆换算	$\log N_1\cdot r=0.77\left(\dfrac{p_2 D_2}{p_1 D_1}-1\right)+\dfrac{p_2 D_2}{p_1 D_1}\log N_2\cdot r$	$\log N\cdot r=1.15\left(\dfrac{p_2 D_2}{p_1 D_1}-1\right)+\dfrac{p_2 D_2}{p_1 D_1}\log N_2\cdot r$	$\dfrac{n_1}{n_2}=\eta c_1 c_2\left(\dfrac{p_2 d_2^{5.0}}{p_1 d_1^{1.5}}\right)$；以解放牌、跃河为准	$N=\sum_{i=1}^{k}\dfrac{1}{C_1}C_2 p_1\left(\dfrac{P_1}{P}\right)^4$	弯沉指标 $N=\sum_{i=1}^{k}\dfrac{1}{C_1}C_2 p_n\left(\dfrac{P_1}{P}\right)^{4.35}$；弯拉指标 $N'=\sum_{i=1}^{k}\dfrac{1}{C_1}C_2' p_n\left(\dfrac{P_1}{P}\right)^5$	同 1997 年版规范	$EALF_{mij}=c_1 c_2\left(\dfrac{P_{mij}}{P_s}\right)^b$；沥青层疲劳及车辙 $b=4$；路基永久变形 $b=5$；无机结合料疲劳 $b=13$
环境条件	以湿润系数为基础的道路气候分区	以温度与湿润系数为基础为基础的公路气候分区图	综合考虑地形与气候条件的公路自然区划图	公路自然区划（JTJ 003—86），综合考虑地形与气候条件的公路自然区划图	公路自然区划（JTJ 003—86），沥青路面施工气候分区	同 1997 年版规范	同 1997 年版规范

续上表

	1958 年版规范	1966 年版规范	1978 年版规范	1986 年版规范	1997 年版规范	2006 年版规范	2017 年版规范
路面模型	$p=1.1p_0$; E_1, $\mu_1=0$; E_0, $\mu_0=0$; $m=2.5\sqrt{E_1/E_0}$	$p=p_0$; E_1, $\mu_1=0$; E_0, $\mu_0=0$; $m=\beta_0^3\sqrt{E_1/E_0}$	$d/2$, d, l; $p=p_0$, l_1; $(\beta)N_0$; E_1, E_0; $\mu_1=0.25$, $\mu_2=0.35$	δ, δ, δ; h, H; E_1, E_2, E_3; $\mu_1=0.25$, $\mu_2=0.25$, $\mu_3=0.35$	δ, δ; h_1, A, E_1; h_2, ..., E_2; h_{n-1}, E_{n-1}; $E_n=E_0$	δ, δ; h_1, A, E_1; h_2, B, E_2; ..., C; h_{n-1}, E_{n-1}; $E_n=E_0$	δ, δ, δ; $A\ B\ D\ C$; $A\ B\ D\ C$; $A\ B\ D\ C$; h_1, E_1, μ_1; h_2, E_2, μ_2; h_3, E_3, μ_3; h_{n-1}, E_{n-1}, μ_{n-1}; E_0
路基参数	E_0(形变模量)决定于含水率计算值,以 $\lambda_0=0.01$ 为准	E_0(形变模量)决定于含水率计算值,以 $\lambda_0=0.01$ 为准,大型测定或反算	E_0(弹性模量,以 $\lambda_0=0.9034$($l=1$mm)线性回归法为准(春季)分界水率	分界含水率 E_0,弯沉、弯拉均以春季水率计算值为准	稠度系数 CBR 及压实度不利季节测定静态模量	同1997 年版规范	10Hz 动态模量乘湿度调整系数及结构层调整系数
路面参数	E_1(形变模量)	E_1(形变模量)大型测定或室内测定反算	E_0(弹性模量)β(由试验路确定)	沥青面层:整层 E 以 $20℃$ 为准,弯拉者 E 和 S 以 $10°$ ~ $15℃$ 为准,用来测定。整体性基层:E 和 S 室内测定。粒料基层:E_0 整层	沥青混合料模量 $20℃$ 静态模量、劈裂强度 $15℃$ 无机结合料强度及模量 $20℃$ 或 $25℃$ 参数用 $E=\bar{E}-Z_aS$	同1997 年版规范(但弯沉指标用 $E=\bar{E}-Z_aS$,弯拉验算用 $E=\bar{E}+Z_aS$)	沥青混合料(20℃)10Hz 动态模量,无机结合料测面法静态模量,级配碎石10Hz 间歇加载动态模量

第二节 沥青路面损坏的极限状态及设计原则

一、路面的损坏现象及设计指标

为了正确地选定路面设计的极限标准,首先应了解路面的损坏现象、类型和极限状态,为路面设计理论与方法提供可靠的依据。在重复荷载作用下,沥青路面损坏的基本类型包括:疲劳开裂、车辙、推挤与拥包及低温开裂。

1. 疲劳开裂

开裂是沥青路面常见的破坏类型,开裂的种类及产生的原因有几种。这里讲的开裂是路面在正常使用情况下,由行车荷载的多次反复作用引起的路面由下而上(Down to Top)的裂缝。疲劳开裂的特点是路面无显著的永久变形,开裂开始大都是形成细而短的横向开裂,继而逐渐扩展成网状,开裂的宽度和范围不断扩大。产生疲劳开裂的原因主要是沥青结构层受车轮荷载的反复弯曲作用,使沥青结构层底面产生的拉应变(或拉应力)值超过材料的疲劳强度(它较一次荷载作用的极限值小很多)。沥青路面疲劳开裂一般底面先开裂,并逐渐向表面发展。经水硬性结合料稳定而形成的整体性基层也会产生出疲劳开裂,甚至导致面层破坏。在水平荷载和环境因素综合作用下,路面还有一种典型的疲劳开裂是由上至下(Down to Top)的开裂,一般仅在沥青路面表面 3~5cm 出现开裂,主要原因是重载作用和表面层抗疲劳能力差。

结构层达到疲劳破坏时所承受的荷载重复次数称为疲劳寿命,出现疲劳破坏所对应的应力(应变)称为疲劳强度或疲劳应变。路面结构层疲劳寿命的大小主要取决于材料本身、所受到的重复应变(或应力)大小、路面的环境因素等。通过室内试验和对现场路段的观测,可以建立路面或结构层材料承受重复荷载次数与重复应变(或应力)大小之间的关系,即疲劳方程或疲劳曲线。路面结构设计时可根据路面的设计使用年限求得累计荷载作用次数,由疲劳方程确定路面结构层所容许的重复应变(或应力)的大小。

以疲劳开裂作为设计标准时,用结构层底面的拉应变或拉应力不超过相应的容许值控制设计,即:

$$\varepsilon_r \leqslant \varepsilon_R \tag{7-32}$$

或

$$\sigma_r \leqslant \sigma_R \tag{7-33}$$

式中:ε_r、σ_r——按弹性层状体系理论计算的结构层底面的最大拉应变和拉应力;

ε_R、σ_R——由疲劳方程确定的该结构层容许拉应变和容许拉应力。

2. 车辙

车辙是路面的结构层及土基在行车重复荷载作用下的补充压实,以及结构层材料的侧向位移产生的累积永久变形。这种变形出现在行车轮迹处,即形成路面的纵向带状凹陷。车辙是沥青路面的主要破坏形式。因为这类路面的使用寿命较长,即使每一次行车荷载作用产生的残余变形量很小,而多次重复作用累积起来的残余变形总和也将会较大,足以影响车辆的正常行驶。

路面的车辙同路面温度、荷载应力大小、重复作用次数以及结构层和路基土的性质有关。

国外已提出了表征上述关系的经验公式和设计指标,有代表性的控制车辙深度的指标有两种:一种是路面各结构层包括土基的残余变形总和;另一种是路基表面的垂直变形。

对于第一种,可表示为:

$$L_{RD} \leqslant [L_{RD}] \tag{7-34}$$

式中:L_{RD}——路面的计算总残余变形,可由各结构层残余变形经验公式确定(各层应力由弹性层状体系理论计算);

$[L_{RD}]$——容许总残余变形,由使用要求确定。

对于第二种,路基表面的垂直应变标准,可表示为:

$$\varepsilon_0 \leqslant [\varepsilon_0] \tag{7-35}$$

式中:ε_0——路基表面的垂直应变,可由弹性层状体系理论求得;

$[\varepsilon_0]$——路基表面容许垂直应变,可由路基残余变形和荷载应力、应力重复次数及路基土弹性模量之间的经验关系确定。

3. 低温缩裂

路面结构中某些整体性结构层在低温(通常为负温度)时由于材料收缩受限制而产生较大的拉应力,当它超过材料相应条件下的抗拉强度时便产生开裂。由于路面的纵向尺度远大于横向,低温收缩时侧向约束不大,故这种开裂一般为横向间隔性的裂缝,严重时才发展为纵向裂缝。在冰冻地区,沥青面层和用无机结合料稳定的整体性基层,冬季可能出现这种开裂。

低温缩裂是一项同荷载因素无关的设计指标,即低温时结构层材料因收缩受约束而产生的温度应力 σ_T 应不大于该温度时材料的容许拉应力 σ_{TR},即:

$$\sigma_T \leqslant \sigma_{TR} \tag{7-36}$$

4. 推移

当沥青路面受到较大的车轮水平荷载作用时(例如经常启动或制动路段及弯道、坡度变化处等),路面表面可能出现推移和拥起。造成这种破坏的原因是,车轮荷载引起的垂直力和水平力的综合作用,使结构层内产生的剪应力超过材料的抗剪强度。同时也与行驶车轮的冲击、振动有关。

为防止沥青面层表面产生推移和拥起,可用面层抗剪强度标准控制设计。也就是在车轮的垂直力和水平力的共同作用下,面层中可能产生的最大剪应力 τ_{max}(由弹性层状体系理论计算的各应力分量求得),应不超过材料的容许剪应力 τ_R,即:

$$\tau_{max} \leqslant \tau_R \tag{7-37}$$

这项设计标准通常用于停车站、交叉口等车辆频繁制动地段及紧急制动路段高温情况下的沥青路面设计。对于同沥青混合料的黏聚力和内摩阻角有关的容许剪应力 τ_R,其取值应考虑路面的温度状况。

5. 坑槽

产生原因有:沥青层之间黏结差,导致层间不连续而出现过大拉应力(应变);面层龟裂松散又未及时养护(尤其当材料的含水率较多时);覆盖罩面的沥青混合料质量不好或温度太低;面层沥青老化;管道沟回填不实处理不当。

6. 其他病害

如表面光滑、松散、脱皮、露骨、啃边、平整度降低等。

二、沥青路面结构设计指标与标准

为了避免沥青路面的疲劳开裂、车辙、推挤与拥包及低温开裂,路面设计时采用相应的标准,以保证在设计使用期内路面极限标准满足设计的要求。

1. 疲劳开裂

对沥青混合料疲劳性能已经进行了大量研究的主要有英国诺丁汉大学、加利福尼亚大学、英荷壳牌石油公司、美国俄亥俄州大学等。

英国诺丁汉大学从事沥青混合料疲劳方面研究的主要是 P. S. Pell 和 S. F. Brown。前者主要从事室内疲劳试验,而后者主要研究在路面结构分析中如何应用 Pell 的成果。Pell 从20世纪50年代末期就开始进行沥青混合料疲劳特性的研究,也进行了上千次疲劳试验,涉及的混合料达50多种,最后得出了英国设计规范所用的疲劳方程:

对于密级配沥青碎石(100Pen):

$$\lg N_f = -9.38 - 4.16\lg\varepsilon \tag{7-38}$$

对于热碾沥青混凝土:

$$\lg N_f = -9.78 - 4.32\lg\varepsilon \tag{7-39}$$

式中:N_f——道路的使用寿命(以标准轴次计);

ε——标准轴载作用下,沥青层底面的水平拉应变。

英国诺丁汉大学还建立了拉应变、疲劳荷载作用次数、沥青含量和软化点的关系:

$$\lg\varepsilon_t = \frac{14.39\lg V_B + 24.2 T_{RB} - 40.7 - \lg N}{5.31\lg V_B + 8.63\lg T_{RB} - 15.8} \tag{7-40}$$

式中:ε_t——允许拉应变;

N——荷载作用次数;

V_B——沥青体积百分比;

T_{RB}——环球法沥青软化点。

美国加利福尼亚大学伯克利分校所从事的沥青混合料疲劳研究主要在 C. L. Monismith 领导下进行。他们所从事的弯曲疲劳试验的加载方式包括控制应力和控制应变两种,但主要研究工作集中于后者。他们所做的研究工作与诺丁汉大学不同之处在于前者除了进行大量的室内研究外,还通过室外足尺试验对室内疲劳规律进行了验证。大量的研究结果最后以下列疲劳方程反映在美国沥青协会的路面设计方法中:

$$N_f = 0.2659 \times c \times (4.325 \times 10^{-3} \times \varepsilon_\theta^{-3.291} S_m^{-0.854}) \tag{7-41}$$

式中:$c = 10^m, m = 4.84[V_b/(V_a + V_b) - 0.6875]$;

ε_θ——弯拉应变;

S_m——沥青混合料劲度模量或复数模量(MPa);

V_b——沥青含量;

V_a——孔隙率。

俄亥俄州大学在沥青混合料疲劳性能研究中,应用了断裂力学的概念,从裂纹的扩展规律出发来研究疲劳性能。由于这种方法是将应力状态的改变作为开裂、几何尺寸及边界条件、材料特性及其统计变异性的结果来考虑,并对裂缝的扩展和材料中疲劳时应力重分布所引起的作用进行分析,因此,它有助于人们了解破坏的形式和发展机理。应用断裂力学方法的疲劳寿命被定义为在一定的应力状态下,材料的损坏按照裂缝扩展定律,从初始状态增长到危险和临界状态的时间。根据目前已有的疲劳裂缝扩展规律公式进行比较的结果,较为普遍的倾向是认为 P. C. Paris 的裂缝扩展公式最适合于沥青混合料的情况。根据 P. C. Paris 的理论,裂缝扩展规律公式为:

$$\frac{dc}{dN} = AK^m \tag{7-42}$$

式中:c——裂缝长度;
N——荷载作用次数;
A、m——材料常数;
K——应力强度因子,与荷载、试件几何尺寸和边界条件有关的常数。

近年来,加州大学伯克利分校及其他研究人员,通过试验研究还提出一种新的疲劳响应模型,即能耗疲劳方程,用能量法来研究沥青混合料的疲劳特性。这一方法的主要特点是疲劳试验中的总能耗和循环荷载的重复作用次数之间存在着某一特定关系。SHRP 在压实沥青混合料重复弯曲疲劳寿命测定的标准试验方法(SHRP-M-009)中还给出累积消散能及消散能累积到破坏时的计算方法。但是正如 C. L. Monismith 等人在"沥青混合料疲劳反应综述"SHRP-A-312 一文中所指出的:至今为止,仅在弯曲疲劳试验上考虑使用消散能理论,尚需进一步研究它能否用于其他类型疲劳试验和沥青路面疲劳设计中。

国内在这方面也做了大量的研究工作。主要有华南理工大学、东南大学、同济大学、哈尔滨工业大学等,提出了控制应力的沥青混合料的疲劳方程:

$$\sigma_R = \frac{\sigma_{SP}}{K_s} \tag{7-43}$$

式中:K_s——结构系数,对沥青混凝土 $K_s = \frac{0.09 A_a N_e^{0.22}}{A_c}$;

A_a——沥青混凝土级配类型系数,细、中粒式为 1.0,粗粒式为 1.1。
东南大学提出了不同种类沥青混合料的疲劳方程:
AC-16 型沥青混合料疲劳寿命预估方程为:

$$N_f = 361.66 \left(\frac{1}{\varepsilon}\right)^{3.9738} \tag{7-44}$$

AC-20 型沥青混合料疲劳寿命预估方程为:

$$N_f = 132.62 \left(\frac{1}{\varepsilon}\right)^{2.8838} \tag{7-45}$$

AC-25 型沥青混合料疲劳寿命预估方程为:

$$N_f = 31.82 \left(\frac{1}{\varepsilon}\right)^{2.8761} \tag{7-46}$$

沥青稳定 1 号型沥青混合料疲劳寿命预估方程为:

$$N_{\mathrm{f}} = 18.59 \left(\frac{1}{\varepsilon}\right)^{3.0471} \tag{7-47}$$

沥青稳定 2 号型沥青混合料疲劳寿命预估方程为：

$$N_{\mathrm{f}} = 12.49 \left(\frac{1}{\varepsilon}\right)^{3.0055} \tag{7-48}$$

2. 车辙

现场养护统计数据表明:沥青路面养护维修车辙达 80% 以上,因裂缝而维修保养的里程只占约 20%。从调查结果中可以看出:永久变形(车辙)是长期困扰热拌沥青混合料路面(HMA)的问题。

1979 年美国联邦公路总署 FHWA 根据车辙发生的程度将其分成 4 个等级,见表 7-23。

FHWA 沥青路面车辙等级   表 7-23

等　　级	车辙深度(mm)
引起水漂(路面雨天高速飞行)的程度轻微	5～6
小	6～13
中	13～25
大	25 以上

众多的研究者认为应该以雨天产生水漂,即汽车在水面上高速飞行失去控制为制定车辙深度的标准。Barksdale 指出路面横坡 2%,车辙深度 13mm 时,80km/h 车速会产生水漂。英国则认为标准横坡 2.5%,车辙深度 13mm 将会引起水漂或者使抗滑性能下降,所以应该从行车安全及路面构造两方面来确定车辙的容许标准。Lister 提出用 1.8m 直尺测量的车辙深度达到 19～20mm 作为路面破坏的标准,而车辙深度 10mm 对路面构造是不产生影响的。Vertraeten 则认为为了保证行车安全,车辙坡度(车辙量与发生车辙的宽度的一半之比值)不得超过 2%。

许多国家都根据本国的气候、交通等具体情况,提出了各自的容许车辙深度,作为路面维修养护的极限标准。一些国家的标准见表 7-24。由于各国对车辙深度的测量方法不同,评价等级、养护维修的目标值也不相同。SHRP 在研究永久变形预测时提出的极限条件是车辙深度为 12.5mm。

不同设计方法沥青路面车辙等级   表 7-24

标准制定者	道　路　等　级		容许车辙深度(mm)
美国地沥青协会(AI)	—		13
英国	—		20
壳牌石油公司(shell)	高速公路		10
	一般道路		30
比利时	干线公路		12
	次级道路		18
中国	无机结合料类基层	高速、一级公路	15
		二级、三级公路	20
	柔性基层(级配碎石、沥青稳定粒料)	高速、一级公路	10
		二级、三级公路	15

我国规范中容许车辙深度要求见表7-24,《公路技术状况评定标准》(JTG 5210—2018)则采用路面车辙深度指数(RDI)计算路面使用性能指数(PQI)评价路面状况,其中深度以 > 15mm 及 10~15mm 作为重度和轻度车辙损坏程度的判断标准。

3. 低温缩裂

目前对低温开裂的判断主要是将低温开裂温度作为重要的指标,判断的标准仍然停留在比较单一的思路上,只是认为低温开裂就是因为低温使材料或结构内产生的温度应力超过了材料或结构的抗拉强度而导致开裂的破坏,所以一般对低温开裂的预估方法有直接法和间接法两种。

间接法是指采用式(7-49)所计算得到的温度应力与试验所得到材料的抗拉强度相比,如果计算的温度应力超过了抗拉强度,材料就要开裂,而图7-3中所画出的温度应力关系正是通过间接的估算获得。

直接法是将温度应力作为评价和对比指标,就是通过试验直接测得沥青混合料的低温开裂温度,并以此温度作为低温开裂的预估温度。使用在一定低温条件下时沥青混凝土试件的荷载-变形曲线,如弯曲挠度、直接拉伸、间接径向拉伸试验的应力-应变曲线,如图7-3所示,通过调整混合料在测试或者估计的热胀系数情况下的应力-应变(一定的加载速率和时间),给出温度应力的关系。对荷载-变形试验最基本的限制是在一定地区随温度的下降而保持一致的荷载速率。1973年汉斯提出要在一定的温度下估计模量值,因为这个温度值代表间断的温度间隔的中值,温度间隔有对应的荷载间隔,此处使用与这个时间间隔相一致的荷载时间。

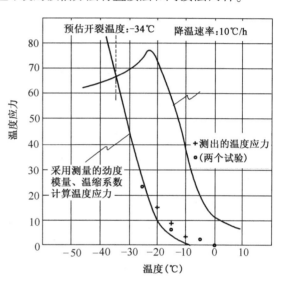

图7-3 预估沥青混凝土的断裂温度(1966年,西尔和布连姆)

1966年西尔和布连姆用下列公式进行了温度应力的概略计算:

$$\sigma(T_f) = \alpha(T) \sum_{T_0}^{T_f} S(t, T) \Delta T \tag{7-49}$$

式中:$\sigma(T_f)$——需要计算的温度应力值,是在一定降温速率的前提下产生的温度应力;

$\alpha(T)$——温度收缩系数,均匀的温度下降,一般取值为 $(2\sim2.5)\times10^{-5}/℃$;

T_0——初始温度;

T——中止温度;

$S(t,T)$——沥青混合料的劲度模量,取决于温度和时间的量,因此要考虑黏弹性材料物质的特性;

ΔT——与劲度模量下降对应的温度增加量。

三、沥青路面的早期破坏原因与分析

经过国内外几十年的高速公路建设实践,沥青路面普遍存在的技术和质量问题主要有两

方面:公路工程的耐久性和路面的早期破坏。一方面,现有道路的实际使用寿命为8~12年,有的甚至3~4年或交工验收至竣工验收期就出现严重的破坏,未达到15~20年的设计寿命。另一方面,随着交通量的迅速增长,车辆大型化和严重超载,使路面使用质量面临着严峻的考验。部分高速公路在开放交通1~2年就出现了坑槽、开裂、车辙、抗滑性能不足等早期破坏类型,严重影响道路使用性能,有的不得不进行修复,给高速公路建设造成严重的经济损失和社会影响。

沥青路面的早期破坏类型和原因,主要有以下几种:

(1)由于沥青路面压实不足、沥青混凝土层级配和材料选择不合理导致的早期破坏。

现有的沥青路面施工技术规范主要以压实度为质量评定的主要依据,若施工中压实控制不到位,会使现场孔隙率大于规定的要求,甚至达到10%~15%,使得路面实际孔隙率在产生水损害的范围内。再加上行车荷载的泵吸作用,加快沥青路面的水破坏。这种破坏类型主要有沥青路面的坑洞、冲刷、唧泥。

(2)高温车辙和变形问题。

在高温地区、大型车辆密集及超载严重路段,车辙已经成为沥青路面最严重的破坏形式。有些重载车辆接地压力高达0.8~1.2MPa,如果坡道长而陡,车行速度很慢,温度又高,将导致路面产生车辙(可达10~40mm,甚至更高)。

(3)由于路基压实不足引起的早期破坏。

由于道路是线形结构物,沿线的水文、地质变化十分复杂,特别是在软土地基区段,若地基处理不当,路面将产生早期使用功能破坏,主要包括:路基的不均匀沉陷导致路面产生局部沉陷、纵向裂缝;构造物使路基交界处产生差异沉降。

(4)高速公路表面功能,尤其是抗滑性能不足。

由于表面层级配设计、石料的抗滑性能不能满足现代高速公路的要求,高速公路表面功能下降,抗滑性能不足。驾乘人员对高速公路交通安全和舒适性要求很高。路面必须有最好的抗滑性,并在潮湿状态下没有水雾,没有眩光,噪声小。

四、对路面的要求

由上述分析可以看出,要使路面具有良好的使用性能、满足行车使用要求减少损坏,路面各结构层必须达到下列要求:

(1)强度和刚度。组成路面各结构层的材料和路基必须具有一定的强度和刚度,在行车荷载作用下不产生过大的应力和位移,从而防止出现开裂、坑槽、滑移、沉陷等破坏现象。

(2)稳定性。各结构层材料和路基必须具有一定的稳定性,能经受温度、水分、冰冻等各项自然因素的影响,高温时不出现车辙、推移,低温时不产生缩裂及其他破坏现象。

(3)平整性。路面的平整度不仅与各结构层材料和路基的强度、稳定性有关,还与施工质量和养护状况有关。路面不平整不仅影响行车速度和舒适程度,还会提前或加速路面的破坏。

(4)抗滑性。路面不仅要平整且要具有一定的粗糙度,以保证车辆在雨、雪天行驶时的安全。粗糙的表面可以通过改善面层或磨耗层材料的组成来达到。

第三节　AASHTO 沥青路面设计方法

美国各州公路与运输工作者协会 AASHTO 所推荐的设计法,是根据 20 世纪 50 年代末至 60 年代初在伊利诺伊州渥太华的大规模试验路成果得到的,AASHTO 设计委员会于 1961 年先提出暂行设计指南,现已有 1972 年修订、1986 年版、1993 年版和 2002 版。

一、AASHTO 试验路

AASHTO 通过直接修筑试验路,以实际行车作用下路况变化的实测资料为依据,弄清不同行车作用与路面实际工作状态间的关系,以实际行车的使用性能为标准,制定计算公式,提出路面设计方法。

主要进行的试验项目有:①路面结构组成;②路肩的作用;③基层的等值关系;④有关路面强度的季节性变化;⑤表面处治的作用。

为此,其结构组成原则是:①基层厚度不变而改变沥青面层和砂砾料底基层厚度,组成各种结构强度,以安排轻、重型车行驶;②面层和底基层厚度基本不变而改变不同材料的基层厚度,以了解不同基层厚度的等值关系。

试验路于 1962 年提出报告,其主要成果有:

(1)得出了路面服务性指数与路面工作状态间的关系,并根据不同道路等级对路面的使用状况要求,提出了路面设计标准。

(2)建立了路面设计方法的基本方程,提出了不同设计标准的路面厚度计算列线图和不同路面材料的结构层系数。

(3)导出了不同车型轴载与数量间等效关系的轴载换算公式。

二、耐久性指数与路面设计标准

道路是供车辆行驶的,因此使用要求应是主要标准。不同的道路等级由于行车速度的不同,要求的设计标准也应不同。为此,引用了在此之前已经由美国公路研究委员会(HRB)的卡雷(Carey)和伊利克(Irick)所开创的路面现有服务性指数 PSI 的成果。

现有路面服务性指数 PSI(Present Serviceability Index)是根据路面使用性能,对路面做出定量评价的方法。该法分两步:一是路面状况观测评级,这是一种定性的观测,它不去判断路面现有状况造成的原因,仅仅根据使用的要求对当时的路况给予评级,所以称为路面现有服务性评级 PSR(Present Serviceability Rating);二是路面质量评定,这是一种定量的评定,其目的是要确定路面结构的适宜程度,并判定产生该类路况的原因,因此要对路面做一定物理量的量测,把各路段物理量的测定结果与 PSR 相比较,通过统计分析,使两者结合,得出路面评价标准——路面服务性指数。因测定的是当时的状况,故称之为路面现有服务性指数 PSI。

1. 现有服务性评级 PSR 的确定方法

由包括从事道路建设或维修的工程人员、汽车运输工作者、车辆制造者、道路教育工作者代表组成的小组,驱车行驶在选定的路段上,按 5 分制进行评级。卡片中除分优、良、中、差、劣评级外,还要求提供你认为的影响因素和是否合格的评语,并以其平均值作为小组的 PSR 值,容许误差为 0.5 分,评级小组应有 8 人,一般小组人数以 5~10 人为宜。

2. 现有服务性指数 PSI 的确定方法

根据路面各种状况的物理量量测值,经过分析研究,提出以路面不平整度、裂缝与修补面积、车辙量三者作为对路面使用性能影响的主要因素。

使各路面状况测定的物理量——不平整度 F_1、裂缝及修补面积 F_2、车辙量 F_3 为一方,以 PSR 的评级为另一方,按以下公式进行回归统计。

$$\text{PSR} = A_0 + A_1(F_1)^{b_1} + A_2(F_2)^{b_2} + A_3(F_3)^{b_3} \tag{7-50}$$

式中:A_0、A_1、A_2、A_3,b_1、b_2、b_3——回归分析后得到的系数与指数。

经过大量结果的回归分析,消除了路面评级 PSR 中的人为主观因素,得出比较客观的评价。因此经过回归分析后的结果已不是原来的现有服务性评级 PSR,为了有所区别,称之为现有服务性指数 PSI。

$$\text{PSI} = 5.03 - 1.91\lg(1 + SV) - 0.032\sqrt{c+f} - 0.21\overline{RD}^2 \tag{7-51}$$

式中:c、f——裂缝率和修补率(%);

RD——车辙深度(cm);

SV——斜率方差,用斜率纵断面仪测定不平整度,测得每个 f_{t_1} 两点间的高差,以高差除以距离,即为斜率,斜率标准差的平方即为斜率方差(‰)。

$\sqrt{c+f}$ 与 PSI 的关系如图 7-4 所示,车辙深度与 PSI 的关系如图 7-5 所示。

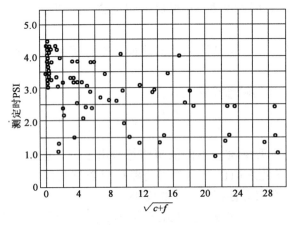

图 7-4 $\sqrt{c+f}$ 与 PSI 的关系

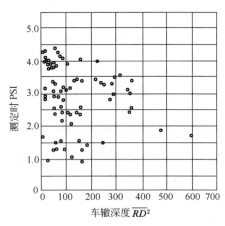

图 7-5 车辙深度与 PSI 的关系

3. 不同道路等级设计标准的确定

道路在使用过程中,路面的服务性指数逐步下降,究竟 PSI 降到何值路面还可以满足要求并属于合格的标准,降到何值应进行维修,降到何值为损坏,应予翻修,这是首先应确定的。对此各家见解也不尽一致,最后综合各家的意见,得出以下的统一标准:

对主要公路,例如州际公路 PSI≥2.5;对次要道路,例如一般公路,PSI≥2.0 时,属于合格的路面,可以正常行车;当 PSI≤1.5 时作为损坏标准,应予翻修;在这两者之间应及时维修或罩面。

为此,AASHTO 设计法规定以 20 年为设计年限,在设计期间经过车辆行驶后,以最终服务性指数 PSI = 2.5 作为主要公路的设计标准,PSI = 2.0 作为次要公路的设计标准。

三、AASHTO 试验路基本方程

在 AASHTO 道路试验过程中,在试验路完工和经过行车试验的各个阶段,把测定的物理量按式(7-51)计算 PSI 值,发现 PSI 值随行车的作用次数而逐渐下降。

根据试验路的大量资料,把各路段的各个路面结构所经受 18KIP(80kN)当量荷载作用次数 N 与 PSI 的损失值的关系进行整理,得到以下公式:

$$\frac{C_0 - p_t}{C_0 - 1.5} = \left(\frac{N}{\rho}\right)^\beta \tag{7-52}$$

式中:C_0——试验路完工时的路面服务性指数,该试验路测得的平均值为4.2;
p_t——经过车辆行驶 N 次后,达到的最终服务性指数 PSI;
ρ——该路段最终服务性指数降至1.5,即路面达到损坏标准时轴载的作用次数;
β——斜率;
N——80kN(18KIP)当量单轴荷载累计作用次数。

该公式表示,服务性指数损失值的比值与荷载作用次数的比值呈双对数的直线关系,即:

$$G = \lg\left(\frac{C_0 - p_t}{C_0 - 1.5}\right) = \beta(\lg N - \lg\rho) \tag{7-53}$$

这就是 AASHTO 试验路的基本方程。

G 为任何阶段服务性指数的损失($C_0 - p_t$)与服务性指数达到损坏标准即 $p_t = 1.5$ 时的总损失($C_0 - 1.5$)之比的对数值。如 $C_0 = 4.2$,则设计标准 $p_t = 2.5$、2.0、1.5 时,G 值分别为 -0.2009、-0.0889、0。

β 为双对数直线的斜率,它表明服务性指数损失的性质,与路面结构的强弱,荷载的轻、重有关,结构强或荷载轻则损失得慢,β 值小;反之,服务性指数损失得快,β 值大。

根据试验路资料,当 N 与 ρ 以加权轴数表示时,β、ρ 与路面结构数 SN、荷载变量 L 有一定关系,则

$$\lg N = 9.36\lg(SN+1) + 5.93 - 4.78\lg(L+L_0) + 4.33\lg L_0 + \frac{G}{0.4 + \dfrac{0.081(L+L_0)^{3.23}}{(SN+1)^{5.19}L_0^{3.23}}} \tag{7-54}$$

式中:L——单轴荷载或一组双轴荷载,以千磅计;
L_0——轴数,单后轴为1,双后轴为2;
SN——路面结构层强弱的代表数,称为路面结构数(Structural Number),为各层结构层系数与厚度的乘积和。

由此公式,利用 p_t 求得 G 值,即可求得 N 与 SN 的对应关系。

四、AASHTO 1993 经验设计法

AASHTO 1993 经验设计法是指 AASHTO 设计委员会根据 AASHTO 道路试验的基本方程,以 80kN(18klbf)为标准轴载,引用轴载换算公式后于1993年制定的路面设计指南。这样可以把不同轴载换算为标准轴载使设计工作简化,该法进一步考虑不同土基的支承值 s 与地区修正系数 R,以扩大应用范围。下面介绍 AASHTO 1993 经验设计法的主要内容。

1. 设计方程

AASHTO 1993 沥青路面设计考虑的因素主要有路面使用性能、交通组成和交通量、路基土模量、路面结构层材料、环境、排水、可靠度、全寿命费用和路肩设计等。给出的设计方程如下：

$$\lg N = Z_R \times S_0 + 9.36\lg(SN+1) + \frac{\lg\frac{\Delta PSI}{4.2-1.5}}{0.4+\frac{1094}{(SN+1)^{5.19}}} + 2.32\lg(M_R) - 8.27 \quad (7\text{-}55)$$

式中：Z_R——标准偏差，给定可靠度 R 的正态分布系数，如 95% 时一般取 -1.645；

S_0——交通量与性能预测的综合偏差；

ΔPSI——路面使用性能初始值 p_0 和最终值 p_t 之差，$\Delta PSI = p_0 - p_t$；

M_R——路基土回弹模量（$PSI = 6894.76Pa$）；

SN——路面结构数（Structural Number），$SN = \sum a_i D_i m_i = a_1 D_1 + a_2 D_2 m_2 + a_3 D_3 m_3$，其中 a_i 为结构层系数，D_i 为结构层厚度（$inch = 2.54cm$），m_i 为结构层排水系数。

2. 结构层系数 a_i

通过试验，AASHTO 给出了密级配沥青混合料回弹模量（20℃）与结构数之间的关系（图 7-6）。回弹模量采用 ASTM D4123（Indirect tension for resilient modulus of bituminous mixtures）重复加载劈裂模量试验得到。结构数 a_1 和结构层模量 E_1（PSI）之间的关系见式（7-56）。

$$a_1 = 0.3941\lg E_1 - 1.7877 \quad (7\text{-}56)$$

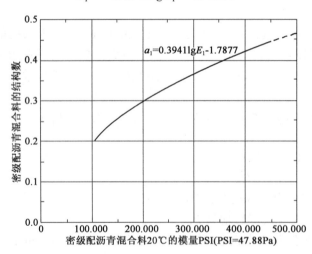

图 7-6 密级配沥青混合料结构数 SN 与回弹模量（PSI）之间的关系

如果密级配沥青混合料的模量为 2760MPa，将其转化为 psi 单位，再代入式（7-56），则 $a_1 = 0.42$；对沥青稳定基层 ATB，如果模量为 2190MPa，也将其转化为 psi 单位，再代入，则 $a_1 = 0.38$。按照动态模量取值，假定为 8000~12000MPa，那么 $a_1 = 0.60 \sim 0.67$。通过对比分析，AASHTO 给出的结构数与模量之间仅适合于采用 ASTM D4123 方法测定的模量值。

通过试验，AASHTO 给出了级配碎石用作基层时，级配碎石 CBR 值、R 值、三轴试验强度、三轴试验回弹模量与结构数之间的关系（图 7-7）。回弹模量采用 AASHTO T274（Standard Method of Test for Resilient Modulus of Subgrade Soils）试验得到。结构数 a_2 和结构层模量 E_2

（psi）之间的关系见式(7-57)。

$$a_2 = 0.249 \lg E_2 - 0.977 \tag{7-57}$$

如果级配碎石基层的模量是 206.84MPa(30000psi)，对应的 CBR = 100%，R 值 = 85%，那么 a_2 = 0.14。如果级配碎石的模量增加到 400~500MPa，将其转化为 psi 单位，a_2 = 0.209~0.233。

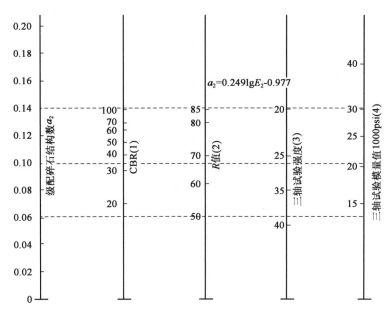

图 7-7　级配碎石基层结构数 SN 与 CBR、回弹模量(psi)之间的关系

同时，通过试验，AASHTO 给出了级配碎石用作底基层时其 CBR 值、R 值、三轴试验强度、三轴试验回弹模量与结构数之间的关系（图 7-8）。结构数 a_3 和结构层模量 E_3(psi) 之间的关系见式(7-58)。

$$a_3 = 0.227 \lg E_3 - 0.839 \tag{7-58}$$

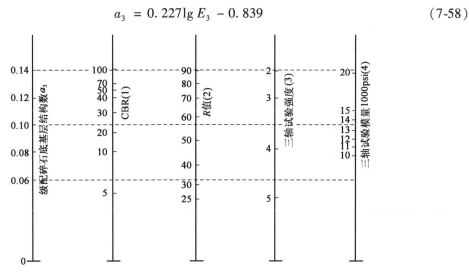

图 7-8　级配碎石底基层结构数 SN 与 CBR、回弹模量(psi)之间的关系

如果级配砾料底基层的模量是 103.45MPa(15000psi)，对应的 CBR=30%，R 值=60%，那么 $a_3=0.11$。

水泥稳定粒料的结构数和无侧限抗压强度及模量的关系如图 7-9 所示，沥青稳定粒料的结构数和无侧限抗压强度及模量的关系如图 7-10 所示。

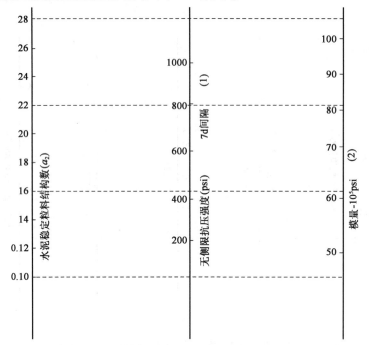

图 7-9　水泥稳定碎石基层结构数 SN 与无侧限抗压强度、回弹模量(psi)之间的关系

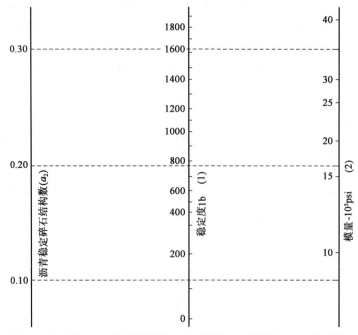

图 7-10　沥青稳定碎石基层结构数 SN 与稳定度、回弹模量(psi)之间的关系

由于级配碎石模量 $E_2(\mathrm{psi})$ 是其应力状态的函数,其关系见式(7-59)。

$$E_2 = k_1 \theta^{k_2} \qquad (7\text{-}59)$$

式中：k_1、k_2——回归系数,$k_1 = 3000 \sim 8000$,$k_2 = 0.5 \sim 0.7$,取值见表 7-25。对级配砾石底基层 $k_1 = 1500 \sim 6000$,$k_2 = 0.4 \sim 0.6$；

θ——主应力之和,$\theta = \sigma_1 + \sigma_2 + \sigma_3$,取值与应力状态和沥青覆盖层厚度有关,具体见表 7-26。

k_1 和 k_2 系数取值范围　　　　　表 7-25

潮湿状态	k_1	k_2
(a)基层		
干燥	6000 ~ 10000	0.5 ~ 0.7
中湿	4000 ~ 6000	0.5 ~ 0.7
潮湿	2000 ~ 4000	0.5 ~ 0.7
(b)底基层		
干燥	6000 ~ 8000	0.4 ~ 0.6
中湿	4000 ~ 6000	0.4 ~ 0.6
潮湿	1500 ~ 4000	0.4 ~ 0.6

不同应力状态和沥青层厚度的级配砾石模量取值　　　　　表 7-26

潮湿状态	基本关系	应力状态对应的模量(psi)		
		$\theta = 5$ $h > 10\mathrm{cm}$	$\theta = 7.5$ $h = 5 \sim 10\mathrm{cm}$	$\theta = 10$ $h < 5\mathrm{cm}$
中湿	$M_R = 5400\theta^{0.6}$	14183	18090	21497
潮湿	$M_R = 4600\theta^{0.6}$	12082	15410	18312

注：h = 沥青层厚度。

3. 结构层排水系数 m_i

AASHTO 给出的路面排水等级见表 7-27。排水等级与修正系数 m 见表 7-28。

路面排水等级　　　　　表 7-27

排水等级	排水时间	排水等级	排水时间
极好	2h	差	1月
好	1d	极差	不能排水
一般	1周		

路面排水等级与修正系数 m　　　　　表 7-28

排水等级	含水率与最佳饱和度的差			
	小于1%	1% ~ 5%	5% ~ 25%	大于25%
极好	1.40 ~ 1.35	1.35 ~ 1.30	1.30 ~ 1.20	1.20
好	1.35 ~ 1.25	1.25 ~ 1.15	1.15 ~ 1.00	1.00
一般	1.25 ~ 1.15	1.15 ~ 1.05	1.00 ~ 0.80	0.80
差	1.15 ~ 1.05	1.05 ~ 0.80	0.80 ~ 0.60	0.60
极差	1.05 ~ 0.95	0.95 ~ 0.75	0.75 ~ 0.40	0.40

4. 设计流程

1）确定路面结构数 SN

沥青路面结构数确定的基本流程如下,确定累计标准轴载 N、确定可靠度、确定交通量综合偏差、确定路基顶面综合模量 M_R、确定服务性指数差 ΔPSI,由此通过图 7-11 得到对应的结构数 $SN=5$,也可以将这些参数代入式(7-55)计算得到 SN。

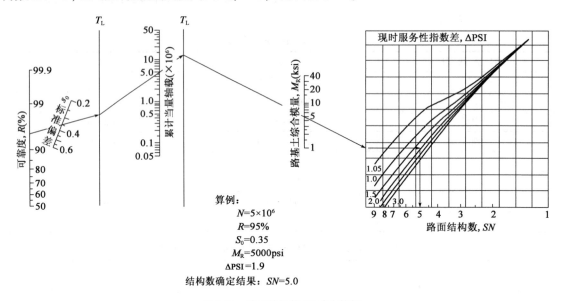

算例:
$N = 5 \times 10^6$
$R = 95\%$
$S_0 = 0.35$
$M_R = 5000\text{psi}$
$\Delta PSI = 1.9$
结构数确定结果:$SN = 5.0$

图 7-11 路面结构数 SN 确定算例

2）考虑施工要素

实践表明,沥青路面结构使用寿命不仅取决于结构厚度(结构数),而且与结构组合和施工工艺有关,因为路面施工可靠度与工序有关。如果每一道工序的可靠度是 90%,那么路面施工的最终可靠度为 $0.9^3 = 72.9\%$;相反,如果要求的最终可靠度是 95%,那么每一道工序的可靠度为 $0.95^{1/3} = 98.3\%$,因此,路面设计需要考虑施工工序对路面结构最终可靠度的影响。

3）考虑路基土的冻胀作用

路面设计时可以先假定一个 SN,然后验算路面结构在预定的 18kip(80kN)当量累计轴载作用下的考虑路基冻胀的设计年限,表 7-29 给出了具体计算结果,计算时假定初始 $SN=4.4$。

路 基 冻 胀 修 正　　　　　　　　表 7-29

初始服务性指数 PSI ___4.4___
预计的最大使用年限(年) ___15___
设计的现时服务性指数差,$\Delta PSI = p_o - p_t =$ ___4.4 - 2.5 = 1.9___

(1)设计循环次数	(2)预设性能周期(年)	(3)考虑路基冻胀的服务性指数损失 $\Delta PSI_{SW,FH}$	(4)考虑交通荷载的服务性指数损失 ΔPSI_{TR}	(5)容许的当量累计荷载(18-kip ESAL)	(6)设计的性能周期(年)
1	13.0	0.73	1.17	2.0×10^6	6.3
2	9.7	0.63	1.27	2.3×10^6	7.2
3	8.5	0.56	1.34	2.6×10^6	8.2

4）确定路面结构每一层的厚度

前面已经通过 18kip 累计荷载作用确定了路面结构数 SN，而路面结构数是各层结构数之和，这时需要考虑经济要素、施工要素、材料供应。同时必须要考虑沥青层的最小厚度，表7-30给出了不同累计荷载作用的沥青层和粒料基层的最小厚度。同时，结构层厚度计算如图7-12所示。

沥青层和粒料基层的最小厚度　　　　　　　　　　　　　　　　表7-30

累计荷载作用次数	沥青层厚度(in)	粒料层厚度(in)
小于 50000	1.0	4
50001～150000	2.0	4
150001～500000	2.5	4
500001～2000000	3.0	6
2000001～7000000	3.5	6
大于 7000000	4.0	6

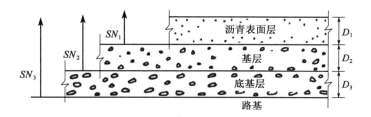

$D^*_1 \geq \dfrac{SN_1}{a_1}$　（根据结构层1的材料假定其结构数 SN_1）　计算第一层的实际厚度

$SN^*_1 = a_1 D^*_1 \geq SN_1$　计算第一层的实际结构数

$D^*_2 \geq \dfrac{SN_2 - SN^*_1}{a_2 m_2}$　计算第二层的实际厚度

$SN^*_1 + SN^*_2 \geq SN_2$　结构数验算

$D^*_3 \geq \dfrac{SN_3 - (SN^*_1 + SN^*_2)}{a_3 m_3}$　计算第三层的实际厚度

图 7-12　路面各层结构数计算

5．主要成就

（1）首次将服务性指数引进路面设计方法，而且提出了不同道路等级应有不同的设计标准，使路面设计与使用要求形成密切的关系。

（2）建立了不同轴载间的等效关系，使轴载轻重与交通量多少对路面的作用建立了合理的关系，解决了过去设计方法中一直未能解决的交通荷载问题，特别是单后轴间的轴载换算关系也被许多国家的设计法所采用。

（3）提出了路面结构数 SN 与加权轴载通过次数 N 之间关系的基本方程，此结果是 AASHTO 方法的精华。

（4）初步确定了不同路面层材料的结构数，还引进了地区系数的概念，给以后的设计方法提供了有益的启发。

6. 存在问题

（1）土基支承值 s。

AASHTO 试验路的报告全部是建立在当地 1 种类型土基上的分析结果，把它用到路面设计时，土基支承值 s 却没有测定的方法，这样，作为试验路基础的土基条件究竟代表的是什么强度都不清楚，进而推论至其他土基状况更难使人信服。

因此，AASHTO 设计法 1986 年版已决定放弃支承值而直接采用土基回弹模量值。

（2）路面各层材料的结构数问题。

AASHTO 试验路面层材料采用高稳定性的厂拌沥青混凝土，底基层用的是砂砾料，基层则用 4 种基本材料：碎石、砾石、水泥稳定砾石、沥青稳定砾石。经过研究提出了路面结构数 SN，后来 AASHTO 设计委员会又推广到其他材料，提出建议值。

路面各层材料的结构数反映各层材料的相对强度。因此，它首先决定于各层材料本身的材质、组成及施工工艺。显然结构数是不固定的，因此，1986 年版又对该法做了修订。

（3）服务性指数问题。

AASHTO 设计法主要依靠服务性指数 PSI 作为标准，但从 PSI 的公式可知，它主要反映不平整度的大小，其他两个物理量对其影响不大。裂缝与修补面积即使达到 100%，PSI 只损失 0.32，车辙量即使达到高速公路修缮标准的 10mm，PSI 才损失 0.21，达到一般道路修缮标准的 30mm 才损失 1.89。而 SN 只要为 2‰ 即损失 0.91，相当严格，与路上实际情况也有所差别。

（4）地区系数 R 难以确定，也给设计工作造成困难。

总之，AASHTO 试验路的大量资料使人们大大提高了认识，也给后来的理论分析方法提供了依据，其功绩是不可忽视的。尽管 AASHTO 设计法由于缺乏理论的指导，使其只能停留在经验法的范围内，但它也给各国其他经验法以深刻的影响，成为新的一代经验法的代表。

五、AASHTO—2002 力学经验-设计法（M-E 设计方法）

沥青路面的定义就是路面系统带有沥青混凝土面层，包括：

（1）传统沥青路面，薄 HMA 面层加粒料基层/底基层。

（2）高强度 HMA 路面，厚 HMA 面层加粒料基层/底基层。

（3）全厚式 HMA 路面，基层和面层都为 HMA。

（4）半刚性路面，HMA 面层加各种类型的稳定基层。

沥青路面的使用性能包括永久变形（车辙）、疲劳开裂（包括由下向上和由上向下发展两种模式）、温度开裂以及平整度（国际平整度指数 IRI），设计应满足这些性能标准，如果不满足，需要对设计进行调整直到满足所有标准，这样，从结构和功能的角度出发设计已经是合理的，但是还应对其使用寿命内的费用进行评估。

对于新建路面和改建路面，路面设计原理是基本相同的，但是对于改建路面，材料的回收利用值得关注，这点在规范中已经反映出来。

1. 沥青路面设计过程

设计的步骤如下：

（1）对场地条件做试验性设计——确定地基承载能力、沥青混凝土和其他路面材料、交通荷载、气候、路面类型以及修建类型（新建还是改建）。

(2) 建立设计期末路面使用性能的标准(包括车辙、疲劳开裂、温度开裂和 IRI)。

(3) 选择每个性能指数的可靠度水平。

(4) 根据设计需要对设计周期内交通输入的变化值及材料和气候输入的变化值进行处理。

(5) 基于轴型、荷载和破坏模型用弹性层状体理论或有限元分析计算这个设计周期内各时段的结构响应。

(6) 在每个分析周期末计算累积破坏情况。

(7) 在每个分析周期末用规范提供的力学-经验性能标定模型,预测主要破坏情况。

(8) 以初始 IRI、累积破坏情况及场地因素预测平整度(IRI)。

(9) 在给定可靠度水平的情况下评估试验性设计的结果。

(10) 如果试验性设计不满足性能标准的要求,调整设计然后重复 4~9 步,直到满足要求。

沥青路面设计流程如图 7-13 所示。

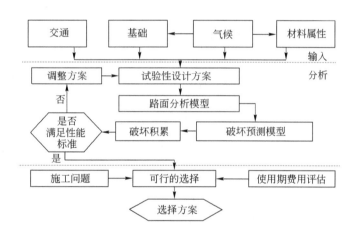

图 7-13 沥青路面设计流程

2. 设计输入参数

1) 试验性输入参数及场地条件

路面结构组合的种类如图 7-14 所示。一个合理的设计需要反复进行分析并调整试验性设计,直到满足所有性能标准。

在进行试验性设计之前,设计者必须准备好包括土基性质、交通状况、气候因素等输入参数,还有一些设计参数包括初始平整度、施工及竣工时间。

设计者应当在进行设计前获得尽可能多的数据,还应当做敏感性分析以确定对路面性能影响最主要的因素,设计也就有了依据。

2) 设计输入水平

水平 1——通过直接试验或测量获得的场地和材料性质,比如实验室获得的材料性质及现场调查的交通量。

水平 2——利用相关性建立确定需要的输入,比如利用经验相关性从 CBR 或 R 值试验获得的土基或粒料基层的回弹模量。

水平3——运用国家或地区默认值输入,比如用 AASHTO 土壤分类确定土的回弹模量,用道路类型和卡车分类来确定标准化轴重。

每个输入参数的水平选择可能都对项目设计、费用、可靠度有很大影响。敏感性分析可以确定哪个因素影响更大。

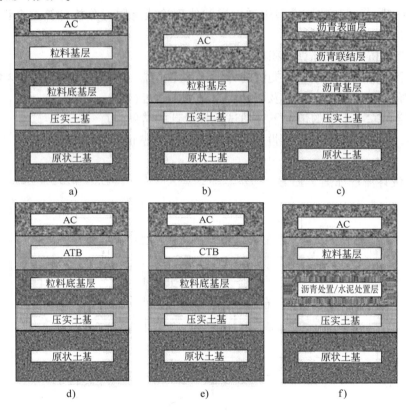

图 7-14　沥青路面各层组合示意图
a)传统柔性路面;b)高强度柔性路面;c)全厚式;d)ATB 半刚性路面;e)CTB 半刚性路面;f)倒装式路面

3)设计分析期的输入处理

原始设计输入需要经过处理获得每个分析周期的交通、材料和气候输入参数,包括各种轴载作用次数、沥青层温度、粒料层(基层、底基层、土基)的平均模量。季节性的输入处理在规范的软件中是自动的。

3. 新建沥青路面设计参数

1)参数信息

设计年限;基层/土基施工季节(对于气候模型此时对应 $t=0$,湿度状况处于最佳);HMA 层施工季节(对于材料老化模型和温度开裂模型此时对应 $t=0$);交通开放时间(对于增量破坏计算此时对应 $t=0$);路面类型(柔性)。

2)交通信息

交通信息是分析和设计路面结构的重要部分。沥青路面设计的标准交通选项是把实际荷载按单轴、双轴、三轴、四轴进行分类。沥青路面的交通第二选项是特殊轴型,此项功能使设计者可以预测不同轴型造成的破坏。

3)气候条件

环境情况对沥青路面的使用性能有很大影响。降雨量、气温、冻融循环、地下水位等因素对路面和土基的温度和湿度都有影响,从而影响到路面的性能。

沥青路面设计的有关天气信息包括:设计期每小时气温;设计期每小时降雨量;设计期每小时风速;设计期每小时的日照百分率;设计期每小时的周围湿度值;场地的季节性地下水位或常地下水位。

4)路面结构

路面结构的输入分为 3 类:排水、表面状况、各层属性。排水和表面状况信息包括:结构表面的短波吸收率、渗透性、路面横坡、排水通道的长度,第一个信息是材料的性质,另外三个是关于渗透性和排水性的。

各层属性信息包括:新建沥青路面结构一般由 4~6 层组成,但是设计程序却细化为 12~15 层以模拟温度和湿度的变化。设计程序能够分析的最大层数为 19 层,推荐最大层数为 10 层。结构层划分的原则应当满足:沥青路面的表面层都是沥青混凝土层;能够分析的最少的结构形式是全厚式沥青路面;在两个稳定层之间只能有一个无黏结粒料层;路面结构的最后两层必须是粒料层(为了满足这个条件,程序在分析全厚式沥青路面时自动将土基划分为两层)。

4. 沥青路面设计

路面响应模型的输出包括应力、应变和路面弯沉。临界路面响应变量包括:HMA 层底部/顶部的水平拉应变(HMA 疲劳开裂);HMA 层的竖向压应力/应变(HMA 的车辙);基层/底基层的竖向压应力/应变(粒料基层的车辙);土基顶部的竖向压应力/应变(土基车辙)。

1)永久变形

许多年来设计者都是通过限制土基的竖向应变来降低车辙水平。随着时间推移和技术的发展,人们认识到车辙是由路面各层的永久变形累加起来的。

计算公式为:

$$RD = \sum_{i=1}^{nsublayers} \varepsilon_{p_i} h_i \tag{7-60}$$

式中:RD——路面永久变形;

nsublayers——亚层数量;

ε_{p_i}——第 i 层的总塑性应变;

h_i——第 i 层的厚度。

对于每个荷载水平,季节和分析期上述过程都要重复。规范中只有沥青层和粒料层才考虑永久变形。

(1)沥青材料层的永久变形。

沥青路面中最主要的破坏类型之一就是沥青混合料的永久变形。规范中对沥青混合料的车辙的预测是结合了现场的标定分析和实验室重复荷载车辙试验得到的。实验室的模型为:

$$\frac{\varepsilon_{pi}}{\varepsilon_{ri}} = \alpha_1 T^{\alpha_2} N^{\alpha_3} \tag{7-61}$$

式中:ε_{pi}——i 亚层 N 次重复荷载作用的累积塑性应变(in);

ε_{ri}——i 亚层的回弹应变(in);

N——重复荷载作用次数;

T——温度(degF);

α_1——非线性回归系数;

α_2、α_3——回归系数。

当实验室的模型确定之后,现场标定参数需要考虑进来,最终模型修正为:

$$\frac{\varepsilon_{pi}}{\varepsilon_{ri}} = k_1 \times 10^{-3.511} T^{1.561} N^{0.479} \tag{7-62}$$

公式中引入了深度参数 k_1,该参数考虑沥青层总厚度 h_{ac}(in,1in=2.54cm)与计算点深度 depth(in),使得车辙深度的预测模型更加精确。这个参数通过 MnRoad 试验路的研究确定:

$$k_1 = (C_1 + C_2 \times depth) \times 0.328196^{depth} \tag{7-63}$$

$$C_1 = -0.1039 \times h_{ac}^2 + 2.4868 \times h_{ac} - 17.342$$

$$C_2 = 0.0172 \times h_{ac}^2 - 1.7331 \times h_{ac} + 27.428$$

式中:k_1——沥青层厚度和深度的函数,用来修正不同深度的围压。

沥青层的永久变形 RD_{AC}:

$$RD_{AC} = \sum_{i=1}^{n} (\varepsilon_{pi} \cdot h_i) \tag{7-64}$$

(2)无黏结粒料永久变形。

无黏结粒料永久变形最初的模型框架由 Tseng 和 Lytton 提出:

$$RD_{GB}(N) = \beta_1 \left(\frac{\varepsilon_0}{\varepsilon_r}\right) e^{-\left(\frac{\rho}{N}\right)^{\beta}} \varepsilon_v h \tag{7-65}$$

式中:RD_{GB}——各层(亚层)的永久变形(in);

N——重复荷载作用次数;

ε_0、β、ρ——材料属性参数;

ε_r——实验室试验中用到的回弹应变;

ε_v——由初始响应模型得到的各层(亚层)的平均竖向回弹应变;

h——各层(亚层)的厚度;

β_1——无黏结粒料和土基材料的标定参数。

在标定的过程中,为了得到最终的模型还需要进行很多次调整。β 和 ρ 需要进行简化:

$$\lg\beta = -0.61119 - 0.017638 W_c \tag{7-66}$$

$$\lg\left(\frac{\varepsilon_0}{\varepsilon_r}\right) = \frac{e^{(\rho)^{\beta}} \cdot a_1 E_r^{b_1} + e^{\left(\frac{\rho}{10^9}\right)^{\beta}} \cdot a_9 E_r^{b_9}}{2} \tag{7-67}$$

$$C_0 = \lg\left(\frac{a_1 E_r^{b_1}}{a_9 E_r^{b_9}}\right) \tag{7-68}$$

$$\rho = 10^9 \left[\frac{C_0}{1-(10^9)^{\beta}}\right]^{\frac{1}{\beta}} \tag{7-69}$$

$$w_c = 51.712 \left[\left(\frac{E_r}{2555}\right)^{\frac{1}{0.64}}\right]^{-0.3586 \times GWT^{0.1192}} \tag{7-70}$$

式中：w_c——含水率(%)；
E_r——各层(亚层)的回弹模量(psi)；
GWT——地下水水位(ft)；
a_1——0.15；
b_1——0；
a_9——20.0；
b_9——0。

粒料基层的最终标定模型为：

$$RD_{GB}(N) = \beta_{GB}\left(\frac{\varepsilon_0}{\varepsilon_r}\right)e^{-(\frac{\rho}{N})^\beta}\varepsilon_v h \tag{7-71}$$

β_{GB}一般取1.673。

(3)土基的永久变形。

土基最终标定模型为：

$$RD_{SG}(N) = \beta_{SG}\left(\frac{\varepsilon_0}{\varepsilon_r}\right)e^{-(\frac{\rho}{N})^\beta}\varepsilon_v h \tag{7-72}$$

β_{SG}一般取1.35。

(4)路面结构总的永久变形。

路面结构总的永久变形等于各层永久变形的叠加：

$$RD_{Total} = RD_{AC} + RD_{GB} + RD_{SG} \tag{7-73}$$

2)疲劳开裂

与荷载相关的疲劳开裂是沥青混凝土路面破坏的主要形式。重复荷载引起拉应力和剪应力，开裂首先出现在临界拉应变和拉应力发生处。临界拉应变和拉应力的位置取决于几个因素，最重要的是路面的刚度以及荷载的构成。需要注意的是，最大拉应变不一定就是临界值，因为临界拉应变反映了混合料的刚度，而混合料的刚度在整个路面结构中随深度而变化，这些变化将会影响临界值的位置。一旦临界位置出现开裂，裂缝就沿着整个路面层传递。

裂缝贯穿整个路面结构以后，水就会下渗至基层中，破坏路面的整体性，降低路面功能。此外，裂缝不一定总是从面层开始发展，也可能是基层首先产生开裂。

经过数十年的研究，人们普遍认为开裂是从沥青层底部开始向面层发展(由下向上发展)，但是最近一些研究表明，开裂也可以是从表面向下发展。

疲劳开裂的预测基于Miner的破坏积累法则。破坏指数用预测的交通荷载重复作用次数与允许的荷载重复作用次数之比来表示，见式(7-74)。

$$D = \sum_{i=1}^{T}\frac{n_i}{N_i} \tag{7-74}$$

式中：D——破坏指数；
T——周期总数；
n_i——第i周期内交通荷载作用次数；
N_i——第i周期内正常情况下允许的荷载作用次数。

(1)沥青混合料的疲劳开裂。

为了模拟沥青层的疲劳破坏，人们提出了很多模型，最常用的是以拉应变和混合料刚度

(模量)为函数的模型。临界位置可以发生在表面向下发展,也可以发生在沥青层底部向上发展。

预测疲劳开裂的最终模型:

$$N_f = 0.00432 k'_1 C \left(\frac{1}{\varepsilon_t}\right)^{3.9492} \left(\frac{1}{E}\right)^{1.281} \tag{7-75}$$

式中,k'_1与沥青层厚度有关。

从下至上的开裂:

$$k'_1 = \frac{1}{0.000398 + \frac{0.003602}{1 + e^{(11.02 - 3.49 \times h_{ac})}}} \tag{7-76}$$

从上至下的开裂:

$$k'_1 = \frac{1}{0.01 + \frac{12.00}{1 + e^{(15.676 - 2.8186 \times h_{ac})}}} \tag{7-77}$$

$$C = 10^M \tag{7-78}$$

$$M = 4.84 \left(\frac{V_b}{V_a + V_b} - 0.69\right) \tag{7-79}$$

上述式中:V_b——有效结合料的含量(%);

V_a——孔隙率(%);

h_{ac}——沥青层总厚度(in)。

(2)无机结合料稳定材料(CSM)的疲劳开裂。

在分析无机结合料稳定混合料的性质时需要考虑:CSM 层直接位于 HMA 层下,CSM 层的疲劳开裂将反射到 HMA 层直至表面;如果在 HMA 层和 CSM 层之间设置一个裂缝释放层,则可以大幅度减少反射裂缝的出现;土基的疲劳裂缝使 CSM 层的模量降低,进而增加 HMA 层的拉应变,使得 HMA 层的龟裂破坏加速。

CSM 层的破坏模型为:

$$\lg\text{CTB\_Damage} = \frac{0.972\beta_{c1} - \left(\frac{\sigma_t}{MR}\right)}{0.0825\beta_{c2}} \tag{7-80}$$

式中:$\lg\text{CTB\_Damage}$——CSM 层的疲劳开裂重复作用次数;

σ_t——最大荷载下引起的 CSM 层底部拉应力(psi);

MR——28d 破裂模量,即柔性强度(psi);

β_{c1}、β_{c2}——现场标定参数。

知道了初始 MR(CSM 柔性强度),实际的疲劳重复作用次数 N_f 就可以计算出来,进而可以得到每个分析周期的累积破坏:

$$D_i = \frac{n_i}{N_{fi}} \tag{7-81}$$

使用 CSM 基层/底基层的优点有:采用高劲度稳定材料可以降低 E_i/E_{i+1} 以减少 HMA 层底的拉应变,降低龟裂的发生率;另一个优点是降低了粒料基层,尤其是土基的永久变形。

CSM 最大的问题就是疲劳开裂,并会反射到 HMA 层,可以通过设置裂缝释放层来改善,需要注意的是必须做好排水处理,否则裂缝释放层将很快破坏。

此外,设计者还应当尽量保持 CSM 层的高劲度,这样能使 CSM 的拉应力和拉应变相应较小,还应使 CSM 层有足够的厚度。

(3)温度开裂(横向裂缝)。

横向裂缝的预测公式为:

$$C_f = \beta_1 N\left(\frac{\lg \frac{C}{h_{ac}}}{\sigma}\right) \quad (7-82)$$

式中:C_f——温度裂缝数量;

β_1——现场标定回归系数;

N——标准正态分布;

σ——裂缝深度对数标准差;

C——裂缝深度(in);

h_{ac}——沥青层厚度(in)。

温度开裂的预测影响因素包括:温度梯度、蠕变柔量、蠕变试验温度、抗拉强度、混合料矿料间隙率 VMA、集料的温度收缩系数、HMA 层厚、孔隙率、沥青饱和度 VFA、旋转薄膜烘箱试验的胶结料黏温曲线、77 ℉(25℃)针入度。

需要通过间接拉伸试验(IDT)获得混合料相关性质,三个不同温度的 IDT 试验可以得到混合料的黏弹性性质。对于水平 1 分析,需要的输入为三个不同温度的蠕变柔量值;对于水平 2 分析,需要的是 -10℃ 的蠕变柔量值;对于水平 3 分析,采用的是过去几年研究成果。

温度裂缝长度和裂缝数量的关系为:

$$C_f = \beta_1 P_R (\lg C > \lg h_{ac}) \quad (7-83)$$

式中:C_f——温度裂缝数量;

β_1——现场标定回归系数;

C——裂缝深度(in);

h_{ac}——沥青层厚度(in)。

裂缝数量的最大值假设为:500ft 路面长度裂缝数量为 400ft,即 C_{fmax} = 400ft/500ft。横向裂缝的间距为 15ft,模型的预测值不能超过最大值的一半。

(4)平整度模型(IRI)。

研究表明,车辙、车辙深度变化和疲劳开裂都对路面平整度有很大影响,其他一些破坏比如坑洞、网裂、纵向裂缝等都对平整度也有影响。

预测 IRI 的模型根据不同类型基层分为以下几种:

①粒料基层和底基层。

$$\text{IRI} = \text{IRI}_0 + 0.0463\left[SF(e^{\frac{age}{20}} - 1)\right] + 0.00119(TC_L)_T + 0.1934(COV_{RD}) + \\ 0.00384(FC)_T + 0.00736(BC)_T + 0.00115(LC_{SNWP})_{MH} \quad (7-84)$$

式中: IRI——任意给定时间的 IRI(m/km);

IRI_0——初始 IRI(m/km);

$e^{\frac{age}{20}} - 1$——寿命形式;

COV_{RD}——车辙深度变异系数(假设为20%);
$(TC_L)_T$——横向裂缝总长度(m/km);
$(FC)_T$——轮迹处的疲劳裂缝数量(占整个车道的百分比);
$(BC)_T$——网裂的面积(占整个车道的百分比);
$(LC_{SNWP})_{MH}$——轮迹外封闭纵向裂缝的长度(m/km)。

$$SF = \left[\frac{R_{SD}(P_{0.075}+1)PI}{2\times 10^4}\right] + \left[\frac{\ln(FI+1)(P_{0.02}+1)\ln(R_m+1)}{10}\right] \quad (7\text{-}85)$$

式中:R_{SD}——月降雨量标准差(mm);
$P_{0.075}$——0.075mm 筛通过率;
PI——土的塑性指数;
FI——年冰冻指数平均值(°C-day);
$P_{0.02}$——0.02mm 筛通过率;
R_m——平均年降雨量(mm)。

②沥青稳定基层。

$$\text{IRI} = \text{IRI}_0 + 0.0099947(\text{年}) + 0.0005183(FI) + 0.00235(FC)_T + 18.36\frac{1}{(TC_S)_H} + 0.9694(P)_H \quad (7\text{-}86)$$

式中:$(TC_S)_H$——高严重度的横向裂缝的平均间距(m);
$(P)_H$——高严重度的坑洞的面积(占整个车道面积的百分率)。

③无机结合料稳定基层。

$$\text{IRI} = \text{IRI}_0 + 0.00732(FC)_T + 0.07647(SD_{RD}) + 0.0001449(TC_L)_T + 0.00842(BC)_T + 0.0002115(LC_{NWP})_{MH} \quad (7\text{-}87)$$

$$SD_{RD} = 0.665 + 0.2126(RD) \quad (7\text{-}88)$$

式中:SD_{RD}——车辙深度标准差(mm);
RD——平均车辙深度(mm)。

第四节 CBR 设 计 法

一、CBR 试验法

CBR(California Bearing Ratio)全称加州承载比,为测定土基和粒料基层材料相对强度的室内试验法,是美国加利福尼亚州道路局于 1928~1929 年进行道路调查时最先采用的方法。CBR 标准压实筒内径 15.24cm(6in),高 17.78cm(7in),其中垫块高 6.147cm(2.416in),试样高 11.64cm(4.584in),其目的是保持试样体积为 2124cm³(3/40ft)。

制样时,如按轻型击实标准,则用锤重2.5kg(5.5lb)、落高30.5cm(12in),分三层击实,每层55击;如用重型击实标准,则用锤重4.55kg(10lb)、落高45.7cm(18in),分五层击实,每层55击;当最大粒径大于25mm且小于38mm时可分三层击实,每层92击。

试样经过浸水4d后进行试验,采用长度为19.35cm(3in)、直径为4.96cm(1.95in)的标准贯入柱,以1.27mm/min的速度贯入试样中心,每2.54mm(0.1in)的贯入量记录其加载数,直到12.7mm(0.5in)为止。将每一级的加载值与标准值对比,以百分率表示,即为CBR值。一般以2.54mm(0.1in)时的CBR值为准,但如贯入量为5.08mm(0.2in)时,CBR值较前者为大时,则取后者的CBR值为准。

标准值是采用高质量机轧碎石材料做以上的同样试验而得。由于碎石材料强度既不受湿度影响,也与温度、龄期无关,故被选作标准材料。经过大量试验,取其平均值作为标准值,列于表7-31,并规定其值为100%。所以,试样的CBR为:

$$CBR = \frac{试样加载强度}{标准加载强度} \times 100\%$$

标 准 值　　　　　　　　　　　　　　　表7-31

贯入量 l		加载强度 p		
mm	in	MPa	kgf/cm²	lbf/in²
2.52	0.1	7	70	1000
5.08	0.2	10.5	105	1500
7.62	0.3	13.3	133	1900
10.16	0.4	16.1	161	2300
12.70	0.5	18.2	182	2600

二、CBR设计曲线

1. CBR设计曲线的由来

美国加州道路局于1928～1929年进行道路破坏状况调查,认为路面的损坏主要原因是:①由于路面渗水而使路基土侧向移动;②基层承载力不均造成的不均匀下沉;③路基土与基层承载力不足而造成过大的变形。

O.J.波特等人认为这些都与土基和路面各层材料压实度和抗剪强度不足有关,为了表示其强度的大小,开创了CBR试验法。他们连续进行了十多年的路面调查,提出了土基CBR值与路面(面层与基层之和)需要厚度间的关系,如图7-15所示。

图7-15中B线表示初期的观测结果,A线表示相当于当时交通轮载为41kN的结果,当然,这里并未解决轮载大小与交通量多少的关系,它只是根据1942年实际应用的资料,认为能适应当时的平均交通状况。

以此为基础,加州道路局把A线作为中交通,另外

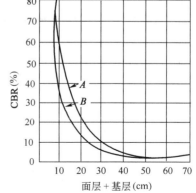

图7-15　CBR值与路面总厚度之间的关系

推荐了轻交通(相当轮载32kN)和重交通(相当轮载54kN)两根设计曲线,如图7-16所示。这就是加州原来的CBR设计曲线。

2. CBR设计法的发展

初期的结果提出后,在加州并没有被采用。加州20世纪40年代开始就放弃了CBR设计法而采用维姆设计法,所以后来所说的CBR设计法并不是指加州路面设计法。但CBR设计法却被美国陆军工兵部队(USACE)所认可,并予以发展。

美国陆军工兵部队认为既然路面的损坏是由于土基抗剪强度不足所造成的,那么就可以A线为基础,利用布辛氏均匀体剪力公式计算在不同路面厚度时土基面上的抗剪强度τ,得到H与CBR值的关系,并据此推算其他轮载P及轮压p时的CBR设计曲线,如图7-17所示(此即CBR法的道路路面厚度设计曲线)。

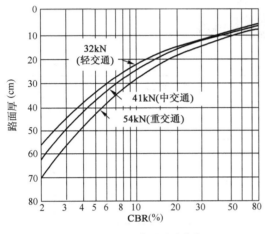

图7-16 加州初期的设计曲线

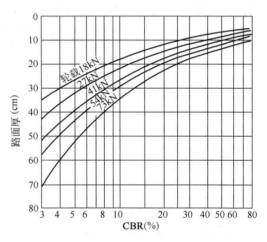

图7-17 CBR法道路路面厚度设计曲线

此曲线最开始用于美国肯塔基州,以后成为各州的CBR设计法的基础,各州根据各自的具体情况做了一定的变动。

在此应提请注意的是,美国陆军工兵部队研究了汽车荷载与飞机荷载的关系,认为汽车交通多为渠化,而飞机在道面上起落分布范围仍较广,因而认为原始曲线A相当于汽车轮载$P=41kN$,相当于飞机轮载$P=54.4kN(12000lbf)$,所以应用于机场道面的设计曲线图是以此假定为基础,按以上同样方法推算而得,因而与图7-17不同,两者不可混淆。

将CBR与H关系的原曲线图7-17和按布辛氏公式计算的CBR与H关系做比较。计算时,轮压均以0.42MPa计。计算所得结果与图7-17的原曲线基本相同,说明CBR设计曲线确由此发展而得。数值还证明初期结果所得的B曲线相当于轮载为27kN的交通。

3. 路面结构组成的控制

按图7-17进行路面结构设计时,除由土基的CBR值可求得路面总厚度H外,对各个分层的厚度也都应根据各层所采用材料的CBR值,使在该层以上的路面总厚度满足图7-17曲线的要求,以保证结构组成的合理。示例说明如下:

某路设计轮载$P=54kN$,土基CBR值为5,面层用沥青混凝土,基层用碎石CBR=80,底基层用砂砾CBR=20,试设计该路面结构。

(1) $P = 54\text{kN}$,土基 CBR = 5,从图 7-17 查得 $H = 43\text{cm}$。

(2) 基层 CBR = 80,从图 7-17 查得面层厚度 $h_1 = 10\text{cm}$。

(3) 底基层 CBR = 20,从图 7-17 查得面层加基层厚度 $h_1 + h_2 = 20\text{cm}$,所以基层厚度 $h_2 = 20 - 10 = 10\text{cm}$。

(4) 底基层厚度 $h_3 = 43 - 20 = 23\text{cm}$。

这就是为什么一般规定基层材料 CBR 值要达到 80,底基层材料 CBR 值要达到 20~30 的原因,否则将会得出不合理的结构组成,造成不必要的浪费。

三、CBR 设计法的计算公式

美国陆军工兵部队 1945 年以后,对 CBR 设计法又进行了研究,并根据机场道面的观测资料和实际使用状况的总结,于 1956 年提出了机场道面厚度与当量轮载及当量轮压的关系式:

$$\frac{H}{\alpha_i \sqrt{A}} = 4.2942 - 4.9812\lg\frac{\text{CBR}}{p} + 2.4164\left(\lg\frac{\text{CBR}}{p}\right)^2 - 0.473\left(\lg\frac{\text{CBR}}{p}\right)^3 \quad (7-89)$$

式中:A——单轮胎的接触面积(cm^2);

H——道面厚度(cm);

p——当量轮载接地压力(MPa);

α_i——荷载重复系数。

所谓当量轮压是当量单轮荷载(ESWL)除以一个单轮接触面积 A 而得到的单位压力(p)。它与真正的轮胎压力无关,只有在单轮荷载时,p 才是轮胎压力。

所谓当量单轮荷载,是以一个单轮接触面积 A 为基础,利用布辛氏均匀体理论公式,使飞机起落架几个轮载所产生的弯沉值,等于一个轮载所造成的弯沉值的荷载。

这样可以不同的当量单轮轮压 p 代表不同机型的荷载情况,这是这个公式的第一个特点。

所谓重复荷载系数 α_i 实际是路面设计厚度的增减系数。由于假定原公式计算结果相当于全道面通过次数 $C = 5000$ 次的情况,因此,当通过次数不是 5000 时,设计的厚度应予增减,这是该公式的第二个特点。其计算公式如下:

$$\alpha_i = 0.231\lg C + 0.144 \quad (7-90)$$

解决了机型荷载换算和重复次数问题,就把 CBR 设计法提高了一步,使其能适用于更大的范围。

四、评论

1. 关于 CBR 试验法

(1) 为建立 CBR 设计法而开创的 CBR 试验法,作为土和粒料材料相对强度的室内试验法,沿用至今。并且由于世界各国按此法进行过广泛的试验,积累了大量的资料,因此后来的其他试验方法往往与它做对比,建立关系式,甚至在当代理论分析法中,土基刚度指标(模量)必要时也要借助于 CBR 的关系,这是应予以肯定的。

(2) CBR 试验法终究还是室内小型试验，由于贯入柱直径 d 只接近 5cm，荷载有效深度至多为 $2.5d=12.5$cm（试样高才 11.6cm），因此如在野外做 CBR 试验，代表的土层厚度至多 15cm，而野外承载板试验，板的标准直径为 30cm，有效作用深度也以 2.5 倍计，可达 75cm。因此，如在野外做 CBR 试验，需分五层测定，然后把其结果综合成平均值，这就成了相当复杂的工作，因为不管是挖抗分层取样做室内试验，还是分层在野外测定，其困难程度都要超过承载板试验，这是不足之处。

(3) CBR 试验法中规定浸水 4d，也是按最困难的条件进行测定，如仅作为统一的试验方法，以便对各种土基和材料做相对强度的比较，也未尝不可，但却不能正确反映实际的环境因素，因此有的国家主张不一定浸水 4d，而规定按路段可能的不利状态进行测定。这样就需要根据各地的经验修订 CBR 设计曲线，这就是为什么现在国际上的 CBR 设计曲线多达数十种，而且差别较大的原因。但如采用图 7-17 的标准设计曲线，由于它是经验关系，所以路面设计时还应当按规定浸水 4d，得到 CBR 值，以使其与原来总结的成果相当。

至于 CBR 试验结果应取多大的保证率，各国规定不一，低者 75%，高者 95%，一般多用 90%。当然这可根据道路重要性的不同而异，作为相对比较，建议以 90% 为宜。

2. 关于 CBR 设计曲线

(1) 从 CBR 设计曲线建立的过程可知，其理论基础充其量也不过是引用了布辛氏均匀体的应力公式，而且还是假定泊松比 $\mu=0.5$。当 μ 为其他值时，剪应力 τ_z 还有相当大的差别。更严重的是：路面结构本是层状体系，CBR 设计法把它作用均匀体，所计算的土基剪应力 τ_z 或竖向应力 σ_z 肯定大于层状体系。由此可见，CBR 设计法的理论基础总体保守，与弹性层状体系理论不能相提并论。按均匀体公式，当 $\mu=0.5$ 时，最大剪应力系数 $\tau_z/p=0.289$，当 $p=0.42$MPa 时，$\tau_z=0.121$MPa，此时 $z/a=0.707$，面层厚 $H\approx12$cm，所以 CBR >20 以后 τ_z 已接近极值，CBR 与 H 间的关系已不明朗。

(2) 在建立 CBR 设计曲线过程中，没有反映交通量大小的概念，不同的轮载到底代表什么？尽管曾提出过中等交通量相当于轮载 $P=41$kN，重交通时相当于 $P=54$kN，轻交通时相当于 $P=32$kN，但没有量的概念，因为重、中、轻只是相对而言，它不仅与数量有关，而且与行驶的车型有关，对此 CBR 设计曲线难以解决。

(3) 在建立 CBR 设计曲线过程中，对轮压的大小未予重视，轮压基本都采用 0.42MPa 推算，这是不合理的。例如，同样的轮载 $P=50$kN，而轮压 p 分别为 0.42MPa 和 0.7MPa 时，当量半径各为 19.47cm 和 15.08cm。

(4) 该法既无使用标准，也无损坏标准，只是土基的 CBR 值与当时路面结构总厚度关系的经验法。

3. 结构组合问题

该法对结构组合的设想是好的，这可以使路面结构层形成从下而上逐渐加强的体系，以免出现不合理结构。但严格地说，这并没有真正解决问题，因为这个层位的 CBR 值并不等于它和它以下各层的综合 CBR 值，而综合 CBR 值于该层及其以下各层的厚度和 CBR 值及土基 CBR 值有关。而且这样的规定对于无机结合料稳定类基层，不能正确反映。看来结构组合问题，只有靠理论分析法，才能得到合理的解决。

五、CBR 设计新法

美国陆军工兵部队鉴于 CBR 设计方法中存在的问题，通过大量调查，提出了基于不同道路的使用标准、交通类型及数量的新的 CBR 设计方法。

1. 简介

将道路等级、交通种类、交通量等综合成交通指数，建立不同交通指数时路面总厚度 H 与土基 CBR 值的关系，如图 7-18 所示。

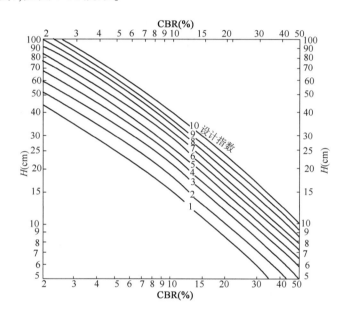

图 7-18　道路用的 CBR 设计新法计算图

2. 交通指数的确定方法

把汽车分为三类，第一类为轿车和轻型货车，第二类为双轴货车，第三类为三轴、四轴和五轴货车。然后根据其组成分为 I、II、III、IV 四种，履带车和铲车则根据其荷载分 V、VI、VII 三种，根据道路等级和交通种类确定交通指数，履带车则根据它在交通流中占有的数量而定，交通指数新法只能说有所改进，但反而成为无法灵活应用的纯经验方法，所以并未从根本上解决问题。

第五节　美国地沥青学会(AI)设计法

MS-l (Thickness Design-Asphalt Pavement for Highways and Streets) 是美国地沥青学会 (AI) 出版的公路及城市道路沥青路面厚度设计方法手册，自 1955 年以来，出版了九个版本的 MS-1 系列手册。MS-1 的第七版和第八版是以 AASHTO 道路试验、WASHTO 道路试验和一些英国试验路的数据为基础，1981 年出版的 MS-1 的第九版与前面的版本不同，第九版以前的 MS-l 手册中沥青厚度设计方法都是采用经验方法，而第九版以力学-经验法为基础，应用弹性多层体系理论以及经验的破坏准则确定路面的厚度。1983 年修订了 MS-1 手册,提出了专门的设计程序 CP-1DAMA,并研制了能覆盖三个不同温度范围的系列设计图表。1991 年又提出了 MS-1 第九版的修正版本和新的 CP-1 DAMA 程序(以下简称 DAMA),包括了三个不同温度区范围的路面厚度设计。图 7-19 是 AI 厚度设计法流程图。

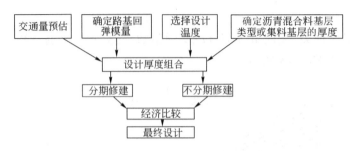

图 7-19　AI 厚度设计法流程图

一、交通分析

1. 计算设计年限内的设计 ESAL

在进行路面结构设计时,必须首先对设计年限内的交通状况进行预测。AI 对交通量的预测是以 80kN 作为当量标准轴载为基础的。为了得到设计年限内设计车道上当量轴载的 ESAL,首先必须将各种荷载组下的作用次数换算为对应的 80kN 的当量轴载次数。对应 80kN 当量标准单轴荷载的 $(n_0)_i$ 为 i 荷载组每天的初始重复作用次数,可用下式计算:

$$(n_0)_i = (p_i F_i)(\text{ADT})_0 TA \tag{7-91}$$

式中:$(n_0)_i$——i 荷载组每天的初始重复作用次数;

　　　p_i——i 荷载组占总重复作用次数的百分数;

　　(ADT)$_0$——设计年限开始时的日均交通量;

　　　T——货车在 ADT 中的百分数;

　　　A——每辆货车的平均轴数;

　　　F_i——i 荷载组的当量轴载系数(EALF),根据 $p_t = 2.5$、$SN = 5$ 时的 AASHTO 当量换算方式确定。对应的当量轴载系数 F 计算公式为:

$$\lg \frac{1}{F} = \lg \frac{Wt_x}{Wt_{18}}$$
$$= 4.79\lg(18+1) - 4.79\lg(L_x + L_2) + 4.33\lg(L_2) + \frac{G_t}{\beta_x} - \frac{G_t}{\beta_{18}} \tag{7-92}$$

式中:$G_t = \lg[(4.2-2.5)/(4.2-1.5)]$;$\beta_x = 0.4 + 0.081(L_x + L_2)^{3.23}/[(5+1)^{5.19} L_2^{3.23}]$;$L_x$ 为作用在单轴组、双轴组、三轴组上的总荷载,单位为 kip;L_2 为轴的编号,单轴为 1,双轴为 2,三轴为 3。

设计车道设计年限内的当量轴载的 ESAL 计算公式：

$$\text{ESAL} = (\text{ADT})_0(T)(T_f)(G)(D)(L)(365)(Y) \tag{7-93}$$

式中：G——增长系数；
D——方向分布系数，通常假设为 0.5，除非两个方向的交通量不同；
L——车道分布系数，随交通量和车道数目而变化；
Y——设计年限（年）；
T_f——货车系数，或每辆货车的 80kN 单轴荷载作用次数。

$$T_f = (\sum p_i F_i)(A) \tag{7-94}$$

路面设计所需最基本的交通信息是设计年限初的货车日均交通量 ADTT，ADTT 可以用 ADT 的百分率或实际值表示，这一初始日均交通量，可以通过交通特性与设计项目相类似的道路实际交通统计得到。确定设计 ESAL 应采用以下具体步骤。

(1) 预测拟建工程可能行驶的不同类型车辆的数量，如客车、单车厢货车（含公共汽车）以及各种类型的多车厢货车等。

(2) 确定每种车辆的货车系数。对于所有货车采用相同的货车系数，也可以对不同等级的货车采用各自的货车系数。

(3) 确定车道分布系数，即设计车道总货车交通量的百分数。对于双车道公路，设计车道可以取路面上的任一车道。在缺乏具体数据时，可以用表 7-32 确定车道分布系数。

车 道 分 布 系 数　　　　　　　　　　　　　　表 7-32

两个方向车道数	车道分布系数	两个方向车道数	车道分布系数
2	50	6 或 6 以上	40(25~48)
4	45(35~48)		

(4) 对于给定的设计年限，按式(7-95)计算增长系数，也可以根据各种货车分别选用不同的增长率。

$$\text{增长系数} = (1+\gamma)^n - \frac{1}{\gamma} \tag{7-95}$$

式中：γ——交通量增长率，一般为 0~10%；
n——设计年限为 1~35 年，一般为 20 年。

(5) 将每种货车的车辆数乘以货车系数和增长系数，再将这些值加起来即为设计 ESAL。

2. 设计 ESAL 的简化确定方法

在缺乏详细的交通数据时，AI 法建议用表 7-33 预测设计 ESAL。这一简化方法将交通量划分为 6 个等级，每一等级与公路或街道的类型相对应，表中有在设计年限内预期行驶的重型货车平均数。重型货车定义为 2 轴 6 轮或者更大的货车，其中小型货车、厢式货车和轻型 4 轮货车不包括在内。表 7-33 中各个等级的 ESAL 可以用于设计。

交通分类   表7-33

交通等级	街道或公路类型	设计使用期限内预期行驶的重型货车范围(次)	ESAL(次)
I	停车场、汽车道； 住宅区道路； 轻型农场道路	$<7\times10^3$	5×10^3
II	住宅道路； 郊区农场和住宅区道路	$7\times10^3\sim15\times10^3$	10^4
III	市区次要支线道路； 郊区主要支线道路	$7\times10^4\sim15\times10^4$	10^5
IV	市区次要干线和轻工业道路； 郊区主要支线和次要干线公路	$7\times10^5\sim15\times10^5$	10^6
V	市区高速公路和其他主要干线公路； 郊区州际和其他主要干线公路	$2\times10^6\sim4.5\times10^6$	3×10^6
VI	市区州际公路； 一些工业用路	$7\times10^6\sim15\times10^6$	10^7

注：只要可能，应对IV和IV级以上的道路做精确的交通分析。

二、结构设计

1. 力学图式

对于沥青混凝土面层、沥青混凝土或乳化沥青基层采用三层弹性层状连续体系；当其下还有粒料基层时，采用四层弹性层状连续体系。荷载图式为双圆垂直荷载，不考虑水平荷载，以80kN单轴荷载为标准轴载，单圆当量圆半径 $\delta=11.43\text{cm}$，两轮中心间距为3δ，力学计算需计算各层沥青层底、路基土顶面以下单圆中心点1、单圆内侧边缘2、双圆间隙中心点3 三个点位置的最大应力、应变值。AI力学图式如图7-20所示。

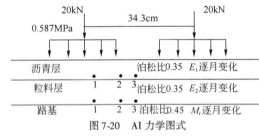

图7-20　AI力学图式

2. 设计标准

AI设计方法采用两种应变作为破坏准则，因此有两个设计标准：一个是沥青层底部的水平拉应变 ε_θ，控制疲劳开裂；另一个是土基表面的竖向压应变 ε_z，控制永久变形，即车辙。

1) 疲劳准则

AI法建立了标准混合料(沥青体积为11%，孔隙率为5%)的疲劳方程，见式(7-96)，该方程考虑了实验室与野外条件的差异。

$$N_f = 0.00115(\varepsilon_\theta)^{-3.291}|E^*|^{-0.854} \tag{7-96}$$

式中：N_f——控制疲劳开裂的允许荷载重复作用次数；

$|E^*|$——沥青混合料的动模量(MPa)。

AASHTO 道路试验所选路段的观察表明,应用式(7-96)所得到的疲劳开裂占总面积的 20%。

对于非标准混合料,根据实验室的疲劳试验结果,式(7-96)可表示为:

$$N_f = 0.00115(\varepsilon_\theta)^{-3.291} |E^*|^{-0.854} C \tag{7-97}$$

式中:C——孔隙率 V_a 和沥青 V_b 的函数。

$$C = 10^M \tag{7-98}$$

式中:$M = 4.84[V_b/(V_a + V_b) - 0.6875]$。

2) 永久变形准则

根据 AASHTO 试验数据整理结果得出,控制永久变形的允许荷载重复作用次数可用下式表示:

$$N_d = 1.365 \times 10^{-9} (\varepsilon_z)^{-4.477} \tag{7-99}$$

认为只要路面压实良好,且沥青混合料设计得当,式(7-99)计算的设计交通荷载作用下的车辙不应大于 12.7mm。

3. 各结构层材料特性及材料强度的确定

材料特性主要包括土基、粒料基层和沥青层的回弹模量和泊松比。路基土的泊松比假设为 0.45,其他材料的泊松比假设为 0.35。

1) 路基土

路基土采用回弹模量作为设计指标,并用标准回弹模量 M_r 作为路基土强度指标,不包括土基冻融时的模量值。路基土 $M_r = 10.3\text{CBR}$ (CBR<10%)。

2) 未处治的粒状材料

粒状材料的模量与应力水平相关,应力对回弹模量的影响为:

$$E = K_1 \theta^{K_2} \tag{7-100}$$

式中:θ——第一应力不变量,一般取 19.5psi;

K_1、K_2——试验得到的系数,K_1 选用的范围为 5.2~82.8MPa,$K_2 = 0.5$。

在 DAMA 设计程序中,将土基和所有沥青稳定层作为线弹性体,将未经处治的粒料基层作为非线性弹性体。因为由土基应力变化产生的模量变化通常很小,假设土基线弹性是合理的。粒料基层的模量根据多变量回归的预测方程计算:

$$E_2 = 10.44 h_1^{-0.471} h_2^{-0.041} E_1^{0.139} E_3^{0.287} K_1^{0.868} \tag{7-101}$$

式中:E_1、E_2、E_3——沥青层、粒料基层和土基的模量;

h_1、h_2——沥青层和粒料基层的厚度;

K_1——同式(7-100)所示含义。

3) 热拌沥青混合料

沥青混合料的动模量由式(7-102)确定,该公式由 60 种不同的沥青混合料室内试验得到,方程也被 DAMA 程序所应用。热拌沥青的动模量 $|E^*|$ 用下式确定:

$$|E^*| = 10^5 \times 10^{\beta_1} \tag{7-102}$$

式中,$\beta_1 = \beta_3 + 0.000005\beta_2 - 0.00189\beta_2 f^{-1.1}$;$\beta_2 = \beta_4^{0.5} T^{\beta_5}$;$\beta_3 = 0.553833 + 0.028829(P_{200} f^{-0.1703}) - 0.03476V_a + 0.070377\lambda + 0.9315757 f^{-0.02774}$;$\beta_4 = 0.483V_b$;$\beta_5 = 1.3 + 0.49825\lg f$;$\beta_1$ 与 β_5 为中间常数;f 为荷载频率(Hz);T 为沥青混合料温度(℉);P_{200} 为集料通过 200 号筛的重量百分率;V_a 为空隙体积(%);λ 为沥青在 21.1℃ 的黏度(10^6 泊),若无足够的黏度数据,可以按 $\lambda = 29508.2 P_{25℃}^{-2.1939}$ 计算,$P_{25℃}$ 为 25℃ 的针入度;V_b 为沥青体积(%)。

4)乳化沥青混合料

基层允许采用乳化沥青混合料。根据集料的种类,规定了三种混合料:

(1)Ⅰ型:集料经加工、混合料经厂拌的密级配混合料,具有与 HMA 类似的性质。

(2)Ⅱ型:部分用加工过的轧制碎石,部分用料场或河岸的天然集料拌制的混合物。

(3)Ⅲ型:使用含有砂或粉砂的混合料。

在 23℃、38℃ 温度下对 32 种不同混合料进行了试验,得出每一种混合料在铺设期间和养护完成以后的劲度模量代表值,其他温度时的模量可用线性插入得到。养护时间对劲度模量的影响可用下式表示:

$$E_t = E_f - (E_f - E_i)(R_F) \tag{7-103}$$

式中:E_t——养护时间 t 的模量;

E_f——养护完成后的模量;

E_i——未养护、初始时的模量;

R_F——养护时间 t 时的折减系数。

折减系数与时间的关系如图 7-21 所示。

制备设计图表时采用 6 个月的养护期,因为更长的养护期对于图表所得厚度的影响不大。表 7-34 给出了各类乳化沥青混合料的劲度。

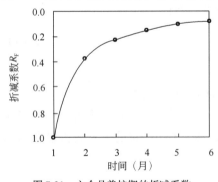

图 7-21　六个月养护期的折减系数

乳化沥青混合料劲度(单位:kPa)　　表 7-34

类型	初始模量 (73℉)	最终模量 (73℉)	最终模量 (100℉)	V_a	V_b
Ⅰ	1034	5171	1724	8	9
Ⅱ	793	2758	862	8	9
Ⅲ	414	1034	345	8	9

三、环境影响

设计图表除了考虑一年中月温度变化对 HMA 和乳化沥青混合料劲度模量的影响外,还应考虑冻融对土基和粒料材料回弹模量的影响。设计时在冰冻期用高一些的模量,在冻融期用低一些的模量,对于月平均气温(MAAT)为 7℃ 或 15℃ 的地区,应进行修正,而对于 MAAT 为 24℃ 的地区不做修正。

1. 土基

如图 7-22 所示为一年中土基模量的变化情况。该图显示了一年中土基强度变化的 4 个时期,即冰冻、融化、恢复和正常时期,每个时期路基土回弹模量不同。土基模量在融化时期可能会降低为正常模量的几分之一。用于两个温度地区的融化模量值和每个时期的持续时间见表 7-35。若已经知道每个时期开始和终了时的回弹模量,该时期中任意月份的模量值可通过图 7-22 内插得到。

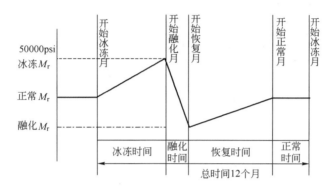

图 7-22 土基回弹模量的季节变化

DAMA 程序所用路基土模量(单位:10^3psi)　　表 7-35

MAAT	正常模量	各月路基土模量										
		12	1	2	3	4	5	6	7	8	9	10	11
7℃	4.5	4.5	15.9	27.3	38.7	50	0.9	1.62	2.34	3.06	3.78	4.5	4.5
	12	12	21.5	31	40.5	50	6	7.2	8.4	9.60	10.8	12	12
	22.5	22.5	29.4	36.3	43.1	50	15.8	17.1	18.5	19.8	21.2	22.5	22.5
15℃	4.5	4.5	4.5	27.3	50	1.35	2.14	2.93	3.71	4.5	4.5	4.5	4.5
	12	12	12	31	50	7.2	8.4	9.6	10.8	12	12	12	12
	22.5	22.5	38.3	50	18	19.1	20.3	21.4	22.5	22.5	22.5	22.5	22.5

2. 未处置的粒料基层

可以采用同样的方法来修正未处治的粒料模量。式(7-100)中系数 K_1 在冰冻状态为正常模量的 300%,春融时降至正常模量的 25%。表 7-36 为 DAMA 程序中所用的月 K_1 值变化情况。K_2 保持不变,为 0.5。

DAMA 程序所用粒料材料基层 K_1(单位:10^3psi)　　表 7-36

MAAT	正常 K_1	各月粒料基层 K_1 值										
		12	1	2	3	4	5	6	7	8	9	10	11
7℃	8	8	12	16	20	24	2	3	4.4	5.6	6.8	8	8
	12	12	18	24	30	36	3	4.8	6.6	8.4	10.2	12	12
15℃	8	8	8	16	24	2	3.5	5	6.5	8	8	8	8
	12	12	12	24	36	3	5.25	7.5	9.75	12	12	12	12

四、结构厚度设计

DAMA 是 AI 专门开发用于多层弹性路面结构分析的程序,它采用了累积损伤技术。AI 法采用 DAMA 计算机程序可以同时计算满足疲劳开裂和车辙准则要求的最小厚度。对于任何给定的材料和环境条件,根据每个准则,可以得到两个厚度,将其中较大的值用于设计图表。

下面给出 DAMA 的程序计算示例。

(1) 拟定计算结构(表 7-37)。

计 算 结 构　　　　表 7-37

层　数	材 料 类 型	结构层厚度	泊松比
1	沥青混合料	10	0.35
2	沥青混合料	15	0.35
3	级配碎石	25	0.35
4	路基土	—	0.45

(2) 路面温度。

利用气温来考虑温度对沥青混合料模量的影响。每个月的温度变化,以北京市的季平均温度表示,见表 7-38,计算出各沥青层的温度。

各沥青结构层温度(℃)　　　　表 7-38

月份	12月、1月、2月	3月、4月、5月	6月、7月、8月	9月、10月、11月
月平均气温	-4	13.1	25.8	12.8
第一层混合料温度	-1.5	18.4	33.3	18.1
第二层混合料温度	-1.1	17.5	31.4	17.2

(3) 确定各结构层的模量。

① 按式(7-102)计算沥青混合料的动模量,基本参数如下:

层位 1:采用 70 号沥青(对应针入度 70)。

$$\lambda = 2.642, P_{200} = 5.0\%, f = 10.0Hz, V_a = 4.0\%, V_b = 11\%$$

层位 2:采用 90 号沥青(对应针入度 88)。

$$\lambda = 1.60, P_{200} = 5.0\%, f = 10.0Hz, V_a = 5.0\%, V_b = 11\%$$

② 路基土模量取值。

可以按照表 7-39 取值,本示例中各月的路基土模量统一采用 30MPa。

③ 级配碎石模量。

根据式(7-101),计算级配碎石模量,K_1 可以按照表 7-39 取值,本示例中各月的 K_1 值统一取 83MPa。

(4) 计算路基土顶面垂直压应变、沥青层底拉应变,并计算疲劳寿命。

各 结 构 层 模 量　　　　　表 7-39

月份(月)	温度(℃)	路基土 M_r (MPa)	级配碎石 K_1 (MPa)	各沥青层,级配碎石模量(MPa)		
				沥青混凝土1	沥青混凝土2	级配碎石
12、1、2	-4	30	83	18926	14532	112
3、4、5	13.1	30	83	6292	5226	130
6、7、8	25.8	30	83	1890	1746	152
9、10、11	12.8	30	83	6659	5505	129

根据第三步计算的各层模量和第一步的力学图式,计算路基土顶面的垂直压应变和沥青层底拉应变,根据式(7-97)、式(7-99)分别计算出各月平均温度下各指标控制的允许作用次数 N_i。根据疲劳损伤理论,各月平均温度下荷载作用一次时的损伤率 D_{ri} 为:

$$D_{ri} = \frac{1}{N_i} \tag{7-104}$$

则1年内各月平均温度下一次荷载作用下的平均损伤率 D_r 为:

$$D_r = \frac{1}{12}\sum_i^{12} D_{ri} = \frac{1}{12}\sum_i^{12} \frac{1}{N_i} \tag{7-105}$$

根据1年内各月平均温度下一次荷载作用下的平均损伤率 D_r,按式(7-106)可以计算出该指标下该结构层的疲劳寿命 N_e。

$$N_e = \frac{1}{D_r} \tag{7-106}$$

(5)确定路面结构的疲劳寿命。

	控制指标	疲劳寿命
第一层	拉应变	5.71×10^9
第二层	拉应变	1.12×10^7
路基土	垂直压应变	5.37×10^6

以路基土顶面垂直压应变控制指标下的疲劳寿命 5.37×10^6 为最低,因此该路面结构的疲劳寿命为 5.37×10^6,如果该疲劳寿命大于预测的设计交通量,则该结构在该气候条件下可接受,否则为不可接受,须重新选择路面结构并重新计算。

第六节　Shell(壳牌)设计法

壳牌石油公司(shell)于1963年出版了一套沥青路面设计图表,它是通过理论分析并结合 AASHTO 试验路及室内试验数据而提出的。1978年,这一设计方法被扩展为壳牌路面设计手册(SPDM-Shell Pavement Design Manual),它充分考虑了温度及交通量对路面的影响,并将沥青混合料的路用性能用劲度及疲劳特性来表征。1985年,根据以前几年的使用经验进行了修订,增补了附录并引入了安全系数和置信水平指标,尽管路面结构的应力与应变由计算机进行分析,但是设计方法却是以图表的形式出现,因而有效地避免了工程师要依靠在当时尚十分复杂的计算机来进行设计。

当今计算机已成为工程师必备的工具,为此,壳牌开发了沥青路面设计智能软件包(SPDM-PC),程序化的设计取代了图表化设计,因而大大提高了设计的精度、灵活性和效率。

在该设计方法中,路面结构分为三层,即路基、基层和沥青层,各层的特性用弹性模量 E、泊松比及厚度来反映。交通荷载以标准双轮轴载次数为代表,设计年限内的累计轴次即为设计寿命。临界荷位的应力和应变由计算机程序 BISAR(Bitumen Stress Analysis in Road)计算,主要设计标准为沥青层的容许拉应变和路基顶面的容许压应变,前者控制开裂,后者控制路面的变形。

1. 初拟沥青层厚度

由于是采用反算法确定路面结构厚度,因此使用者要初拟一沥青层厚度以便开始计算,初拟厚度同要求的厚度越接近,反复计算的次数越少,计算效率会提高,通常初拟厚度为 0.05 ~ 0.6m。

2. 气候对沥青混合料温度的影响

温度的变化对无结合料层的影响不大,但却极大地影响着沥青混合料的性能。为便于设计,提出了加权年平均气温的指标 W-MAAT(Weighted Mean Annual Air Temperature),它由月平均气温 MMAT(Mean Monthly Air Temperature)推算而得。MMAT 可以很容易地从气象资料或旅游出版物中查到。

W-MAAT 同沥青混合料的有效温度有关,因而也同沥青混合料的有效模量有关,加权年平均气温 W-MAAT 已考虑了温度的日月变化对设计的影响,这种影响不能通过简单地取算术平均值求得,该模块中程序要求输入 12 个月的 MMAT,根据 W-MAAT 及沥青层的厚度可以获得沥青混合料的有效温度 T_{mix}。

3. 确定路面的设计寿命

交通荷载用标准轴载表示,所有的轴载都换算成标准轴载,然后累加,所采用的标准轴载为 80kN,单轴双轮,每轮重 20kN,压应力为 6×10^5Pa,接地半径为 105mm,呈圆形。

交通数据为每天每车道各轴载组的轴次(私人轿车因轴重小,在路面结构设计中不予考虑),各轴载组的轴次换算为当量标准轴次,由计算机根据下列换算系数式完成。

$$n_{e,i} = 2.4 \times 10^{-8} \times (L_i)^4 \tag{7-107}$$

式中:L_i——第 i 组的轴载(kN);

$n_{e,i}$——等效轴载系数。

将各组的轴次乘以相应的等效系数并相加即得到每天每车道的累计标准轴次,由此可相应地计算每年及整个设计年限内的累计标准轴次。

4. 沥青劲度模量的确定

通常是用 Van der Poel 诺谟图确定沥青的劲度模量,计算机程序对诺谟图进行了模拟,据此可推算沥青的劲度模量 S_b,需要输入以下系数:沥青的温度(即沥青混合料的有效温度 T_{mix});针入度为 800 时的温度即软化点温度($T_{R\&B}$R&B);针入度指数(PI);加载时间 t(一般取

0.02s,反映的是车辆行驶的速度);如果 PI 未知,可输入任一温度的针入度值,程序将自动计算 PI,计算结果为沥青在有效温度 T_{mix} 及加载时间 t 时的劲度模量。对于非常规沥青(如改性沥青等)Van der Poel 诺谟图不再适用,使用者可根据沥青劲度模量 S_{bit} 与温度 T_{mix} 的关系曲线自行确定。

5. 沥青混合料的劲度模量

沥青混合料的劲度模量 S_{mix} 同沥青的劲度模量及混合料的体积组成有着密切的关系,根据大量试验得出的关系编制了 S_{mix} 的预测程序,需要输入的参数有:沥青的劲度模量 S_{bit}、结合料的体积比 V_{bit}、矿料体积比 V_{agg}。

6. 基层及路基的性质

路基的动态模量是路面设计的主要参数,它可以通过现场的动态弯沉试验在道路实际湿度条件和荷载条件下测定,也可在室内通过三轴仪测定。当有困难时,也可根据 CBR 或承载板试验结合工程经验选择。

基层和底基层的动态模量(E_2)也要确定,在没有相关数据时可以根据路基的动态模量(E_3)经验性地确定,见式(7-108):

$$E_2 = K \cdot E_3, K = 0.2 \times (h_2)^{0.45} \tag{7-108}$$

式中:h_2——无机结合料基层的总厚度(mm),且 $2 < K < 4$。

7. 确定路面结构模型

在路面厚度设计中最为基本的是分析路面各层由荷载引起的应力与应变,SPDM 将路面结构假定为均质、厚度一致且水平方向无限大的面层与基层以及均质半无限体的路基,各结构层在交通荷载作用下都是线性弹性体。

1)结构层

(1)层厚 h_i;

(2)动态模量或劲度 E_i;

(3)泊松比,在计算中,沥青层、无机结合料基层及路基的泊松比都为 0.35,如需改变此值,相应的容许应变也会产生变化。

2)荷载

(1)标准轴载为单轴双轮,轴重 80kN;

(2)单轮轴载 20kN;

(3)双圆接地半径 $R = 105$mm;

(4)轮隙间距 315mm。

计算应力与应变的最不利位置时都取两处,即沥青层底部和路基顶部的轮中心下及轮隙中心下。图 7-23 为其简化示意图。

8. 沥青层应变和路基应变与寿命的换算

路基顶面的竖向应变和沥青层的水平向拉应变是确定路面服务寿命的指标,路基应变被认为是能反映路基及无机结合料基层的永久变形特性,因此被认为是路面车辙控制指标,而沥青层底面的抗拉应变被认为是开裂的控制指标。

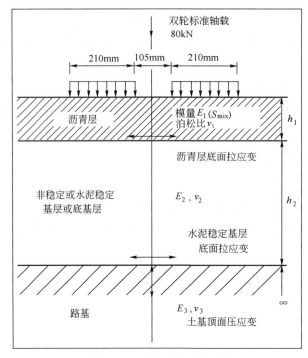

图 7-23 三层体系路面模型

1) 沥青层的应变

沥青混合料的疲劳寿命取决于混合料的组成、沥青结合料的性质和加载条件。计算程序中所依据的诺谟图是由 13 种不同的沥青混合料用应变控制法所测得的疲劳结果,这些混合料在各国都常用。

$$\varepsilon_{fat} = (0.856 \times V_{bit} + 1.8) \times (S_{mix})^{-0.36} \times (N_{fat})^{-0.2} \tag{7-109}$$

式中：N_{fat}——疲劳损坏时对应疲劳应变 ε_{fat} 的荷载作用次数。

此外,为了反映车辆的横向分布及沥青混合料的愈合特性对疲劳寿命的影响,在程序中将混合料的疲劳寿命乘以扩大系数 10。

总之,本模块需要输入沥青含量、沥青混合料劲度模量 S_{mix} 以及沥青混合料应变水平来计算沥青混合料的疲劳寿命。

2) 路基应变

根据 AASHTO 试验路的观测结果,利用 BISAR 程序建立了标准荷载引起的重复应变同路基顶面容许压应变的关系。引入容许压应变的目的是控制车辙,但当沥青层较厚时,车辙往往产生在沥青层内,因此会有专门的模块讨论沥青层的车辙深度问题。用路基顶面容许压应变来控制车辙也许会引起质疑,而剪切应变和变形是更合适的指标。但 AASHTO 试验路的结果表明,路基顶面最大应变同最大变形及最大剪应变之间有着非常好的相关性。

当路面服务指数 PSI = 2.5 时,双轮轴载作用次数同路基顶面容许应变的关系式为：

$$N = \left(\frac{0.028}{\varepsilon_{sub}}\right)^4 \tag{7-110}$$

由于以上结果来自现场实测,因此车辆横向分布的影响已考虑在内。

9. 据设计寿命确定结构厚度(BISAR)

BISAR 程序的初次运算是根据使用者给定的路面结构(即初拟厚度)而进行的,计算得到的路基及沥青层的应变被换算为路面寿命并同其设计寿命进行比较,如果相对误差小于5%,则路面厚度即为设计厚度;否则,程序将自动变更厚度再次反算,两次计算以后,程序会采用内插法或外延法确定起算厚度,经过三次以上的计算,路面的厚度将通过 Lagrange 曲线拟合法确定。这种计算非常有效,一般试算四次即可求得路面的厚度。

10. 沥青层车辙深度的确定

前面确定的路面结构能够避免沥青层在设计年限内产生过多的开裂及路基产生过大的永久变形,但由于沥青层具有黏弹性特性,因此会产生永久变形。壳牌也开发了专门的程序来预测沥青层在使用年限内产生的车辙,作为路面结构设计的最后一步,以控制所设计的路面结构在使用中不会出现过大车辙,即高速公路不超过 10mm、普通道路不高于 30mm。

在车辙预估模型中,车辙是沥青层厚度、沥青层平均应力、沥青混合料劲度模量的函数。沥青混合料的特性由静态试验求得,为此引进了动态修正系数以反映交通荷载的动态效应。

确定沥青层永久变形的步骤为:

(1)将沥青层分为几个亚层,各层的温度及混合料的类型可能不同。
(2)交通荷载数据的换算(不同于路面结构设计中的换算方法)。
(3)确定沥青混合料的劲度模量。
(4)确定应力分布系数以求得平均应力。
(5)确定沥青层的永久变形。

第七节 我国沥青路面设计方法

第一节详细介绍了我国沥青路面设计规范的发展历程,《公路沥青路面设计规范》(JTG D50—2017)采用以层状弹性体系为基本理论,通过经验确定指标与标准的力学经验法。本节进行详细介绍。

一、目标可靠度和目标可靠指标

沥青路面结构可靠度是指路面结构在规定的时间内和规定的条件下完成预定功能的能力,要求沥青路面达到的可靠度称为目标可靠度。度量沥青路面可靠度的数值指标为可靠指标,我国现行《公路沥青路面设计规范》(JTG D50)规定,不同等级公路沥青路面结构的目标可靠度和目标可靠指标不应低于表 7-40 的规定。

目标可靠度和目标可靠指标 表 7-40

公路等级	高速公路	一级公路	二级公路	三级公路	四级公路
目标可靠度(%)	95	90	85	80	70
目标可靠指标 β	1.65	1.28	1.04	0.84	0.52

二、路面设计使用年限

路面设计使用年限是指在正常设计、施工、使用和养护条件下,路面结构不需要结构性维修的预定使用时间。我国现行《公路沥青路面设计规范》(JTG D50)规定新建公路沥青路面结构设计使用年限不应低于表7-41的规定值。

路面结构设计使用年限(年) 表7-41

公路等级	设计使用年限	公路等级	设计使用年限
高速公路、一级公路	15	三级公路	10
二级公路	12	四级公路	8

三、交通荷载及沥青路面结构材料要求

沥青路面交通荷载的轴载换算及交通荷载等级划分见第二章,沥青路面路基土性质及材料参数、沥青路面结构层材料参数(沥青混合料、无机结合料稳定材料、粒料材料、水泥混凝土材料)见第四章。

四、沥青路面温度场和湿度场

沥青路面温度场分析、温度修正系数及气候分区方法、路基土湿度场及湿度划分方法见第三章。

五、路面设计基本理论

第五章详细分析了层状弹性体系基本理论。而沥青路面结构是由不同材料的结构层和路基层组成,采用层状体系理论基本满足结构实际要求。同时,由于组成沥青路面结构的材料在荷载作用下的应力应变关系虽然在一定的温度、荷载作用下具有非线性、黏弹性、塑性等性质,但是交通荷载作用下主要呈现弹性特性,因此,沥青路面结构一般采用层状弹性体系理论进行结构层的力学响应分析,这也是目前世界各国力学经验法的基本理论基础。图7-24给出了我国《公路沥青路面设计规范》(JTG D50—2017)的基本力学图式,力学响应计算公式可见第五章。

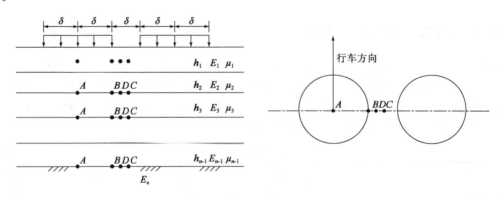

图7-24 层状体系力学响应计算点

针对第一章我国典型的沥青路面结构,下面做一些力学计算分析。

[**例 7-1**] 道路路面结构为 4cmAC + 6cmAC + 8cmAC + 38cm 水泥稳定碎石 + 20cm 二灰土，抗压模量分别为 10500MPa、9000MPa、8500MPa、13800MPa 和 3500MPa，路基模量为 60MPa，荷载圆半径 $\delta = 10.65$ cm，单位压力 $p = 0.707$ MPa，应力、应变和位移计算结果见表 7-42。

无机结合料稳定类基层沥青面层状体系应力和应变计算结果　　表 7-42

位置 Z (cm)		应力 (MPa)			应变 (位移)			
		σ_1	σ_2	σ_3	ε_1	ε_2	ε_3	w (cm)
0	A	-.6412	-.6800	-.7070	-.2804E-04	-.3266E-04	-.3588E-04	.014559
	B	-.2291	-.3535	-.5153	-.1130E-05	-.1594E-04	-.3520E-04	.014175
	D	.0918	.0000	-.2809	.1543E-04	.4502E-05	-.2894E-04	.013959
	C	.0838	.0000	-.2649	.1429E-04	.4313E-05	-.2723E-04	.013914
2	A	-.4592	-.4861	-.7023	-.1544E-04	-.1864E-04	-.4438E-04	.014479
	B	-.0731	-.3150	-.5214	.1295E-04	-.1584E-04	-.4042E-04	.014140
	D	-.0110	-.2115	-.2348	.9578E-05	-.1429E-04	-.1706E-04	.013972
	C	-.0125	-.1424	-.2212	.7466E-05	-.7996E-05	-.1738E-04	.013927
4	A	-.3050	-.3204	-.6749	-.5353E-05	-.7181E-05	-.4939E-04	.014384
	B	-.1026	-.2124	-.4762	.6625E-05	-.6446E-05	-.3786E-04	.014104
	D	-.0649	-.1868	-.3281	.6084E-05	-.8438E-05	-.2526E-04	.013980
	C	-.0577	-.1806	-.2734	.5313E-05	-.9316E-05	-.2036E-04	.013940
10	A	-.1013	-.1090	-.4848	.5246E-05	.4165E-05	-.4803E-04	.014055
	B	-.0913	-.1375	-.3244	.2691E-05	-.3732E-05	-.2969E-04	.013968
	D	-.0896	-.1593	-.2606	.1708E-05	-.7974E-05	-.2205E-04	.013930
	C	-.0892	-.1798	-.2249	.1328E-05	-.1125E-04	-.1752E-04	.013916
18	A	-.0837	-.0897	-.2809	.1055E-05	.1647E-06	-.2794E-04	.013747
	B	-.0763	-.1075	-.2188	.6160E-06	-.3960E-05	-.2034E-04	.013792
	D	-.0740	-.1133	-.1989	.4695E-06	-.5303E-05	-.1788E-04	.013790
	C	-.0732	-.1167	-.1904	.4165E-06	-.5969E-05	-.1682E-04	.013790
37	A	.0326	.0276	-.0854	.3407E-05	.2959E-05	-.7276E-05	.013551
	B	.0343	.0200	-.0836	.3637E-05	.2344E-05	-.7043E-05	.013617
	D	.0344	.0192	-.0832	.3655E-05	.2271E-05	-.6997E-05	.013623
	C	.0345	.0189	-.0830	.3661E-05	.2246E-05	-.6981E-05	.013625
56	A	.1536	.1398	-.0154	.8880E-05	.7624E-05	-.6433E-05	.013439
	B	.1596	.1483	-.0166	.9175E-05	.8156E-05	-.6777E-05	.013497
	D	.1601	.1491	-.0167	.9202E-05	.8206E-05	-.6809E-05	.013503
	C	.1603	.1494	-.0167	.9212E-05	.8221E-05	-.6819E-05	.013505
76	A	.0624	.0587	-.0026	.1384E-04	.1249E-04	-.9397E-05	.013270
	B	.0643	.0617	-.0027	.1414E-04	.1322E-04	-.9756E-05	.013320
	D	.0644	.0620	-.0027	.1417E-04	.1329E-04	-.9790E-05	.013325
	C	.0645	.0621	-.0027	.1418E-04	.1332E-04	-.9802E-05	.013327

由表 7-42 可知：

(1) 虽然计算时没有考虑水平力，但路表存在拉应力点（D、C），同时也会产生响应的拉应变。

(2) 路表下沥青路面内有些点虽然处于三向受压状态，但由于三向应力差异较大，沥青层也产生了拉应变。

(3) 无机结合料稳定类基层的拉应力明显大于底基层的拉应力，但是底基层的拉应变明显大于基层的拉应变。

(4) 路面结构表面 C 点位置的位移（0.014559cm）和路基顶面 C 点位置的位移（0.013327cm）仅相差 8.46%，说明由于各层刚度的增加结构层的压缩变形相对较小，路基顶面的变形占主要部分（占 91.54%）。

[例 7-2] 道路路面结构为 4cmAC + 6cmAC + 16cmATB + 16cm 级配碎石 + 36cm 水泥稳定碎石，抗压模量分别为 10500MPa、9000MPa、7500MPa、500MPa 和 11000MPa，路基模量为 60MPa，荷载圆半径 $\delta = 10.65$cm，单位压力 $p = 0.707$MPa，应力、应变和位移计算结果见表 7-43。

组合式结构沥青路面层状体系应力应变计算结果   表 7-43

位置 Z (cm)		应力（MPa）			应变（位移）			
		σ_1	σ_2	σ_3	ε_1	ε_2	ε_3	w(cm)
0	A	-.7070	-.8423	-.9453	-.2477E-04	-.4088E-04	-.5314E-04	.024181
	B	-.3535	-.4510	-.8031	-.3807E-05	-.1541E-04	-.5733E-04	.024018
	D	.0000	-.1308	-.5704	.1669E-04	.1126E-05	-.5121E-04	.023822
	C	.0000	-.1389	-.5549	.1652E-04	-.1691E-07	-.4954E-04	.023783
2	A	-.6009	-.6773	-.7005	-.2442E-04	-.3352E-04	-.3628E-04	.024120
	B	-.1521	-.5239	-.6007	.1229E-04	-.3197E-04	-.4111E-04	.024005
	D	-.0195	-.3623	-.4451	.1736E-04	-.2344E-04	-.3330E-04	.023856
	C	-.0100	-.3053	-.4321	.1661E-04	-.1855E-04	-.3365E-04	.023817
4	A	-.3925	-.4444	-.6651	-.1097E-04	-.1714E-04	-.4342E-04	.024039
	B	-.1515	-.3496	-.5202	.6276E-05	-.1730E-04	-.3761E-04	.023984
	D	-.0692	-.3251	-.4178	.1110E-04	-.1937E-04	-.3040E-04	.023880
	C	-.0485	-.3192	-.3770	.1196E-04	-.2027E-04	-.2715E-04	.023846
10	A	-.0572	-.0579	-.4369	.7386E-05	.7287E-05	-.4534E-04	.023737
	B	-.0486	-.0921	-.2736	.4753E-05	-.1277E-05	-.2649E-04	.023875
	D	-.0474	-.1145	-.2110	.3778E-05	-.5542E-05	-.1895E-04	.023855
	C	-.0471	-.1382	-.1725	.3400E-05	-.9252E-05	-.1402E-04	.023847
18	A	.1749	.1387	-.1779	.2173E-04	.1640E-04	-.3015E-04	.023441
	B	.1848	.1141	-.1276	.2214E-04	.1174E-04	-.2381E-04	.023696
	D	.1853	.1065	-.1142	.2202E-04	.1045E-04	-.2202E-04	.023711
	C	.1854	.1035	-.1092	.2198E-04	.9934E-05	-.2134E-04	.023715

续上表

位置 Z (cm)		应力(MPa)			应变(位移)			
		σ_1	σ_2	σ_3	ε_1	ε_2	ε_3	w(cm)
26	A	.4804	.3810	-.0702	.4738E-04	.3275E-04	-.3359E-04	.023209
	B	.4957	.3618	-.0742	.4986E-04	.3016E-04	-.3395E-04	.023476
	D	.4945	.3530	-.0743	.4998E-04	.2917E-04	-.3366E-04	.023496
	C	.4940	.3498	-.0743	.5001E-04	.2881E-04	-.3356E-04	.023503
60	A	.0025	-.0044	-.0435	.1318E-05	.5300E-06	-.3908E-05	.021347
	B	-.0047	-.0050	-.0390	.5726E-06	.5376E-06	-.3321E-05	.021475
	D	-.0047	-.0059	-.0383	.5769E-06	.4439E-06	-.3246E-05	.021487
	C	-.0047	-.0062	-.0381	.5784E-06	.4126E-06	-.3220E-05	.021491
78	A	.2585	.2444	-.0058	.1807E-04	.1648E-04	-.1196E-04	.021221
	B	.2654	.2563	-.0059	.1843E-04	.1740E-04	-.1240E-04	.021345
	D	.2660	.2574	-.0059	.1847E-04	.1749E-04	-.1244E-04	.021356
	C	.2662	.2578	-.0059	.1848E-04	.1752E-04	-.1245E-04	.021359

由表7-43可知：

(1) 表面点(D、C)的拉应变水平大于水泥稳定碎石基层。

(2) 级配碎石顶面的拉应变处于结构层的最不利状态，因此控制级配碎石顶面的疲劳开裂是结构设计的主要控制点，同时材料设计应该采用沥青疲劳层的设计理念。

(3) 组合式基层的无机结合料稳定类底基层的应力水平和应变水平明显大于表7-42的应力和应变水平。

(4) 路面结构表面 A 点位置的位移(0.024181cm)和路基顶面 C 点位置的位移(0.021359cm)相差11.67%，说明级配碎石层产生了一定的压缩变形。

[例7-3] 道路路面结构为4cmAC+6cmAC+8cmAC+12cmLSPM+36cm水泥稳定碎石+20cm二灰土，抗压模量分别为10500MPa、9000MPa、8500MPa、2000MPa、13800MPa和3500MPa，路基模量为60MPa，荷载圆半径 $\delta=10.65$ cm，单位压力 $p=0.707$ MPa，应力、应变和位移计算结果见表7-44。

含LSPM的沥青路面层状体系应力应变计算结果　　表7-44

位置 Z (cm)		应力(MPa)			应变(位移)			
		σ_1	σ_2	σ_3	ε_1	ε_2	ε_3	w(cm)
0	A	-.7070	-.7211	-.8060	-.3097E-04	-.3265E-04	-.4276E-04	.014182
	B	-.2855	-.3535	-.6451	-.3414E-05	-.1151E-04	-.4622E-04	.013853
	D	.0413	.0000	-.4097	.1369E-04	.8771E-05	-.4000E-04	.013639
	C	.0354	.0000	-.3933	.1273E-04	.8522E-05	-.3830E-04	.013593
2	A	-.5066	-.5649	-.6983	-.1817E-04	-.2511E-04	-.4100E-04	.014109
	B	-.0877	-.3979	-.5395	.1397E-04	-.2296E-04	-.3982E-04	.013826
	D	-.0116	-.2406	-.3173	.1218E-04	-.1509E-04	-.2421E-04	.013659
	C	-.0112	-.1730	-.3037	.1028E-04	-.8981E-05	-.2454E-04	.013612

续上表

位置 Z (cm)		应力(MPa)			应变(位移)			
		σ_1	σ_2	σ_3	ε_1	ε_2	ε_3	w(cm)
4	A	−.3252	−.3595	−.6609	−.6674E−05	−.1076E−04	−.4665E−04	.014021
	B	−.1002	−.2551	−.4842	.8058E−05	−.1038E−04	−.3765E−04	.013794
	D	−.0595	−.2296	−.3386	.7862E−05	−.1238E−04	−.2537E−04	.013672
	C	−.0532	−.2233	−.2829	.6989E−05	−.1327E−04	−.2036E−04	.013630
10	A	−.0491	−.0669	−.4267	.8255E−05	.5781E−05	−.4419E−04	.013711
	B	−.0403	−.0870	−.3013	.6308E−05	−.1737E−06	−.2994E−04	.013666
	D	−.0396	−.1197	−.2334	.5405E−05	−.5721E−05	−.2151E−04	.013626
	C	−.0396	−.1626	−.1776	.5052E−05	−.1203E−04	−.1412E−04	.013609
18	A	.1773	.1099	−.1998	.2350E−04	.1359E−04	−.3195E−04	.013422
	B	.1512	−.0079	−.1833	.2341E−04	.2161E−07	−.2578E−04	.013473
	D	.1426	−.0360	−.1769	.2304E−04	−.3229E−05	−.2394E−04	.013462
	C	.1395	−.0461	−.1744	.2290E−04	−.4396E−05	−.2326E−04	.013456
24	A	−.0215	−.0295	−.1565	.1249E−04	.7499E−05	−.7186E−04	.012932
	B	−.0235	−.0435	−.1565	.1325E−04	.7385E−06	−.6986E−04	.013010
	D	−.0237	−.0455	−.1550	.1321E−04	−.4268E−06	−.6884E−04	.013013
	C	−.0238	−.0462	−.1544	.1320E−04	−.8296E−06	−.6847E−04	.013011
30	A	−.0413	−.0463	−.1286	.1187E−05	−.1905E−05	−.5333E−04	.012572
	B	−.0491	−.0504	−.1312	−.1825E−05	−.2690E−05	−.5315E−04	.012640
	D	−.0491	−.0509	−.1310	−.1823E−05	−.2933E−05	−.5298E−04	.012645
	C	−.0491	−.0510	−.1309	−.1823E−05	−.3004E−05	−.5291E−04	.012645
48	A	.0266	.0260	−.0568	.2482E−05	.2434E−05	−.5070E−05	.012480
	B	.0273	.0223	−.0574	.2615E−05	.2159E−05	−.5057E−05	.012537
	D	.0274	.0219	−.0574	.2627E−05	.2129E−05	−.5052E−05	.012542
	C	.0274	.0217	−.0574	.2631E−05	.2119E−05	−.5050E−05	.012542
66	A	.1321	.1224	−.0125	.7583E−05	.6704E−05	−.5515E−05	.012395
	B	.1366	.1296	−.0133	.7791E−05	.7156E−05	−.5787E−05	.012447
	D	.1370	.1303	−.0134	.7811E−05	.7200E−05	−.5814E−05	.012451
	C	.1371	.1305	−.0134	.7817E−05	.7214E−05	−.5822E−05	.012450
86	A	.0553	.0522	−.0023	.1222E−04	.1115E−04	−.8340E−05	.012248
	B	.0567	.0548	−.0024	.1246E−04	.1177E−04	−.8640E−05	.012293
	D	.0569	.0550	−.0024	.1249E−04	.1183E−04	−.8668E−05	.012296
	C	.0569	.0551	−.0024	.1250E−04	.1185E−04	−.8677E−05	.012295

由表 7-44 可知：

(1) 表面点(D、C)拉应变水平小于组合式基层和无机结合料稳定类基层结构。

(2) 18cm 沥青层底面的应变水平最大($23.5\mu\varepsilon$)，小于组合式基层的 26cm 沥青层底面的应变水平($50.01\mu\varepsilon$)和无机结合料稳定类基层沥青表面的应变水平($15.43\mu\varepsilon$)。

(3) LSPM层层底(30cm处)的拉应变水平比较低($1.187\mu\varepsilon$),可以满足疲劳性能的要求。

(4) 水泥稳定碎石依然是疲劳控制层位,但是其应力水平(0.1371MPa)明显小于组合式基层结构78cm处应力水平(0.2662MPa)和无机结合料稳定类基层56cm处的应力水平($0.1603\mu\varepsilon$)。

(5) 三种路面结构表面的最大位移分别为:无机结合料稳定类基层沥青路面结构表面C点位置的位移(0.014559cm)、组合式基层沥青路面结构表面A点位置的位移(0.024181cm)和含LSPM的沥青路面表面A点位置的位移(0.014182cm),组合式基层沥青路面的表面位移最大。组合式基层沥青路面结构表面C点位置的位移为0.023783cm和含LSPM的沥青路面表面C点位置的位移为0.013593cm,也是组合式基层沥青路面的表面C点位移最大。

六、沥青路面结构组合

路面结构是由多个层次组成的复合结构,各结构层由不同类型和性质的材料组成。路面结构设计时,首先需要选择路面结构类型(沥青混凝土路面还是水泥混凝土路面),然后确定各层材料的类型和性质、合理确定各层的厚度(其中一层进行厚度计算,以满足设计要求),组合成满足使用性能要求的路面结构。

1. 沥青路面结构组合的一般原则

路面结构组合设计时需要考虑以下几个方面:

(1) 公路技术等级和交通荷载等级——公路等级高或交通荷载等级高的路面结构需选用较多的结构层次及较强和较厚的结构层;反之,低等级公路或轻交通荷载等级的路面结构可选用较少的结构层次及较弱和较薄的结构层。

(2) 路基支承条件——对于较弱的路基,应首先采取改善路基的措施,在满足规定的最低支承要求后再考虑路面结构;对于较强的路基,可以相应减少路面结构层的强度或厚度,尤其是路基可能出现不均匀沉降的软土地基区段和多年冻土路基区段,需要采取措施(夹层结构、组合式结构)降低路基不均匀沉降产生的附加应力对路面结构的影响。

(3) 当地温度和湿度状况——在季节性冰冻地区,需考虑预防路基冻胀的措施;在多雨潮湿地区,需考虑采用路面结构内部排水的措施等。

(4) 已有公路路面的实践经验。

(5) 由于路面结构各层在荷载和环境作用下的应力或应变不同,因此所组合的路面结构各结构层次的力学特性及其组成材料性质应分别满足对应的层位功能要求。

(6) 应充分考虑结构层上下层次的相互作用以及层间结合条件和要求,如:

①上下层的刚度(模量)比,是否会引起上层底面产生过大的拉应力;

②无机结合料类基层或底基层的温缩裂缝和干缩裂缝,是否会引起上层的反射裂缝及下层的冲刷;

③无结合料类层次的上层和下层的集料粒径和级配,是否会引起水或细粒土的渗漏;

④下面层的透水性,是否会引起渗入水的积滞和下层表面的冲刷;

⑤层次间采用结合或分离措施,对路面结构层内应力状况的不同影响。

(7) 在考虑并合理处理上下层次相互作用的同时,还需要顾及路面体系中各结构层性能的协调,以提供使整个路面结构体系的性能和寿命达到平衡状态的路面结构组合,避免由于个别层次的性能指标过于薄弱,而使整个路面结构的使用寿命降低。

(8)除了采取路表排水和减少地表水渗入的措施外,组合设计时,还应考虑采取各种疏导和排除地表渗入水以及增加抗冲刷能力的措施,如:

①路肩结构应含透水性层次,便于横向排除路面结构内的渗入水;
②设置内部排水系统(排水层排水系统或边缘纵向排水沟排水系统);
③上层有渗入水而下层为不透水时,下层应选用抗冲刷能力强的材料等。

下面介绍几个国家的沥青路面结构组合设计案例。

2. 法国沥青路面典型结构组合

法国沥青路面结构经过了一个不断发展的过程,现在法国沥青路面主要结构有全厚式、柔性基层、混合型、复合型以及倒装结构,共5种,1998年设计指南中,部分结构见表7-45。其中混合型、复合型以及倒装结构为三种不同的无机结合料稳定类基层沥青路面。

法国1998年版 VRS 卡片中部分结构(单位:cm)　　　　表7-45

交通等级		土的等级	
		PF3(120–200)	PF4(>200)
TC8$_{30}$	混合	CS+17GB3+25GC3	CS+16GB3+24GC3
	全厚式	CS+37GB2	CS+35GB2
		CS+34GB3	CS+32GB3
		CS+26EME2	CS+24EME2
	复合	CS1+38GC3	CS1+34GC3
TC7$_{30}$	混合	CS+16GB3+24GC3	CS+14GB3+22GC3
	全厚式	CS+33GB2	CS+32GB2
		CS+31GB3	CS+28GB3
		CS+23EME2	CS+21EME2
	复合	CS1+37GC3	CS1+33GC3
TC6$_{30}$	混合	CS+14GB3+22GC3	CS+13GB3+21GC3
	全厚式	CS+28GB2	CS+26GB2
		CS+26GB3	CS+23GB3
		CS+19EME2	CS+17EME2
	复合	CS2+37GC3	CS2+33GC3

注:表中只给出了 VRS 卡片中部分结构。GB2,GB3 为沥青砂砾,EME2 为高模量沥青混合料基层,GC3 为一般水泥稳定;CS 为 8～10cm 沥青面层,CS1 为 14.5～16cm 沥青面层,CS2 为 10～12cm 沥青面层。

"复合结构"(Composite Structure)为20世纪60、70年代早期沥青路面主要结构形式,该结构同我国现在无机结合料稳定类基层沥青路面大体相同,沥青层较薄,为8～16cm,无机结合料稳定类基层较厚,为28～42cm。为了缓解无机结合料稳定类基层反射裂缝问题,20世纪80年代后,"混合结构"(Hybrid or Mixed Structure)代替"复合结构"成为无机结合料稳定类基层沥青路面的主要形式,"混合结构"即采用无机结合料稳定类基层(含底基层),尽量减薄其厚度,厚度一般为18～25cm,在无机结合料稳定类基层底基层与面层之间再设置一定厚度的沥青稳定基层,沥青层的总厚度一般为19～27cm。

3. 德国沥青路面典型结构层组合

德国的沥青路面典型结构层组合,路基土上首先设置防冻层,然后基层按类型的不同分为5种形式:①沥青类基层;②沥青类基层和无机结合料稳定粗粒土底基层;③沥青类基层和无机结合料稳定碎石底基层;④沥青类基层和级配碎石底基层;⑤沥青类基层和级配碎石或级配砾石底基层。每种结构形式又按交通荷载的繁重程度分为7个等级(标准轴载100kN),轻交通荷载等级的路面结构,有些层次有所缺失。面层(表面层和联结层)和基层都采用热拌沥青混合料,表面层的厚度统一采用40mm,联结层的厚度采用40mm、80mm和不设联结层3种,基层的厚度随交通等级的不同变动于80~220mm范围内,分单层或多层铺设。底基层的厚度分别为0mm、150mm、200mm和250mm 4种。防冻层的厚度分为不设和随冻深变化厚度两种。路面结构的总厚度按交通荷载等级的不同,分为600~900mm、500~800mm和400~700mm 3种,每一种厚度范围又按防冻层厚度的不同分为4个级别(级差100mm)。路床顶面的回弹模量统一要求达到45MPa以上,防冻层顶面的回弹模量为100MPa(最轻的两个交通荷载等级)和120MPa(其他交通荷载等级)。沥青路面的各种典型结构可以综合成表7-46所示的组合方案。

德国沥青路面典型结构层组合方案　　　　表7-46

结构层位		材料类型	
面层	表面层	沥青玛蹄脂碎石、浇注式沥青混凝土、密级配沥青混凝土(厚40mm)	
	联结层	密级配沥青混凝土(厚40mm、80mm或缺失)	
基层	基层	密级配沥青混合料(厚80~220mm)	
	底基层	无机结合料稳定粗粒土或无机结合料稳定级配碎石(厚150mm或缺失)	级配碎石或级配砾石(厚150~250mm或缺失)
	防冻层	粒料(厚度视冰冻深度而定)或缺失	
路基	路基	路床顶面模量要求≥45MPa	
总厚度		沥青层:120~340mm*;路面结构:600~900mm、500~800mm或400~700mm	

注:1. 最轻交通荷载等级除外。
　　2. *指采用沥青碎石基层,数字为沥青层厚度。

4. 美国沥青路面典型结构组合

美国在20世纪70年代后的新建道路中,以全厚式沥青路面和厚沥青层下卧粒料基层的沥青路面为主要结构形式,无机结合料稳定类基层沥青路面用得较少,无机结合料稳定材料趋向于用作底基层。在美国无机结合料稳定类基层沥青采用不多,主要是因为易产生干缩裂缝和反射裂缝;雨水下渗排不出去,易唧浆,加速路面破坏;路面维修不方便。美国道路专家D. R. Jones认为在美国柔性路面占主流,无机结合料稳定类基层沥青路面很少,且一般在低交通量道路使用,主要考虑这种基层比较经济,但是设计者都非常清楚采用此结构存在的问题:2~3年路面开裂、必须增大维修工作等。

1960年美国沥青协会AI开始提出全厚式沥青路面结构,自20世纪60年代开始修建全厚式沥青混凝土路面(full-depth asphalt pavement)和高强度厚沥青路面(deep strength asphalt pavement)。全厚式沥青混凝土路面是一定厚度的沥青混凝土直接铺在路基土上,而高强度厚沥青路面是一定厚度的沥青面层铺在较薄的粒料底基层上。华盛顿州从20世纪60年代以后,州道路系统上就不再采用半刚性基层沥青路面,并表示以后也不会采用。

表7-47为美国20世纪70~90年代的道路实体工程数据,密级配沥青混凝土面层中共有

769条实体工程数据,按基层、底基层类型大致可分为7类。

密级配沥青混凝土路面统计情况　　　　表7-47

类　型		全厚式	粒料底基层[1]	粒料基层	半刚性底基层[2]	粒料基层+半刚性底基层	水泥稳定基层	石灰(3%)稳定基层
实体工程数		154	198	292	37	46	27	15
比例(%)		20.0	25.8	38.0	4.8	6.0	3.5	2.0
基层一般厚度(cm)			10~35	20~80	15~30	[2]	15~30	40~60
各沥青层厚度的工程数	<18cm	3	11	264	1	9	15	0
	18~30cm	65	149	28	11	32	10	15
	30~50cm	72	37	0	21	5	2	0
	>50cm	14	1	0	4	0	0	0
最大沥青层厚度(cm)		63	50	20	57	37	40	27
沥青层与基层厚度比		—	1.5	0.47	2	4:3:3	1	0.5

注:[1] 结构中以沥青稳定碎石作基层。

[2] 结构中粒料基层厚度为15~30cm,半刚性底基层厚度为10~30cm。

5. 日本沥青路面典型结构组合

1963年日本修建第一条名神高速公路时,采用了(4+6)cm的薄沥青面层,使用不久便开裂,于是很快进行了修补,并加铺了面层。因此,从1967年第二条东名高速公路开始,全面采用沥青稳定碎石基层。经过东名、中央等几条高速公路建设,进入20世纪70年代以后,路面结构形式基本确定,成了标准形式。较厚的级配碎石基层或较厚的无机结合料稳定材料基层沥青路面主要使用在较低交通量道路上,在高速公路上,特别对于C、D重交通下,一般都采用一定厚度的沥青稳定碎石作基层。20世纪70年代后日本高速公路沥青路面绝大部分采用较厚的沥青层,即10cm沥青混凝土面层和8~15cm的沥青稳定碎石基层,在沥青稳定基层下一般下卧粒料底基层(10~30cm),或者一部分采用下卧水稳底基层(15~30cm)。需要说明的是,日本水稳底基层的7d抗压强度仅为0.98MPa。新版日本高速公路设计要领增加了一条规定,即沥青面层的最小厚度,一般地区为18cm,寒冷积雪地区为20cm。

表7-48统计了日本从1967年东名高速到道央自动车道(国缝—长万部)、交通量从重交通B到特重交通D共87条高速公路的基层和面层厚度情况。

日本87条沥青路面高速公路统计情况　　　　表7-48

类　型	基层厚度	面层厚度统计情况					面层厚度与基层厚度比值均值
		16cm	18~20cm	20~25cm	25~30cm	>30cm	
粒料底基层	10~30cm	1	50	14	7	0	1.1
水稳底基层	15~30cm	0	4	13	0	1	1.1

6. 我国《公路沥青路面设计规范》(JTG D50)中的结构组合设计

我国沥青路面结构类型可按照基层材料性质分为无机结合料稳定类基层沥青路面、粒料类基层沥青路面、沥青结合料类基层沥青路面和水泥混凝土基层沥青路面四类。应结合交通荷载等级和路基状况等因素,结合路面材料特性和结构特性,选择路面结构类型。总体而言,无机结合料稳定类基层沥青路面适用于各种交通荷载等级,粒料类基层沥青路面适用于重及以下交通荷载等级,沥青结合料类基层沥青路面适用于各种交通荷载等级,水泥混凝土基层沥青路面适用于重及以上交通荷载等级。路基湿度状态为中湿或潮湿时,宜采用粒料类底基层或设置粒料类路基改善层。

无机结合料稳定类基层沥青路面结构组合类型见表7-49、沥青结合料类基层沥青路面结构组合类型见表7-50、粒料类基层沥青路面结构组合类型见表7-51、组合式基层沥青路面结构组合类型见表7-52。

无机结合料稳定类基层沥青路面 表 7-49

结构层组合类型		无机结合料类基层沥青路面	
面层	表面层	密级配沥青混合料、沥青玛蹄脂碎石、开级配沥青磨耗层、沥青表面处治	
	联结层	密级配沥青混合料或缺失	
基层	基层	贫混凝土、水泥稳定碎石、石灰—粉煤灰稳定碎石	
	底基层	水泥、石灰—粉煤灰或石灰稳定粒料或稳定土	级配碎石、级配砾石
路基		路床顶面回弹模量要求≥40MPa、≥60MPa 或≥80MPa	

沥青结合料类基层沥青路面结构组合类型 表 7-50

结构层组合类型		沥青结合料类基层沥青路面		
面层	表面层	密级配沥青混合料、沥青玛蹄脂碎石、开级配沥青磨耗层、沥青表面处治		
	联结层	密级配沥青混合料或缺失		
基层	基层	热拌沥青混合料	热拌沥青混合料、沥青贯入碎石	
	底基层		级配碎石、级配砾石	水泥或石灰—粉煤灰稳定碎石
路基		路床顶面回弹模量要求≥40MPa、≥60MPa 或≥80MPa		

粒料类基层沥青路面结构组合类型 表 7-51

结构层组合类型		粒料类基层沥青路面	
面层	表面层	密级配沥青混合料、沥青玛蹄脂碎石、开级配沥青磨耗层、沥青表面处治	
	联结层	密级配沥青混合料或缺失	
基层	基层	级配碎石、级配砾石	
	底基层	级配碎(砾)石、天然砂砾、填隙碎石	水泥、石灰—粉煤灰或石灰稳定碎(砾)石或稳定土
路基		路床顶面回弹模量要求≥40MPa、≥60MPa 或≥80MPa	

组合式基层沥青路面结构组合类型 表 7-52

结构层组合类型		组合式沥青路面		
面层	表面层	密级配沥青混凝土、沥青玛蹄脂碎石		
	下面层	沥青碎石或橡胶沥青应力吸收层或缺失	连续配筋水泥混凝土	
		设传力杆水泥混凝土		
基层	基层	沥青混凝土、沥青碎石	级配碎石	贫混凝土、水泥或石灰—粉煤灰稳定碎石
	底基层	级配碎石、级配砾石		
路基		路床顶面回弹模量要求≥40MPa、≥60MPa 或≥80MPa		

无机结合料稳定类基层沥青路面主要指无机结合料稳定类基层沥青路面,有时也可以是贫混凝土基层沥青路面,这类沥青路面设计的主要任务是:①控制无机结合料类基层或底基层的拉应力疲劳开裂;②防止出现反射裂缝;③减少路表水对基层的冲刷和唧泥等破坏;④控制沥青层的永久变形。

沥青结合料类基层沥青路面主要指沥青稳定碎石基层+级配碎石底基层沥青路面,这类沥青路面结构设计的主要任务是:①控制沥青层自下而上(Down-top)的疲劳开裂;②控制厚沥青层自上而下(Top-down)的疲劳开裂;③控制沥青层、粒料类底基层和路基的永久变形。

粒料类基层沥青路面主要指沥青混凝土面层+级配碎石基层沥青路面(国外的全厚式沥青路面属于这一类),这类沥青路面设计的主要任务是:①控制沥青层的疲劳开裂;②控制沥青层、粒料类基层、路基土的永久变形;③减少表面水的冲刷破坏。

组合式基层沥青路面主要是指:①水泥混凝土(含 JPCP、JRCP 和 CRCP)基层+沥青面层,这类沥青路面设计的主要任务是控制沥青层的永久变形;②沥青混凝土面层+级配碎石过渡层+无机结合料稳定类基层(有时也包括水泥混凝土)做底基层的沥青路面,这类沥青路面设计的主要任务是控制沥青层的疲劳开裂和沥青层、粒料类基层的永久变形。

七、沥青路面结构设计指标和要求

结合沥青路面的破坏现象和对应的设计指标,根据我国沥青路面结构组合,表 7-53 给出了对应结构类型的典型破坏类型。为了控制沥青路面出现典型破坏,表 7-54 给出了不同结构组合对应的设计指标,在力学计算中各指标对应的力学响应及位置见表 7-55。

沥青路面主要破坏类型 表 7-53

结构类型	粒料类基层沥青路面、底基层采用粒料的沥青结合料类基层沥青路面			无机结合粒稳定类基层沥青路面、底基层采用无机结合料稳定材料的沥青结合料类基层沥青路面	
沥青混合料层厚度(mm)	≥150	150~50	≤50	≥150	<150
主要损坏类型	沥青混合料层永久变形、沥青混合料层疲劳开裂	沥青混合料层疲劳开裂、沥青混合料层永久变形	车辙	车辙、基层疲劳开裂、面层反射裂缝	基层疲劳开裂、面层反射裂缝
季冻地区	面层低温开裂				

不同沥青路面结构组合的设计指标 表 7-54

基层类型	底基层类型	设计指标
无机结合料稳定类	粒料类	无机结合料稳定层层底拉应力、沥青混合料层永久变形量
	无机结合料稳定类	
沥青结合料类	粒料类	沥青混合料层层底拉应变、沥青混合料层永久变形量、路基顶面竖向压应变
	无机结合料稳定类	沥青混合料层永久变形量、无机结合料稳定层层底拉应力

续上表

基层类型	底基层类型	设计指标
粒料类	粒料类	沥青混合料层层底拉应变、沥青混合料层永久变形量、路基顶面竖向压应变
	无机结合料稳定类	沥青混合料层层底拉应变、沥青混合料层永久变形量、无机结合料稳定层层底拉应力
水泥混凝土	—	沥青混合料层永久变形量

注:1. 季节性冻土地区应增加沥青面层低温开裂验算和防冻层验算。
2. 在沥青混合料层与无机结合料稳定层间设置粒料层时,应验算沥青混合料层疲劳开裂寿命。
3. 水泥混凝土基层应按现行《公路水泥混凝土路面设计规范》(JTG D40)设计。

各设计指标对应的力学响应及对应位置　　　表7-55

设计指标	力学响应	竖向位置
沥青混合料层层底拉应变	沿行车方向的水平拉应变	沥青混合料层层底
无机结合料稳定层层底拉应力	沿行车方向的水平拉应力	无机结合料稳定层层底
沥青混合料层永久变形量	竖向压应力	沥青混合料层各分层顶面
路基顶面竖向压应变	竖向压应变	路基顶面

八、沥青路面结构设计标准

1. 沥青混合料层疲劳开裂模型

我国现行《公路沥青路面设计规范》(JTG D50)在大量常应力加载模式和常应变加载模式疲劳试验的基础上,综合国内外大量加速加载试验路的疲劳数据,建立了基于沥青混合料层层底拉应变的沥青混合料层疲劳开裂寿命计算模型,见式(7-111),为了考虑不同加载模式的过渡与转换,在该模型中引入了疲劳开裂加载模式系数。

$$N_{f1} = 6.32 \times 10^{15.96-0.29\beta} k_a k_b k_{T1}^{-1} \left(\frac{1}{\varepsilon_a}\right)^{3.97} \left(\frac{1}{E_a}\right)^{1.58} (\text{VFA})^{2.72} \quad (7-111)$$

式中:N_{f1}——沥青混合料层疲劳开裂寿命(轴次);
　　β——目标可靠指标,根据公路等级按表7-40取值;
　　k_{T1}——温度调整系数;
　　ε_a——沥青混合料层层底拉应变(10^{-6}),根据弹性层状理论计算获取。
　　k_a——季节性冻土地区调整系数,按表7-56采用内插法确定;
　　k_b——疲劳加载模式系数,按式(7-112)计算:

$$k_b = \left[\frac{1 + 0.3 E_a^{0.43} (\text{VFA})^{-0.85} e^{0.024 h_a - 5.41}}{1 + e^{0.024 h_a - 5.41}}\right]^{3.33} \quad (7-112)$$

　　E_a——沥青混合料20℃时的动态压缩模量(MPa);
　　VFA——沥青混合料的沥青饱和度(%),根据混合料设计结构或按现行《公路沥青路面施工技术规范》(JTG F40)的有关规定确定;
　　h_a——沥青混合料层厚度(mm)。

季节性冻土地区调整系数 k_a 表7-56

冻区	重冻区	中冻区	轻冻区	其他地区
冻结指数 $F(\text{℃}\cdot d)$	≥2000	2000~800	800~50	≤50
k_a	0.60~0.70	0.70~0.80	0.80~1.00	1.00

2. 无机结合料稳定类基层疲劳开裂模型

由于无机结合料稳定类材料的刚度界于水泥混凝土和沥青混凝土材料之间,模量较大,所以一般采用无机结合料稳定层层底拉应力计算和控制无机结合料稳定层的疲劳开裂寿命。我国《公路沥青路面设计规范》(JTG D50)在归纳水泥稳定砂砾、水泥稳定碎石、水泥稳定土和石灰粉煤灰稳定碎石四种常用混合料大量疲劳开裂试验结果的基础上,建立了无机结合料稳定粒料和稳定土的疲劳开裂计算模型,见式(7-113)。

由于缺少足够的现场数据,无机结合料稳定层疲劳开裂模型的验证工作难度较大。在大量无机结合料稳定基层沥青路面结构调研基础上,归纳整理了包含公路等级、交通荷载参数和路基回弹模量等因素的不同工况下无机结合料稳定类基层沥青路面典型结构。对比调研的路面典型结构损坏状况与上述疲劳开裂模型分析结果,引入现场综合修正系数 k_c,以反映室内疲劳性能模型与现场疲劳开裂间的差异。

$$N_{f2} = k_a k_{T2}^{-1} 10^{a - b\frac{\sigma_t}{R_s} + k_c - 0.57\beta} \quad (7-113)$$

式中:N_{f2}——无机结合料稳定层的疲劳开裂寿命(轴次);

k_a——季节性冻土地区调整系数,按表7-56确定;

k_{T2}——温度调整系数;

R_s——无机结合料稳定类材料的弯拉强度(MPa);

a、b——疲劳试验回归参数,按表7-57确定;

k_c——现场综合修正系数,按式(7-114)确定;

$$k_c = c_1 e^{c_2(h_a + h_b)} + c_3 \quad (7-114)$$

c_1、c_2、c_3——参数,按表7-58取值;

h_a、h_b——沥青混合料层和计算点以上无机结合料稳定层厚度;

β——目标可靠指标,根据公路等级按表7-40取值;

σ_t——无机结合料稳定层的层底拉应力(MPa),根据弹性层状理论计算获取。

无机结合料稳定层疲劳破坏模型参数 表7-57

材料类型	a	b
无机结合料稳定粒料	13.24	12.52
无机结合料稳定土	12.18	12.79

现场综合修正系数的相关参数 表7-58

材料类型	新建路面结构层或改建工程既有路面结构层		改建工程加铺层	
	无机结合料稳定粒料	无机结合料稳定土	无机结合料稳定粒料	无机结合料稳定土
c_1	14.0	35.0	18.5	21.0
c_2	−0.0076	−0.0156	−0.01	−0.0125
c_3	−1.47	−0.83	−1.32	−0.82

3. 沥青混合料层永久变形量计算模型

我国现行《公路沥青路面设计规范》(JTG D50)依据多种沥青混合料在不同温度、压力等条件下的大量有效车辙试验结果,建立了包含荷载作用次数、温度、竖向压应力、层厚和车辙试验永久变形量等参数的沥青混合料层永久变形预估模型,并利用国内10余条公路多年车辙数据和5个试验段车辙数据对该模型进行了修正和验证。

考虑沥青路面不同深度处应力分布和不同沥青混合料层抗车辙性能的差异,规定分层计算永久变形量。各分层永久变形累加值与沥青混合料层总的永久变形量间的差异考虑在综合修正系数 k_R 中。

对路面设计使用年限内的永久变形量进行预估时,应当使用基于沥青混合料层永久变形量指标进行轴载换算获取的设计使用年限内设计车道上当量设计轴载累计作用次数,进行永久变形量计算。然而,结构分析需综合考虑路面的养护、维修工作。对交通量大、重载比例高的项目,路面设计使用年限内有时需要针对车辙进行一次或一次以上维修,此时用于计算沥青混合料层永久变形量的设计车道上当量设计轴载累计作用次数为通车至首次维修的期限内当量设计轴载累计作用次数。

按照我国沥青路面设计规范规定,首先对路面结构中的各沥青混合料层进行分层:表面层,采用 10~20mm 作为一分层;第二层沥青混合料层,每一分层厚度应不大于 25mm;第三层沥青混合料层,每一分层厚度应不大于 100mm;第四层及其以下沥青混合料层,作为一个分层。然后,根据标准条件下的车辙试验,得到各层沥青混合料的车辙试验永久变形量,按式(7-115)计算各分层的永久变形量和沥青混合料层总的永久变形量。

$$R_a = \sum_{j=1}^{n} R_{aj} \tag{7-115}$$

式中:R_a——沥青混合料层永久变形量(mm);

R_{aj}——第 j 沥青混合料层永久变形量(mm);

$$R_{aj} = \sum_{i=1}^{m} 2.31 \times 10^{-8} k_{Ri} T_{pef}^{2.93} p_i^{1.80} N_{e3}^{0.84} \left(\frac{h_i}{h_0} \right) R_{oj} \tag{7-116}$$

n——沥青混合料层的层数;

m——每一沥青混合料层的分层数;

T_{pef}——沥青混合料层永久变形等效温度(℃);

N_{e3}——设计使用年限内或通车至首次针对车辙维修的期限内,基于沥青混合料层永久变形量指标的设计车道上当量设计轴载累计作用次数;

h_i——第 i 分层厚度(mm);

h_0——第 j 层沥青混合料车辙试验试件的厚度(mm);

R_{oj}——第 j 分层沥青混合料的试验温度为60℃,压强为0.7MPa,加载次数为2520次时,车辙试验永久变形量(mm);

k_{Ri}——综合修正系数,按式(7-117)~式(7-119)计算:

$$k_{Ri} = (d_1 + d_2 \cdot z_i) \cdot 0.9731^{z_i} \tag{7-117}$$

$$d_1 = -1.35 \times 10^{-4} h_a^2 + 8.18 \times 10^{-2} h_a - 14.50 \tag{7-118}$$

$$d_2 = 8.78 \times 10^{-7} h_a^2 - 1.50 \times 10^{-3} h_a + 0.90 \tag{7-119}$$

z_i——沥青混合料第 i 分层深度(mm),第一分层取为15mm,其他分层为路表距分层中点的深度；

h_a——沥青混合料层厚度(mm)，h_a 大于 200mm 时，取 200mm；

p_i——沥青混合料第 i 分层顶面竖向压应力(MPa)，根据弹性层状体系理论计算获取。

验算得到的沥青混合料层永久变形量应满足表 7-59 要求。否则，应调整沥青混合料设计，直至满足要求。满足沥青混合料层容许永久变形量要求的沥青混合料，尚应满足施工技术规范要求的标准车辙试验的动稳定度要求，其永久变形量 R_{aj} 的稳定度可用作沥青混合料的质量要求和施工控制指标，要求室内材料动稳定度试验的动稳定度 DS 大于分层永久变形计算得到的容许动稳定度值。$[DS]$ 容许动稳定度 $[DS]$ 标准车辙试验温度为 60℃，压强为 0.7MPa，试件厚度为 50mm，加载次数为 2520 次时的永久变形量 R_{aj} 按式(7-120)计算确定。

$$[DS] = 9365 R_0^{-1.48} \tag{7-120}$$

式中：$[DS]$——由分层永久变形 R_{aj} 计算得到的，沥青混合料动稳定度(次/mm)。

沥青混合料层容许永久变形量(mm) 表 7-59

基层类型	沥青混合料层容许永久变形量	
	高速、一级公路	二级、三级公路
无机结合料稳定类基层、水泥混凝土基层和底基层为无机结合料稳定类的沥青混合料基层	15	20
其他基层	10	15

4. 路基顶面竖向压应变计算模型

路基顶面竖向压应变是粒料类基层沥青路面和底基层为粒料的沥青结合料类基层沥青路面的重要设计指标。国外相关设计方法一般通过控制路基顶面竖向压应变防止路基产生过大的永久变形，并采用试验路或现场观测数据拟合竖向压应变与交通荷载参数的关系。我国粒料类基层沥青路面应用较少，缺乏足够的实测数据。为此，整理了 AASHTO 试验路的路面结构资料以及轴载作用次数等数据，建立了路基顶面竖向压应变与 100kN 轴载作用次数间的经验关系式，经调整和修正，建立了路基顶面容许竖向压应变的计算模型，见式(7-121)。

$$[\varepsilon_z] = 1.25 \times 10^{4-0.1\beta} (k_{T3} N_{e4})^{-0.21} \tag{7-121}$$

式中：$[\varepsilon_z]$——路基顶面容许竖向压应变(10^{-6})；

β——目标可靠指标，根据公路等级，按表 7-40 取值；

N_{e4}——基于路基顶面压应变指标的设计使用年限内设计车道上的当量设计轴载累计作用次数；

k_{T3}——温度调整系数。

5. 沥青面层低温开裂指数计算模型

季节性冻土地区沥青路面低温开裂是常见病害。我国沥青路面设计规范采用经验法，分析了东北地区多个路段沥青性质、路面结构、路基土质类型等与路面低温开裂状况的关系，参考加拿大 Haas 模型，建立了路面低温开裂指数预估模型，见式(7-122)。

$$CI = 1.95 \times 10^{-3} S_t \lg b - 0.075(T + 0.07 h_a) \lg S_t + 0.15 \tag{7-122}$$

式中：CI——沥青面层低温开裂指数；

T——路面开裂设计温度(℃)，为连续 10 年年最低气温平均值；

S_t——在路面低温设计温度加10℃试验温度条件下,表面层沥青弯曲梁流变试验加载180s时的蠕变劲度(MPa);

h_a——沥青结合料类材料层厚度(mm);

b——路基类型参数,砂$b=5$,粉质黏土$b=3$,黏土$b=2$。

沥青面层低温开裂指数值,应满足表7-60的低温开裂指数要求,否则应改变所选用的沥青材料,直至满足要求。

低温开裂指数要求 表7-60

公路等级	高速、一级公路	二级公路	三级、四级公路
低温开裂指数CI,不大于	3	5	7

6. 防冻层厚度验算模型

季节性冻土地区路基为中湿或潮湿状态时,应按照式(7-123)计算公路多年最大冻深。根据公路多年最大冻深,按表7-61的规定验算路面的防冻厚度,路面结构厚度小于表7-61规定的最小防冻厚度时,应增设防冻层,使其满足最小防冻厚度的要求。

$$Z_{\max} = abcZ_d \tag{7-123}$$

式中:$Z_{\max}$——公路多年最大冻深(mm);

Z_d——大地多年最大冻深(mm),根据调查资料确定;

a——大地冻深范围内路基、路面各层材料热物性系数,按表7-62确定;

b——路基湿度系数,按表7-63确定;

c——路基断面形式系数,根据表7-64按内插法确定。

沥青路面结构最小防冻深度(mm) 表7-61

路基土质	基层、底基层材料类型	对应于以下公路多年最大冻深$Z_{\max}$(mm)和路基干湿类型的最小防冻厚度							
		中湿				潮湿			
		500~1000	1000~1500	1500~2000	>2000	500~1000	1000~1500	1500~2000	>2000
黏性土、细亚砂土	粒料类	400~450	450~500	500~600	600~700	450~550	550~600	600~700	700~800
	水泥或石灰稳定类、水泥混凝土	350~400	400~450	450~550	550~650	400~500	500~550	550~650	650~705
	水泥粉煤灰或石灰粉煤灰稳定类、沥青结合料	300~350	350~400	400~500	500~550	350~450	450~500	500~550	550~700
粉性土	粒料类	450~500	500~600	600~700	700~750	500~600	600~700	700~800	800~1000
	水泥或石灰稳定类、水泥混凝土	400~450	450~500	500~600	600~700	450~550	550~600	650~700	700~900
	水泥粉煤灰或石灰粉煤灰稳定类、沥青结合料	300~400	400~450	450~500	500~650	400~500	500~600	600~650	650~800

注:1. 在《公路自然区划标准》(JTJ 003—86)中,对潮湿系数小于0.5的地区,Ⅱ、Ⅲ、Ⅳ等干旱地区的防冻厚度可比表中值减少15%~20%。
2. 对Ⅱ区砂性土路基防冻厚度应相应减少5%~10%。
3. 公路多年最大冻深大时,靠近上限取值,反之靠近下限取值。
4. 基层、底基层采用不同材料类型时,按厚度较大的材料类型确定。

路基、路面材料热物性系数 a　　　　　　表7-62

路基材料	黏质土	粉性土	粉土质砂	细料土质砂、黏土质砂	含细粒土质砾(砂)
热物性系数	1.05	1.10	1.20	1.30	1.35
路面材料	水泥混凝土	沥青结合料类	级配碎石	石灰粉煤灰稳定材料或水泥稳定粒料	石灰粉煤灰稳定材料土及水泥土
热物性系数	1.40	1.35	1.45	1.40	1.35

路基湿度系数 b　　　　　　表7-63

干湿类型	干燥	中湿	潮湿
潮湿系数	1.0	0.95	0.90

路基断面形式系数　　　　　　表7-64

填挖形式和高(深)度	路基填土高度					路基挖方高度			
	零填	<2m	2~4m	4~6m	>6m	<2m	2~4m	4~6m	>6m
断面形式系数	1.0	1.02	1.05	1.08	1.10	0.98	0.95	0.92	0.90

九、沥青路面结构设计要求及流程

沥青路面在车轮反复多次作用之下,沥青面层和无机结合料稳定类基层的层底拉应力超过极限,形成初始裂缝并逐步扩展至断裂的过程,属疲劳断裂损伤。因此,针对我国主要的沥青路面结构,我国现行《公路沥青路面设计规范》(JTG D50)规定:

(1)以沥青混合料层层底拉应变和无机结合料层层底拉应力为设计指标,以沥青混合料层和无机结合料层的疲劳开裂寿命为设计标准,并应该满足:

基于沥青混合料层层底拉应变计算的沥青混合料层疲劳开裂寿命应大于基于沥青混合料层层底拉应变换算得到的设计年限内当量设计轴载累计作用次数;

基于无机结合料稳定层层底拉应力计算的无机结合料稳定层疲劳开裂寿命应大于基于无机结合料稳定层层底拉应力换算得到的设计年限内当量设计轴载累计作用次数。

(2)对于沥青路面结构,即使每一次行车荷载作用产生的残余变形量很小,但多次重复作用累积起来的残余变形总和也会很大,足以影响车辆的正常行驶。因此,从控制沥青路面结构永久变形角度要求:

基于设计年限内当量设计轴载累计作用次数计算的沥青混合料永久变形量应不大于表7-59所列容许永久变形量;

路基顶面竖向压应变不应大于基于设计年限内当量设计轴载累计作用次数计算获得的容许竖向压应变。

(3)对于季节性冻土地区的沥青路面结构,沥青面层低温开裂指数不宜大于表7-60所列数值。

(4)季节性冻土地区路基为中湿或潮湿状态时,应增设防冻层,使其满足最小防冻厚度(表7-61)的要求。

(5)高速公路、一级公路以及山岭重丘区二级和三级公路的路面在交工验收时,其抗滑技术指标应满足表7-65的技术要求。

抗滑技术要求　　　　　　表7-65

年平均降雨量(mm)	交工检测指标值	
	横向力系数 SFC C_{60}	构造深度 TD
>1000	≥54	≥0.55
500~1000	≥50	≥0.50
250~500	≥45	≥0.45

注:横向力系数 SFC C_{60}——用横向力系数测试车,在60km/h±1km/h车速下测定;构造深度 TD——用铺砂法测定。

十、沥青路面结构验收弯沉要求

一般建议采用落锤式弯沉仪进行路基验收,落锤式弯沉仪荷载为50kN,荷载盘半径为150mm。路基顶面验收弯沉值l_g,应按式(7-124)计算。路基顶面实测代表弯沉值l_0应符合式(7-125)的要求。

$$l_g = \frac{176pr}{E_0} \tag{7-124}$$

式中:l_g——路基顶面验收弯沉值(0.01mm);
  p——落锤式弯沉仪承载板施加荷载(MPa);
  r——落锤式弯沉仪承载板半径(mm);
  E_0——平衡湿度状态下路基顶面回弹模量(MPa)。

$$l_0 \leq l_g \tag{7-125}$$

式中:l_0——路段内实测的路基顶面弯沉代表值(0.01mm),以 1~3km 为一评定路段,按式(7-126)计算:

$$l_0 = (\bar{l}_0 + \beta \cdot s)K_1 \tag{7-126}$$

  $\bar{l}_0$——路段内实测路基顶面弯沉平均值(0.01mm);
  s——路段内实测路基顶面弯沉标准差(0.01mm);
  β——目标可靠指标,根据公路等级,按表7-40取值;
  K_1——路基顶面弯沉湿度影响系数,根据当地经验确定。

路表验收弯沉值l_a,应根据设计路面结构采用弹性层状体系理论按式(7-127)计算。路面结构层参数与路面结构验算时相同。路基顶面回弹模量应采用平衡湿度状态下路基顶面回弹模量乘以模量调整系数k_1,用以协调理论弯沉与实测弯沉的差异。

$$l_a = p\bar{l}_a \tag{7-127}$$

式中:$\bar{l}_a$——理论弯沉系数:

$$\bar{l}_a = f\left(\frac{h_1}{\delta}, \frac{h_2}{\delta}, \cdots, \frac{h_{n-1}}{\delta}; \frac{E_2}{E_1}, \frac{E_3}{E_2}, \cdots, \frac{k_1 E_0}{E_{n-1}}\right) \tag{7-128}$$

  k_1——路基顶面回弹模量调整系数,无机结合料稳定类基层沥青路面和水泥混凝土基层沥青路面,取0.5;粒料基层沥青路面和沥青结合料类基层沥青路面,当采用无机结合料稳定底基层的,取0.5,否则取1.0;
  E_0——平衡湿度状态下路基顶面回弹模量(MPa)。

路表交(竣)工时应对路表弯沉值进行检测,检测时需要考虑对弯沉进行湿度和温度修正。落锤式弯沉仪中心点弯沉代表值应符合式(7-129)要求。

$$l_0 \leq l_a \tag{7-129}$$

式中:l_a——路表验收弯沉值(0.01mm);
  l_0——路段内实测路表弯沉代表值(0.01mm),以 1~3km 为一个评定路段,按式(7-130)计算:

$$l_0 = (\bar{l}_0 + \beta \cdot s)K_1 K_3 \tag{7-130}$$

式中:$\bar{l}_0$——路段内实测路表弯沉平均值(0.01mm);
  K_1——路基顶面弯沉湿度影响系数,根据实测弯沉值通过反算得到路基模量值,再对路基模量进行修正得到结构模量值,然后得出测试状态下弯沉湿度修正系数K_1,或者根据当地经验确定;

K_3——路表弯沉温度影响系数,按式(7-131)确定:

$$K_3 = e^{[9 \times 10^{-6}(\ln E_0 - 1)h_a + 4 \times 10^{-3}](20 - T)} \quad (7\text{-}131)$$

式中:T——弯沉测定时沥青结合料类材料层中点实测或预估温度(℃);

h_a——沥青结合料类材料层厚度(mm)。

新建沥青路面的结构设计及验算流程如图 7-25 所示。

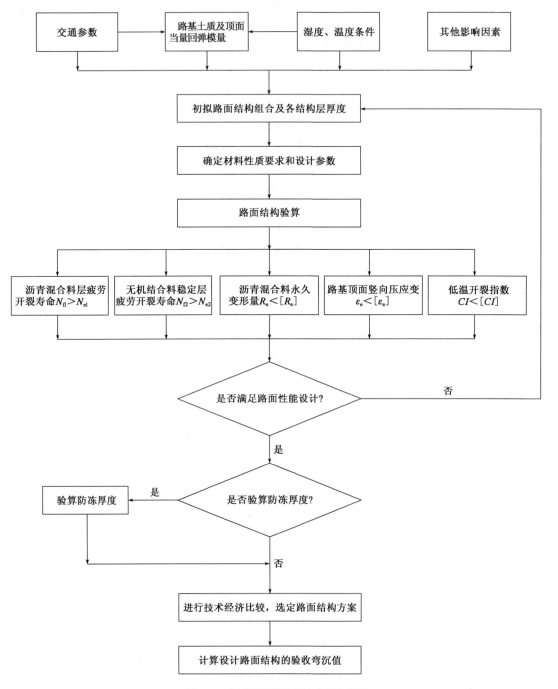

图 7-25 沥青路面结构设计验算流程图

【思考与分析】

1. 评述加州承载比(CBR)柔性路面设计方法。
2. 评述 AASHTO 柔性路面设计方法试验主要成果、设计方法、改进与推广。
3. 对经验法柔性路面设计做总的评述。
4. 评述 SHELL 柔性路面设计方法的历史、原理、参数、设计方法、优缺点。
5. 评述 AI 柔性路面设计方法的历史、原理、参数、设计方法、优缺点。
6. 评述我国沥青路面设计方法的历史、原理、参数、设计方法、优缺点。
7. 请分析 AASHTO 1993 路面结构层系数 a_i 的内涵和意义?
8. 请分析 AASHTO 1993 路面结构层排水系数 m_i 的内涵和意义?

第八章
公路水泥混凝土路面设计方法

第一节 我国公路水泥混凝土路面设计方法演变

我国1949年前公路水泥混凝土路面总里程不足30km,1949至1960年仅建成60km,1960年后,由于水泥工业的发展,水泥产量日益增加,在很多城市干道以及机场跑道铺筑了水泥混凝土路面。但是,由于修筑水泥混凝土路面每公里需要消耗大约500t水泥(道路为7m宽,路面为20cm厚),因此,当时在水利、铁道、国防等方面对水泥需求量很大的情况下,尚不能修筑大量的水泥混凝土路面,至1970年左右,我国水泥混凝土路面也仅有200km。

20世纪70年代后,我国一些省,如浙江、河北、山西、广东、江苏等,在干线公路上开始大量铺筑水泥路面,此后我国的机场跑道几乎全部都采用水泥道面,到1980年,达到1600km。1987年底我国共修筑水泥混凝土路面6041km,到1993年底水泥混凝土路面里程增至28049km,五年净增22008km。这五年间水泥混凝土路面的每年修建里程数约为前39年的19倍。到1998年,我国水泥混凝土路面修筑里程突破3万km。由于科研、设计、施工、管理方面的水平均大幅提高,大大鼓舞了建设部门在高等级公路中采用水泥路面结构的信心。

20世纪90年代以后,国家重点建设的公路水泥混凝土路面总里程已超过7万km,如山西大同至运城二级公路153km;南京至上海二级公路90km;合肥至南京高速公路87km;新乡至郑州一级公路70km;阿城至哈尔滨一级公路34km;桂林至柳州高速公路138.4km;南宁至防城高速公路140km;三岸至那布高速公路60km;柳州至三灵高速公路140km;宾阳至南宁高速公路84km。并开始修筑碾压混凝土路面、钢纤维混凝土路面、钢筋混凝土路面,在江苏盐城首次修筑了连续配筋水泥混凝土路面。到2000年底,全国水泥混凝土路面总里程为118576km。

据统计,到2013年末,加上农村公路,中国水泥混凝土路面总里程约177.7万km(表8-1),到2019年末总里程则为284.7万km。按不同等级公路水泥混凝土路面里程分类统计分析,发现中国水泥路面主要用于乡、村低等级公路中。在14.96万km高速公路路面中,水泥混凝土路面只有3400多km,所占比例仅2%,和98%的沥青路面相比,几乎可忽略不计。这和国外高速公路水泥混凝土路面比例15%~80%相比(表8-2),反映出中国水泥混凝土路面路用性能差,在国、省道的路面类型选择中不被认可的事实。其主要原因是在重载车通行的道路中水泥混凝土路面的早期破损严重,设计年限30年的路面可能3年即产生病害;加之在通车路线上水泥混凝土路面维修困难,对交通影响大。同时,在大、中修技术改造中也不断通过加铺沥青面层方法进行"白"改"黑"改造,水泥混凝土路面的总数量还在不断减少。

全国及山西省水泥路面分类统计表(2013年)　　　　　　表8-1

项　　目	全　　国		山　西　省	
	里程(km)	比例(%)	里程(km)	比例(%)
国道	21557.238 (3452.728)	1.21 (0.19)	275.245 (161.100)	0.41 (0.24)
省道	72849.224	4.10	682.875	1.02
县道	188362.507	10.60	4808.732	7.20
乡道	538391.244	30.29	27186.775	40.70
专用公路	13795.294	0.78	222.406	0.33
村道	942307.126	53.02	33624.324	50.34
总计	1777262.633		66800.357	

注:括号内为高速公路统计数据。

国外高速公路水泥混凝土路面比例　　　　　　表8-2

国　　家	水泥混凝土路面的比例
美国	州际等干线公路水泥路13%,复合式路面19%
英国	高速公路20%,干线公路6%
德国	西德高速公路30%,东德高速公路82%
法国	高速公路15%
比利时	高速公路40%,国道(干线公路)20%,省道35%
韩国	高速公路63%

为了提高水泥混凝土路面的使用性能,延长水泥混凝土路面的使用寿命,在水泥混凝土路面科研方面,交通运输部组织专家和众多科研单位进行了重点攻关。交通部在《一九七八~一九八五交通科技规划纲要》中,安排了"水泥混凝土路面研究",要求在前三年(1978~1980年)的第一阶段着重研究设计理论,在后五年(1981~1985)进一步完善设计理论、设计方法和

参数。1987年国家科学技术委员会引导性项目No.025项目为"我国水泥混凝土路面发展对策及修筑技术研究",1990年进行了"水泥混凝土路面结构的可靠性研究";根据国务院《"十五"西部开发总体规划》,交通部于2000年启动了"西部交通建设科技项目计划",进行了大量的水泥混凝土路面设计、施工与管理方面的研究。以2005年开始的西部交通建设科技项目"道路水泥混凝土组成设计"为开端,集中在2007~2012年,投入了上千万的专项资金,开展了"水泥混凝土路面断板分析及防治技术研究""重载水泥混凝土路面研究"、重大专项"耐久性水泥混凝土路面关键技术研究",取得了众多成果,对设计规范和施工规范的修订发挥了重大作用。

在水泥混凝土路面结构设计、施工技术、材料要求的标准规范方面,在建国70多年的发展历程中,进行了多次更新与提高。

交通部公路总局于1950年发布了《公路养护暂行办法》。交通部于1953年颁发了《公路工程材料试验方法》(草案),1955年颁发了《公路养护技术规范》(草案),1958年制定了《路面设计规范》(草案)和《公路养护技术规范》(修订草案)。建筑工程部1960年颁布了《城市道路设计准则》。交通部于1960年4月公布《公路养护管理暂行办法》,1965年颁布了《公路路面设计规范》(JTJ 1004—66),1979年颁布了《公路养护质量检查评定暂行办法》,1982年颁布了《公路工程材料试验规程》,1984年颁布《水泥混凝土路面设计规范》(JTJ 012—84),1985年发布了《公路养护技术规范》(JTJ 073—85),1987年颁布了《水泥混凝土路面施工与验收规范》(GBJ 97—87),1988年颁布了《公路养护质量评定办法》(征求意见稿),1994年颁布了《公路水泥混凝土路面设计规范》(JTJ 012—94)和《公路工程水泥混凝土试验规程》(JTJ 053—94),1996年颁布了《公路养护技术规范》(JTJ 073—96),2000年颁布了《公路水泥混凝土路面滑模施工技术规范》(JT J/T037.1—2000),2001年颁布了《公路水泥混凝土路面养护技术规范》(JTJ 073.1—2001),2002年颁布了《公路水泥混凝土路面设计规范》(JTJ D40—2002),2003年颁布了《公路水泥混凝土路面施工技术规范》(JTG F30—2003),2005年颁布了《公路工程水泥及水泥混凝土试验规程》(JTG E30—2005),2009年颁布了《公路养护技术规范》(JTG H10—2009),2011年颁布了《公路水泥混凝土路面设计规范》(JTG D40—2011),2014年颁布了《公路水泥混凝土路面施工技术细则》(JTG/T F30—2014)和《公路水泥混凝土路面再生利用技术细则》(JTG/T F31—2014)。系统的水泥混凝土路面设计、施工及养护管理规范为水泥混凝土路面的推广提供了技术保障。

下面将介绍我国各个阶段水泥混凝土路面设计的主要内容。

一、1958年版和1966年版路面设计规范

1958年版《路面设计规范》(草案)和1966年版《公路路面设计规范》(JT 1004—66)在水泥混凝土路面设计方面的规定基本一致。

如第六章所述,在水泥混凝土路面设计理论方面,威士特卡德(H. M. Westergaard)1926年发表水泥混凝土路面板中、板边和板角荷载应力计算公式和温度应力计算公式,并于1933年根据实测应力大小,考虑温度应力作用由凯利(E. F. Kelley)进行了修正。虽然该公式根据文克勒(E. Winkler)地基上弹性板理论推导得到,较1920年欧德(C. Older)根据经验提出的变截面梁公式更加符合实际,但是,由于当时我国路面结构参数测定主要采用弹性半空间地基理论公式推导得到,因此没有相应的文克勒地基的地基反应模量(K)测定参数。为了充分利用我

国当时路基顶面模量测定经验和已经有的参数测定值,利用板中弯矩相等的理论,推导得到了地基反应模量和地基弹性模量(E_0)、水泥混凝土路面板模量(E_c)、泊松比(μ)和厚度(h)之间的关系式:

$$K = \frac{0.65 E_0}{h} \sqrt[3]{\frac{E_0}{E_c}} \tag{8-1}$$

由此得到板中应力计算公式:

$$\sigma_c = 1.1(1+\mu)\frac{P}{h^2}\left(\lg\frac{h}{R} + \frac{1}{3}\lg\frac{E_c}{E_0} + 0.05\right) \tag{8-2}$$

板边应力计算公式:

$$\sigma_e = 2.12(1+0.54\mu)\frac{P}{h^2}\left(\lg\frac{h}{R} + \frac{1}{3}\lg\frac{E_c}{E_0} - 0.13\right) \tag{8-3}$$

式中:P——一侧后轮总荷载(kN);

R——车轮与路面接触的当量圆半径(m)。

1958年版《路面设计规范》(草案)和1966年版《公路路面设计规范》(JT 1004—66)中水泥混凝土路面的设计理论虽然采用威士特卡德应力计算公式,但是路基顶面模量参数采用弹性半空间地基模量参数,通过转化得到地基反应模量参数K。

对于重复荷载作用主要考虑强度折减系数n,一般取$n=0.5$。但是由于按照威士特卡德板边应力公式(8-3)计算得到的应力较板中应力公式(8-2)计算得到的应力大50%,所以,实际设计中也考虑板中和板边采用不同的强度折减系数n。

下面介绍依据1966年版《公路路面设计规范》的水泥混凝土路面具体设计算例。

设计计算资料:汽-13级一侧后轮总荷载$P=45.5$kN,一侧后轮当量圆直径$D=2R=30$cm,动力系数$K=1.2$,混凝土抗折模量$E_c=20000$MPa,水泥混凝土抗折强度$R_{u.28}=3.6$MPa,水泥混凝土抗压强度$R_{c.28}=20$MPa,基层顶面综合模量$E_0=E_{0实测}/K_1 K_2=166/(1.1\times 1.1)=137$(MPa)。

1. 确定容许应力

板边应力的容许应力:以板边荷载应力作为设计控制值,取$n=0.65$,$\sigma_{容边}=R_{u.28}\times 0.65=2.34$MPa;

板中应力的容许应力:以板中荷载应力作为验算控制值,取$n=0.5$,$\sigma_{容中}=R_{u.28}\times 0.5=1.8$MPa;

板中温度应力和荷载应力同时作用的容许应力:取$n=0.90$,$\sigma_{容}=R_{u.28}\times 0.9=3.24$MPa

2. 板厚计算

荷载作用于板边时厚度计算公式:

$$h = \sqrt{\frac{\alpha_2 PK}{\sigma_{容边}}} \tag{8-4}$$

式中：α_2——荷载应力计算系数，与$\frac{h}{R}$、$\frac{E_c}{E_0}$的比值有关，见表8-3。

系数 α_2（荷载作用于板边缘时） 表8-3

E_c/E_0	h/R								
	2.0	1.8	1.6	1.4	1.2	1.0	0.8	0.6	0.5
2000	2.74	2.60	2.49	2.36	2.21	2.05	1.82	1.55	1.39
1500	2.62	2.54	2.42	2.30	2.14	1.95	1.71	1.47	1.32
1000	2.51	2.41	2.29	2.14	2.00	1.80	1.60	1.36	1.19
800	2.44	2.32	2.19	2.08	1.91	1.72	1.53	1.29	1.11
600	2.33	2.23	2.11	1.97	1.81	1.63	1.45	1.20	1.03
500	2.26	2.15	2.03	1.90	1.75	1.58	1.39	1.14	0.98
400	2.19	2.09	1.97	1.79	1.68	1.53	1.33	1.07	0.91
300	2.10	2.01	1.87	1.73	1.61	1.45	1.25	0.99	0.82
200	1.97	1.86	1.73	1.62	1.49	1.33	1.13	0.86	0.69
150	1.86	1.75	1.63	1.53	1.39	1.24	1.04	0.77	0.61
100	1.73	1.65	1.54	1.42	1.29	1.12	0.92	0.65	0.50
80	1.65	1.57	1.47	1.34	1.22	1.05	0.84	0.58	0.43

假设：$h=15\text{cm}$，$\frac{h}{R}=1.0$，$\frac{E_c}{E_0}=20000/137=146$，查表8-3，得到$\alpha_2=1.23$，则：

$$h=\sqrt{\frac{\alpha_2 PK}{\sigma_{容}}}=\sqrt{\frac{1.23\times 45.5\times 1.2}{2.34\times 1000}}=0.169(\text{m})$$

再取$h=18\text{cm}$，$\frac{h}{R}=1.2$，$\frac{E_c}{E_0}=20000/137=146$，查表8-3，得到$\alpha_2=1.38$，则：

$$h=\sqrt{\frac{\alpha_2 PK}{\sigma_{容}}}=\sqrt{\frac{1.37\times 45.5\times 1.2}{2.34\times 1000}}=0.18(\text{m})$$

取设计板厚$h=18\text{cm}$。

3. 混凝土路面板平面尺寸确定

设计混凝土路面板宽$B=3.75\text{m}$，板长$L=4.0\text{m}$。

4. 验算温度应力和板中、板角应力

(1)荷载作用于板中荷载应力：

$$\sigma_0=\frac{\alpha_1 PK}{h^2} \tag{8-5}$$

式中：α_1——荷载应力计算系数，与$\frac{h}{R}$、$\frac{E_c}{E_0}$的比值有关，见表8-4。

系数 α_1（荷载作用于板中时） 表 8-4

E_c/E_0	h/R								
	2.0	1.8	1.6	1.4	1.2	1.0	0.8	0.6	0.5
2000	1.74	1.65	1.60	1.53	1.45	1.36	1.23	1.08	0.99
1500	1.67	1.63	1.56	1.50	1.41	1.30	1.17	1.04	0.95
1000	1.62	1.55	1.49	1.41	1.33	1.22	1.11	0.97	0.88
800	1.57	1.51	1.44	1.37	1.28	1.17	1.07	0.93	0.84
600	1.51	1.46	1.39	1.32	1.22	1.13	1.02	0.88	0.80
500	1.47	1.42	1.35	1.28	1.19	1.10	0.99	0.86	0.76
400	1.44	1.38	0.31	1.22	1.15	1.07	0.96	0.82	0.72
300	1.38	1.33	1.26	1.18	1.11	1.02	0.92	0.77	0.68
200	1.31	1.25	1.18	1.12	1.04	0.96	0.85	0.70	0.61
150	1.25	1.19	1.13	1.07	0.98	0.91	0.80	0.65	0.56
100	1.18	1.13	1.08	1.01	0.94	0.84	0.73	0.58	0.50
80	1.14	1.09	1.04	0.97	0.90	0.81	0.69	0.55	0.46

（2）荷载作用于板角荷载应力：

$$\sigma_c = \frac{\alpha_3 PK}{h^2} \quad (8\text{-}6)$$

式中：α_3——荷载应力计算系数，与 $\frac{h}{R}$、$\frac{E_c}{E_0}$ 的比值有关，见表 8-5。

系数 α_3（荷载作用于板角时） 表 8-5

E_c/E_0	h/R								
	2.0	1.8	1.6	1.4	1.2	1.0	0.8	0.6	0.5
2000	2.37	2.31	2.25	2.17	2.09	1.97	1.80	1.62	1.49
1500	2.31	2.27	2.20	2.12	2.04	1.91	1.73	1.55	1.42
1000	2.26	2.19	2.13	2.04	1.95	1.80	1.66	1.47	1.34
800	2.20	2.14	2.07	1.99	1.88	1.75	1.60	1.40	1.26
600	2.14	2.09	2.02	1.93	1.80	1.68	1.54	1.33	1.19
500	2.11	2.04	1.97	1.85	1.75	1.64	1.49	1.28	1.14
400	2.07	2.00	1.93	1.81	1.72	1.60	1.44	1.21	1.08
300	2.01	1.95	1.86	1.75	1.66	1.54	1.38	1.15	1.00
200	1.92	1.84	1.76	1.67	1.57	1.44	1.28	1.03	0.87
150	1.84	1.77	1.69	1.61	1.50	1.34	1.19	0.95	0.80
100	1.76	1.68	1.62	1.52	1.41	1.26	1.08	0.84	0.69
80	1.70	1.67	1.56	1.44	1.35	1.20	1.02	0.78	054

（3）验算板中荷载应力：

取 $h = 18\text{cm}$，$\frac{h}{R} = 1.2$，$\frac{E_c}{E_0} = 20000/137 = 146$，查表 8-4，得到 $\alpha_1 = 0.97$，则：

$$\sigma_0 = \frac{0.97 \times 45.5 \times 1.2}{0.18^2} = 1635(\text{kPa}) = 1.635(\text{MPa}) < \sigma_{\text{容中}} = 1.8\text{MPa}$$

(4)验算板角荷载应力:

取 $h = 18\text{cm}$, $\frac{h}{R} = 1.2$, $\frac{E_c}{E_0} = \frac{20000}{137} = 146$, 查表8-5,得到 $\alpha_3 = 1.49$,则:

$$\sigma_c = \frac{1.49 \times 45.5 \times 1.2}{0.18^2} = 2511(\text{kPa}) = 2.511(\text{MPa}) > \sigma_{\text{容中}} = 1.8\text{MPa}$$

(5)验算温度应力和板中荷载应力同时作用下的应力:

板的刚度半径计算:

$$l = 0.6h\sqrt[3]{\frac{E_c}{E_0}} = 0.6 \times 0.18\sqrt[3]{146} = 0.569(\text{m})$$

$$B/l = 3.75/0.569 = 6.59$$

$$L/l = 4.0/0.569 = 7.03$$

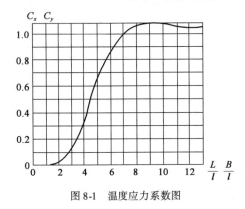

图8-1 温度应力系数图

查图8-1,得到温度应力系数 $C_x = 0.95$, $C_y = 1.01$。

温度差:$\Delta_t = 0.6h = 60 \times 0.18 = 10.8(℃)$

温度应力:
$$\sigma_t = \frac{\alpha \Delta_t E_c}{2(1-\mu^2)}(C_x + \mu C_y)$$

$$= \frac{20000 \times 10.8 \times 0.00001}{2(1-0.15^2)} \times (0.95 + 0.15 \times 1.01)$$

$$= 1.22(\text{MPa})$$

则:$\sigma_0 + \sigma_t = 1.8 + 1.22 = 3.02(\text{MPa}) < \sigma_{\text{容}} = 3.24\text{MPa}$

设计板厚 $h = 18\text{cm}$,经验算符合容许应力要求。

以上算例及1958年版《路面设计规范》(草案)表明:

①混凝土强度采用折减系数考虑交通量的影响,没有采用与交通量有关的疲劳方程,因此取值完全取决于经验。而折减系数的大小将直接影响混凝土路面设计厚度。

②应力计算采用通过模量转换的威士特卡德公式,由于不同位置的转换关系应该也不同,同时荷载应力计算考虑的是无限大板或者半无限大板,与实际的有限尺寸混凝土路面板有明显差异。

③路基模量参数的测定和取值采用形变模量,还没有形成回弹模量及其测试方法和取值要求。

二、1984版《公路水泥混凝土路面设计规范》

鉴于1958版规范和1966版规范在荷载应力计算、混凝土疲劳特性和路基设计及参数等方面的缺陷,以及由于基本采用苏联的设计思想而缺乏国内实测数据支撑,20世纪70年代中后期,我国先后组织力量在北京、上海、西安、广州等市,在浙江、安徽、广东、江苏等省开展水泥混凝土路面使用性能调查。调查结果表明,由于各地采用的设计标准不一,施工方法不同,交通状况也有差异,体现在路面使用性能上有很大区别,既有成功的经验,也有失败的教训。总结经验教训,主要表现在:水泥混凝土路面断面形式及厚度、板的平面尺寸、混凝土的强度要求、基层设置、接缝布置及构造等。有的地方采用水稳定性好的基层,这对加强路面板和防止唧泥翻浆,延长路面使用寿命,起到了积极作用;在构造和工艺上,采用延长胀缝间距、成条浇筑和机械锯缝等措施,极大地提高了路面平整度和增加了混凝土路面板间的传荷能力。

1978~1985年的科技发展规划安排了"水泥混凝土路面研究"课题,交通部规划设计院和同济大学作为牵头单位,组织了全国大专院校、公路、市政、民航、空军后勤部等包含设计、施工、科研在内的40多个单位,开展了长达十年的联合攻关,在1978~1980年用3年时间着重研究了水泥混凝土路面设计理论、初步提出了设计参数和设计方法。第一阶段的主要成果有:荷载应力计算图、若干地区水泥混凝土路面板温度变化规律和温度应力计算方法、刚性路面下基层综合模量确定、几项主要参数(如混凝土强度、动荷系数、疲劳抗力安全系数)等。

1982~1985年根据第一阶段的研究成果,开展补充研究,进一步完善了设计理论、方法和参数。第二阶段主要成果有:考虑徐变影响的温度应力计算和试验验证、考虑荷载应力和温度应力综合疲劳作用的结构设计方法、改善地基反力处理和采取等厚度原理对板角应力的有限元分析及其试验验证、旧水泥混凝土强度评定、双层混凝土路面板应力分析和加厚设计、若干设计参数(如混凝土板下综合模量、路面板的温度梯度值、轮迹横向分布系数)等。东南大学和浙江省交通厅在浙江省台州地区修筑了试验路,测定了荷载应力和挠度,开展了疲劳试验,研究论证了设计理论的可靠性,提出了板下地基模量的非线性特征和路面设计时确定地基模量的方法,探讨了路面板在荷载反复作用下疲劳损伤发展过程和估算方法,由此形成了1984版《公路水泥混凝土路面设计规范》(JTJ 012—84)。

1. 临界荷位

根据横向接缝的传递荷载条件(是否设置传力杆),利用有限元法计算确定了水泥混凝土面板内荷载应力最大的位置:双轮组轮载作用于横缝边缘中部时弯曲应力最大[图8-2a)],略大于轴载作用于纵缝边缘(即两侧后轮中有一侧靠近纵缝,另一侧在板内)时,并且也大于轴载全部作用于横缝边缘(由于另一侧轮载的影响,叠加应力反而减少)。后轴一侧双轮组轮载作用于板中时应力最小,也小于轴载全部作用于板中部时[图8-2b)]。考虑到轮迹沿行车道横向分布的特点,车轮跨越横缝的机率最大,一般不以纵缝边缘为荷载的最不利位置。因此,根据横向接缝传递荷载的条件(是否设置传力杆),可选两种临界荷载位置计算板内最大应力值:①后轴一侧双轮组轮载作用于横缝边缘中部[图8-2a)],适用于横缝无传力杆;②后轴轴载作用于板中部[图8-2b)],适用于横缝处设置传力杆。由于当时水泥混凝土路面基本不设置传力杆,因此临界荷位主要是横缝边缘中部。

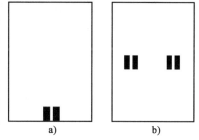

图8-2 临界荷位图
a)后轴一侧双轮组轮载作用于横缝边缘中部;b)后轴轴载作用于板中部

2. 荷载应力计算

根据荷载作用于横缝边缘中部和板中部两种荷载位置,利用弹性半空间地基上有限尺寸板的有限元法得到了不同荷载位置和荷载形式的应力计算诺谟图,如图8-3和图8-4所示。

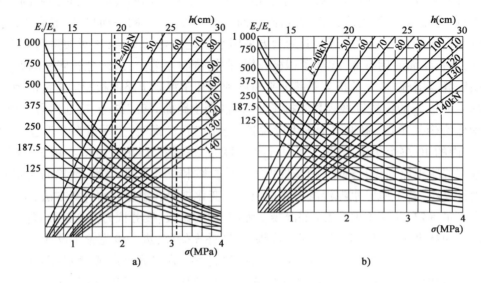

图 8-3 单后轴荷载应力计算图
a)一侧轮载作用于横缝边缘中部；b)轴载作用于板中部

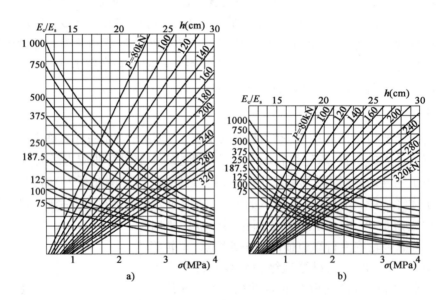

图 8-4 双后轴荷载应力计算图
a)一侧轮载作用于横缝边缘中部；b)轴载作用于板中部

3. 结构组合设计

1984 版《公路水泥混凝土路面设计规范》(JTJ 012—84)明确提出了路基不均匀变形将给水泥混凝土路面板带来很不利的影响,控制路基不均匀变形的最经济、最有效的途径是:选择合适的填料和填筑方式、控制路基压实度、加强路基排水、控制路基不均匀变形。如果有湿软地基,应采取加固措施,待充分固结后再修筑基层和面层。

同时规范提出了基层的作用主要是:防止唧泥、减轻冰冻的危害、为面层施工提供平台、增加路面的结构强度等。基层不宜由细粒料稳定材料组成(容易在荷载和水的重复作用下产生唧泥)。规范同时要求增加水泥混凝土路面板的厚度。

同时规范明确:特重车(后轴重>13t)时,混凝土面板厚度≥25cm;重车(后轴重10~13t)时,混凝土面板厚度宜为23~25cm;中等车(后轴重6~9t)时,混凝土面板厚度宜为21~23cm;轻车(后轴重<6t)时,混凝土面板厚度宜≤21cm。

4. 混凝土的抗折疲劳方程

根据小梁疲劳试验结果,回归得到单对数疲劳方程式(8-7)和双对数疲劳方程式(8-8)。

$$\sigma_f = \sigma_s(0.94 - 0.077\lg N_e) \tag{8-7}$$

$$\lg N_e = 1.171 - 19.115\lg\frac{\sigma_f}{\sigma_s} \tag{8-8}$$

式中:σ_f——混凝土的抗折疲劳强度(MPa);

σ_s——混凝土的计算抗折强度(MPa),见表8-9;

N_e——标准轴载的累计作用次数(次)。

5. 轴载换算公式

根据双对数疲劳方程,同时将单后轴和双应力计算结果进行回归分析,得到如下应力计算公式:

$$\sigma = A\frac{P^n}{h^m} \tag{8-9}$$

式中:P——轴载值(kN);

h——混凝土板的厚度(cm);

A、m、n——常数,见表8-6~表8-8。

系数 A 的值　　表8-6

荷载条件		模量比 E_c/E_s		
		375	187.5	125
单后轴	板边	213.8	92.7	67.3
	板中	179.6	171.2	161.3
双后轴	板边	121.2	61.8	41.7
	板中	78.9	107.7	111.3

系数 m 的值　　表8-7

荷载条件		模量比 E_c/E_s			平均
		375	187.5	125	
单后轴	板边	1.242	1.045	0.926	1.186
	板中	1.283	1.308	1.312	
双后轴	板边	1.054	0.897	0.809	1.048
	板中	1.055	1.216	1.257	

系 数 n 的 值　　　　　　　　　表 8-8

荷 载 条 件		模量比 E_c/E_s			平　均
		375	187.5	125	
单后轴	板边	0.836	0.866	0.767	0.835
	板中	0.873	0.842	0.825	
双后轴	板边	0.896	0.881	0.870	0.885
	板中	0.906	0.883	0.874	

再根据疲劳等效原则,得到轴载 P_1 和 P_2 和作用次数 N_1 和 N_2 之间的换算关系:

$$\frac{N_1}{N_2} = \left(\frac{P_2}{P_1}\right)^{19.115n} \tag{8-10}$$

现以单后轴为标准轴载,取表 8-8 中的平均值 0.835,则单后轴的轴载换算公式为:

$$\frac{N_1}{N_2} = \left(\frac{P_2}{P_1}\right)^{16} \tag{8-11}$$

对双后轴,经推导得到双后轴的轴载换算公式为:

$$\frac{N_1}{N_2} = 3.8 \left(\frac{P_2}{P_1}\right)^{16} \tag{8-12}$$

规范给出的轴载换算公式为:

$$N_s = \alpha_i N_i \left(\frac{P_i}{P_s}\right)^{16} \tag{8-13}$$

式中:N_s——标准轴载的作用次数(次);

N_i——各级轴载 P_i 的作用次数(次);

α_i——与后轴轴数有关的系数,单后轴,$\alpha_i = 1.0$;双后轴,$\alpha_i = 3.8$。

由此根据交通量年平均增长率 γ 和设计使用年限 t 及第 1 年的日平均当量标准轴载作用次数 n_1 计算设计年限内的标准轴载的累计作用次数 N_e。

$$N_e = 365 n_1 \frac{(1+\gamma)^t - 1}{\gamma} \eta \tag{8-14}$$

式中,η 为车轮轮迹横向分布系数,双向双车道、混合行驶时,取 0.30~0.40;双向双车道、设有路面标线或隔离墩分道行驶时,取 0.40~0.50;单向一个车道,取 0.50~0.65。

6. 混凝土板下基层顶面的当量回弹模量

在原有公路上加铺水泥混凝土路面时,宜在最不利季节用刚性承载板法测定,也可用黄河 JN150 标准车测定基层顶面的计算回弹弯沉值 l_0,再按照式(8-15)计算确定当量回弹模量 E_t:

$$E_t = \frac{13739}{l_0^{1.04}} \tag{8-15}$$

对于新建公路,可根据拟定的路面结构,按照路基和基层材料的回弹模量,查当量回弹模量 E_t 计算(图 8-5)确定。

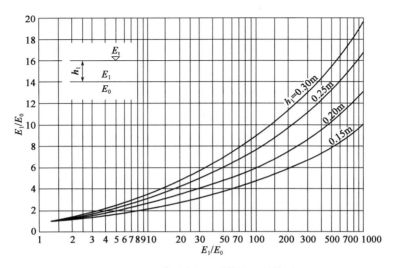

图 8-5 双层体系当量回弹模量 E_t 计算图

由于混凝土板的挠度小,荷载扩散能力强,传到基层顶面的压力小、范围大,由于基层和路基土材料的非线性,混凝土板下的当量回弹模量值较承载板或弯沉仪测得的值大,根据室内外试验,得到基层顶面的计算回弹模量 E_s 和当量回弹模量 E_t 的关系式为:

$$E_s = nE_t \quad (8\text{-}16)$$

式中:n——模量增长系数,$n = 6.3\dfrac{h}{E_t} + 0.44$;

h——混凝土板的厚度(cm)。

7.设计平衡方程

水泥混凝土路面设计要求计算荷载应力 σ_p 不超过抗折疲劳强度 $\sigma_f \pm 5\%$,即要求:

$$0.95\sigma_f \leqslant \sigma_p \leqslant 1.05\sigma_f \quad (8\text{-}17)$$

$$\sigma_p = K_d K_c \sigma \quad (8\text{-}18)$$

式中:σ——临界荷位标准轴轴载作用下的应力(MPa),由图 8-3 或图 8-4 查得;

K_d——动荷系数,根据交通等级按照表 8-9 确定;

K_c——综合系数,根据交通等级按照表 8-9 确定。

动荷系数、综合系数和混凝土抗折强度 表 8-9

交通等级	特重	重	中等	轻
标准轴载作用次数(次/日)	>1500	500~1500	200~500	<200
K_d	1.15	1.15	1.20	1.20
K_c	1.35	1.25	1.15	1.05
混凝土抗折强度 σ_s(MPa)	5.0	4.5	4.5	4.0
初估板厚(cm)	≥25	23~25	21~23	≤21
设计使用年限(a)	40	30	30	20

8. 水泥混凝土路面板的平面尺寸

水泥混凝土路面板由纵、横向接缝划分为有限尺寸的矩形板,其宽度(纵横间距)按路面宽度和每个车道宽度确定,一般要求宽度不超过 4.5m。路面板长(横向缩缝间距)一般要求 4～5m,最长不超过 6m,且板的宽长比不大于 1∶1.3,以减少水泥混凝土路面翘曲应力及配合加长缩缝间距。当水泥混凝土路面平面尺寸较大,或其形状不规则,或板下有地下设施,或路基、基层可能产生不均匀沉降时,应在面板内配置钢筋做成钢筋混凝土路面。

1984 版《公路水泥混凝土路面设计规范》(JTJ 012—84)表明:
(1)混凝土路面结构厚度设计仅考虑荷载应力的影响,没有考虑温度应力的综合作用。
(2)临界荷载位置也没有考虑温度应力的影响。

三、1994 年版《公路水泥混凝土路面设计规范》

1978～1985 年大规模的水泥混凝土路面板设计理论与方法、水泥混凝土路面工程实践,为 1984 版《公路水泥混凝土路面设计规范》(JTJ 012—84)奠定了坚实的基础。1986～1993 年,围绕水泥混凝土路面的设计理论与方法,进行了更大规模的研究与应用,包括执行时间为 1988～1990 年的国家科学技术委员会引导性项目 No.025 项目"我国水泥混凝土路面发展对策及修筑技术研究"。这 8 年的主要成果包括:荷载应力和温度应力的计算分析与试验验证、疲劳特性和轴载换算方法、考虑温度应力的结构设计方法、结构性能评价与加铺层设计方法、可靠度设计理论与方法、路面设计参数(混凝土强度与模量值、基层顶面综合模量、温度梯度、轮迹横向分布系数、接缝传荷系数、动荷系数)等,为制定 1994 版规范奠定了理论与实践基础。

1994 版《公路水泥混凝土路面设计规范》(JTJ 012—94)除在设计方法和主要设计参数方面有所修订外,还增加了路面平整度和抗滑标准、排水设计、混凝土混合料设计、碾压混凝土、钢纤维混凝土、连续配筋混凝土路面设计、复合式混凝土路面及旧混凝土路面加铺层设计等内容,并在附录中增加了旧水泥混凝土路面状况评定。1994 版《公路水泥混凝土路面设计规范》(JTJ 012—94)的颁布标志着我国已经具有独立且自成体系的公路水泥路面设计理论、设计方法和设计参数。

1. 临界荷位

1984 版《公路水泥混凝土路面设计规范》(JTJ 012—84)根据荷载应力在不同横向接缝传递荷载条件(是否设置传力杆)的计算结果,确定后轴一侧双轮组轮载作用于横缝边缘中部为临界荷位。考虑荷载应力和温度应力综合作用的疲劳断裂,进一步对出现最不利情况的临界荷位进行了计算分析。分析时,利用考虑不同低应力(温度应力)级位的疲劳方程(式 8-6),计算水泥混凝土路面板不同位置处荷载应力和温度应力综合作用下的疲劳损耗,同时还考虑接缝类型和传荷能力对荷载应力及其对疲劳损耗的影响,以及不同交通组织和管理与轮迹横向分布系数对疲劳损耗的影响,得到了纵缝边缘中部和横缝边缘中部两处的疲劳损耗分析结果(表 8-10),表中结果 $R_f = \lg D_1 - \lg D_2$(D_1 为纵缝边缘中部的疲劳损耗,D_2 为横缝边缘中部的疲劳损耗)。

纵缝边缘中部和横缝边缘中部两处的疲劳损耗差　　　　　表 8-10

疲劳损耗	模量比 $\dfrac{E_c}{E_a}$	板厚 h (cm)	设拉杆平口纵缝						自由纵缝					
			设传力杆横缝		无传力杆横缝		自由横边		设传力杆横缝		无传力杆横缝		自由横边	
			分车道	不分车道	分车道	不分车道	分车道	不分车道	分车道	不分车道	分车道	不分车道	分车道	不分车道
荷载应力	750	20	2.25	3.07	0.67	1.49	-1.52	-0.71	3.35	4.17	1.77	2.59	-0.43	0.39
		28	1.94	2.76	0.33	1.15	-1.40	-0.59	3.04	3.86	1.43	2.25	-0.30	0.51
	75	20	2.89	3.71	1.43	2.25	-1.67	-0.85	3.99	4.81	2.53	2.35	-1.57	0.25
		28	2.25	3.07	0.67	1.49	-1.52	-0.70	3.55	4.17	1.77	2.59	-0.43	0.39
荷载和温度应力	750	20	4.08	1.99	2.50	3.32	0.30	1.12	5.18	6.00	3.60	4.42	1.40	2.22
		28	2.77	3.58	1.16	1.97	-0.58	0.24	3.86	4.68	2.26	3.07	0.52	1.34
	75	20	3.69	4.51	2.22	3.05	-0.87	-0.05	4.78	5.61	3.32	4.15	0.23	1.05
		28	4.36	5.18	2.78	3.60	0.58	1.40	5.46	6.27	3.88	4.69	1.68	2.50

注:1. 板长 5.0m,板宽 3.75m,混凝土弯拉强度 4.5MPa,温度梯度 0.86℃/cm;
　　2. 接缝传荷系数(W_c/W_e):设拉杆平口纵缝为 0.35,设传力杆横缝为 0.75,不设传力杆横缝为 0.50,自由边为 0;
　　3. 分车道 和不分车道系指车辆行驶的管理和组织方式。后者适用于二级及二级以下公路。

从表 8-10 结果可以看出,接缝传荷能力对临界疲劳位置起着重要的影响。在仅考虑荷载应力疲劳损耗的情况下,如横缝无传荷能力,则横缝边缘中部的疲劳损耗大于纵缝边缘中部的疲劳损耗,此即为 1984 年规范的临界荷位的情况;其他情况均为纵缝边缘中部的疲劳损耗大于横缝边缘中部的疲劳损耗。对考虑荷载应力和温度应力综合疲劳损耗,仅在横缝无传荷能力而纵缝设拉杆的情况,横缝边缘中部的疲劳损耗大于纵缝边缘中部的疲劳损耗;其他情况也均为纵缝边缘中部的疲劳损耗大于横缝边缘中部的疲劳损耗。因此,1994 版《公路水泥混凝土路面设计规范》(JTJ 012—94)用纵缝边缘中部为临界荷位(图 8-6)。

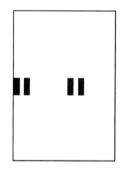

图 8-6　纵缝边缘中部临界荷位图

2. 荷载应力计算

根据纵缝边缘中部新的临界荷位要求,分别计算了单后轴和双后轴条件下的荷载应力计算诺谟图(图 8-7 和图 8-8)。

同时为了使用方便,对上述有限元计算结果进行了回归分析,得到了最大荷载应力回归公式:

$$\sigma_{ps} = A\, l_0^m \frac{P^n}{h^2} \qquad (8-19)$$

式中:P——单轴或双轴的轴重(kN);
　　l_0——板和地基的相对刚度半径(cm);
　　A、m、n——不同轴型和位置的系数值,见表 8-11。

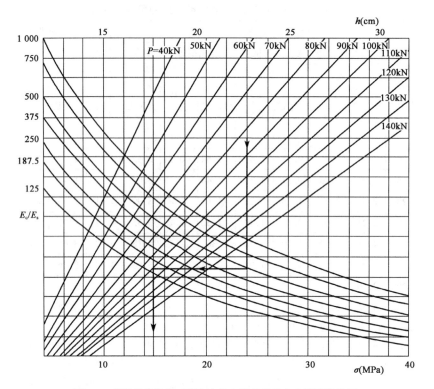

图 8-7 单轴荷载作用于纵缝边缘中部的荷载应力计算诺谟图

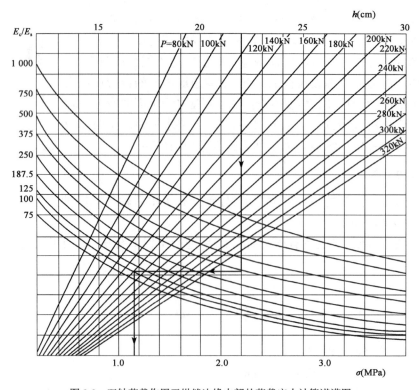

图 8-8 双轴荷载作用于纵缝边缘中部的荷载应力计算诺谟图

回归系数 A、m、n 值 表 8-11

轴载位置	轴型	A	m	n
纵向边缘中部	单轴	0.8738	0.7381	0.8263
	双轴	0.2577	0.8818	0.8068
横向边缘中部	单轴	0.8125	0.7016	0.8482
	双轴	0.2190	0.8709	0.8362

3. 结构组合设计和面板要求

水泥混凝土路面结构面板厚度与交通等级对应的最小值依然采用前一版规范的要求,同时提出了面板施工平整度要求(3m 直尺与路面表面的最大间隙,高速公路和一级公路不应大于 3mm、其他各级公路不应大于 5mm)和表面构造深度(TD)的要求(竣工验收时,高速公路和一级公路不应低于 0.8mm、其他各级公路不应低于 0.6mm,对年降雨量在 500mm 以下的地区可适当降低)。

同时提出了排水设计的具体要求:水泥混凝土路面的排水应根据公路等级、地形、地质、气候、年降雨量、地下水等条件,结合路基排水进行综合设计,使之形成良好的排水系统,确保排水畅通,路基、路面稳定和行车安全。

4. 混凝土的抗折疲劳特性

1984 版《公路水泥混凝土路面设计规范》(JTJ 012—84)疲劳方程是根据室内小梁试验和现场疲劳试验验证后得到的,试件主要承受单向反复弯曲应力,而水泥混凝土路面考虑温度应力作用后,面板承受双向反复应力;同时,梁试件底面除了支点外没有其他支承,因此试件出现开裂后便迅速断裂,而面板底面承受底层和路基的共同作用,出现初始裂缝后还能继续承受数倍甚至数十倍初始裂缝作用次数才断裂;再加上作用在试件上的反复荷载以一定的频率连续施加,而作用在路面上的车辆荷载是间隙作用,期间存在不同时间的休止期,使得混凝土的疲劳损害有一定程度的自我愈合,由此使混凝土路面板的疲劳寿命远大于室内小梁试件的疲劳寿命。再加上,混凝土面板的几何尺寸大于小梁试件、温度和湿度梯度作用的面板翘曲变形、基层强度与路基及基层湿度状态等方面的影响,使得水泥混凝土路面板的受力状况比混凝土小梁更加复杂。结合小梁试件疲劳寿命的统计特性,提出了不同失效概率时水泥混凝土小梁的疲劳方程:

$$\lg S = \lg \frac{\sigma_{max}}{f_r} = \lg A - 0.0422(1 - R)\lg N \tag{8-20}$$

或

$$S = \frac{\sigma_{max}}{f_r} = \alpha - \beta(1 - R)\lg N \tag{8-21}$$

式中:f_r——混凝土的抗折强度(MPa);

N——疲劳寿命(次);

σ_{max}——反复应力最大值(MPa);

R——$R = \dfrac{\sigma_{min}}{\sigma_{max}}$,$\sigma_{min}$ 为反复应力的低应力,σ_{max} 为反复应力的高应力;

A、α、β——回归系数,根据 Weibull 分布特性,$\beta = 0.0422$,推算得到 A、α 系数值,见表 8-12。

不同失效概率的 A、α 回归系数值　　　　表 8-12

失效概率 P_i	0.05	0.10	0.15	0.20	0.25	0.30	0.35	0.40	0.45	0.50
α	0.942	0.960	0.969	0.977	0.981	0.986	0.990	0.993	0.996	0.999
A	0.961	0.984	0.996	1.007	1.013	1.019	1.024	1.029	1.033	1.038

通过室内与野外的转换,得到水泥混凝土路面板的疲劳方程:

$$\lg N = \left[\frac{-S^{-5.367}\lg(1-P_r)}{0.0032}\right]^{\frac{1}{4.394}} \tag{8-22}$$

式中:P_r——可靠概率,$P_r = 1 - P_f$,P_f 为失效概率。

当失效概率 $P_f = 50\%$ 时,式(8-22)可以改写为:

$$\lg N = 20813\left(\frac{f_r}{\sigma_{\max}}\right)^{\frac{1}{4.394}} \tag{8-23}$$

对式(8-20)进行移项,得到以下形式的疲劳方程:

$$\lg\frac{S(1-R)}{1-SR} = \lg a - b\lg N \tag{8-24}$$

按照水泥混凝土路面板的实际受力情况,温度应力 σ_t 为低应力 $\sigma_{\min}$,荷载应力和温度应力的综合应力 $(\sigma_t + \sigma_p)$ 为高应力 $\sigma_{\max}$,代入式(8-24)得到:

$$\lg\frac{\sigma_p}{f_r - \sigma_t} = \lg a - b\lg N \tag{8-25}$$

式中:a、b——回归系数,根据 Weibull 分布特性,推算得到系数值见表 8-13。

不同失效概率的 a、b 回归系数值　　　　表 8-13

失效概率	0.05	0.10	0.15	0.20	0.25	0.30	0.35	0.40	0.45	0.50
a	0.9340	0.9713	0.9935	1.0094	1.0218	1.0319	1.0405	1.0480	1.0546	1.0606
b	0.0391	0.0403	0.0409	0.0412	0.0413	0.0414	0.0414	0.0414	0.0414	0.0413

对式(8-25)进一步改造,可以得到以下形式:

$$\frac{N_e^b}{a}\sigma_p + \sigma_t = f_r \tag{8-26}$$

由此,可以定义荷载应力疲劳系数 k_f 为:

$$k_f = \frac{N_e^b}{a} \tag{8-27}$$

系数 a、b 与水泥混凝土路面板的疲劳方程有关,同时考虑一定的失效概率。由于 1994 版《公路水泥混凝土路面设计规范》(JTJ 012—94)维持了 1984 版《公路水泥混凝土路面设计规范》(JTJ 012—84)中 16 次方的轴载换算关系,因此 b 选 0.0516,a 选 1.0,由此得到荷载应力疲劳系数 k_f 为:

$$k_f = N_e^{0.0516} \tag{8-28}$$

5. 轴载换算公式

不同轴型和级位的荷载作用次数换算成标准轴载的作用次数,一般依据疲劳损坏等效的原则,即同一路面结构在不同荷载作用下达到相同的损坏程度。水泥混凝土路面采用疲劳断裂作为结构性破坏标准的设计方法,则可以利用荷载应力疲劳断裂或者荷载应力与温度应力综合疲劳断裂为标准简历设计方法,由此可以推导出与综合疲劳断裂损耗等效的轴载换算公式。由疲劳方程(8-25)得到温度应力 σ_{ti} 和荷载应力 σ_{pi} 综合作用下的水泥混凝土面板的疲劳寿命 N_i 为:

$$N_i = \left[\frac{a(f_r - \sigma_{ti})}{\sigma_{pi}}\right]^{\frac{1}{b}} \tag{8-29}$$

则产生荷载应力 σ_{pi} 的轴载 P_i 作用一次引起的疲劳损害为:

$$D_i = \frac{1}{N_i} = \left[\frac{\sigma_{pi}}{a(f_r - \sigma_t)}\right]^{\frac{1}{b}} \tag{8-30}$$

则产生荷载应力 σ_{ps} 的标准轴载 P_s 作用一次引起的疲劳损害为:

$$D_s = \frac{1}{N_s} = \left[\frac{\sigma_{ps}}{a(f_r - \sigma_t)}\right]^{\frac{1}{b}} \tag{8-31}$$

根据疲劳损耗等效原则,对于同一路面结构,轴载 P_i 作用 N_i 次和标准轴载 P_s 作用 N_s 次产生相同的疲劳损耗,即 $N_i D_i = N_s D_s$,定义 N_i 与 N_s 的转换关系为轴载换算系数 L_i:

$$L_i = \frac{N_s}{N_i} = \frac{D_i}{D_s} = \left(\frac{\sigma_{pi}}{\sigma_s}\right)^{\frac{1}{b}} \tag{8-32}$$

根据荷载应力的回归计算公式(8-19),可得:

$$L_i = \frac{N_s}{N_i} = \left(\frac{A_i}{A_s}\right)^{\frac{1}{b}} l_0^{\frac{m_i - m_s}{b}} P_i^{\frac{n_i - n_s}{b}} \left(\frac{P_i}{P_s}\right)^{\frac{n_i}{b}} \tag{8-33}$$

对于同一路面结构, $m_s = m_i$, $n_s = n_i$, $A_s = A_i$,由于指数 $b = 0.0516$,在纵向边缘中部 $n_1 = 0.8263$,则轴载换算公式为:

$$L_i = \frac{N_s}{N_i} = \left(\frac{P_i}{P_s}\right)^{16} \tag{8-34}$$

对于双轴荷载,由于单轴双轴的 A、m、n 不同,则轴载换算公式为:

$$L_i = \frac{N_s}{N_i} = \alpha_i \left(\frac{P_i}{P_s}\right)^{16} \tag{8-35}$$

式中, $\alpha_i = 1.46 \times 10^{-5} P_i^{-0.3767}$。

由于轴载换算指数为 16 次方,因此小于或等于 40kN(单轴)和 80kN(双轴)可以忽略不计。

6. 混凝土板下基层顶面的当量回弹模量

旧路顶面的当量回弹模量 E_t 计算方法与 1984 版《公路水泥混凝土路面设计规范》(JTJ 012—84)相同。

新建公路的基层顶面当量回弹模量 E_t 首先按照图 8-9a)或 b)确定,确定方法与 1984 版《公路水泥混凝土路面设计规范》(JTJ 012—84)相同。

然后按照公式(8-36)确定基层顶面的计算回弹模量:

$$E_{tc} = n E_t \tag{8-36}$$

式中:n——基层模量修正系数,计算温度应力时 $n = 0.35$,计算荷载应力时 n 按照公式(8-37)计算。

$$n = 1.718 \times 10^{-3} \left(\frac{h E_c}{E_t}\right)^{0.8} \tag{8-37}$$

式中符号同前。

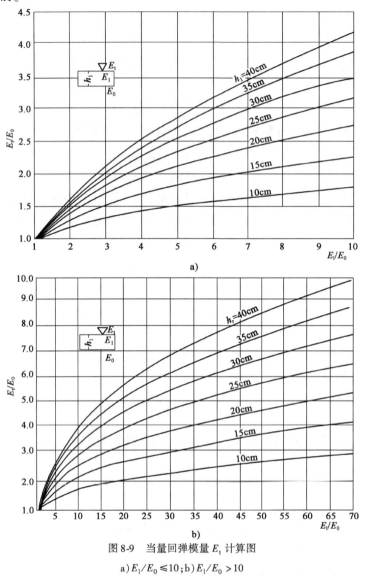

图 8-9 当量回弹模量 E_t 计算图

a) $E_1/E_0 \leq 10$; b) $E_1/E_0 > 10$

7. 温度应力和温度应力系数

1984 版《公路水泥混凝土路面设计规范》(JTJ 012—84)采用威士特卡德公式计算,1994 版《公路水泥混凝土路面设计规范》(JTJ 012—94)有限元法分别计算了 Winkler 地基和弹性半空间地基在板边缘中部温度应力[式(8-38)]和板中最大温度应力[式(8-39)]。

$$\sigma_{tm} = \frac{\alpha_c E_c h T_g}{2} D_x \tag{8-38}$$

$$\sigma_{tm} = \frac{\alpha_c E_c h T_g}{2(1-\mu)} \frac{D_x + \mu D_y}{1+\mu} \tag{8-39}$$

式中：D_x、D_y——温度应力系数，为$C_x(C_y)$的函数，x和y分别表示沿板长(l)和板宽(B)方向。见表8-14或如图8-10所示。

温度应力系数 D_x（或 D_y）　　　　　　　　　　　　　　表8-14

h(cm)	翘曲应力系数 C_x（或 C_y）								
	0.3	0.4	0.5	0.6	0.7	0.8	0.9	1.0	1.1
16	0.226	0.320	0.428	0.541	0.658	0.775	0.894	1.013	1.133
18	0.207	0.287	0.384	0.488	0.596	0.705	0.816	0.927	1.039
20	0.193	0.258	0.345	0.440	0.540	0.641	0.744	0.848	0.952
22	0.181	0.234	0.310	0.397	0.489	0.583	0.679	0.776	0.873
24	0.172	0.212	0.279	0.358	0.442	0.530	0.619	0.709	0.800
26	0.165	0.194	0.252	0.323	0.400	0.481	0.564	0.648	0.733
28	0.159	0.178	0.227	0.291	0.362	0.437	0.514	0.593	0.627
30	0.154	0.164	0.205	0.262	0.327	0.397	0.469	0.542	0.616
32	0.150	0.153	0.185	0.236	0.296	0.360	0.427	0.495	0.564
34	0.146	0.142	0.168	0.213	0.267	0.327	0.389	0.452	0.517
36	0.142	0.133	0.153	0.192	0.241	0.296	0.354	0.414	0.474
38	0.139	0.125	0.139	0.173	0.218	0.269	0.323	0.378	0.434
40	0.135	0.118	0.126	0.156	0.197	0.244	0.294	0.346	0.398

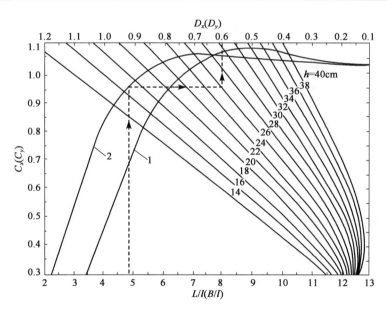

图8-10　温度应力系数 D_x（或 D_y）

混凝土路面板边缘中部考虑温度应力疲劳作用的温度应力计算公式如下：

$$\sigma_t = k_t \sigma_{tm} \tag{8-40}$$

式中：k_t——考虑温度应力累计疲劳作用的温度应力疲劳应力系数，按照公路所在地区的自然区划和最大温度应力与混凝土设计抗折强度的比值 σ_{tm}/f_{cm} 由表8-15确定。

温度应力疲劳应力系数 k_t　　　　表 8-15

σ_{tm}/f_{cm}	公路自然区划					
	Ⅱ	Ⅲ	Ⅳ	Ⅴ	Ⅵ	Ⅶ
0.20	0.350	0.358	0.287	0.273	0.338	0.354
0.25	0.427	0.439	0.378	0.374	0.415	0.436
0.30	0.485	0.502	0.447	0.449	0.476	0.497
0.35	0.533	0.554	0.502	0.508	0.527	0.546
0.40	0.574	0.598	0.548	0.556	0.570	0.587
0.45	0.609	0.637	0.588	0.598	0.608	0.621
0.50	0.641	0.672	0.622	0.634	0.643	0.652
0.55	0.669	0.703	0.654	0.665	0.674	0.679
0.60	0.695	0.732	0.682	0.694	0.704	0.703
0.65	0.719	0.758	0.708	0.720	0.731	0.726
0.70	0.741	0.783	0.732	0.744	0.756	0.746

8. 设计平衡方程

水泥混凝土路面设计要求荷载疲劳应力 σ_p 和温度疲劳应力 σ_t 之和按式(8-41)确定：

$$0.95 f_r \leq \sigma_p + \sigma_t \leq 1.03 f_r \tag{8-41}$$

$$\sigma_p = k_c k_f k_r \sigma_{ps} \tag{8-42}$$

式中：σ_{ps}——临界荷位标准轴轴载作用下的应力(MPa)，由图 8-7 按照 $P_s = 100 \mathrm{kN}$ 查得；

k_r——考虑接缝传荷能力的应力折减系数。纵缝为拉杆的平缝时为 0.87~0.92(刚性和半刚性基层取低值，柔性基层取高值)，不设拉杆的平缝或自由边取 1.0；

k_c——综合系数，根据交通等级按照表 8-16 确定；

k_f——荷载应力疲劳系数，见式(8-28)。

综合系数　　　　表 8-16

交通等级	特重	重	中等	轻
k_c	1.45	1.35	1.20	1.05

四、2002 版《公路水泥混凝土路面设计规范》

20 世纪 90 年代初，同济大学承担了"水泥混凝土路面结构的可靠性研究"课题，在黑龙江、河北、安徽、浙江和广东 5 省选择了 413km 不同等级和施工方法的新建公路(共 100 多个路段)和 181km 已有公路(49 个路段)，通过实地测试采集了数万个有关水泥混凝土面板厚度、水泥混凝土强度和弹性模量、基层顶面综合回弹模量等数据，经统计分析得到了参数的变异性范围，并提出了变异性水平的分级标准和各级公路推荐采用的变异性水平。同时开展了交通参数的变异性分析，在河北、广东和浙江选择 90 个观测点进行了轴重的目测调查，在河北和广东选择 4 个路段进行称重仪称重和目测调查的对比分析，并选择 25 条国道 110 个观测点及上海和广东等地观测站连续 9 年的交通量观测资料，通过统计分析，得到了交通量年平均增长率的推荐范围和预估方差。此外，还对高速公路和一级公路以及河北、广东、浙江 3 省的

二、三级公路轮迹横向分布进行了实地测定,提出了轮迹横向分布系数的方差,综合上述三方面方差得到了交通参数的预估方差。

同时,由于20世纪90年代后期铺筑的较多高速公路水泥路面的早期破坏现象较严重,因此,《公路水泥混凝土路面设计规范》(JTJ D40—2002)除了采用可靠度设计理念代替原有的确定性设计理念,以及考虑超载重载车辆的影响外,更重要的是通过总结多年的使用经验和借鉴美国理念,意识到现有的结构计算方法无法充分考虑复杂的工程实际,因此,重点提出了水泥混凝土路面的结构组合设计要求,对此后的水泥混凝土路面结构设计发挥了指导性作用。

本次修订主要是引入了可靠度设计方法和对应的变异性范围。

1. 临界荷位

2002版《公路水泥混凝土路面设计规范》(JTG D40—2002)仍然沿用1994版《公路水泥混凝土路面设计规范》(JTJ 012—94)的规定,用纵缝边缘中部为临界荷位。

2. 荷载应力计算

明确针对标准轴载100kN,提出了纵缝边缘中部临界荷位处荷载应力新的回归公式:

$$\sigma_{ps} = 0.077 \, r^{0.60} \, h^{-2} \tag{8-43}$$

$$r = 0.537 h \left(\frac{E_c}{E_t}\right)^{\frac{1}{3}} \tag{8-44}$$

式中:σ_{ps}——标准轴载在四边自由板临界荷位处产生的荷载应力(MPa);
r——板和地基的相对刚度半径(m);
h——水泥混凝土路面板厚度(m)。

3. 结构组合设计和面板要求

2002版《公路水泥混凝土路面设计规范》(JTG D40—2002)明确了基层的主要类型及适用的交通等级(表8-17)和参考厚度(表8-18)及水泥混凝土路面板的厚度参考范围(表8-19)。同时提出了其他各类混凝土路面的使用条件(表8-20)和各级公路水泥混凝土面层的表面构造深度要求(表8-21)。

适宜各级交通等级的基层类型　　　　表8-17

交 通 等 级	基 层 类 型
特重交通	贫混凝土、碾压混凝土或沥青混凝土基层
重交通	水泥稳定粒料或沥青稳定碎石基层
中等或轻交通	水泥稳定粒料、石灰粉煤灰稳定粒料或级配粒料基层

各类基层的厚度适宜范围　　　　表8-18

基 层 类 型	厚度适宜的范围(mm)
贫混凝土或碾压混凝土基层	120~200
水泥或石灰粉煤灰稳定粒料基层	150~250
沥青混凝土基层	40~60
沥青稳定碎石基层	80~100
级配粒料基层	150~200
多孔隙水泥稳定碎石排水基层	100~140
沥青稳定碎石排水基层	80~100

水泥混凝土路面面层板的厚度参考范围　　表8-19

交通等级	特重			重		
公路等级	高速	一级	二级	高速	一级	二级
变异水平等级	低	中	低	中	低	中	低	中
面层厚度(mm)	≥260	≥250	≥240		270~240	260~230	250~220	

交通等级	中等		轻	
公路等级	二级	三、四级	三、四级	三、四级
变异水平等级	高	中	高	中
面层厚度(mm)	240~210	230~200	220~200	≤230	≤220

各类混凝土面层的类型选择　　表8-20

面层类型	适用条件
连续配筋混凝土面层	高速公路
沥青上面层与连续配筋混凝土或横缝设传力杆的普通混凝土下面层组成的复合式路面	特重交通的高速公路
碾压混凝土面层	二级及二级以下公路、服务区停车场
钢纤维混凝土面层	高程受限制路段、收费站、混凝土加铺层和桥面铺装
矩形或异形混凝土预制块面层	服务区停车场、二级及二级以下公路桥头引道沉降未稳定段

各级公路水泥混凝土面层的表面构造深度(mm)要求　　表8-21

公路等级	高速公路、一级公路	二、三、四级公路
一般路段	0.70~1.10	0.50~0.90
特殊路段	0.80~1.20	0.60~1.00

注：1. 特殊路段——对于高速公路和一级公路系指立交、平交或变速车道等处,对于其他等级公路系指急弯、陡坡、交叉口或集镇附近。
　　2. 年降雨量600mm以下的地区,表列数值可适当降低。

4. 混凝土的抗折疲劳特性

标准荷载 P_s 在临界荷位处产生的荷载疲劳应力为：

$$\sigma_{pr} = k_c k_f k_r \sigma_{ps} \tag{8-45}$$

式中：k_r——考虑接缝传荷能力的应力折减系数,纵缝为拉杆的平缝时为0.87~0.92(刚性和半刚性基层取低值,柔性基层取高值),纵缝为设拉杆的企口缝时为0.76~0.84,不设拉杆的平缝或自由边取1.0;

k_c——综合系数,根据交通等级按照表8-22确定;

k_f——荷载应力疲劳系数,见式(8-46)。

综合系数　　表8-22

公路等级	高速公路	一级公路	二级公路	三、四级公路
K_c	1.30	1.25	1.20	1.10

2002版《公路水泥混凝土路面设计规范》(JTG D40—2002)仍然采用1994版《公路水泥混凝土路面设计规范》(JTJ 012—94)的荷载应力疲劳系数 k_f,但是增加了不同类型混凝土面板的系数。

$$k_f = N_e^\nu \tag{8-46}$$

式中:ν——与水泥混凝土性质有关的指数,普通混凝土、钢筋混凝土、连续配筋混凝土,$\nu = 0.057$;碾压混凝土和贫混凝土,$\nu = 0.065$;钢纤维混凝土,$\nu = 0.053 - 0.017\rho_f \dfrac{\rho_f}{d_f}$ [ρ_f 为钢纤维的体积率(%),ρ_f 为钢纤维的长度(mm),d_f 为钢纤维的直径(mm)]。

5. 轴载换算公式

不同轴型和级位的荷载作用次数换算成标准轴载(100kN)作用次数的理论和方法基本相同,只是换算公式考虑了更多轴型。

$$N_s = \sum_{i=1}^{n} \delta_i N_i \left(\frac{P_i}{100}\right)^{16} \tag{8-47}$$

式中:P_i——单轴-单轮、单轴-双轮组、双轴-双轮组、或三轴-双轮组轴型 i 级轴载的总重(kN);

δ_i——轴-轮型系数,单轴-双轮组,$\delta_i = 1$;单轴-单轮组,δ_i 按式(8-48)计算;双轴-双轮组,δ_i 按式(8-49)计算;三轴-双轮组,δ_i 按式(8-50)计算。

$$\delta_i = 2.22 \times 10^3 \, P_i^{-0.43} \tag{8-48}$$

$$\delta_i = 1.07 \times 10^{-5} \, P_i^{-0.22} \tag{8-49}$$

$$\delta_i = 2.24 \times 10^{-8} \, P_i^{-022} \tag{8-50}$$

水泥混凝土路面所承受的轴载作用,在进行轴载换算后,按设计基准期内的设计车道所承受的标准轴载累计作用次数分为四级,见表8-23。

交 通 分 级　　　表8-23

交通等级	特重	重	中等	轻
设计车道标准轴载累计作用次数 $N_s(10^4)$	>2000	100~2000	3~100	<3

6. 混凝土板下基层顶面的当量回弹模量

旧路顶面的当量回弹模量 E_t 计算方法与1994版《公路水泥混凝土路面设计规范》(JTJ 012—94)相同。新建公路直接计算得到基层顶面的当量回弹模量,然后代入式(8-43)计算荷载应力。

$$E_t = a \, h_x^b \, E_0 \left(\frac{E_x}{E_0}\right)^{\frac{1}{3}} \tag{8-51}$$

$$E_x = \frac{E_1 h_1^2 + E_2 h_2^2}{h_1^2 + h_2^2} \tag{8-52}$$

$$h_x = \left(\frac{12 D_x}{E_x}\right)^{\frac{1}{3}} \tag{8-53}$$

$$D_x = \frac{E_1 h_1^3 + E_2 h_2^3}{12} + \frac{(h_1 + h_2)^2}{4}\left(\frac{1}{E_1 h_1} + \frac{1}{E_2 h_2}\right)^{-1} \tag{8-54}$$

$$a = 6.22\left[1 - 1.51\left(\frac{E_x}{E_0}\right)^{-0.45}\right] \tag{8-55}$$

$$b = 1 - 1.44\left(\frac{E_x}{E_0}\right)^{-0.55} \tag{8-56}$$

7. 温度应力和温度应力系数

2002 版《公路水泥混凝土路面设计规范》(JTG D40—2002)混凝土路面板边缘中部考虑温度应力疲劳作用的温度应力计算公式如下：

$$\sigma_{tr} = k_t \sigma_{tm} \tag{8-57}$$

式中：k_t——考虑温度应力累计疲劳作用的温度应力疲劳应力系数，按照式(8-58)确定，式中 a、b、c 根据公路自然区划由表 8-24 确定；

$$k_t = \frac{f_r}{\sigma_{tm}}\left[a\left(\frac{\sigma_{tm}}{f_r}\right)^c - b\right] \tag{8-58}$$

σ_{tm}——板边缘中部温度应力，按照式(8-59)确定。

$$\sigma_{tm} = \frac{\alpha_c E_c h T_g}{2} B_x \tag{8-59}$$

式中：B_x——综合温度翘曲应力和内应力的温度应力系数，按 l/r [l 为横缝间距，即板长 m，r 为板和地基的相对刚度半径 m，见式(8-44)]根据图 8-11 确定；

T_g——水泥混凝土面层的最大温度梯度值(℃/m)，见表 8-25。

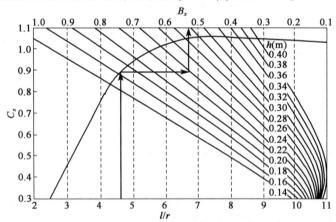

图 8-11 温度应力系数 B_x

回归系数 a、b、c 的值　　　　　表 8-24

系数	公路自然区划					
	Ⅱ	Ⅲ	Ⅳ	Ⅴ	Ⅵ	Ⅶ
a	0.828	0.855	0.841	0.871	0.837	0.834
b	0.041	0.041	0.058	0.071	0.038	0.052
c	1.323	1.355	1.323	1.287	1.382	1.270

水泥混凝土面层的最大温度梯度值　　　　　　　　　　　　　　　　　　　　表 8-25

公路自然区划	Ⅱ、Ⅳ	Ⅲ	Ⅳ、Ⅵ	Ⅶ
最大温度梯度(℃/m)	83~88	90~95	86~92	93~98

注：海拔高时，取高值；湿度大时，取低值。

8. 设计平衡方程

水泥混凝土路面设计以荷载疲劳应力 σ_{pr} 和温度疲劳应力 σ_{tr} 的综合作用产生的疲劳断裂作为设计的极限状态，其表达式为：

$$\gamma_r(\sigma_{pr} + \sigma_{tr}) \leq f_r \tag{8-60}$$

式中：γ_r——可靠度系数，依据所选目标可靠度及变异水平按表 8-26 确定；

f_r——水泥混凝土的弯拉强度标准值(MPa)，见表 8-27。

可靠度系数取值　　　　　　　　　　　　　　　　　　　　　　　　　　　　　表 8-26

变异水平等级	目标可靠度(%)			
	95	90	85	80
低	1.20~1.33	1.09~1.16	1.04~1.08	—
中	1.33~1.50	1.16~1.23	1.08~1.13	1.04~1.07
高	—	1.23~1.33	1.13~1.18	1.07~1.11

注：变异系数在表 8-29 所示的变化范围的下限时，可靠度系数取低值；上限时，取高值。

水泥混凝土的弯拉强度标准值　　　　　　　　　　　　　　　　　　　　　　　表 8-27

交通等级	特重	重	中等	轻
水泥混凝土的弯拉强度标准值(MPa)	5.0	5.0	4.5	4.0
钢纤维混凝土的弯拉强度标准值(MPa)	6.0	6.0	5.5	5.0

9. 可靠度设计标准

2002 版《公路水泥混凝土路面设计规范》(JTG D40—2002)采用了可靠度(路面结构在规定的时间内和规定的条件下完成预定功能的概率)和设计基准期(计算路面结构可靠度时，考虑各项基本度量与时间关系所选取的基准时间)概念，涉及目标可靠度、可靠指标、可靠度系数等概念，具体物理含义可见第一章或其他教材。

规范给出了各级公路水泥混凝土路面结构设计的安全等级及相应的设计基准期、目标可靠指标和目标可靠度，具体见表 8-28；根据施工控制能力和实际统计结果，水泥混凝土材料性能和结构尺寸的变异性水平分为低、中、高三级，具体见表 8-29。

可靠度设计标准　　　　　　　　　　　　　　　　　　　　　　　　　　　　　表 8-28

公路技术等级	高速公路	一级公路	二级公路	三、四级公路
安全等级	一级	二级	三级	四级
设计基准期(a)	30	30	20	20
目标可靠度(%)	95	90	85	80
目标可靠指标	1.64	1.28	1.04	0.84
变异水平等级	低	低~中	中	中~高

变异系数 c_v 变化范围 表 8-29

变异水平等级	低	中	高
水泥混凝土弯拉强度、弯拉弹性模量	$C_v \leq 0.10$	$0.10 < C_v \leq 0.15$	$0.15 < C_v \leq 0.20$
基层顶面当量回弹模量	$C_v \leq 0.25$	$0.25 < C_v \leq 0.35$	$0.35 < C_v \leq 0.55$
水泥混凝土面层厚度	$C_v \leq 0.04$	$0.04 < C_v \leq 0.06$	$0.06 < C_v \leq 0.08$

五、2011 版《公路水泥混凝土路面设计规范》(JTG D40—2011)

2011 版《公路水泥混凝土路面设计规范》(JTG D40—2011)突出强调了结构组合设计的重要性,更加重视路面结构组合及其与使用环境的协调和平衡;对重载和超载导致的路面破坏现象考虑得更为充分,如修改了荷载应力和温度应力计算参数,增加了极重交通等级设计和极限断裂破坏验算等;更为重视路基对路面结构的均匀支撑;吸收了近年来国内外路面材料的试验方法及设计参数,学习了部分欧美国家的设计理念,推荐在基层和路面板之间设置沥青混凝土中间层和其他类型功能层等。

2011 版《公路水泥混凝土路面设计规范》(JTG D40—2011)最主要的修改是考虑无机结合料稳定基层与水泥混凝土面板共同承担交通荷载,要求将无机结合料稳定类基层与水泥混凝土面层按分离式双层板模型进行结构分析。同时在轴载换算公式、交通等级划分及其他参数方面有一些调整,并提出了极重荷载的验算要求。具体设计方法见第五节。

第二节 水泥混凝土路面损坏的极限状态及设计原则

一、破坏类型

水泥混凝土路面在行车荷载和环境因素的作用下可能出现的破坏类型主要有以下几种。

1. 断裂(Cracking)

路面板内应力超过混凝土强度时会出现纵向、横向、斜向或角隅断裂裂缝,严重时裂缝交叉而使面层板破碎成碎块(图 8-12)。造成的原因是多方面的:板太薄、轮载过重、板的平面尺寸过大,地基不均匀沉降或过量塑性变形使板底脱空失去支承,施工养护期间收缩应力过大等。断裂破坏了板的整体性,使板承载能力降低,因此,板体断裂是水泥混凝土面层结构破坏的临界状态。

图 8-12 水泥混凝土路面的断裂

2. 唧泥(Pumping)

唧泥是车辆行经接缝时,由缝内喷溅出稀泥浆的现象。唧泥常发生在雨天或雨后。在轮载的重复作用下,板边缘或角隅下的基层由于塑性变形累积而同混凝土面板脱离,或者基层的细颗粒在水的作用下强度降低,水分沿缝隙下渗而积聚在脱空的间隙内或细颗粒土中,在车辆荷载作用下积水形成水压,使水和细颗粒土形成的泥浆从缝隙中喷溅出来(图8-13)。唧泥的出现,使路面板边缘部分逐渐形成脱空区。随荷载重复作用次数的增加,脱空区逐渐增大,最终使板出现断裂,由唧泥引起的断裂一般为横向断裂。

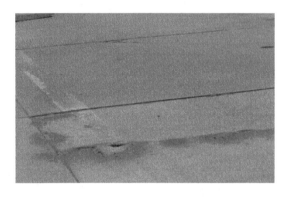
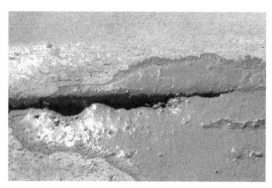

图8-13 水泥混凝土路面的唧泥

3. 错台(Faulting)

错台是指接缝两侧出现的竖向相对位移(Falting)(图8-14)。当胀缝下部填缝板与上部缝槽不能对齐,或胀缝两侧混凝土壁面不垂直,在胀缩过程中接缝两侧上下错位而形成错台。横缝处传荷能力不足,或唧泥发生过程中,使基层材料在高压水的作用下冲积到后方板的板底脱空区内,使该板抬高,形成两板间高度差。当交通量或地基承载力在横向各块板上分布不均匀,各块板沉陷不一致时,纵缝处也会产生错台现象。错台的出现,降低了行车的平稳性和舒适性。

图8-14 水泥混凝土路面的错台

4. 拱起(Blowup)

混凝土路面在热胀受阻时,横缝两侧的数块板突然出现向上拱起的屈曲失稳现象,并伴随出现板块的横向断裂(图8-15)。板的拱起主要是由于板收缩时接缝缝隙张开,填缝料失效,硬物嵌入缝内,致使板受热膨胀时产生较大的热压应力,从而出现这种纵向屈曲失稳的现象。

图 8-15　水泥混凝土路面的拱起

5. 接缝挤碎(Joint Spalling)

接缝挤碎指邻近横向和纵向两侧的数十厘米宽度内,路面板因热胀时受到阻碍,产生较高的热压应力而挤压成碎块(图 8-16)。这主要是由于胀缝内的传力杆排列不正或不能滑动,或者缝隙内混凝土搭连或落入硬物所致。

 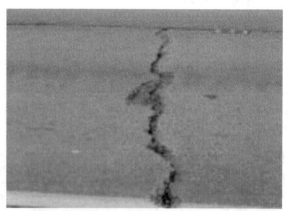

图 8-16　水泥混凝土路面的接缝挤碎

6. 传荷系统损坏(Joint Load Transfer System Deterioration)

传荷系统损坏通常是在接缝处由于传力杆设置不准确或者传力杆施工误差,导致传力杆的荷载传递出现应力集中,导致传力杆周边的水泥混凝土首先出现开裂(图 8-17),使得传力杆周边的混凝土路面出现破坏,由此影响接缝传荷效果,最终影响水泥混凝土路面的平整度。

7. 水泥混凝土路面冻坏(Durability Cracking),也称"D"型裂缝

由于水泥混凝土的冻胀作用,导致水泥混凝土路面中产生许多间距很近、发丝状的耐久性裂缝,一般发生在接缝或裂缝附近,并与其大致平行,所以一般多见于寒区道路上(图 8-18)。

图 8-17 水泥混凝土路面的传力系统损坏

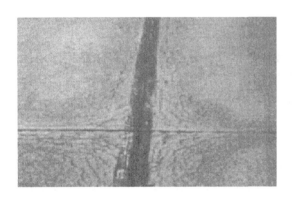 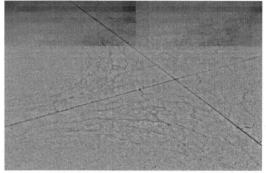

图 8-18 水泥混凝土路面的"D"型裂缝

8. 水泥混凝土路面局部整体性破坏(Punchout)

对于连续配筋混凝土路面(CRCP)或者配筋混凝土路面(JRCP),由于荷载的重复作用和基层的唧泥影响,在钢筋网之间出现整体断裂而下陷(图 8-19),导致路面平整度降低和水分进入。

 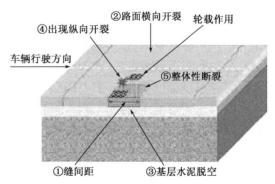

图 8-19 水泥混凝土路面的局部整体性破坏(Punchout)

9. 水泥混凝土路面表面磨光(Polished Aggregate)

集料中含有软弱颗粒或者集料抗磨耗性能差,导致路面表面磨光(图 8-20),由此影响水泥混凝土路面的抗滑性能。

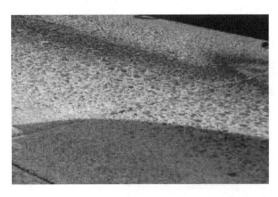 

图 8-20 水泥混凝土路面的表面磨光

二、设计标准

从上面列举的水泥混凝土路面的几个主要破坏类型可以看出,影响混凝土路面使用性能的因素是多方面的,如轮载、温度、水分、基层、接缝构造、材料以及施工和养护情况等。从保证路面结构承载能力的角度,混凝土路面结构设计应以防止面层板断裂为主要设计标准。从保证汽车行驶性能的角度,应以接缝两侧的错台为主要控制标准。产生断裂、错台等的原因是多方面的,因此,混凝土路面设计必须从多方面采取措施来保证它的使用寿命。

考虑到混凝土面板的疲劳断裂是水泥混凝土路面损坏的主要模式,所以把疲劳开裂作为确定混凝土板厚时考虑的临界损坏状态。在设计混凝土板时,以混凝土材料的弯拉强度作为其设计技术标准,使得控制行车荷载反复作用在板内所产生的荷载疲劳应力 σ_{pr} 与温度梯度反复作用在板内产生的温度疲劳应力 σ_{tr} 之和,在考虑可靠度因素 γ_r 影响的情况下不超过混凝土的抗折强度 f_r,见式(8-61)。考虑到轴载谱中存在一些特重的轴载,以最重的轴载和最大温度梯度综合作用下,混凝土板不产生极限断裂为验算标准,见式(8-62)。

$$\gamma_r(\sigma_{pr} + \sigma_{tr}) \leqslant f_r \tag{8-61}$$

$$\gamma_r(\sigma_{p,\max} + \sigma_{t,\max}) \leqslant f_r \tag{8-62}$$

式中: γ_r ——可靠度系数,依据所选目标可靠度及变异水平等级计算确定;

σ_{pr} ——行车荷载疲劳应力(MPa);

σ_{tr} ——温度梯度疲劳应力(MPa);

f_r ——水泥混凝土弯拉强度标准值;

$\sigma_{p,\max}$ ——最重轴载在临界荷位处产生的最大荷载应力(MPa);

$\sigma_{t,\max}$ ——最大温度翘曲应力(MPa)。

第三节 水泥混凝土路面平面及接缝设计

由于大气温度周期性的变化,致使水泥混凝土路面产生各种形式的温度变形。由年温差引起的温度变形周期较长,温度变化缓慢,因此路面板的胀缩在厚度范围内呈均匀分布,这种变形一旦受到约束,将转变为温度内应力,若内应力超出容许范围,路面板即产生裂缝或被挤碎。在冬季和夏季,日温差较大,由于日温差变化周期较短,在路面板厚度范围内呈现不均匀分布,造成上下底面的温度坡差,这种坡差将促使面板向上或向下翘曲。若是由于板体自重或其他因素的影响,翘曲变形受到约束,则路面板将断裂成为平面尺寸略小的板块,这样的分解过程直到翘曲应力降低到容许范围之内,裂缝才停止产生。由此可见,对于不配钢筋的素混凝土路面,必须按照温度应力的计算方法确定板块平面尺寸,并遵循一定的规则将路面和公路路面分割为整齐的平面块体,以防止不规则裂缝的产生。

以纵向与横向接缝将路面板分割为规则的形状,对于消除温度内应力,保持路面整齐的外观是有效的措施,但是接缝附近的路面板却因此成了最薄弱的部位。车轮通过时,由于边、角部位接缝对路面的削弱,更加容易断裂。雨水也容易穿过接缝渗入路基和基层,有时还会引起唧泥,使细颗粒土壤流失,造成路面板边、角脱空,以致面板工作条件进一步恶化。因此,从兼顾两方面的需要出发,混凝土路面既要设置接缝,又应尽量使接缝数量减少,并且从接缝构造上保持两侧面板的整体性,以提高传荷能力,保护面板下路基与基层的正常工作条件。

一、按均匀收缩应力控制缩缝间距

按照均匀收缩变形受到地基摩擦阻力约束所产生的应力不超过混凝土容许拉应力的原则确定缩缝最大间距,是最基本的方法之一。如图 8-21 所示为一长度为 L 的混凝土路面板,由于收缩,面板的内应力分布在中心处达到最大值。缩缝的最大间距 L 可按式(8-63)确定。

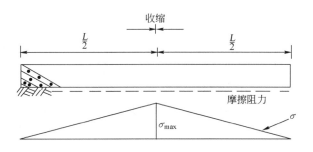

图 8-21 混凝土路面

$$\sigma = \frac{1}{2}\rho f L$$

即:
$$L = \frac{2[\sigma]}{\rho f} \tag{8-63}$$

式中:$[\sigma]$——混凝土容许拉应力(Pa);

ρ——混凝土的重度(N/m³);

f——混凝土路面板与基层之间的摩擦阻力系数。

如果设置缩缝的间距大于上述 L 值,混凝土板将在 $L/2$ 处裂开。尤其是在混凝土混合料终凝以后一段很短的时间内,容许拉应力极低,而新浇筑的混凝土路面,由于水化热的散失开始降温,水分也开始挥发,产生明显收缩。如果基层与面板之间摩擦阻力系数足够大,则通常会出现横向贯穿裂缝。以 42.5 级混凝土为例,温度为 15℃时,龄期 2d 的容许拉应力约为 0.15MPa,ρ 为 24500N/m³,$f=1.5$,则:

$$L = \frac{2 \times 0.15 \times 10^6}{24500 \times 1.5} = 8.16(\text{m})$$

为了减少基层与面板之间的摩擦阻力系数,早期的方法是采用厚度达 5cm 的砂垫层。但是从提高面板承载能力防止面板滑动与变形的角度来看,又不宜采用砂垫层,为此,砂垫层在多数国家已不再使用,更重视及时设置缩缝。

二、按翘曲应力控制缩缝间距

路面板在日温差影响之下产生的翘曲变形受到阻止时,引起的翘曲应力超过混凝土路面的弯拉强度,路面板将断裂成平面尺寸较小的板块,因此缩缝间距 L 必须保证路面板在当地最大日温差影响下产生的翘曲应力与荷载应力的共同作用小于容许的范围。荷载应力可根据有关公式计算。考虑到荷载应力的最大值与温度翘曲应力的最大值在面板的同一位置、同一时刻产生的几率并不高,因此,宜采用较大的强度折减系数,用以验算路面板的强度,一般取折减系数 $K=0.7$。通过验算以后,采用缩缝间距一般为 4~6m。有些国家甚至采用 4.0m、5.0m、5.5m、6.0m 不等间距的缩缝。按翘曲应力控制确定的缩缝间距一般都小于按混凝土均匀收缩控制所确定的缩缝间距。因此,前者能满足要求也就能够保证后者满足要求。但是,有时候路面施工时,由于混凝土摊铺速度快,锯缝的速度跟不上进度,为了防止早期收缩断裂,可以按照收缩控制所确定的间距先锯开(通常取两个最小缩缝间距),使得锯缝与摊铺进度一致,随后再将其余的缩缝锯开。

三、钢筋混凝土路面的缩缝间距

缩缝的存在无论从路面强度或是行车的要求来看都是一个弱点,为了减少这种弱点,可以配置一定数量的钢筋,以加长缩缝之间的间距。设置钢筋的目的只能是保持收缩或翘曲开裂时裂缝两侧紧密接触,不至于拉开,但是仍然不能消除裂缝,也不能减少荷载应力。因此,一般情况下,钢筋混凝土路面仍采用与不配筋素混凝土路面相同的路面板厚度。当然,这种由钢筋锁紧的裂缝是极其细微的,如同钢筋混凝土梁受拉区混凝土开裂的情况一样,仍然能传递荷载应力,保持紧密,防止水分浸入。此时正式设置的缩缝间隔距离取决于配筋的数量。采用的钢筋数量越多,则间距越长。缩缝间距 L 可以按式(8-64)计算。

$$L = \frac{2A_s[\sigma_s]}{\rho f} \tag{8-64}$$

式中:A_s——配筋率,路面横截面内钢筋面积与混凝土面积之比值(%);

$[\sigma_s]$——钢筋容许拉应力(MPa)。

对于常用的普通混凝土与钢筋材料,其密度 ρ 与容许拉应力均为已知,则缩缝间距 L 与配筋率 A 成正比。对于长度小于 6m 的路面板,所需钢筋数量可以不计,所以用素混凝土板是适宜的。若缩缝间距增加到 150m 以上,要保持裂缝完整无损,则所需钢筋量过多,就很不经济,在这种情况下,采用连续配筋混凝土路面更为合理。通常钢筋混凝土路面采用缩缝间距为 6~15m,此时配筋率为 0.2% 左右。

四、机场混凝土道面的缩缝间距

由于机场跑道与滑行道的宽度远大于道路路面的宽度,所以在机场道面设置缩缝时,要同时考虑纵向与横向的接缝设置。在机场设计中称为平面分仓。机场道面板块一般可采用正方形,取厚度的 20~25 倍作为边长。如厚度为 20cm,则边长为 4.0~5.0m;厚度为 30cm,则边长为 6.0~7.5m。

矩形板道面的分仓设计,通常分规则部分的道面与不规则部分道面两种情况。对于弯道与交叉部位的不规则道面的分仓应当尽量使接缝对齐,避免错缝,并且要避免出现锐角板块,如图 8-22 所示。

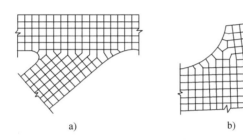

图 8-22 不规则部位道面分仓
a)锐角相交;b)直角相交

五、胀缝的间距与胀缝宽度

混凝土路面在温度升高的情况下体积膨胀,如果变形受到约束,则产生温度压应力。温度每升高 1℃,压应力大约增加 0.3MPa。如果接缝构造不合理,在温度压应力作用下将导致各种形式的接缝破坏,乃至路面发生拱胀等严重损坏现象。因此,最初设置胀缝的目的便是消除温度压应力。胀缝的数量由估计的膨胀量决定,膨胀量的大小取决于温度差(施工时温度与使用期最高温度之差)、集料的膨胀性以及面层出现膨胀位移的活动区长度。经过多年的实践,由于混凝土路面的约束作用,温度升高、板伸长过程中,在板中部存在固定区,只有两端存在滑动区,因此各国趋向于不设或少设胀缝。现仅在邻近桥梁或其他固定构造物处,或者与其他道路相交处设置横向胀缝。

六、纵缝的间距与平面布置

纵缝的间距虽然也应该从满足温度变形、防止温度应力造成破坏的角度来考虑,但是对于道路来说,路面宽度一般都按车道数来确定,而且远小于路面的长度,所以多半按照车道宽度设置纵缝。由于施工方法不同,国外目前采用双车道全宽混凝土摊铺机施工,则纵缝可以采用锯缝方法设置;如果在一个车道宽度内铺筑路面,则纵缝多设置上下贯穿的真缝,并加设拉杆。

道路混凝土路面在交叉口广场或弯道上的布置应尽量不用锐角板块,尽量减少错缝。

七、传力杆体系的布置与荷载分配

在接缝端部的横断面上,布置一组传力杆,形成一个体系,共同承担着由邻板传来的荷载。在车轮荷载作用下,体系内各个传力杆承担的荷载是不同的,直接在车轮下的传力杆承受的荷载最大,远离车轮的传力杆承受的荷载逐渐减少。弗雷勃格(Friberg, B. F.)根据威斯特卡德提出的理论分析,在角隅荷载作用之下,最大负弯矩发生在离开角隅 $1.8l$ 处,因此,认为传力杆系的受力有效范围为 $1.8l$。如图 8-23 所示,车轮下的传力杆承受荷载的有效系数为 1.0,距离车轮位置 1.8l 处有效系数为零。在有效范围之内的传力杆有效系数按直线分布。位于横断面中间的车轮,向两侧分布的有效范围各为 1.8l。图 8-23 的实例表明,对于 l 为 130cm 的路面板,车轮 A 作用在 8 根传力杆上,有效系数为 4.35,而车轮 B 作用在 12 根传力杆上,有效系数为 7.32。对于每一根传力杆所承受的实际车轮荷载由有效系数进行分配,如果有多个车轮作用,可以通过荷载叠加来确定。

对于如图 8-23 所示的实例,车轮 A 以下的传力杆承受的荷载为:

$$P_A = P_t \left(\frac{1}{4.35} + \frac{0.22}{7.32} \right) = 0.26 P_t$$

车轮 B 以下的传力杆承受的荷载为:

$$P_B = P_t \left(\frac{1}{7.32} + \frac{0.22}{4.35} \right) = 0.19 P_t$$

通常角隅传力杆对边角荷载的传递最为重要,对于 K 值较大 l 较小的路面板结构,可以忽略第二轮的影响,此时可以由图 8-24 查得。只要确定了路面板结构的相对刚性半径 l 与传力杆的间距 c,便可由图 8-24 查得边缘荷载时的传力杆有效系数。

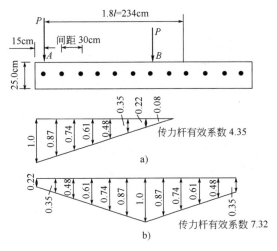

图 8-23 传力杆系数荷载分配
a) A 点的系数;b) B 点的系数

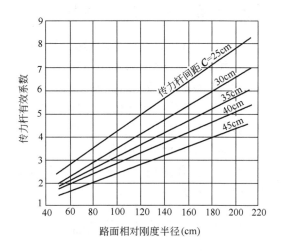

图 8-24 传力杆有效系数

传力杆承受的荷载应该等于邻板传递过来的一部分车轮荷载。假设传力杆的效率达到 100%,则最大的传递荷载为车轮重量的 50%,也就是相邻两块路面板各承担一半轮重。事实上,使用一段时间之后,由于传力杆变形,混凝土在传力杆作用下发生松弛等原因,传递效率有一定程度的下降,不可能一直保持 100% 的效率。大致可以假定传递效率降低 5% ~ 10%。设计的传递荷载约等于车轮荷载的 45%。

传力杆的直径、长度与间隔距离与路面厚度及荷载等级有关,一般可以根据规定选用,然后验算各项应力是否符合规定。我国《公路水泥混凝土路面设计规范》(JTG D40—2011)建议按表 8-30 所列选用。

英国《道路指南》规定传力杆的尺寸见表 8-31。美国 AASHTO 于 1981 年颁布的《路面结构设计暂行指南》中的规定见表 8-32。

我国传力杆尺寸和间距 表 8-30

面层厚度 (cm)	传力直径 (mm)	传力杆最小 长度(cm)	传力最大间距 (cm)	面层厚度 (cm)	传力直径 (mm)	传力杆最小 长度(cm)	传力最大间距 (cm)
22	28	40	30	28	32~34	45	30
24	30	40	30	≥30	34~36	50	30
26	32	45	30				

英国传力杆的尺寸 表 8-31

板厚(cm)	缩缝		胀缝		板厚(cm)	缩缝		胀缝	
	直径(cm)	长度(cm)	直径(cm)	长度(cm)		直径(cm)	长度(cm)	直径(cm)	长度(cm)
15~18	12	40	20	35	>24	25	60	32	75
19~23	20	50	25	65					

美国传力杆的尺寸 表 8-32

板厚(cm)	直径(cm)	长度(cm)	间距(cm)	板厚(cm)	直径(cm)	长度(cm)	间距(cm)
15	19	46	30	25	32	46	30
18	25	46	30	28	32	46	30
20	25	46	30	31	32	46	30
23	32	46	30				

行车道路面与混凝土硬路肩之间的纵向接缝必须设置拉杆。设置纵缝拉杆是为了保持纵缝两侧路面板的整体性,防止受热膨胀时向两侧移动,并不要求拉杆具有传递车轮荷载的功能。

八、接缝处理

由于水泥混凝土路面中设置了各种接缝以防止因温度或湿度变化引起的各种开裂。常用的接缝类型有缩缝、胀缝、施工缝和纵缝。

1. 缩缝

缩缝是用于消除拉应力的横缝。接缝间距应根据当地经验确定,因为粗集料的变化对混凝土的热膨胀系数影响很大,从而影响所用的接缝间距。作为粗略估计,普通混凝土路面的接缝间距(f_t)不应大于板厚(in)的两倍。例如,203mm(8in)厚的板的长大接缝间距为 4.9m(16ft)。还有,作为一般准则,板的长宽比应不大于 1.25(AASHTO,1986)。

图 8-25 所示为常用的缩缝。图 8-25 中,在新铺混凝土中放置金属带,而后移去,或在铺设混凝土后锯缝,形成凹槽假缝,然后用塑性材料填封凹槽。若接缝间距小,接缝处荷载可通过集料嵌锁进行传递,而不须设传力杆。然而,如果接缝间距大,或是位于靠近路面末端的短板,需要设传力杆。在这种情况下,接缝可能张开,荷载不能通过集料嵌锁传递,代替上述假缝,也可在新铺混凝土中放置油毡、沥青板或沥青条带形成接缝,并永远留在路面中,如图 8-25b)所示。

接缝中所用填封料必须能承受因板中温度和湿度变化产生的重复胀缩作用。填封料可分为现场制备和预制的两种。现场制备的填封料为液态或半液态状,预制的填封料在生产中成型。图 8-26 所示为现场制备填缝料用的接缝填缝料槽的设计。为了保持现场制备填封料的效果,填封料槽必须具有一定的形状或深宽比。一般实践表明,该比值应为 0.5 至 1。表 8-33 所示为现场制备填封料的槽尺寸,表 8-34 所示为 PCA(1975)所建议的接缝和预制填封料的宽度。

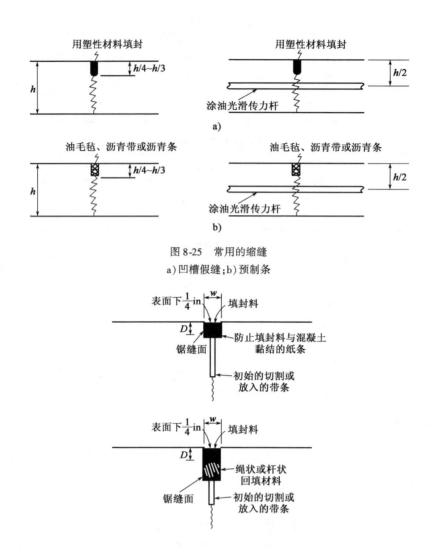

图 8-25 常用的缩缝
a) 凹槽假缝；b) 预制条

图 8-26 接缝填封料槽的设计(1in = 25.4mm)[引自 PCA(1975)]

现场制备填料的槽的尺寸　　　　　　表 8-33

接缝间距 f_t	槽宽(in)	槽深(in)	接缝间距 f_t	槽宽(in)	槽深(in)
≤15	1/4	最小 1/2	30	1/2	最小 1/2
20	3/8	最小 1/2	40	5/8	5/8

注：$1f_t = 0.305\text{m}, 1\text{in} = 25.4\text{mm}$。
来源：引自 PCA(1975)。

接缝和预制填封料的宽度　　　　　　表 8-34

接缝间距 f_t	缝宽(in)	填封料宽(in)	接缝间距 f_t	缝宽(in)	填封料宽(in)
≤20	1/4	7/16	40	7/16	3/4
30	3/8	5/8	50	1/2	7/8

注：$1f_t = 0.305\text{m}, 1\text{in} = 25.4\text{mm}$。
来源：引自 PCA(1975)。

预制的填封料是许多单位建议可长期使用的填封料。预制填封料和现场制备的填封料相比,在长时间内具有较好的压缩性能,但不能完全防止漏水。设计预制填封料时,应使其在接缝中总是最少压缩20%,填封料允许最大压缩是50%。这样,填封料的工作范围是20%~50%(Darter 和 Barenberg,1977)。

2. 胀缝

胀缝为用于消除压应力的横向接缝。由于胀缝难于维护,且易于唧泥,目前除在路面与结构物连接处外,已不再采用。经验表明,混凝土路面的鼓胀与某些粗集料的种类有关。如果对集料的选择采取一些预防措施,因鼓胀产生的破坏将减小到最低程度。即使有压应力,由于混凝土的塑性流变,压应力也可以逐渐释放掉,因此除在桥头外,没有必要再设置胀缝。

图 8-27 所示为常用的胀缝。缝的最小宽度为 19mm(3/4in)。至少有一端涂油的光面传力杆用作传递荷载。在自由滑动的一端放一膨胀套,为传力杆的活动提供空间。接缝处必须放置不会向外挤出的垫板,如纤维和沥青材料或软木,上部用塑性材料填封。

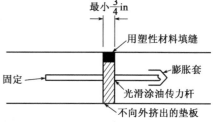

图 8-27 胀缝(1in=25.4mm)

3. 施工缝

横向施工缝应尽可能设置在缩缝处,如图 8-28a)所示的平缝。如由于紧急原因或机器故障必须停工,可采用如图 8-28b)所示的企口缝,这个缝只能设置在正常接缝间距中间 1/3 的地方。企口缝工作性不是很好,经常会出现许多损坏。

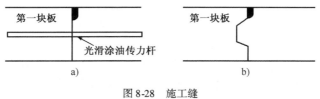

图 8-28 施工缝
a)缩缝处的平缝;b)紧急停工用企口缝

4. 纵缝

公路路面的纵缝用于消除翘曲应力。根据路面是按全幅施工,还是分车道施工的不同,可采用不同的纵缝形式。

如图 8-29 所示的全幅施工,最方便的是用假缝,并使用拉杆以保证集料有嵌锁作用,如图 8-29a)所示,这些拉杆可以在新铺混凝土最后抹面和设置假缝槽之前插入。接缝制作也可以用预制板条插入新铺混凝土,并永远留在那里成为翘曲缝的一个组成部分,如图 8-29b)所示。另一种方法是在铺设混凝土之前,在中心线放置变形钢板和拉杆,如图 8-29c)所示。

在必须保持另一车道通行时,采用分车道施工方法。为了保证荷载的传递,通常采用如图 8-30所示的企口缝。企口缝一般都用拉杆拉住。当然,如果纵缝位于多车道路面的中间,接缝张开的可能性很小,拉杆也可以省去不用。

分车道施工也曾用过平缝。而且目前的实践倾向于用平缝,并不是企口缝,因为沿企口处常出现裂缝,企口缝工作性能不是很好,而且用滑模摊铺机施工困难。

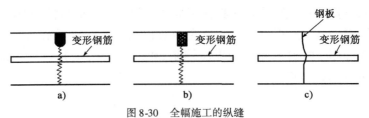

图 8-30 全幅施工的纵缝
a)凹槽假缝；b)预制带或预制条；c)变形钢板

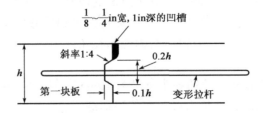

图 8-30 分车道施工的纵缝(1in=25.4mm)

九、水泥混凝土路面接缝的传荷能力

水泥混凝土路面设置各种接缝是为了消除温度、湿度改变所引起的不规则裂缝,以及防止温度湿度变化所产生的损坏。但是从路面板承受荷载的能力来看,由于接缝的存在,削弱了路面整体性,特别是当荷载作用在接缝边缘时,路面板和地基都将产生较大的应力集中。因此路面板的整体承载能力必然有所降低。由此可见,提高和保持接缝的传荷能力,是提高路面板整体承载能力的关键。

关于接缝传荷能力以及具有一定的接缝传荷能力的路面板的应力、应变分析方法的研究,最早由 Y.H.Huang 在 1974 年的研究报告中提出。他最先提出了用挠度比值作为评定接缝传荷能力的指标,并且发表了有关的计算方法及计算程序。之后邓学钧的论文以及他与 Y.H.Huang 合作完成的研究报告,曾对于各种传荷形式及评定指标下的路面板的应力、应变有限元分析方法做了详细的论述。上海市政工程研究所等单位自 1978 年开始对不同基层结构、不同接缝构造的混凝土路面接缝传荷能力进行了大规模的观测。所有这些研究,为进一步提高接缝传荷能力、改进接缝构造提供了有用的成果。但是,关于接缝传荷能力以及与此有关的各种问题的研究工作,还有待于进一步深入。

1. 接缝传荷能力的定义与评定指标

混凝土路面板的接缝所具有的,将车轮荷载由接缝一侧直接承受的板块向接缝另一侧非直接承受荷载的板块进行传递的能力,称为接缝的传荷能力。表征传荷能力的直接指标应该是接缝两侧所承受的荷载之比值,即:

$$\alpha = \frac{P_2}{P_1} \qquad (8-65)$$

式中:α——接缝传荷系数;
P_1——直接承重板所承受的荷载;
P_2——由接缝传递至非直接承重板所承受的荷载。

P_1 与 P_2 之和为车轮施加于路面板接缝位置的外力总荷载 P。根据接缝传荷能力的不同,可分为三种情况：

情况一：接缝完全不具备传荷能力,例如全部断开,且完全脱离接触的接缝,以及路面板的自由边界。荷载全部由直接承重板承受,非直接承重板不承受荷载,因此,接缝传荷系数为零,如图8-31a)所示,即：

$$P_1 = P, P_2 = 0, \alpha = \frac{P_2}{P_1} = 0 \tag{8-66}$$

情况二：接缝具有最佳的传荷能力,例如配置传力杆的缩缝以及在夏令季节工作的结构紧密、性能完好的胀缝。荷载由直接承重板与非直接承重板平均分担。接缝传荷系数最大,如图8-31b)所示,即：

$$P_1 = P_2 = \frac{P}{2}, \alpha = \frac{P_2}{P_1} = 1.0 \tag{8-67}$$

即使是传荷能力最佳的接缝,仍然不具备传递弯矩的能力。这种具有最佳传荷能力的接缝,相当于结构力学中的铰接边界。

情况三：接缝具有一定的传荷能力,但是达不到情况二的最佳状态,例如胀缝在冬令季节有轻微的松动;接触紧密,但是没有配置传力杆的缩缝等。此时直接承重板承受的荷载大于非直接承重板,传荷系数则小于1.0,如图8-31c)所示,即：

$$P_1 > P_2, \alpha = \frac{P_2}{P_1} < 1.0 \tag{8-68}$$

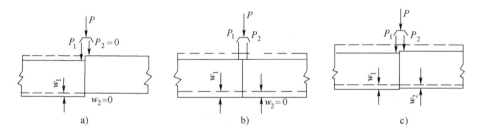

图8-31 接缝传荷能力

大多数接缝的传荷能力处于第三种情况,即使在使用初期,情况良好,传荷系数达到1.0,但是使用一些年之后也会降低,成为第三种情况。

采用实际承受荷载比值来表征接缝的传荷能力,虽然同传荷能力的定义是完全一致的,但是对于荷载分配的实际状况却难以量测,所以也无法对各种接缝的传荷能力以及板体的应力、应变状态做定性、定量分析。为此,又提出了反映接缝传荷能力的间接指标,主要有以下两个。

(1)以挠度比值作为评定接缝传荷能力的指标。如图8-31所示,当车轮P作用于缝边,直接承重板承受的荷载为P_1,板边产生挠度为w_1;非直接承重板承受了由接缝传过来的荷载P_2,板边产生的挠度为w_2,传荷系数为：

$$\alpha = \frac{w_2}{w_1} \tag{8-69}$$

当接缝完全无传荷能力,$P_2 = 0$,挠度w_2也必然为零,则传荷系数$\alpha = 0$;对于具有最佳传荷能力的接缝,则$P_1 = P_2 = P/2$,由于两侧受力均等,挠度也应该相等,即$w_1 = w_2$,故$\alpha = 1.0$;对于情况三,具有一定传荷能力的接缝,$P_1 > P_2$,因此,$w_1 > w_2$,传荷系数α一定小于

1.0,即 $0 < \alpha < 1.0$。

(2)以路面板边缘最大应变比值作为评定接缝传荷能力的指标。当车轮作用于缝边,直接承重板承受的荷载为 P_1,板边产生最大应变为 ε_1,非直接承重板承受由接缝传过来的 P_2,板边产生最大应变 ε_2,传荷系数为:

$$\alpha = \frac{\varepsilon_2}{\varepsilon_1} \tag{8-70}$$

当接缝完全没有传荷能力,$P_1 = 0$,则 $\varepsilon_1 = 0$,传荷系数 $\alpha = 0$;对于具有最佳传荷能力的接缝,$P_1 = P_2 = P/2$,由于两侧受力均等,板边最大应变也相等 $\varepsilon_1 = \varepsilon_2$,故 $\alpha = 1.0$;对于情况三,则 $\varepsilon_1 > \varepsilon_2, 0 < \alpha < 1.0$。

从荷载应力计算理论来看,无论是温克勒地基模型或是弹性半空间地基模型,在路面结构、地基支承与荷载条件完全相同的情况下,某一特定位置的挠度或应变与荷载的大小成正比,因此,从理论上分析,用挠度比值或应变比值取代荷载比值作为传荷系数,以表征接缝的传荷能力都是有根据的,也都是可取的,即:

$$\alpha = \frac{P_2}{P_1} = \frac{w_2}{w_1} = \frac{\varepsilon_2}{\varepsilon_1} \tag{8-71}$$

但是从实际测量效果与直观感觉来看,挠度比值比之于应变比值更能准确地量测,易于被人们接受,且应用于计算分析也较方便。因此,现在趋向于用挠度比值作为传荷系数,以表征接缝的传荷能力。

2. 接缝传荷能力的计算应用与量测

经典的水泥混凝土路面应力分析方法不可能包括具有一定传荷能力的边界影响,而实际上,边界传力作用的存在,使板边受荷与板角受荷时路面板的应力有明显降低。在早期的应力分析与设计方法中,都应用实际测量的方法,对比具有一定传荷能力与完全没有传荷能力(如自由边界)的路面板,在边角受荷情况下应力的差异,确定对比系数,再将系数用于修正经典公式的计算结果。如苏联在机场道面设计中,用式(8-72)验算各种传荷能力的道面板板边应力:

$$\sigma_e = \beta \sigma_c \tag{8-72}$$

式中:σ_e——道面板板边应力;

σ_c——道面板板中应力;

β——接缝传荷能力修正系数。

又如美国 PCA 水泥混凝土路面设计方法中,计算荷载应力时,认为"所有的接缝都有足够的传荷能力,可以视作为无限大板,因此,计算时,采用荷载作用于远离自由边缘的板中位置",也就是对于具有相当传荷能力的面板边缘,荷载应力相当于板中受荷时的应力。用这种经验的方法,或者依据测定数据确定的修正系数,都是比较粗糙的,有时候与实际情况相差甚远,误差太大。

自从有限元法在水泥混凝土路面分析中得到应用与发展之后,具有传荷能力的水泥混凝土路面分析才逐步得到解决。由于有限元法采用单元离散化的方法进行分析,接缝两侧路面板的位移与应力之间的相互关系,只要按一定的原则进行处理,可以很容易得到解决。

接缝传荷能力的测量可以通过量测车轮荷载作用之下接缝两侧面板的边缘挠度来完成。采用设计轴载的一侧轮载,将荷载施加到邻近接缝的路面表面,实测接缝两侧边缘的弯沉值,

按式(8-73)计算接缝的传荷系数:

$$K_{\mathrm{j}} = \frac{w_{\mathrm{u}}}{w_{\mathrm{L}}} \times 100 \tag{8-73}$$

式中:K_{j}——接缝传荷系数(%);

w_{u}——未受荷板接缝边缘处的弯沉值(0.01mm);

w_{L}——受荷板接缝边缘处的弯沉值(0.01mm)。

3. 提高接缝传荷能力的途径

水泥混凝土路面接缝的传荷能力对路面结构的整体强度、表面特性及其使用寿命有重要的影响。当今世界汽车运输的特点是向重型、快速方向发展,接缝传荷能力的重要性便更加突出,一些国家正在研究如何确定容许的传荷能力、怎样分析传荷能力对路面各种性质的影响,以及研究提高传荷能力的措施。

一块四周自由的单独板块,在车轮荷载作用之下,板角或板边承受荷载时出现的最大应力比板中心承受荷载时出现的应力大得多,因此,容易引起板边或板角断裂。接缝传荷能力提高以后,由于部分荷载传递给邻板,所以板边、板角应力减少很多,甚至接近于板中受荷时的应力。因此,提高接缝传荷能力可以防止边角断裂的发生。如果传荷能力可靠耐久,也可以按板中受荷的最大应力设计路面板的厚度,从而减薄面板厚度。

传荷能力不仅对面板本身的应力状态有显著影响,而且对基层与土基的工作状态有明显影响。对于传荷能力极低的路面板边角部位,板下的土基或基层承受着由板体传下来的较大的集中压力。经过车轮多次反复作用,将产生许多病害。例如土基或基层具有相当的塑性,则板下基层将产生塑性变形的积累,边角产生沉陷,而路面板在接缝处形成错台,这种错台将使车辆产生有节奏的颠簸,行车极不平稳。在高等级公路路面上,若有错台产生,甚至会造成车祸。另一种病害是发生在雨水充足而排水不良的地段。接缝下基层或土基有大量细粒土壤存在时,将会产生唧泥、冲刷现象。路面板边角下地基被掏空,造成路面板应力集中,形成各种断裂破坏。边角掏空后,面板的荷载应力大大超过原来设计计算时按照连续支承地基条件算得的荷载应力值。因此,面板所能承受的荷载作用次数也明显降低,路面的使用寿命将缩短很多。深入分析水泥混凝土路面的病害后,发现许多病害都同接缝构造与传荷能力直接有关,因此,工程界越来越重视水泥混凝土路面接缝的传荷能力。

提高水泥混凝土路面接缝传荷能力可以从三方面着手:

(1)合理的平面分块与接缝布置。平面分块要严格按规定划分,避免错缝、锐角等不规则布置方法。对胀缝的设置要十分慎重,因为胀缝的传荷能力差、病害多,而且胀缝的存在会引起缩缝的松弛,不能紧密接触,结果使其他缩缝的传荷能力也下降。因此,不设胀缝或少设胀缝是提高接缝传荷能力的有效措施。

(2)改进接缝构造,提高施工质量,使接缝长期保持良好的传荷能力。接缝的形式、构造、尺寸、材料以及施工养护方法等都可以进一步研究改进,使之更加合理,更加有利于提高接缝的传荷能力。

(3)修筑稳定性良好的基层。实践证明,基层的稳定性和强度对接缝传荷能力有明显影响。因此,世界各国对于干线公路水泥混凝土路面一般都修筑稳定性良好的基层,如水泥稳定类基层、沥青稳定类基层等,也有铺筑低强度等级贫混凝土作为路面基层的,这对提高传荷能力效果更佳。

第四节 美国水泥混凝土路面设计方法

美国是世界各国中水泥混凝土路面使用最多的国家之一。全国约 140 万 km 的高级路面中,水泥混凝土路面的里程约为 20 万 km,其中连续配筋混凝土路面约为 2.2 万 km。美国对水泥混凝土路面设计理论与方法的研究极为重视,从 1919 年开始进行系统的研究,著名的威斯特卡德教授于 1925 年最早提出了用于水泥混凝土路面应力分析的弹性地基板的解析解。直到 1936 年,经过 17 年的深入研究,形成了较为完整的设计方法,这个方法至今仍然是美国和其他一些国家设计方法的基础。1921 年在华盛顿特区修建了第一条连续配筋混凝土路面,通过长期观察研究后,于 1937 年在印第安纳州进行扩大试验,1956 年开始修建州际高速公路网时,大量使用了连续配筋混凝土路面。

一、AASHTO 1993 水泥混凝土路面设计方法

美国对于水泥混凝土路面的道路现场试验极为重视,1918—1930 年对世界闻名的阿灵顿试验路(The Arligton Road Test)进行了系统观察,着重研究不同厚度、不同接缝构造的水泥混凝土路面的荷载应力与翘曲应力。1920—1923 年进行的贝茨试验路(The Bates Road Test)研究,1921—1922 年进行的匹茨堡试验路(The Pittsburg Road Test)研究都取得了有价值的资料。1949 年进行的马里兰试验路研究(Road Test One-MD)着重研究了不同轴载通行次数对混凝土路面应力的影响。美国各州公路工作者试验路研究(AASHTO Road Test)于 1955—1961 年在美国伊利诺伊州渥太华城附近进行,这是美国有史以来规模最大的一次道路试验,总投资 2700 万美元。在最后三年观察期间,总共通行 1114000 车次,以试验路研究成果为基础,提出了 AASHTO 路面设计指南与手册,指南提供的混凝土路面设计方法中提出了耐用指数(Serviceability-index)这一重要概念,并且提出了单轴荷载、双轴荷载的当量换算关系等。

AASHTO 以足尺试验路为基础,经过长期的观测,建立起轴载作用次数、路面结构厚度和使用性能之间的经验关系式,据此提出了暂行设计方法。

AASHTO 试验路采用"服务功能指数"的概念来表征路面对行车荷载的耐用程度。对于刚性路面,根据试验结果的统计分析,采用下式确定现有服务功能指数(PSI)。

$$\text{PSI} = 5.41 - 1.8\lg(1 + \overline{SV}) - 0.09\sqrt{C + P} \tag{8-74}$$

式中:$\overline{SV}$——二条轮迹的平均纵向坡度偏差;

C——三级和四级裂缝的总长度(对路面中心线的平行线或直线的投影长,取其大者),三级裂缝指至少一半以上长度内的表面缝隙宽为 0.25in 以上者,四级裂缝指已预见填封者;

P——路表面修补面积($\text{ft}^2/1000\text{ft}^2$)。

路面在使用过程中,服务功能指数随行车作用次数的增加而逐步降低。AASHTO 试验路的试验目的之一,便是确定不同大小与组合的轴载重复作用次数,与不同厚度基层上的各种厚

度混凝土路面的服务功能之间的关系。试验结果表明,板的长短和是否配筋,以及基层厚度对路面的使用性能无重大影响。在板厚、轴载、荷载重复作用次数和服务功能指数之间存在着下述关系:

$$\text{PSI} = C_0 - (C_0 - C_1)\left(\frac{N}{\rho}\right)^{\beta} \tag{8-75}$$

式中:C_0——路面的初始服务功能指数,试验路为 $C_0 = 4.5$;
C_1——路面的终结服务功能指数,试验路为 $C_1 = 1.5$;
β——函数,决定服务功能指数减小曲线的一般形状;
ρ——函数,当 PSI = 1.5 时的荷载重复作用次数。

$$\beta = 1 + \frac{3.63(L_1 + L_2)^{5.20}}{(D_2 + 1)^{8.46} L_2^{3.52}} \tag{8-76}$$

$$\rho = \frac{10^{5.35}(D_2 + 1)^{7.35} L_2^{3.26}}{(L_1 + L_2)^{4.62}} \tag{8-77}$$

式中:D_2——板厚(in);
L_1——轴载(klb);
L_2——后轴数系数,单后轴为1,双后轴为2。

AASHTO 1993 考虑可靠度的关系为:

$$\lg N = z_R \cdot S_0 + 7.35\lg(D+1) - 0.06 + \frac{\lg\frac{\Delta PSI}{4.5 - 1.5}}{1 + \frac{1.624 \times 10^7}{(D+1)8.46}} + (4.22 - 0.32P_t) \times$$

$$\lg \frac{S'_c C_d (D^{0.75} - 1.132)}{215.63 \cdot J\left[D^{0.75} - \frac{18.42}{(E_c/K)^{0.25}}\right]} \tag{8-78}$$

式中:D——板厚(in);
J——接缝传荷系数,见表 8-35;
C_d——排水系数,见表 8-36;
S'_c——混凝土抗折模量(psi);
K——地基反应模量(pci),如图 8-32 和图 8-33 所示;
其他符号同前。

水泥混凝土路面设计接缝传荷系数 J 表 8-35

路肩形式	沥青混凝土		有传力杆的水泥混凝土	
传荷装置设置情况	有	无	有	无
混凝土路面类型				
接缝混凝土路面				
配筋混凝土路面	3.2	3.8~4.4	2.5~3.1	3.6~4.2
连续配筋混凝土路面	2.9~3.2		2.3~2.9	

水泥混凝土路面设计排水系数 C_d　　　　　　　　　　　表 8-36

排水状况	含水率与饱和度的差			
	<1%	1%~5%	5%~25%	>25%
极好	1.25~1.20	1.20~1.15	1.15~1.10	1.10
好	1.20~1.15	1.15~1.10	1.10~1.00	1.00
一般	1.15~1.10	1.10~1.00	1.00~0.90	0.90
差	1.10~1.00	1.00~0.90	0.90~0.80	0.80
极差	1.00~0.90	0.90~0.80	0.80~0.70	0.70

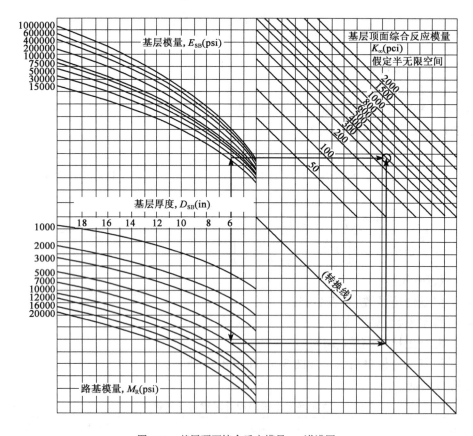

图 8-32　基层顶面综合反应模量 K_∞ 诺谟图

板厚、荷载重复次数和服务功能指数差这三者中已知二个，便可按式(8-79)求得另一个。

1. 设计使用年限与车辆换算

AASHTO 法规定，混凝土路面的设计使用年限通常为 20（年），届时的服务功能指数为 2.5（干线道路）或 2.0（非干线道路）。

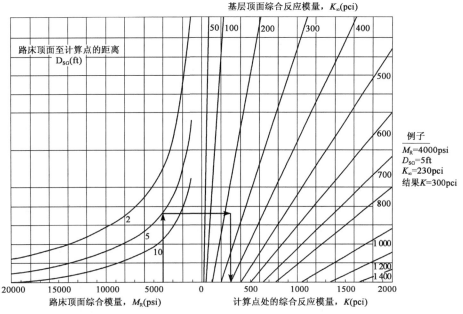

图 8-33　路床顶面下某一深度处综合反应模量 K 的诺谟图

路上通行的各类车辆均换算成标准车数量。标准车规定为后轴重 18klb 的单后轴车,在使用年限内通过的最大次数为 1×10^7。

道路的设计交通量按后轴重和后轴数分类,并由日单向交通量推算出 20 年内各类轴载的总通行次数。采用下式将各类轴载换算为标准轴载:

$$\lg \frac{N_1}{N_2} = \left(\frac{1}{\beta_1} - \frac{1}{\beta_2}\right)\lg\frac{2}{3} + \lg\frac{\rho_1}{\rho_2} \tag{8-79}$$

上式是将 $C_0 = 4.5, C_1 = 1.5, \text{PSI} = 2.5$ 各值代入式(2-19)后得出的标准轴载与换算轴载的总通行次数之间的关系。式中注有脚标 1 的参数为标准轴载者,注有脚标 2 的为换算轴载的参数。

求出各类轴载相应于标准轴载的换算系数,而各类轴载的通行次数乘以换算系数,即可得到使用年限内标准轴载重的总通行次数。根据式(8-75)可算得的 PSI = 2.5 时的轴载换算系数。由于换算系数随混凝土板的厚度而变,因此需先假设板厚,若随后算得的板厚与假设的不同,则重设板厚再进行计算。

2. 轴载换算系数

AASHTO 1993 给出了对应不同板厚(in)、不同轴载类型(单轴、双轴、三轴等)和轴载值的换算系数表(表 8-37 ~ 表 8-39),AASHTO 1993 混凝土路面板厚设计诺谟图如图 8-34 所示。

水泥混凝土路面当量轴载系数表(单轴 $p_t = 2.0$)　　　　表 8-37

轴载(kips)	板厚,D(in)								
	6	7	8	9	10	11	12	13	14
2	0.0002	0.0002	0.0002	0.0002	0.0002	0.0002	0.0002	0.0002	0.0002
4	0.002	0.002	0.002	0.002	0.002	0.002	0.002	0.002	0.002
6	0.011	0.010	0.010	0.010	0.010	0.010	0.010	0.010	0.010
8	0.035	0.033	0.032	0.032	0.032	0.032	0.032	0.032	0.032
10	0.087	0.084	0.082	0.081	0.080	0.080	0.080	0.080	0.080

续上表

轴载(kips)	板厚,D(in)								
	6	7	8	9	10	11	12	13	14
12	0.186	0.180	0.176	0.175	0.174	0.174	0.173	0.173	0.173
14	0.353	0.346	0.341	0.338	0.337	0.336	0.336	0.336	0.336
16	0.614	0.609	0.604	0.601	0.599	0.599	0.598	0.598	0.598
18	1.00	1.00	1.00	1.00	1.00	1.00	1.00	1.00	1.00
20	1.55	1.56	1.57	1.58	1.58	1.59	1.59	1.59	1.59
22	2.32	2.32	2.35	2.38	2.40	2.41	2.41	2.41	2.42
24	3.37	3.34	3.40	3.47	3.51	3.53	3.54	3.55	3.55
26	4.76	4.69	4.77	4.88	4.97	5.02	5.04	5.06	5.06
28	6.58	6.44	6.52	6.70	6.85	6.94	7.00	7.02	7.04
30	8.92	8.68	8.74	8.98	9.23	9.39	9.48	9.54	9.56
32	11.9	11.5	11.5	11.8	12.2	12.4	12.6	12.7	12.7
34	15.5	15.0	14.9	15.3	15.8	16.2	16.4	16.6	16.7
36	20.1	19.3	19.2	19.5	20.1	20.7	21.1	21.4	21.5
38	25.6	24.5	24.3	24.6	25.4	26.1	26.7	27.1	27.4
40	32.2	30.8	30.4	30.7	31.6	32.6	33.4	34.0	34.4
42	40.1	38.4	37.7	38.0	38.9	40.1	41.3	42.1	42.7
44	49.4	47.3	46.4	46.6	47.6	49.0	50.4	51.6	52.4
46	60.4	57.7	56.6	56.7	57.7	59.3	61.1	62.6	63.7
48	73.2	69.9	68.4	68.4	69.4	71.2	73.3	75.3	76.8
50	88.0	84.1	82.2	82.0	83.0	84.9	87.4	89.8	91.7

水泥混凝土路面当量轴载系数表(双轴 $p_t = 2.0$) 表8-38

轴载(kips)	板厚,D(in)								
	6	7	8	9	10	11	12	13	14
2	0.0001	0.0001	0.0001	0.0001	0.0001	0.0001	0.0001	0.0001	0.0001
4	0.0006	0.0005	0.0005	0.0005	0.0005	0.0005	0.0005	0.0005	0.0005
6	0.002	0.002	0.002	0.002	0.002	0.002	0.002	0.002	0.002
8	0.006	0.006	0.005	0.005	0.005	0.005	0.005	0.005	0.005
10	0.014	0.013	0.013	0.012	0.012	0.012	0.012	0.012	0.012
12	0.028	0.026	0.026	0.025	0.025	0.025	0.025	0.025	0.025
14	0.051	0.049	0.048	0.047	0.047	0.047	0.047	0.047	0.047
16	0.087	0.084	0.082	0.081	0.081	0.080	0.080	0.080	0.080
18	0.141	0.136	0.133	0.132	0.131	0.131	0.131	0.131	0.131
20	0.216	0.210	0.206	0.204	0.203	0.203	0.203	0.203	0.203
22	0.319	0.313	0.307	0.305	0.304	0.303	0.303	0.303	0.303
24	0.454	0.449	0.444	0.441	0.440	0.439	0.439	0.439	0.439
26	0.629	0.626	0.622	0.620	0.618	0.618	0.618	0.618	0.618

续上表

轴载(kips)	板厚,D(in)								
	6	7	8	9	10	11	12	13	14
28	0.852	0.851	0.850	0.850	0.850	0.849	0.849	0.849	0.849
30	1.13	1.13	1.14	1.14	1.14	1.14	1.14	1.14	1.14
32	1.48	1.48	1.49	1.50	1.51	1.51	1.51	1.51	1.51
34	1.90	1.90	1.93	1.95	1.96	1.97	1.97	1.97	1.97
36	2.42	2.41	2.45	2.49	2.51	2.52	2.53	2.53	2.53
38	3.04	3.02	3.07	3.13	3.17	3.19	3.20	3.20	3.21
40	3.79	3.74	3.80	3.89	3.95	3.98	4.00	4.01	4.01
42	4.67	4.59	4.66	4.78	4.87	4.93	4.95	4.97	4.97
44	5.72	5.59	5.67	5.82	5.95	6.03	6.07	6.09	6.10
46	6.94	6.76	6.83	7.02	7.20	7.31	7.37	7.41	7.43
48	8.36	8.12	8.17	8.40	8.63	8.79	8.88	8.93	8.96
50	10.00	9.69	9.72	9.98	10.27	10.49	10.62	10.69	10.73
52	11.9	11.5	11.5	11.8	12.1	12.4	12.6	12.7	12.8
54	14.0	13.5	13.5	13.8	14.2	14.6	14.9	15.0	15.1
56	16.5	15.9	15.8	16.1	16.6	17.1	17.4	17.6	17.7
58	19.3	18.5	18.4	18.7	19.3	19.8	20.3	20.5	20.7
60	22.4	21.5	21.3	21.6	22.3	22.9	23.5	23.8	24.0
62	25.9	24.9	24.6	24.9	25.6	26.4	27.0	27.5	27.7
64	29.9	28.6	28.2	28.5	29.3	30.2	31.0	31.6	31.9
66	34.3	32.8	32.3	32.6	33.4	34.4	35.4	36.1	36.5
68	39.2	37.5	36.8	37.1	37.9	39.1	40.2	41.1	41.6
70	44.6	42.7	41.9	42.1	42.9	44.2	45.5	46.6	47.3
72	50.6	48.4	47.5	47.6	48.5	49.9	51.4	52.6	53.5
74	57.3	54.7	53.6	53.6	54.6	56.1	57.7	59.2	60.3
76	64.6	61.7	60.4	60.3	61.2	62.8	64.7	66.4	67.7
78	72.5	69.3	67.8	67.7	68.6	70.2	72.3	74.3	75.8
80	81.3	77.6	75.9	75.7	76.6	78.3	80.6	82.8	84.7
82	90.9	86.7	84.7	84.4	85.3	87.1	89.6	92.1	94.2
84	101	97	94	94	95	97	99	102	105
86	113	107	105	104	105	107	110	113	116
88	125	119	116	116	116	118	121	125	128
90	138	132	129	128	129	131	134	137	141

水泥混凝土路面当量轴载系数表(三轴 $p_t = 2.0$)　　表8-39

轴载(kips)	板厚,D(in)								
	6	7	8	9	10	11	12	13	14
2	0.0001	0.0001	0.0001	0.0001	0.0001	0.0001	0.0001	0.0001	0.0001
4	0.0003	0.0003	0.0003	0.0003	0.0003	0.0003	0.0003	0.0003	0.0003
6	0.0010	0.0009	0.0009	0.0009	0.0009	0.0009	0.0009	0.0009	0.0009
8	0.002	0.002	0.002	0.002	0.002	0.002	0.002	0.002	0.002

续上表

轴载(kips)	板厚, D (in)								
	6	7	8	9	10	11	12	13	14
10	0.005	0.005	0.005	0.005	0.005	0.005	0.005	0.005	0.005
12	0.010	0.010	0.009	0.009	0.009	0.009	0.009	0.009	0.009
14	0.018	0.017	0.017	0.016	0.016	0.016	0.016	0.016	0.016
16	0.030	0.029	0.028	0.027	0.027	0.027	0.027	0.027	0.027
18	0.047	0.045	0.044	0.044	0.043	0.043	0.043	0.043	0.043
20	0.072	0.069	0.067	0.066	0.066	0.066	0.066	0.066	0.066
22	0.105	0.101	0.099	0.098	0.097	0.097	0.097	0.097	0.097
24	0.149	0.144	0.141	0.139	0.139	0.138	0.138	0.138	0.138
26	0.205	0.199	0.195	0.194	0.193	0.192	0.192	0.192	0.192
28	0.276	0.270	0.265	0.263	0.262	0.262	0.262	0.262	0.261
30	0.364	0.359	0.354	0.351	0.350	0.349	0.349	0.349	0.349
32	0.472	0.468	0.463	0.460	0.459	0.458	0.458	0.458	0.458
34	0.603	0.600	0.596	0.594	0.593	0.592	0.592	0.592	0.592
36	0.759	0.758	0.757	0.756	0.755	0.755	0.755	0.755	0.755
38	0.946	0.947	0.949	0.950	0.951	0.951	0.951	0.951	0.951
40	1.17	1.17	1.18	1.18	1.18	1.18	1.18	1.18	1.19
42	1.42	1.43	1.44	1.45	1.46	1.46	1.46	1.46	1.46
44	1.73	1.73	1.75	1.77	1.78	1.78	1.79	1.79	1.79
46	2.08	2.07	2.10	2.13	2.15	2.16	2.16	2.16	2.17
48	2.48	2.47	2.51	2.55	2.58	2.59	2.60	2.60	2.61
50	2.95	2.92	2.97	3.03	3.07	3.09	3.10	3.11	3.11
52	3.48	3.44	3.50	3.58	3.63	3.66	3.68	3.69	3.69
54	4.09	4.03	4.09	4.20	4.27	4.31	4.33	4.35	4.35
56	4.78	4.69	4.76	4.89	4.99	5.05	5.08	5.09	5.10
58	5.57	5.44	5.51	5.66	5.79	5.87	5.91	5.94	5.95
60	6.45	6.29	6.35	6.53	6.69	6.79	6.85	6.88	6.90
62	7.43	7.23	7.28	7.49	7.69	7.82	7.90	7.94	7.97
64	8.64	8.28	8.32	8.55	8.80	8.97	9.07	9.13	9.16
66	9.76	9.46	8.48	9.73	10.02	10.24	10.37	10.44	10.48
68	11.1	10.8	10.8	11.0	11.4	11.6	11.8	11.9	12.0
70	12.6	12.2	12.2	12.5	12.8	13.2	13.4	13.5	13.6
72	14.3	13.8	13.7	14.0	14.5	14.9	15.1	15.3	15.4
74	16.1	15.5	15.4	15.5	16.2	16.7	17.0	17.2	17.3
76	18.2	17.5	17.3	17.6	18.2	18.7	19.1	19.3	19.5
78	20.4	19.6	19.4	19.7	20.3	20.9	21.4	21.7	21.8
80	22.8	21.9	21.6	21.9	22.6	23.3	23.8	24.2	24.4
82	25.4	24.4	24.1	24.4	25.0	25.8	26.5	26.9	27.2
84	28.3	27.1	26.7	27.0	27.7	28.6	29.4	29.9	30.2
86	31.4	30.1	29.6	29.9	30.7	31.6	32.5	33.1	33.5
88	34.8	33.3	32.8	33.0	33.8	34.8	35.8	36.6	37.1
90	38.5	36.8	36.2	36.4	37.2	38.3	39.4	40.3	40.9

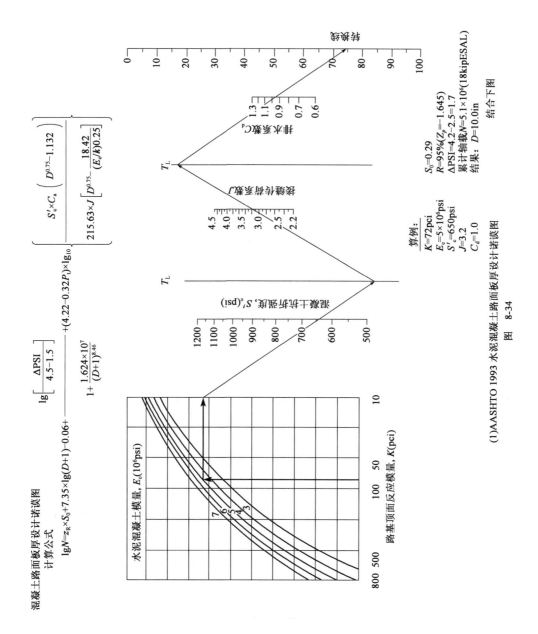

图 8-34 (1) AASHTO 1993 水泥混凝土路面板厚设计诺谟图

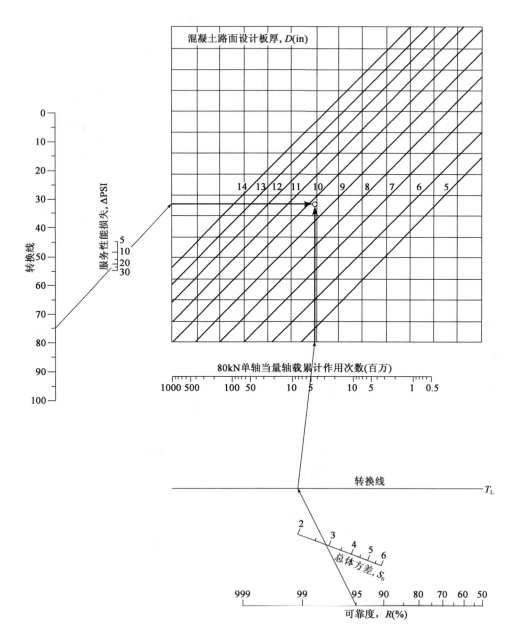

(2) AASHTO 1993 水泥混凝土路面板厚设计诺谟图

图 8-34

3. 板厚计算(JPCP)

根据设计使用年限内标准轴载的总通行次数、基础反力模量和混凝土的允许弯拉应力,可求得板厚。图8-35为刚性路面板厚设计诺谟图,PSI = 2.5(引自 AASHTO 暂行指南)。

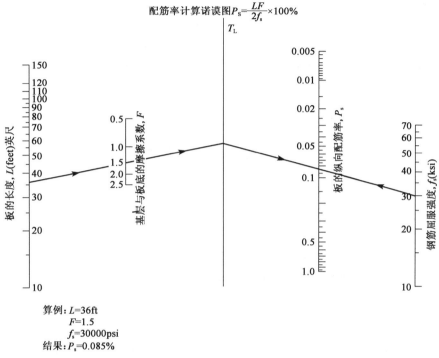

算例:$L=36\text{ft}$
$F=1.5$
$f_s=30000\text{psi}$
结果:$P_s=0.085\%$

图8-35 配筋混凝土路面(JRCP)配筋率计算诺谟图

4. 配筋混凝土路面(JRCP)设计

为了减少施工过程中水分蒸发和使用过程中由于基层约束产生应力导致混凝土路面开裂的裂缝宽度,在混凝土路面中配置钢筋的主要目的不是减少荷载应力或者减少开裂,纵向钢筋的配筋率直接影响配筋混凝土路面的裂缝宽度。原则上水混凝土路面纵向长度大于4.6m(15in)时应该配置一定数量的纵向钢筋以控制水泥混凝土路面板的裂缝宽度,因此,配筋混凝土路面的厚度设计与有接缝的素混凝土路面(JPCP)一样。

配筋混凝土路面主要输入参数包括板的长度 L、钢筋的工作应力 f_s(表8-40)及混凝土路面板与基层间的摩擦系数 F。图8-35给出了确定纵向钢筋用量的诺谟图。

钢筋工作应力(ksi)确定表 表8-40

混凝土28d 的劈裂强度 (psi)	钢筋尺寸		
	No.4 直径12.7mm	No.5 直径15.9mm	No.6 直径19.1mm
≤300	65	57	54
400	67	60	55
500	67	61	56
600	67	63	58
700	67	65	59
≥800	67	67	60

5.连续配筋混凝土路面(CRCP)设计

连续配筋混凝土路面(CRCP)是在纵向连续配置钢筋以控制混凝土路面的裂缝宽度,因此,CRCP的板厚原则上与JPCP一致。

连续配筋混凝土路面主要输入参数包括荷载应力 σ_w(见计算诺谟图8-36)、水泥混凝土28d的劈裂强度 f_t、混凝土28d的相对收缩率 Z、混凝土的线胀系数 α_c、钢筋直径 ϕ、钢筋的线胀系数 α_s 及混凝土路面的温度差 DT_D(合龙温度与最低温度差值)。表8-41给出了参数的具体要求,表8-42给出了设计需要确定的极限值、图8-37~图8-39给出了根据不同设计要求的纵向配筋率设计计算诺谟图。具体设计步骤如下:

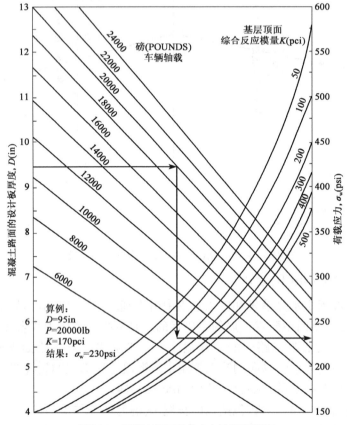

图8-36 混凝土路面荷载应力计算诺谟图

(1)根据图8-37~图8-39确定纵向配筋率。

(2)如果得到的配筋率大于最大配筋率 P_{max} 或等于最小配筋率 P_{min},那么进行步骤(3),否则调整参数,重新计算。

(3)依据式(8-80)和式(8-81)确定钢筋的最小数量和最大数量。

$$N_{min} = 0.01273 P_{min} W_s D / \phi^2 \tag{8-80}$$

$$N_{max} = 0.01273 P_{max} W_s D / \phi^2 \tag{8-81}$$

式中:W_s——板的宽度(in);

　　　ϕ——钢筋直径(in);

　　　D——板的设计厚度(in)。

（4）确定最终的钢筋数量 N_{design}，要求 $N_{min} \leqslant N_{design} \leqslant N_{max}$。

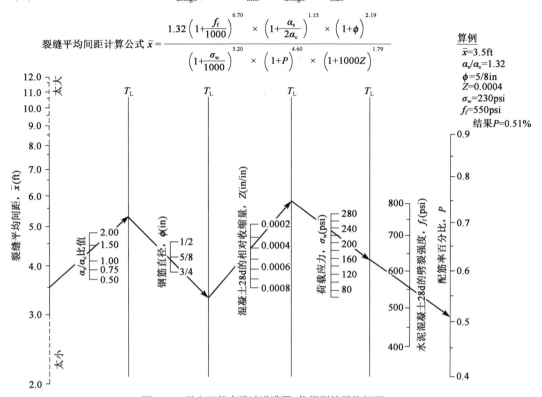

图 8-37　纵向配筋率设计诺谟图（依据裂缝平均间距）

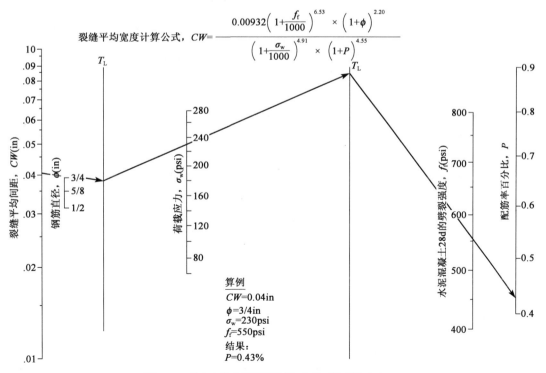

图 8-38　纵向配筋率设计诺谟图（依据平均裂缝宽度）

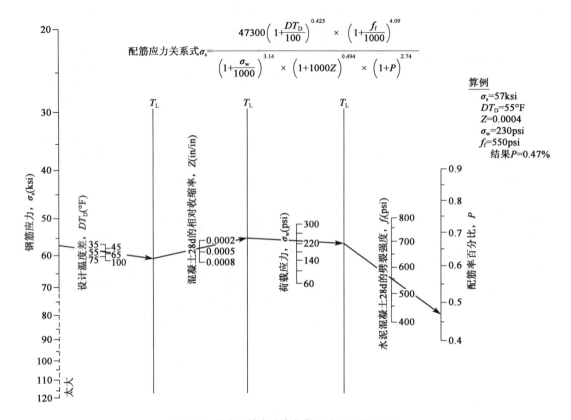

图 8-39　纵向配筋率设计诺谟图（依据钢筋应力）

纵向配筋设计参数表　　　　　　　　　　　　　　　　　　表 8-41

设计输入参数			
输入参数	值	输入参数	值
钢筋直径 ϕ (in)	如 No5 5/8	线胀系数比值 α_s/α_c (in/in)	如：1.32
混凝土的线胀系数 Z (in/in)	如：0.004	混凝土路面的温度差 DT_D (°F)	如：55
混凝土的劈裂强度 f_t (psi)	如：550	混凝土路面的荷载应力 σ_w (psi)	如：230

CRCP 配筋设计极限值确定表　　　　　　　　　　　　　　　表 8-42

	裂缝平均间距 $\bar{x}$(feet)	裂缝容许宽度 CW_{max}(in)	钢筋最大容许应力 $(\sigma_s)_{max}$(ksi)	配筋率
设计极限值	最大 8.0 最小 3.5	0.04	62	—
最小配筋率(%)	0.40	0.40	0.43	0.43 (P_{min})*
最大配筋率(%)	0.51	—	—	0.51 P_{max}

注：* 输入可能的最大值。

6. 罩面层厚度设计

长期以来,混凝土罩面层设计都是基于这样的基本假定的,即旧路面板与罩面层的综合强度与一个厚度等于这两层板平方和的开方根的单层板所具有的强度相当,以公式表示,即:

$$T = \sqrt{T_r^2 + T_0^2} \tag{8-82a}$$

式中:T——等效的单一罩面层厚度(in);

T_r——罩面层板的厚度(in);

T_0——现有路面板的厚度(in)。

或者写成:

$$T_r = \sqrt{T^2 - T_0^2} \tag{8-82b}$$

对于式(8-82b)的关系式,经过了多次实地车载试验,如洛克旁(Lockbourne)1号、2号路,肖隆范尔(Sharonville)1号路试验,证明若现有路面与罩面层之间有严格的平整隔离层,则式(8-82b)计算得的罩面层厚度比较接近实际。如果罩面层直接铺筑在现有路面之上,能保证两层之间有一定程度的结合,则式(8-82b)计算的厚度偏于保守。根据试验结果,美国工程师兵团提出了适用于两层之间具有部分结合力时罩面层厚度 T 的计算公式,即:

$$T_r = \sqrt[1.4]{T^{1.4} - T_0^{1.4}} \tag{8-82c}$$

若将现有路面的状况以结构条件系数 C 表示,则用于计算罩面层厚度的公式可以写成为:

$$T_r = \sqrt{T^2 - CT_0^2} \tag{8-82d}$$

$$T_r = \sqrt[1.4]{T^{1.4} - CT_0^{1.4}} \tag{8-82e}$$

$$T_r = T - T_0 \tag{8-82f}$$

以上用于计算罩面层厚度的公式中,式(8-82d)适用于罩面层与原有路面之间完全隔离的情况;式(8-82e)适用于层间部分结合的情况;式(8-82f)适用于层间完全结合形成整体结构的情况。为计算方便,将式(8-82e)与式(8-82d)计算公式绘制成计算曲线。

对于层间完全结合的罩面层,必须严格清理现有路面表面,并且采用专门的水泥砂浆或环氧树脂混合料所制成的黏结剂进行涂刷,以加强黏结,保证安全结合,不具备这样条件的,不能作为完全结合来考虑。

这三种结合形式计算所得的罩面厚度,以完全分离的情况所需厚度最大,完全结合的情况所需厚度最小,部分结合式则介于二者之间。对于完全结合式的结构,虽然减薄了罩面层厚度,但是由于增加了加强黏结的处理,总的经济效益未必有利,通常只是在现有路面情况非常良好,少数非发展性裂缝已经修复的情况下,才考虑采用。

美国水泥混凝土路面设计虽然有许多方法,但是它们的背景和基本出发点比较接近。设计方法的基本体系都是以威斯特卡德 20 世纪 20 年代的理论研究成果为基础,与大规模的工程试验研究相结合而形成的。美国设计方法的主要特点是重视工程试验研究,如阿灵顿试验路、匹茨堡试验路、马里兰试验路、AASHTO 试验路等对于美国设计方法的形成起了至关重要的作用。美国设计方法的实用性很强、设计程序与方法简明、扼要,容易为工程师们所掌握,并应用于工程设计。美国工程科学界比较重视学科发展的新趋势,如连续配筋混凝土路面、钢纤维混凝土路面等都是在美国最先研究和使用。对于近代工程科学中计算机的应用、系统工程的应用等也是美国最先引入水泥混凝土路面设计领域。

二、美国波特兰水泥协会(PCA)设计方法

PCA 法应用文克勒地基上弹性薄板理论,考虑了水泥混凝土路面的使用年限、疲劳强度等多种因素,是一种比较完善的方法。

1. 设计使用年限与交通分析

PCA 取混凝土路面设计使用年限为 40 年。

按目前道路上交通量统计资料,确定目前的年平均日交通量,其中包括货车数、单轴和双轴各级荷载的分配,然后根据交通量的年增长率,预估使用年限内各级单双轴轴载的作用次数。

2. 荷载安全系数

PCA 采用荷载安全系数,以考虑汽车的超载、轮载分配的不均匀性和冲击作用等因素所引起的荷载增大。为此,按道路交通量的不同,规定了荷载安全系数值如下:

(1)对于承受少量货车交通的道路、居住区街道和其他道路,采用 1.0。
(2)对于承受中等货车交通量的道路主要街道,采用 1.1。
(3)对于连续交通流和大量货车交通的州际道路和其他多车道道路,采用 1.2。

按交通分析得出的各级轴载,都要乘以上述荷载安全系数,成为设计轴载。

3. 基础强度特征

基础的强度特征以地基反力模量 K 表征。K 值通过承载板试验确定,它随材料的性状、承载板的直径和挠度(或压力)的取值不同而异。

由试验得知,当承载板直径大于 30in 时,则直径大小对荷载挠度曲线的影响就不大了。因此,通常规定采用承载板直径为 30in。测定地基反力模量时,统一规定取用挠度 $w = 0.05$in 测得的压力值,如挠度难以达到 0.05in 时,则按压力 $q = 0.07 \text{lbf/in}^2$ 时测得的挠度来确定地基反力模量,即 $K = q/w, \text{lbf/in}^3$。

由于 K 值的变动对混凝土板内应力值的影响不大,在无试验条件时,可按路基土类别参考选用。

按上述测定方法,挠度值中包含了塑性变形,因而 K 值偏小,由此算得的板底应力偏大。如果采用重复加载-卸载试验,取回弹的挠度值计算 K 值,则所得的 K 值要大得多。AASHTO 试验路的资料表明,黏土路基和粒料基层上的 K 值要比通常方法得到的 K 值大 77%。

路基上铺筑了粒料或稳定类基层后,基层顶面的 K 值将提高,提高后的数值可由承载板试验实测确定。

4. 荷载应力

公路和城市道路路面,通常采用 3.6m 宽的车道,由实测到的车流沿此车道横向分布的频率可知,在车道的纵向边缘和角隅处荷载重复作用的几率均很小,而轴载位于横缝边缘时,恰好是荷载重复性最大处,故 PCA 采用横缝边缘作为计算临界应力的荷载位置。

根据横缝边缘这一临界荷载位置,应用威斯特卡德理论,编绘了单轴与串列轴荷载应力计算图,如图 8-40 和图 8-41 所示。由于混凝土的弹性模量变化对板厚计算影响很小,在编绘计算图时统一采用 $E_c = 3981600 \text{lbf/in}^2 (28 \times 10^3 \text{MPa})$,$\mu_c = 0.15$。

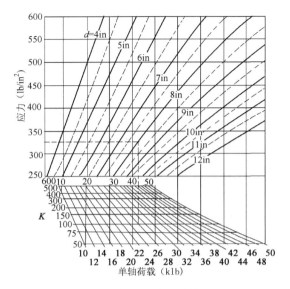

图 8-40 单轴荷载的应力计算图用图

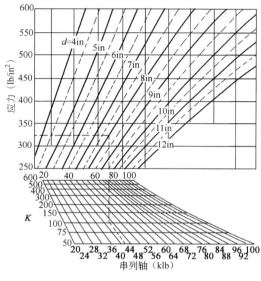

图 8-41 串列轴荷载的应力计算图用图

5. 疲劳与安全系数

根据野外和室内试验资料,PCA 规定了混凝土板的应力比(重复弯曲应力与抗弯拉强度之比)与容许重复次数的对应关系见表 8-43。

各级轴载重复作用的累积影响可根据迈因纳(Miner)的假说来确定,即材料在重复荷载作用下产生的疲劳呈线性积累,一个荷载重复作用后未耗尽的疲劳抗力仍可被另一个荷载重复作用时所利用,据此确定各级轴载产生的应力比。由表 8-43 查得相应的允许重复作用次数 N'_i,此 N'_i 同实际的重复作用次数 N_i(由交通量分析获得)相比,即得各级轴载对疲劳抗力的利用率。叠加各级轴载的利用率,得总的疲劳利用率。理论上,利用率总和不能大于 1,但考虑到混凝土强度在 28d 龄期后还要增长,所以根据 28d 抗弯强度设计时,疲劳的总和允许增大到 1.25。用公式表示即为:

$$\sum_{i=1}^{n} \frac{N_i}{N'_i} \leq 1 \sim 1.25 \qquad (8-83)$$

应力比与允许重复次数对应关系表   表 8-43

应 力 比	允许重复次数	应 力 比	允许重复次数	应 力 比	允许重复次数
0.51	400000	0.61	24000	0.71	1500
0.52	300000	0.62	18000	0.72	1100
0.53	240000	0.63	14000	0.73	850
0.54	180000	0.64	11000	0.74	650
0.55	130000	0.65	8000	0.75	490
0.56	100000	0.66	6000	0.76	360
0.57	75000	0.67	400	0.77	270
0.58	57000	0.68	3500	0.78	210
0.59	42000	0.69	2500	0.79	160
0.60	32000	0.70	2000	0.80	120

如果按所选定的路面厚度计算得到的疲劳累积总和大于 1.25 或太小时,则调整路面板厚,重新计算。

[**例 8-1**] 交通量与交通组成:年平均日双向交通量 400 辆/d,货车占 20%,年平均增长率 2%。货车轴载分配见表 8-44。

货车轴载分配   表 8-44

轴载等级 (klb)	路上每 100 辆货车的轴数		轴载等级 (klb)	路上每 100 辆货车的轴数	
	单轴	双轴		单轴	双轴
16~18	6.1	—	36~38	—	0.9
18~20	5.4	—	38~40	—	1.0
20~22	3.2	5.2	40~42	—	0.1
30~32	—	9.4	42~44	—	0.1
32~34	—	1.8	44~46	—	0.1
34~36	—	1.4	—	—	—

混凝土的抗弯拉强度 $\sigma_{wl} = 650 \text{lbf/in}^2$,地基反力模量 $K = 150 \text{lbf/in}^3$。交通量的年增长率平均为 2%,40 年内货车的单向平均日交通量为:

$$\frac{0.2 \times 400 \sum_{1}^{n}(1+0.02)^n}{2 \quad 40} = 60(辆/d)$$

设板厚为 7in,全部计算列于表 8-45。

混凝土路面设计计算汇总表   表 8-45

轴载 (klb)	40 年大概重复作用次数	设计轴载 (klb)	应力 (lbf/in²)	应力比	允许重复次数	疲劳利用率 (%)
第 1 栏	第 2 栏	第 3 栏	第 4 栏	第 5 栏	第 6 栏	第 7 栏
45(双)	876	54	435	0.67	4500	19
43(双)	876	51.6	415	0.64	11000	8
41(双)	876	49.2	410	0.63	14000	6
39(双)	8760	46.8	390	0.60	32000	27
37(双)	7884	44.4	375	0.58	57000	14
35(双)	12250	42.0	350	0.54	180000	7
33(双)	15800	39.6	325	0.50	无限	—
31(双)	82400	37.2	310	0.48	无限	—
21(单)	28100	25.2	350	0.54	180000	15
19(单)	47400	22.8	325	0.50	无限	—
17(单)	53500	20.4	290	0.45	无限	—
总的疲劳利用率 = 96%						

表 8-45 中第 2 栏 N_i = (每 100 辆货车中的轴数) × 0.60 × 365 × 40;第 3 栏 = 第 1 栏轴载 × 荷载安全系数 1.2;第 4 栏是按单轴或双轴分别查图 8-38 和图 8-39 而得;第 5 栏 = 第 4 栏中的应力除以 σ_{wl};第 6 栏 N_f' 是按第 5 栏的应力比值查表 8-45 得到;第 7 栏等于第 2 栏除以第 6 栏。

本设计总疲劳利用率为 0.96,接近 1。初设板厚 7in 符合安全要求,故确定用 7in 板厚。

第五节　我国水泥混凝土路面设计方法

一、设计内容

水泥混凝土路面结构设计包括下述内容。

1. 路面结构层组合设计

水泥混凝土路面结构层的组合设计,应根据该路的交通繁重程度,结合当地环境条件和材料供应情况设计,选择安排混凝土路面的结构层层次。它包括土基、垫层、基层和面层的结构组合设计,各层的路面结构类型、弹性模量和厚度。技术先进、工程经济合理的路面结构组合设计方案,应是能给混凝土面层以均匀支承、承受预期交通、提供良好使用性能的混凝土路面结构,其设计过程与柔性路面结构组合设计相仿。有关基层、垫层的设置和抗冻的要求均应符合现行有关规范的规定。

水泥混凝土面板要求具有较高的弯拉强度,表面平整、抗滑、耐磨。常选用的面板类型有普通混凝土路面、钢筋混凝土路面、连续配筋混凝土路面、钢纤维混凝土路面、碾压混凝土路面和混凝土预制块路面等。

基层和垫层有粒料类(碎石、砂砾)、稳定类(水泥、石灰、工业废渣)和贫混凝土三大类,分别具有不同的刚度、抗冲刷能力和透水性。在重交通的道路上,选用水泥稳定类或贫混凝土作为基层具有良好的使用性能。

2. 混凝土面板厚度设计

混凝土面层板厚度设计,应按照设计标准的要求,确定满足设计年限内使用要求所需的混凝土面层的厚度。

3. 混凝土面板的平面尺寸与接缝设计

根据混凝土面层板内产生的荷载应力和温度应力做出板的平面尺寸设计,布设各种接缝的位置,设计接缝的构造,并采取有效措施提高接缝的传荷能力。

4. 路肩设计

高速公路和一级公路中间带和路肩路缘带的结构应与行车道的混凝土路面相同,并与行车道部分的混凝土面板浇筑成整体。路肩可采用水泥混凝土面层或沥青混合料面层,其基(垫)层结构应满足行车道路面结构和排水的要求。一般公路的混凝土路面应设置路缘石或加固路肩,路肩加固可采用沥青混合料或其他材料。

5. 普通混凝土路面的钢筋配筋设计

当混凝土路面板较长或交通量较大时、地基有不均匀沉降或板的形状不规则时,可沿板的自由边缘加设补强钢筋,在角隅处加设发针形钢筋或钢筋网,以阻止可能出现的裂缝。

需要指出的是,因为水泥混凝土路面结构多层、多板体系的复杂性,对水泥混凝土路面结构进行的应力分析都采用有限元方法,对分析的结果进行回归得到经验公式作为计算的基本公式。当然,这些数据资料也可以以诺谟图的形式出现,能更方便地被直接应用。我国规范就是采用这种方法作为设计的理论基础。

二、设计参数

1. 标准轴载与轴载换算

我国公路水泥混凝土路面设计规范规定以汽车轴重 100kN 的单轴荷载作为设计标准轴载,对极重交通荷载等级的水泥混凝土路面,宜选用货车中占主要份额特重车型的轴载作为设计轴载。对于各级不同轴载汽车的作用次数,可按等效疲劳损坏原则换算成标准轴载的作用次数,并根据标准轴载的作用次数判断道路的交通繁重程度。水泥混凝土路面的轴载换算公式是在混凝土疲劳方程的基础上建立的。凡是前、后轴载大于 40kN 的轴数均应换算成标准轴数。对于轴载小于或等于 40kN 的轴数,因为它在混凝土板内产生的应力很小,引起的疲劳损坏也很微小,因此可以略去不计。

轴载换算公式为:

$$N_s = \sum_{i=1}^{n} N_i \left(\frac{P_i}{P_s}\right)^{16} \tag{8-84}$$

式中:P_i——第 i 级轴载重(kN),联轴按每一根轴载单独计;

P_s——设计轴载重(kN);

n——各种轴型的轴载级位数;

N_i——i 级轴载的作用次数;

N_s——设计轴载的作用次数。

2. 交通分级和累计作用次数

水泥混凝土路面承受的交通,按设计基准期内设计车道临界荷位处所承受的设计轴载累计作用次数分为五个等级,即极重交通、特重交通、重交通、中等交通、轻交通。具体分级见表 8-46。

交 通 荷 载 分 级　　　　　　表 8-46

交通荷载等级	极重	特重	重	中等	轻
设计基准期内设计车道承受设计轴载(100kN)累计作用次数 N_e(10^4)	$>1\times10^6$	$2000\sim1\times10^6$	$100\sim2000$	$3\sim100$	<3

在设计使用年限内标准轴载的累计作用次数,与第一年的交通量、交通轴载组成和交通量的预测增长情况等因素有关。同时应对上述交通参数进行详细调查、观测与预测。然后根据所得到的交通资料,按下式计算确定设计使用年限内设计车道的标准轴载累计作用次数 N_e:

$$N_e = \frac{N_s[(1+g_r)^t - 1] \times 365}{g_r}\eta \tag{8-85}$$

式中:N_s——使用初期设计车道的日标准轴载作用次数[轴次/(车道·日)];

g_r——由调查确定的交通量年平均增长率(%);

t——设计基准期,或称为设计使用年限(a);

η——车轮轮迹横向分布系数,它为路面横断面上某一宽度范围内实际受到的轴载作用次数占通过该车道断面的总轴系数的比例。

车辆轮迹仅具有一定的宽度(一侧轮迹通常为50cm左右——包括轮胎宽2×20cm和轮隙10cm),车辆通过设计车道时只能覆盖一小部分的宽度,因此,车道横断面上各点所受到的轴载作用次数仅通过该断面的总作用次数的一部分。η的取值根据公路等级而定,见表8-47。

车轮轮迹横向分布系数 η　　　　　　　　　　　　　　　　　　　　表8-47

公　路　等　级		纵缝边缘处
高速公路、一级公路、收费站		0.17~0.22
二级及二级以下公路	行车道宽>7m	0.34~0.39
	行车道宽≤7m	0.54~0.62

3. 基层顶面的当量回弹模量

混凝土面层板下的地基包括路基和根据需要设置的垫层与基层,其整体路面结构为弹性多层体系。分析板内荷载应力时,应将其多层体系换算为半无限体,以其顶面的当量回弹模量作为半无限地基的模量值。

(1)新建公路的基层顶面模量值。

在设计新建公路时,可根据土基状态拟定基层、垫层结构类型和厚度,采用规范建议的土基、垫层、底基层及基层材料回弹模量值来计算基层顶面的当量回弹模量。

我国《公路水泥混凝土路面设计规范》(JTG D40—2011)中的建议材料回弹模量取值见表8-48、表8-49。

路基回弹模量的经验参考值　　　　　　　　　　　　　　　　　　　　表8-48

土　　组	取值范围(MPa)	代表值(MPa)
级配良好砾(GW)	240~290	250
级配不良砾(GP)	170~240	190
含细粒土砾(GF)	120~240	180
粉土质砾(GM)	160~270	220
黏土质砾(GC)	120~190	150
级配良好砂(SW)	120~190	150
级配不良砂(SP)	100~160	130
含细粒土砂(SF)	80~160	120
粉土质砂(SM)	120~190	150
黏土质砂(SC)	80~120	100
低液限粉土(ML)	70~110	90
低液限黏土(CL)	50~100	70
高液限粉土(MH)	30~70	50
高液限黏土(CH)	20~50	30

注:1. 对于砾和砂,D_{60}(通过率为60%时的颗粒粒径)大时,模量取高值;D_{60}小时,模量取低值。
　　2. 对于其他含细粒的土组,小于0.075mm颗粒含量大和塑性指数高时,模量取低值;反之,模量取高值。

粒料类基层和底基层材料回弹模量经验参考值(MPa)　　　　表 8-49a

材料类型	取值范围	代表值
级配碎石(基层)	200~400	300
级配碎石(底基层)	180~250	220
未筛分碎石	180~220	200
级配砾石(基层)	150~300	250
级配砾石(底基层)	150~220	190
天然砂砾	105~135	120

无机结合料类基层和底基层材料弹性模量经验参考值(MPa)　　　　表 8-49b

材料类型	7d浸水抗压强度	试件模量	收缩开裂后模量	疲劳破坏后模量
水泥稳定类	3.0~6.0	3000~14000	2000~2500	300~500
	1.5~3.0	2000~10000	1000~2000	200~400
石灰、粉煤灰稳定类	≥0.8	3000~14000	2000~2500	300~500
	0.5~0.8	2000~10000	1000~2000	200~400
石灰稳定类	≥0.8	2000~4000	800~2000	100~300
	0.5~0.8	1000~2000	400~1000	50~200
开级配水泥稳定碎石(CTPB)	≥4.0	1300~1700		—

沥青结合料类基层材料动态模量经验参考值　　　　表 8-49c

材料类型	条件	取值范围(MPa)
沥青混凝土(AC-10)	20℃、10Hz、90A、110A, 空隙率7%,沥青用量6%	4700~5600
沥青混凝土(AC-16)		4500~5400
沥青混凝土(AC-25)		4000~5000
密级配沥青碎石(ATB-25)		3500~4200
开级配沥青稳定碎石(ATPB)	20℃,沥青用量2.5%~3.5%	600~800

综合各结构层的厚度和建议回弹模量值,得到基层顶面的当量回弹模量值。根据三层弹性体系程序直接计算,以及将路床以上的基层、底基层或垫层结构依据等弯曲刚度的原则换算为回弹模量和厚度当量的单层结构,再按双层体系程序进行计算的结果相对照,建立下列新建公路基层顶面回弹模量计算公式:

$$E_t = \left(\frac{E_x}{E_0}\right)^\alpha E_0 \tag{8-86}$$

$$\alpha = 0.86 + 0.26\ln h_x \tag{8-87}$$

$$E_x = \frac{\sum_{i=1}^{n}(h_i^2 E_i)}{\sum_{i=1}^{n} h_i^2} \tag{8-88}$$

$$h_x = \sum_{i=1}^{n} h_i \tag{8-89}$$

式中:E_0——路床顶综合回弹模量(MPa);

α——与粒料层总厚度 h_x 有关的回归系数,按式(8-87)计算;

E_x——粒料层的当量回弹模量(MPa),按式(8-88)计算;

h_x——粒料层的总厚度(m),按式(8-89)计算;

n——粒料层的层数;

E_i、h_i——第 i 结构层的回弹模量(MPa)与厚度(m)。

(2)原有路面的顶面当量回弹模量值。

在旧沥青混凝土路面上铺筑水泥混凝土面层时,原沥青混凝土路面顶面的地基综合当量回弹模量 E_t 可根据落锤式弯沉仪(荷载50kN、承载板半径150mm)的中心点弯沉的测定结果应按式(8-90),或根据贝克曼梁(后轴重100kN的车辆)的弯沉测定结果,按式(8-91)计算确定。

$$E_t = \frac{18621}{w_0} \tag{8-90}$$

$$E_t = 13739 w_0^{-1.04} \tag{8-91}$$

$$w_0 = \bar{w} + 1.04 s_w \tag{8-92}$$

式中:w_0——路段代表弯沉值(0.01mm),按式(8-92)计算;

$\bar{w}$——路段弯沉平均值(0.01mm);

s_w——路段弯沉的标准差(0.01mm)。

4.水泥混凝土的设计强度与弯拉弹性模量

水泥混凝土面层的设计强度是以弯拉强度作为设计控制指标,在进行路面设计时,应取尺寸为15cm×15cm×55cm的水泥混凝土小梁试件通过三分点加载试验确定弯拉强度,并以其28d龄期的计算弯拉强度作为设计标准。

计算弯拉强度必须满足规范规定的弯拉强度标准的要求。同时,为保证路面具有较高的耐久性、耐磨性和抗冻性,混凝土的抗压强度对于高速公路、一级公路主要城市干道的单层式混凝土路面板和双层式路面的上层,不应低于30MPa;对于双层式混凝土板的下层,不应低于20MPa;对于次要道路,可将上述要求适当降低。

混凝土路面施工时,应按《公路水泥混凝土路面设计规范》(JTG D40—2011)的规定按下式确定混凝土的试配强度:

$$f_m = \frac{f_r}{1 - 1.04 C_v} + ts \tag{8-93}$$

式中:f_m——混凝土试配弯拉强度的均值(MPa);

f_r——混凝土弯拉强度标准值(MPa);

C_v——混凝土弯拉强度的变异系数;

s——混凝土弯拉强度试验样本的标准差;

t——保证率系数。

在混凝土路面浇筑后不立即开放交通时,可采用90d龄期强度,其值一般可按28d龄期强度的1.1倍计。

设计混凝土路面所用的混凝土弯拉弹性模量应以试验实测为准,试件尺寸和加载方式同弯拉强度试验,并采用挠度法,取四级加荷中的 $p_{0.5}$ 级,即以极限弯拉荷载之半时的割线模量为标准。如无实测条件,可参照各级交通等级要求的混凝土设计弯拉强度和弹性模量按表8-50选用。

水泥混凝土设计弯拉强度标准值　　　　　表8-50

交通等级	极重、特重、重	中　等	轻
水泥混凝土的弯拉强度标准值(MPa)	≥5.0	4.5	4.0
钢纤维混凝土的弯拉强度标准值(MPa)	≥6.0	5.5	5.0

各种不同强度标准值的水泥混凝土对应的弯拉弹性模量经验参考值见表8-51。

水泥混凝土强度和弹性模量经验参考值　　　　　表8-51

弯拉强度(MPa)	1.5	2.0	2.5	3.0	3.5	4.0	4.5	5.0	5.5
抗压强度(MPa)	7	11	15	20	25	30	36	42	49
抗拉强度(MPa)	0.89	1.21	1.53	1.86	2.20	2.54	2.85	3.22	3.55
弹性模量(GPa)	15	18	21	23	25	27	29	31	33

三、荷载疲劳应力

混凝土面层板的荷载应力用弹性半无限地基上弹性薄板力学模型和有限元法进行分析。

1. 临界荷位

为了简化计算工作,通常选取使面层板内产生最大应力或最大疲劳损坏的一个荷载位置作为应力计算时的临界荷位。由于现行设计方法采用疲劳断裂作为设计标准,应以产生最大疲劳损耗的荷载位置作为临界荷位,也即不仅要考虑应力大小,还要考虑所承受的荷载作用次数。

利用可考虑荷载应力和温度应力综合疲劳作用的疲劳方程,分析具有不同接缝传荷能力的混凝土路面的疲劳损耗,可得出不同接缝情况下的临界荷位,见表8-52。分析时,考虑了轮迹横向分布的影响。

各类接缝情况下的临界荷位　　　　　表8-52

纵　缝　边	横　缝　边		
	设传力杆	不设传力杆	自由边
企口设拉杆	纵缝边/纵缝边	横缝边/纵缝边	横缝边/横缝边
平缝设拉杆	纵缝边1)/纵缝边2)	纵缝边/纵缝边	横缝边*/纵缝边
自由边	纵缝边/纵缝边	纵缝边/纵缝边	横缝边/纵缝边

注:1)表中分子为仅考虑荷载应力疲劳损耗的情况,分母为荷载应力温度应力综合疲劳损耗的情况。
　　2)* 为分向行驶时的情况;不分向行驶,临界荷位在纵边。

由表列分析结果可看出,在考虑荷载应力和温度应力综合疲劳损耗的情况下,除了纵缝为企口设拉杆和横缝为自由边的混凝土路面,其临界荷位应选在横缝边缘中部外,其他情况均应选取纵缝边缘中部作为临界荷位。

依据上述分析,采用纵缝边缘中部作为应力计算时的临界荷位(图8-42)。

2. 荷载应力计算

设计轴载在四边自由板临界荷位处产生的荷载应力 σ_{ps} 应按式(8-94)计算。

$$\sigma_{ps} = 1.47 \times 10^{-3} r^{0.70} h_c^{-2} P_s^{0.94} \quad (8\text{-}94)$$

$$r = 1.21 \left(\frac{D_c}{E_1}\right)^{\frac{1}{3}} \quad (8\text{-}95)$$

$$D_c = \frac{E_c h_c^3}{12(1-v_c^2)} \quad (8\text{-}96)$$

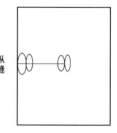

图8-42 临界荷位

式中:P_s——设计轴载的单轴重(kN);

h_c、E_c、v_c——混凝土面层板的厚度(m)、弯拉弹性模量(MPa)和泊松比;

r——混凝土面层板的相对刚度半径(m),按式(8-95)计算;

D_c——混凝土面层板的截面弯曲刚度(MN·m),按式(8-96)计算;

E_1——板底地基当量回弹模量(MPa),新建公路按式(8-86)确定,旧柔性路面上加铺混凝土面层按式(8-90)确定。

最重轴载在面层板临界荷位处产生的最大荷载应力,应按式(8-97)计算。

$$\sigma_{p,\max} = k_r k_e \sigma_{pm} \quad (8\text{-}97)$$

式中:$\sigma_{p,\max}$——最重轴载 P_m 在面层板临界荷位处产生的最大荷载应力(MPa);

σ_{pm}——最重轴载 P_m 在四边自由板临界荷位处产生的最大荷载应力(MPa),按式(8-94)计算,式中的设计轴载 P_s 改为最重轴载 P_m(以单轴计,kN)。

3. 接缝传荷能力

混凝土路面的纵向和横向接缝具有一定的传荷能力。上述应力分析为四边自由板的计算结果,必须依据接缝的传荷能力进行修正。

混凝土路面接缝的荷载传递机构可以分为三种类型:

(1)集料嵌锁——依靠接缝处断裂面上集料的啮合作用传递剪力,如不设传力杆的横向缩缝。

(2)传力杆——依靠埋设在接缝处的传力杆传递剪力、弯矩和扭矩,如设传力杆胀缝和施工缝等。

(3)传力杆和集料嵌锁——上述两种类型的综合,如设传力杆缩缝等。

影响接缝传荷能力的因素很多,包括接缝传荷机构、路面结构相对刚度、环境(温度)和轴载(大小及作用次数)等。表8-53所列为依据试验数据提出的各类接缝的弯沉传荷系数建议范围。设计规范规定采用混凝土路肩时,k_j 可取为 0.87~0.92(路肩面层与路面面层等厚时取低值,减薄时取高值);采用柔性路肩或土路肩时 k_j 取为1.0。

各类接缝的传荷系数 表8-53

接 缝 类 型	挠度传荷系数 E_w (%)	应力传荷系数 k_j
设传力杆胀缝	≥60	≤0.82
不设传力杆胀缝	50~55	0.84~0.86
设传力杆缩缝	≥75	≤0.75
设拉杆平口纵缝	35~55	0.80~0.91
设拉杆企口纵缝	77~82	0.72~0.74

4. 荷载疲劳应力

荷载疲劳应力 σ_{pr} 定义为:

$$\sigma_{pr} = k_r k_f k_c \sigma_{ps} \tag{8-98}$$

式中:k_r——考虑接缝传荷能力的应力折减系数,即应力传荷系数;

k_f——考虑轴载累计作用次数的疲劳应力系数。

$$k_f = N_e^v \tag{8-99}$$

$$v = 0.053 - 0.017\rho_f \frac{l_f}{d_f} \tag{8-100}$$

式中:N_e——设计基准期内标准轴载累计作用次数;

v——与混合料性质有关的指数,普通混凝土、钢筋混凝土、连续配筋混凝土,$v = 0.057$;碾压混凝土和贫混凝土,$v = 0.065$,钢纤维混凝土,v 按式(8-100)计算;

ρ_f——钢纤维的体积率(%);

l_f——钢纤维的长度(mm);

d_f——钢纤维的直径(mm);

k_c——考虑计算理论与实际差异以及动荷载等因素综合系数,随公路等级而异,见表8-54。

综合系数 k_c 表8-54

公路等级	高速公路	一级公路	二级公路	三、四级公路
综合系数 k_c	1.15	1.10	1.05	1.00

四、温度疲劳应力分析

混凝土面板内的温度梯度经历着年变化和日变化,混凝土面板内温度梯度的日变化可近似地用半正弦曲线表征。通过测试分析可得到最大温度梯度同日太阳辐射热之间的变化规律,由此可以按各地的太阳辐射热年变化规律直接推演出温度梯度的变化,并进而为不同的路面结构分析出相应的温度应力变化。

依据等效疲劳损耗的原则,可以寻求温度疲劳应力值,它所产生的疲劳损耗量,与年变化的温度应力所产生的累计疲劳损耗量相等。经计算分析,在弹性地基单层板临界荷位处产生的温度疲劳应力 σ_{tr} 可用式(8-101)表示:

$$\sigma_{\mathrm{tr}} = k_{t}\sigma_{\mathrm{tm}} \tag{8-101}$$

式中：σ_{tm}——最大温度梯度时的温度翘曲应力(MPa)，$\sigma_{\mathrm{tm}} = \frac{\alpha_c E_c h T_g}{2} B_L$；

B_L——综合温度翘曲应力和内应力的温度应力系数，按式(8-102)确定。

$$B_L = 1.77\mathrm{e}^{-4.48h_c}C_L - 0.131(1 - C_L) \tag{8-102}$$

$$C_L = 1 - \frac{\sinh t \cos t + \cosh t \sin t}{\cos t \sin t + \sinh t \cosh t} \tag{8-103}$$

$$t = \frac{L}{3r} \tag{8-104}$$

式中：C_L——混凝土面层板的温度翘曲应力系数；

L——面层板的横缝间距，即板长(m)；

r——面层板的相对刚度半径(m)；

α_c、E_c——水泥混凝土的线膨胀系数和弹性模量；

T_g——与道路所在地区有关的最大温度梯度，可由表8-55查得；

k_t——考虑温度翘曲应力累计疲劳作用的疲劳应力系数，按式(8-105)确定。

$$k_t = \frac{f_r}{\sigma_{\mathrm{tm}}}\left[a\left(\frac{\sigma_{\mathrm{tm}}}{f_r}\right)^c - b\right] \tag{8-105}$$

式中：a、b、c——回归系数，按所在地区的公路自然区划查表8-56确定。

最大温度梯度标准值 T_g 表8-55

公路自然区划	Ⅱ、Ⅴ	Ⅲ	Ⅳ、Ⅵ	Ⅶ
最大温度梯度(℃/m)	83~88	90~95	86~92	93~98

温度疲劳应力系数的回归系数 表8-56

系数	公路自然区划					
	Ⅱ	Ⅲ	Ⅳ	Ⅴ	Ⅵ	Ⅶ
a	0.828	0.855	0.841	0.871	0.837	0.834
b	0.041	0.041	0.058	0.071	0.038	0.052
c	1.323	1.355	1.323	1.287	1.382	1.270

五、设计过程

考虑荷载应力和温度翘曲应力综合疲劳作用的混凝土面板厚度和板平面尺寸确定方法，可遵循下述设计步骤：

(1)收集并分析交通参数——收集日交通量和轴载组合数据，确定方向分配系数和车轮轮迹分布系数，计算设计车道标准轴载日作用次数；由此确定道路的交通等级，并进而选定交通量年平均增长率和轮迹横向分布系数，计算使用年限内标准轴载的累计作用次数。

(2)初拟路面结构——初选路面结构层次、类型和材料组成；拟定各层的厚度、面层板平面尺寸和接缝构造。

(3)确定材料参数——试验确定混凝土的设计弯拉强度和弹性模量,基层、垫层和路基的回弹模量,基层顶面的当量回弹模量。

(4)计算荷载疲劳应力——由应力计算图或公式得到标准轴载作用下板边缘中部的最大荷载应力;按接缝类型选定接缝传荷系数;按标准轴载累计作用次数计算得到疲劳应力系数;按交通等级选定综合系数;综合上述计算结果可得到荷载疲劳应力 σ_{pr}。

(5)计算温度应力——由所在地公路自然区划选择最大温度梯度;按路面结构和板平面尺寸计算最大温度梯度时的温度翘曲应力;按自然区划和 f_r/σ_{tm} 确定温度应力累计疲劳作用系数;由此计算确定温度疲劳应力 σ_{tr}。

(6)检验初拟路面结构——按式(8-61)和式(8-62)检验。

其中可靠度系数依据所选可靠度及变异水平按表8-57确定。

可 靠 度 系 数　　　　　　　　　　　　　　　表 8-57

变异水平等级	目标可靠度(%)			
	95	90	85	70~80
低	1.20~1.33	1.09~1.16	1.04~1.08	—
中	1.33~1.50	1.16~1.23	1.08~1.13	1.04~1.07
高	—	1.23~1.33	1.13~1.18	1.07~1.11

上述检验条件如不符合,则重新拟定路面结构或板平面尺寸,按第(2)步~第(5)步重新计算,直到满足为止。

六、连续配筋混凝土路面

连续配筋混凝土路面(Continuously Reinforced Concrete Pavement,简称CRCP)是道路工程师为了克服接缝水泥混凝土路面(Jointed Concrete Pavement,简称JCP)由于横向胀、缩缝所引起的各种病害(如唧泥、错台等)及为改善路用性能而采用的一种混凝土路面结构形式。CRCP在路面纵向配有足够数量的钢筋,以控制混凝土路面板纵向收缩产生的开裂,因此CRCP完全不设胀、缩缝(施工缝及构造所需的胀缝除外),形成一条完整而平坦的行车表面,改善了汽车行驶的平稳性,同时也增加了路面板的整体强度。

在国外,经过近七十年的实践,认为CRCP具有耐久性好,行车舒适平顺,施工进度快,极少养护的优点。从长期使用性能来看,CRCP的经济性也很好,现已广泛地应用于高等级公路、机场道面及现有道路的加固。同时,有关CRCP各方面的研究也取得了许多成果和经验。

CRCP的板厚是由车辆荷载来控制的。但是由于CRCP较密的横向裂缝,板厚就不能采用Westerguard公式计算。美国ACI设计法是根据AASHTO试验路的观测资料提出的JCP的设计方法,在设计CRCP时做了若干修正,引入荷载传递因素J,并建立了新的诺谟图;较大的J值表示荷载传递特性较差。通过对AASHTO试验路的调查,认为对于CRCP,$J=2.2$是合理的;而对于JCP,$J=3.2$。因此,根据ACI设计法的板厚计算公式,在交通荷载、材料特性相同的情况下,CRCP板厚可以较JCP减薄10%~20%。但是,国外许多工程实践表明,在考虑了连续配筋的作用而减薄路面之后,在重交通的作用下会导致路面的一些损坏。因此,美国许多州的水泥混凝土路面不论配筋与否,一律采用相同的厚度。

比利时的板厚设计是依据美国经验,对汽车专用路CRCP的厚度是20cm,为了减少初期投资,取消了原来CRCP与贫混凝土基层间6cm的沥青处置层,而接缝水泥混凝土路面的厚度为23cm。我国江苏盐城的CRCP试验路的厚度是20cm,同路段的接缝水泥混凝土路面厚度是24cm。

美国的Austin Texas大学进行了CRCP以及长预应力混凝土路面的端部位移的研究工作。研究结果表明,CRCP的端部位移量与混凝土中的粒料类型、基层摩阻力、板厚及施工季节有密切关系。他们采用计算机程序PSCP-2进行计算,结果与野外实测较为一致。据有关资料记录,自由端一年的移动量在25~50mm是普遍的,因此为了阻止或消除CRCP端部位移的不利影响,国外常用的方法有:①连续设几道胀缝;②采用端部锚固;③采用宽翼缘梁式构造;④几种方法的组合使用。方法①由于接缝处剥落严重,故使用效果不理想。美国采用方法③,使用后效果良好。我国江苏盐城的CRCP试验路两端分别采用两种不同的措施,北端采用两个凸形地锚梁,两根梁的间距为5m、梁深1.25m、宽0.5m,长度与路面宽度相同,梁内钢筋按受力和构造要求布置;南端连续设四道胀缝,胀缝处均不设传力杆,胀缝两侧板块在角隅处布置120cm×120cm的钢筋网。

连续配筋混凝土路面的设计与普通混凝土路面的设计不完全相同,除了根据车轮荷载作用设计路面板的厚度之外,对于路面板钢筋的用量与布置,对于路面端部设施的结构细节,均需要根据混凝土路面的温度变形特性进行设计计算。美国于20世纪60年代、20世纪70年代,在全国各地对连续配筋混凝土路面的设计原理和设计方法进行了系统的研究,提出了一些建议的设计方法。这些方法在美国和其他国家已普遍采用。

1. 连续配筋混凝土路面的厚度设计

连续配筋混凝土路面的厚度设计与配筋设计是相互联系的,设计时需要相互协调考虑。混凝土路面板由于拉应力与弯曲应力的作用而形成微裂,由于钢筋的作用,在裂缝处仍保持紧密接触,因此,仍然传递部分剪力。但是,在微小裂缝处,弯矩则明显降低,如同铰的作用。由此可见,挠度和应力一样重要。根据试验得知,在相同条件下,20cm厚的连续配筋混凝土路面的挠度大约与25cm厚的有接缝的普通混凝土路面相仿。

(1)美国混凝土学会设计方法。

由AASHTO试验路的观测资料可以看出,由于唧泥而引起挠度增加是导致混凝土路面损坏的主要原因之一。根据AASHTO试验路的观测资料提出的混凝土路面的设计方法,在设计连续配筋混凝土路面时做了若干修正,这个修正后的方法经过设计的试验证明是可以采用的。式(8-106)为经过修正的用于连续配筋混凝土路面厚度设计的公式。

$$\lg \sum L = -8.682 - 3.513 \lg\left[\frac{0.04536J}{M_R h^2} \times \left(1 - \frac{2.61a}{z^{0.25} h^{0.75}}\right)\right] - \frac{0.1612}{\beta'} \tag{8-106}$$

式中:$\sum L$——路面设计使用期间通过的80kN当量累计轴载数;

a——当量轴载轮迹半径(cm);

J——与荷载传递特性有关的参数,对于连续配筋混凝土路面取$J=2.2$;

M_R——混凝土28d抗折模量(MPa);

h——混凝土路面厚度(cm);

z——$\dfrac{E_c}{K}$(cm);

E_c——混凝土弹性模量(MPa);

K——路面板下的地基反应模量(MPa/cm);

β'——$\beta' = 1 + \left[\dfrac{1.624 \cdot 10^7}{(0.394h+1)^{8.46}}\right]$。

为了便于计算,美国混凝土学会将其制成诺谟图(图 8-43),可以根据诺谟图计算路面厚度。但是考虑连续配筋而减薄路面之后,在重交通作用下导致路面的一些破坏。因此,对连续配筋混凝土路面一律采用与普通混凝土路面板相同的厚度,其配置的钢筋主要用于消除接缝,提高路面使用品质,并不计钢筋对路面承载能力增强的作用。

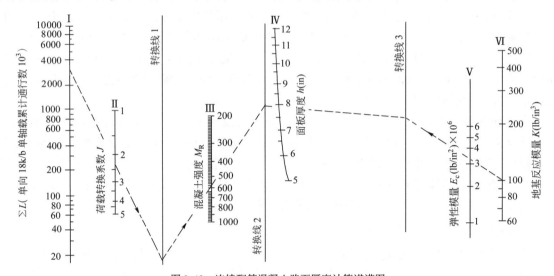

图 8-43 连续配筋混凝土路面厚度计算诺谟图

Ⅰ-ΣL;Ⅱ-J;Ⅲ-M_R;Ⅳ-h;Ⅴ-E_c;Ⅵ-K(以英制计)

(2)我国《公路水泥混凝土路面设计规范》(JTG D40—2011)的设计方法。

我国根据近年来国内研究成果并参考 AASHTO 方法提出了以横向裂缝平均间距、允许最大裂缝宽度、允许钢筋应力的连续配筋混凝土面层纵向配筋计算方法。

连续配筋混凝土面层的厚度计算方法与一般混凝土面层的计算方法相同。在确定了面层厚度后,要根据拟定的厚度进行配筋(主要是纵向配筋)计算。

控制连续配筋混凝土面层配筋率的指标有以下三个:

①混凝土面层横向裂缝的平均间距≤1.8m。

②裂缝缝隙的最大宽度为 0.5mm。

③钢筋拉应力不超过钢筋的屈服强度。

在初拟了配筋率后,将以上述三项要求是否满足作为配筋率是否合适的判断依据。假定配筋率为 ρ,上述三项指标:横向裂缝平均间距、裂缝最大宽度和钢筋拉应力的计算公式如下。

横向裂缝平均间距应按式(8-107)计算确定。

$$L_d = \dfrac{f_t - C\sigma_0\left(1 - \dfrac{2\zeta}{h_c}\right)}{\dfrac{\mu\gamma_c}{2} + \dfrac{\sigma_{cg}\rho}{c_1 d_s}} \tag{8-107}$$

$$\sigma_0 = \dfrac{E_c \varepsilon_{td}}{2(1 - v_c)} \tag{8-108}$$

$$\varepsilon_{td} = \alpha_c h_c \beta_h T_g + \varepsilon_\infty (0.245 e^{-5.3k_1 h_c}) \tag{8-109}$$

$$\beta_h = 4.81 h_c^2 - 5.42 h_c + 1.96 \tag{8-110}$$

$$\varepsilon_\infty = \alpha_1 (1.51 \times 10^{-4} w_0^{2.1} f_c^{-0.28} + 270) \times 10^{-6} \tag{8-111}$$

$$\sigma_{cg} = 0.234 f_c \tag{8-112}$$

$$c_1 = 0.577 - 9.50 \times 10^{-9} \frac{\ln \varepsilon_\zeta}{\varepsilon_\zeta^2} + 0.198 L_d \times (\ln L_d + 3.67) \tag{8-113}$$

$$\varepsilon_\zeta = \alpha_c \Delta T_\zeta + \varepsilon_{sh} \tag{8-114}$$

$$\varepsilon_{sh} = \varepsilon_\infty (1 - \varphi_a^3) \tag{8-115}$$

式中：L_d——横向裂缝平均间距(m)；

f_t——混凝土抗拉强度(MPa)，可按表8-50选用；

f_c——混凝土抗压强度(MPa)，可按表8-50选用；

ζ——钢筋埋置深度(m)；

h_c——混凝土面层厚度(m)；

γ_c——混凝土重度(kN/m³)，一般可取为24kN/m³；

μ——混凝土面层与基层间的摩阻系数；

d_s——纵向钢筋直径(m)；

ρ——纵向钢筋配筋率，为钢筋横断面面积A_s与混凝土横断面面积A_c的比值(%)；

σ_0——温度和湿度变形完全受约束时的翘曲应力，按式(8-108)计算；

E_c——混凝土弹性模量(MPa)，可按表8-51选用；

v_c——混凝土泊松比，一般可取为0.15～0.18；

ε_{td}——无约束时混凝土面层顶面与底面间的最大当量应变差，按式(8-109)计算；

α_c——混凝土线膨胀系数(1/℃)；

T_g——混凝土面层顶面与底面间的最大负温度梯度(℃/m)，可参照该地区最大正温度梯度的1/4～1/3取用；

β_h——混凝土面层厚度不等于0.22m时的温度梯度厚度修正系数，按式(8-110)计算；

ε_∞——无约束条件下混凝土的最大干缩应变，可近似按式(8-111)计算；

α_1——养生条件系数，水中或盖麻布养生时，$\alpha_1 = 1.0$，采用养生剂养生时，$\alpha_1 = 1.2$；

w_0——混凝土单位用水量(N/m³)；

k_1——与气候区和最小空气湿度有关的系数，道路位于公路自然区划Ⅱ、Ⅳ和Ⅴ区，$k_1 = 0.4$，位于Ⅲ、Ⅵ和Ⅶ区，$k_1 = 0.68$；

C——翘曲应力系数，采用$t = 1.29/r$计算确定；

r——面层板的相对刚度半径(m)；

σ_{cg}——混凝土与钢筋间的最大黏结应力，可近似按式(8-112)计算；

c_1——混凝土和钢筋之间的黏结-滑移系数，按式(8-113)计算，由于式中含有未知量L_d，计算需采用迭代方式进行，先假设$L_d = L_{ds}$；计算出c_1和相应的L_d，如果$|L_d - L_{ds}| < 0.005$，计算结束；否则，令$L_{ds} = L_d$，重复计算，直到满足要求为止；

ε_ζ——钢筋埋置深度处的混凝土最大总应变，按式(8-114)计算；

ΔT_ζ——钢筋埋置深度处混凝土温度与硬化时温度的最大温差(℃)，可近似取为路面施工月份最高气温的月平均值与一年中最冷月份日最低气温的月平均值之差；

ε_{sh}——无约束条件下钢筋埋置深度处混凝土干缩应变,可近似按式(8-115)计算;

φ_a——年平均空气相对湿度(%)。

纵向钢筋埋置深度处的横向裂缝缝隙平均宽度应按式(8-116)计算确定。

$$b_j = 1000L_d\left(\varepsilon_{sh} + \alpha_c\Delta T_\zeta - \frac{c_\lambda f_t}{E_c}\right) \quad (8\text{-}116)$$

$$c_2 = a + \frac{b}{17000f_c} + 6.45\times10^{-4}\frac{c}{L_d^2} \quad (8\text{-}117)$$

$$a = 0.761 + 1770\varepsilon_\zeta - 2\times10^6\varepsilon_\zeta^2 \quad (8\text{-}118)$$

$$b = 9\times10^8\varepsilon_\zeta + 149000 \quad (8\text{-}119)$$

$$c = 3\times10^9\varepsilon_\zeta^2 - 5\times10^6\varepsilon_\zeta + 2020 \quad (8\text{-}120)$$

式中:b_j——钢筋埋置深度处的横向裂缝缝隙平均宽度(mm);

c_2——与混凝土和钢筋之间的黏结-滑移特性有关的系数,按式(8-117)计算;

其他参数的含义与计算裂缝间距时相同。

纵向钢筋应力应按式(8-121)计算确定。

$$\sigma_s = 2f_t\frac{E_s}{E_c} - E_s[\Delta T_\zeta(\alpha_c - \alpha_s) + \varepsilon_{sh}] + \frac{0.234f_cL_d}{d_sc_1} \quad (8\text{-}121)$$

式中:σ_s——裂缝处纵向钢筋应力(MPa);

E_s——钢筋弹性模量(MPa);

α_s——钢筋的线膨胀系数(1/℃),通常 $\alpha_s = 9\times10^{-6}$/℃;

其他参数的含义与计算裂缝间距时相同。

纵向配筋率的计算步骤:

(1)初拟配筋率ρ,计算裂缝间距L_d。当$L_d > 1.8m$时,应增大配筋率,重复上述计算过程至符合要求。

(2)计算裂缝缝隙宽度b_j。当$b_j \leq 0.5mm$时,满足要求;否则应增大配筋率,重复上述计算直至符合要求。

(3)计算钢筋应力σ_s。当σ_s不大于钢筋屈服强度时,满足要求;否则应增大配筋率,重复上述计算直至符合要求。

(4)综合上述三项计算结果,最终确定配筋率,并进一步确定钢筋根数。在满足纵向钢筋间距要求的前提下,宜选用直径较小的钢筋。

2. 连续配筋混凝土路面的端部锚固设计

连续配筋混凝土路面的端部若是没有任何约束措施,任其自由变形,将产生很大的位移,最大时,位移可超过10cm,这时对于与之相连接的其他路面或桥梁、涵洞等构造物将造成危害。为了约束端部位移,通常采用端部地锚的方法。地锚的作用是借助于地基的被动土压力来约束位移。

连续配筋混凝土路面端部锚固件的设计可以按以下的设计步骤与方法进行:

(1)根据地区的最大年温差和温度变化程度计算确定最大应变ε_T。

(2)确定路面端部最大容许纵向位移量δ_0。δ_0越小,锚固件承受的水平推力越大;δ_0越大,锚固件承受的水平推力越小。而δ_0的最大容许量的确定,必须考虑端部以外若干个胀缝是否能够正常工作。

（3）地基的各种参数。如板下地基竖向反应模量 K_s、土基内摩阻角 ϕ、土基的黏聚力 c、在锚固件深度范围内的土基密度 ρ、地基的摩擦系数 f。

（4）混凝土的各种参数。如弹性模量 E、泊松比 μ 等。

（5）锚固的深度、厚度等几何尺寸，若是采用圆柱锚固件，则预先假定圆柱深度及直径。

（6）计算锚固件之间的最佳距离 L'。

当 $H \geqslant \dfrac{2c \cdot 10^7}{\rho}\tan^2\left(45 + \dfrac{\phi}{2}\right)$ 时，

$$L' = \left\{ \dfrac{\dfrac{\rho H}{2c \times 10^7}\left[\tan^2\left(45 + \dfrac{\phi}{2}\right) - \tan^2\left(45 - \dfrac{\phi}{2}\right)\right]}{\dfrac{\rho\tan\phi}{c \times 10^7} + \dfrac{1}{H}} + \right.$$

$$\left. \dfrac{2\left[\tan^2\left(45 + \dfrac{\phi}{2}\right) - \tan^2\left(45 - \dfrac{\phi}{2}\right)\right] - \dfrac{2c \times 10^7}{\rho H}}{\dfrac{\rho\tan\phi}{c \times 10^7} + \dfrac{1}{H}} \right\} \tag{8-122}$$

当 $H \leqslant \dfrac{2c \times 10^7}{\rho}\tan^2\left(45 + \dfrac{\phi}{2}\right)$ 时，

$$L' = \left\{ \dfrac{\dfrac{\rho H}{2c \times 10^7}\left[\tan^2\left(45 + \dfrac{\phi}{2}\right) + \tan^2\left(45 + \dfrac{\phi}{2}\right)\right]}{\dfrac{\rho\tan\phi}{c \times 10^7} + \dfrac{1}{H}} \right\} \tag{8-123}$$

式中：ρ——土体的密度（kg/m^3）；

H——锚固件的高度（cm）；

c——土的黏聚力（MPa）；

ϕ——土的内摩阻角（°）。

（7）计算锚固件极限抗力 $P'_L = P'_p - P'_a$，最大弯矩 M_0 及最大剪力 Q_0 和路面板内附加内力。

$$P'_p = \dfrac{\rho H^2}{2}\tan^2\left(45 + \dfrac{\phi}{2}\right) + 2cH\tan\left(45 + \dfrac{\phi}{2}\right) \tag{8-124}$$

$$P'_a = \dfrac{\rho H^2}{2\tan\left(45 + \dfrac{\phi}{2}\right)} - \dfrac{2cH}{\tan\left(45 + \dfrac{\phi}{2}\right)} + \dfrac{2c^2}{\rho} \tag{8-125}$$

$$M_0 = \dfrac{2}{3}PH \tag{8-126}$$

$$Q_0 = P \tag{8-127}$$

$$M = \frac{M_0}{2} e^{-\beta x} \cos\beta x \tag{8-128}$$

$$Q = \frac{-M_0}{2} \beta e^{-\beta x} (\cos\beta x + \sin\beta x) \tag{8-129}$$

式中：β——$\beta = \sqrt[4]{\dfrac{K(1-\mu^2)}{4E_c I_c}}$；

$E_c I_c$——路面板的刚度（MPa·cm⁴）；

K——路面板下的地基反应模量（MPa/cm）；

x——离开联结点的距离（cm）；

其他符号同前式。

(8) 被约束的端部位移 δ_s：

$$\delta_s = \delta_f - \delta_0 \tag{8-130}$$

式中：δ_s——端部被约束的位移；

δ_f——完全自由、无锚固设施的位移；

δ_0——最大容许位移量。

(9) 位移计算约束力 $\sum P$。为简化计算假定约束位移 δ_s 沿路面板长度呈直线分布，则：

$$\sum P = \frac{2\delta_s}{l \cdot 10} \cdot A \cdot E \tag{8-131}$$

式中：$\sum P$——锚固系统摩阻约束力（kN）；

l——可以产生自由位移的分布总长度（cm）；

A——混凝土路面单位宽度横截面（cm²/cm）；

E——混凝土弹性模量（MPa）。

(10) 计算锚固系统锚件数量。取安全系数为 1.5，计算单个锚件的容许抗力：$P_L = \dfrac{P'_L}{1.5}$，锚固件数量为：$n = \dfrac{\sum P}{P_L}$。

按计算的最佳距离 L'，等距离排列。通常锚固件不超过 3~4 排，若数量过多或过少，则表明锚固件的断面尺寸不够理想，可以重新假定尺寸，再一次试算。

(11) 根据计算所得的弯矩及剪力，进行锚固件配筋设计，面板与锚固件相连接部位的配筋计算应考虑行车影响。

3. 连续配筋混凝土路面的接缝设计

连续配筋混凝土路面的纵缝间距和构造与普通混凝土路面相同，纵缝的布置主要由施工条件决定，如选用全幅混凝土摊铺机，可以不设纵缝；如选用半幅混凝土摊铺机，则每隔一个车道设一道纵缝。纵缝拉杆的设置可利用部分横向钢筋延伸至纵缝另一侧板中，不再另设专用拉杆。

施工暂时中断时，可设置施工缝，施工缝采用平缝。为使路面正常工作，纵向钢筋应保证连续，不可中断。交接界面应保持垂直。

胀缝仅用于路面端部处理，其构造与普通水泥混凝土相同。

【思考与分析】

1. 评述工程师兵团法刚性路面设计。
2. 评述波特兰水泥协会法刚性路面设计。
3. 评述日本刚性路面设计。
4. 评述中国公路水泥混凝土路面设计方法。
5. 评述 AASHTO 刚性路面设计。
6. 分析连续配筋水泥混凝土路面设计特点。

第九章 机场道面设计方法

机场道面是一种复杂的工程结构,道面分析和设计一般需要考虑四个要素,即:自然土,道面材料(包括面层、基层和底基层),承受荷载的特征以及气候因素。为了满足机场的功能与需求,要求机场道面坚实稳定,平整且具有较强的抗滑能力,同时也应该具有全气候条件下的集料抗飞散能力。

第一节 我国机场沥青混凝土道面设计

我国机场沥青混凝土道面结构厚度的设计方法《民用机场沥青道面设计规范》(MH/T 5010—2017)采用以道面累计损伤理论为基础的力学-经验法。2017版设计规范取消了标准设计飞机、当量单轮荷载及设计CBR值等内容,采用荷载重复作用次数和累计损伤因子(CDF)为设计指标。

一、主要设计规定

1. 设计年限

我国民用机场沥青道面的设计年限为20年。

2. 设计指标

我国的机场沥青混凝土道面的主要设计指标以累积损伤因子（CDF）作为设计指标。其标准为道面服役达到设计年限时的计算 CDF 值不大于 1.05。当 CDF 为 1 时，沥青道面将在达到预期的使用寿命时损坏，因此若 CDF 值小于 1 时则认为在达到预期的设计寿命时依然有剩余的寿命冗余，此时认为沥青道面可继续使用，反之当 CDF 值大于 1 时则认为沥青道面将在设计使用年限达到前损坏。但在实际工程中，复杂的情况使结构设计存在一定的不可预估性和变异性，允许存在一定的偏差，由此我国将 CDF 的标准确定为不大于 1.05。

我国对沥青道面设计时依据的主要破坏形式——车辙和疲劳开裂两种损伤模式进行控制，基于此，提出相应的力学设计指标，见表 9-1。

沥青道面损坏模式和设计指标 表 9-1

基层结构类型	控制损坏模式	力学设计指标
粒料类或沥青稳定类基层	沥青层疲劳开裂	沥青层底面水平拉应变
	道面车辙	道基顶面竖向压应变
无机结合料稳定类基层	无机结合料稳定类基层疲劳开裂	无机结合料稳定类基层地面水平拉应力
	沥青道面车辙	沥青层竖向剪应力

3. 气候分区与太阳辐射分级

我国 2017 版机场沥青混凝土道面设计规范的气候分区根据近 10 年我国民用机场沥青道面使用过程中主要病害特点及其成因，并参考了《太阳能资源测量总辐射》（GB/T 31156）、《公路沥青路面施工技术规范》（JTG F40）以及加拿大民航《Pavement Structural Design Training Manual》（ATR021、AK-77-68-300）的有关内容，机场沥青道面使用性能的气候分区以高温指标和低温指标作为分区指标，采用机场所在地最热月的日最高气温的平均值作为高温指标（表 9-2），采用机场所在地 99% 可靠度的冬季极端日最低气温作为低温指标（表 9-3），同时考虑了机场所在地的太阳辐射量（表 9-4）。

高温分区标准 表 9-2

气候分区	最热月日最高气温的平均值（℃）	气候分区	最热月日最高气温的平均值（℃）
夏炎热区	$T > 30$	夏凉区	$T \leq 20$
夏热区	$20 < T \leq 30$		

低温分区标准 表 9-3

气候分区	99% 可靠度的冬季极端日最低气温（℃）	气候分区	99% 可靠度的冬季极端日最低气温（℃）
冬严寒区	$T \leq -37$	冬冷区	$-21.5 < T \leq -9$
冬寒区	$-37 < T \leq -21.5$	冬温区	$T > -9$

太阳辐射量划分标准　　　　　　　表9-4

气 候 分 区	平均日太阳辐射强度幅值(W/m²)	气 候 分 区	平均日太阳辐射强度幅值(W/m²)
太阳辐射极强烈区	$R \geqslant 830$	太阳辐射一般区	$R < 680$
太阳辐射强烈区	$680 \leqslant R < 830$		

4. 机场飞行区指标

按拟使用该飞行区的飞机的特性将机场飞行区分为机场飞行区指标Ⅰ和指标Ⅱ。飞行区指标Ⅰ按拟使用该飞行区跑道的各类飞机中最长的基准飞行场地长度,分为1、2、3、4四个等级(表9-5);飞行区指标Ⅱ按拟使用该飞行区跑道的各类飞机中的最大翼展或最大主起落架外轮外侧边的间距,分为A、B、C、D、E、F六个等级,两者中取其较高要求的等级(表9-6)。根据飞行基准飞行场地长度、翼展和主起落架外轮外侧边间距又可以组合成多种飞行区等级,如4F级,一般适合空中客车A380等四发远程宽体超大客机起降。表9-7给出了典型的飞行区等级及最大可起降飞机种类建议。

飞 行 区 指 标 Ⅰ　　　　　　　表9-5

飞行区指标Ⅰ	飞行基准飞行场地长度(m)	飞行区指标Ⅰ	飞行基准飞行场地长度(m)
1	<800	3	1200~1800(不含)
2	800~1200(不含)	4	≥1800

飞 行 区 指 标 Ⅱ(m)　　　　　　　表9-6

飞行区指标Ⅱ	翼　　展	主起落架外轮外侧边间距
A	<15	<4.5
B	15~24(不含)	4.5~6(不含)
C	24~36(不含)	6~9(不含)
D	24~36(不含)	9~14(不含)
E	52~65(不含)	9~14(不含)
F	65~80(不含)	14~16(不含)

飞行区等级及最大可起降飞机种类建议　　　　　　　表9-7

飞行区等级	最大可起降飞机种类举例
4F	空中客车A380等四发远程宽体超大客机
4E	波音747全重、空中客车A340等四发远程宽体客机、大型双发客机波音787、波音777、空客A330
4D	波音767、波音747减重、空中客车A300等双发中程宽体客机
4C	空中客车A320、波音737等双发中程窄体客机
3C	波音733、ERJ、ARJ、CRJ等中短程支线客机

5. 道面分级与道面结构厚度要求

根据飞机在道面上滑行、加速和起飞等特性,将沥青道面结构设计分为Ⅰ、Ⅱ、Ⅲ和Ⅳ区

4个区域(表9-8)。同时沥青道面横断面结构厚度减薄应符合以下规定:对于未设置平行滑行道的跑道,跑道端部横断面两侧沥青道面不应减薄;跑道与滑行道的连接弯道及增补面范围内的沥青道面结构不应减薄;沥青道面宽度30m以上的跑道,其横断面两侧道面可进行减薄设计;季节性冰冻地区,减薄沥青道面结构区域应满足最小防冻厚度要求。

沥青道面分区及道面结构厚度　　　　表9-8

沥青道面结构厚度分区	区域内容	区域道面结构厚度
Ⅰ区	跑道端部,以及飞机全重通过的滑行道、站坪、等待坪	t
Ⅱ区	跑道中部、快速出口滑行道	可适当减薄,宜不低于$0.9t$
Ⅲ区	过夜停机坪,维修机坪,通过维修机坪的滑行道	可适当减薄,宜不低于$0.8t$
Ⅳ区	防吹坪,道肩	防吹坪、跑道道肩一般为$0.35t \sim 0.4t$,站坪、停机坪、滑行道的道肩一般为$0.3t$

注:1. t为按实际的飞机荷载计算得到的结构厚度。
　　2. 未设置平行滑行道的跑道,中部沥青道面结构厚度应按Ⅰ区设计。

6. 航空交通量等级划分

我国航空交通量等级划分依据单条跑道设计年限内C类及以上机型的年平均起飞架次进行划分,具体见表9-9。

航空交通量等级划分标准　　　　表9-9

航空交通量等级	单条跑道设计年限内C类及以上机型的年平均起飞架次(次)
重	≥50000
中	15000~50000
轻	≤15000

注:两条近距平行跑道的航空交通量按照单一跑道考虑。

7. 设计流程

具体设计流程考虑了不同地区的不同因素,例如道面性能结构分区、气候分区等,其流程图如图9-1所示。

二、道面结构组合设计及材料要求

我国的沥青机场道面结构组合一般由沥青面层、基层以及特殊条件下设置的垫层组成,在机型道面结构组合设计时应综合考虑航空交通量、道基承载能力并依据当地的实际情况和经济因素等进行选择。例如我国的香港国际机场、澳门国际机场、西宁曹家堡机场、甘肃敦煌机场和新疆且末机场等使用沥青混凝土道面结构,实例示意如图9-2所示。

1. 机场道面基层结构组合

我国的道面结构组合中基层可分为无机结合料稳定类基层、沥青稳定类基层和粒料类基层三大类,而具体的结构层选择则需要依据预估的航空交通量等级来确定。表9-10给出了规范中推荐的道面结构组合选择。

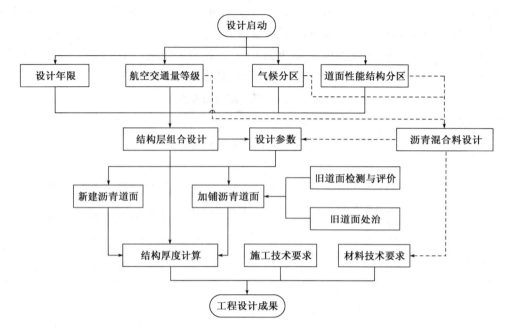

图 9-1　机场沥青混凝土道面设计流程

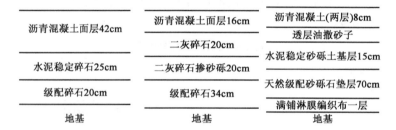

图 9-2　机场沥青道面结构组合

沥青道面结构组合　　　　　　　　　　　　　　　　　表 9-10

结构组合			航空交通量等级		
面层组合	上基层	下基层	重	中	轻
两层式≤15cm	无机结合料稳定类	无机结合料稳定类	不推荐(快速出口滑行可用)	推荐	推荐
		粒料类	不推荐(快速出口滑行可用)	推荐	推荐
	沥青稳定类	无机结合料稳定类	推荐	推荐	推荐
		沥青稳定类	推荐	推荐	推荐
		粒料类	不推荐	不推荐	推荐
	粒料类	粒料类	不推荐	不推荐	推荐
三层式>15cm	无机结合料稳定类	无机结合料稳定类	推荐	推荐	不推荐
		粒料类	不推荐	推荐	推荐
	沥青稳定类	无机结合料稳定类	推荐	推荐	推荐
		沥青稳定类	推荐	推荐	推荐
		粒料类	不推荐	推荐	不推荐

2.道基干湿类型划分

道基的成分主要为自然土体或经过人工处理加固的土体,其干湿类型对于其力学性能影响较大,因此在设计时需要依据道基的干湿类型的平均稠度对道基进行分类。结合《公路土工试验规程》(JTG E40)中液塑限测定方法(T 0118)确定的液限和含水率,其平均稠度 B_m 的计算方法见式(9-1)。

$$B_m = \frac{w_L - w_m}{w_L - w_P} \tag{9-1}$$

式中:w_L——不利季节道床影响深度内道基土采用100g锥的实测液限(%);

w_P——不利季节道床影响深度内道基土的实测液限(%);

w_m——不利季节道床影响深度内道基土的实测含水率(%)。

道基的干湿类型按照表9-11进行分类。

道基干湿类型的稠度值范围 表9-11

道基干湿类型	砂 质 土	黏 质 土	粉 质 土
干燥	$B_m \geq 1.20$	$B_m \geq 1.10$	$B_m \geq 1.05$
中湿	$1.00 \leq B_m < 1.20$	$0.95 \leq B_m < 1.10$	$0.90 \leq B_m < 1.05$
潮湿	$0.85 \leq B_m < 1.00$	$0.80 \leq B_m < 0.95$	$0.75 \leq B_m < 0.90$
过湿	$B_m < 0.85$	$B_m < 0.80$	$B_m < 0.75$

对于粒料类等难以测定平均稠度的材料,可以根据道基顶面距离地下水位或地表积水水位的高度,依据表9-12来进行确定道基干湿类型。

道基干湿类型与道基顶面距离地下水位或地表积水水位高度关系 表9-12

道基干湿类型	水位和道基的相对高度和一般特征
干燥	$H_0 > H_1$,干燥稳定,沥青道面强度和稳定度不受地下水影响
中湿	$H_2 < H_0 \leq H_1$,道基上部土层处于地下水影响的过渡带区内
潮湿	$H_3 < H_0 \leq H_2$,道基上部土层处于地下水影响区内
过湿	$H_0 \leq H_3$,道基极不稳定,冰冻区春融翻浆

注:1. 表中 H_1、H_2、H_3 分别为土基干燥、中湿、潮湿状态时的临界高度;道床面至地下水位高度不小于 H_3 时为过湿土基,须处治后方能铺筑道面。

2. 可查《民用机场水泥混凝土道路设计规范》(MH/T 5004)。

3.道床填料CBR和压实度要求

对于飞行区指标Ⅱ为E、F的机场,道床的深度是指道基顶面以下1.2m的土体,对于飞行区指标Ⅱ为A、B、C、D的机场为道基顶面以下0.8m的土体。一般来说道床需要满足密实、均匀和稳定的特性,处于干燥或者中湿状态,应防止地表水和地下水的作用,而寒区机场则需要考虑冰冻作用。

道床填料的加州承载比CBR应满足表9-13的要求,道床压实度的要求则需要满足表9-14的要求。

道床填料的加州承载比 CBR(%)　　　　表9-13

填挖类型	道基顶面以下深度(m)	飞行区指标Ⅱ	
		A、B	C、D、E、F
填方	0~0.3	≥6	≥8
	0.3~1.2(0.3~0.8)	≥4	≥5
挖方及零方	0~0.3	≥6	≥8
	0.3~1.2(0.3~0.8)	—	≥4

注：括号内的深度适用于飞行区指标Ⅱ为 A、B、C、D 的机场。

道床压实度要求(%)　　　　表9-14

填挖类型	道基顶面以下深度(m)	飞行区指标Ⅱ	
		A、B	C、D、E、F
填方	0~0.3	≥95	≥96
	0.3~1.2(0.3~0.8)	≥95	≥96
挖方及零方	0~0.3	≥94	≥96
	0.3~1.2(0.3~0.8)	—	≥94

4. 垫层填料 CBR 和压实度要求

垫层的主要作用是改善道基的温度和湿度状况，保证面层和基层的强度和稳定性，不受冻胀翻浆影响。按照其功能的不同，垫层可分为排水层、隔离层、隔温层、防冻层等。一般来说垫层的设置情况是为了解决道基处于潮湿或者过湿状态地段和季节性冰冻地区可能产生的冻胀等对道路的不利影响。

垫层的力学指标应该根据 CBR 值来进行确定，一般来说应不小于15，最大粒径应不大于压实层厚的三分之一，其材料中通过0.075mm 筛孔的部分，塑性指数应小于6。

垫层材料可采用中粗砂、砂砾、碎石、工业废渣等以及水泥、石灰或石灰粉煤灰稳定各种集料或土类。其中过湿地段和冰冻地区则不宜采用石灰稳定土做垫层。垫层的厚度一般不应小于150mm，宽度应比基层每侧宽出300mm，且符合相应的压实度规定。

5. 防冻层厚度及材料

季节性冰冻区应根据最大冻结深度等因素，对道面的防冻厚度进行验算。道面最大冻结深度可依照式(9-2)进行计算：

$$Z_{max} = abcZ_d \tag{9-2}$$

式中：Z_{max}——道面最大冻结深度(mm)；

Z_d——大地标准冻结深度(mm)；

a——大地冻结深度范围内道基及道面各层材料热物性系数的加权平均值，参照表9-15；

b——道基湿度系数，参照表9-16；

c——道基断面形式系数，参照表9-17。

在进行具体设计时，防冻层宜采用粒料类材料，其通过0.075mm 筛孔的细粒含量不宜大于5%。常见的沥青道面结构最小防冻层厚度可参见表9-18。表中冻深大或挖方及地下水位高的地段，或基层、垫层为隔温性能稍差的材料，应采用高值；冻深小或填方地段，或基层、垫层为隔温性能良好的材料可采用低值。

道基、道面材料热物性系数（a） 表 9-15

土质类别	黏质土	粉质土	粉土质砂	细粒土质砂 黏土质砂	含细粒土质砾
热物性系数	1.05	1.10	1.20	1.30	1.35
道面材料	水泥混凝土	沥青混合料	级配碎石	无机稳定粒料基层	无机稳定道基层
热物性系数	1.40	1.35	1.45	1.40	1.35

道基湿度系数（b） 表 9-16

干湿类型	干燥	中湿	潮湿
湿度系数	1.00	0.95	0.90

道基断面形式系数（c） 表 9-17

填挖形式	填方高度					挖方高度			
	零填	2m	4m	6m	>6m	2m	4m	6m	>6m
断面形式系数	1.0	1.02	1.05	1.08	1.10	0.98	0.95	0.92	0.90

沥青道面结构最小防冻层厚度（mm） 表 9-18

道基干湿类型	道基土质	道面最大冻结深度（Z_{max}）(mm)			
		500~1000	1000~1500	1500~2000	>2000
中湿	黏质土	300~500	400~600	500~700	600~950
	粉质土	400~650	500~800	600~950	700~1200
潮湿	黏质土	400~650	500~800	600~1100	750~1300
	粉质土	500~800	600~900	800~1200	900~1500

6. 基层

机场沥青道面基层应具有足够强度、刚度和稳定性，在冰冻地区则需要具有良好的抗冻性，宜采用无机结合料稳定类、沥青稳定类和粒料类等材料。按照结构层的刚度，基层可分为柔性基层、半刚性基层和刚性基层。按照材料类型则分为粒料类基层、沥青稳定类基层、无机结合料稳定类基层、碾压混凝土基层和贫混凝土基层。我国《民用机场沥青道面设计规范》（MH/T 5010—2017）要求：飞行区指标Ⅱ为A、B时，基层总厚度应不小于150mm；飞行区指标Ⅱ为C、D、E、F时，基层总厚度应不小于300mm。沥青稳定类和粒料类材料，压实层的最小厚度应不小于100mm；无机结合料稳定类材料压实层最小厚度应不小于150mm。

7. 面层

机场沥青道面的沥青面层应密实、耐久、平整、抗滑，并应具有高温抗车辙、低温抗开裂、抗水损害以及防止雨水渗入基层等功能。面层的沥青混合料类型可按表 9-19 选择。

8. 其他功能层

无机结合料稳定类基层、粒料基层与沥青面层之间宜设置透层；无机结合料稳定类基层、碾压或贫混凝土基层与沥青面层之间应设置封层或其他应力吸收层。封层可采用同步沥青碎石，应力吸收层可采用砂粒式沥青混凝土。沥青层之间应喷洒黏层油，宜采用与上层沥青混合料相同规格的基质热沥青、改性热沥青或者改性乳化沥青。

机场沥青道面的面层沥青混合料类型选择　　　　　　　　　　表 9-19

沥青混合料类型			最大粒径(mm)	最大公称粒径(mm)
AC	砂粒式	AC-5	9.5	4.75
	细粒式	AC-10	13.2	9.5
		AC-13	16	13.2
	中粒式	AC-16	19	16
		AC-20	26.5	19
	粗粒式	AC-25	31.5	26.5
SMA	细粒式	SMA-13	16	13.2
	中粒式	SMA-16	19	16

注：砂粒式 AC-5 沥青混凝土主要用于应力吸收层。

三、道面结构设计参数

1. 无机结合料稳定类基层材料设计参数

对于沥青道面基层，设计时一般选择水泥稳定类材料，在飞行区指标Ⅱ为 C、D、E、F 时，用作基层的水泥应该选择骨架密实型的混合料，集料的最大粒径应该控制在 31.5mm 之内，设计其级配时，应当参照规范中给出表格的范围。水泥稳定类材料的水泥剂量设计应控制在 2.5% ~ 5.0% 之内，强度不满足规范规定时，应当及时调整级配，对应的设计参数可参见表 9-20。

无机结合料稳定类基层材料设计参数　　　　　　　　　　表 9-20

材 料 类 型	回弹模量(MPa)	弯拉强度(MPa)	泊 松 比
水泥稳定类砂砾	3000 ~ 4200	1.1 ~ 1.3	0.25
水泥稳定类碎石	3000 ~ 4200	1.3 ~ 1.6	
石灰粉煤灰稳定碎石	2200 ~ 2800	1.0 ~ 1.3	

2. 粒料和沥青稳定类基层材料设计参数

沥青稳定碎石一般用于沥青道面的基层，设计时应采用骨架密实型混合料，而其级配设计也需要参照规范给出的范围调整级配，直至混合料力学属性符合要求，力学设计指标见表 9-21。

沥青稳定类材料的力学设计指标　　　　　　　　　　表 9-21

材 料 类 型	抗压回弹模量(MPa)		抗剪强度(MPa)	泊 松 比	混合料名称
	20℃	15℃	60℃		
密级配沥青碎石基层	1000 ~ 1400	1200 ~ 1600	0.4 ~ 0.9	0.25 ~ 0.30	ATB-25 ATB-30

设计级配碎石等粒料类材料用于交通量较轻的机场道面上基层时，材料选取时 CBR 值应不小于 100，若用于下基层时，CBR 值的设计要求则不应小于 90。砾石类材料用作下基层时的 CBR 值要求为不小于 80。其他力学设计指标参见表 9-22。

级配碎石材料的力学设计指标 表9-22

材料类型	回弹模量（MPa）	泊松比
连续级配的碎石基层	300~350	
骨架密实型的碎石基层	300~500	
填隙碎石（下基层）	200~280	0.35
未筛分碎石（下基层）	180~220	
天然砂砾（下基层）	150~220	

3. 沥青面层参数取值原则

若要使用有限元法进行力学响应分析来预估面层厚度时，需要考虑以下设计指标的抗压回弹模量。沥青层疲劳开裂预估模型以及轮辙预估模型中的模量参数应采用20℃静态的抗压回弹模量。按照 $E_A = \overline{E}_A - \alpha S$ 进行计算[E_A 为沥青混合料抗压回弹模量设计值（MPa）；$\overline{E}_A$、S 为沥青混合料抗压回弹模量实测结果的平均值和标准差（MPa）；α 为保证率系数，取2.0]。

4. 无机结合料稳定类基层参数取值原则

无机结合料稳定类基层疲劳开裂预估模型中的模量参数应采用15℃静态抗压回弹模量。计算基层层底拉应力时选择最不利的模量组合，计算层以下各层的抗压回弹模量设计值应采用 $E_A = \overline{E}_A - \alpha S$ 进行计算，上部各层的抗压回弹模量设计值则采用 $E_A = \overline{E}_A + \alpha S$ 进行计算。

抗压回弹模量和抗剪强度为沥青道面性能预估模型中所需要的基本参数。同时机场道面在进行力学响应计算时也需要考虑沥青层内部最大剪应力、沥青层层底最大拉应变、无机结合料稳定类基层层底最大拉应力及道基顶面最大竖向压应变，以便于对沥青道面的性能进行预估。

5. 结构层疲劳分析模型

按照层状体系模型可以计算各种机型荷载作用下，根据表9-1对应的力学响应（力学设计指标）要求，确定在该力学响应水平下的允许重复荷载作用次数。

粒料类和沥青稳定类基层沥青道面的沥青层层底疲劳开裂控制方程见式（9-3）。

$$\lg N_j = -3.081 - 5\lg \varepsilon_h - 2.665 \lg E_A \quad (9-3)$$

式中：N_j——允许重复荷载作用次数（次）；

ε_g——沥青面层底面最大水平拉应变；

E_A——沥青混合料抗压回弹模量（MPa）。

无机结合料稳定类基层沥青道面的基层层底疲劳开裂控制方程见式（9-4）。

$$\frac{\sigma_t}{f_r} = a - b\lg N_j \quad (9-4)$$

式中：N_j——允许重复荷载作用次数（次）；

σ_t——无机结合料稳定类基层层底最大水平拉应力（MPa）；

f_r——无机结合料稳定类材料弯拉强度（MPa）；

a、b——与材料性质相关的试验参数，在缺乏试验条件的情况下可采用 $a = 1.0$，$b = 0.11$。

粒料类和沥青稳定类基层沥青道面的轮辙控制方程见式（9-5）和式（9-6）。

当 $N_j \leqslant 12100$ 时,
$$N_j = \left(\frac{0.004}{\varepsilon_v}\right)^{8.1} \tag{9-5}$$

当 $N_j > 12100$ 时,
$$N_j = \left(\frac{0.002428}{\varepsilon_v}\right)^{14.21} \tag{9-6}$$

式中：ε_v——基层顶面的最大竖向压应变;

N_j——允许重复荷载作用次数(次)。

轮辙性能方程见式(9-7)。

$$RD_j = 1.769 \sum_{k=1}^{c} 10^{-5.542} T_k^{2.542} n_j^{0.752} \left(\frac{\tau_k}{[\tau_k]}\right)^{0.468} \tag{9-7}$$

式中：RD_j——第 j 机型产生的沥青面层轮辙量(mm);

c——沥青亚层总数;

T_k——沥青道面第 k 层温度(℃);

n_j——第 j 机型的荷载重复作用次数(次);

τ_k——第 k 亚层的层中深度处的最大剪应力(MPa);

$[\tau_k]$——第 k 亚层沥青混合料 60℃抗剪强度(MPa)。

沥青道面第 k 亚层温度 T_k 应按照当地根据历史气候条件分析确定的沥青道面或沥青路面温度预估公式进行计算，条件不足时可按式(9-8)计算。

$$T_k = \frac{9T_a z + 114.3 T_a + 30z + 279.4}{9z + 91.44} \tag{9-8}$$

式中：T_k——沥青道面第 k 层温度(℃);

T_a——月平均温度(℃);

z——深度(cm)。

四、航空交通量与交通参数

进行机场道面厚度设计时,需要对机场运行飞机机型和年起飞架次以及各种机型的交通量增长率进行预测。然后统计飞机参数,包括最大起飞重量/最大滑行重量、胎压、起落架构型和尺寸等参数,计算飞机单轮轮尺寸和荷载,确定年平均起飞架次、航空交通量等级,进而确定跑道采用的结构层组合。

1. 设计年限内每种机型累计起飞架次

设计年限内每种机型累计起飞架次根据式(9-9)计算确定。

$$N_s = \sum_{i=1}^{Y} N_i \tag{9-9}$$

式中：N_s——设计年限内每种机型累计起飞架次(次);

N_i——第 i 年每种机型年起飞架次(次);

Y——设计年限(年)。

2. 飞机轮胎接触轮印直径

飞机起落架布置图如图 9-3 所示,各机型主起落架上的单轮轮载,根据飞机参数按式(9-10)计算确定。
$$P_i = \rho G/n_c \quad (9\text{-}10)$$
式中:P_i——各机型主起落架上的单轮轮载(kN);
G——飞机的总重量(kN);
ρ——主起落架荷载分配系数;
n_c——各机型主起落架的总轮。

表9-23给出了部分飞机参数,更多数据可查《民用机场沥青道面设计规范》(MH/T 5010—2017)。

$$d = 2\sqrt{\frac{1000P_i}{\pi q}} \quad (9\text{-}11)$$

式中:d——轮印直径(m);
q——飞机主起落架轮胎压力(MPa)。

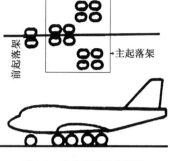

图9-3 飞机起落架布置图
(主起落架总轮数为12)

部分飞机参数   表9-23

序号	机型	最大滑行重量(kN)	最大起飞重量(kN)	最大着陆重量(kN)	最大无燃油重量(kN)	空机重量(kN)	主起落架荷载分配系数ρ	主起落架间距(m)	主起落架总轮数(m)	主起落架轮距(m) S_t	S_{t3}	S_{t2}	主起落架构型	主起落架轮胎压力q(MPa)
1	B737-200	567.00	564.72	485.34	430.91	289.51	0.935	5.23	4	0.78	—	—	双轮	1.26
2	B737-300	566.99	564.72	517.09	476.27	326.02	0.950	5.23	4	0.78	—	—	双轮	1.40
3	B737-400A	682.60	680.40	562.45	530.70	336.50	0.950	5.24	4	0.78	—	—	双轮	1.28
4	B737-500	607.82	605.55	498.96	464.94	320.99	0.950	5.23	4	0.78	—	—	双轮	1.34
5	B737-600	657.90	655.60	551.30	519.50	363.90	0.950	5.72	4	0.86	—	—	双轮	1.30
6	B737-700	703.30	701.00	586.20	552.20	376.60	0.950	5.72	4	0.86	—	—	双轮	1.39
7	B737-800	792.60	790.04	663.80	627.50	414.30	0.950	5.72	4	0.86	—	—	双轮	1.47
8	B737-900	792.43	790.16	663.61	636.39	429.01	0.950	5.72	4	0.86	—	—	双轮	1.47
9	A318	684.00	680.00	575.00	545.00	388.18	0.950	7.60	4	0.93	—	—	双轮	0.89
10	A319	704.00	700.00	610.00	570.00	392.25	0.926	7.60	4	0.93	—	—	双轮	0.89
11	A320	758.52	754.60	632.10	592.90	397.18	0.931	7.60	4	0.93	—	—	双轮	1.14
12	A321	834.00	830.00	735.00	695.00	476.03	0.956	7.60	4	0.93	—	—	双轮	1.36
13	MD-90	712.14	707.60	644.10	589.67	399.94	0.950	5.09	4	0.71	—	—	双轮	1.14
14	B757-200	1161.00	1156.50	952.50	853.00	593.50	0.950	7.32	8	0.86	1.14	—	双轴双轮	1.21
15	B757-200pf	1229.30	1224.70	1016.10	952.60	645.80	0.950	7.32	8	0.86	1.14	—	双轴双轮	1.24

主起落架单轮与沥青道面之间的接触轮印可假定为圆形,圆形轮印的直径可按式(9-11)进行计算。

3. 复杂型起落架面积计算

对于一些大型飞机如空客 A380，其主起落架较多，共有 4 项主起落架，共 20 个轮子，在复杂起落架构型的飞机中具有代表性。其特点为轴载重、轮胎充气压力高等（图 9-4）。

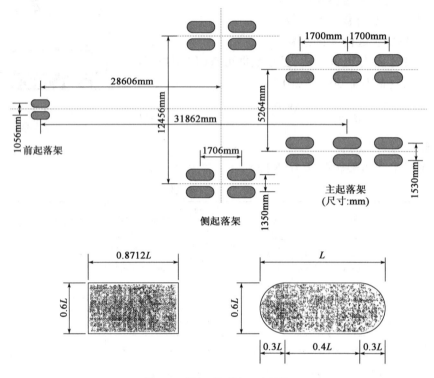

图 9-4 复杂型起落架面积计算

因此若使用有限元软件在对这一类飞机的力学响应进行详细分析，其起落架与沥青道面的接触面积不能近似于圆形来处理，而是假定为一个矩形和两个半圆的组合几何形式。其面积计算公式可以按照式（9-12）和式（9-13）进行计算。

$$A = \frac{P_\mathrm{t}}{1000q} \tag{9-12}$$

$$L = \sqrt{\frac{A}{0.5227}} \tag{9-13}$$

式中：A——飞机单轮轮印面积（m^2）；

L——组合型轮印的长度（m）。

4. 累积损伤因子

累积损伤因子是指每一架次飞机对道面破坏作用的总和。由于机场沥青道面设计规范并没有指定单一的设计飞机类型，因此累积损伤因子可以识别对于道面损伤程度最大的飞机类型。在厚度设计中，一般使用的是混合交通量，因为单一的标准飞机类型并不能代表混合的交通量情况，而且通常会导致厚度设计过大。需要通过对厚度的迭代计算，直到累积损伤因子计算结果为 1 时，则认为满足厚度设计要求。

当通过上述计算满足最小厚度时，软件将继续参考给定的交通量，如果所有的起降飞机均小于5760kg时,将会对最终的厚度缩减 5~6mm 来满足经济条件。而此时的累积损伤因子则会小于1。

可将沥青道面横向划分成宽200mm 的条带,中心线两侧各50个条带,再分别计算每一条带在不同机型作用下的累积损伤因子,按最大的累积损伤因子确定混合交通作用下沥青道面最不利荷载作用位置。

对粒料类和沥青稳定类基层沥青道面,轮辙和沥青层层底疲劳开裂分析时,各机型的累积损伤因子按式(9-14) 计算;对无机结合料稳定类基层沥青道面,基层层底疲劳开裂分析时的各机型累积损伤因子按式(9-14) 计算;沥青层轮辙分析时的各机型累积损伤因子按式(9-15) 计算;各条带的累积损伤因子按式(9-16) 计算,用于结构厚度控制的最大累积损伤因子按式(9-17) 计算。

$$CDF_{ji} = \frac{n_{ji}}{N_{ji}} \tag{9-14}$$

对于不同的情况 CDF 的计算可以推导为式(9-15)至式(9-17)。

沥青层轮辙分析时:

$$CDF_{ji} = \frac{RD_{ji}}{15} \tag{9-15}$$

各条带的累积损伤因子计算以及用于结构厚度控制的最大累积损伤因子计算:

$$CDF_i = \sum_j CDF_{ji} \tag{9-16}$$

$$CDF = \text{Max}(CDF_i) \tag{9-17}$$

式中:n_{ji}——第 j 类机型在第 i 条带的实际荷载重复作用次数;
　　N_{ji}——第 j 类机型在第 i 条带的允许荷载重复作用次数;
　　CDF_{ji}——第 j 类机型在第 i 条带的累积损伤因子;
　　RD_{ji}——第 j 类机型在第 i 条带产生的轮辙量;
　　CDF_i——各类机型在第 i 条带产生的累积损伤因子;
　　CDF——道面横断面上的最大累积损伤因子。

允许荷载次数是计算累积损伤因子的前提,其意义是在控制上述病害时,飞机作用在任意位置对分析点产生的力学响应的考虑,并以产生的力学响应量计算的结果。

5. 单起落架实际荷载重复作用次数计算方法

荷载重复作用次数的计算位置应符合表9-24要求。用于计算荷载重复作用次数的轮迹横向分布,按照均值为0、标准差为775mm 的正态分布进行计算。

荷载重复作用次数的计算位置　　　　　表9-24

基层结构类型	控制损坏模式	荷载重复作用次数的计算位置
粒料类或沥青稳定类基层	沥青层疲劳开裂	沥青道面面层层底
	沥青道面轮辙	道基顶面
无机结合料稳定类基层	无机结合料稳定类基层疲劳开裂	基层层底
	沥青道面轮辙	沥青道面表面

对单轴起落架构型的飞机,在全部主起落架作用下,假定设计指标对应的力学响应量的横向分布曲线为$f(x)$。飞机的轮迹横向呈正态分布,分布曲线记为$\varphi(x)$,其均值为0(分析右侧起落架中心时,均值为右侧起落架中心距离飞机中心线的距离)(图9-5)。

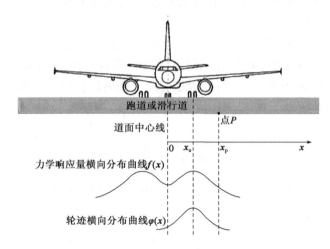

图9-5 飞机在跑道上位置和力学响应量横向分布曲线示意图

一般计算时,会选取道面上某一点P作为分析点,设P点距离道面中心的距离为x_p,然后使用FAARFIELD软件内置的有限元程序进行力学响应分析。在进行计算时,假设飞机的中心线和道面的中心线重合(如图9-5所示情况),设右侧起落架中心距道面中心的距离为x_g。此时,飞机对道面产生的力学响应曲线记为$f_{c=x_g}(x)$。将飞机右侧起落架中心位于其他第三点位置x_u时的力学响应量曲线记为$f_{c=x_u}(x)$,则对于道面上的分析点$P(x=x_p)$,类似的,对于此点处的力学响应量记为$f_{c=x_u}(x_p)$。

假定道面的属性合格,起落架在任何位置对道面产生相同规律的结构响应,即力学响应量的横向分布曲线形状相同,则在$f_{c=x_g}(x)$上必然存在一点Q使$f_{c=x_g}(x_q)=f_{c=x_u}(x_p)$,由图9-6可得式(9-18)。

$$x_q = x_g + x_p - x_u \tag{9-18}$$

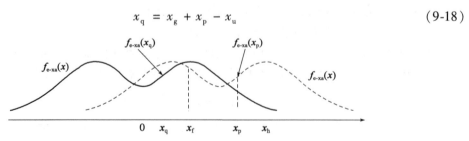

图9-6 力学响应量的等效

因此可以推出,起落架中心落在任何一点x_u时,其对道面P点产生的力学响应量等价于飞机中心线与道面中线重合时,在坐标为$(x_g+x_p-x_u)$的Q点产生的力学响应量,可以用式(9-19)表示。

$$f_{c=x_g}(x_p) = f_{c=x_g}(x_g+x_p-x_u) = f(x_g+x_p-x_u) \tag{9-19}$$

右侧起落架轮迹的横向分布曲线为$\varphi(x)$(最大概率处为$x=x_g$),则右侧起落架的中心位于x_u的概率为$\varphi(x_u)$。假定飞机的通行次数为n_j,则在P点产生大小为$f(x_g+x_p-x_u)$的力学响应量的次数见式(9-20)。

$$n_{ju} = n_j \varphi(x_u) \tag{9-20}$$

式中：n_{ju}——第j类飞机起落架中心位于x_u时的实际荷载重复作用次数(次)；

n_j——第j类飞机的通行次数(次)；

$\varphi(x_u)$——起落中心位于x_u时的概率。

为了便于后续计算，可将沥青道面横向划分条带，如200m，道面中心线两侧各设置50个条带，并近似认为各条带上各点的荷载重复作用次数和力学响应量数值均相等。若设计区域在跑道端部，则飞机中心线在横断面上的位置x(单位：m)呈正态分布，如图9-7所示。均值为0时，x的概率密度见式(9-21)。

$$g(x) = \frac{1}{\sqrt{2\pi} \cdot 0.775} e^{\left(-\frac{x^2}{2 \cdot 0.775^2}\right)} \tag{9-21}$$

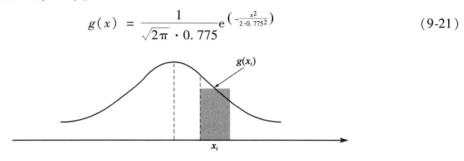

图9-7 第i条带的概率和实际作用次数计算示意

起落架中心位于第i条带的概率可通过此条带在正态分布区间上所占面积求得。记第i条带中心坐标为x_i，则该条带宽度为0.2m，平均高度可近似用$g(x_i)$代替，则所求概率近似等于图中矩形阴影部分的面积$0.2g(x_i)$。

从而式(9-21)可转化为式(9-22)。

$$n_{ju} = n_j \varphi(i) = 0.2 n_j g(x_i) \tag{9-22}$$

式中：n_{ju}——第j类飞机起落架中心位于第i个条带上的实际荷载重复作用次数；

n_j——第j类飞机的通行次数；

$g(x_i)$——平均值为0，标准差为0.775m的正态分布概率密度函数在x_i点处的函数值。

6. 单起落架允许荷载重复作用次数计算方法

无机结合料稳定类基层的沥青层轮辙控制不需计算允许荷载重复作用次数。

粒料类和沥青稳定类基层沥青道面的轮辙控制、沥青层层底和无机结合料稳定类基层层底疲劳开裂控制时，飞机作用在任意位置对分析点产生的力学响应均需考虑，并以产生的力学响应量计算允许荷载重复作用次数。

将控制开裂的疲劳方程和控制轮辙的性能方程统一记为$N(\xi)$，ξ为力学响应量。其中疲劳方程见式(9-3)、式(9-4)，轮辙性能方程见式(9-7)，ξ分别对应公式中的ε_h、σ_t或ε_v。与实际荷载重复作用次数计算中的对应，对道面中的分析点P，在力学响应量等于$f(x_g + x_p - x_u)$时的允许荷载重复作用次数按式(9-23)计算。

$$N_{ju} = N[\xi = f(x_g + x_p - x_u)] \tag{9-23}$$

式中：N_{ju}——第j类飞机起落架中心位于x_u时的允许荷载重复作用次数。

对道面进行条带划分后，认为各条带上的力学响应量均等于条带中点处的响应量，允许荷载重复作用次数计算时选取随飞机移动的某点作为参考点。如图9-8所示，记飞机的中心线与道面的中心线重合,飞机的位置为参考位置,此时各条带响应量数值在第 k' 个条带最大,选取该条带中点 x_k' 作为参考点。

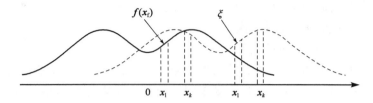

图 9-8　第 i 个条带的响应量和允许荷载重复作用次数计算示意

飞机作用在虚线位置时,第 k 条带出现最大响应数值,该条带中点 x_k 与参考点 x_k' 对应。计算此时第 i 个条带的响应量和允许荷载重复作用次数,需以几何关系 $i' = k' + i - k$ 确定第 i' 个条带的位置,则飞机在虚线位置时此条带的响应数值等于飞机位于参考位置时,因此第 i' 个条带中点 x_i' 的响应数值记为 $f(x_i')$。响应数值确定后,带入开裂的疲劳方程和控制轮辙的性能方程中,则式(9-23)可转化为式(9-24)。

$$N_{jk} = N(\xi) = N[f(x_i')] = N[f(x_{k'+i-k})] \tag{9-24}$$

式中:N_{jk}——第 j 类飞机起落架中心位于第 k 个条带时,第 i 个条带的允许荷载重复作用次数;

$x_{k'+i-k}$——第 $k'+i-k$ 个条带的中点坐标,其中 k' 个条带中点为选取的参考点。

上述参考点的位置(k' 值)可在一定范围内根据便利性任意选取,飞机起落架位置(k 值)和计算点(i 值),也包括所有条带位置,由此可得飞机作用于任意条带时,每一条带的允许荷载重复作用次数。

7. 累计损伤因系计算方法

对于粒料类和沥青稳定类基层沥青道面的轮辙控制、沥青层层底和无机结合料稳定类基层层底疲劳开裂控制,根据式(9-14),各个条带的累积损伤因子可由实际荷载作用次数与允许荷载作用次数的比值确定。因此,对道面分析点 P,在飞机右侧起落架中心位于 x_u 时,飞机通过 n_{ju} 次后产生的累积疲劳损伤因子计算见式(9-25)。

$$CDF_j = \int \frac{n_{ju}}{N_{ju}} = \int \frac{n_j \varphi(x_u)}{N[\xi = f(x_g + x_p - x_u)]} \tag{9-25}$$

式中:CDF_j——第 j 类飞机产生的累积损伤因子。

对道面进行上述条带划分后,第 i 个条带的累积损伤因子应考虑飞机起落架位于不同条带($k=1,2,\cdots,100$)的所有情况,因此式(9-25)可转化为式(9-26)。

$$CDF_{ji} = \sum_{i=1}^{100} \frac{0.2 n_j g(x_k)}{N[f(x_{k'+i-k})]} \tag{9-26}$$

式中:CDF_{ji}——第 j 类飞机位于不同条带时对第 i 个条带产生的累积损伤因子。

对于无机结合料稳定类基层的沥青层轮辙控制,对于任一条带仅考虑飞机作用在此条带上的实际作用次数,按式(9-7)和式(9-8)计算各条带产生的轮辙量 RD_i,再根据式(9-15)、式(9-16)、式(9-17)计算最大累积损伤因子。

8. 多起落架允许荷载重复作用次数计算方法

多轴起落架作用下的荷载重复作用次数计算,可先对多轴作用下的道面结构响应进行分析,获得道面的空间相应规律。根据空间相应规律进一步获得纵向峰值的数目。在多轴对称的情况下,可考察 1/4 起落架的覆盖范围(图 9-9),获得所考察力学响应量最大值所在位置(最不利位置)。

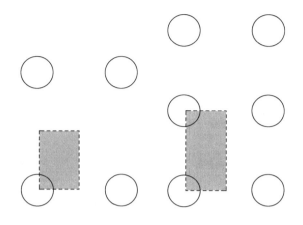

图 9-9 多轴起落架的最不利位置考察范围

通过最不利位置做纵向剖面,获得相应量的纵向分布曲线,记为 $l(y)$,分别获得曲线上的相邻峰值以及峰值之间的波谷值,分别记为 $l(y_{\max})$ 和 $l(y_{\min})$,若 $l(y_{\min})$ 存在且与 $l(y_{\max})$ 比值的绝对值小于 0.9,则认为需要考虑多轴的影响。当纵向 $l(y)$ 上的峰值数等于 d 时,累计损伤系数公式可改写为式(9-27)和式(9-28)的形式:

$$CDF_d = \int \frac{n_u}{N_{du}} = \int \frac{n_j \varphi(x_u)}{N[\xi = f_d(x_g + x_p - x_u)]} \tag{9-27}$$

$$CDF_j = \sum_d CDF_{jd} \tag{9-28}$$

式中:d——结构响应的纵向峰值数;

N_{du}——当起落架中心位于 x_i 时,第 d 个峰值作用下的允许荷载重复作用次数;

$f_d(x)$——第 d 个峰值所在位置处的道面结构响应横向分布曲线函数;

CDF_{jd}——第 j 类飞机第 d 个峰值所产生的累积损伤因子;

CDF_j——第 j 类飞机产生的累积损伤因子。

为了便于计算实际荷载重复作用次数,双轴起落架可按照单轴计算的结果乘以轴数 2 考虑,三轴起落架也可近似地按照单轴计算的结果乘以 3 考虑,并进行累计损伤因子的计算。

9. 复杂起落架允许荷载重复作用次数计算方法

复杂起落架需要对各个轴分别进行考虑。在分析时,应先获得全起落架作用下的道面结构响应,进而获得各个起落架下的力学响应量峰值位置和大小,然后对每个起落架按照独立方式进行考虑,分别计算后进行叠加。由于复杂起落架单侧往往不具有对称性,应该考察起落架下的所有覆盖区域,通过横向峰值轴线做横向断面获得横向分布曲线 $f(x)$,以及通过纵向峰值轴线获得力学响应量纵向分布曲线 $l(y)$,采用这些曲线按照式(9-27)和式(9-28)计算复杂起落架作用对道面的累积损伤。此时,其中的 d 为单侧所有起落架的横向峰值轴数。

为了便于计算,可将复杂起落架按前后顺序分成数组起落架,并根据每组起落架构型分别按多起落架中的方法进行考虑。例如,将 A380 型飞机分成前后两组起落架,分别为双轴和三轴构型;将 B747 型飞机分成前后两组起落架,均为双轴构型等。划分后可独立进行计算。

五、沥青道面结构厚度计算

沥青道面结构厚度计算按照以下步骤进行(图9-10)。

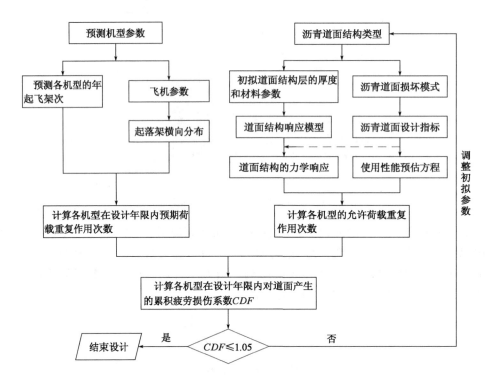

图 9-10　机场沥青道面设计流程图

1)交通荷载分析

确定设计年限;预测机场运行飞机机型和年起飞架次以及各种机型的交通量增长率;统计飞机参数,包括最大起飞重量/最大滑行重量、胎压、起落架构型和尺寸等参数。

2)计算飞机单轮的轮印尺寸与荷载

初拟沥青道面结构组合方案;初步拟定沥青道面结构面层、基层(垫层)的类型与厚度;确定沥青道面各结构层的设计参数。

3)沥青道面力学响应量计算

采用规定的模型对初拟的沥青道面结构进行分析计算;根据拟定的道面结构组合方案;确定相应的设计指标并进行力学响应量计算,计算拟定结构方案在各机型作用下的允许荷载重复作用次数。

4)荷载重复作用次数和累积损伤因子的计算

按确定的条带,分别计算每一条带的实际和允许荷载重复作用次数,并计算 CDF。

5)结构厚度确定

当 $CDF \leqslant 1.05$ 时,应根据当地工程条件进行技术经济对比分析,确定合理的结构方案;当 $CDF > 1.05$ 时,应调整结构组合、厚度或材料参数,重新计算直至满足要求。

第二节 我国机场水泥混凝土道面设计

按照《民用机场水泥混凝土道面设计规范》(MH/T 5004—2010),水泥混凝土板内的荷载应力采用弹性板无限地基上的弹性薄板理论和考虑接缝传荷能力的有限元法计算。新建水泥混凝土道面单层板的厚度,按每种飞机的疲劳损耗累积作用次数不超过容许作用次数一定范围确定。

一、主要设计规定

1. 设计年限

水泥混凝土道面的设计年限一般采用30年,有时也可以按特定要求确定。

2. 板的平面尺寸要求

水泥混凝土道面板一般采用矩形,同时同一机场板的平面尺寸变化宜尽量少。位于边、角及弯道处的非矩形板,其短边长度一般不宜小于1m,板角不宜采用锐角或大于180°的角。

板的平面尺寸应根据当地气温、板厚、所采用的集料及施工工艺等确定。矩形板宽一般为4~5m,一般也不宜小于3m,同时板宽与板长之比一般为1:1~1:1.25。板厚<250mm的道面板,板长一般不宜超过5m;厚度≥250mm的道面板,板长一般不宜超过6m。

钢筋混凝土道面板横缝间距一般采用5~15m,最大不超过15m。

3. 设计指标

水泥混凝土道面的设计指标采用临界荷位处混凝土道面板底的最大拉应力。

飞机荷载在混凝土板内产生最大应力时的位置称为临界荷位。临界荷位可取机轮位于接缝处且板缝相切或垂直的位置。主起落架为单轮、双轮、双轴双轮以及三轴双轮时,临界荷位如图9-11所示,图中0为板边应力计算点。实线和虚线荷位为计算比较荷位,实际设计时应取其中应力计算结果较大的荷位为临界荷位。

4. 水泥混凝土设计强度和弯拉弹性模量

道面水泥混凝土的设计强度采用28d龄期的弯拉强度,飞行区指标Ⅱ为A、B的机场的水泥混凝土设计强度应不低于4.5MPa;飞行区指标Ⅱ为C、D、E、F的机场的水泥混凝土设计强度应不低于5.0MPa。水泥混凝土的弯拉弹性模量见表9-25。水泥混凝土的泊松比可采用0.15。

水泥混凝土的弯拉弹性模量　　　　　　　　　　　表9-25

设计强度 f_{cm} (MPa)	4.5	5.0	5.5
弯拉弹性模量 E_c (MPa)	36000	37000	38000

5. 表面纹理和深度要求

由于机场道面对于抗滑性能要求较高,因此需要对跑道的表面纹理进行考虑,设计时的表面纹理最小值为0.8mm。而考虑气候因素,在年降雨量大于800mm的地区,飞行区指标Ⅱ为D、E、F的机场,平均纹理深度宜为0.6~0.8mm。

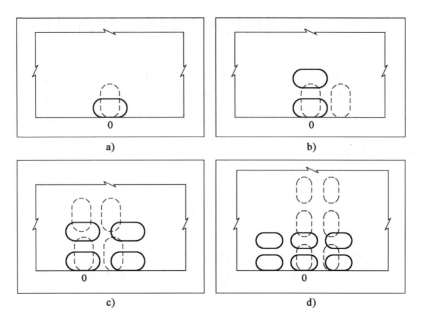

图 9-11 机场水泥混凝土道面设计临界荷位
a)单轮;b)双轮;c)双轴双轮;d)三轴双轮

二、结构层组合设计

机场道面各结构层相互依赖相互补充构成整体,设计者在设计时需要考虑各结构层的材料类型,力学强度是否达标以及一些类似于低温抗裂性,抗反射裂缝等服役耐久性能。在设计时,道面的结构层次不宜太多。推荐的结构层最小厚度可依据表 9-26 来进行预估,以便进行力学响应分析和累积损伤因子计算。

常用结构层最小厚度　　表 9-26

材 料 名 称	最小厚度(mm)
天然砂砾,级配砂砾,碎石,水结、干压碎石(填隙碎石)	100
结合料稳定类	150
贫混凝土、碾压混凝土	150
沥青混合料	40
现浇水泥混凝土	120

1. 土基

对于刚性机场道面,土基、道床的设计方法和柔性沥青道面设计方法类似,先考虑最不利季节时土基顶面以下 0.8m 深度内 B_m 值,其计算方法见式(9-1)。路基干湿类型划分见表 9-11。道床填料和压实度要求见表 9-27 和表 9-28。道床以外的土基填土应满足表 9-29 的要求。

水泥混凝土道基填料要求　　　　　　　　　　　　　　　　　　表9-27

填挖类型	土基顶面以下深度(m)	填料最小强度(CBR)(%)	
		飞行区指标Ⅱ	
		A、B	C、D、E、F
填方	0~0.3	6	8
	0.3~0.8	4	5
挖方及零填	0~0.3	6	8
	0.3~0.8	—	4

水泥混凝土道基压实要求　　　　　　　　　　　　　　　　　　表9-28

填挖类型	土基顶面以下深度(m)	压实度(%)	
		飞行区指标Ⅱ	
		A、B	C、D、E、F
填方	0~0.3	95	96
	0.3~0.8	95	96
挖方及零填	0~0.3	94	96
	0.3~0.8	—	94

注:1. 表中压实度系按《公路土工试验规程》(JTG E40)重型击实试验法求得的最大干密度的百分数;
2. 挖方区及零填部位,如碾压后或者处理后(采用掺结合料进行改善、表层换填、强夯、冲击碾压等方法)的道床顶面回弹模量达到30MPa以上,则下道床压实度可不作要求。

水泥混凝土土基填方压实要求　　　　　　　　　　　　　　　　表9-29

土基顶面以下深度(m)	压实度(%)	
	飞行区指标Ⅱ	
	A、B	C、D、E、F
0.8~0.4	94	95
4.0以下	92	93

注:1. 表中压实度系按《公路土工试验规程》(JTG E40)重型击实试验法求得的最大干密度的百分数;
2. 在多雨潮湿地区,当土基为高液限黏土及特殊土质时,应根据土基处理要求,通过现场试验分析确定压实标准,根据现场实际情况表内压实度可降低1%。

2．垫层

在季节性冰冻地区,道面结构总厚度应满足表9-30的要求,当混凝土板与基层厚度相加小于表内数值时,应该通过设置垫层予以补足。

最小防冻层厚度要求(m)　　　　　　　　　　　　　　　　　　表9-30

土基干湿类型	土基土质	当地最大冻深(m)			
		0.50~1.00	1.01~1.50	1.51~2.00	>2.00
中湿地段	低、中、高液限黏土	0.30~0.50	0.40~0.60	0.50~0.70	0.60~0.95
	粉土,粉质低、中液限黏土	0.40~0.65	0.50~0.80	0.60~0.95	0.70~1.20
潮湿地段	低、中、高液限黏土	0.40~0.65	0.50~0.80	0.60~1.10	0.75~1.30
	粉土,粉质低、中液限黏土	0.50~0.80	0.60~0.90	0.80~1.20	0.90~1.50

注:1. 冻深大或挖方及地下水位高的地段,或基层、垫层为隔温性能稍差的材料,应采用高值;冻深小或填方地段,或基层、垫层为隔温性能良好的材料可采用低值;
2. 在冰冻地区的潮湿地段,不应采用石灰土作基(垫)层;
3. 冻深小于0.50m的地区,可不设防冻层。

3. 基层

通常情况下,我国机场道面的基层厚度依据飞行区指标进行划分,飞行区指标Ⅱ为A、B时,基层的设计厚度应该大于150mm。飞行区指标Ⅱ为C、D、E、F时,基层总厚度不宜小于300mm。对于此类基层,一般分为两层或两层以上进行力学响应分析。基层材料的设计要求应满足表9-31的要求,基层材料的压实度应满足表9-32的要求。

基层材料的设计要求 表9-31

层次	飞行区指标Ⅱ	建议的基层材料	建议厚度(mm)	技术要求
上基层	A、B、C、D	水泥稳定粒料	150~200	7d浸水抗压强度不小于3MPa
		石灰粉煤灰稳定粒料	150~200	7d浸水抗压强度不小于0.8MPa
	E、F	水泥稳定粒料	150~240	7d浸水抗压强度不小于4MPa
		碾压混凝土	150~240	7d抗压强度不小于15MPa
		贫混凝土	150~240	7d抗压强度不小于10MPa
		沥青混凝土	40~60	—
		沥青碎石	80~100	—
下基层	C、D	水泥稳定粒料	150~200	7d浸水抗压强度不小于2MPa
		石灰粉煤灰稳定粒料	150~200	7d浸水抗压强度不小于0.6MPa
		石灰碎石土	150~200	7d浸水抗压强度不小于0.6MPa
	E、F	水泥稳定粒料	150~200	7d浸水抗压强度不小于2.5MPa
		石灰粉煤灰稳定粒料	150~200	7d浸水抗压强度不小于0.8MPa

注:基层的周边应比混凝土板的边缘宽出不小于500mm。

基层材料的压实标准要求 表9-32

材料类别	压实度(%) 飞行区指标Ⅱ	
	A、B	C、D、E、F
级配碎、砾石	96	98
未筛分碎石、天然砾石	96	98
水泥或石灰稳定细粒土	93	96
石灰、粉煤灰稳定细粒土	93	96
石灰稳定中、粗粒土(含石灰稳定砂砾土、碎石土)	96	98
水泥稳定中、粗粒土(含水泥稳定碎石、碎石土、石渣、石屑、砂砾、砂砾土)	96	98
石灰、粉煤灰稳定中、粗粒土	96	98
水泥、石灰、粉煤灰稳定中粗粒土	96	98

注:1. 表中压实度系按《公路土工试验规程》(JTG E40)中重型击实试验法求得的最大干密度的百分数。
2. 下基层压实度可低于表中规定值1%。

4. 面层

水泥混凝土机场道面板应具有较高的弯拉强度,抗腐蚀且表面平整、耐磨和抗滑,在寒冷地区还应具有良好的抗冻性。年最低月平均温度为0~-10℃的地区,道面混凝土抗冻标号应不低于F200;年最低月平均温度小于-10℃的地区,道面混凝土抗冻标号应不低于F300。

水泥混凝土的配合比应根据设计弯拉强度以及水泥混凝土的耐久性、耐磨性、和易性等要求,通过试验确定。有抗冰(盐)冻要求的地区应掺加引气型外加剂;一般地区宜掺加引气型外加剂或者减水引气型外加剂。

新建水泥混凝土道面板厚度在预估时,飞行区指标Ⅱ为A、B的机场,其厚度一般预估为200mm;飞行区指标Ⅱ为C、D、E、F的机场,厚度则不应小于240mm。

5. 道肩

道肩可采用现浇水泥混凝土面层,其厚度应不小于120mm,同时在季节性冰冻地区,道肩结构厚度应满足最小防冻层厚度要求。现浇水泥混凝土道肩涉及的混凝土弯拉强度不应小于4.5MPa。年最低月平均温度为0~-10℃的地区,道面混凝土抗冻标号应不低于F200;年最低月平均温度小于-10℃的地区,道面混凝土抗冻标号应不低于F300。

三、道面结构设计参数

1. 土基反应模量 K_0

土基反应模量 K_0 应在现场用承载板试验确定,在无测试条件时可根据现场土基情况和经验确定。现场承载板试验采用760mm的刚性承载办法。荷载采用分级连续加载模式(应至少5级,各级荷载应稳定1~3min),中间不卸载,待沉降速率小于0.25mm/min才读取百分表读数,并进行下一级加载,加载分级为:0.00MPa(0.00kN)→0.034MPa(15.46kN)→0.069MPa(30.93kN)→0.103MPa(46.39kN)→0.137MPa(61.85kN)→0.172MPa(77.3kN)→0.206MPa(92.76kN)。然后对地基反应模量试验数据进行整理分析,绘制 $p-s$ 曲线(荷载压力-沉降曲线),计算土基反应模量。

对一半土基:

$$K_u = \frac{p_s}{0.00127} \tag{9-29}$$

对于承载板下沉量难达到1.27mm的坚硬土基:

$$K_u = \frac{70.00}{l_s} \tag{9-30}$$

式中:K_u——现场测得的土基反应模量(MPa/m³);

p_s——承载板下沉量为1.27mm时所对应的单位面积压力(MPa);

l_s——承载板在单位面积压力为0.07MPa时对应的承载板下沉量(mm)。

所测定的承载板地基反应模量 K_u 应该按照式(9-31)换算成不利季节值 K_0。

$$K_0 = \frac{d}{d_u}K_u \tag{9-31}$$

式中:d_u——现场试件浸水饱和后在0.07MPa压力下的压缩量(mm);

d——现场原样试件在0.07MPa压力下的压缩量(mm)。

2. 基层顶面反应模量 K_j

基层顶面反应模量 K_j 值可根据土基反应模量 K_0 值和基层当量厚度 h_{je} 值查图9-12确定。

其中基层当量厚度 h_{je} 值由基层各层的厚度乘以其相应的当量系数(表9-33)相加而得。同时,基层顶面的反应模量应大于表9-34的要求。

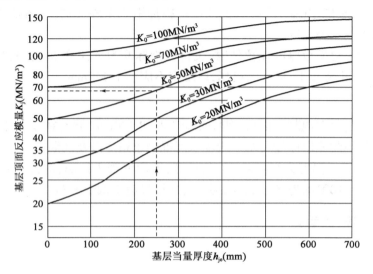

图 9-12　基层顶面的反应模量

基层材料的当量系数　　　　　　　　　　　　　表 9-33

材料名称	当量系数	材料名称	当量系数
天然砂砾	0.6~0.9	石灰粉煤灰碎(砾)石	1.2~1.4
混石	0.6~0.8	水泥砂砾	1.2~1.4
级配碎(砾)石	0.8~1.0	水泥碎石	1.3~1.5
干压碎石(填隙碎石)	0.9~1.1	沥青碎石	1.3~1.5
石灰土	0.9~1.3	沥青混凝土	1.6~1.8
二灰土	1.0~1.3	贫混凝土	1.6~1.8
石灰碎(砾)石土	1.1~1.3	碾压混凝土	1.8~2.0

基层顶面反应模量最低值　　　　　　　　　　　表 9-34

飞行区指标 II	A、B	C、D、E、F
基层顶面反应模量 K_j (MN/m³)	50	80

3. 水泥混凝土设计强度和弯拉弹性模量

水泥混凝土设计强度和弯拉弹性模量见表9-25。

四、航空交通量与交通参数

混凝土机场道面的航空交通量预估和沥青道面相似,但是在进行轮载和累积作用次数计算时其使用的计算方法却略有不同。同时进行基于交通量和重复荷载作用次数的力学响应分析时,对飞机起落架轮胎与道面的接触也因材料的不同而与沥青道面有差别。

1. 飞机轮载计算

飞机主起落架上的轮载,可按飞机参数计算确定,在设计时可以参考沥青机场道面设计一节所给出的飞机参数表,或查阅规范来确定详细参数。当飞机各主起落架构型与荷载相同时,可按式(9-32)计算。

$$P_t = \frac{Gp}{n_c n_w} \quad (9\text{-}32)$$

式中：P_t——飞机主起落架上的轮载(kN)；
G——飞机重量(kN)；
p——主起落架荷载分配系数；
n_c——主起落架个数；
n_w——一个主起落架的轮子数。

2. 累计作用次数

设计年限内，飞机累计作用次数按式(9-33)确定。

$$n_e = \frac{0.75 n_w W_t}{1000 T} N_s t \quad (9\text{-}33)$$

式中：n_e——设计年限内飞机累计作用次数；
W_t——飞机主起落架一个轮印的宽度(mm)；
T——通行宽度(m)，可取 2.3m；
N_s——设计年限内该飞机年平均运行次数，根据调查和预测确定(次)；
t——设计年限(年)。

五、机场水泥混凝土道面板厚度计算

1. 临界荷位

飞机荷载在混凝土板内产生最大应力时的临界荷位如图 9-11 所示。

2. 主起落架几何尺寸计算

按式(9-34)、式(9-35)确定飞机主起落架一个轮印的长度 L_t 和宽度 W_t。

$$L_t = \sqrt{\frac{P_t \times 10^4}{5.227 q}} \quad (9\text{-}34)$$

式中：L_t——轮印长度(mm)；
q——飞机主起落架轮胎压力。

$$W_t = 0.6 L_t \quad (9\text{-}35)$$

式中：W_t——轮印宽度(mm)。

飞机轮印形状如图 9-13 所示。

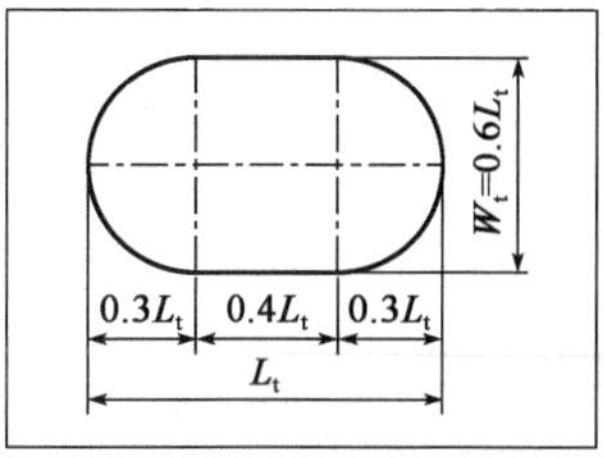

计算混凝土道面的刚度半径时，先初步估计所需要的混凝土板厚度 h，然后按照式(9-36)进行计算。

$$l_p = \sqrt[4]{\frac{E_c h^3 \times 10^3}{12(1-\mu_c^2) K_j}} \quad (9\text{-}36)$$

图 9-13 轮印形状

式中：l_p——混凝土道面刚度半径(mm)；
μ_c——混凝土泊松比。

将飞机的一个主起落架的轮印，覆盖在板边弯矩影响图上，并求出轮印范围内的小格数

量。先描绘透明纸上的轮印尺寸按照式(9-37)计算。

$$L'_t = \frac{l'_p L_t}{l_p} \tag{9-37}$$

式中：L'_t——透明纸上的轮印长度(mm)；
l'_p——影响图上的刚度半径长度(mm)。

$$W'_t = 0.6 L'_t$$

式中：W'_t——透明纸上的轮印宽度(mm)。

当一个轮印尺寸确定后，将一个主起落架的各轮轮距按比例折算后绘制在透明纸上，然后覆盖在板边弯矩影响图[查《民用机场水泥混凝土道面设计规范》(MH/T 5004—2010)]上，求出在轮印范围内的小格数之和 N_b。进而板边弯矩可由式(9-38)求得。

$$M_e = q l_p^2 N_b \times 10^{-10} \tag{9-38}$$

式中：M_e——板边弯矩(MN·m/m)。

板边应力 σ_e 按式(9-39)计算。

$$\sigma_e = \frac{6M_e}{h^2} \times 10^6 \tag{9-39}$$

板边计算应力 σ_p 按式(9-40)计算。

$$\sigma_p = (1 - \beta)\sigma_e \tag{9-40}$$

式中：β——应力折减系数，企口缝、假缝及传力杆平缝可采用0.25。

3. 飞机的容许作用次数

飞机的容许作用次数 N_e 可按式(9-41)计算。

$$N_e = 10^{\frac{14.048 - 15.117\sigma_p}{f_{cm}}} \tag{9-41}$$

4. 板厚计算

当有多种飞机作用时，记种类数为 m，分别计算出每种飞机的累计作用次数和容许作用次数，并代入累计破坏因子的计算式(9-42)中。按照前期估计的混凝土板厚度值进行验算。若按照累计破坏因子的理论，当使用当前预估厚度的计算值在0.8~1.1范围时则认为板厚符合要求。

$$\sum_{i=1}^{m} \frac{n_{ei}}{N_{ei}} = 0.8 \sim 1.1 \tag{9-42}$$

六、机场水泥混凝土道面接缝设计

机场水泥混凝土道面应根据需要设置横缝(胀缝、缩缝、施工缝等)、纵缝等。

1. 纵向施工缝

纵向施工缝一般采用企口缝[图9-14a)]，飞行指标Ⅱ为C、D、E的机场，其跑道中间的3条纵向施工缝及滑行道中间的3条纵向施工缝，飞行指标Ⅱ为F的机场(跑道宽度为60m)，其跑道中间的5条纵向施工缝及滑行道中间的3条纵向施工缝，宜在板中央设置拉杆[图9-14b)]。纵向施工缝填缝料缝槽宽度可采用8mm，缝槽下部应设置直径不小于10mm的垫条，垫条可采用泡沫塑料或性能满足使用要求的其他材料。

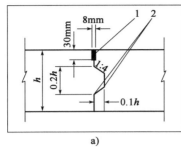 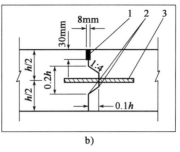

图 9-14 纵向施工缝构造
a)企口缝型;b)企口加拉杆型
1-填缝料;2-半径 10mm 的圆弧;3-拉杆

2. 拉杆

拉杆应采用螺纹钢筋并设置在板厚中央,拉杆间距一般为 500~800mm,最外边的拉杆距接缝或自由边的距离一般采用 250~350mm。拉杆面积按式(9-43)计算。

$$A_\mathrm{t} = \frac{36.0 b l_\mathrm{c} h}{\sigma_\mathrm{a}} \quad (9\text{-}43)$$

式中:A_t——每块混凝土板纵缝处拉杆钢筋面积(mm^2);
b——拉杆纵缝到最近纵缝或自由边的距离(m);
l_c——混凝土板长(m);
h——混凝土板厚度(mm);
σ_a——拉杆钢筋容许应力(MPa),按表 9-35 选用。

拉杆钢筋容许应力   表 9-35

钢 筋 种 类	钢筋容许应力 σ_a(MPa)	钢 筋 种 类	钢筋容许应力 σ_a(MPa)
HPB235	135	HRB400、HRBF400	210
HRB335、HRBF335	185		

拉杆长度按式(9-44)计算。

$$l_\mathrm{a} = \frac{d_\mathrm{t} \sigma_\mathrm{a}}{2 Z_\mathrm{a}} + 50 \quad (9\text{-}44)$$

式中:l_a——拉杆长度(mm);
d_t——拉杆直径(mm);
Z_a——拉杆钢筋同混凝土的容许黏结应力(MPa),螺纹钢筋采用 1.80MPa。

3. 胀缝

道面与房屋、排水结构等固定构造物相接处应设置胀缝,在道面相交、交叉及弯道处也应该设置胀缝。

胀缝采用滑动传力杆[图 9-15a)],在不宜设置滑动传力杆的部位,可采用边缘钢筋型[9-15b)],其中钢筋布置一般采用 8 根螺纹钢筋,直径满足表 9-36 的要求。设置双肢箍筋,可以采用直径 6~8mm、间距 200~300mm 的钢筋布置(图 9-16)。

板边补强钢筋要求   表 9-36

板厚(mm)	<300	300~390	≥400
主筋(mm)	12	14	16
箍筋(mm)	6~8		

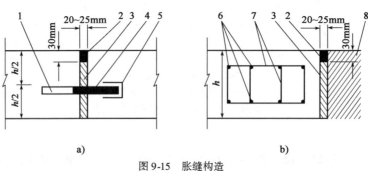

图 9-15 胀缝构造
a)滑动传力杆型;b)边缘钢筋型
1-传力杆;2-填缝料;3-胀缝板;4-传力杆涂沥青端;5-长100mm套筒(留30mm空隙填以泡沫塑料、纱头等);6-主筋;7-箍筋;8-道面或其他构筑物

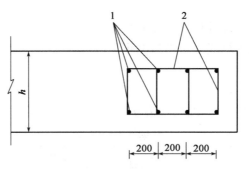

图 9-16 板边补强钢筋布置图(尺寸单位:mm)
1-主筋;2-箍筋

4. 横向缩缝

横向缩缝一般采用假缝[图 9-17a)],但是在下列情况时,宜在板厚度中央假设传力杆[图 9-17b)]:

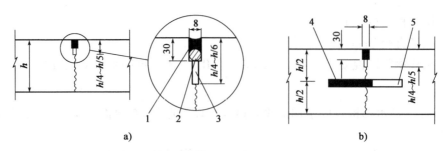

图 9-17 横向缩缝构造(尺寸单位:mm)
a)假缝型;b)假缝加传力杆型
1-填缝料;2-垫条;3-下部锯缝;4-传力杆涂沥青端;5-传力杆

（1）未设胀缝跑道及平行滑行道两端各100m范围内的假缝。
（2）临近道面自由端的3条假缝。
（3）紧邻胀缝的3条假缝。
（4）钢筋混凝土板的假缝。

5. 横向施工缝

浇筑水泥混凝土道面中断时应设置横向施工缝，其位置应设在缩缝或胀缝处。如设在胀缝处，其构造满足图9-15要求。设在缩缝处的施工缝，一般采用平缝加传力杆（图9-18），横向施工缝填缝料缝槽宽度一般采用8mm，缝槽下应设置直径不小于10mm的垫条。

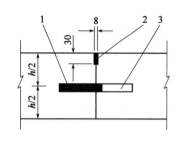

图9-18 横向施工缝构造（尺寸单位：mm）
1-传力杆涂沥青端；2-填缝料；3-传力杆

6. 传力杆

拉杆应采用光圆钢筋并设置在板厚中央，其长度的一半再加50mm应涂刷薄层沥青或加塑料套管，传力杆的尺寸及间距应满足表9-37的要求。胀缝处的传力杆还应在涂刷沥青的一端加套管，内留空隙，并填以泡沫塑料或纱头等。套管端应在相邻板中交叉布置。板最外边的传力杆距接缝或者自由边的距离一般采用150~200mm。

传力杆的尺寸及间距要求 表9-37

板厚(mm)	直径(mm)	最小长度(mm)	最大间距(mm)
210~250	25	450	300
260~300	30	500	300
310~350	32	500	350
360~400	35	500	350
410~450	38	550	400
460~500	40	600	400

七、机场钢筋混凝土道面板设计

1. 使用条件

遇到下列情况时一般应采用钢筋混凝土板：
（1）板的平面尺寸超过钢筋混凝土道面板的尺寸要求。
（2）道面板下埋有排水管或其他设施，使板内可能产生应力集中而造成板的破坏。
（3）预计基础可能产生不均匀沉陷或不良地质条件的地段。

2. 钢筋混凝土板的厚度

钢筋混凝土板的厚度与普通混凝土道面板厚度计算方法相同。

3. 配筋量及钢筋布置

每延米板的钢筋用量按式（9-45）确定。

$$A_s = \frac{18.8 D_c h}{\sigma_a} \tag{9-45}$$

式中：A_s——每延米钢筋混凝土道面板的钢筋面积（mm^2）；

D_c——计算纵向钢筋时,为横缝间距;计算横向钢筋时,为板宽(m);

σ_a——拉杆钢筋容许应力(MPa),按表9-35选用。

纵、横向钢筋一般采用的直径,钢筋最小净距一般不应小于集料最大粒径的2倍。在满足钢筋间距要求的条件下,一般应采用直径较小的钢筋,钢筋的最小直径和最大间距应满足表9-38的要求。

钢筋应设在道面板下1/3~1/2的板厚范围内或采用双层钢筋网布置,外侧钢筋中心距接缝或自由边的距离一般为100mm,钢筋保护层的厚度一般不应小于50mm。

横向缩缝内一般应设置传力杆,传力杆的直径、长度和间距应满足表9-38的要求。

钢筋最小直径和最大间距要求　　　　　表9-38

钢筋类型	光圆钢筋	螺纹钢筋
最小直径(mm)	8	12
纵向最大间距(mm)	150	300
横向最大间距(mm)	300	500

第三节　FAA机场道面设计

近年来美国在综合了之前的包括6E设计方法和修正了CBR设计法之后在2016年提出一种全新的FAA-6F设计法(Airport Pavement Design and Evaluation 150/5320-6F),这是一种基于软件的有限元设计法,也标志着美国的机场道面设计从经验法的完善到力学-经验法的改进再到如今正式步入有限元法的革命性变化。这种设计方法依据层状弹性理论和3D有限元理论对机场柔性和水泥混凝土道面设计给出指导。具体包含机场柔性沥青道面、机场水泥混凝土道面,以及机场半柔半刚性道面多重结合。

FAA设计法将机场柔性道面和机场水泥混凝土道面定义如下:

机场柔性道面:

指各结构层都由其下的下面层或者底基层支撑。一般材料多是热拌沥青混合料和满足材料标准P-401/403的道面结构。

机场水泥混凝土道面:

主要的受力结构为水泥混凝土板构成的面层。一般材料为硅酸盐水泥混凝土(PCC)和满足P-501混凝土材料标准的道面结构。具体道面的选择,需要根据当地具体情况,因地制宜地进行综合考虑。

一、主要结构层和设计参数

1. 结构层设置

美国的机场道面结构设计和普通高等级公路类似,而依据交通量的不同其材料也会有不同选择。如图9-19所示。

机场道面的表面层主要有:沥青混凝土和水泥混凝土。

机场道面的基层主要有:稳定类基层(水泥稳定类和沥青稳定类)和非稳定类基层(级配

碎石类)。

机场道面的底基层:主要是非稳定类材料(级配碎石和级配砾石)。

路基层:主要是天然土路基和处治土路基。

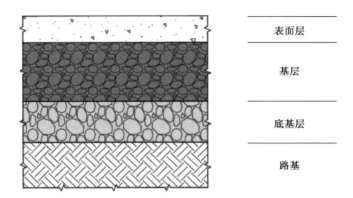

图 9-19　美国机场结构示意图

机场道面应根据具体的材料选择采用相应的设计施工规范,FAA 对各层材料推荐的适用规范见表 9-39。

FAA 结构层材料设计与施工推荐的适用规范[①]　　　　表 9-39

道面结构层	机场柔性道面	机场水泥混凝土道面
面层	P-401/P-403[②]	P-501
稳定类基层材料	P-401/P-403[②]	P-401/P-403[②]
	P-304[③]	P-304[③]
	P-306[③]	P-306[③]
基层	P-209[④]	P-209[④]
	P-208[⑤]	P-208[⑤]
	P-211	P-211
级配碎石基层材料	P-154	P-154
	P-213[⑥]	P-301[⑥]
	P-219[⑦]	P-219[⑦]
土基	P-152	P-152
	P-155	P-155
	P-157	P-157
	P-158	P-158

注:①具体可见 *Standards for Specifying Construction of Airports*,AC150/5370-10;
②必要时用 P-601 满足道面阻燃要求;
③P-304、P-306 在使用时应注意,这种材料易容易产生反射裂缝;
④P-209 只有在飞机总质量小于 45.36t 时才可以采用;
⑤P-208 只有在飞机总质量小于 27.2t 时才可以采用;
⑥P-213 和 P-301 在冻土区不建议采用;
⑦P-219 是再生碎石,符合质量要求的可以采用。

2. 路基土力学测试

在对机场道面进行设计前,需要对场地的路基土进行各种力学测试。

对于机场柔性道面,FAA 推荐路基土以弹性模量作为测试指标。其值与 CBR 的关系可以表达为:$E = 10 \cdot CBR$。

对于机场水泥混凝土道面,路基土的力学特性则需要用荷载板进行试验确定。如果现场试验存在困难,则其取值可以近似于机场柔性道面弹性模量和 CBR 的关系。

特殊情况下,例如针对现有道面进行修整加铺的时候,现场试验和 CBR 值不容易取得。可以进行 FWD 测试或者进行无损测试。

路基土的压实控制:对于总质量小于 6 万磅(27.2t)的飞机采用 ASTM D698 进行试验确定;对于总质量大于等于 6 万磅(27.2t)的飞机则采用 ASTM D1557 进行试验确定。在挖方区域,必须处治至少 12 英尺(300mm);一般最大的处治深度是 72 英尺(1829mm)。

1)加州承载比(CBR)

加州承载比是早期美国进行的一系列试验所取得的重要指标,在相当一段时间内,CBR 设计法是机场道面设计的主要方法,其影响深远。但是作为一种经验方法,其拥有很多弊端,例如加州承载比可以很好地描述土基沉陷等垂直变形,但是对于土基的开裂等行为的描述则并不适用。而且 CBR 设计法中,中早期的荷载作用重复次数较少,与现在柔性道面的长寿命设计理念相悖。基于种种弊端,以及飞行器重量和速度的提高,再结合弹性层状体系力学日渐成熟,CBR 设计法被整合进新的力学-经验设计方法中,因此 FAA 设计法改进了 CBR 设计方法,将其融合进来,在 FAA 设计法中,CBR 转变为一种重要的力学属性指标。

(1)实验室 CBR。

由于道面土基一般情况下在服役 3 年左右时趋于饱和状态,因此实验室 CBR 测试应该在浸润的土体上进行,以模拟道面服役期限内的状况。因此实验室 CBR 测试也被称为浸润 CBR 或者饱和 CBR。而对于一些高寒地区,例如季节性冻土区域,此 CBR 测试应该使用高含水率土壤试件进行。

(2)现场 CBR。

现场 CBR 测试可以获得服役一段时间之后材料的属性。同样,试件也应该经过足够长时间的浸润处理来达到模拟土体在施工完成后服役很长时间的状态。

(3)砾类土材料 CBR。

在砾类土中,CBR 试验比较难以进行。由于重塑试块的边界效应,CBR 值会变得相对较高,因此砾类土的 CBR 值需要凭借经验来进行判断。FAA 法建议最大弹性模量应该为 345MPa,此时 CBR 值大约在 33 左右。

FAA 建议,当进行上述 CBR 试验时,其试验次数并不统一,因为现场土体的复杂性和 CBR 的低可靠度等原因,需要多组试验。而一般情况下,在每种主要土壤类型试件上,进行 3 到 7 次试验即可认为是足够的。

2)机场水泥混凝土道面的承载板试验

在进行 FAA 法设计机场水泥混凝土道面时,其力学属性需要进行板块承载试验来描述,而 FAA 对于其试验条件,板块尺寸以及试验次数均做出建议。

承载板是在根据设计压实度和湿度条件构造的测试部分上进行的。需要对地基反应系数 K 值进行修正以模拟使用中的道面可能遇到的湿度条件。在此试验中需要荷载板的尺寸达到一定的规模,因为过小的尺寸可能会导致 K 值过高从而影响后续的材料设计,因此承载板的直径一般为 30inch(762mm)。

在进行完上述试验之后,对于软弱路基(一般是指 CBR 值低于 5 的情况)需要进行加固。

3. 稳定类材料基层

足尺试验路和使用实践表明,稳定类基层具有很好的使用性能。因此,如果飞机总质量超过 10 万磅(45.359t),基层就需要采用稳定类材料,否则要求 CBR 应该大于 100,同时底基层的 CBR 应该大于 35。

4. 机场道面排水

机场道面排水可以参照(AC 150/5320-5)《Airport Drainage Design, Appendix G, Design of Subsurface Drainage Systems》。在非冰冻地区,如果路基的排水系数小于 6m/d,需要设置排水层;对于冰冻地区,如果有冻敏性土就必须设置排水层。对水泥混凝土道面,排水层一般直接设置在混凝土道面板下面;对于沥青混凝土道面;排水层一般直接设置在道床顶面。

5. 设计寿命

路面设计寿命影响因素主要包括:外来碎片(foreign object debris:FOD)、抗滑特性、平整度等。机场道面设计就是要确定结构层总厚度和各层厚度。机场道面结构设计的考虑因素有:环境、飞机质量和轮胎分布、飞机总量及轴载谱特性、结构层材料特性等。

FAA 考虑的设计寿命为 20 年。

6. 设计飞机机型及轮胎压力

机场道面设计一般采用设计寿命内的最大起飞机型。飞机前轮一般仅分配 5% 的飞机荷载,95% 的飞机荷载由后面起落架承担。

飞机的轮胎压力与起落架分布、飞机总重量和轮胎尺寸有关。由于飞机轮胎压力对沥青道面的层底拉应变影响较大,所以对沥青混凝土道面一般假定飞机的轮胎压力为 254psi(1.75MPa)。

由于飞机起飞和降落的着地压力完全不同,因此机场道面设计一般只考虑在设计寿命内起飞过程的飞机荷载,主要是由于飞机起飞滑行时的荷载最大。

7. 飞机漫行及有效轮胎宽度

由于飞机在滑行过程中不可能在同一直线上,因此就有一定的横向分布,机场道面设计称为飞机漫行(Airplane Wander),这个漫行一般符合正态分布,机场道面设计也采用横向分布系数来描述。

同时由于轮胎分布的差异,轮胎荷载相互之间有一定的影响(图 9-20),因此机场道面设计要考虑有效轮胎宽度。

8. 累计疲劳损坏(cumulative damage factor :CDF)

FAA 采用某一飞机的累计作用疲劳换算到给定设计机型(一般为某一机场的最大起飞机型)的累计疲劳[式(9-46)]为依据。

$$CDF = \frac{n_i}{n_{si}} \tag{9-46}$$

式中:n_i——某一机型的作用次数(次);

n_{si}——某一机型的容许作用次数(次)。

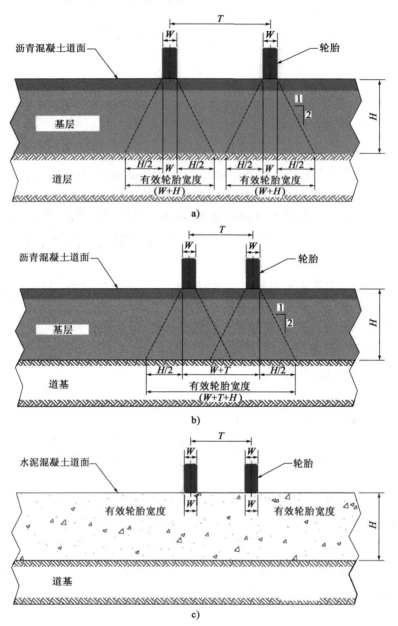

图 9-20 轮胎有效宽度计算图

a)沥青混凝土道面的有效轮胎宽度——无重叠;b)沥青混凝土道面的有效轮胎宽度——有重叠;c)水泥混凝土道面的有效轮胎宽度

CDF 的累计极限值为1.0。

9. FAA 道面设计程序

FAA 采用 FAARFIELD 设计软件进行设计:对于沥青混凝土道面,该程序采用层状弹性体系理论进行结构分析;对于水泥混凝土道面,该程序采用三维有限元进行结构分析。设计程序可以从 https://www.faa.gov/airports/engineering/ design_software/下载。

FAARFIELD 设计软件给出了不同材料对应的设计参数(表9-40)和柔性道面及刚性道面(表9-41及表9-42)最小厚度。

FAARFIELD 设计软件中不同材料对应的设计参数　　表9-40

层　位	FAA 层位/规范要求	刚性道面（MPa）	柔性道面（MPa）	泊松比
表面层	PCC /P-501	30000	—	0.15
表面层	HMA/P-401、P-403、P-601	—	1380	0.35
稳定类基层或底基层	HMA/P-401、P-403	3000	3000	0.20
稳定类基层或底基层	贫混凝土/P-306	5000	5000	0.20
稳定类基层或底基层	水泥稳定层/P-304	3500	3500	0.20
稳定类基层或底基层	水泥稳定土/P-301	1700	1700	0.20
稳定类基层或底基层	水泥稳定层(刚性)	1700~5000	—	0.20
稳定类基层或底基层	水泥处治层(柔性)	—	1000~3000	0.35
砾料基层或底基层	级配碎石/P-209	程序定义	程序定义	0.35
砾料基层或底基层	碎石/P-208	程序定义	程序定义	0.35
砾料基层或底基层	再生碎石/P-219	程序定义	程序定义	0.35
砾料基层或底基层	石灰砾料/P-211	程序定义	程序定义	0.35
砾料基层或底基层	非轧制碎石/P-154	程序定义	程序定义	0.35
道基	路基土	7~350	7~350	0.35
用户定义	用户定义	7~30000	7~30000	0.35

FAARFIELD 设计软件规定的柔性道面结构最小厚度　　表9-41

层　位	FAA 层位/规范要求	飞机总重(kg) <5670	飞机总重(kg) <45360	飞机总重(kg) ≥45360
HMA 层	HMA 结构/P-501	75mm	100mm	100mm
稳定层	贫混凝土/P-401 稳定粒料/P-403、P-304、P-306	—	—	125mm
轧制碎石层	级配碎石基层/P-209	75mm	150mm	150mm
碎石层	碎石底基层/P-208	75mm	—	—
底基层	碎石层/P-154	100mm	100mm	100mm

FAARFIELD 设计软件规定的刚性道面结构最小厚度　　表9-42

层　位	FAA 层位/规范要求	飞机总重(kg) <5670	飞机总重(kg) <45360	飞机总重(kg) ≥45360
PCC 层	水泥混凝土/P-501	125mm	150mm	150mm
稳定层	贫混凝土/P-401 稳定粒料/P-403、P-304、P-306	—	—	125mm

续上表

层 位	FAA 层位/规范要求	飞机总重(kg)		
		<5670	<45360	≥45360
基层	级配碎石基层/ P-208、P-209、P-211、P-301	—	150mm①	150mm
底基层②、③	碎石层/P-154	100mm	防冻层	防冻层

注：①对于飞机总质量大于 13.61t 的机场，基层改为底基层，需再设置基层。
②当土的类型为 OL、MH、CH、OH 时，同时飞机总质量小于 5.67t 的机场也需要设置底基层。
③如果 P-208、P-209、P-211、P-301 用作底基层，必须满足最小厚度要求。

[例 9-1] 对应于表 9-43 给定的机场道面结构，能够满足表 9-44 的飞机机型及起飞次数，图 9-21 给出了对应的 CDF 统计曲线。

机 场 道 面 结 构　　　　　　　　　　表 9-43

厚 度	路面材料类型/规范要求	厚 度	路面材料类型/规范要求
4 英寸	HMA/P-401	12 英寸	级配碎石底基层/P-209
8 英寸	稳定材料基层/P-401、P-403	10 英寸	级配碎石底基层/P-154
路基 CBR = 5			

飞机机型及起飞次数　　　　　　　　　　表 9-44

飞 机	总重(lbs)	年起飞次数	飞 机	总重(lbs)	年起飞次数
B747-8	990000	50	B767-200	361000	3000
B747-8Belly	990000	50			

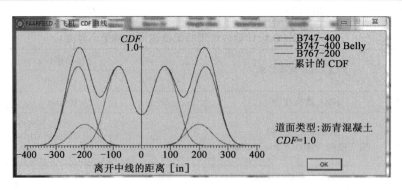

图 9-21　FAARFIELD 设计软件的 CDF 计算曲线

二、FAA 柔性道面设计

随着软件的发展，美国 FAA 开发出专门针对新建或者加铺的机场道面的设计软件 FAARFIELD。自此软件面试以来，从可以承载重型运载机起降的飞机机场道面的设计到轻型客运飞机机场道面的设计均可以使用此软件进行设计。FAA 属于力学-经验设计方法，因此 FAARFIELD 是基于层状弹性体系以及三维有限元法而开发的设计软件。本节将详细介绍不同类型的机场道面的设计理念。

机场柔性道面包括机场沥青混凝土道面和全厚式机场道面。对于全厚式机场道面可以采用沥青协会(AI)方法进行设计与分析。

1. 各结构层介绍

热拌沥青混凝土面层：热拌沥青混凝土表面需要具有防水、光滑、黏结良好的表面，没有可能危及飞机或人员的散落颗粒；同时还需要抵抗飞机负载引起的剪切应力；并具有防滑纹理，但不会造成轮胎过度磨损。为了满足这些要求，表面必须由精确配比设计的沥青混合料组成，这将产生具有适当结构的均匀表面，并使其具有最大的稳定性和耐用性。材料选择应该满足表9-40的要求，最小厚度应满足表9-41的要求。

对于飞机总质量大于5.67t的机场沥青道面，沥青面层应满足P-401要求的沥青混凝土；对于飞机总质量小于5.67t的机场沥青道面，可选择满足P-403要求的沥青混凝土；在油库附近，应选择满足P-601的沥青混凝土以满足沥青路面的抗溶解性要求。

美国规范中规定，一般情况下热拌沥青层的厚度应不小于102mm，同时其模量选择1380MPa。FAA推荐了两种满足标准的沥青面层：即P-401或P-403标准。这两种沥青层具有相同的属性(即模量为1380MPa，泊松比为0.35)，但是加铺沥青层可以铺设在水泥混凝土层上，而新建面层则只能铺设在沥青类结构层上。

基层：稳定类基层材料应各自满足P-401、P-403、P-306、P-304的要求，非稳定类基层材料应各自满足P-208、P-209、P-211、P-219的要求。非稳定类基层主要是粒料类基层。

对于飞机总质量大于45.359t的机场道面必须选用稳定基层和底基层，对于飞机总质量小于27.2t的机场道面可以选用粒料类基层。在材料选择方面，一般选用良好的材料，例如完全压碎的密级配碎石。这些材料的CBR值应大于100，底基层的CBR值应大于35。在易受霜冻渗透的区域，除CBR要求外，材料还应满足渗透性和霜冻敏感性测试要求。

底基层的各种材料应各自满足P-154、P-210、P-212、P-213或P-301的要求，在含有冻敏性土的地区应避免使用满足P-213或P-301的材料。

当使用集料基层时，FAARFIELD中的基层厚度设计程序包括两个步骤：

第一步：计算路基顶面需加铺的碎石层厚度以满足碎石层顶面CBR≥20，并满足表9-41碎石层最小厚度要求。

第二步：将步骤1中计算的基层厚度与表9-41中的最小基层厚度要求进行比较。选择两个值中的较厚者作为设计基层厚度。

FAARFIELD中采用模量作为计算输入参数，如果采用CBR值，则采用$E=1500CBR$进行换算(这里E的单位为psi)或$E=10CBR$进行换算(这里E的单位为MPa)。路基顶面CBR值应大于20。

2. 设计指标

对于柔性道面，FAARFIELD的设计指标主要基于两个主要参数，即路基顶端的最大压应变，以及各沥青层底部的最大拉应力。限制路基顶面的垂直应变可防止车辙引起的破坏，而限制各沥青层底部的水平应变则可防止沥青层开裂引起的道面破坏。

3. 设计流程

通过对这些指标的控制，软件可以根据给定的飞机交通量，结合预期的使用寿命，来计算得出每一层机场柔性道面结构层的厚度(面层,基层以及底基层)。其设计流程如图9-22所示。

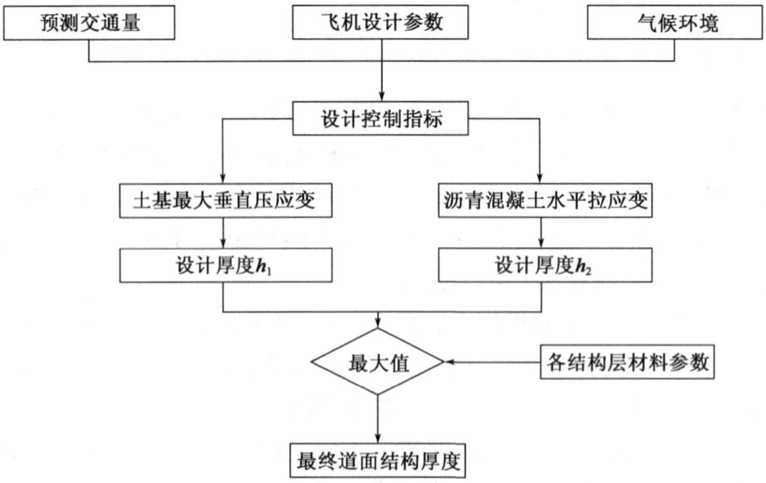

图 9-22　FAA 设计法流程图

其后美国陆军工程兵依据上述公式做出简化,绘制了设计图表,进行精简以方便之后的设计所用,但随着计算机的发展和普及,这些图表的功能则被相应淘汰,而且,FAARFIELD 是依据有限元法进行计算,其基本理念是把道面结构分散为多个小单元,利用数量模拟计算求出结果。由于弹性层状理论不能考虑材料非线性、几何非线性以及沥青各向异性等性质,因此无论是便捷性还是精度方面都无法与有限元相提并论。

机场柔性道面由置于基层上的热拌沥青面层以及不同种类的基层加上特殊条件下设置的底基层构成。整个机场柔性道面结构最终由道床支撑。

4. 设计示例

下面通过一个设计实例来说明 FAARFIELD 的具体应用。假定的道面结构和飞机机型及起飞次数见表 9-45 和表 9-46。

机 场 道 面 结 构　　　　　　　　　　表 9-45

厚　　度	路面材料类型/规范要求	厚　　度	路面材料类型/规范要求
4 英寸	HMA/P-401	6 英寸	级配碎石底基层/P-209
5 英寸	稳定材料基层/P-401、P-403	12 英寸	级配碎石底基层/P-154
路基 CBR = 5			

飞机机型及起飞次数　　　　　　　　　　表 9-46

飞　　机	总重(lbs)	年起飞次数
B737-800	174700	3000
A321-200	207014	2500
EMB-195	107916	4500
Re Jet-700	72500	3500

步骤 1:按图 9-23 点击结构(Structure)框,输入初拟的道面结构及对应的材料,如果要进行修改,则按照图 9-24 点击修改结构(Modify Structure)进行增加或删除。

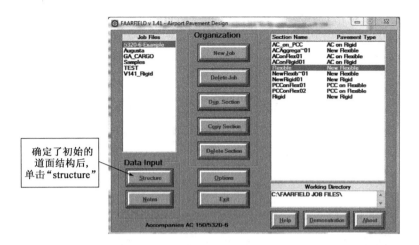

图 9-23　结构输入

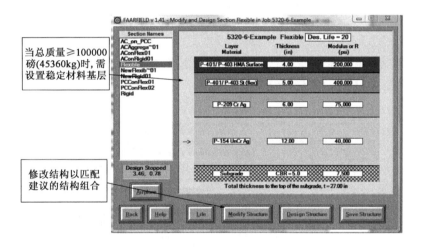

图 9-24　结构修改

步骤 2：按图 9-25 点击选择飞机类型（Airplane）框，输入飞机参数。

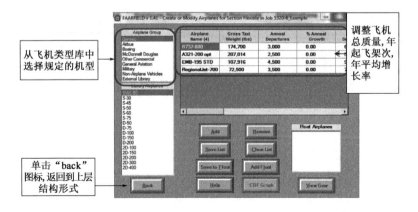

图 9-25　飞机参数输入

步骤3：按图9-26点击选择结构设计（Design Structure）框，进行结构设计计算。

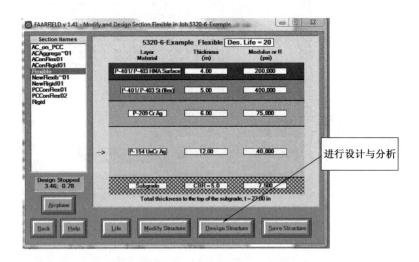

图9-26　结构设计

步骤4：根据结构和功能要求进行调整，如底基层调整为6.1inch以满足路基 CBR = 20 的厚度要求。得到图9-27所示的设计结果。

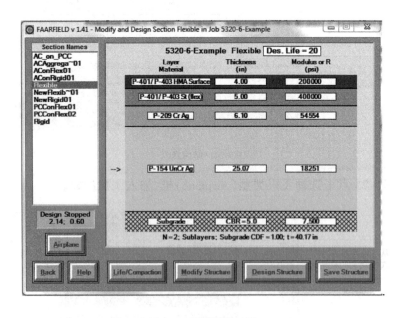

图9-27　结构设计结果

步骤5：按图9-26点击选择修改结构（Modify Structure）框，考虑当地材料实际，如本例修改结构4 inches P-401 沥青混凝土、8 inches P-403 沥青混凝土、12 inches P-209 轧制碎石（Crushed Aggregate Base Course）和10 inches P-154 底基层，再选择结构设计（Design Structure）框，得到图9-28的设计结构的最后结果。

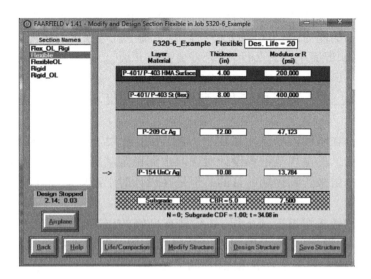

图 9-28　结构设计最后结果

三、FAA 机场水泥混凝土道面设计

FAA 机场水泥混凝土道面的主要设计指标是水泥混凝土板底层的最大拉应力,而最大横向应力的确定需要考虑水泥板边缘以及内部荷载条件。而厚度的确定和机场柔性道面相似,通过给定的飞机交通量和轴载,通过有限元来分析力学响应,通过计算每一种飞机机型的 CDF 来控制疲劳累计,然后通过其力学响应与混凝土的抗弯拉强度来进行对比确定最终厚度。

1. 各结构层介绍

机场水泥混凝土道面的结构从上往下分别为:水泥混凝土板,粒料类稳定基层以及压实或进行特殊处理过的道床。

混凝土面层需要具有一定的纹理来提供抗滑能力,同时兼顾防止水分侵入下部结构层的能力,以及具有相应的强度来支撑飞机的起降行为。混凝土面层材料应满足 P-501 的技术要求。

由于刚性机场道面一般不进行布筋加强或者仅在薄弱部位布筋,因此面层水泥混凝土板底的拉应力完全由混凝土承担,所以水泥混凝土的抗弯拉强度是确定水泥混凝土板厚度的一个重要指标。在道路设计中,水泥混凝土的抗弯拉强度是其主要抗弯拉力学行为和破坏模式的特征。需要由试验测得,根据 ASTM C78(混凝土抗弯强度标准测试方法)来测量混凝土的抗弯强度。

在大多数情况下,FAA 推荐使用抗弯拉强度介于 4.14~5.17MPa 之间的混凝土材料。出于经济上的考虑,过高的抗弯拉强度也是不可取的。例如,单纯追求高抗弯拉强度的混凝土,可能要使用不恰当的添加剂。

较低的强度要求可以平衡混凝土混合物的成分以提高性能,但可能会导致道面要求稍厚。这些因素降低了混凝土早期开裂的风险,最大程度地减少了卷曲和翘曲应力,并提高了疲劳性能。

为了确定厚度设计的抗弯强度,设计人员需要考虑几个因素,例如:行业在特定区域内以特定强度生产混凝土的能力;来自机场先前项目的混凝土抗弯强度与水泥含量数据;需要避免高水泥含量,这会影响混凝土的耐久性;是否需要提前开放,要求使用低于28d的强度。

基层材料和最小厚度应满足表9-40和表9-42的要求。基层主要是为了给上部机场水泥混凝土道面提供稳定支持,美国规范中推荐所有的刚性机场道面的基层最小厚度应不小于102mm。

稳定基层是铺设在刚性机场道面基层下方的,为重量大于45.359t或者更重的飞机提供良好的起降跑道质量。美国规范推荐设计时选取水泥稳定基层或者沥青稳定类基层。必要时可以设计多层稳定基层来达到预期的目的。但是在设计时则需要避免在稳定基层内夹杂粒料类基层的情况。

道床材料处于刚性机场道面最下层,必须具有良好的压实度,此部分的设计应当因地制宜,例如开挖或填方的设计,来确保道床的力学属性达标。路基参数可应用回弹模量E和反应模量K来表示,E和K的关系及K和CBR的关系为:

$$E_{SG} = 20.15 K^{1.284} \tag{9-47}$$

$$K = 28.6926 CBR^{0.7788} \tag{9-48}$$

2. 混凝土板接缝要求

在机场水泥混凝土道面的服役期限内,温度和湿度的变化均会引起混凝土体积的变化和翘曲,而这会产生极大地应力。使用良好的板间接缝设置将原定尺寸的水泥板分割为一系列的小尺寸板可以减少这些应力产生的有害效应,同时也减少了随机裂缝的产生。在进行设计时,这些小块的混凝土板块应该尽可能地近似正方形。

混凝土板间接缝的类型是依据其功能性进行分类的,大致可分为分隔接缝、涨缩接缝(伸缩缝)以及施工接缝,其详细分类见表9-47,具体形式如图9-29所示。

不同类型接缝用途 表9-47

种类	描述	纵向连接用途	横向连接用途
A	加厚边缘分隔接缝	道路交界处后期需进行扩建的无约束结构边缘	道路交界处后期需进行扩建的无约束边缘与其他建筑结构连接的边界
A-1	布筋型分隔接缝	用于大于230mm厚的硅酸盐水泥板的A类情况	用于大于230mm厚的硅酸盐水泥板的A类情况
B	铰链式涨缩接缝	小于230mm厚的混凝土板距离无约束边缘6m或更近的小于230mm厚的混凝土板	仅用于布置张力环的小于230mm厚的混凝土板
C	卯固式涨缩接缝	距离无约束边缘6m或更近的小于230mm厚的混凝土板	应用于水泥混凝土道面端部的最后三条接缝
D	虚式涨缩接缝	除上述情况外的涨缩接缝	除上述情况外的涨缩接缝
E	传力杆施工缝	除需要分隔缝以外的所有情况	需要持续铺设的路段处
F	对接式施工缝	飞机荷载大于13610kg的所有情况	飞机荷载大于13610kg的所有情况

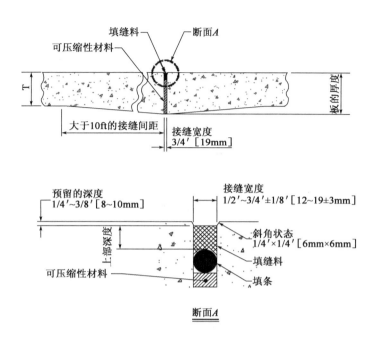

图 9-29 隔离接缝结构图

竖直的接缝应该被设计用来缩减混凝土宽度的变化,而所有的纵向施工缝都用该设置拉杆,除非此施工缝也被用作分隔接缝。对于停机坪,未设置拉杆的接缝可以用作中等级接缝,但是不适用于距离未约束边缘 6m 之内的情况。对于厚度小于 225mm 的狭窄(20m 以下)滑行跑道,并且未设置碎石稳定基层的,需要增设张力环。同时使用横向涨缩缝以及加传力杆的横向涨缩缝作为未约束边缘的最后三条接缝。

隔离接缝(Isolation Joint)A 型和 A-1 型:隔离接缝一般用在道面毗邻其他结构时或者隔离相交道面,例如滑行跑道和起降跑道之间。A 型接缝被用来增加道面板边厚度(图 9-29),这种加厚了的边缘将会承受更多的荷载进而将这些荷载传递给铺设传力杆的或者集料嵌挤作用较强的涨缩缝和施工缝。A-1 型是被加强了的用来提供相应的荷载承受能力的,一般来说仅仅用在厚度大于 228mm 的道面上,具体考虑的情况如起降跑道的连接处、交叉口或者滑行跑道的出口处。

收缩接缝(Contraction Joint)(B、C、D 型):收缩接缝(缩缝)一般是用来在温度和湿度改变的情况下,抵消混凝土内部应力而设置的。同样也可以抵消由于翘曲作用而产生的较大应力。

施工缝(Construction Joint)(E 型和 F 型):施工缝是两个相邻的混凝土板在不同时间浇筑的时候使用。其中 E 型伸缩缝用在供重量超过 13.61t 的飞机起降的跑道上。缩缝或施工缝结构图如图 9-30 所示。

拉杆:对于小于 225mm 厚的道面,纵向的无约束边缘长度在 6m 的道路必须设置拉杆来维持混凝土道面的联结。在这种情况下,拉杆并不是作为一种力的传递构件而用于维持接缝的间距并且靠集料之间的嵌挤作用来传递荷载。在具体的施工过程中,这些拉杆需要进行预应力处理并且设置在混凝土板中心,而它们的长度和直径则需要根据板厚来具体确定。

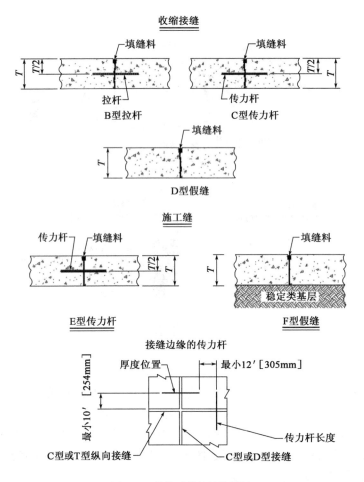

图 9-30 缩缝或施工缝结构图

传力杆：传力杆是在接缝处传递混凝土道面板之间应力,同时限制这些应力在混凝土板边产生竖向位移的设施。合理设置的传力杆可以允许混凝土道面板之间出现小量相对位移。在混凝土道面板的端部最后三道接缝处必须设置传力杆。

传力杆尺寸和位置设计：由于传力杆的设置是为了限制剪切和弯曲应力,因此其长度和间距的设置应该满足预防混凝土破坏的需求,一些不同厚度的常用尺寸和间距如表 9-48 所示。传力杆的位置和其稳定性影响着板间接缝的性能,因此传力杆需要使用纵向结构进行稳固,通常是用基层中延伸出的预埋件来锚固传力杆。

常用厚度尺寸和间距设置　　　　　表 9-48

板厚(mm)	直径(mm)	长度(mm)	间距(mm)
152~178	20	460	305
191~305	25	460	305
318~406	30	510	380
419~508	40	510	460
521~640	50	610	460

接缝布局和间距:接缝的布局设计需要根据接缝类型来确定,以保证接缝可以很好地发挥其作用。基于整体结构的考虑在接缝布局中至关重要。总的来说,从经济的角度考虑,控制接缝数量和宽度在最小值是必要的。为实现这一点,需要同时控制混凝土板的纵横比在1:1.25之内。关于接缝布局和间距的影响因素主要是道面内部的轻型锚固装置。

接缝间距:接缝间距受很多因素影响,例如道面总宽度和总厚度,混凝土板内锚固构件的位置和尺寸,混凝土集料的选用以及当地气温的变化范围,基层的约束以及弯曲应力的大小。而依据这些指标的一些推荐值可参照表9-49。

不同类型道面尺寸和最大间距 表9-49

未铺设稳定类材料底基层	
水泥混凝土板厚(mm)	最大接缝间距(m)
152	3.8
165~229	4.6
>229	6.1
铺设稳定类材料底基层	
水泥混凝土板厚	最大接缝间距
203~254	3.8
267~330	4.6
343~406	5.3
>406	6.1

注:对于未铺设稳定基层的道面,由于其交通量较小,因此使用小间距的接缝有利于维持道面的平整性。
对于铺设稳定基层的道面,一般意味着会有更大的翘曲应力的出现,因此在接缝间距的设计中,应该选取较大值。

3. 混凝土板和沥青路面交界处设置要求

在混凝土路面端部与沥青路面交界处必须进行适当的过渡处理,以满足行车要求(图9-31)。

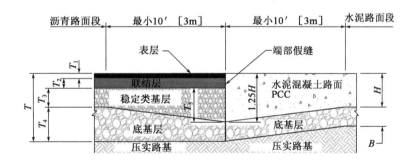

图9-31 缩缝或施工缝结构图
注:B、H、T 等代表各自的厚度。

4. 设计示例

下面通过一个设计实例来说明FAARFIELD的具体应用。假定的道面结构和飞机机型及起飞次数见表9-50和表9-51。

机 场 道 面 结 构　　　　　　　表 9-50

厚　度	路面材料类型/规范要求	厚　度	路面材料类型/规范要求
待设计确定	PCC/P-501	12 英寸	级配碎石底基层/P-209
5 英寸	稳定材料基层/P-401、P-403		
路基 CBR = 5			

飞机机型及起飞次数　　　　　　　表 9-51

飞　机	总重(lbs)	年起飞次数	飞　机	总重(lbs)	年起飞次数
B737-800	174700	3000	EMB-195	107916	4500
A321-200	207014	2500	Re Jet-700	72500	3500

步骤1：按图9-32点击结构(Structure)框输入初拟的道面结构及对应的材料，如果要进行修改，则按照图9-33点击修改结构(Modify Structure)进行增加或删除。

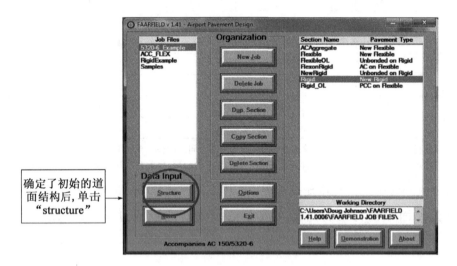

图 9-32　结构输入

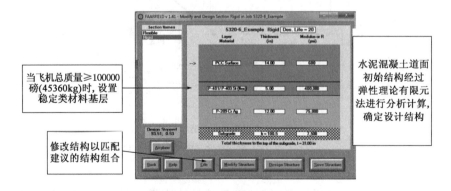

图 9-33　结构修改

步骤 2:按图 9-34 点击选择飞机类型(Airplane)框,输入飞机参数。

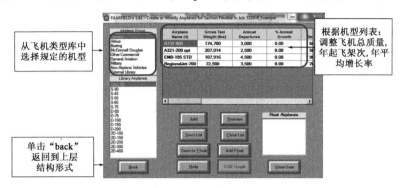

图 9-34　飞机参数输入

步骤 3:按图 9-35 点击选择结构设计(Design Structure)框,进行结构设计计算。

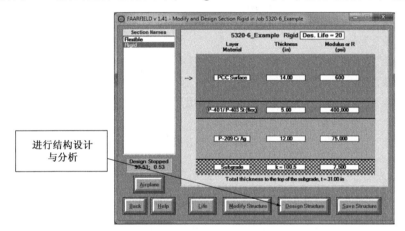

图 9-35　结构设计

步骤 4:根据结构和功能要求进行调整,如面板调整为 17.15inch 以满足全寿命周期及压实要求。得到图 9-36 所示的设计结果。

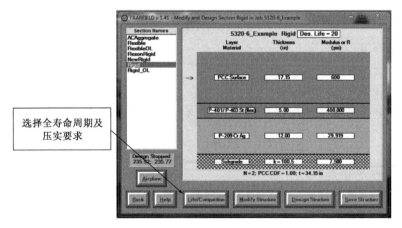

图 9-36　结构设计结果

步骤 5:点击设计报告输出得到最后的设计结果。

第四节　CBR 机场沥青混凝土道面设计

第二次世界大战初期,美国陆军工程兵对各种柔性路面设计方法进行了广泛的调查,根据调查结果,决定在机场柔性道面设计中采用 CBR 法,构成道面各结构层的厚度用 CBR 值确定。这个方法的优点是设计试验简单,缺点是试验是凭经验的,因此,该方法经过多次修正,以期不断完善。

一、CBR 与厚度的关系

根据布辛尼斯克理论,弹性半空间地基在圆形均布荷载作用下对称轴上的应力表达式为:

$$\sigma_z = p(1 - \cos^3\alpha) \approx p(1 - \cos^2\alpha) \tag{9-49}$$

因:

$$\frac{\mathrm{CBR}_z}{\mathrm{CBR}_0} = \frac{\sigma_z}{p} = \frac{1}{1 + \left(\frac{z}{a}\right)^2} \tag{9-50}$$

则:

$$\frac{\sigma_z}{\mathrm{CBR}_z} = \frac{p}{\mathrm{CBR}_0} = k$$

则:

$$\sigma_z = k \cdot \mathrm{CBR}_z \tag{9-51}$$

可得:

$$\frac{z}{a} = \sqrt{\frac{p}{k \cdot \mathrm{CBR}_z} - 1} \tag{9-52}$$

$$h = a\sqrt{\frac{p}{k \cdot \mathrm{CBR}_z} - 1} \tag{9-53}$$

因:

$$k = 8.1/\pi$$

$$h = \sqrt{P\left(\frac{1}{0.57\mathrm{CBR}_z} - \frac{1}{\pi p}\right)} \tag{9-54}$$

式中:h——路面厚度(cm);
　　P——轮载重(kN);
　　p——轮载接地压力(MPa)。

若进一步考虑轮载的重复作用 C,则路面厚度表达式为:

$$h = (23.1\lg C + 14.4)\sqrt{P\left(\frac{1}{0.57\mathrm{CBR}_z} - \frac{1}{\pi p}\right)} \tag{9-55}$$

式中要求:CBR < 10 ~ 12。

其中 $(23.1\lg C + 14.4)$ 一项,是表示道面设计厚度(以百分率表示)与全面通过次数之间的经验关系,C 为全面通过次数,式(9-54)和式(9-55)适用于 CBR 值小于 12 的情况。

二、设计图表

陆军工程兵于 1958 年发表的设计手册,给出了根据各种轮载、轮胎压力、起落架构型和各种交通区域的设计曲线。这些设计图表都是根据式(9-53)或式(9-54)发展而来的。此后,他们对设计与施工进行了大胆的简化,将机场分为三类荷载条件。

这三类机场荷载条件是轻荷载、中荷载和重荷载,每一类部分别有一套在厚度设计中采用过的临界飞机荷载和图形参数。图9-37为基本的设计曲线,轻、中、重型机场的设计起落架质量分别为11340kg(25000lb)、45360kg(100000lb)和120200kg(265000lb)。

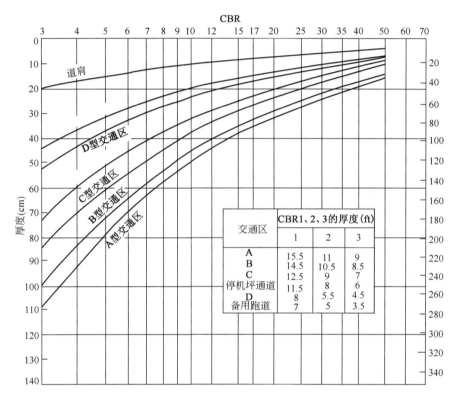

图9-37 设计曲线

这些曲线给出某一已知CBR值所需的道面厚度。应该注意到,当CBR到了其值的50%时,厚度设计曲线即告终止,因为CBR超过50%的厚度必须增加到满足面层和基层最小厚度的要求。对于CBR等于1%、2%、3%的软弱土层之上的道面加土基的厚度,在每个图上以小表给出,因此,如在地表之下某一深度遇到软弱层时,必须通过试验评定其CBR值,如道面加压实土基的设计厚度不符合表中拟定的厚度要求时,应采取措施将软弱层清除,以避免其在荷载作用下产生固结沉陷。

三、道面结构设计

1. 土基CBR的选择

工程兵的机场柔性道面设计方法,其土基样品是在实验室按典型道面所代表的情况进行试验的,规定要求按三种压实功能进行压实试验:修正的AASHTO、标准的AASHTO和中等的压实功能。试件按不同的含水率压实,取得一组压实曲线,这些曲线根据建造期间可能存在的预计含水率和密实度情况加以评定。

当土基多于一种土类时，每个区都要选择一个 CBR 值，如果土壤区域是清楚地隔开并能分辨的话，则每个区域都要单独进行设计，对于随意分布的土壤区，建议按照最低的 CBR 值取统一的设计厚度。

2. 基层和垫层材料

垫层采用的材料有很多种，有时土基本身就符合垫层对材料的要求，有时按垫层的功能要求对土基进行稳定处治，并且规定只有用天然土基土壤做成的垫层符合液限和塑性指数要求时，才允许利用土基和外掺剂制备垫层材料。

由于 CBR 试验时受试模侧限作用，对许多材料的 CBR 值都有影响，故工程兵补充了 CBR 试验对基层材料的级配要求。

基层材料的 CBR 设计值见表 9-52，使用这些数值无须加以限制，只有稳定集料除外，稳定集料只有在承受 0.69MPa（100psi）以下的轮胎压力地区和 D 类交通区才采用。

基层材料设计 CBR 值   表 9-52

种 类	CBR 值	种 类	CBR 值	种 类	CBR 值
级配碎石	100	干结碎石	100	石灰岩	80
水结碎石	100	厂拌沥青混凝土	100	稳定砾料	80

3. 面层和基层厚度

设计方法规定了各种轮载的面层和基层最小厚度，用最小厚度要求结合 CBR 设计厚度曲线，便可确定道面各组成部分的厚度。

4. 防止冰冻作用的设计

陆军工程兵机场道面防止冰冻作用的措施基于两种不同的概念：
(1) 以足够的道面结构厚度来减少或消除冰冻作用，以控制不同的表面变形；
(2) 按融冻期土壤强度下降设计。

无论是机场刚性道面还是柔性道面，一般不采用完全防护的方法，只有在不均匀冻胀会有危险的主要道面区域、土壤和含水率变化很严重的情况下才会考虑。

第五节　美国地沥青学会（AI）机场沥青混凝土道面设计方法

地沥青学会于 1973 年出版的《机场道面设计手册（MS—11）》只适用于运输机[一般总质量大于 27200kg（60000lb）]机场全厚度沥青道面的设计。全厚度沥青道面是指在土基或改善过的土基之上所有层次都采用沥青混合料的道面。它同其他多数现行机场道面设计方法相反，采用的设计概念是混合交通的分析而不是选择一种临界的或设计的机型。在这个方法中所用的标准机型是总质量为 162400kg（358000lb）的 DC-8-63F 型。在手册中以图表的形式给出了22种主要机型的相对破坏作用。

这一设计方法所依据的理论是：全厚度沥青道面是一种多层弹性体，按多层弹性系统理论求解。在机轮荷载作用下，道面中产生两种临界弹性应变，这两种应变是：在沥青混凝土层底部的水平拉应变 ε_r 和在土基顶部的垂直压应变 ε_z，在设计分析中，每种应变都要分别检验。以两种临界应变的最大容许值为依据，在沥青混凝土的临界模量为 E 时，建立了评定的设计标准，并用作选择设计厚度的根据。

由于沥青混凝土的模量与温度有关，因此在不同地理位置，一年中对道面破坏潜在性最大的季节是不同的，土基顶面的压应变 ε_z 是一个永久变形的指标，在道面温度高（沥青混凝土模量低）时最大；与此相反，在寒冷的情况下，沥青混凝土模量高，沥青混凝土层底部的水平拉应变 ε_r 则处于重复性开裂的临界状态，这种环境条件变化给道面带来一种特殊病害，必须在道面厚度设计时予以克服，在地沥青学会的手册中，每一标准都经过详细分析并建立了年平均气温与道面厚度 T 的关系。在年平均气温高时，T 也需增加以满足抵抗变形的需要，另一方面，寒冷环境也需要道面厚一些，以满足抗疲劳开裂的标准。

因此可以看出，这一设计方法同道面的温度分布状态、沥青混凝土材料和土基特性、以临界应变表示的破坏标准以及混合机型交通的影响等有密切的关系。

一、温度分布状态

变形和开裂这两个分系统的设计方法，以累积损坏原理为依据。因此，如何确定某一地点一年中的温度分布状态是很重要的。根据美国几个州的现场温度研究结果得出了下列相互关系：①沥青混凝土层一定深度的道面月平均温度与月平均气温之间的关系；②沥青混凝土层一定深度的道面月平均温度的标准差与道面平均温度之间的关系。从第一种相互关系结果建立了道面的全部月平均温度与月平均气温的如下关系：

$$\mathrm{MMPT} = 1.05\mathrm{MMAT} + 5 \quad (9\text{-}56)$$

式中：MMPT——沥青混凝土道面[厚度 $\geq 25\mathrm{cm}$（10in）]月平均温度的平均值；

MMAT——月平均气温。

标准差的研究结果如图9-38所示，假定为正态分布，此图按照深度和MMPT值来表示道面月平均温度的标准差。例如，有一道面，其MMPT = 37.8℃（100°F），σ = 8.3℃（22°F）表示，虽然图9-38显示的 σ 是 MMPT的函数，但机场遇到的是较厚的全厚式设计，为考虑实用，选用常数 σ = 1.8℃（5°F）。因此，利用式(9-56)和 σ = 1.8℃（5°F），任意地点的道面一年中的温度分布频率可以直接从可得到的月平均气温取得。

平均大气温度一般采用30年的平均值。

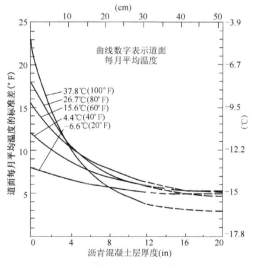

图9-38 道面月温度的标准差

二、沥青混凝土模量

沥青混凝土的模量是温度和荷载频率的函数,通常采用典型混合料的动模量回归研究结果来表示,以代替直接试验沥青混凝土混合料表示特定模量的关系。设计时可选用荷载频率 2Hz 作为双轮串列起落架(标准的 DC-8-63F 机型)在 16~22km/h(10~13.66mi/h)的滑行速度下的情况。相应于温度 q 的沥青混凝土模量 E_1 的最后公式为:

$$E_1 = \frac{K_0}{K_1^{qd_1}} \tag{9-57}$$

式中:$K_0 、 K_1 、 d_1$——回归常数,分别等于 $3.8 \times 10^6 、 1.0046 、 1.45$。

根据温度分析结果,式(9-57)以月平均气温来计算道面模量的年分布分布。

三、破坏标准

地沥青学会法根据 AASHTO 试验路的厚沥青道面试验段得出的疲劳标准,在进行拉应变(疲劳开裂)分析的应用中略加修改,使疲劳标准公式变成式(9-58)的形式。在已知混合温度下的 N_{tq},以达到损坏的容许反复次数与容许拉应变之比 ε_t 表示,即:

$$N_{tq} = ab^{qd_1}\left(\frac{1}{\varepsilon_t}\right)^c \tag{9-58}$$

式中:a——1.86351×10;

b——1.01996;

c——4.995;

d_1——1.45;

q——道面温度(℉);

ε_t——沥青混合料拉应变。

为了设计工作的需要,选择了一个标准机型(DC-8-63F)进行分析研究,得出多层回归分析的最大主拉应变 ε_t 表达式如下:

$$\varepsilon_t = \frac{M_0}{h^{A_1} E_1^{A_2} E_2^{A_3}} \tag{9-59}$$

式中: h——全厚式沥青道面厚度(in);

E_1——沥青混凝土模量(psi);

E_2——土基模量(psi)。

$M_0 、 A_1 、 A_2 、 A_3$——常数,分别等于 $1.086 \times 10^3 、 1.19967 、 0.66866 、 0.320867$。

式(9-56)~式(9-59)可以根据逐月积累损坏得到与厚度 T 有关的设计公式。该公式以荷载反复次数、以温度来表示的沥青混凝土模量表示,可以详细考虑温度按月变化的路面的月损坏作用。

表 9-53 是用于建立疲劳设计曲线的限制拉应变标准。表中提供了在一定荷载次数下达到破坏的容许拉应变。当采用此标准时,须限制沥青混凝土模量为 10000MPa(1450000psi),沥青混凝土和土基的泊松比分别为 $\mu_1 = 0.40, \mu_2 = 0.45$。

沥青层拉应变限制标准　　　　表 9-53

N_t	ε_t (1/1000in/in)	年平均气温 MMAT		厚度折减系数 T_f	计 算 条 件
		℃	℉		
100	420	4	40	最大 1.0	
1000	260	6	60	最小 0.866	$E_1 = 10000$MPa (1450000psi) $\mu_1 = 0.40$ $\mu_2 = 0.45$
10000	165	—	—	—	
100000	105	—	—	—	
1000000	76	—	—	—	

用表 9-53 中的标准和式(9-57),根据年平均气温和土基模量,为 DC-8-63F 标准机型制定了设计厚度 T 的疲劳曲线,如图 9-39 所示。

按永久变形损坏提出的破坏标准是限制土基顶面的垂直压应变。这些容许应变等同于在一定荷载重复次数 N 时达到的破坏,其应变是在 $E = 690$MPa(100000psi)时评定的。像做拉应变分析那样,用温度分析比较方式提出了厚度折减系数 T_f,此系数要求环境变暖时增加厚度。

表 9-54 为一定荷载重复次数 N 作用下,限制土基压应变的标准。用这些数值和 DC-8-63F 标准机型的垂直压缩应变分析结果,就可以制定出图 9-40 的厚度设计曲线。

限制土基压应变标准　　　　表 9-54

N_t	ε_c (1/1000000in/in)	年平均气温 MMAT		厚度折减系数 T_f	计 算 条 件
		℃	℉		
100	2548	24	75	1.0	
1000	1904	10	50	0.9	$E_1 = 690$MPa (100000psi) $\mu_1 = 0.40$ $\mu_2 = 0.45$
10000	1646	—	—	—	
100000	1508	—	—	—	
1000000	1422	—	—	—	

四、设计输入因素

这个设计方法对每种损坏形式分别选择道面厚度。设计的 T_a 值,采用两者之中的最大厚度。在每种损坏形式中要分别进行两种分析:允许交通量 N_a 的分析和预计交通量 N_p 的分析。

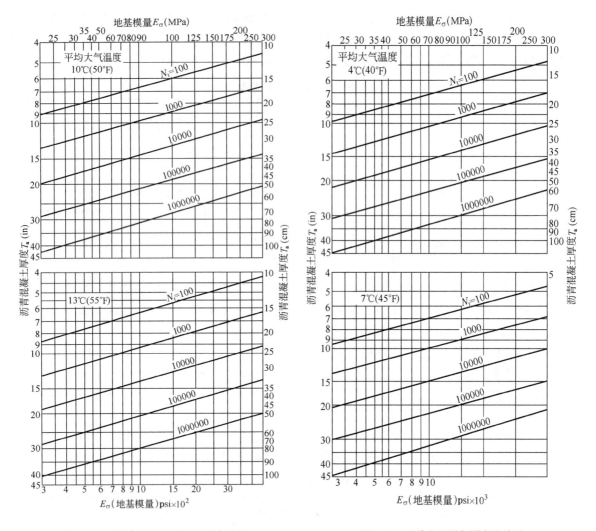

图 9-39 不同条件沥青道面的设计厚度　　图 9-40 允许交通量与厚度的关系

1. 允许交通量 N_a

沥青混凝土道面底部容许水平拉应变 ε_t 和土基顶面容许垂直压应变 ε_c 是允许交通量 N_a 的函数,同时也与沥青混凝土道面结构的土基设计模量和沥青混合料模量(是年平均气温的函数)有关。土基模量采用 85% 的保值率,土基模量 =1500CBR。确定了土基设计模量和温度值,则可以用 T_a 与 N_a 的设计诺谟图确定道面厚度(图 9-39 和图 9-40)。

对于沥青混凝土拉应变,图 9-39 是用来确定在特定的地基设计模量和年平均气温条件下,满足沥青混凝土最大水平拉应变 ε_t 的允许交通量 N_a 对应于厚度 T_a 的一组曲线。例如,假设某一机场的设计数据为:地基设计模量 E_σ =48MPa(7000psi),年平均大气温度 t =10℃,用 10℃ 的曲线图(图 9-39),读出 E_σ =48MPa 时,不同 N_a 值的厚度 T_a,将这些值点在半对数坐标纸上连成曲线。

对于地基垂直压应变,图 9-40 是用来确定在特定的地基设计模量和年平均气温条件下,满足地基最大垂直压应变 ε_c 的允许交通量 N_a 对应于厚度 T_a 的一组曲线,例如,利用前例中

的 E_s 和 t 值。由图 9-40 曲线可得出不同 N_a 值的厚度 T_a，将这些值点在半对数坐标纸上连成曲线。

2. 预测交通量 N_p

预测交通量根据选择的道面设计期限，按预测的飞机组合来确定，同允许交通量 N_a 一样，需要对每一种应变准则进行求解。

N_p 的分析包括用预计的混合交通量预测资料来确定当量 DC-8-63F 型飞机的应变反复次数最大值，需要的资料包括设计期限内的飞机活动（通过）总次数。一次飞机活动是指在关键设计位置，一架飞机经过一次，有关 N_p 的求解方法和步骤同前。

对每种应变类型和设计期限，在标有允许交通量 N_a 的同一张半对数坐标纸上标出对每一种假设厚度 T_a 的 DC-8-63F 的重复应变次数最大值，绘成曲线，由允许交通量 N_a 曲线与预计交通量 N_p 曲线的交点，得出满足沥青混凝土水平拉应变准则 ε_t 和地基垂直压应变准则 ε_c 所需全厚度沥青混凝土道面的厚度，其中较大者为道面的设计厚度，并准确到厘米。

该设计厚度适用于关键区域，其余区域可略为减少厚度。

第六节 美国波特兰水泥协会（PCA）水泥混凝土道面设计方法

波特兰水泥协会机场刚性道面设计方法以威斯特卡德的板中受荷分析为依据，假设道面的接缝具有足够的荷载传递作用，所以符合板中荷载条件。

一、计算参数

1. 基本参数

混凝土的弯拉弹性模量 $E = 27594\text{MPa}(4000000\text{psi})$；

混凝土的泊松比 $\mu = 0.15$；

混凝土的设计弯拉强度 R_s，采用 Packard 建议的公式计算：

$$R_s = 1.1 R_{90} \left(1 - \frac{C_V}{100}\right) \tag{9-60}$$

式中：R_s——设计弯拉强度（MPa）；

R_{90}——混凝土 90d 龄期的平均弯拉强度（MPa）；

C_V——弯拉强度变异系数（%）。

变异系数是标准差与平均值之比。混凝土施工控制优良的 $C_V < 10\%$；控制得好的为 $10\% \sim 15\%$；控制一般的为 $15\% \sim 20\%$；控制不良的 $C_V > 20\%$。

2. 安全系数

波特兰水泥协会法采用 Packard 推荐的安全系数，其值如下：

跑道端、滑行道、停机坪、机库地坪：$1.7 \sim 2.0$；

跑道中部、高速出口滑行道:1.4~1.7。

在该方法所提供的设计图表中,左侧竖标的弯拉应力为小梁试验的弯拉强度乘以适当的安全系数所得。

3. 地基模量

采用文克勒地基模型,地基反应模量 K 用承载板试验测定,并进行修正。

二、设计图表

波特兰水泥协会法为几种特定机型提供了设计图表。如图 9-41 所示即是几种代表机型的设计图表。利用图表,当已知道面厚度和土基模量,可求出在特定荷载作用下道面中的弯拉应力。也可以反向应用这些图表,即已知板内应力,求出需要的板厚。

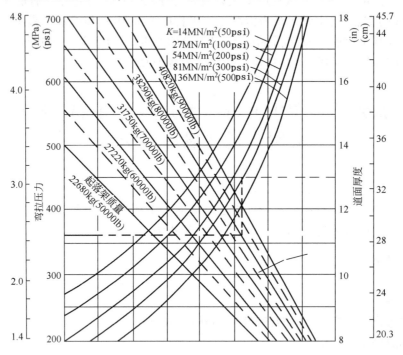

图 9-41　B727 水泥混凝土道面设计曲线

上述图表只适用于特定设计机型,其他机型不包括在内,如果按混合交通设计机场道面,则必须应用疲劳设计方法。

三、疲劳设计

波特兰水泥协会通过试验发现,混凝土小梁承受弯拉变形的极限重复次数取决于混凝土的特性和荷载大小。在一般情况下,采用各种混凝土小梁试验的平均疲劳数据。因此,荷载应力的大小是决定混凝土道面板寿命的主要因素。

表 8-39 为波特兰水泥协会提出的在容许荷载作用下的应力比。由表列数值可以看出,随着应力比(实际应力除以容许应力)的增大,容许荷载重复次数减少。当应力比给定时,容许荷载的重复次数也就确定了。

按混凝土的疲劳状态设计机场道面,首先应对使用该机场的飞机通过次数做出估计,计算出在每种飞机轮载下产生的应力,并除以设计弯拉强度得到应力比。据此可以由表12-5求出该飞机的容许通过次数。

将飞机的实际通过次数除以容许通过次数,即得该飞机使用道面的疲劳率。如果在混合交通条件下各种飞机的疲劳率之和满足式(9-61)的条件,则此道面不会损坏,能够满足混合交通的使用要求。

$$\frac{N_1}{N'_1} + \frac{N_2}{N'_2} + \cdots + \frac{N_i}{N'_i} \leq 1.0 \sim 1.1 \tag{9-61}$$

式中:N_i——实际荷载反复次数;
N'_i——容许荷载反复次数。

四、漫行原理和荷载反复次数

飞机在机场道面上滑行一般不可能完全在准确的横向位置上进行,这就是所谓飞机的漫行特性。飞机的漫行程度与道面类型有显著关系,例如在画有中线标志的滑行道上呈渠化交通状态,机轮轨迹横向分布的标准偏离值 σ 为 0.6~1.05m(2~3.5ft)。在跑道上,其标准偏离在很大程度上取决于飞机类型以及飞机是在着陆还是在起飞。对于起飞情况,不同飞机的 σ 值变化在 2.25~4.5m(7.5~15ft);对于着陆,σ 的范围是 3.9~6m(13~20ft)。滑行道采用的设计值为 $\sigma=0.6m(2ft)$,跑道为 $\sigma=4.8m(16ft)$。

波特兰水泥协会采用的机场道面按疲劳损坏的设计方法,因考虑了飞机的横向漫行作用而引进了一个荷载重复系数(LRF)。LRF=1.0 表示每通过一次都是满载的重复。各种飞机的荷载重复系数都预先计算出来,有了荷载重复系数,实际荷载反复次数 N_i 就很容易计算了,将各种飞机的预计通过次数乘以其荷载重复系数即可。

第七节 美国工程师兵团设计方法

第二次世界大战末期,美国陆军工程兵在俄亥俄州进行了一系列大规模的野外试验。主要目的是确定威斯特卡德理论对机场道面设计的适用性。在加速的道路试验中,他们进行了广泛的地基应力分析和仪表测量。通过对道面受载性能的观测,他们改进了威斯特卡德理论分析法,并且为军用机场的道面设计编制了一套设计图表。以后,这一方法也扩充到了民用机场。

一、设计参数

1. 混凝土弯拉强度

在给出的设计图表中,左纵坐标的混凝土弯拉强度由试验确定,安全系数已经包括在图表内。

2. 荷载分级

图表中的设计曲线将荷载分为轻、中、重三种典型情况。轻型荷载飞机的主起落架为单轮装置,接触面积为 645cm², 质量为 9072kg。中型荷载飞机的主起落架为双轮装置,轮距为 94cm,每轮接触面积为 1722cm², 起落架质量为 36287kg。重型荷载飞机的主起落架为双轴双轮装置,轮距为 157cm,每轮接触面积为 1722cm², 起落架质量为 72575kg(图 9-42)。

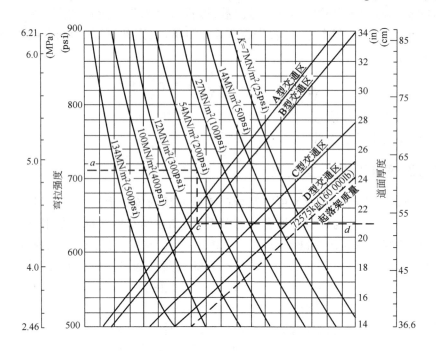

图 9-42 重荷载水泥混凝土道面设计曲线

3. 道面交通分区

由于机场道面各部分的几何形状和尺寸不同,以及飞机在道面各部位的运动状态不同,道面的各地段受载条件是有差别的。美国陆军工程兵将机场道面按受载条件分为 A、B、C、D 型四个交通区域。

A 型交通区域是属于质量最大的飞机集中的区域,主要包括滑行道、从滑行道通向停机坪的通道和跑道端 152m 内的范围。A 型交通区域的道面按重型多轮飞机全面通过 25000 次设计。

B 型交通区域是属于质量最大的飞机正常分布的区域,主要包括所有重型飞机跑道端部的第二个 152m、滑行道、停机坪、停机道和飞机保养道坪。这些道面按质量最大的飞机全面通过 5000 次设计。

C 型交通区属于飞机减载或飞机速度对道面产生的应力小于最大应力的区域,其中包括跑道中部、次要滑行道或标定停机坪。这些区域按飞机最大总质量的 75%,全面通过 5000 次设计。

D 型交通区是指承受较小交通荷载并非经常有飞机活动的区域。这种区域只适用 B-52 型飞机的运行,并包括跑道外侧每边 30m。这些区域按飞机最大总质量的 75%,全面通过 5000次设计。

4. 土基模量

土基模量采用土基反应模量,并进行必要的修正。

修筑在 F_1、F_2、F_3 号土基上的道面,如果基层厚度大致与混凝土道面相等,可按图 9-43 求出折减的 K 值按照折减土基强度进行道面厚度设计。因此,混凝土道面首先按正常情况设计,然后假定基层厚度大致等于道面厚度。再从图 9-43 上查得降低的 K 值,用此 K 值重新设计道面。

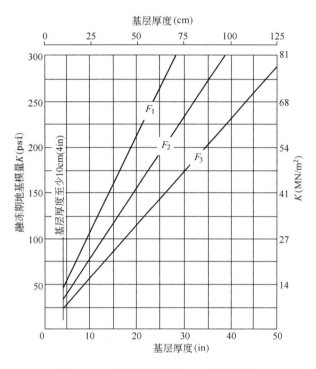

图 9-43　工程兵降低强度的土基模量曲线

二、冰冻作用

美国陆军工程兵的研究成果指出,小于 0.02mm 颗粒含量超过 3% 的所有无机土都属于冻敏土。冻敏土按冰冻敏感程度划分为 4 类,见表 9-55。

美国陆军工程兵冻敏土分类　　　　　表 9-55

土组	说明
F_1	砾石土,含有 3%～20% 小于 0.02mm 的颗粒
F_2	含有 3%～20% 小于 0.02mm 的颗粒
F_3	含大于 20% 的 0.02mm 以下颗粒的砾石及砂,但含大于 15% 小于 0.02mm 以下颗粒的细粉砂除外;塑性指数超过 12 的土
F_4	所有粉土、砂质粉土;含超过 15% 小于 0.02mm 以下细粉砂;塑性指数 <12 的轻黏土

土壤的冻结在很大程度上取决于气温下降的时间长短。通常按度日数计量时间与温度,一度日表示一日的平均气温低于冻结温度一度(图 9-44)。

图 9-45 给出了冰冻指数与冰冻深度之间的关系。

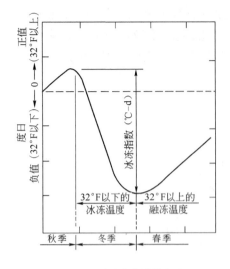 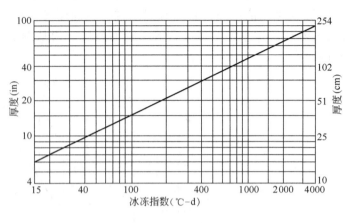

图 9-44　冰冻指数计算方法　　　　图 9-45　冰冻指数计算方法中冰冻指数与冰冻深度之间的关系曲线

三、设计图表

对不同的机型，美国陆军工程兵提供了用于机场刚性道面设计的曲线，这些曲线适用于轻型、中型、重型飞机荷载。已知混凝土弯拉强度、土基反应模量和相应的飞机荷载，便可以求出混凝土道面的厚度。反过来，当已知混凝土道面板厚时，可以验算混凝土板内的应力是否符合设计要求。

第八节　机场道面强度的通报方法

一、机场道面强度通报方法的发展概况

世界各国曾提出许多报告机场道面强度的方法，其中有些被国际民航组织在其成员国中推广应用，现综述如下。

1. 以使用机种来通报道面强度

在第二次世界大战期间及以后一段时期，英国习惯于把机场道面按其适用的机种来分类，如用"战斗机""轰炸机""重轰炸机"和"超重轰炸机"来划分等级。这在当时飞机机型不多、同一机种飞机的总质量变化不大的情况下，是简单易行的方法；但当飞机的总质量增大时，原有的分类方法就立刻变得没有意义，因此这种道面分级制有明显的缺点。

2. 以飞机总质量或一个主起落架上的质量划分机场道面等级

这两种方法是一样的，都是以允许使用飞机的质量来通报道面的强度。我国民航及苏联民航都采用这种分级方法。由于起落架数量的不同，以及机轮排列方式的差别，同一质量的飞机，对道面的影响是不同的。此外，也没有考虑轮胎压力的大小对道面承载能力的影响。因此，这种方法的适宜性也是有限的。

3. 当量单轮荷载(ESWL)法

在飞机总质量相同的情况下,主起落架的形式和轮胎压力不同,对道面的影响也不同。采用当量单轮荷载来报告道面的承载力,可以避免这一缺点。

作用在刚性道面上多轮起落架荷载的当量单轮荷载是这样一种荷载:它与轮组有相同的轮胎压力,当其单独作用时,在其轮迹中心下道面中所产生的弯矩(或应力),与多轮荷载在道面中产生的弯矩(或应力)相等。就是说,当量单轮荷载要求的道面厚度,与相应飞机多轮起落架荷载要求的道面厚度相同。

如果主起落架是单轮,则作用在主起落架上的荷载即为其当量单轮荷载。

计算柔性道面的当量单轮荷载时,假设柔性道面的临界层是在道面与地基相接触的地方,当量单轮荷载对地基所产生的应力大小与整个轮组产生的一样。

4. 荷载等级号码(LCN)法

荷载等级号码法是英国航空部工程管理局提出来的。1956 年这个方法经修订后,被国际民航组织采用,作为通报机场道面强度的方法之一。

英国进行的大量现场试验表明,在道面的破坏荷载和荷载接触面积之间有如下的关系:

$$\frac{W_1}{W_2} = \left(\frac{A_1}{A_2}\right)^{0.44} \tag{9-62}$$

式中:W_1、W_2——接触面积 A_1 及 A_2 上的破坏荷载。

5. 荷载分类等级(LCG)法

英国在总结 LCN 法的基础上,对 LCN 法进行了修订,将式(9-61)中的指数 0.44 改为 0.27。经道面试验及理论分析表明,采用指数 0.27 所得到的道面厚度,与现代重型飞机需要较厚的刚性道面情况更为接近。1974 年,国际民航组织建议将 LCG 法作为通报机场道面强度的方法之一。

LCG 法中,将道面分为 Ⅰ～Ⅶ 七个等级。LCGⅠ 表示道面强度最高,LCGⅦ 表示道面强度最低。

二、ACN-PCN 法

由于各国通报机场道面强度的方法不统一,不便于国际间的交流。为此,国际民航组织的一个专门小组,提出了 ACN-PCN 法。国际民航组织批准了这个方法,并要求各会员国从 1983 年起在航行资料中,一律用 ACN-PCN 法通报机场道面的强度。

1. ACN-PCN 方法概念

ACN(Aircraft Classification Number)——飞机等级号,是表示飞机对具有一定强度的地基上的道面作用的一个数字,这个数字规定为该飞机作用于道面的推导单轮质量(以 t 计)的两倍。

PCN(Pavement Classification Number)——道面等级号,表示道面承载强度的一个数字,这个数字是道面可以安全承受的推导单轮质量(以 t 计)的两倍。轮胎压力规定为 1.25MPa。对刚性道面,规定混凝土的弯拉强度为 2.75MPa。

如果飞机的 ACN 小于或等于道面的 PCN,则表示该飞机可以不受限制地使用该道面;如果飞机的 ACN 大于道面的 PCN,即表示超载,这时要视超载多少予以限制(减载或限制运行次数)或禁止使用。

国际民航组织已将常用飞机的 ACN 值在《国际民用航空公约》附件十四中公布,其中给出了飞机基本质量和最大停机质量时的 ACN 值,并分别按刚性道面和柔性道面的四种土基强度计算。对于其他质量时的 ACN 值,可以用直线插入法求得。

2. ACN-PCN 法通报机场道面强度的格式

通报机场道面的强度,除报出 PCN 值外,还要用代码报出道面类型、地基的强度、允许的轮胎压力和评定的方法。这些代码如下所示。

道面类型:
  R——代表刚性道面;
  F——代表柔性道面。

地基强度:
  A——高强度。刚性道面以 $K=150\mathrm{MN/m^3}$ 为代表,代表所有大于 $120\mathrm{MN/m^3}$ 的 K 值。柔性道面以 CBR = 15 为代表,代表所有大于 13 的 CBR。
  B——中强度。刚性道面以 $K=80\mathrm{MN/m^3}$ 为代表,代表所有 $60\sim120\mathrm{MN/m^3}$ 的 K 值。柔性道面以 CBR = 10 为代表,代表 8~13 的 CBR。
  C——低强度。刚性道面以 $K=40\mathrm{MN/m^3}$ 为代表,代表 $25\sim60\mathrm{MN/m^3}$ 的 K 值;柔性道面以 CBR = 6 为代表,代表 4~8 的 CBR。
  D——极低强度。刚性道面以 $K=20\mathrm{MN/m^3}$ 为代表,代表所有小于 $25\mathrm{MN/m^3}$ 的 K 值;柔性道面以 CBR = 3 为代表,代表所有小于 4 的 CBR。

最大允许胎压:
  W——高,不限制胎压;
  X——中,胎压为 1.01~1.5MPa;
  Y——低,胎压为 0.51~1.0MPa;
  Z——极低,胎压不高于 0.50MPa。

评定方法:
  T——技术评定;
  U——经验评定,即凭使用飞机的经验来确定。

例如,中等强度地基上的刚性道面,无胎压限制,用技术评定法确定的道面等级号为 80,则应报告为:PCN80/R/B/W/T。

对于质量小于 5700kg 的飞机,不采用 ACN-PCN 法的规定格式通报,而是只通报两个因素:最大允许飞机质量和最大允许轮胎压力。例如,某机场道面强度通报为 4000kg/0.5MPa,表示该机场道面允许的最大飞机质量为 4000kg,最大允许胎压为 0.5MPa。

3. 确定 ACN 的方法

确定飞机的 ACN 有三种方法,即查表法、查图法和用计算机程序计算。

(1)查表法确定 ACN。

利用给出的常用飞机 ACN 值表,可以容易地查出四种地基强度和两种质量的 ACN 值。

两种总质量中间的 ACN 值,用线性插入法求得。

(2)查图法确定 ACN。

飞机制造厂对所生产的飞机均提供对道面厚度要求的诺谟图。已知飞机质量、地基强度和混凝土的允许弯拉强度,由图即可得所需道面厚度。然后根据查得的道面厚度,即可求出飞机的 ACN 值。当胎压变化时,需对求得的 ACN 值进行胎压调整。

(3)用计算机程序计算 ACN。

国际民航组织提供了计算刚性和柔性道面飞机 ACN 值的计算机程序。其中刚性道面上运行的飞机的 ACN 计算程序,是以美国波特兰水泥协会 R·G 潘卡德为设计刚性道面而编制的 PDILB 程序为根据的。在柔性道面上运行的飞机的 ACN 计算程序是以美国陆军工程兵柔性道面设计的 CBR 法为根据编制的。

4. 文克勒地基刚性道面 PCN 的计算方法

对于有传力作用的水泥混凝土道面,可用威斯特卡德板中心受荷情况的公式计算 PCN,即:

$$\sigma = \frac{0.275W}{h^2}(1+\mu)\frac{Eh^3}{Kb^4} \quad (9-63)$$

式中:σ——水泥混凝土的允许弯拉强度(MPa);

W——道面能够安全承受的推导单轮质量(kN);

h——水泥混凝土道面厚度(m);

E——水泥混凝土的弯拉弹性模量(MPa);

μ——水泥混凝土的泊松比,$\mu=0.15$;

K——地基反应模量(MN/m);

b——荷载作用面积当量半径,m;当 $a \geq 1.724h$,$b=a$;$a<1.74h$ 时,按式(9-64)计算 b:

$$b = \sqrt{1.6a^2 + h^2} - 0.675h \quad (9-64)$$

a——轮胎接地面积当量圆半径(m)。

按上式先假设一个推导单轮质量 W',求得 a、b 值,然后计算允许弯拉强度条件下推导单轮质量 W,如果 W 与 W' 相接近,即为所求之值,否则应重新设定 W',重复计算,直到 W 与 W' 相接近为止。

计算刚性道面 PCN 的步骤如下:

(1)确定计算数据。

计算数据包括水泥混凝土的允许弯拉强度 σ,道面厚度 h,水泥混凝土的弯拉模量 E,泊松比 μ,地基反应模量 K 等。这些参数最好采用现场测试的方法取得。当不具备测试条件时,可以从机场道面的档案资料中查出。

从机场道面的竣工资料中很容易查出混凝土道面厚度、混凝土设计弯拉强度和弯拉弹性模量。混凝土的允许弯拉强度 σ 采用 90d 弯拉强度(即 28d 设计强度乘 1.1 倍)除以安全系数 1.8。通常,当 90d 弯拉强度为 5.4MPa 时,取 $E=34300$MPa;当 90d 弯强为 4.9MPa 时,取 $E=29400$MPa。

地基反应模量 K,用承载板试验现场测定。如果缺乏测试设备或者时间不允许,可以分析机场土壤,确定土壤类别,根据基层的类型和厚度,近似地定出 K 值。例如,在黏土、砂质黏土、亚砂土等土基上铺设 30cm 左右的砂砾石或片石基层，K 值可取为 80MN/m，如基层为 30cm 灰土，K 值可取为 120~130MN/m。

（2）求当量计算半径 b。

先假设一个质量 W'，采用标准轮胎压力 $P=1.25\text{MPa}(12.75\text{kgf/cm}^2)$，按下式求出轮胎接地面积半径：

$$a = \sqrt{\frac{W'}{\pi P_s}}$$

将 a、h 值代入式（9-63），即可求出 b。

（3）将各值代入式（9-62），可求得安全承受的推导单轮质量 W。如果求出的 W 与假设的 W' 相差过大，则应重新设定 W' 以求 b，再按式（9-62）计算 W，直到二者接近为止。

（4）推导单轮质量 W（以 t 计）乘以 2，即为该机场道面等级号 PCN。

[**例 9-2**] 计算乌鲁木齐机场（刚性道面）跑道的 PCN 值。

解：（1）确定有关数据

查阅竣工资料，跑道端部水泥混凝土道面厚度 $h=0.32\text{m}$，混凝土 28d 设计弯拉强度 $R=4.4\text{MPa}$，故其允许弯拉强度为：

$$\sigma = 4.4 \times 1.1/1.8 = 2.689(\text{MPa})$$

混凝土弯拉弹性模量 $E=29400\text{MPa}$；

地基土壤为戈壁土，道面下为砂砾石基层，厚 0.70m，地基反应模量约为 $K=110\text{MN/m}^3$。

采用标准轮胎压力 $P=1.25\text{MPa}$。

（2）求当量计算半径 b

设 $W' = 30000\text{kg} = 294\text{kN}$

$a = 0.2737\text{m} < 1.724h = 0.5517\text{m}$

$b = 0.2554\text{m}$

（3）计算推导单轮质量 W

将以上数据代入式（9-62），得：

$W = 26800\text{kg}$

与假设 $W' = 30000\text{kg}$ 相差过大，应重新计算。

再设 $W' = 26000\text{kg} = 255\text{kN}$

$a = 0.2548\text{m}$

$b = 0.240\text{m}$

将以上各值代入式（9-62），得：

$W = 25950\text{kg}$

（4）求 PCN

$$\text{PCN} = 26 \times 2 = 52$$

该机场跑道道面强度通报为：PCN52/R/B/W/T。

【思考与分析】

1. 路面功能设计包含哪些部分？试述功能设计与路面结构设计间的关系。
2. 试述路面结构承载力的内涵,路面弯沉的测定与评定方法。
3. 试述沥青路面损坏状况的分类与评价。
4. 试述水泥路面损坏状况的分类与评价。
5. 试述路面形式质量的表征指标与测试方法。
6. 试述路面抗滑性能的表征指标与测试方法。
7. 试述机场道面强度的通报方法。

参考文献

[1] 黄晓明,高英.路面设计原理与方法[M].3 版.北京:人民交通出版社股份有限公司,2015.12.
[2] 汪双杰,黄晓明.冻土地区道路设计理论与实践[M].北京:科学技术出版社,2012.4.
[3] 黄晓明,汪双杰.现代沥青路面设计理论与实践[M].北京:科学技术出版社,2013.4.
[4] 黄晓明,赵永利.沥青路面再生利用理论与实践[M].北京:科学技术出版社,2014.7.
[5] 黄晓明.路基路面工程[M].6 版.北京:人民交通出版社股份有限公司,2019.6.
[6] 黄晓明,等.路基路面工程[M].4 版.南京:东南大学出版社,2020.7.
[7] 姚祖康.沥青路面结构设计[M].北京:人民交通出版社股份有限公司,2011.12.
[8] 谈至明.铺面力学[M].北京:人民交通出版社股份有限公司,2016.1.
[9] 谈至明.机场规划与设计[M].北京:人民交通出版社股份有限公司,2010.1.
[10] 方福森.路面工程[M].2 版.北京:人民交通出版社,1990.12.
[11] 方左英.路基工程[M].北京:人民交通出版社,1987.12.
[12] 朱洪洲,何丽红,唐伯明,等.相变储热沥青路面材料开发及降温机理[M].北京:人民交通出版社股份有限公司,2018.3.
[13] 曹东伟,刘清泉,唐国奇.排水沥青路面[M].北京:人民交通出版社,2010.3.
[14] 陈亮亮.美国连续配筋水泥混凝土路面技术实践[M].北京:人民交通出版社股份有限公司,2018.12.

[15] 张志祥,杜骋.江苏省高速公路沥青路面建设技术[M].北京:人民交通出版社股份有限公司,2015.12.
[16] 田波,译.机场道面设计与维修[M].北京:人民交通出版社股份有限公司,2015.9.
[17] 邓学钧,陈荣生.刚性路面设计[M].2版.北京:人民交通出版社,2005.1.
[18] 沈金安,李福普,陈景.高速公路沥青路面早期损坏分析与防治对策[M].北京:人民交通出版社,2004.12.
[19] 沈金安.沥青及沥青混合料的路用性能[M].北京:人民交通出版社,2001.7.
[20] 沈金安.改性沥青与SMA路面[M].北京:人民交通出版社,1999.7.
[21] 沙庆林.高速公路沥青路面早期破坏现象及预防[M].北京:人民交通出版社,2008.5.
[22] DAN McNICHOL. Paving The Way Asphalt in America[M]. Margaret Blain Cervarich 2005.
[23] 邓学钧,陈荣生.刚性路面设计[M].北京:人民交通出版社,1992.8.
[24] 沙庆林.高等级道路半刚性路面[M].北京:中国建筑工业出版社,1993.2.
[25] 邓学钧,黄卫,黄晓明.路面结构计算与设计电算方法[M].南京:东南大学出版社,1997.8.
[26] 朱照宏,许志鸿.柔性路面设计理论和方法[M].上海:同济大学出版社,1987.9.
[27] 傅智,金志强.水泥混凝土路面施工与养护技术[M].北京:人民交通出版社股份有限公司,2003.7.
[28] 林绣贤.柔性路面结构设计方法[M].北京:人民交通出版社,1988.11.
[29] 陈孚华.公路路面学[M].上海:龙门联合书局,1951.8.
[30] 伊万诺夫.道路建筑[M]北京:高等教育出版社,1959.2.
[31] 姚祖康.水泥混凝土路面设计[M].合肥:安徽科学技术出版社,1999.7.
[32] 黄晓明,高英,周扬.土木工程材料[M].4版.南京:东南大学出版社,2020.7.
[33] 宋功业,邵界立.混凝土工程施工技术与质量控制[M].北京:中国建材工业出版社,2003.1.
[34] 杨美元,等.固体力学中的数值方法[M].天津:天津大学出版社,1992.3.
[35] K.J.巴赫,E.L.威尔逊.有限元分析中的数值方法[M].北京:科学出版社,1985.5.
[36] 王秀喜.计算力学及在工程中的应用[M].合肥:中国科学技术大学出版社,1992.9.
[37] 王秉纲,邓学钧.路面力学数值计算方法[M].北京:人民交通出版社,1992.6.
[38] 中华人民共和国行业标准.《路面设计规范》(草案)[S].北京:人民交通出版社,1958.11.
[39] 中华人民共和国行业标准.路面设计规范:JTJ 1004—66[S].北京:人民交通出版社,1966.11.
[40] 中华人民共和国行业标准.公路柔性路面设计规范(内部试行)[S].北京:人民交通出版社,1978.11.
[41] 中华人民共和国行业标准.公路柔性路面设计规范:JTJ 014—86[S].北京:人民交通出版社,1987.10.
[42] 中华人民共和国行业标准.公路沥青路面设计规范:JTJ 014—97[S].北京:人民交通出版社,1997.10.
[43] 中华人民共和国行业标准.公路沥青路面设计规范:JTG D50—2006[S].北京:人民交通

出版社,1997.4.
[44] 中华人民共和国行业标准.公路沥青路面设计规范:JTG D50—2017[S].北京:人民交通出版社股份有限公司,2017.4.
[45] 中华人民共和国行业标准.公路水泥混凝土路面设计规范:JTJ 012—84[S].北京:人民交通出版社,1986.10.
[46] 中华人民共和国行业标准.公路水泥混凝土路面设计规范:JTJ 012—94[S].北京:人民交通出版社,1994.12.
[47] 中华人民共和国行业标准.公路水泥混凝土路面设计规范:JTG D40—2002[S].北京:人民交通出版社,2002.11.
[48] 中华人民共和国行业标准.公路水泥混凝土路面设计规范:JTG D40—2011[S].北京:人民交通出版社,2011.11.
[49] 中华人民共和国行业标准.公路路基设计规范:JTG D30—2015[S].北京:人民交通出版社股份有限公司,2015.4.
[50] 中华人民共和国行业标准.公路路基施工技术规范:JTG/T 3610—2019[S].北京:人民交通出版社股份有限公司,2019.9.
[51] 中华人民共和国行业标准.公路工程节能规范:JTG/T 2430—2020[S].北京:人民交通出版社股份有限公司,2019.12.
[52] 中华人民共和国行业标准.公路沥青路面施工技术规范:JTG F40—2004[S].北京:人民交通出版社,2004.
[53] 中华人民共和国行业标准.公路水泥混凝土路面施工技术细则:JTG/T F30—2014[S]北京:人民交通出版社,2014.3.
[54] 中华人民共和国行业标准.公路路面基层施工技术规范:JTG/T F20—2015[S].北京:人民交通出版社股份有限公司,2015.7.
[55] 中华人民共和国行业标准.公路沥青路面养护技术规范:JTG 5142—2019[S].北京:人民交通出版社股份有限公司,2019.6.
[56] 中华人民共和国行业标准.公路技术状况评定标准:JTG 5210—2018[S].北京:人民交通出版社股份有限公司,2019.3.
[57] 中华人民共和国行业标准.公路沥青路面养护设计规范:JTG 5421—2018[S].北京:人民交通出版社,2019.1.
[58] 中华人民共和国行业标准.公路工程技术标准:JTG B01—2014[S].北京:人民交通出版社股份有限公司,2014.12.
[59] 中华人民共和国行业标准.公路工程抗震规范:JTG B02—2013[S].北京:人民交通出版社,2013.12.
[60] 中华人民共和国行业标准.公路排水设计规范:JTG/T D33—2012[S].北京:人民交通出版社,2013.1.
[61] 中华人民共和国行业标准.公路沥青路面再生技术规范:JTG/T 5521—2019[S].北京:人民交通出版社股份有限公司,2019.9.
[62] 中华人民共和国行业标准.公路工程名词术语:JTJ 002—87[S].北京:人民交通出版社,1987.3.

[63] 中华人民共和国行业标准,公路自然区划标准:JTJ 003—86[S].北京:人民交通出版社股,1986.11.

[64] 中华人民共和国行业标准.公路土工试验规程:JTG E40—2007[S].北京:人民交通出版社,2007.9.

[65] 中华人民共和国行业标准.民用机场飞行区技术标准:MH 5001—2013[S].北京:中国民用航空总局,2013.3.

[66] 中华人民共和国行业标准.民用机场水泥混凝土道面设计规范:MH/T 5004—2010[S].北京:中国民用航空总局,2010.1.

[67] 中华人民共和国行业标准.民用机场沥青道面设计规范:MH/T 5010—2017[S].北京:中国民用航空总局,2017.11.

[68] 张起森.70年来中国沥青路面结构设计方法发展沿革 中外公路[J].2019,39(6):30-38.

[69] 陈嘉祺,罗苏平,李亮,等.沥青路面温度场分布规律与理论经验预估模型[J].中南大学学报(自然科学版),2013,44(04):1647-1656.

[70] 徐慧宁,张锐,谭忆秋,等.季节性冰冻地区冬季路面温度分布规律[J].中国公路学报,2013,26(02):7-14.

[71] 张俊,张晓德,王文珊.沥青路面疲劳损伤理论研究综述[J].公路交通科技,2020,37(10):1-11.

[72] 韩硕.沥青混凝土路面温度应力及温缩裂缝研究[D].长春:吉林大学,2014.

[73] 胡昌斌,孙增华,王丽娟.水泥混凝土路面早龄期温度场性状与控制方法[J].交通运输工程学报,2013,13(05):1-9.

[74] 吴静,吴立,左清军.柔性路面温度预测模式研究[J].公路工程,2015,40(01):1-4+47.

[75] 李冬雪,凌建明,钱劲松,等.湿度循环下黏质路基土回弹模量演化规律[J].同济大学学报(自然科学版),2013,41(07):1051-1055.

[76] 冉武平,李玲.路面覆盖效应响下的路基湿度及温度分布特性[J].武汉理工大学学报(交通科学与工程版),2015,39(04):729-733.

[77] 阮艳彬,吴万平.与路面协调设计的公路路基设计指标及使用环境探讨[J].公路,2012(03):74-78.

[78] 王蒙.季冻区路基水温状况监测及强度变化的研究[D].哈尔滨:东北林业大学,2014.

[79] 姚占勇,蒋红光,孙梦林,等.细粒土路基平衡密度状态分析[J].中国公路学报,2020,33(09):94-103.

[80] 胡义生,钟金良.浅谈道路工程勘察设计中路基湿度状况的判别[J].灾害学,2018,33(S1):148-151.

[81] 周健.车辆荷载下路基变形响应分析[D].哈尔滨:哈尔滨理工大学,2018.

[82] 董城,张瑞蕾,周轮,等.基于路基动态回弹模量的水泥混凝土路面动力响应分析[J].公路,2018,63(12):41-47.

[83] 张军辉,彭俊辉,郑健龙.路基土动态回弹模量预估进展与展望[J].中国公路学报,2020,33(01):1-13.

[84] 王旭东,周兴业.基于材料非线性的沥青路面结构当量力学分析方法[J].中国公路学

报,2019,32(08):25-34.
[85] 周岚.高速公路沥青路面使用性能评价及预测研究[D].南京:东南大学,2015.
[86] 卢正,王长柏,付建军,等.交通荷载作用下公路路基工作区深度研究[J].岩土力学,2013,34(02):316-321+352.
[87] 王静,刘寒冰,吴春利,等.冻融循环对不同塑性指数路基土动力特性影响[J].岩土工程学报,2014,36(04):633-639.
[88] 李冬雪,凌建明,钱劲松,等.湿度循环下黏质路基土回弹模量演化规律[J].同济大学学报(自然科学版),2013,41(07):1051-1055.
[89] 王佳.粗粒土动弹性模量与阻尼比试验研究[D].长沙:中南大学,2013.
[90] 程培峰,陈景龙,韩春鹏,等.季冻区路基土回弹模量影响因素分析[J].公路,2013(10):174-178.
[91] 孙红燕.沥青路面低温开裂力学分析[D].西安:长安大学,2013.
[92] 张俊,李志伟.循环荷载作用下沥青混合料的黏弹塑性损伤本构模型[J].东北大学学报(自然科学版),2019,40(10):1496-1503.
[93] 张俊,张晓德,王文珊.沥青路面疲劳损伤理论研究综述[J].公路交通科技,2020,37(10):1-11.
[94] 周志刚.交通荷载下沥青类路面疲劳损伤开裂研究[D].长沙:中南大学,2003.
[95] 朱洪洲.柔性基层沥青路面疲劳性能及设计方法研究[D].南京:东南大学,2005.